eXamen.press

eXamen.press ist eine Reihe, die Theorie und Praxis aus allen Bereichen der Informatik für die Hochschulausbildung vermittelt.

Jürgen Teich · Christian Haubelt

Digitale Hardware/ Software-Systeme

Synthese und Optimierung

2., erweiterte Auflage
Mit 283 Abbildungen und 14 Tabellen

 Springer

Jürgen Teich
Christian Haubelt

Universität Erlangen-Nürnberg
Lehrstuhl Hardware-Software-Co-Design
Am Weichselgarten 3
91058 Erlangen
teich@informatik.uni-erlangen.de
haubelt@informatik.uni-erlangen.de

Bibliografische Information der Deutschen Nationalbibliothek
Die Deutsche Nationalbibliothek verzeichnet diese Publikation in der Deutschen
Nationalbibliografie; detaillierte bibliografische Daten sind im Internet über
http://dnb.d-nb.de abrufbar.

Die 1. Auflage dieses Buches erschien 1997 in der Reihe Springer-Lehrbuch unter
dem Titel J. Teich *Digitale Hardware/Software-Systeme. Synthese und Optimierung*,
ISBN 3-540-62433-3, Springer Berlin Heidelberg New York

ISSN 1614-5216
ISBN 978-3-540-46822-6 Springer Berlin Heidelberg New York
ISBN 3-540-62433-3 1. Auflage Springer Berlin Heidelberg New York

Springer ist ein Unternehmen von Springer Science+Business Media

springer.de

© Springer-Verlag Berlin Heidelberg 1997, 2007

Satz: Druckfertige Daten der Autoren
Herstellung: LE-TEX, Jelonek, Schmidt & Vöckler GbR, Leipzig
Umschlaggestaltung: KünkelLopka Werbeagentur, Heidelberg
Gedruckt auf säurefreiem Papier   33/3142 YL   –   5 4 3 2 1 0

Vorwort

Einbettung

Dieses Buch vermittelt den aktuellen Stand moderner Syntheseverfahren für digitale Systeme, die aus Hardware- und Softwarekomponenten bestehen, sogenannte *Hardware/Software-Systeme*.

Die Grundlagen der hier beschriebenen Verfahren sind Gegenstand zweier von Prof. Teich an der Friedrich-Alexander-Universität Erlangen-Nürnberg gehaltenen Vorlesungen, nämlich der Veranstaltung „Eingebettete Systeme" (seit Wintersemester 2003/2004) sowie der Vorlesung „Hardware-Software-Co-Design" (seit Sommersemester 2003). Der Inhalt der 1. Auflage diente bereits als Grundlage gleichnamiger Vorlesungen von Prof. Teich an der ETH Zürich (1995-1997) sowie an der Universität Paderborn (1998-2002). Vom Charakter her ist das Buch für den Kreis von Studierenden der Informatik, Elektrotechnik, Informations- und Kommunikationstechnik sowie Mechatronik konzipiert und geeignet. Grundkenntnisse über Schaltungsentwurf und Mikrorechnertechnik werden dabei weitgehend vorausgesetzt. Im Weiteren soll das Buch Entwicklungsingenieure in der Industrie ansprechen, die mit dem Entwurf und der Handhabung immer komplexer werdender technischer Systeme konfrontiert sind.

Im Vordergrund dieses Buches stehen Verfahren zur Synthese und Optimierung von Hardware/Software-Systemen, die in einen technischen Kontext eingebunden sind, sog. *eingebettete Systeme*.

Der Begriff *Synthese* wird hier in Abgrenzung zum Begriff *Entwurf* verstanden: Während der Entwurf eines Systems entweder von Hand durchgeführt wird oder Teile des Entwurfs mit Hilfe von sog. *CAD*-Werkzeugen (engl. *computer-aided design*) unterstützt werden (z. B. Simulationswerkzeugen [390]), impliziert Synthese einen *vollautomatischen Entwurf*, bei dem der Entwickler/die Entwicklerin nur noch mit den Aufgaben der anfänglichen Spezifikation, den Parametereinstellungen und der Exploration unterschiedlicher Lösungen beauftragt ist [42].

In diesem Zusammenhang werden schwerpunktmäßig Entwurfsmethoden behandelt, die zur Übersetzungszeit (engl. *compile-time*), also statisch, durchgeführt werden können. Allerdings werden ebenfalls Modelle und Methoden zum Entwurf von *reaktiven Systemen* bzw. *Echtzeitsystemen* mit Betriebssystemkernen vorgestellt, bei denen statische Verfahren nur teilweise eingesetzt werden können.

Abgrenzend sei an dieser Stelle bemerkt, dass die für den Entwurf digitaler Hardware/Software-Systeme essentiellen Aspekte der *Spezifikation* und der *Verifikation* den Rahmen dieses Buches überschreiten würden. Sie allein bieten Stoff genug für einen zweiten Band. Diese Themen können deshalb (zugunsten einer eingehenden Betrachtung von *Synthese-* und *Optimierungsverfahren*) nicht in der ihnen gebührenden Ausführlichkeit behandelt werden.

Zusammenfassung

Vom didaktischen Standpunkt her zielt das Buch darauf, die Verwandtschaften der Synthese von Hardwarekomponenten und Softwarekomponenten eines Systems in einer einheitlichen Notation und mit einem einheitlichen Satz von Syntheseverfahren darzustellen. Zum Beispiel beschäftigen sich Lehrbücher zur Synthese digitaler Systeme, wie beispielsweise [84] oder [122], fast ausschließlich mit der Synthese von Hardware. Die Bedeutung von Softwarerealisierungen und entsprechende Syntheseprobleme werden nicht oder nur untergeordnet betrachtet.

Hier wird versucht, die Grundaufgaben der Synthese einheitlich und unabhängig davon darzustellen, ob das Ergebnis der Synthese Software oder Hardware ist. Als Grundaufgaben der Synthese werden in diesem Zusammenhang die *Allokation* von Ressourcen, die *Ablaufplanung* von *Aufgaben* auf Ressourcen und die *Bindung* von Aufgaben an Ressourcen betrachtet. Aufgaben und Ressourcen weisen auf unterschiedlichen Ebenen der Synthese unterschiedliche Granularitäten auf, z. B. sind Aufgaben auf der *Systemebene* Algorithmen, Prozesse, Tasks und Jobs, Ressourcen sind Prozessoren und ASICs (anwendungsspezifische integrierte Schaltungen); auf der Architekturebene stellen die Aufgaben beispielsweise elementare arithmetische und logische Operationen (z. B. Multiplikationen, Additionen etc.) und die Ressourcen funktionale Einheiten (z. B. ALUs, Multiplizierer etc.) dar.

Es wird zu zeigen versucht, dass die Aufgaben der Synthese von Software und Hardware auf verschiedenen Abstraktionsebenen starke Verwandtschaften aufweisen (Kapitel 1). Unterschiedlich sind die Granularitäten der Aufgaben und Ressourcen, die Problemgrößen, die Zielfunktionen und zum Teil die Algorithmen zur Optimierung.

Zunächst werden die Begriffe der Ablaufplanung, Allokation und Bindung auf einer Ebene erläutert, die unabhängig von der Implementierungsart und der Abstraktionsebene ist. Die wichtigsten Modelle zur Spezifikation, insbesondere *Kontroll-Datenflussgraphen* und verwandte Modelle, werden in Kapitel 2 vorgestellt. Dann werden die Syntheseprobleme formal definiert und eine Menge von Algorithmen vorgestellt, die die Syntheseprobleme auf Grundprobleme der kombinatorischen Optimierung reduzieren (Kapitel 3–5). Für diese Grundprobleme enthält der Anhang komplexitätstheoretische Analysen und eine Bibliothek von Algorithmen.

Zum einen werden die Verfahren danach unterschieden, ob sie *konstruktiv* oder *transformatorisch* (iterativ verbessernd) sind. Zum anderen werden Bindungs- und Ablaufplanungsprobleme klassifiziert. Sowohl exakte Verfahren als auch Heuristiken werden vorgestellt.

Die Syntheseverfahren werden unabhängig von Implementierungsart und Abstraktionsebene betrachtet. Danach folgt jeweils ein Kapitel über Syntheseverfahren bzw. Anpassungen, die speziell sind für die

- *Hardwaresynthese* (Kapitel 6),
- *Softwaresynthese* (Kapitel 7) bzw.
- *Systemsynthese* (Kapitel 8).

Diesen Kapiteln sind Abschnitte angegliedert, die Ergebnisse eigener Forschungsarbeiten enthalten. Diese sowie Inhalte einer vertieften Betrachtungsweise bestimmter Themen sind mit dem Symbol $\otimes$ gekennzeichnet: Sie würden den Rahmen einer einführenden Vorlesung überschreiten und sind aus zwei Gründen als „eigenständig" zu bezeichnen:

- Der fachkundige Leser kann die Abschnitte unabhängig von den Grundlagenkapiteln lesen.
- Der (zunächst noch) nicht interessierte Leser kann entsprechende Abschnitte überspringen, ohne den „roten Faden" zu verlieren.

Der Anhang enthält sämtliche Notationen, grundlegende mathematische Definitionen und eine Bibliothek an Algorithmen zur Optimierung.

Danksagung

Der Text der ersten Auflage entstand während der Tätigkeit des ersten Autors als Oberassistent am Institut für Technische Informatik und Kommunikationsnetze (TIK) der ETH Zürich in den Jahren 1995 und 1996. Erste Konzepte zu diesem Werk entstammen einem einjährigen Forschungsaufenthalt (im Jahr 1994) an der UC Berkeley als Postdoktorand der Deutschen Forschungsgemeinschaft (DFG).

Ein besonderer Dank hinsichtlich der ersten Auflage gilt meinem Doktorvater und Betreuer meiner Habilitation, Herrn Prof. Lothar Thiele. Ein Teil der hier ebenfalls beschriebenen eigenen Forschungsergebnisse sind aus einer intensiven Zusammenarbeit entstanden und entstammen meiner Habilitationsschrift [387]. In diesem Zusammenhang möchte ich an dieser Stelle auch Herrn Prof. Wolfgang Rosenstiel und Herrn Prof. Gerhard Tröster danken für ihre Kommentare und Ratschläge bei der Begutachtung meiner Arbeit.

Der Ansatz zur Systemsynthese mit evolutionären Algorithmen entstand in Zusammenarbeit mit meinem Kollegen Tobias Blickle. Anregungen zu dem Verfahren zur Architektursynthese mit ganzzahligen linearen Programmen erhielt ich ferner durch Diskussionen und Zusammenarbeit mit meinem früheren Kollegen Li Zhang.

Vielen Dank auch dem Co-Autor der zweiten Auflage, Herrn Dr. Christian Haubelt für wertvolle Ideen und Vorschläge zur Erweiterung und Aktualisierung des vorliegenden Stoffes, vor allem auf dem Gebiet der Systemsynthese in Kapitel 8.

Erlangen, im Herbst 2006   J. Teich

Vorwort zur zweiten Auflage

Die Modernität und Wichtigkeit von Verfahren zum ganzheitlichen Entwurf von Hard- und Software-Systemen hat sich in den letzten Jahren bestätigt, sogar drastisch erhöht. So ist es technisch möglich, nicht nur einen, sondern mehrere Prozessoren zusammen mit anderen Hardware-Komponenten (engl. sog. *Hardware-IPs*) über Verbindungsnetzwerke auf einem Mikrochip der Größe eines Fingernagels zu integrieren, sog. *Systems-on-a-Chip (SoC)*. Verfahren zur Synthese und Exploration unterschiedlicher Architekturauslegungen des Chips sowie Abbildungen der zu implementierenden Funktionen in Hard- und Software hinsichtlich unterschiedlicher Kriterien, u. a. Kosten, Geschwindigkeit und Energieverbrauch, treten daher zunehmend in den Vordergrund der Forschung und langsam auch ihren Weg in die industrielle Praxis an. Auf den höheren Abstraktionsebenen des Entwurfs von Hardware/Software-Systemen hat sich seit der letzten Auflage sehr viel getan, weshalb sich der vorliegende Band in diesem Bereich am meisten von der ersten Auflage unterscheidet.

Weitere Änderungen und Aktualisierungen betreffen die Bereiche der Architektursynthese und der Modellierung. Als unserer Ansicht nach für den Systementwurf bestens geeignet hat sich die Sprache *SystemC* [144, 35, 188] erwiesen. Die Vorteile dieser C++-basierten Entwurfssprache liegen in der Ausführbarkeit und Simulierbarkeit, der Modellierbarkeit von Nebenläufigkeit von Modulen und der Unabhängigkeit einer Beschreibung von einer anschließenden Implementierung eines Systems in einer Kombination aus Hardware- und Software-Modulen. Ebenfalls besitzt die Sprache Konstrukte zur Modellierung und Verfeinerung von allen wichtigen Datentypen, die für den Softwareentwurf als auch den Hardwareentwurf wichtig sind. Aus diesem Grund haben wir uns entschieden, alle Beispiele in der vorliegenden zweiten Auflage in SystemC bzw. C++ zu beschreiben statt in VHDL in der ersten Auflage.

Im Kapitel 6 werden auch kommerzielle Werkzeuge vorgestellt, die in der Lage sind, aus SystemC-Beschreibungen Hardware-Module zu synthetisieren.

Wir sind der Auffassung, dass mit SystemC in Zukunft erstmals Potentiale des ganzheitlichen Entwurfs von eingebetteten elektronischen Systemen ausgehend von einer einheitlichen Entwurfssprache erkennbar werden. So wird SystemC im industriellen Umfeld bereits jetzt intensiv eingesetzt in unterschiedlichsten Entwurfsstadien, u. a. zur funktionalen Simulation einer Spezifikation oder für die Analyse von wichtigen Systemeigenschaften (z. B. Geschwindigkeit, Kosten und Energieverbrauch), insbesondere auch zur Analyse von Architekturvarianten. In einem eigenen in diesem Buch beschriebenen Ansatz einer Entwurfsmethodik mit Namen *SystemCoDesigner* zeigen wir, dass unter Einsatz von leistungsfähigen verfügbaren Werkzeugen zur Architektursynthese und mit Hilfe von Verfeinerungen es in naher Zukunft möglich sein wird, für viele SoC-Plattformen effiziente Zielimplementierungen automatisch zu generieren und somit die bekannte Kluft zwischen Modellierung und Implementierung zumindest zu verkleinern.

Erlangen, im Herbst 2006   J. Teich und C. Haubelt

Inhaltsverzeichnis

1

Einleitung

In diesem einleitenden Kapitel soll der automatisierte Entwurf von digitalen Hardware/Software-Systemen motiviert werden. Dabei werden die wesentlichen Syntheseaufgaben vorgestellt.

1.1 Motivation

Betrachtet wird der automatisierte Entwurf (engl. *design automation*) und die Optimierung komplexer digitaler Systeme, die aus Hardware- und Softwarekomponenten bestehen, sog. *Hardware/Software-Systeme*. Obwohl solche Systeme bereits seit vielen Jahren von Ingenieuren und Technikern konzipiert und gebaut werden, ist man sich heutzutage darüber einig, dass man nur durch den Einsatz rechnergestützter Entwurfsmethoden (engl. *computer-aided design* (CAD)) die Komplexität heutiger Systeme bewältigen und bessere Entwürfe (Performanz, Kosten) in kürzerer Zeit ermöglichen kann. Dies erklärt das wachsende Interesse der Industrie und der Forschung an rechnergestützten Entwurfsmethoden.

Die Komplexität, so wie sie hier verstanden wird, entsteht *nicht nur* durch die Anzahl der Einzelkomponenten, aus denen ein System zusammengesetzt ist, sondern vor allem durch *Heterogenität*. In Zukunft liegen die Anforderungen gerade bei der Beherrschung heterogener technischer Systeme, die sich durch verschiedenartige Komponenten und Interaktionen auszeichnen, die auf einen ganz bestimmten Anwendungsbereich zugeschnitten und die in einem technischen Kontext eingebettet sind, sog. *eingebettete Systeme*. Eingebettete Systeme umgeben uns in unserem täglichen Leben. Dazu zählen beispielsweise die Bereiche Avionik, Medizintechnik, Automobiltechnik, Prozess- und Industriesteuerungen, digitale Netzwerke, Telekommunikation sowie zunehmend der Bereich der Unterhaltungselektronik. Heutzutage sind bereits mehr als 99 % aller Prozessoren in eingebetteten Systemen verbaut [417] (und nicht, wie anzunehmen, in Vielzweckrechnern). Bemerkenswerterweise lag 2004 der Marktanteil eingebetteter Systeme mit einem Marktvolumen von ca. 46 Milliarden US-Dollar bereits in der gleichen Größenordnung wie der gesamte Markt für Vielzweckrechner (PCs, Laptops, Workstations), was man sich vor einigen Jahren noch nicht vorstellen konnte. Erstaunlich ist auch die von der Marktforschungsfirma BCC [25] im Jahre 2005 vorhergesagte und bis 2009 prognostizierte mittlere jährliche Wachstumsrate von über 14 % für eingebettete Systeme.

Ein konkretes Beispiel eines eingebetteten Systems ist die in Abb. 1.1 dargestellte integrierte Schaltung, die innerhalb eines mobilen Telefongerätes (GSM-Standard) eingesetzt wird.

Beispiel 1.1.1. Abbildung 1.1 (aus [137]) zeigt ein typisches heterogenes Hardware/-Software-System, bestehend aus einem Prozessor (DSP), anwendungsspezifischer Hardware und Peripherie. Es handelt sich um eine Ein-Chip-Realisierung des GSM-Standards für ein zellulares Telefon (in Deutschland auch „Handy" genannt). Dargestellt ist die Aufteilung der Blöcke eines Blockdiagramms auf die Architektur. Der Prozessor wird eingesetzt, um Aufgaben mit niedrigen bis mittleren Datenraten (Codierung/Decodierung) sowie Steuerungsfunktionen zu übernehmen. Die Blöcke, die höhere Rechenleistungen erfordern (Modulation und Demodulation), werden in anwendungsspezifischer Hardware realisiert.

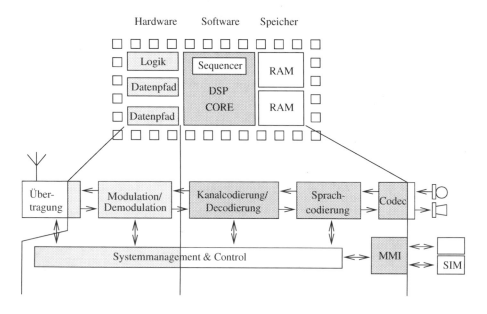

Abb. 1.1. Blockdiagramm der Funktion eines zellularen Telefons nach dem GSM-Standard (unten) und Abbildung der Blöcke auf eine Ein-Chip-Realisierung mit einem DSP-Core (oben)(nach [137])

Abbildung 1.2 zeigt den schematischen Aufbau eines *eingebetteten Systems*. Eingebettete Systeme sind dazu bestimmt, Funktionen als Antwort auf bestimmte Stimuli auszuführen und Daten informationstechnisch zu verarbeiten. Neben dem Heterogenitätsaspekt Hardware-Software treten hier die Aspekte mechanisch-elektrisch

(Sensoren, Aktoren) und analog-digital (Analog-Digital-Umsetzung und Digital-Analog-Umsetzung) auf (siehe auch Abb. 1.1).

In diesem Buch werden jedoch vornehmlich die Komponenten der digitalen Informationsverarbeitung innerhalb eines eingebetteten Systems behandelt, insbesondere die Gebiete des Entwurfs und der Programmierung dieser Komponenten.

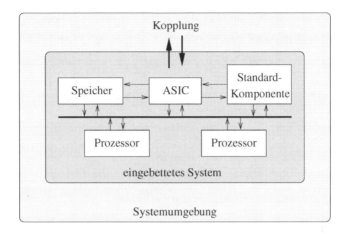

Abb. 1.2. Schematische Darstellung eines eingebetteten Systems

Das große Interesse am systematischen Entwurf von eingebetteten Systemen ist maßgeblich verursacht durch

- Fortschritte in Schlüsseltechnologien (Mikroelektronik, formale Methoden). Dadurch ergibt sich
- eine steigende Vielfalt von Anwendungen und Leistungsanforderungen und damit verbunden
- die Notwendigkeit, Entwurfs- und Testkosten zu senken.

Um die Zielsetzungen dieses Bereiches genauer zu verstehen, ist es sinnvoll, sich dessen historische Entwicklung kurz vor Augen zu führen. Insgesamt lässt sich diese in drei Abschnitte unterteilen:

- Nachdem die Zahl der Objekte in den unteren Entwurfsebenen (Geometrie, physikalische Ebene) aufgrund des Zeitaufwands und der Fehleranfälligkeit ohne Automatisierung nicht mehr handhabbar war, wurden in Industrie und Universitäten Modelle und Methoden entwickelt, die z. B. auf Schaltungssimulation, Platzierung und Verdrahtung abzielten.
- In einem weiteren Schritt wurden dann auch höhere Abstraktionsebenen in die Automatisierung einbezogen, z. B. die Simulation von Schaltungen auf Logikebene oder auch die Logiksynthese.

- Neue Anforderungen bezüglich der Systemkomplexität, der Zeitspanne zwischen Produktidee und Markteinführung, sowie der Zuverlässigkeit und Güte führen nun zur Entwurfsautomatisierung auf der noch abstrakteren *Systemebene*.

Auf der Systemebene besteht eine zentrale Aufgabe darin, eine Aufteilung der Funktionalität in Hard- und Softwarekomponenten vorzunehmen (sog. *Hardware/Software-Partitionierung*).

Beispiel 1.1.2. Ein Netzwerkcontroller soll entworfen werden, der einen Speicher mit einer seriellen Schnittstelle koppelt (siehe Abb. 1.3 aus [146]). Seine Aufgabe besteht darin, Daten über die serielle Schnittstelle zu senden und zu empfangen und dabei ein bestimmtes Protokoll einzuhalten (z. B. CS/CD für Ethernet oder Infini-Band [358, 191]). Dabei ist die maximale Datenübertragungszeit T_{max} (in ns) für ein Kilobyte an Daten zu unterschreiten. Das System ist ferner einer Kostenschranke K_{max} (in Dollar) unterworfen und soll nicht mehr als P_{max} (in mW) Leistung verbrauchen. Offensichtlich muss man zunächst die Entscheidung treffen, welche Aufgaben in Software und welche in Hardware realisiert werden. Eine exemplarische Aufteilung ist in Abb. 1.3 dargestellt.

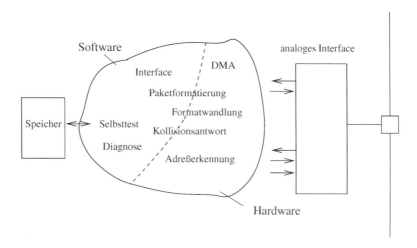

Abb. 1.3. Netzwerkcontroller: exemplarische Partitionierung der zu implementierenden Funktionalität in Hardware und Software (aus [146])

In den meisten Fällen erfolgt die Hardware/Software-Partitionierung durch Abschätzung von Kosten und Performanzanforderungen nach dem jeweiligen Erfahrungswissen des Entwicklers/der Entwicklerin. Da diese Entwurfsentscheidung nun aber auf groben Schätzungen beruht, ist keine Gewährleistung gegeben, dass das realisierte, fertige System alle Entwurfsbeschränkungen erfüllt bzw. in einer gewissen Hinsicht optimal ist. Solche Systeme sind üblicherweise in mindestens einer Eigenschaft unter- oder überdimensioniert, wie folgendes Beispiel zeigt.

Beispiel 1.1.3. Abbildung 1.4 zeigt verschiedene Lösungen zur Realisierung des Netzwerkcontrollers aus Beispiel 1.1.2. Die Menge von Entwurfsbeschränkun-

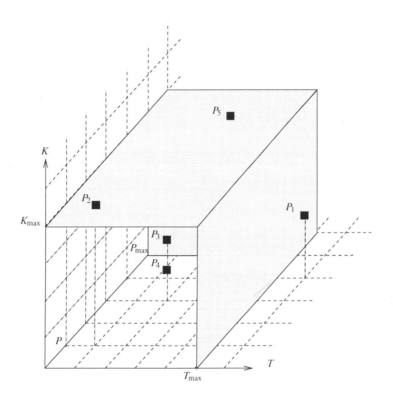

Abb. 1.4. Verschiedene Realisierungsvarianten eines Netzwerkcontrollers aus Beispiel 1.1.2

gen kennzeichnet hier einen dreidimensionalen *Entwurfsraum* mit den Achsen Datenübertragungszeit/kByte T, Kosten K und Leistungsverbrauch P. Ein/e mit der Entwicklung beauftragter Softwareingenieur/in konstruierte ein System mit einem Mikroprozessor und erhielt ein System mit den durch den Entwurfspunkt P_1 gekennzeichneten Eigenschaften. Diese Lösung erfüllt zwar die Kostenanforderungen, aber nicht die Datenratenbeschränkung. Ein/e Hardwareingenieur/in entwickelte eine dedizierte integrierte Schaltung, deren Eigenschaften durch den Punkt P_2 dargestellt sind. Offensichtlich erfüllt diese Realisierung die Performanzanforderungen und Leistungsverbrauchsanforderungen, nicht aber die Kostenbeschränkung. Das System wurde überdimensioniert.

Der Punkt P_3 entspricht einer gemischten Hardware/Software-Lösung. Leider ist diese Lösung nicht optimal, da der Punkt P_4, der der in Abb. 1.3 dargestellten Aufteilung entspricht, in allen Eigenschaften besser oder gleich gut ist. Viele Lösungen, bei denen die Hardware/Software-Partitionierung „ad hoc" bestimmt worden ist, erfüllen die Entwurfsbeschränkungen nicht oder sind suboptimal.

Aktuelle Systeme sind weitaus komplexer als die bereits vorgestellten Beispiele. Als Beispiel sei der Funktionsumfang heutiger Handys genannt. Abbildung 1.5 zeigt diese Funktionen in einem Blockschaltbild. Die Umsetzung als Multi-Chip-

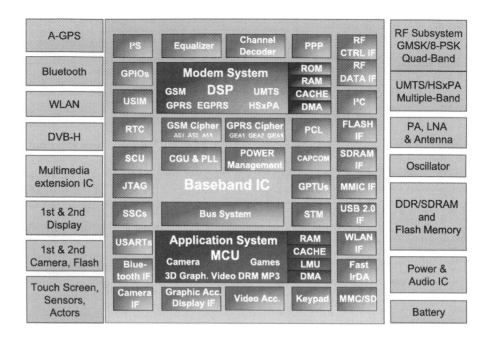

Abb. 1.5. Funktionen eines modernen Mobilfunkgerätes. Quelle: Dietmar Wenzel, Infineon Technologies AG

Lösung ist in Abb. 1.6 zu sehen. Für die Basisbandfunktionalität wird ein speziell gefertigter Prozessor verwendet, der neben einer RISC-CPU und einem Digitalen Signalprozessor (DSP) auch ein analoges Interface besitzt. Als Interfaces besitzt ein Handy heutzutage neben einigen Video- und Audio-Codecs (u. a. MPEG-4, H.263, H.264, ACC, MP3) zahlreiche weitere Schnittstellen (u. a. USB, Kamera, Display, A/D-Umsetzer, IrDA, Bluetooth etc).

Aus diesen Beispielen sollte deutlich geworden sein, dass automatische Syntheseverfahren für eingebettete Hardware/Software-Systeme nützlich und erforderlich sind, damit die Systementwicklung mit dem Technologiefortschritt standhalten kann und der Entwurf effizienter Systeme möglich ist. Die Verfahren der Synthese und Optimierung stehen dabei im Vordergrund dieses Buches.

Der folgende Abschnitt 1.2 enthält eine historische und inhaltliche Gliederung, die den Systementwurf, so wie er hier verstanden wird, in die heutige Praxis einbet-

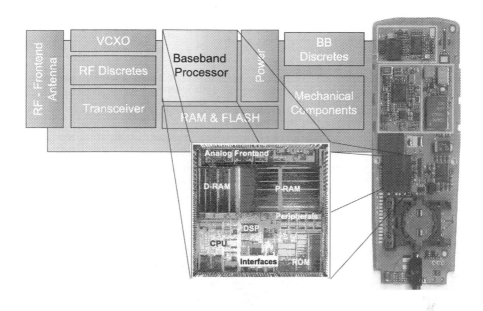

Abb. 1.6. Hardware/Software-Implementierung des Mobilfunkgerätes aus Abb. 1.5. Quelle: Dietmar Wenzel, Infineon Technologies AG

tet. Abschnitt 1.3 dient der Erläuterung der wesentlichen Grundbegriffe Abstraktion und Entwurfsrepräsentationen.

1.2 Entwurfsmethodik

Historisch gesehen durchlief die Entwurfsautomatisierung drei Evolutionsstufen, die im Folgenden beschrieben werden.

1.2.1 Erfassen und simulieren

Gajski et al. [122] beschreiben die bis heute am meisten eingesetzte Entwurfsmethodik für integrierte Schaltungen als eine Methodik des „Erfassens und Simulierens": Man startet mit einer nichtformalen, umgangssprachlichen Spezifikation des Produktes, die noch keine Informationen über die konkrete Implementierung enthält. Es wird nur die Funktionalität, nicht aber die Art und Weise ihrer Realisierung, bestimmt. Anschließend wird eine grobe Blockstruktur der Architektur entworfen, die eine verfeinerte, aber immer noch unvollständige Spezifikation des Gesamtsystems darstellt. In weiteren Verfeinerungsschritten werden die einzelnen Blöcke dann in Logik- oder sogar Transistordiagramme umgesetzt und in existierende CAD-Entwurfssysteme eingegeben. Auf dieser Basis lassen sich dann umfangreiche Simulationen der Funktionalität und des Zeitverhaltens sowie Untersuchungen der Testbarkeit durchführen. Die erfassten Diagramme dienen zudem möglicherweise dazu, Zellen auf physikalischer Ebene zu platzieren und miteinander zu verdrahten oder auch das Layout einer integrierten Schaltung automatisch zu generieren.

Dieser Ansatz des „Erfassens und Simulierens" wird übrigens nicht nur im Bereich des Hardwareentwurfs, sondern auch bei der Programmierung von Mikroprozessorsystemen, also beim Softwareentwurf, eingesetzt. Eine nichtformale Spezifikation wird in Blockstrukturen und anschließend in Assemblerprogramme verfeinert. Bevor das endgültige Programm in Maschinensprache generiert wird, erfolgen Simulationen und Emulationen zur Validierung von Funktionalität und Zeitverhalten.

1.2.2 Beschreiben und synthetisieren

Seit vielen Jahren ist die Logiksynthese fester Bestandteil der Entwurfsmethodik von Hardwaresystemen. Ein Entwurf wird hier bezüglich seines Verhaltens in einer simulierbaren, d. h. ausführbaren Beschreibungssprache spezifiziert; so kann man z. B. ein Steuerungssystem durch Boolesche Gleichungen und Zustandsdiagramme beschreiben. Die Struktur der Implementierung wird dann automatisch durch entsprechende Syntheseverfahren generiert, im Vergleich zum Handentwurf eine sehr viel schnellere und vor allem sichere Entwurfsart.

Dieser Weg des „Beschreibens und Synthetisierens" [122] kann nun bei verschiedenen Teilproblemen eines gesamten Entwurfs durchgeführt werden: Auf der *Logikebene* werden funktionale Einheiten (z. B. Multiplizierer, arithmetisch-logische Einheiten (engl. *arithmetic logical units* (ALUs)) etc.) und Steuerungseinheiten (z. B. Zustandsmaschinen) durch die Logiksynthese automatisch generiert. Hierzu gehören Verfahren zur Minimierung Boolescher Ausdrücke, Zustandsminimierungen und die *Technologieabbildung* [258, 26], d. h. die Implementierung der minimierten Funktionen mit Gattern aus einer speziellen Entwurfsbibliothek.

Ein anderes Beispiel ist die *Architektursynthese* (engl. *high-level synthesis* oder auch *behavioral synthesis*) [94]. Darunter versteht man die Synthese von integrierten Schaltungen, die aus einem Datenpfad (Operationswerk) und einem Kontrollpfad (Steuerwerk) bestehen. Charakteristisch für die Beschreibung des Verhaltens solcher synthetisierbarer Systeme sind Datenfluss- und Kontrollflussgraphen. Die Transformation in eine strukturelle Beschreibung erfolgt durch Lösen der drei Syntheseaufgaben *Allokation*, *Ablaufplanung* und *Bindung*.

- Aufgabe der *Allokation* ist es, die Zahl und Art der Komponenten zu bestimmen, die in der Implementierung verwendet werden sollen, also zum Beispiel die Zahl der Register und Speicherbänke, die Zahl und Arten der internen Busse zur Datenkommunikation sowie die verwendeten funktionalen Einheiten wie Multiplizierer oder ALUs. Daher dient die Allokation im Wesentlichen der Abwägung von Kosten und Leistungsfähigkeit einer Schaltung.

- Die *Ablaufplanung* weist den spezifizierten Aufgaben Zeitintervalle der Abarbeitung zu, so dass anschließend in jedem Zeitschritt bekannt ist, welche Operationen wann ausgeführt werden.
- Die *Bindung* ordnet abschließend den Daten entsprechende Speicherzellen, den Operationen funktionale Einheiten und den Datenkommunikationen einen Bus oder eine Verbindungsleitung zu.

Auch hier gibt es wieder eine direkte Parallele zum *Softwareentwurf*. Im Gegensatz zum „Erfassen und Simulieren" wird die Funktionalität des Systems durch eine ablauffähige *Programmiersprache* spezifiziert, z. B. C, C++, JAVA. Aufgabe des Übersetzers ist dann die automatische Generierung eines Maschinenprogramms. Wenn es sich um eine parallele Zielarchitektur handelt, sind wiederum die drei wesentlichen Aufgaben der Allokation, Ablaufplanung und Bindung bei der Übersetzung auszuführen. Auch wenn beim Softwareentwurf die Zielarchitektur i. Allg. gegeben ist, sind in beiden Fällen fast die gleichen Ablaufplanungs-, Bindungs- und Optimierungsproblemstellungen zu lösen. So sind auch bei der Softwareübersetzung den Operationen und Datentransporten Zeitschritte unter Berücksichtigung der zur Verfügung stehenden Ressourcen zuzuordnen wie beispielsweise Busbandbreite, Zahl der Busse, Zahl der internen Register, Speicherbedarf und Zahl und Art der parallelen arithmetischen Einheiten. Ziel der Bindung ist hier ebenfalls, die Variablen, Operationen und Datentransporte den vorhandenen physikalischen Einheiten zuzuordnen. Diese Verfahren werden vor allem in Übersetzern für die heutigen superskalaren RISC-Prozessoren (z. B. PowerPC, Alpha-Prozessor), für VLIW-Rechner (engl. *very long instruction word computer*) oder auch für Signalprozessoren eingesetzt, da sie alle durch interne Parallel- und Fließbandverarbeitung (engl. *pipelining*) ausgezeichnet sind.

1.2.3 Spezifizieren, explorieren und verfeinern

Auf der Abstraktionsebene komplexer Systeme ist die Entwurfsmethodik bei weitem noch nicht so ausgereift wie in den bisher beschriebenen Bereichen. Dennoch hat sich hier ein Paradigma durchgesetzt, das sich durch die ebenfalls von Gajski et al. [122] geprägten Stichworte „Spezifizieren, explorieren und verfeinern" beschreiben lässt: In der *Spezifikationsphase* wird in einem sehr frühen Stadium des Entwurfsprozesses eine Spezifikation des Gesamtsystems erstellt. Sie ist Ausgangspunkt und Grundlage für

- die Beschreibung der Funktionalität eines Systems (z. B. um die Wettbewerbsfähigkeit eines Produktes abzuschätzen),
- die Dokumentation des Entwurfsprozesses in allen Schritten,
- die automatische Verifikation kritischer Systemeigenschaften,
- die Untersuchung und Exploration verschiedener Realisierungsalternativen,
- die Synthese der Teilsysteme und
- die Veränderung und Nutzung bereits bestehender Entwürfe.

Die *Explorationsphase* dient dazu, Realisierungsalternativen eines durch verschiedenste Anforderungen und Metriken beschränkten Entwurfsraums miteinander zu vergleichen. Eine der Hauptaufgaben dabei besteht darin, die zu implementierende Funktionalität auf mögliche Komponenten eines heterogenen Systems zu verteilen. Diese Teilsysteme können nun anwendungsspezifische integrierte Schaltungen, vorgefertigte Mikroprozessoren, aber auch vorhandene Spezialbausteine sein. Da jede neue Partitionierungsvariante einer unterschiedlichen Systemrealisierung entspricht, verlangt die Bewertung eine Vorausschätzung wesentlicher Eigenschaften wie Verarbeitungsleistung, Kosten, Leistungsverbrauch und Testbarkeit.

In der anschließenden *Verfeinerungsphase* wird die Spezifikation entsprechend der Partitionierung und Allokation in verschiedene Hardware- und Softwarekomponenten aufgeteilt. Die Ausgangslage ist vergleichbar mit der nach der Bestimmung eines Blockdiagramms auf der Grundlage einer nichtformalen Spezifikation, siehe Abschnitt 1.2.1. Im Unterschied dazu wurde diese Aufteilung aber nach der Exploration eines großen Entwurfsraums erhalten. Zudem steht die Verfeinerung auf „sicheren Füßen", da sie formal aus der gegebenen Spezifikation abgeleitet wurde. In weiteren Verfeinerungsschritten kann dann der gesamte Prozess der „Exploration und Verfeinerung" wiederholt werden, bis eine vollständig strukturelle Beschreibung als Implementierung des Systems vorliegt. Durch ein solches Vorgehen werden nicht nur frühzeitig mögliche Entwurfsalternativen (z. B. Software statt Hardware, anwendungsspezifische Schaltungen statt Standardkomponenten) geprüft, sondern es entfallen auch teure und zeitraubende Entwurfsiterationen.

1.3 Abstraktion und Entwurfsrepräsentationen

Die folgenden Abschnitte enthalten eine kurze Darstellung der verschiedenen Abstraktionsebenen und Sichten eines Systems sowie eine Klassifizierung der Synthese- und Optimierungsprobleme beim Systementwurf.

1.3.1 Modelle

Unter einem *Modell* versteht man die formale Beschreibung eines Systems oder Teilsystems. Hierbei wird das zu modellierende Objekt unter einem ganz bestimmten „Blickwinkel" betrachtet, d. h., es werden nur bestimmte Eigenschaften ohne die zugehörigen Details gezeigt. Diesen Vorgang nennt man *Abstraktion*. Die vorangegangenen Abschnitte sollten deutlich gemacht haben, dass der Entwurf eines Systems auf dem Prinzip der *Verfeinerung* beruht: Der Grad an Detailliertheit wird beim Entwurf schrittweise erhöht. Daher kann man Modelle anhand des Grades Ihrer Verfeinerung nach Abstraktionsebenen klassifizieren.

Auf der anderen Seite gibt es auch unterschiedliche *Sichten* eines Objektes. So kann man eine Schaltung als Verbindung von Einzelkomponenten betrachten oder als eine Einheit mit bestimmtem Verhalten. Abstraktionsebenen und Sichten sind in gewisser Weise orthogonal zueinander.

Obwohl man natürlich (fast) beliebig viele Schichten an Sichten und Abstraktion einführen kann, werden hier vor allem die Abstraktionsebenen der *Architektur* und *Logik* beim Hardwareentwurf, die Ebenen *Modul* und *Block* beim Softwareentwurf und die Ebene *System* beim Entwurf ganzer Systeme behandelt. An Sichten werden dabei *Verhalten* und *Struktur*, siehe auch die graphische Darstellung in Abb. 1.7, betrachtet.

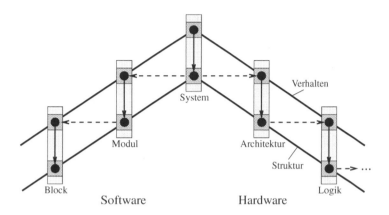

Abb. 1.7. Das Doppeldachmodell: Graphische Darstellung einiger wichtiger Abstraktionsebenen und Sichten, die beim Entwurf eingebetteter Systeme durchlaufen werden. Idealerweise erfolgt der Entwurf *Top-down*, d. h. von höheren zu niedrigeren Abstraktionsebenen. Die vertikalen Pfeile stellen Synthese- und Verfeinerungsschritte dar.

Die folgende Aufstellung soll die unterschiedlichen Abstraktionsebenen stichwortartig beschreiben:

System: Die Modelle der Systemebene beschreiben das zu entwerfende Gesamtsystem auf der Ebene von Netzwerken aus komplexen, miteinander kommunizierenden Teilsystemen, die jeweils komplexe Aufgaben (z. B. Algorithmen, Tasks) berechnen.

Architektur: Die Architekturebene gehört zum Bereich des Hardwareentwurfs. Modelle auf dieser Ebene beschreiben kommunizierende funktionale Blöcke, die komplexe arithmetische und logische Operationen ausführen.

Logik: Die Logikebene gehört ebenfalls zum Hardwarebereich. Die Modelle dieser Ebene beschreiben verbundene Gatter und Register, die Boolesche Funktionen berechnen.

Modul: Die Modulebene gehört zum Softwarebereich. Die entsprechenden Modelle beschreiben Funktion und Interaktion komplexer Module (z. B. kommunizierende Prozesse oder Tasks).

Block: Die Blockebene gehört ebenfalls zum Softwarebereich. Die entsprechenden Modelle beschreiben Programme mit Daten- und Kontrollabhängigkeiten zwischen Grundblöcken, welche aus Instruktionen aufgebaut sind, die auf der zugrunde liegenden Rechnerarchitektur elementare Operationen ausführen.

Neben dieser Klassifizierung von Modellen nach ihrem Grad der Abstraktion unterscheidet man zudem verschiedene *Sichten* innerhalb einer Abstraktionsebene.

Verhalten: In der Verhaltenssicht werden Funktionen unabhängig von ihrer konkreten Implementierung beschrieben.

Struktur: In der strukturellen Sicht hingegen werden kommunizierende Komponenten beschrieben. Aufteilung und Kommunikation entsprechen der tatsächlichen Implementierung.

Anhand dieser Klassifizierung lässt sich (sehr vereinfacht dargestellt) der Entwurf eines komplexen Systems als Abfolge von *Verfeinerungsschritten* verstehen, bei denen einer Verhaltensbeschreibung strukturelle Informationen über die Implementierung zugefügt werden und die entstehenden Teilmodule dann wieder Ausgangspunkte von Verfeinerungen (horizontale Pfeile in Abb. 1.7) auf der nächst niedrigeren Abstraktionsebene sind. Da die beiden Sichten Verhalten und Struktur jeweils ein Dach über die unterschiedlichen Abstraktionsebenen aufspannen, sprechen wir im Folgenden auch von dem *Doppeldachmodell*.

Bei dieser idealisierten Darstellung des Entwurfsprozesses wird allerdings stark vereinfachend außer Acht gelassen, dass bei einem konkreten Entwurf viele Iterationen zwischen den Abstraktionsebenen notwendig werden, also i. Allg. weder ein reiner *Top-down-Entwurf* (engl. *top down* = von oben nach unten) noch ein reiner *Bottom-up-Entwurf* (engl. *bottom up* = von unten nach oben) vorliegt. Einige Systemkomponenten werden zudem direkt auf unteren Abstraktionsebenen entworfen, so dass zu einem bestimmten Zeitpunkt im Entwurfsprozess nicht alle Systemkomponenten den gleichen Abstraktions- bzw. Verfeinerungsgrad aufweisen.

Aufgabe der *Synthese* (vertikale Pfeile in Abb. 1.7) ist nun die (teil-)automatische Transformation einer Beschreibung auf Verhaltenssicht in eine Beschreibung auf Struktursicht. Um die Zusammenhänge etwas deutlicher zu machen, sollen nun anhand von Synthesebeispielen zumindest einige der besprochenen Ebenen und Sichten näher erläutert werden.

1.3.2 Synthese

In diesem Kapitel werden die Syntheseschritte auf den einzelnen Abstraktionsebenen anhand von Beispielen vorgestellt. Besonders ausführlich wird hierbei auf die *Systemebene* eingegangen, da diese eine zentrale Rolle im Entwurf von digitalen Hardware/Software-Systemen einnimmt.

Systemsynthese

Wie auch in den anderen Abstraktionsebenen, ist die Systemebene durch charakteristische Beschreibungsformen bezüglich des Verhaltens und der Struktur gekennzeichnet. Das *Verhalten* wird durch Leistungsanforderungen beschrieben, wie funktionale Spezifikation, Zeitverhalten und nichtfunktionale Eigenschaften. Die *strukturelle*

Beschreibung zeigt das System als Netzwerk aus Prozessoren, Standardkomponenten, anwendungsspezifischen integrierten Schaltungen, Verbindungsstrukturen und Speicherbausteinen.

Beispiel 1.3.1. Abbildung 1.8 zeigt eine physikalische Sicht eines Hardware/Software-Systems auf Systemebene. Es handelt sich um eine *Ein-Chip-Realisierung* oder ein sog. *System-on-a-Chip (SoC)*, die einen Prozessor (rechts) als Makrozelle (engl. *processor core*) sowie eine Menge von Logik- (u. a. ein Gatearray links), Speicher- (Mitte) und Peripherieblöcken (z. B. Timer, Digital-Analog-Umsetzer und Analog-Digital-Umsetzer) auf dem Chip integriert. Mit dem Fortschritt der Miniaturisierung in der Halbleitertechnologie ist es heutzutage sogar möglich, dass mehrere vernetzte Prozessoren auf einem einzigen Chip integriert werden. Man spricht dann von einem *MPSoC*, einem sog. *Multiple Processor System-on-a-Chip*. In vielen Fällen sind die einzelnen Komponenten in Anzahl und Größe individuell konfigurierbar. Andere Realisierungsformen von hier betrachteten Hardware/Software-Systemen sind Ein- und Mehrplatinenentwürfe.

Eine entscheidende Entwurfsaufgabe auf Systemebene ist offensichtlich die Partitionierung der Verhaltensbeschreibung in Teilsysteme. Hierbei spielen sehr unterschiedliche Optimierungskriterien eine Rolle wie Kosten, Verarbeitungsleistung und Leistungsverbrauch, aber auch andere nichtfunktionale Kriterien. Dazu gehören beispielsweise die Wiederverwendbarkeit des Entwurfs in zukünftigen Produktlinien und die „Time-to-market". Dies ist die Zeit von der Konzeptualisierung eines Systems bis zur Auslieferung des Produktes an den Kunden . Die Flexibilität eines Produktes (gegenüber kleinen Produktänderungen) ist eine weitere denkbare nichtfunktionale Eigenschaft.

Das Interesse an automatisierten Syntheseverfahren auf der Systemebene lässt sich vor allem auf die folgenden Beweggründe zurückführen:

Kurze Entwurfszyklen: Ein automatisiertes Entwurfssystem ist in der Lage, einen Entwurf schneller durchzuführen, als dies ein Entwickler/eine Entwicklerin ohne Unterstützung von CAD-Werkzeugen könnte. Man denke nur an die Zeitersparnis durch Werkzeuge zum automatisierten Platzieren und Verdrahten von Leiterplatten und integrierten Schaltungen. In fast allen Bereichen der Technik ist in den vergangenen Jahren eine enorme Reduktion der Produktlebensdauer und somit der „Time-to-market" festzustellen. Mit dieser Entwicklung kann man nur durch den Einsatz geeigneter CAD-Verfahren Schritt halten.

Reduzierte Entwurfsfehler: Um kostspielige Iterationen aufgrund von Fehlern im Entwurf zu vermeiden, wird auf die Entwicklung von Synthesewerkzeugen Wert gelegt, die „beweisbar" korrekte Entwürfe liefern. Dies gelingt einerseits dadurch, dass der Verfeinerungsvorgang von einer Verhaltensbeschreibung hin zu einer strukturellen Beschreibung als eine Sequenz von Programmtransformationen verstanden wird, oder andererseits dadurch, dass formale Verifikationsverfahren eingesetzt werden.

Exploration des Entwurfsraums: Gerade auf den obersten Entwurfsebenen werden grundlegende Entwurfsentscheidungen getroffen, die die Leistungsfähigkeit und

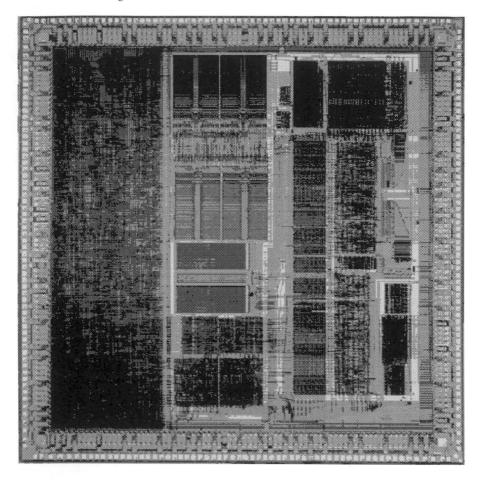

Abb. 1.8. Physikalische Sicht einer Ein-Chip-Realisierung eines Hardware/Software-Systems. Quelle: Texas Instruments, cDSP

Kosten des implementierten Systems bestimmen. Die Konsequenzen von Fehlentscheidungen werden somit in einem frühen Entwurfsstadium deutlich, z. B. die Verletzung von Zeitbeschränkungen. Man kann sich auf der Systemebene ein Entwurfswerkzeug vorstellen, mit dem unterschiedliche Realisierungsarten einer Spezifikation schnell bewertet werden können, also eine Exploration des Entwurfsraums unter Optimierungsgesichtspunkten unterstützt wird. Ein solches Werkzeug mit dem Namen *SystemCoDesigner* [162] wird im Rahmen dieses Buches vorgestellt.

Beispiel 1.3.2. Das folgende Beispiel zeigt einige typische Probleme, die bei einem Entwurf auf Systemebene entstehen. In digitalen Video-Anwendungen ist es oft notwendig, die erforderlichen Übertragungsbandbreiten durch eine geeignete Datenkompression zu reduzieren. Das folgende Beispiel beschreibt einen Hybrid-Codierer, der Transformationscodierung und prädiktive Codierung kombiniert. Der Kompressionsfaktor einer reinen Bildcodierung wird durch ein prädiktives Schema für Bildfolgen verbessert. Ein Block innerhalb eines Bildes wird geschätzt aus einem Block innerhalb des vorangegangenen Bildes. Abbildung 1.9 zeigt eine Darstellung eines solchen Hybrid-Codierers auf Verhaltensebene.

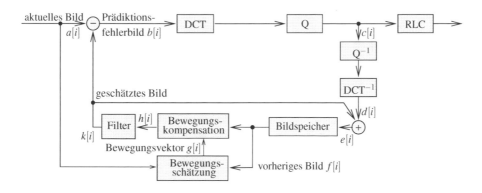

Abb. 1.9. Darstellung eines Hybrid-Codierers für Bildsequenzen

Aus der folgenden Beschreibung wird deutlich, dass die einzelnen Blöcke der Darstellung komplexe Teiloperationen beschreiben und die Kommunikation mittels komplexer Datentypen erfolgt (hier Bildsequenzen, wobei die Bilder ihrerseits wieder aus Blöcken, Makroblöcken und einzelnen Pixeln zusammengesetzt sind). Die zweidimensionale diskrete Kosinustransformation (DCT) wird auf nichtüberlappende Blöcke des Prädiktionsfehlerbildes $b[i]$ angewendet. Die transformierten Blöcke repräsentieren den räumlichen Frequenzinhalt des entsprechenden Blocks. Durch die Transformation der Bilddaten in den Frequenzbereich kann die Bildinformation nach der Quantisierung (Q) durch einige wenige Koeffizienten dargestellt werden, ohne dass sich subjektiv eine Bildverschlechterung ergibt (Irrelevanzreduktion). Die abschließende Codierung (RLC) benutzt die Dynamik der zu übertragenden Werte zur Reduktion der Datenrate. Statt aufeinander folgende Bilder einer Sequenz unabhängig voneinander zu codieren, kann man eine höhere Reduktion erzielen, in dem man eine Bewegungsschätzung und Bewegungskompensation durchführt und zusätzlich Differenzbilder codiert (Ausnutzung örtlicher und zeitlicher Redundanzen der Bildinhalte). Ein Block im Bild $a[i]$ wird verglichen mit Nachbarblöcken des vorangegangenen Bildes $f[i]$. Hieraus wird ein Bewegungsvektor $g[i]$ bestimmt. Als Resultat der Bewegungskompensation erhält man ein geschätztes Bild $k[i]$. In der Darstellung nach Abb. 1.9 werden Teilalgorithmen als Blöcke dargestellt. Hier gibt es noch keine Spezifikation des zeitlichen Ablaufs, der Abbildung auf eine Zielarchitektur, der Speichergrößen und der Partitionierung von Bildern in Blöcke oder Makroblöcke.

Abbildung 1.10 zeigt eine mögliche Systemarchitektur, die aus den Komponenten BUS, CM (Steuerungsprozessor für die Speicherzugriffe und Busarbitrierung), FC (Bildspeicher), BM (Spezialmodul für die Bewegungsschätzung), BC (lokaler Speicher für das BM), PM (allgemein programmierbarer Prozessor) und GC (lokaler Speicher für die PM-Module) besteht.

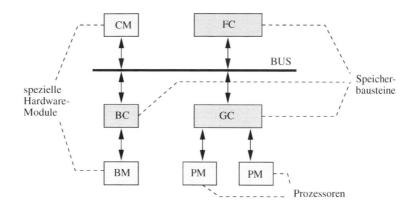

Abb. 1.10. Strukturelle Sicht einer möglichen Implementierung eines Video-Codecs

Neben den Beschreibungsformen unterscheiden sich die verschiedenen Abstraktionsebenen vor allem in den Freiheitsgraden, die bei der Verfeinerung von der Verhaltenssicht auf eine strukturelle Sicht bestehen. Die Entwurfsfreiheit nimmt von den oberen Abstraktionsebenen zu den niedrigeren Abstraktionsebenen immer weiter ab. Auf der Systemebene ist es sicherlich müßig, sich über Details der Implementierung Gedanken zu machen, bevor nicht grundlegende Überlegungen bezüglich der Systemarchitektur getroffen sind. Insbesondere können die folgenden Implementierungsentscheidungen getroffen und die resultierenden Kosten- und Leistungsfaktoren gegeneinander aufgewogen werden:

- Festlegung der Komponententypen, die in der Implementierung verwendet werden (*Allokation*), z. B. Mikroprozessor, ASIC, Speicherbausteine.
- Festlegung der Anzahl der jeweiligen Komponenten, Auswahl und Dimensionierung der Verbindungsstruktur.
- Zuordnung der Variablen zu Speicherbausteinen, Operationen zu Funktionsbausteinen und Kommunikationen zu Bussen (*Partitionierung, Bindung*). Hierbei sind auch Realisierungen in Hardware und in Software gegeneinander abzuwägen.
- *Ablaufplanung* der Teilalgorithmen auf den allozierten Komponenten.

Beispiel 1.3.3. In Zusammenhang mit dem vorangegangenen Beispiel gibt es verschiedene Zielarchitekturen, auf die das gesamte System abgebildet werden kann, z. B.

- einen Mikroprozessor, Signal- oder Bildprozessor,
- mehrere parallel arbeitende programmierbare Prozessoren,
- eine Erweiterung der oben genannten Architekturen mit spezialisierten funktionalen Einheiten, z. B. für die diskrete Kosinustransformation oder die Bewegungsschätzung,
- eine reine spezialisierte Hardwarelösung, die an den Algorithmus genau angepasst ist.

Zu jeder dieser Implementierungen existieren wiederum verschiedene Möglichkeiten der Zuordnung von Daten zu Speichern und Teilalgorithmen zu Modulen, der Wahl von Kommunikationsstruktur und Busbandbreiten sowie der Ablaufplanung der einzelnen Teilalgorithmen. Als Beispiel einer nur graduellen Änderung könnte man die Kommunikation zu den lokalen Cache-Speichern verändern und einen der allgemein programmierbaren Prozessoren durch einen Spezialbaustein DM mit privatem Cache-Speicher DC ersetzen, der effizient die diskrete Kosinustransformation berechnen kann, siehe Abb. 1.11.

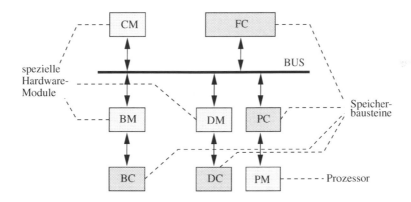

Abb. 1.11. Strukturelle Sicht auf eine leicht veränderte Implementierung eines Bildcodierers

Einige der im Rahmen der Synthese auf Systemebene erforderlichen Aufgaben sind in Abb. 1.12 dargestellt.

Die gesamte *Entwurfsmethodik* auf Systemebene sollte eine einfache und effiziente Möglichkeit bieten, verschiedene Entwurfsalternativen zu untersuchen. Voraussetzung ist zunächst eine (ausführbare) *Spezifikation* des gewünschten Systemverhaltens. Anforderungen an eine solche Spezifikation sind Simulierbarkeit, Möglichkeit zur formalen Verifikation, Verständlichkeit, Möglichkeit zur Anbindung an CAD-Werkzeuge und Vollständigkeit (Beschreibung aller Systemeigenschaften).

Die folgenden Schritte hängen eng miteinander zusammen. In einer *Allokationsphase* müssen zunächst die Komponenten der Architektur ausgewählt werden, z. B. Prozessoren, Speicher und anwendungsspezifische integrierte Schaltungen. Diese Ressourcen sind charakterisiert durch Instruktionssatz, Zahl der Instruktionen pro

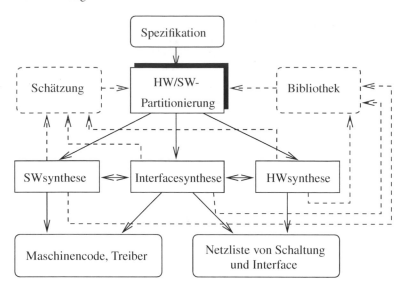

Abb. 1.12. Grobe Darstellung eines möglichen Entwurfsablaufs auf Systemebene

Zeiteinheit (Prozessoren), Zahl der möglichen Gatter, Verzögerungszeiten der Gatter, Leistungsverbrauch (ASICs), Speichergröße, Schreib-Lese-Protokolle und Zugriffszeiten (Speicher).

Die Komponenten der Architektur, die in der Allokationsphase Berücksichtigung finden, hängen oftmals stark von den Erfahrungen des Entwicklers/der Entwicklerin ab. Eine Übersicht über Spezialisierungsformen von Komponenten auf der Systemebene ist in Abb. 1.13 zu sehen. Diese unterscheiden sich im Wesentlichen in ihrer Performanz und Flexibilität. Am flexibelsten, aber leider auch oftmals am ungeeignetsten, z. B. aufgrund von Kosten, Leistungsverbrauch und Grad der Parallelisierung, sind Vielzweckprozessoren (engl. *general purpose processors*). Ein ASIC hingegen ist oft zu teuer, nicht flexibel genug oder bedarf einer zu hohen Entwicklungszeit. Alternativen stellen hierzu Spezialprozessoren dar. Die wohl bekanntesten Klassen an Spezialprozessoren sind *Digitale Signalprozessoren* (*DSPs*) und *Mikrocontroller*. In Richtung Hardware nimmt die Performanz zu, aber gleichzeitig die Flexibilität ab. Spezialisierte Komponenten an der Schnittstelle zwischen Hard- und Software sind sog. *Anwendungsspezifische Instruktionssatz-Prozessoren* (engl. *application specific instruction set processor*, *ASIPs*) und sog. *FPGAs* (engl. *field programmable gate arrays*), welche eine Nahtstelle bezüglich Flexibilität und Performanz zwischen Software und Hardware herstellen. Aus Kostengründen ist ein ASIP oft nur ein „abgespeckter" Prozessor und damit günstiger als ein Vielzweckprozessor, aber aufgrund der (wenn auch beschränkten) Programmierbarkeit immer noch flexibler als dedizierte Hardware. SRAM-basierte FPGAs erlauben die Implementierung von Logik und Speicher durch Programmierung durch einen Bitstrom. FPGAs als Hardwarerealisierungsvariante besitzen damit auch die Flexibilität von Softwa-

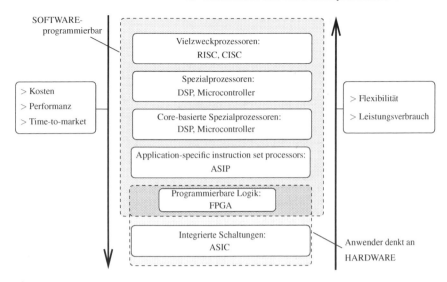

Abb. 1.13. Spezialisierungsformen und Kriterien für Hardware/Software-Entscheidungen

relösungen mit hoher Performanz. Jedoch ist die Performanz und die Auslastung der Ressourcen oft lange nicht so hoch wie bei ASICs.

Die Spezifikation wird anschließend in Hardware- und Softwarekomponenten aufgeteilt (Hardware/Software-*Partitionierung* in Abb. 1.12). Dabei wird die Entscheidung getroffen, welche Komponenten der zu implementierenden Funktionalität in Software verfeinert werden (um dann auf einem oder mehreren der allozierten Prozessoren ausgeführt zu werden) und welche Komponenten in Hardware verfeinert werden. Der Softwareanteil kann somit weiter in verschiedene Teile zerlegt werden, von denen jeder auf einem eigenen Prozessor abläuft, z. B. auf einem langsamen Prozessor für unkritische Systemteile und auf Spezialprozessoren für schnelle Datentransformationen. Für die in Hardware zu implementierenden Komponenten werden eine oder mehrere Schaltungen synthetisiert.

Da jede neue Allokation und jede neue Partitionierung eine mögliche Systemimplementierung erzeugt, erfordert ein Vergleich dieser Optionen die *Schätzung* von Systemeigenschaften. Jeder Satz von Schätzwerten wird anschließend mit den gegebenen Anforderungen verglichen und eine optimale Implementierung ausgewählt.

Nach dieser Auswahl muss die Spezifikation soweit verfeinert werden, dass sie die strukturellen Eigenschaften der Implementierung auf Systemebene charakterisiert. Speziell sind die verschiedenen Teilsysteme den allozierten Systemkomponenten zuzuordnen und die notwendigen Kommunikationskanäle und Protokolle zu spezifizieren (Hardwaresynthese, Softwaresynthese und Interfacesynthese).

Architektursynthese

Architektursynthese beschreibt den Verfeinerungsschritt im Entwurf eines Hardwaresystems, bei dem eine Verhaltensbeschreibung mit Aufgaben der Granularität von elementaren arithmetisch/logischen Operationen (z. B. Addition, Multiplikation) auf eine strukturelle Beschreibung eines *Operationswerks* (Datenpfad) und eines *Steuerwerks* (Kontrollpfad) abgebildet wird. Wesentliche Aufgaben sind (siehe Abschnitt 1.2.2)

- Identifikation von Hardwarekomponenten, die die spezifizierten Operationen ausführen können (*Allokation*),
- *Ablaufplanung* zur Bestimmung der Zeitpunkte, an denen die Operationen ausgeführt werden,
- Zuordnung von Variablen zu Speichern, Operationen zu funktionalen Einheiten und Kommunikationskanälen zu Bussen (*Bindung*).

Die makroskopischen Eigenschaften, wie z. B. Schaltungsfläche und Verarbeitungsleistung, hängen wesentlich von der Optimierung auf dieser Abstraktionsebene ab.

Beispiel 1.3.4. Das folgende Beispiel soll eine Schaltung modellieren, die eine Differentialgleichung der Form $y'' + 3xy' + 3y = 0$ im Intervall $[x_0, a]$ mit der Schrittweite dx und Anfangswerten $y(x_0) = y$, $y'(x_0) = u$ mit Hilfe der Euler-Methode numerisch löst. Dabei wird für ein Anfangswertproblem der Form $y' = f(x, y(x))$ mit $y(x_0) = y_0$ die Näherungsformel $y(x + dx) \approx y(x) + dx\, f(x, y(x))$ eingesetzt, um beginnend mit x_0 die Werte von $y(x_0 + i\, dx)$, $i = 1, 2, \cdots$, sukzessiv zu bestimmen. Im Beispiel lautet die Differentialgleichung $y'' = f(x, y(x), y'(x)) = -3xy'(x) - 3y(x)$. Die zweifache Anwendung der Euler-Methode liefert hier die Lösung: $y'(x + dx) = y'(x) + dx\,(-3xy'(x) - 3y(x))$ und $y(x + dx) = y(x) + dx\, y'(x)$. Eine Verhaltensspezifikation in einer Systembeschreibungssprache (hier SystemC [144, 35, 188]) würde etwa folgendermaßen aussehen (x_0 entspricht dem Portsignal x_in, $y(x_0)$ entspricht y_in, $y'(x_0)$ entspricht u_in, dx entspricht dx_in und a entspricht a_in):

```
#include "systemc.h"

class dgl : sc_module {
  public:
    sc_in<bool> activate;
    sc_in<double> x_in;
    sc_in<double> y_in;
    sc_in<double> u_in;
    sc_in<double> a_in;
    sc_in<double> dx_in;
    sc_out<double> y_out;

    SC_HAS_PROCESS(dgl);

    dgl(sc_module_name module_name) :
      sc_module(module_name) {
```

```
    SC_METHOD(algorithm);
    sensitive << activate;
  }

private:
  void algorithm() {
    double  x = x_in;
    double  y = y_in;
    double  u = u_in;
    double  a = a_in;
    double  dx = dx_in;

    double  x1, u1, y1;

    while( a <= x ) {
      x1 = x + dx;
      u1 = u - (3 * x * u * dx) - (3 * y * dx);
      y1 = y + (u * dx);
      x = x1; u = u1; y = y1;
    }
    y_out = y;
  }
};
```

Die Klasse dgl ist von sc_module abgeleitet und stellt eine Beschreibung der Ein- und Ausgänge für den Algorithmus algorithm dar. Eingangssignale sind x_in, y_in, u_in, dx_in, a_in sowie das Signal activate, das zum Starten der numerischen Integration dient. Das Signal y_out enthält die Lösung $y(a)$. Die Beschreibung des Verhaltens besteht im Wesentlichen aus einem Prozess SC_METHOD, der durch eine Änderung des Signals activate gestartet wird. Dieser intern sequentielle Prozess definiert die lokalen Variablen x, y, u, dx, a, x1, y1, u1 und realisiert die eigentliche Iteration.

Nach der Architektursynthese könnte ein Blockschaltbild, wie in Abb. 1.14 gezeigt, entstehen: Das *Operationswerk* (Datenpfad) der Schaltung enthält als Ressourcen einen Multiplizierer und eine ALU (arithmetisch-logische Funktionseinheit), die Addition, Subtraktion und Vergleiche ausführen kann. Des Weiteren enthält die Architektur einen Speicher, eine Einheit zur Verteilung der Daten auf die Funktionsblöcke des Datenpfades sowie ein *Steuerwerk* (Kontrollpfad). Diese Sicht könnte auch durch eine strukturelle Beschreibung in einer entsprechenden Beschreibungssprache, z. B. VHDL, SystemVerilog, oder SystemC dargestellt werden.

Logiksynthese

Aufgabe der *Logiksynthese* ist die Generierung einer strukturellen Sicht auf Logikebene. Demzufolge bestimmt sie also die Struktur einer Schaltung auf Gatterebene. Ausgangspunkte der Logiksynthese können z. B. Boolesche Gleichungen oder endliche Zustandsautomaten sein, die entweder durch graphische Methoden oder mit

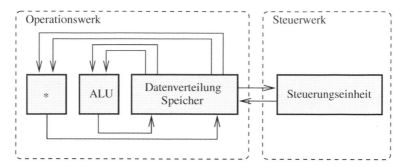

Abb. 1.14. Beispiel einer strukturellen Sicht auf Architekturebene

Hilfe eines Programms in einer Hardwarebeschreibungssprache oder SystemC spezifiziert wurden.

Unter anderem werden durch die Logiksynthese die folgenden Teilprobleme gelöst:

- Optimierung Boolescher Ausdrücke,
- Zustandsminimierung und Zustandszuordnung,
- Bindung an eine Bibliothek von Zellen, d. h., das logische Modell wird in eine Verbindung von Instanzen der Bibliothekszellen transformiert.

Optimierungsverfahren spielen auch hier eine zentrale Rolle, da die mikroskopischen Eigenschaften einer Implementierung festgelegt werden [258, 26]. Ergebnis der Logiksynthese ist eine strukturelle Repräsentation, die zum Beispiel Gatter, Register sowie ihre Verbindungen charakterisiert (Netzliste).

Beispiel 1.3.5. Das Steuerwerk in Abb. 1.14 hat die Aufgabe, die Operationen im Datenpfad sequentiell ablaufen zu lassen, indem die entsprechenden Steuerungssignale generiert werden. Dies ist ein typisches Beispiel, in dem eine Verhaltensbeschreibung in Form eines Zustandsdiagramms angebracht ist. Aufgabe der Logiksynthese ist es nun, eine Schaltung zu generieren, die diese Spezifikation implementiert. Als Beispiel der Sichten auf der Logikebene zeigt Abb. 1.15 das Zustandsdiagramm eines endlichen Zustandsautomaten, der zwei oder mehrere aufeinander folgende Einsen im Eingangsstrom einer Folge von Bits (Eingabe *in*) erkennt. Dargestellt sind eine Verhaltensbeschreibung in Form eines Zustandsdiagramms und eine Schaltwerksrealisierung.

Auch diese Sichten lassen sich in einer Beschreibungssprache formulieren. Eine Verhaltensbeschreibung in SystemC, aus der die in Abb. 1.15 dargestellte Schaltung direkt synthetisiert werden kann, könnte wie folgt aussehen:

```
#include "systemc.h"

class rec : sc_module {
  public:
    sc_in<bool> clk;
```

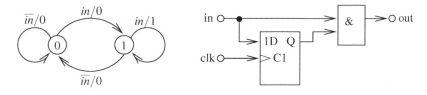

Abb. 1.15. Beispiel einer Verhaltenssicht (Zustandsdiagramm) und einer strukturellen Sicht auf Logikebene

```
sc_in<bool> in;
sc_out<bool> out;

SC_HAS_PROCESS(rec);

rec(sc_module_name module_name) :
  sc_module(module_name) {
  state.write(zero);
  SC_METHOD(behavior);
  sensitive_pos << clk;
}

private:
  enum state_type {zero, one};

  sc_signal<state_type> state;

  void behavior() {
    if (in.read() == 1) {
      switch (state.read()) {
        case zero:
          state.write(one);
          out.write(0);
          break;
        case one:
          state.write(one);
          out.write(1);
          break;
      }
    } else {
      state.write(zero);
      out.write(0);
    }
  }
};
```

In diesem Modell ist das Signal `state` vom Aufzählungstyp `state_type` und speichert den Zustand des endlichen Automaten. Der Prozess wird jedes mal dann

neu ausgeführt, wenn sich das Taktsignal clk auf den Wert '1' (sensitive_pos <<
clk) ändert.

Die Schaltungsstruktur lässt sich auch in SystemC modellieren:

```
#include "systemc.h"

class rec : sc_module {
  public:
    sc_in<bool> clk;
    sc_in<bool> in;
    sc_out<bool> out;

    rec(sc_module_name module_name) :
      sc_module(module_name) {
      and1 = new and_component("and1");
      dff1 = new dff_component("dff1");
      and1->i1(in);
      and1->i2(tmp);
      and1->out(out);
      dff1->in(in);
      dff1->clk(clk),
      dff1->out(tmp);
    }

  private:
    sc_signal<bool> tmp;
    and_component* and1;
    dff_component* dff1;
};
```

Abbildung 1.16 zeigt eine Schaltungsrepräsentation, die direkt dem vorangegangenen SystemC-Modell entspricht.

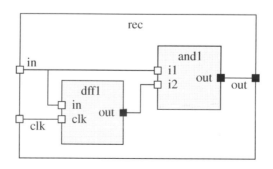

Abb. 1.16. Schaltungsdiagramm zu einem strukturellen SystemC-Modell auf Logikebene

Softwaresynthese

In Abb. 1.7 wurden auf der Seite der Software die Abstraktionsebenen „Modul" und „Block" unterschieden. Auf der Modulebene könnte eine Verhaltensbeschreibung z. B. in Form einer algebraischen Spezifikation vorliegen, die die Eigenschaften des zu entwickelnden Softwaresystems in Form „mathematischer Sätze und Axiome" beschreibt oder als Netzwerk kommunizierender Prozesse bzw. Tasks. Aufgabe der Verfeinerung ist es nun, eine in gewissem Sinne äquivalente strukturelle Darstellung zu erzeugen, z. B. formuliert in einer höheren Programmiersprache (z. B. in C, C++ oder JAVA) oder einer echtzeitfähigen Sprache (z. B. ESTEREL) oder durch Abbildung auf Betriebssystemroutinen eines Echtzeitbetriebssystems (engl. *Real-Time Operating System, RTOS*).

Auf Modulebene lassen sich die wichtigsten Grundaufgaben wie folgt skizzieren:

- Ablaufplanung der verschiedenen Softwareprozesse auf (Echtzeit-)Betriebssystemebene,
- Einbindung von Betriebssystemroutinen, z. B. zur Interruptsteuerung und zur Ein- und Ausgabe von Daten.

In der nächst tieferen Blockebene wird nun hieraus durch einen Übersetzungsvorgang ein Assembler- oder Maschinenprogramm erzeugt. Die folgende Aufzählung fasst einige der wesentlichen Transformations- und Optimierungsvorgänge auf der Blockebene zusammen:

- Programmtransformationen zur optimalen Ausnutzung von Fließbandverarbeitung innerhalb von Daten- und Kontrollpfad des Zielprozessors,
- Optimierung des Speicherplatzbedarfs,
- Parallelisierung auf Instruktionsebene, um parallele funktionale Einheiten im Zielprozessor ausnutzen zu können,
- Festlegung der Ablaufplanung von Instruktionen bzw. der Reihenfolge der Abarbeitung der Instruktionen,
- Optimierung der Befehlsauswahl und Registervergabe.

Im Gegensatz zu einem Programm in einer höheren Programmiersprache ist ein Assemblerprogramm i. Allg. nicht nur erheblich länger, sondern auch abhängig von der jeweiligen Zielarchitektur. Ferner fehlen Möglichkeiten zur Typüberprüfung und zum strukturierten Kontrollfluss.

Beispiel 1.3.6. Als Beispiel für die beiden Sichten auf der Blockebene wird als Verhaltensbeschreibung ein C++-Programm betrachtet, das $\sum_{i=0}^{100} i^2$ berechnet:[1]

```
#include <iostream>

int main(int argc, char *argv[])
{
```

---

[1] Es wird im Folgenden angenommen, dass der Datentyp `int` mit einer Genauigkeit von 32 Bits dargestellt wird.

```
int sum = 0;
for (int i = 0; i <= 100; i++)
  sum += i*i;
std::cout << "The sum of i*i from 0 ... 100 is "
          << sum << std::endl;
}
```

Nach der Übersetzung für den RISC-Prozessor MIPS R2000 könnte das folgende Assemblerprogramm entstehen:

```
      ...
main:
  subu  $29, $sp, 32
  sw    $31, 20($29)
  sd    $4, 32($29)
  sw    $0, 24($29)
  sw    $0, 28($29)
loop:
  lw    $14, 28($29)
  mul   $15, $14, $14
  lw    $24, 24($29)
  addu  $25, 24($29)
      ...
```

Dieses Assemblerprogramm hat insgesamt 29 Zeilen und muss anschließend noch in ein binäres Maschinenprogramm umgesetzt werden.

1.3.3 Optimierung

Optimierung ist ein entscheidender Gesichtspunkt von Entwurfsverfahren auf allen Abstraktionsebenen. Die unterschiedlichen strukturellen Implementierungen eines Systems definieren seinen *Entwurfsraum*. Der Entwurfsraum ist somit eine endliche Menge von *Entwurfspunkten*. Mit jedem dieser Entwürfe sind Werte der Zielfunktionen verbunden, z. B. Kosten und Verarbeitungsleistung.

Aufgabe der Optimierung ist es daher, den „besten" Entwurf zu finden, d. h. diejenige Implementierung, die unter mehreren Optimierungszielen optimal ist. Da das Optimierungsproblem aber mehrere verschiedene Kriterien beinhaltet, sollte man sich die Definition eines Optimums etwas genauer ansehen.

Ein Entwurfspunkt heißt *nichtdominiert*, wenn es im Entwurfsraum keinen anderen Punkt gibt, der in allen betrachteten Optimierungskriterien mindestens gleich gut ist. Optimale Entwurfspunkte zeichnen sich nun dadurch aus, dass sie von keinem anderen Punkt des Entwurfsraums dominiert werden. Man nennt diese Menge nichtdominierter Entwurfspunkte *Pareto-Punkte* [50, 304]. Diese Definition optimaler Lösungen entspricht einer Erweiterung des Begriffs des globalen Optimums bei monodimensionalen Optimierungsproblemen.

Beispiel 1.3.7. Das Beispiel der Implementierung eines Video-Codierers wird hier fortgesetzt. Als mögliche Kriterien (unter vielen anderen!) für eine Exploration des

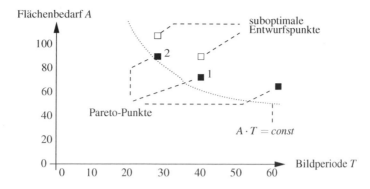

Abb. 1.17. Beispiel eines Entwurfsraums mit Pareto-Punkten; Implementierungen 1 und 2 entsprechen den Strukturen von Abb. 1.10 bzw. Abb. 1.11

Entwurfsraums kann man die Chipfläche bei einer Implementierung als integrierte Schaltung (Ein-Chip-Realisierung) betrachten sowie die Verarbeitungsrate (Bildperiode T). In den Flächenbedarf A gehen nicht nur die Zahl und Art der Teilsysteme ein (allgemein programmierbare Prozessoren, Spezialbausteine), sondern auch die Größe und Art der Speicher (Bildspeicher, schnelle lokale Cache-Speicher) sowie die Organisation und Breite der Busse.

Die Komplexität der Syntheseaufgabe wird deutlich, wenn man bedenkt, dass für jede betrachtete und in Bezug auf Busbandbreite, Signaldarstellung und Speichergröße parametrisierte Architektur eine für die Kriterien jeweils optimale Ablaufplanung und Bindung bestimmt werden muss.

In Abb. 1.17 wird ein kleiner Ausschnitt des Entwurfsraums gezeigt, der lediglich durch die normierten Kriterien „Flächenbedarf" und „Verarbeitungszeit pro Bild" parametrisiert wird. Den Vorgang der Suche bzw. Ermittlung der Pareto-Menge oder einer möglichst guten Approximation dieser Menge bezeichnet man auch als *Entwurfsraumexploration*. Es wird also deutlich, dass im Sinne der gewählten Kriterien jeder Pareto-Punkt eine optimale Lösung darstellt. Durch eine an die Entwurfsraumexploration anschließende benutzergersteuerte Abwägung der unterschiedlichen Kriterien kann dann der Entwickler/die Entwicklerin eine der gefundenen Pareto-optimalen Lösungen auswählen und implementieren.

1.4 Übungen

Übung 1.1 (Hardware/Software-Codesign)

Folgende Spezifikation beschreibt einen Teil eines Messsystems zur Erfassung von Roboterpositionen. Der Code (C) stellt ein Interface eines Roboters zum steuernden Computer dar.

```
int main()
{
  ...

    if (current != previous) {
        if ((current & 1) != ((previous & 2)%2))
            angle = angle + 1;
        else
            angle = angle - 1;
    }
    previous = current;

  ...

}
```

Im Folgenden sollen Implementierungsalternativen in Hardware oder Software abgewogen werden.

- Welche Bedingungen müssen an die Softwareausführungszeit gestellt werden im Falle einer Softwarerealisierung auf einem Mikroprozessor? Dazu wurde aus obigem Programmausschnitt der folgende Maschinencode generiert (Zielprozessor SUN Sparc):

```
!     main()
!     {
!         ...
!         if (current != previous) {
        ld [%fp-8],%l1
        ld [%fp-12],%l0
        cmp %l1,%l0
        be .L19
        nop
.L16:
!             if ((current & 1) != ((previous & 2)%2))
        ld [%fp-8],%l0
        and %l0,1,%l2
        ld [%fp-12],%l0
        and %l0,2,%l0
        mov 2,%l1
        mov %l0,%o0
        mov %l1,%o1
        call .rem
```

```
            nop
            mov %o0,%l0
            cmp %l2,%l0
            be .L17
            nop
    .L18:
    !          angle = angle + 1;
            ld [%fp-16],%l0
            add %l0,1,%l0
            st %l0,[%fp-16]
            ba .L19
            nop
    .L17:
    !       else
    !        angle = angle - 1;
            ld [%fp-16],%l0
            sub %l0,1,%l0
            st %l0,[%fp-16]
    .L19:
    !       }
    !       previous = current;
            ld [%fp-8],%l0
            st %l0,[%fp-12]
    !          ...
```

Die mit einem Ausrufezeichen beginnenden Zeilen stellen Kommentarzeilen dar. Dargestellt ist jeweils der Quellcode einer Anweisungszeile in C, gefolgt von der generierten Folge von Maschinenbefehlen, deren Bedeutung in dieser Aufgabe uninteressant ist. Nehmen Sie der Einfachheit halber an, dass jeder Maschinen-befehl in einem Zyklus abgearbeitet werden kann. Welche minimale Befehls-ausführungsrate müsste der Prozessor besitzen, wenn das dargestellte Programm-segment 1 % der Ausführungszeit seines gesamten, zyklisch durchlaufenen Pro-gramms (main()) beanspruchen würde?

• Wie groß ist die minimale Taktrate im Falle einer Hardwarerealisierung? Geben Sie eine Schaltung an (Datenpfad und Steuerwerk), die dieses Verhalten reali-siert. Wodurch ist die maximale Taktrate der Schaltung gegeben?

Erläuterung: Im Programm wird ein 2-Bit-Code (Encoder, siehe Abb. 1.18) eines Roboterarms gelesen (current) und daraus der aktuelle Drehwinkel (und die aktu-elle Drehrichtung) des Arms (angle) berechnet. Stellen Sie sich vor, der 2-Bit-Code stammt von zwei Sensoren, die die Farben Schwarz und Weiß codieren. Die Sen-soren befinden sich ortsfest am Rande einer Drehscheibe, die 60 Sektoren besitzt, welche abwechselnd schwarz und weiß gefärbt sind (siehe Abb. 1.18). Die Sensoren befinden sich im Abstand eines halben Sektors. Bewegt sich die Drehscheibe, ent-steht eine für beide Drehrichtungen charakteristische Bitfolge. Der Roboter erlaubt eine maximale Drehgeschwindigkeit von 1000 U/min.

Abb. 1.18. Drehscheibe zur Winkelberechnung eines Roboterarms

Übung 1.2 (Entwurfskriterien) Diskutieren Sie die Vor- und Nachteile in der Implementierung eines Systems in Hardware bzw. Software bzgl. folgender Kriterien:

- Entwurfszeit bzw. Time-to-market,
- Performanz,
- Kosten,
- Leistungsverbrauch,
- Wartbarkeit bzw. Änderbarkeit,
- Testbarkeit,
- Sicherheit.

Übung 1.3 (Abstraktionsebenen) Geben Sie die Ihnen bekannten Abstraktionsebenen beim Hardwareentwurf (insbesondere Target: ASIC) und beim Softwareentwurf (insbesondere Target: Mikroprozessor) an. Welche Aufgaben sind von Verfeinerungsstufe zu Verfeinerungsstufe zu lösen? Versuchen sie dabei, jede Verfeinerung unter den Aufgaben

- Allokation,
- Bindung und
- Ablaufplanung

zu betrachten.

Übung 1.4 (Spezifikation) Gegeben sei die Schaltung in Abb. 1.19 mit den Eingängen x_1 und x_2 und den Ausgängen y_1 und y_2 sowie NAND-Gatter mit jeweils zwei bzw. drei Eingängen.

- Welche Verfeinerungsstufe im Systementwurf stellt die Schaltung dar?
- Welche Sicht vermittelt die Schaltung?
- Beschreiben Sie die Struktur der Schaltung mittels SystemC unter der Annahme, dass es zwei benutzbare Bibliothekskomponenten nand2 und nand3 gibt, so dass die Grundstruktur der SystemC-Beschreibung wie folgt aussieht:

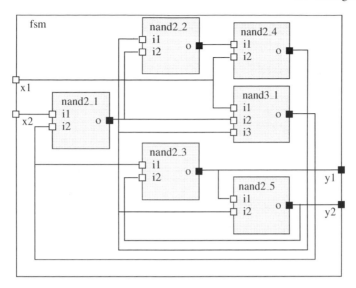

Abb. 1.19. Schaltung

```
class fsm : sc_module {
  public:
    sc_in<bool> x1;
    sc_in<bool> x2;
    sc_out<bool> y1;
    sc_out<bool> y2;

    fsm(sc_module_name module_name) :
      sc_module(module_name) {
      nand2_1 = new nand2("nand2_1");
      nand3_1 = new nand3("nand3_1");
      ...
    }
  private:
    ...
};
```

Die Portdeklarationen der Komponenten nand2 und nand3 sehen hierbei wie folgt
aus:

```
class nand2 : sc_module {
  public:
    sc_in<bool> i1;
    sc_in<bool> i2;
    sc_out<bool> o;
    ...
};
```

```
class nand3 : sc_module {
  public:
    sc_in<bool> i1;
    sc_in<bool> i2;
    sc_in<bool> i3;
    sc_out<bool> o;
    ...
};
```

- Versuchen Sie, äquivalente Verhaltensbeschreibungen zu finden, und zwar a) als Zustandsdiagramm und b) in SystemC.

Nun werden in die Rückkopplung der Schaltung in Abb. 1.19 D-Flipflops eingesetzt, die vorderflankengetaktet sind und mit einem Taktsignal clk getaktet werden.

- Wie könnte eine Verhaltensbeschreibung in SystemC aussehen? Hinweis: Betrachten Sie Beispiel 1.3.5. Achtung: hier Moore-Verhalten!

Übung 1.5 (Spezifikation und Verfeinerung) Das folgende SystemC-Beispiel soll eine Schaltung modellieren, die eine Differentialgleichung der Form $y'' + 3xy' + 3y = 0$ im Intervall $[x_0, a]$ mit der Schrittweite dx und Anfangswerten $y(x_0) = y$, $y'(x_0) = u$ mit Hilfe der Euler-Methode numerisch löst. Eine Verhaltensspezifikation in dieser Beschreibungssprache könnte etwa folgendermaßen aussehen:

```
#include "systemc.h"

class dgl : sc_module {
  public:
    sc_in<bool> activate;
    sc_in<double> x_in;
    sc_in<double> y_in;
    sc_in<double> u_in;
    sc_in<double> a_in;
    sc_in<double> dx_in;
    sc_out<double> y_out;

    SC_HAS_PROCESS(dgl);

    dgl(sc_module_name module_name) :
      sc_module(module_name) {
      SC_METHOD(algorithm);
      sensitive << activate;
    }

  private:
    void algorithm() {
      double x = x_in;
      double y = y_in;
```

```
double   u = u_in;
double   a = a_in;
double   dx = dx_in;

double   x1, u1, y1;

while( a <= x ) {
  x1 = x + dx;
  u1 = u - (3 * x * u * dx) - (3 * y * dx);
  y1 = y + (u * dx);
  x = x1; u = u1; y = y1;
}
y_out = y;
}
};
```

- Welche Schritte sind notwendig, um von einer Beschreibung der Problemstellung auf eine Beschreibung der obigen Form zu gelangen?
- Wie sieht eine äquivalente Beschreibung in einer Programmiersprache, entweder in C++ oder in C, aus?
- Obige Beschreibung soll
  a) als Programm auf einem Mikroprozessor ausgeführt werden,
  b) als dedizierte Schaltung mit Operationswerk und Steuerwerk (Abb. 1.20) realisiert werden.
  Beschreiben Sie die notwendigen Zwischenstufen und Syntheseverfahren.
- Versuchen Sie, grundsätzliche Unterschiede im Hardware- und Softwareentwurf herauszustellen (falls es welche gibt).

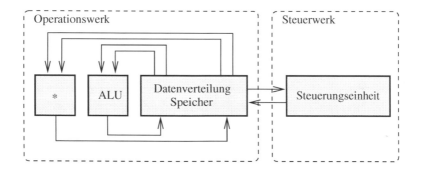

Abb. 1.20. Zielarchitektur

Übung 1.6 (Entwurfsraum und Optimierung)

Die Datenabhängigkeiten des Problems aus Übung 1.5 sind in Abb. 1.21 dargestellt. Der Entwurfsraum von Implementierungen, aufgespannt durch die beiden Dimensionen Fläche und Latenz, soll untersucht werden. Es gelte die Annahme, dass alle

Operationen (Knoten) die Berechnungszeit eines (dimensionslosen) Zeitschritts haben. Eine ALU habe die Fläche einer Flächeneinheit, die eines Multiplizierers fünf Flächeneinheiten. Die Multiplikationen können auf Multiplizierern ausgeführt werden, die Operationen der Addition, Subtraktion und Vergleichsbildung auf ALUs.

- Berechnen Sie Fläche und Latenz für folgende Allokationen:
  a) 1 Multiplizierer, 1 ALU,
  b) 1 Multiplizierer, 2 ALUs,
  c) 2 Multiplizierer, 1 ALU und
  d) 2 Multiplizierer, 2 ALUs.
- Welche Punkte sind Pareto-Punkte?

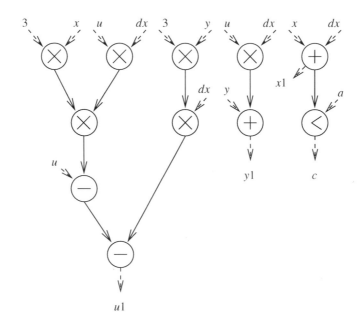

Abb. 1.21. Datenflussgraph

Hinweis: Berechnen Sie der Einfachheit halber die Gesamtfläche allein aus der Allokation (Summe der Flächen allozierter Einheiten). Berechnen Sie die Latenz als Differenz des Endzeitpunkts der letzten Operation und des Startzeitpunkts der ersten Operation (0), und berücksichtigen Sie bei der Berechnung eines Ablaufplans, dass

a) eine Operation im Graphen erst dann abgearbeitet werden kann, wenn alle Vorgängerknoten beendet sind und
b) nie mehr Operationen eines Typs als die Anzahl allozierter Einheiten dieses Typs gleichzeitig abgearbeitet werden können.

Übung 1.7 (Pareto-Punkte) Gegeben sei ein zweidimensionaler Entwurfsraum eines Systems mit den zu minimierenden Größen Kosten und Datenübertragungsperiode. Abbildung 1.22 zeigt eine Menge von gefundenen Entwurfspunkten. Dabei sind die Kosten (z. B. in €) auf der Abszisse, die Periode (z. B. in ms) auf der Ordinate aufgetragen.

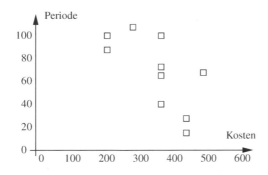

Abb. 1.22. Menge von Entwurfspunkten eines Entwurfsraums

- Identifizieren Sie die Menge der Pareto-Punkte.
- Nehmen Sie an, dass die beiden Entwurfspunkte mit den Eigenschaften $(300, 50)$ und $(200, 70)$ ebenfalls gültige Entwurfspunkte sind. Welche Punkte sind jetzt Pareto-Punkte?
- Geben Sie eine einfache zu minimierende Zielfunktion an, die für multidimensionale Entwurfsräume die Menge der Pareto-Punkte eindeutig beschreibt (also allen Pareto-Punkten den gleichen, minimalen Funktionswert zuweist) und damit für eine automatische Entwurfsraumexploration der Pareto-Punkte eingesetzt werden kann. Hinweis: Kapitel 8.

2

Modellierung

Dieses Kapitel ist der Aufgabe der Modellierung gewidmet. Dabei werden die wichtigsten konzeptionellen Modelle für Hardware/Software-Systeme vorgestellt.

2.1 Einleitung

Zu Beginn des Entwurfs eines Systems bedarf es einer Beschreibung der gewünschten Funktionalität. Um von unwichtigen Details eines Systems zu abstrahieren, braucht man eine sogenannte Modellbildung. Unter *Modellbildung* versteht man das Definieren von Basisobjekten und Zusammensetzungsregeln, mit denen die Charakteristika eines Systems beschrieben werden. Diese Objekte und Regeln definieren ein formales System, ein sogenanntes *Modell*. Ein Modell sollte in erster Linie eindeutig und vollständig sein. Weitere wichtige Aspekte sind leichte Verständlichkeit und leichte Änderbarkeit.

Beispiel 2.1.1. Betrachtet wird das Beispiel einer einfachen Fahrstuhlrichtungssteuerung. Eine Beschreibung des gewünschten Verhaltens in natürlicher Sprache könnte wie folgt lauten: „Basierend auf einer Anfrage einer gewünschten Etage soll der Fahrstuhl bis zur gewünschten Etage fahren und dort so lange stehen, bis eine neue Anfrage vorliegt." Natürliche Sprachbeschreibungen sind häufig unpräzise oder unvollständig. Was passiert z. B., wenn sich während der Fahrt die Anfrage ändert (entweder durch den/die Benutzer/in im Fahrstuhl oder durch einen Benutzer oder eine Benutzerin auf einer anderen Etage)? Fährt der Fahrstuhl dann immer in die Richtung der letzten Anfrage? Um das Verhalten eindeutig zu machen, müsste man z. B. die Einschränkung treffen, dass eine neue Anfrage von außen oder von innerhalb des Fahrstuhls nur dann registriert wird, wenn der Fahrstuhl steht. Abbildung 2.1 zeigt eine Modellierung mit zwei Zustandsdiagrammen. Das obige Diagramm (FSM1 in Abb. 2.1) stellt einen Mealy-Automaten dar, der eine Anfrage (Signal req) nur dann zulässt (anf := req), wenn der Fahrstuhl steht (dir = stop). Das untere Diagramm (FSM2) beschreibt einen Moore-Automaten, bei dem der Zustand (Variable dir) die aktuelle Richtung des Fahrstuhls angibt.

Eine dritte Möglichkeit der Spezifikation besteht darin, das Verhalten in einer Programmiersprache zu beschreiben, z. B. in C, C++, SystemC oder VHDL. Wie bei natürlichen Sprachbeschreibungen kann es aber auch hier zu Problemen und Unklarheiten führen, z. B. wenn die Semantik der Sprache Unklarheiten über die Ausführung offen lässt oder wenn die Sprache keine Möglichkeiten zur Spezifikation bestimmter Eigenschaften, wie z. B. des Zeitverhaltens, erlaubt. Gegenüber natürlichen Sprachbeschreibungen bietet dies allerdings den Vorteil, dass das Verhalten durch Übersetzung der Beschreibung simuliert werden kann.

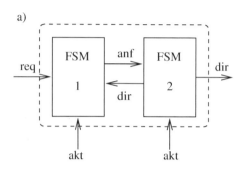

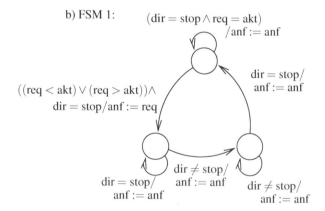

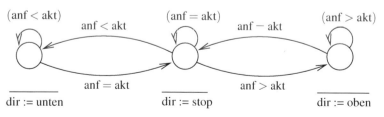

Abb. 2.1. Spezifikation einer Fahrstuhlrichtungssteuerung mit Zustandsdiagrammen

Es sollte hier betont werden, dass ausführbare Sprachen (wie z. B. C, C++, SystemC oder VHDL) i. Allg. verschiedene Modelle repräsentieren können und dass ein Modell in mehreren Sprachen ausgedrückt werden kann.

Nach der Modellbildung geht es darum, das Modell zu verfeinern und eine Implementierung zu finden, vergleiche Abschnitt 1.3.2. Dazu müssen die Anzahl und die Typen der Systemkomponenten sowie deren Verbindungsstruktur (Architekturebene) und der Instruktionssatz sowie das Programm- und Speichermodell des Mikroprozessors (Blockebene) bestimmt werden, siehe Kapitel 1.3.

Im Folgenden werden Modelle klassifiziert, die heutzutage im Entwurf von Hardware/Software-Systemen eine wichtige Rolle spielen.

2.2 Klassifikation von Modellen

Die folgende Klassifikation von Modellen ist orthogonal zu der bereits eingeführten Klassifikation in Abstraktionsebenen (System, Architektur und Logik) und Sichtweisen (insbesondere Verhalten und Struktur, siehe Kapitel 1.3) zu verstehen. Modelle sind

- *kontrollflussdominant* (zustandsorientiert),
- *datenflussdominant* (aktivitätsorientiert),
- *strukturorientiert*,
- *zeitorientiert* oder
- *datenorientiert*.

Ein zustandsorientiertes Modell, wie beispielsweise das Modell des endlichen Automaten (im Weiteren FSM (engl. *finite state machine*) genannt), repräsentiert ein System als eine Menge von Zuständen und Zustandsübergängen. Ein kontrollflussdominantes Modell ist am besten zur Modellierung von Steuerungsaufgaben geeignet, wie sie beispielsweise in reaktiven Echtzeitsystemen vorkommen. Die Orthogonalität der hier eingeführten Klassifikation zu Abstraktionsebene und Sichtweise soll an einem Beispiel deutlich gemacht werden. Auf Systemebene können die Aktionen von Zuständen bzw. Zustandsübergängen eines Zustandsmodells komplexerer Natur sein (z. B. Tasks). Auf der Logikebene sind dies z. B. Boolesche Ausdrücke. Während ein Zustandsdiagramm üblicherweise eine Verhaltenssicht darstellt, entspricht ein Blockschaltbild eines Steuerwerks einer strukturellen Sichtweise.

Als Beispiel von *Datenflussmodellen* werden Datenflussgraphen eingeführt. In einem Datenflussgraphen werden datenverarbeitende Knoten und deren Datenabhängigkeiten dargestellt. Diese Modelle sind am besten zur Modellierung *transformativer Systeme* geeignet, wie sie beispielsweise in der digitalen Signalverarbeitung vorkommen. Dort werden Daten bei meist fester Datenrate einer Reihe von Transformationen unterworfen (z. B. digitale Filter).

Strukturorientierte Modelle, wie beispielsweise Blockschaltbilder, dienen der Beschreibung der physikalischen Komposition des Systems (physikalische Module und Verbindungen).

Datenorientierte Modelle beschreiben ein System als eine Kollektion von Datenobjekten mit Attributen und Relationen. Diese Modelle werden meist in Software-Projekten (z. B. in Datenbanksystemen) angewendet. In objektorientierten Sprachen oder in der UML (engl. *Unified Modeling Language*) [116, 419] steht die Beschreibung der Datenobjekte und deren Relationen besonders im Vordergrund.

Es wird gezeigt, dass auf der Systemebene *heterogene* Modelle eine große Rolle spielen. Verschiedene Eigenschaften eines Systems können mit heterogenen Modellen gleichzeitig dargestellt werden.

Im Folgenden werden verschiedene Modelle vorgestellt, die im Systementwurf weit verbreitet sind. Viele dieser Modelle basieren auf dem Grundmodell von *Petri-Netzen*. Deshalb wird zunächst diese wichtige Klasse von Modellen eingeführt. Verschiedenartige Modelle ergeben sich dann durch unterschiedliche *Interpretation* eines Petri-Netzes oder durch spezielle Eigenschaften von Petri-Netzen. Nach einer allgemeinen Einführung von Petri-Netzen werden deren spezielle Eigenschaften definiert und die für den Systementwurf wichtigsten *interpretierten Petri-Netztypen* vorgestellt.

2.3 Petri-Netzmodell

Ein *Petri-Netz* (nach dem Mathematiker C. A. Petri [317] benannt) ist ein formales Modell zur Beschreibung von Systemen mit dem Schwerpunkt der Modellierung von asynchronen, nebenläufigen Vorgängen. Petri-Netze werden sowohl zur Modellierung von Systemen im Hardwareentwurf (insbesondere asynchroner Schaltungen) als auch im Softwareentwurf eingesetzt. Abbildung 2.2 zeigt ein Beispiel eines *Netzgraphen*, einer graphischen Darstellung eines Petri-Netzes. Ein Petri-Netz besteht aus einem Netzgraphen und einer *Dynamisierungsvorschrift*. Im Weiteren wird allerdings nicht zwischen einem Petri-Netz und seinem Netzgraphen unterschieden. Formal definiert man ein Petri-Netz wie folgt:

Definition 2.3.1 (Petri-Netz). *Ein* Petri-Netz $G(P,T,F,K,W,M_0)$ *ist ein 6-Tupel* (P,T,F,K,W,M_0) *mit*

$$P \cap T = \emptyset$$

und

$$F \subseteq (P \times T) \cup (T \times P)$$

Darin bezeichnet

- $P - \{p_1, p_2, \cdots, p_m\}$ *die Menge der* Plätze *(oder Stellen)*,
- $T = \{t_1, t_2, \cdots, t_n\}$ *die Menge der* Transitionen.

Beide Mengen zusammen bilden die Menge der Knoten.

- *F heißt* Flussrelation. *Die Elemente von F heißen* Kanten.
- $K : P \rightarrow \mathbb{N} \cup \{\infty\}$ *(Kapazitäten der Stellen - evtl. unbeschränkt)*,
- $W : F \rightarrow \mathbb{N}$ *(Kantengewichte der Kanten)*,
- $M_0 : P \rightarrow \mathbb{N}_0$ Anfangsmarkierung, *wobei* $\forall p \in P : M_0(p) \leq K(p)$.

Ein Petri-Netz ist also ein *gerichteter, bipartiter Graph*. In der üblichen Darstellung werden die Stellen als Kreise, die Transitionen als Rechtecke und die Kanten als Pfeile notiert. Im Zusammenhang mit einem Netzknoten x hat man häufig mit zwei bestimmten Mengen von Nachbarknoten zu tun. Dies ist zum einen der *Vorbereich*

$$\bullet x = \{y \mid (y,x) \in F\},$$

also die Menge aller direkten Vorgänger von x (z. B. *Eingangsstellen*, falls x Transition ist). Zum anderen ist dies der *Nachbereich*

$$x\bullet = \{y \mid (x,y) \in F\},$$

also die Menge aller direkten Nachfolger von x.

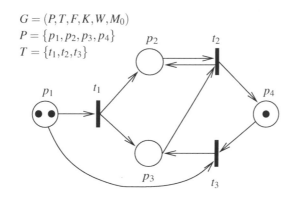

$G = (P,T,F,K,W,M_0)$
$P = \{p_1,p_2,p_3,p_4\}$
$T = \{t_1,t_2,t_3\}$

$\bullet t : \bullet t_1 = \{p_1\}$ $t\bullet : t_1\bullet = \{p_2,p_3\}$ $M_0 : M_0(p_1) = 2$
$\bullet t_2 = \{p_2,p_3\}$ $t_2\bullet = \{p_2,p_4\}$ $M_0(p_2) = 0$
$\bullet t_3 = \{p_1,p_4\}$ $t_3\bullet = \{p_3\}$ $M_0(p_3) = 0$
    $M_0(p_4) = 1$

$F = \{f_1,f_2,f_3,f_4,f_5,f_6,f_7,f_8,f_9,f_{10}\}$
$f_1 = (p_1,t_1), f_2 = (t_1,p_2), f_3 = (p_1,t_3), f_4 = (t_1,p_3), f_5 = (p_2,t_2),$
$f_6 = (t_2,p_2), f_7 = (p_3,t_2), f_8 = (t_3,p_3), f_9 = (t_2,p_4), f_{10} = (p_4,t_3)$

Abb. 2.2. Beispiel eines Petri-Netzes G

Beispiel 2.3.1. In Abb. 2.2 sind neben einem Netzgraphen ebenfalls die Vor- und Nachbereiche der Transitionen dargestellt sowie die Anfangsmarkierung M_0. Es gibt 10 Kanten ($F = \{f_1,f_2,\cdots,f_{10}\}$), z. B. ist $f_1 = (p_1,t_1)$. In der graphischen Darstellung wird die Markenzahl $M(p)$ einer Stelle $p \in P$ unter der Markierung M durch $M(p)$ Punkte dargestellt, siehe z. B. Stelle p_1. Die Kapazität einer Stelle bezeichnet eine obere Schranke der Markenzahl dieser Stelle. Die Bedeutung der Kantengewichte wird in der nachfolgenden Definition erläutert. Kapazitäten $\neq \infty$ bzw. Gewichte

$\neq 1$ werden an die betreffenden Stellen bzw. Kanten geschrieben. Die Kapazitäten aller Stellen in Abb. 2.2 seien unbeschränkt, die Gewichte aller Kanten $= 1$.

Marken sind Attribute von Stellen und zirkulieren im Petri-Netz. Der Zustand eines Netzes wird über die *Markierungsfunktion* $M : P \to \mathbb{N}_0$ (im Weiteren oft einfach als *Markierung* bezeichnet) definiert, wobei $M(p)$ die Zahl der Marken einer Stelle $p \in P$ darstellt.

Es fehlt nun noch eine *Dynamisierungsvorschrift*, die angibt, unter welchen Umständen Marken im Petri-Netz bewegt werden können. Jeweils zulässige Markierungswechsel ergeben sich aus der sogenannten *Schaltregel* (engl. *firing rule*), worin die *Schaltbereitschaft* und das *Schalten* einer Transition wie folgt definiert werden:

Definition 2.3.2. *Eine Transition $t \in T$ eines Petri-Netzes $G(P,T,F,K,W,M_0)$ heißt schaltbereit (unter der Markierung M), geschrieben $M[t\rangle$, wenn*

1. $\forall p \in \bullet t : M(p) \geq W(p,t)$,
2. $\forall p \in t\bullet \setminus \bullet t : M(p) \leq K(p) - W(t,p)$,
3. $\forall p \in t\bullet \cap \bullet t : M(p) \leq K(p) - W(t,p) + W(p,t)$.

Damit eine Transition *schalten* (oder feuern) kann, muss sie schaltbereit sein. Das Schalten führt zu dem Ergebnis, dass von jeder Eingangsstelle $p \in \bullet t$ genau $W(p,t)$ Marken abgezogen (oder konsumiert) werden und jeweils $W(t,p)$ Marken an Ausgangsstellen $p \in t\bullet$ gelegt (sprich produziert) werden:

Definition 2.3.3. *Beim Schalten einer Transition $t \in T$ eines Petri-Netzes $G(P,T,F,K, W,M_0)$ von M auf M', geschrieben $M[t\rangle M'$, wird M' aus M wie folgt gebildet:*

$$M'(p) = \begin{cases} M(p) - W(p,t), & \text{falls } p \in \bullet t \setminus t\bullet \\ M(p) + W(t,p), & \text{falls } p \in t\bullet \setminus \bullet t \\ M(p) - W(p,t) + W(t,p), & \text{falls } p \in t\bullet \cap \bullet t \\ M(p) & \text{sonst.} \end{cases}$$

M' heißt *Folgemarkierung* von M unter t. Das Entfernen der Marken der Eingangsstellen und das Produzieren der Marken an den Ausgangsstellen der Transition erfolgt simultan. Die Bedingungen an die Schaltbereitschaft und die Definition der Folgemarkierung bezeichnet man auch als *Schaltregel*.

Beispiel 2.3.2. In dem Petri-Netz in Abb. 2.2 ist Transition t_3 schaltbereit. Nach Feuern von t_3 ist die neue Markierung M' mit $M'(p_1) = M'(p_3) = 1$ und $M'(p_2) = M'(p_4) = 0$.

Petri-Netze sind zur Modellierung dynamischer, zustandsdiskreter Systeme weit verbreitet. Zunächst werden nur Petri-Netze mit unbeschränkter Kapazität und Einheitsgewichten ($K = \infty, W = 1$) betrachtet. Abbildung 2.3a) zeigt, wie man *Sequentialität* mit Hilfe eines Petri-Netzes modellieren kann. Abbildung 2.3c) stellt eine nichtdeterministische Verzweigung dar. Transitionen t_1 und t_2 sind in einem *Konflikt*. Ein Konflikt liegt dann vor, wenn zwei oder mehrere Transitionen schaltbereit sind, die mindestens eine gemeinsame Eingangsstelle haben, und das Schalten der einen Transition die Schaltbereitschaft der anderen zerstört.

Auch Abb. 2.3d) stellt einen Konflikt dar. Transitionen t_1 und t_2 streiten sich um eine Ressource, die durch die Marke der mittleren Stelle dargestellt ist.

Definition 2.3.4. *Zwei Transitionen t_1 und t_2 eines Petri-Netzes mit $K = \infty$ sind im* Konflikt, *wenn $M[t_1\rangle$ und $M[t_2\rangle$, aber nicht $M[\{t_1,t_2\}\rangle$. Dabei bezeichne $M[\{t_1,t_2,\cdots,t_n\}\rangle$ die gleichzeitige, nebenläufige Schaltbereitschaft aller Transitionen $t_1,t_2,\cdots,t_n$.*

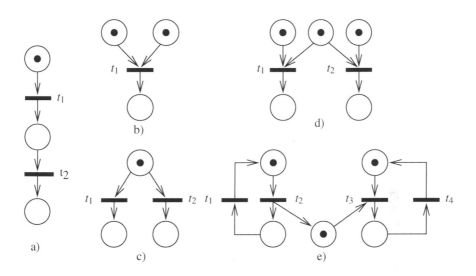

Abb. 2.3. Petri-Netze, die a) Sequentialität, b) Synchronisation, c) Verzweigung, d) Ressourcenkonflikt und e) Nebenläufigkeit modellieren

In Abb. 2.3b) ist *Synchronisation* mit Hilfe eines Petri-Netzes modelliert. Die Modellierung von Nebenläufigkeit wird in Abb. 2.3e) deutlich. Transitionen t_2 und t_3 können simultan feuern. Dieses Petri-Netz stellt ein *Erzeuger-Verbraucher-System* (engl. *producer/consumer problem*) dar. Die Transitionen können z. B. Signaländerungen eines eingebetteten Systems modellieren.

2.3.1 Dynamische Eigenschaften von Petri-Netzen

Im Folgenden werden spezielle Eigenschaften von Petri-Netzen definiert. Diese Eigenschaften erlauben die Einordnung bekannter Modelle als Teilklassen von Petri-Netzen. Die wichtigsten Eigenschaften sind *Sicherheit* und *Lebendigkeit*.

Sicherheit

Zu jeder Markierung M eines Petri-Netzes gehört eine *Markierungsklasse*. Dies ist diejenige Menge von Markierungen, die neben M selbst noch alle diejenigen Markierungen enthält, die ausgehend von M durch Schaltfolgen erreichbar sind. Die Markierungsklasse der Anfangsmarkierung M_0 eines Petri-Netzes G heißt auch *Erreichbarkeitsmenge* von G, geschrieben $[M_0\rangle$. Damit kann die Sicherheit eines Petri-Netzes wie folgt definiert werden:

Definition 2.3.5 (Sicherheit). *Seien* $G(P,T,F,K,W,M_0)$ *ein Petri-Netz und* $B : P \to \mathbb{N}_0 \cup \{\infty\}$ *eine Abbildung, die jeder Stelle eine „kritische Markenzahl" zuordnet. G heißt B-*sicher *bzw. B-*beschränkt, *wenn*

$$\forall M \in [M_0\rangle, p \in P : M(p) \leq B(p).$$

G heißt beschränkt, wenn es eine natürliche Zahl b gibt, für die G B-beschränkt ist mit $\forall p \in P : B(p) = b$.

Während Kapazitäten Begrenzungen der Markenzahlen darstellen, die *a priori* gegeben sind, stellt Sicherheit eine Begrenzung *a posteriori* dar, also eine Beobachtung. Interessant bei der Analyse von durch Petri-Netzen beschriebenen Systemen ist der wichtige Satz:

Theorem 2.3.1 ([24]). *Ein Petri-Netz ist genau dann beschränkt, wenn seine Erreichbarkeitsmenge endlich ist.*

Beweis: Sei $|P| = m$. Ist das System beschränkt, dann ist es auch für ein $b \in \mathbb{N}$ b-sicher, so dass es nur $(b+1)^m$ verschiedene erreichbare Markierungen geben kann. Ist das System hingegen unbeschränkt, so ist die Markenzahl auf mindestens einer Stelle p_0 unbeschränkt; sonst wäre das System b-beschränkt mit $b = \max\{M(p) \mid M \in [M_0\rangle, p \in P\}$. Somit gibt es unendlich viele verschiedene auf p_0 angenommene Markenzahlen, und dazu gehören unendlich viele verschiedene erreichbare Markierungen. $\square$

Lebendigkeit

Definition 2.3.6. *Eine Transition t eines Petri-Netzes* $G(P,T,F,K,W, M_0)$ *heißt* tot, *wenn sie unter keiner erreichbaren Markierung schaltbereit ist:*

$$\forall M \in [M_0\rangle : \neg M[t\rangle.$$

Definition 2.3.7. *Eine Transition t eines Petri-Netzes* $G(P,T,F,K,W, M_0)$ *heißt* aktivierbar, *wenn sie mindestens unter einer Folgemarkierung schaltbereit ist:*

$$\exists M_1 \in [M_0\rangle : M_1[t\rangle.$$

Sie heißt lebendig, *wenn sie unter allen Folgemarkierungen aktivierbar ist:*

$$\forall M_1 \in [M_0\rangle : \exists M_2 \in [M_1\rangle : M_2[t\rangle.$$

Man beachte, dass in dieser Definition tot nicht das Gegenteil von lebendig ist. Aufbauend auf dem Lebendigkeitsbegriff für Transitionen definiert man die Lebendigkeit eines Petri-Netzes wie folgt:

Definition 2.3.8 (Lebendigkeit). *Ein Petri-Netz* $G(P,T,F,K,W,M_0)$ *heißt* deadlock-frei *oder* schwach lebendig, *wenn es unter keiner Folgemarkierung tot ist:*

$$\forall M_1 \in [M_0\rangle : \exists t \in T : M_1[t\rangle.$$

G heiße lebendig *oder* stark lebendig, *wenn alle seine Transitionen lebendig sind:*

$$\forall t \in T, M_1 \in [M_0\rangle : \exists M_2 \in [M_1\rangle : M_2[t\rangle.$$

G heißt tot *in einer Markierung M, wenn alle seine Transitionen tot sind:*

$$\forall t \in T : \neg M[t\rangle.$$

Das Petri-Netz in Abb. 2.3e) ist stark lebendig. Eng verbunden mit dem Begriff der toten Transition ist der Begriff der *Verklemmung* (engl. *Deadlock*) ($\exists M_1 \in [M_0\rangle :$ $\forall t \in T : \neg M_1[t\rangle$). Der Begriff der Verklemmung ist vor allem dann von Bedeutung, wenn das Petri-Netz eine Verhaltensspezifikation für ein zu konstruierendes System darstellt, bei dem Verklemmungen als Störfälle einzustufen sind, bei denen nichts mehr geht.

Ein Petri-Netz heißt schließlich *konservativ*, wenn die Anzahl der Marken im Netz unter allen Schaltfolgen von Transitionen konstant ist.

Definition 2.3.9 (Konservativität).
Sei $w : P \rightarrow \mathbb{N}_0$. *Ein Petri-Netz* $G(P,T,F,K,W,M_0)$ *heißt* konservativ, *wenn es für einen strikt positiven Vektor w die Bedingung*

$$\forall M \in [M_0\rangle : wM = wM_0$$

erfüllt, wobei

$$wM := \sum_{p \in P} w(p)M(p).$$

Während bislang den Stellen und Transitionen eines Petri-Netzes keine Bedeutung zugeordnet wurde (Petri-Netze sind sog. *uninterpretierte Netze*), spielen in der Realität spezielle *interpretierte Netze* eine wichtige Rolle. Modelle, die entweder zustandsorientiert oder aktivitätsorientiert sind, ergeben sich als spezielle Netztypen.

2.4 Kontrollflussmodelle

2.4.1 Endliche Automaten (FSMs)

Definition 2.4.1. *Ein* nichtdeterministischer endlicher Mealy-Automat *(FSM) ist ein 6-Tupel* (I,O,X,R,f,g):

- *I ist das* Eingabealphabet,
- *O ist das* Ausgabealphabet.
- *X ist eine endliche nichtleere Menge von* Zuständen,

- $R \subseteq X$ *ist die* Menge der Anfangszustände,
- $f \subseteq (X \times I \times X)$ *heißt* Übergangsrelation *und*
- $g \subseteq (X \times I \times O)$ *heißt* Ausgangsrelation.

Eine FSM heißt *deterministisch*, wenn a) $|R| = 1$ und wenn b) f und g Funktionen sind mit $f : (X \times I) \rightarrow X$ und $g : (X \times I) \rightarrow O$. Eine deterministische *FSM* heißt *vollständig spezifiziert*, wenn f und g Funktionen sind, die für alle Elemente aus $X \times I$ definiert sind.

Ein *Zustandsdiagramm*, siehe z. B. in Abb. 2.4, ist eine graphische Repräsentation einer FSM in Form eines gerichteten Graphen $G(V, E)$, in dem jeder Knoten $v \in V$ einen Zustand $x \in X$ und jede Kante $e \in E$ einen *Zustandsübergang* repräsentiert. Eine Kante wird mit einem Paar (i, o) in der Schreibweise i/o benannt, das den Zustandsübergang charakterisiert: Tritt in einem *aktuellen Zustand* x_1 das entsprechende Eingabeereignis $i \in I$ ein, dann erfolgt ein Zustandsübergang in den *Folgezustand* x_2, und das Ausgabeereignis $o \in O$ wird erzeugt. Bei deterministischen FSMs heißt *ein Zustand* $x \in X$ *unter einer Eingabe* i *stabil*, wenn für den Folgezustand $f(x, i)$ gilt: $x = f(x, i)$ (Schleife im Zustandsdiagramm).

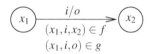

Abb. 2.4. Zustandsdiagramm

Beispiel 2.4.1. In Abb. 2.5a) ist ein Zustandsdiagramm dargestellt mit $|X| = 3$ Zuständen. Es handelt sich um eine deterministische FSM. Das Eingabealphabet ist $\{r_1, r_2, r_3\}$, das Ausgabealphabet enthält die Ereignisse n, u_1, u_2, d_1, d_2. Die Menge der Zustände ist $\{x_1, x_2, x_3\}$. Der Anfangszustand heißt x_1. x_1 ist stabil unter der Eingabe r_1.

Ein deterministischer, unvollständig spezifizierter endlicher Automat heißt dann *Moore-FSM*, wenn für jeden Zustand $x \in X$ alle gerichteten Kanten mit Endknoten x die gleiche Ausgabe $o \in O$ erzeugen. Deshalb kann man bei Moore-FSMs die Ausgabe mit den internen Zuständen assoziieren ($g : X \rightarrow O$). Der Automat FSM2 in Abb. 2.1 stellt einen Moore-Automaten dar.[1]

Zustandsdiagramme können auch mit Petri-Netzen dargestellt werden. Man kann zeigen, dass Petri-Netze mit der Eigenschaft, dass jede Transition genau eine Eingangsstelle und genau eine Ausgangsstelle besitzt und die mit genau einer Marke auf

---

[1] Der Automat ist ein *erweiterter Automat* dahingehend, dass a) jedem Ereignis ein *Wert* eines endlichen Wertebereiches, insbesondere eine Teilmenge der Menge der natürlichen Zahlen zugeordnet werden kann und dass b) Übergangs- und Ausgangsfunktion kompakter dargestellt werden können durch Zulassung relationaler, arithmetischer und logischer Verknüpfungen.

einer der Stellen anfangsmarkiert sind, äquivalent sind mit dem Modell des nichtdeterministischen endlichen Automaten.

Definition 2.4.2. *Ein* nichtdeterministischer endlicher Mealy-Automat *ist ein Petri-Netz* $G(P,T,F,K,W,M_0)$ *mit den Eigenschaften:*

1. $\forall t \in T : |\bullet t| = |t \bullet| = 1$,
2. $\sum_{p \in P} M_0(p) = 1$,
3. $\forall p \in P : K(p) = 1$,
4. $\forall f \in F : W(f) = 1$,
5. *jeder Transition ist ein Paar in der Schreibweise Eingabeereignis/Ausgabeereignis zugewiesen, wobei das Eingabeereignis eine zusätzliche Bedingung an die Schaltbereitschaft der Transition beschreibt.*

Assoziiert man mit jeder Stelle des Petri-Netzes einen Zustand, dann ist ein Petri-Netz nach Definition 2.4.2 offensichtlich konservativ und damit die Menge erreichbarer Markierungen (= Zustandsraum) endlich. Es gibt genau einen Anfangszustand (es gibt genau eine Stelle, die eine Marke besitzt). Dieser ist bei einem deterministischen Automaten sogar eindeutig. Ein Zustandsdiagramm (siehe Abb. 2.5a)) konvertiert man in ein Petri-Netz, indem man jeden Zustand durch eine Stelle und jeden Zustandsübergang durch eine entsprechende Stellen verbindende Transition modelliert (siehe Abb. 2.5b)). Zustandsdiagramme lassen sich somit als interpretierte Petri-Netze auffassen.

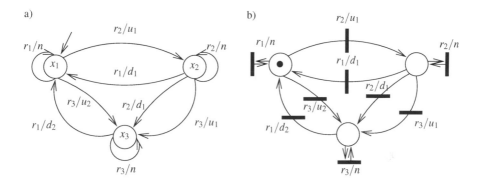

Abb. 2.5. Zustandsdiagramm und äquivalentes Petri-Netzmodell

2.4.2 Erweiterte Zustandsmaschinenmodelle

Eine wichtige Anforderung bei der Modellierung komplexer Systeme ist die Möglichkeit zur Einführung von Hierarchieebenen. Hierarchie ist ein geeignetes Mittel zur Reduktion der Entwurfskomplexität und schafft effizientere Beschreibungsformen. Im Folgenden wird gezeigt, wie man Hierarchie im Petri-Netzmodell darstellen kann. Beispielsweise können Stellen oder Transitionen durch Teilnetze ersetzt werden. Ein Beispiel ist in Abb. 2.6 dargestellt. Falls verschiedene, nebenläufige Transitionen auf das gleiche Teilnetz verweisen, dann gilt die Konvention, dass die beiden Teilnetze auch nebenläufig ablaufen. Es werden also nebenläufige Instanzen kreiert.

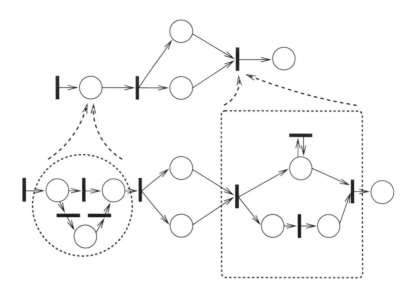

Abb. 2.6. Hierarchische Modellierung in Petri-Netzen durch Ersetzung der Stellen oder Transitionen durch Subnetze (oder umgekehrt)

Das Modell des endlichen Automaten ist in vieler Hinsicht restriktiv, z. B. können keine nebenläufigen Zustände dargestellt werden. Ansätze, die das Modell des endlichen Automaten erweitern, sind beispielsweise kommunizierende, endliche Automaten (realisiert z. B. in der Sprache SDL [349]). Nebenläufigkeit findet hier genau auf einer Hierarchieebene statt. Andere Ansätze sind Prozesskalküle. Milner's CCS [279] (*a calculus of communicating systems*) ist eine formale Sprache, die auch die Darstellung verschachtelter Hierarchie auf der Ebene von Prozessen zulässt. CCS oder CSP [175] (*communicating sequential processes*) erlauben die Kommunikation von Prozessen, z. B. über einen *Rendezvous*-Mechanismus (CSP), der den sendenden Prozess blockiert, solange der Empfänger nicht bereit ist, die Mitteilung entgegen zunehmen (implementiert z. B. in OCCAM [192]). In diesem Zusammenhang sei auch die Methode CIP [108, 107] erwähnt. CIP erlaubt sowohl asynchrone als auch synchrone Kommunikation zwischen hierarchischen Zuständen. Ein anderes wichtiges Kommunikationsschema ist ein sogenannter *Broadcast*, der den Sender nicht blockiert und eine Meldung an alle anderen Prozesse gleichzeitig senden kann.

2.4.3 Hierarchische, nebenläufige Zustandsmaschinen

Ein zur Spezifikation von eingebetteten Systemen häufig verwendetes, zustandsorientiertes Modell, das die Eigenschaften der Nebenläufigkeit und Hierarchie dem Modell der Zustandsdiagramme hinzufügt, ist das Modell des *hierarchischen, nebenläufigen endlichen Automaten* (engl. *hierarchical concurrent finite state machine*, HCFSM). Eine Implementierung dieses Modells mit graphischer Eingabe ist Statecharts [159].

2.4.4 Statecharts

Im Folgenden werden die wesentlichen Eigenschaften von Statecharts näher beschrieben.

$$Statecharts = Zustandsdiagramme +$$
$$Hierarchie +$$
$$Nebenläufige\ Zustände +$$
$$Broadcastkommunikation$$

Statt Statecharts hier in vollem Umfang inklusive einer Beschreibung der formalen Semantik einzuführen, sollen die wichtigsten Konzepte nichtformal vorgestellt werden.

Hierarchische Verfeinerung

Zustände werden durch abgerundete Rechtecke (Boxen) dargestellt. Pfeile bezeichnen Zustandsübergänge. Hierarchie wird durch das Enthaltensein von Zuständen in anderen Zuständen dargestellt. Zustände einer höheren Hierarchiestufe werden als *Superzustände* bezeichnet. Innerhalb eines Superzustands bezeichnet man alle Zustände als *Subzustände*. Die Aktivierung eines Superzustands entspricht dem Eintritt in einen seiner Subzustände. Die Semantik eines Superzustands ist dabei eine *eXclusiv-OR-Dekomposition*, und ein Superzustand ist eine Abstraktion seiner Subzustände. Ein Zustandsübergang kann bei Zuständen unterschiedlicher Hierarchieebenen beginnen bzw. enden. Ein Zustandsübergang wird gekennzeichnet mit einem ihn auslösenden Ereignis oder mit einer zusätzlichen Bedingung (engl. *condition*) der Form $\alpha(K)$, wobei α ein Ereignis bezeichnet und K einen Booleschen Ausdruck. Ein Zustandsübergang bei Vorliegen des Ereignisses α erfolgt nur dann, wenn K wahr ist. Die Notation soll an einem Beispiel deutlicher gemacht werden.

Beispiel 2.4.2. Abbildung 2.7 zeigt einen Statechart, bestehend aus einem Superzustand D, der die beiden Subzustände A und C beinhaltet. Die Semantik von Zustand D ist ein XOR seiner Subzustände, d. h. im Zustand D zu sein bedeutet, entweder in A oder in C zu sein, aber nie in beiden gleichzeitig. Der Übergang β bedeutet, dass unabhängig davon, ob man in Zustand A oder C ist, beim Auftreten von Ereignis

β in den Zustand B wechselt. Es handelt sich folglich um eine effiziente Zusammenfassung von Kanten. Ein Zustandswechsel von A nach C erfolgt aus Zustand A bei Ereignis γ nur dann, wenn die Bedingung K wahr ist. Anfangszustände sind durch besondere Pfeile gekennzeichnet und entsprechen den Anfangszuständen in herkömmlichen FSMs.

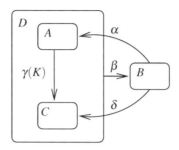

Abb. 2.7. Hierarchie in Statecharts

Nebenläufigkeit und Unabhängigkeit

Die Einführung von Nebenläufigkeit erfolgt in Statecharts durch Definition der sogenannten *AND-Dekomposition*. Befindet sich ein System in einem Subzustand eines Superzustands, muss es sich auch in einem Subzustand all seiner AND-Komponenten befinden. In der Statecharts-Notation wird ein Diagramm durch gestrichelte Linien in AND-Komponenten unterteilt. Der Superzustand ist dann das *orthogonale Produkt* all seiner Subzustände (siehe Abb. 2.8). Schließlich wird ein Superzustand verlassen, wenn ein Zustandsübergang irgendeiner seiner Subzustände zum Verlassen des Superzustands führt. Das Ganze wird wieder an einem Beispiel erläutert.

Beispiel 2.4.3. Abbildung 2.8 zeigt, wie Nebenläufigkeit im Statecharts-Modell dargestellt wird. Im Zustand Y zu sein bedeutet, in Zustand A und Zustand D gleichzeitig zu sein, also in einer Kombination von B oder C mit E, F oder G. Y ist das orthogonale Produkt von A und D. Der Eintritt in den Superzustand Y entspricht dem Eintritt in die beiden Subzustände B und F, man schreibt (B, F) und bezeichnet (B, F) auch als *Konfiguration*. Grundsätzlich sind die einzelnen Komponenten eines Superzustands unabhängig voneinander. Verwenden die sogenannten Subdiagramme jedoch gleiche Ereignisse bei Zustandsübergängen, müssen die beiden Teilautomaten in diesen Ereignissen *synchronisieren*. Beispielsweise erfolgt aus der Konfiguration (B, F) bei Auftreten von Ereignis α ein Zustandswechsel in die Konfiguration (C, G), d. h. das Ereignis α synchronisiert den Zustandswechsel. Erfolgt Ereignis μ in Konfiguration (B, F), dann ist nur der Superzustand D von einem Zustandswechsel betroffen (Unabhängigkeit). Das Statechart in Abb. 2.8 ist äquivalent zu dem Zustandsdiagramm

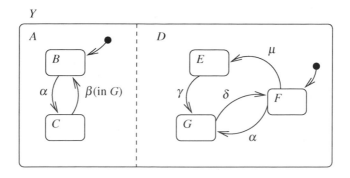

Abb. 2.8. Modellierung von nebenläufigen Zuständen in Statecharts

in Abb. 2.9. Die Abbildung erfolgt durch Bilden des *Produktautomaten*. Betrachtet man die Zustandsmaschine A mit $|A| = 2$ Zuständen und D mit $|D| = 3$ Zuständen, so hat der Produktautomat $|A|\,|D| = 6$ Zustände, nämlich genau die Anzahl aller möglichen Konfigurationen seiner Zustände. Formal ist das orthogonale Produkt in Statecharts eine Verallgemeinerung der üblichen Produktautomatenbildung, denn es kann hier Abhängigkeiten zwischen den orthogonalen Komponenten geben durch a) gemeinsame Ereignisse (üblich) und b) durch Bedingungen. Zum Beispiel hat die Bedingung (in G) in dem Statechart in Abb. 2.8 die Konsequenz, dass es im Produktautomaten lediglich einen einzigen Übergang mit Ereignis β gibt, denn der Übergang bedeutet, dass im Produktautomaten ein Übergang aus der Konfiguration (C, G) durch β ausgelöst werden kann, nicht aber aus den Konfigurationen (C, E) und (C, F).

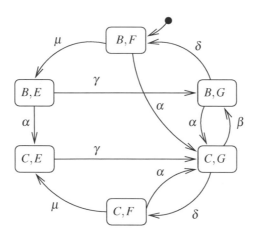

Abb. 2.9. Produktautomat des Statecharts in Abb. 2.8.

Bislang wurde nur das Zustandsübergangsverhalten in Statecharts beschrieben. Was noch fehlt, ist offensichtlich die Beschreibung des Ausgangsverhaltens. In Statecharts erfolgt dies durch sogenannte *Aktionen*. Ein allgemeiner Zustandsübergang hat die Form $\alpha(K)/A$, wobei α ein Ereignis, K eine Bedingung und A eine Aktion darstellt (siehe Abb. 2.10). Alle drei Argumente sind optional. Ein Ereignis kann entweder elementar oder eine logische Verknüpfung von Ereignissen sein. Die Bedingung K stellt einen Booleschen Ausdruck dar. Eine besondere Bedingung ist (in S), wobei S ein Zustand ist. Diese Bedingung ist erfüllt, falls sich das System im Zustand S befindet. Auch hier sind disjunktive und konjunktive Verknüpfungen von Bedingungen gültige Bedingungen. Eine Aktion ist beispielsweise die Zuweisung eines Ausdrucks an eine Variable oder eine Bedingung, die andere Zustandsänderungen bewirken kann. Aktionen können externe Ereignisse, aber auch interne Ereignisse sein, die in der betrachteten Komponente sowie in orthogonalen Komponenten andere Zustandsänderungen auslösen können.

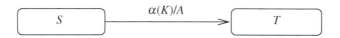

Abb. 2.10. Arten von Zustandsübergängen in Statecharts

Beiläufig sei noch erwähnt, dass Statecharts auch die Fähigkeit besitzt, sich beim Verlassen von Zuständen den verlassenen Zustand zu merken (sog. *History-Mechanismus*). Ferner können auch Zeitbedingungen für minimale bzw. maximale Verweildauern in Zuständen (sog. *Timeouts*) spezifiziert werden.

Zum Schluss wird noch ein größeres Beispiel einer HCFSM in Statecharts betrachtet. Es handelt sich um die Steuerung der Betriebsarten einer Armbanduhr mit Alarm- und Stoppuhrfunktionen.

Beispiel 2.4.4. Abbildung 2.11 zeigt ein Beispiel eines in Statecharts spezifizierten Systems zur Steuerung der Betriebsarten einer Armbanduhr (aus [32]). Die Uhr besitzt vier Knöpfe ul, ll, ur, lr (up-left, low-left, up-right, low-right) und fünf Betriebsarten, darunter:

- TIMER: In dieser Betriebsart (Grundzustand) wird nur die Uhrzeit dargestellt. In diesem Zustand bedeuten Knopfdruck
  - ll: Wechsel in den Zustand STOPWATCH,
  - ul: Wechsel in den Zustand TIME_UPDATE,
  - lr: Wechsel des Displayzustands (24H oder AM-PM) und
  - ur: Einschalten der Beleuchtung.
- TIME_UPDATE (Ändern der Daten):
  - ll: Umschalten zwischen den zu verändernden Items (Sekunden, Stunden, Minuten, Tag etc.),
  - lr: Aktualisierung des selektierten Items,

- ul: zurück in den TIMER-Betriebszustand.
- STOPWATCH (Stoppuhrfunktion):
  - ll: Wechsel in Zustand ALARM,
  - lr: Start-Stop der Stoppuhr,
  - ur: Reset der Stoppuhr.
- ALARM (Weckfunktion):
  - ll: Wechsel in Zustand TIMER,
  - ul: Wechsel in Zustand ALARM_UPDATE,
  - lr: Ein- und Ausschalten der Glocke (engl. *chime*),
  - ur: Ein- und Ausschalten des Alarms.

Der Zustand ALARM_UPDATE besitzt die gleichen Funktionen wie der Zustand TIME_UPDATE. In jedem beliebigen Zustand soll der Knopfdruck ur die Glocke stoppen. Diese Spezifikation ist als Statechart in Abb. 2.11 dargestellt.

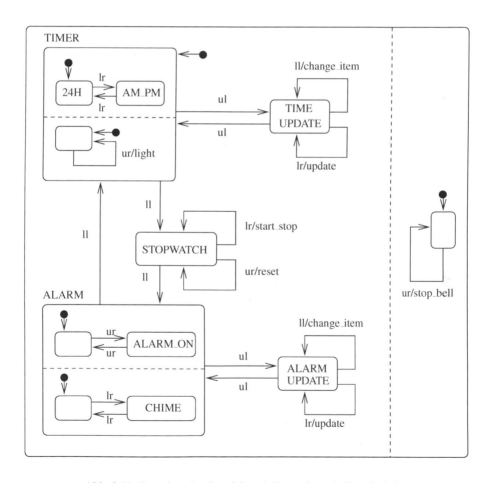

Abb. 2.11. Statechart Armbanduhr mit Stoppuhr und Alarmfunktion

2.5 Datenflussmodelle

2.5.1 Datenflussgraphen

Datenflussgraphen sind gerichtete Graphen, bestehend aus Knoten und Kanten. Die Knotenmenge stellt üblicherweise eine Menge von *Aktivitäten* oder *Aufgaben* dar.[2] Die Kanten repräsentieren den gerichteten *Datenfluss*. In einem Datenflussgraphen werden die Berechnungen allein durch die Verfügbarkeit von Daten gesteuert.

Beispiel 2.5.1. Abbildung 2.12 zeigt den Datenflussgraphen der in Kapitel 1, Beispiel 1.3.4 eingeführten Spezifikation, die eine Lösungsmethode für eine Differentialgleichung nach der Euler-Methode beschreibt. Neben dem eigentlichen Datenflussgraphen sind hier auch Ein- und Ausgangsoperatoren (gestrichelt) dargestellt. Achtung: Kommutativität und Assoziativität in Ausdrücken führen i. Allg. zu unterschiedlichen Datenflussgraphen.

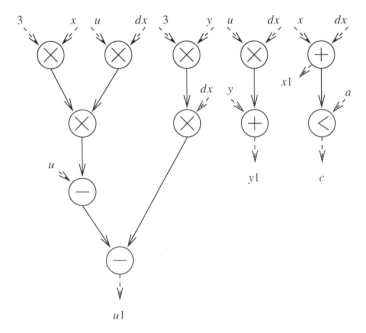

Abb. 2.12. Datenflussgraph der Spezifikation zur Lösung einer Differentialgleichung nach der Euler-Methode aus Beispiel 1.3.4. Es gibt keine explizite Ausführungsreihenfolge der Aktivitäten. Aktivitäten können Module, Blöcke oder einfache Instruktionen sein.

---

[2] Manchmal heißen die Knoten in Datenflussmodellen auch *Aktoren*, wenn man z. B. mit jedem Knoten eine Ressource assoziiert, die bei Verfügbarkeit von Daten eine Berechnung durchführen kann.

Die Kommunikationsregel eines Datenflussgraphen entspricht der Kommunikationsregel desjenigen Petri-Netzes, das man erhält, indem man die Knoten als Transitionen modelliert und die Kanten als mit den Transitionen verbundene Stellen auffasst. Eingangskanten von Knoten ohne Vorgänger werden durch Stellen ohne Vorbereich ersetzt, Ausgangskanten von Knoten ohne Nachfolger werden durch Stellen ohne Nachbereich ersetzt.

2.5.2 Markierte Graphen

Markierte Graphen [73] sind Datenflussgraphen mit speziellen Eigenschaften. Ein Beispiel eines markierten Graphen ist in Abb. 2.13a) dargestellt. Ein markierter Graph lässt sich ebenfalls durch ein Petri-Netz beschreiben, in dem jede Stelle genau eine Eingangstransition und genau eine Ausgangstransition hat.

Definition 2.5.1.
Ein markierter Graph *entspricht einem Petri-Netz* $G(P,T,F,K,W,M_0)$ *mit den Eigenschaften:*

1. $\forall p \in P : |\bullet p| = |p \bullet| = 1$,
2. $\forall p \in P : K(p) = \infty$,
3. $\forall f \in F : W(f) = 1.$ [3]

Sieht man von der Markierung ab, so sind markierte Graphen dual zu Zustandsautomaten. Dies wird z. B. an dem in Abb. 2.13 dargestellten Beispiel deutlich. Knoten im markierten Graphen entsprechen Transitionen im Petri-Netz und Kanten im markierten Graphen entsprechen Stellen im Petri-Netz.

Die übliche Interpretation dieser Klasse von Netzen ist die Assoziation von Aktivitäten (z. B. Tasks, Operationen etc.) mit Transitionen und die Assoziation von Stellen mit einem Datenpuffer mit der Semantik eines FIFO (engl. *first in first out*-Speicher). Markierte Graphen besitzen eine geringere Modellierungskraft als allgemeine Petri-Netze. So können Verzweigungen nicht dargestellt werden. Sie sind konfliktfrei und können damit nur deterministisches Verhalten beschreiben. Allerdings lassen sich Eigenschaften wie Lebendigkeit und Sicherheit algorithmisch effizient bestimmen. Commoner et al. zeigten in [73], dass für markierte Graphen folgende Eigenschaften gelten (die Ergebnisse werden in Notation des einem markierten Graphen äquivalenten Petri-Netzes beschrieben):

- Die Summe der Marken innerhalb eines gerichteten Zyklus C ändert sich nicht durch Feuern von Transitionen:

$$\forall M \in [M_0\rangle : \sum_{p \in C} M_0(p) = \sum_{p \in C} M(p)$$

---

[3] Die Definition ist nur korrekt unter der Annahme, dass die Konsumierung und Produktion von Daten aus Stellen in der Reihenfolge der Ankunft erfolgt (FIFO-Semantik). Obwohl das Modell des Petri-Netzes keine Information über Ankunftsreihenfolge oder Ankunftszeitpunkte der Marken besitzt, wird bei allen im Folgenden vorgestellten Datenflussmodellen stillschweigend von dieser Annahme Gebrauch gemacht.

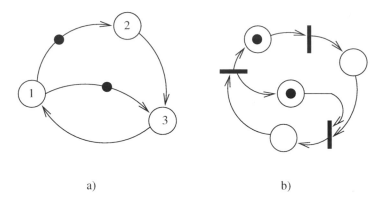

a)   b)

Abb. 2.13. Modell eines markierten Graphen a) und Darstellung in Petri-Netznotation b)

- Ein markierter Graph G mit Anfangsmarkierung M_0 ist lebendig genau dann, wenn die Summe der Marken eines jeden gerichteten Zyklus C positiv ist:

$$G \text{ in } M_0 \text{ lebendig} \iff \forall C \in \text{Zyklen}(G) : \sum_{p \in C} M_0(p) > 0$$

- Ein lebendiger markierter Graph G mit Anfangsmarkierung M_0 ist genau dann 1-beschränkt, wenn jede Transition in einem gerichteten Zyklus C mit Markensumme 1 ist:

$$((G \text{ in } M_0 \text{ lebendig}) \wedge (G\ 1 - \text{sicher})) \iff$$

$$\forall t \in T : t \in C, C \in \text{Zyklen}(G) \wedge \sum_{p \in C} M(p) = 1$$

- Für jeden stark zusammenhängenden markierten Graphen G gibt es eine Anfangsmarkierung M_0, so dass G sicher und lebendig ist.

Zur Analyse der Performanz von Systemen fügt man den Knoten oder den Kanten eines markierten Graphen oft noch ein Attribut der Rechenzeit zu. Solche Graphen heißen *zeitbehaftete markierte Graphen* (engl. *timed marked graphs*). Ein solches Netzmodell ist zeitorientiert.

2.5.3 Synchrone Datenflussgraphen (SDF)

Interessant für Anwendungen im Bereich der Signalverarbeitung sind Systeme, deren Teilsysteme bestimmten Teilaufgaben gewidmet sind und dabei mit mehreren unterschiedlichen Datenraten arbeiten.

Beispiel 2.5.2. Abbildung 2.14 zeigt einen Teil eines Bildcodierers. Dargestellt ist ein Eingabeknoten, der die Bildquelle repräsentiert, gefolgt von einem Block DCT (Diskrete Kosinustransformation) und einer über eine Rückführungsschleife gesteuerte Quantisierungsstufe (Q) mit abschließender Codierung (RLC). Nach dem ETSI-Standard wird ein neuer Steuerwert des Quantisierers immer dann gebildet, wenn eine neue Bildzeile anliegt. Bei einer Zeilenlänge von 616 Pixeln pro Zeile und einer Blockbreite von 8 Pixeln muss ein neues Steuerwort alle 616/8 = 77 Blöcke gebildet werden. Der Knoten C (Control) bildet aus 77 Eingangsdaten ein neues Steuerdatum. Der Operator R (Replikator) liest ein Steuerwort ein, das aus der Information von 77 Blöcken gebildet wird, und repliziert diesen Wert 77mal zur Steuerung des Quantisierers für die nächste Bildzeile. Daraus ergeben sich unterschiedliche Raten der einzelnen Blöcke. Zum Beispiel arbeiten die Blöcke DCT, Q und RLC 77mal in dem Zeitrahmen, in dem Knoten C und Knoten R einmal arbeiten.

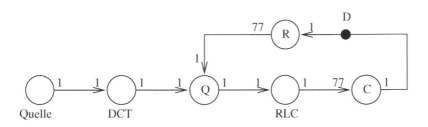

Abb. 2.14. Darstellung eines Algorithmus zur Bilddatenkompression mittels eines SDF-Graphen

Zur Modellierung von Anwendungen der digitalen Signalverarbeitung definiert Lee [241] das Modell des *synchronen Datenflussgraphen*, im Folgenden SDF-Modell genannt. Ein SDF-Graph ist ein um die Eigenschaft, dass die Gewichte von eins verschieden sein können, erweiterter markierter Graph[4] und damit bzgl. des Kommunikationsmodells auch einer Teilklasse von Petri-Netzen äquivalent:

Definition 2.5.2. *Ein SDF-Graph (synchroner Datenflussgraph) entspricht einem Petri-Netz $G(P,T,F,K,W,M_0)$ mit den Eigenschaften:*

1. *$\forall p \in P : |\bullet p| = |p \bullet| = 1$,*
2. *$\forall p \in P : K(p) = \infty$.*
3. *Jeder Eingangsstelle p einer Transition t ist eine Zahl $cons(p,t) := W(p,t) \in \mathbb{N}$ zugewiesen. Jeder Ausgangsstelle p einer Transition ist eine Zahl $prod(t,p) := W(t,p) \in \mathbb{N}$ zugewiesen.[5]*

Abbildung 2.14 zeigt ein Beispiel eines SDF-Graphen (keine Petri-Netznotation). Die Gewichte *prod* werden als Zahlen am Anfangsknoten einer Kante, die Gewichte *cons* als Zahlen am Endknoten einer Kante dargestellt.

Vorsicht: Die Bezeichnung synchroner Datenfluss basiert auf der Motivation, eine Berechnung synchron zu nennen, wenn die Anzahlen *cons* und *prod* Konstanten

---

[4] Manchmal werden markierte Graphen als *homogene SDF-Graphen* bezeichnet, z. B. in [238, 55].

[5] Auch hier gilt die bereits bei markierten Graphen gemachte Annahme der FIFO-Semantik aller Stellen.

sind, die vorgegeben sind. Das Modell hat nichts mit Synchronität zu tun, wie man sie im Sinne einer Schaltkreisrealisierung versteht!

SDF-Graphen können auch als eine Teilklasse der von Karp und Miller [206] als *Computation graphs* eingeführten Klasse von Datenflussgraphen aufgefasst werden, bei denen $cons(p,t) \leq W(p,t)$ gilt. Reiter [340] analysierte das zeitliche Verhalten von Computation graphs unter der Annahme, dass jeder Knoten einem Prozessor entspricht und dass die Berechnungszeiten der Knoten konstant sind.

Abbildung 2.15 zeigt ein weiteres Beispiel eines SDF-Graphen.

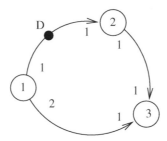

Abb. 2.15. SDF-Graph. Marken (Daten, Tokens) sind entweder durch schwarze Punkte oder explizite Bezeichnung (D) dargestellt.

Algebraisch lässt sich ein SDF-Graph durch folgende Struktur beschreiben:

- *SDF-Graph $G(V,E,cons,prod,d)$.* Hierin stellt V die Menge der Knoten (= Aktivitäten) dar, $E \subseteq V \times V$ die Menge der Kanten (FIFO-Speicher), $cons : E \rightarrow \mathbb{N}$ die Anzahl der beim Feuern konsumierten Marken (Daten, Tokens), $prod : E \rightarrow \mathbb{N}$ die Anzahl der beim Feuern erzeugten Marken und $d : E \rightarrow \mathbb{N}_0$ die Anzahl der anfänglichen Daten. Eine Markierung wird als Vektor $d \in \mathbb{N}_0^{|E|}$ dargestellt.
- *Topologiematrix $C \in \mathbb{Z}^{|V| \times |E|}$*: Die Graphstruktur lässt sich mit der Topologiematrix darstellen, die ähnlich der Inzidenzmatrix eines gerichteten Graphen ist. Verläuft Kante e_j von Knoten v_i nach Knoten v_k, dann sind alle Einträge der Spalte c_j bis auf $c_{i,j} = -prod(v_i,v_k)$ und $c_{k,j} = cons(v_i,v_k)$ gleich null.

Beispiel 2.5.3. Für den SDF-Graphen in Abb. 2.15 erhält man folgende algebraische Modellierung: $V = \{v_1,v_2,v_3\}$, $E = \{(v_1,v_2),(v_2,v_3),(v_1,v_3)\}$, $d = (1,0,0)^T$ und die Topologiematrix

$$C = \begin{pmatrix} -1 & 0 & -2 \\ 1 & -1 & 0 \\ 0 & 1 & 1 \end{pmatrix}$$

Verbindungen eines SDF-Graphen zur Außenwelt werden nicht explizit dargestellt. Die Dynamik der Markierung lässt sich durch folgende lineare Gleichung beschreiben:

$$d' = d - C^T \gamma$$

mit $\gamma \in \mathbb{N}_0^{|V|}$. Dabei stellt d den Vektor der Anzahl der Kantendaten am Anfang dar und d' die neue Datenverteilung, wenn jeder Knoten v_i genau γ_i-mal gefeuert hat.

Beispiel 2.5.4. Betrachtet wird erneut der SDF-Graph in Abb. 2.15. Wenn man die Tokenverteilung wissen will, die entsteht, nachdem Knoten v_2 gefeuert hat, so erhält man mit $\gamma = (0,1,0)^T$ die neue Tokenverteilung $d' = d - C^T\gamma = (1,0,0)^T - (1,-1,0)^T = (0,1,0)^T$.

Bei signalverarbeitenden Systemen hat man i. Allg. unendliche Eingangsströme. Folglich ist man an der Analyse von periodischen Abläufen (Feuern der Knoten) interessiert. Offensichtlich ist es wichtig, dass in dem spezifizierten System die Menge der Daten endlich bleibt. Da die Anzahl der Marken, die von den einzelnen Knoten produziert und konsumiert werden, unterschiedlich ist, ist die Summe der Daten nicht unbedingt konstant. Damit stellt sich die Frage, wie ein SDF-Graph spezifiziert sein muss, damit Beschränktheit garantiert ist. Unter der Annahme, dass der gegebene SDF-Graph zusammenhängend ist, ist man z. B. daran interessiert, ob es einen periodischen Ablauf gibt, in dem die ursprüngliche Markierung wieder eingenommen wird, und wie die Markierungen innerhalb eines solchen periodischen Ablaufs aussehen. Eine notwendige Bedingung dafür ist, dass die Topologiematrix die Bedingung $\text{rang}(C) = |V| - 1$ erfüllt. Der Beweis dafür ist einfach: Ist der Graph wie angenommen zusammenhängend, so kann der Rang von C lediglich $|V|$ oder $|V| - 1$ sein. Um die anfängliche Tokenverteilung wieder zu erreichen, muss gelten: $d' = d - C^T\gamma = d$ und damit $C^T\gamma = 0$. Diese Gleichung muss eine nichttriviale Lösung besitzen. Dies ist nur dann möglich, falls C^T bzw. C keinen vollen Rang besitzt. Daher muss gelten: $\text{rang}(C) = |V| - 1$. Falls diese Bedingung nicht erfüllt ist, heißt der SDF-Graph *inkonsistent*.

Beispiel 2.5.5. Der Graph in Abb. 2.16a) ist inkonsistent, da $\text{rang}(C) = 3$. Man erkennt leicht, dass, nachdem Knoten v_1, v_2 und v_3 jeweils einmal gefeuert haben, eine Marke auf der Kante (v_1, v_3) akkumuliert. Für den Graphen in Abb. 2.16b) hingegen gilt $\text{rang}(C) = |V| - 1 = 2$. In einem periodischen Ablauf feuern Knoten v_1 und Knoten v_2 jeweils einmal, während Knoten v_3 zweimal feuert. Der Vektor $\gamma = (1,1,2)^T$ erfüllt $C^T\gamma = 0$ und führt damit auf die anfängliche Tokenverteilung zurück.

Es sei noch erwähnt, wie man die relative Häufigkeit von Knotenfeuerungen bestimmen kann, die zur gleichen Tokenverteilung führen. Sei $\text{rang}(C) = |V| - 1$. Dann sucht man den kleinsten, positiven Vektor γ, der im ganzzahligen Nullraum der Matrix C^T liegt ($\gamma \in \{x \in \mathbb{Z}_{\geq 0}^{|V|} \mid C^T x = 0\}$).

Beispiel 2.5.6. Für den SDF-Graphen in Abb. 2.16 ist der ganzzahlige Nullraum von C^T gegeben durch $\alpha \cdot (1,1,2)^T$ mit $\alpha \in \mathbb{Z}$. Als kleinsten, positiven und ganzzahligen Vektor, der zur anfänglichen Tokenverteilung führt, erhält man mit $\alpha = 1$ den Vektor $\gamma = (1,1,2)^T$.

Im Zusammenhang mit SDF-Graphen ergibt sich ferner die Frage, ob ein so spezifiziertes System in eine Verklemmung geraten kann und die Frage nach der Abbildung von SDF-Graphen auf entweder dedizierte Hardware [443] und/oder

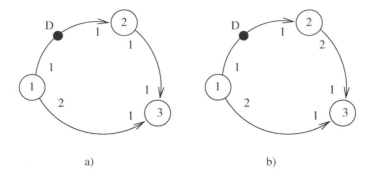

a)   b)

Abb. 2.16. Konsistenz in SDF-Graphen: Der SDF-Graph in a) ist nicht konsistent, der Graph in b) ist konsistent.

Software [38, 181]. Hinzu kommt das Problem, ob und wie man gültige Ablaufpläne für Softwarerealisierungen auf Mikroprozessoren und Parallelrechnern finden kann [360], [347]. [356] bzw. [181] beschreiben ebenfalls Arbeiten zur Generierung von Hardware (Verilog) bzw. Software (C) aus gegebenen SDF-Modellen. In [162] wird ein Ansatz zur Entwurfsraumexploration und Generierung unterschiedlicher Hardware/Software-Implementierungen basierend auf Datenflussgraphmodellen für FPGA-basierte System-on-a-Chip-Architekturen beschrieben.

2.6 Erweiterte Datenflussmodelle $\otimes$

2.6.1 Verklemmungen in SDF-Graphen

Zunächst wird die Frage betrachtet, wann ein SDF-Graph in eine Verklemmung geraten kann. Dieses Entscheidungsproblem heiße im Folgenden VERKLEMMUNG. Azyklische SDF-Graphen sind offensichtlich immer frei von Verklemmungen, da es mindestens einen Knoten ohne Vorgänger gibt, der immer feuern kann.

Für einen gegebenen, konsistenten SDF-Graphen G sei nun γ^* der kleinste, von null verschiedene, positive Vektor im ganzzahligen Nullraum von C^T. Diesen Vektor nennt man *minimalen Repetitionsvektor*.

Für den allgemeinen Fall gibt Lee [241] einen Algorithmus an, der eine Folge von Knotenfeuerungen (einen sog. periodischen, sequentiellen Ablaufplan) bestimmt: Irgendein Knoten wird in die anfänglich leere Sequenz aufgenommen, d. h. gefeuert, wenn er a) feuerbereit ist und b) noch nicht γ_i^*-mal in der Folge erscheint. Falls man nun einen Punkt erreicht, an dem noch nicht jeder Knoten v_i genau γ_i^*-mal gefeuert hat, aber kein Knoten mehr feuerbereit ist, dann liegt eine Verklemmung vor. Findet man hingegen eine Folge, so dass jeder Knoten v_i genau γ_i^*-mal gefeuert werden konnte, dann gibt es auch keine Verklemmung, denn bekanntlich liegt die ursprüngliche Tokenverteilung wieder vor, wenn jeder Knoten v_i γ_i^*-mal gefeuert hat. Dieser Algorithmus löst damit das Problem VERKLEMMUNG und konstruiert gleichzeitig einen gültigen periodischen, sequentiellen Ablaufplan, z. B. für ein Ein-Prozessor-System. Man beachte, dass der vorgeschlagene Algorithmus nicht polynomiell in der Größe des SDF-Graphen ist.

Beispiel 2.6.1. Abbildung 2.17 zeigt einen konsistenten SDF-Graphen, aus dem aber nicht ersichtlich ist, ob er in eine Verklemmung geraten kann.

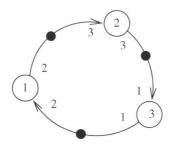

Abb. 2.17. Konsistenter SDF-Graph mit Verklemmung

Mit der Topologiematrix

$$C = \begin{pmatrix} -2 & 0 & 2 \\ 3 & -3 & 0 \\ 0 & 1 & -1 \end{pmatrix}$$

ist der Graph in Abb. 2.17 offensichtlich konsistent. Für γ^* erhält man $\gamma^* = (3, 2, 6)^{\mathrm{T}}$. Nun wird ein sequentieller Ablaufplan berechnet. Zuerst kann nur Knoten v_3 feuern, dann v_1, dann v_2, dann dreimal v_3 und noch einmal v_1. Man erhält so die Folge $(v_3, v_1, v_2, 3v_3, v_1)$. Da die Reihenfolge nicht die Feuerbereitschaft zerstört, sieht man, dass von ihr unabhängig kein Knoten mehr feuern kann. Der Graph besitzt damit eine Verklemmung. Hätte man erreicht, einen sequentiellen Ablaufplan zu finden, so dass jeder Knoten γ_i^*-mal feuern kann, dann könnte man mit Gewissheit sagen, dass der Graph nie in eine Verklemmung geraten kann.

Das Problem VERKLEMMUNG kann übrigens für markierte Graphen in polynomieller Zeit entschieden werden: Ein markierter Graph ist lebendig, wenn die Summe der Daten in jedem Zyklus größer als 0 ist. Dies kann man in Zeit $\mathcal{O}(|V| + |E|)$ wie folgt überprüfen: Zunächst entfernt man alle Kanten, die mindestens ein Token besitzen. In dem verbleibenden Graphen muss man nur noch feststellen, ob er einen Zyklus besitzt. Dazu versucht man, eine topologische Sortierung der Knoten zu bestimmen ($\mathcal{O}(|V| + |E|)$, siehe Anhang). Eine Verklemmung existiert genau dann, wenn diese topologische Knotensortierung nicht möglich ist.

Sind nun SDF-Graphen beschreibungsmächtiger als markierte Graphen, und gibt es polynomielle Algorithmen für das Entscheidungsproblem VERKLEMMUNG?

Durch eine Transformation wird gezeigt, dass SDF-Graphen nicht beschreibungsmächtiger sind als markierte Graphen [241, 360].

2.6.2 Reduktion des SDF-Modells auf markierte Graphen

Definition 2.6.1 (Entfaltung von SDF-Graphen). *Gegeben sei ein konsistenter SDF-Graph $G(V, E, cons, prod, d)$ und der minimale Repetitionsvektor $\gamma^* = (\gamma_1^*, \gamma_2^*, \cdots, \gamma_{|V|}^*)^\mathrm{T}$. Dann heißt der nach folgender Vorschrift konstruierte markierte Graph $G'(V', E', d')$ Entfaltung von G:*

- $|V'| = \sum_{i=1}^{|V|} \gamma_i^*$ *und für jeden Knoten $v_i \in V$ gibt es eine Menge $V_i' = \{v_i^1, \cdots, v_i^{\gamma_i^*}\}$ in V' ($V' = \bigcup_{i=1}^{|V|} V_i'$).*
- *Die Kantenmenge E' und die Daten d' werden wie folgt gebildet (dabei wird jede Kante $(v_i, v_j) \in E$ einzeln betrachtet (siehe Abb. 2.18) und dafür Kanten in E' generiert). Die γ_i^* Instanzen $v_i^{\delta_i}$ werden mit $1 \leq \delta_i \leq \gamma_i^*$ als Zählindex*

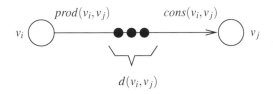

Abb. 2.18. Entfaltung von Kanten in SDF-Graphen

dargestellt.
Dann gibt es pro Kante $e = (v_i, v_j) \in E$ $\gamma_i^* prod(v_i, v_j)$ Kanten $e'(v_i^{\delta_i}, v_j^{\delta_j}) \in E'$, wobei die k-te Kante ($k = 1, \cdots, \gamma_i^* prod(v_i, v_j)$) zwischen Knoten $v_i^{\delta_i}$ mit

$$\delta_i = ((k-1) \operatorname{div} prod(v_i, v_j)) + 1$$

und Knoten $v_j^{\delta_j}$ mit

$$\delta_j = (((d(v_i, v_j) + k - 1) \bmod (\gamma_j^* cons(v_i, v_j))) \operatorname{div} cons(v_i, v_j)) + 1$$

verläuft. Ferner befindet sich das l-te anfängliche Datum ($l = 1, \cdots, d(v_i, v_j)$) auf der k-ten Kante zwischen Knoten v_i und v_j in E' mit

$$k = \gamma_i^* prod(v_i, v_j) - (l - 1) \bmod (\gamma_i^* prod(v_i, v_j))$$

Beispiel 2.6.2. Abbildung 2.19 zeigt einen SDF-Graphen mit $\gamma^* = (\gamma_i^*, \gamma_j^*)^\mathrm{T} = (2, 3)^\mathrm{T}$ und dessen Entfaltung nach Definition 2.6.1.

Die Entfaltung eines SDF-Graphen ist also ein markierter Graph. Nun gilt, dass die Feuerbereitschaft des Knotens $v_i^{\delta_i} \in V'$ genau dann erfüllt ist, wenn die Feuerbereitschaft des Knotens $v_i \in V$ zum δ_i-ten Mal erfüllt ist. Das Modell des SDF-Graphen liefert deshalb offensichtlich nur eine kompaktere und damit übersichtlichere Darstellungsweise des gleichen Kausalzusammenhangs von Knotenfeuerungen.

a) SDF-Graph G

b) Entfaltung von G

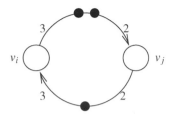

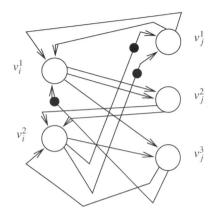

Abb. 2.19. SDF-Graph und Entfaltung in einen markierten Graphen

Was die Analyse angeht, so wurde noch immer kein polynomieller Algorithmus für das Problem VERKLEMMUNG gefunden, denn die Entfaltungsoperation in Definition 2.6.1 ist selbst nicht polynomiell. Uns ist kein polynomieller Ansatz bekannt. Im Folgenden werden Erweiterungen des SDF-Modells betrachtet.

2.6.3 Zyklostatischer Datenfluss

Eine Erweiterung des SDF-Modells von Engels und Bilsen [97] erlaubt, dass jeder Knoten v_i im Graphen eine Menge von P_i unterschiedlichen Konsumationszahlen $cons(v_j, v_i)^k$ und Produktionszahlen $prod(v_i, v_j)^k$ mit $k = 1, \cdots, P_i$ besitzen kann. Die Zahlen werden dann alle P_i Iterationen von Knotenfeuerungen zyklisch abwechselnd gültig.

Durch diese Erweiterung können z. B. bestimmte zustandsabhängige Aktoren (siehe z. B. in Abb. 2.20) dargestellt werden.

Beispiel 2.6.3. Gegeben sei die Struktur eines Multiplexers gemäß Abb. 2.20a), der die Eingänge a und b besitzt und die Funktion erfüllen soll, abwechselnd Daten von Eingang a bzw. Eingang b an den Ausgang c zu kopieren. In der funktionalen Beschreibung erreicht man dies beispielsweise durch ein Zustandsbit s, das sich zyklisch von 0 auf 1 ändert, um den nächsten zu selektierenden Eingang zu ermitteln.

Abbildung 2.20b) zeigt eine Darstellung mit einem zyklostatischen Aktor mit Periodizität zwei. Der Knoten besitzt damit zwei Zustände. Im nullten Zustand (s = 0) ist der Knoten feuerbereit, wenn an dem Eingang a mindestens ein Datum anliegt. Beim Feuern wird nun nur vom Eingang a ein Datum konsumiert und an den Ausgang kopiert. Dann wechselt der Knoten in den ersten Zustand (s = 1). Nun ist der Knoten feuerbereit, wenn mindestens ein Datum an Eingang b liegt usw.

a) Multiplexer   b) Zyklostatischer Aktor

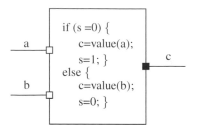
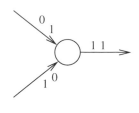

Abb. 2.20. Darstellung eines Multiplexers mit zwei Eingängen a) im zyklostatischen Datenflussmodell b)

Engels et al. zeigten [97], wie sich die für SDF-Graphen interessanten Eigenschaften, insbesondere Existenz von Verklemmungen, periodische Planbarkeit und Beschränktheit, auf zyklostatischen Datenflussgraphen ermitteln lassen.

2.6.4 Dynamische Datenflussmodelle

Die wesentlichen Einschränkungen bisher vorgestellter Datenflussmodelle sind offensichtlich, dass sich keine allgemeinen Kontrollstrukturen, beispielsweise datenabhängige Schleifen oder IF-THEN-ELSE-Konstrukte, darstellen lassen.

Es können hier leider nicht alle bekannten, wichtigen Datenflussmodelle behandelt werden. Statt dessen wird gezeigt, dass bereits geringfügige Modellerweiterungen der bisher vorgestellten Modelle zu einer Mächtigkeitserweiterung auf *Turing-Äquivalenz* führen. Das hat zur Folge, dass die Analyse von Eigenschaften wie Beschränktheit unentscheidbar wird.

Betrachtet wird folgende Erweiterung des SDF-Modells von Buck [55]: Buck nennt alle Knoten, die eine konstante (bekannte) Anzahl von Daten konsumieren und produzieren, *reguläre Aktoren* und Datenflussgraphen, die nur reguläre Aktoren besitzen, *reguläre Datenflussgraphen.* Dazu gehören markierte Graphen und SDF-Graphen. Bei *dynamischen Aktoren* muss nun die Anzahl von Daten, die entlang einer Kante konsumiert bzw. produziert wird, nicht mehr konstant sein. In der Regel hängen diese Zahlen von den Werten der Eingangsdaten ab. Besitzt ein Modell solche Aktoren, so handelt es sich um *dynamische Datenflussgraphen.*

Buck [55] erweiterte nun das SDF-Modell um nur zwei dynamische Aktoren SWITCH und SELECT, die in Abb. 2.21 dargestellt sind, und nennt die Klasse von Datenflussgraphen, die aus einer beliebigen Kombination von SDF-Knoten und SWITCH- und SELECT-Knoten bestehen, BDF (engl. *boolean-controlled data flow*).

Gegenüber regulären Aktoren kann bei den SWITCH- und SELECT-Aktoren die Anzahl der konsumierten bzw. produzierten Daten eine zweiwertige Funktion des

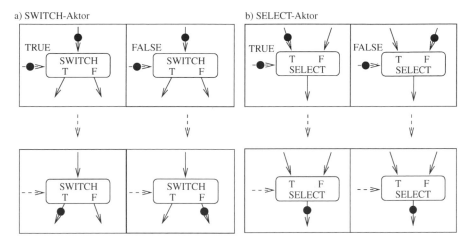

Abb. 2.21. Dynamische Aktoren des Modells BDF (engl. *boolean-controlled data flow*): Der SWITCH-Aktor verbraucht ein Eingangsdatum und ein binäres Steuerdatum. Falls das Steuerdatum den Wahrheitswert TRUE besitzt, wird das Datum an den Ausgang T kopiert, sonst an den Ausgang F. Der SELECT-Aktor bildet die inverse Operation.

Wertes eines sog. *Control tokens* sein. Das Verhalten eines somit konditionellen Eingangs wird durch einen Steuereingang bestimmt, der in jeder Ausführung genau ein Datum, das *Control token*, konsumiert. Buck zeigte [55], dass das um diese Aktoren erweiterte Modell Turing-äquivalent ist. Jedoch lässt sich zeigen, dass sich gewisse Teilgraphen eines BDF-Graphen durch *Clustering* zusammenfassen lassen und dadurch zumindest auf Teilgraphen statische Analyseverfahren angewendet werden können.

Abschließend ist zu bemerken: Alle hier betrachteten Datenflussmodelle besitzen die Eigenschaft, *deterministisch* zu sein, d. h., dass bei beliebigen Ausführungsreihenfolgen der Knoten die Sequenz der produzierten Daten jeweils die gleiche ist. Dies liegt darin begründet, dass alle hier vorgestellten Modelle Spezialfälle sog. *Kahn-process-networks* [202] sind, für die Kahn Determinismus bewiesen hat. In einem Kahn-process-network (KPN) besitzen Prozesse die Eigenschaft von blockierenden Lesezugriffen und nichtblockierenden Schreibzugriffen auf Kommunikationskanäle, die ebenfalls eine FIFO-Semantik besitzen. Diesen Sachverhalt stellt Lee in [239] dar, wo er die Zusammenhänge von Datenflussgraphen zu Prozesskalkülen und Datenflusssprachen (engl. auch *stream oriented languages*) erläutert. Zu letzteren zählen beispielsweise die Sprachen ESTEREL [34, 33], LUSTRE [156], Lucid [15] und SIGNAL [30]. Unter dem Namen *Parametrisierter Synchroner Datenfluss* (engl. *parameterized synchronous dataflow* (PSDF)) wurden in [36] auf der Basis von SDF Erweiterungen vorgestellt, die auch dynamische und datenabhängige Aktivierungen von Datenflussaktoren erlauben. Dies wird erreicht durch eine Hierarchisierung und Parametrisierung von Subgraphen von Aktoren. Durch Rekonfiguration der Parametersätze kann damit das Feuerverhalten der Aktoren zur Laufzeit dynamisch verändert werden.

2.7 Strukturorientierte Modelle

Es wurde gezeigt, dass Petri-Netze sehr unterschiedliche Aspekte von Systemen modellieren können. Darunter fallen zustandsorientierte Modelle (FSMs, HCFSMs), aktivitätsorientierte Modelle (markierte Graphen, Datenflussgraphen) und zeitorientierte Modelle (z. B. zeitbehaftete markierte Graphen). Diese Modelle dienen alle schwerpunktmäßig der Modellierung des Verhaltens von Systemen. Im Folgenden werden noch einige strukturorientierte Modelle vorgestellt. Im Gegensatz zu Verhaltensmodellen liegt bei strukturorientierten Modellen der Schwerpunkt in der Modellierung der *Struktur* eines Systems.

2.7.1 Komponenten-Verbindungsdiagramm (CCD)

Als *Komponenten-Verbindungsdiagramme* (engl. *component-connectivity diagrams* (CCDs)) bezeichnet man eine Klasse von strukturorientierten Modellen, die ein System als eine Menge von Komponenten und deren Verbindungen beschreiben. CCDs stellen also ein System aus struktureller Sichtweise dar. In einem CCD entsprechen Knoten Komponenten mit definierter Menge von Ein- und Ausgängen. Diese Komponenten sind beispielsweise Prozessoren, ALUs, Gatter oder Transistoren. Den Kanten entsprechen Verbindungen der Komponenten. Dies sind beispielsweise Leitungen und Busse.

CCDs spielen auf allen Abstraktionsebenen des Hardwareentwurfs eine wichtige Rolle. So ist z. B. in Abb. 2.22 ein System auf a) Systemebene, b) Architekturebene und c) Logikebene dargestellt mit Hilfe von CCDs.

Auf Systemebene sind die Komponenten beispielsweise Prozessoren, Speicher oder ASICs. Auf Architekturebene sind die strukturellen Objekte ALUs, Register, Selektoren, Busse. Die Verbindungen zeigen, wo die Daten zwischen den arithmetischen Einheiten und den Speicherelementen fließen. Auf Logikebene sind die strukturellen Objekte logische Gatter. Hier stellen die Verbindungen physikalische Leitungen dar.

Auf die Beschreibung von datenorientierten Modellen wird hier verzichtet, statt dessen werden zum Abschluss dieses Kapitels einige heterogene Modelle vorgestellt. Basierend auf diesen Modellen werden in den nächsten Kapiteln die essentiellen Entwurfsaufgaben bei der Synthese von Hardware/Software-Systemen erläutert.

2.8 Heterogene Modelle

Die bisher vorgestellten Modelle haben den Vorteil, dass sie eine bestimmte Eigenschaft bzw. Sichtweise eines Systems gut beschreiben. Während solche spezifischen

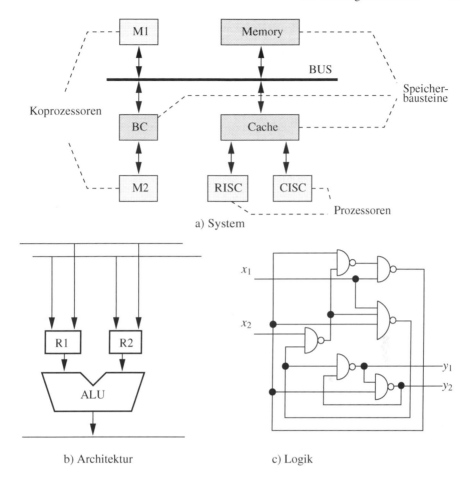

b) Architektur   c) Logik

Abb. 2.22. Strukturorientierte Modellierung: a) CCD auf Systemebene, b) auf Architekturebene und c) auf Logikebene

Modelle zwar leichter zu analysieren bzw. aus ihnen funktionierende Systeme syn-
thetisierbar sind, leiden sie unter ihrer eingeschränkten Modellierungskraft. Um ein
komplexes System zu beschreiben, benutzt man also i. Allg. heterogene Modelle.

Die Natur der Anwendungsgebiete von Hardware/Software-Systemen fordert
nun, dass sowohl Kontrollfluss als auch Datenfluss in einem Modell dargestellt werden können. Heterogene Graphenmodelle, die diese Fähigkeiten besitzen, sind z. B.
sog. *Kontroll-Datenflussgraphen* (engl. *control/data flow graphs* (CDFGs)).

Da es unterschiedliche Möglichkeiten der Definition und zahlreiche Variationen
von CDFGs gibt, werden nur die wesentlichen Prinzipien nichtformal vorgestellt.
Zunächst wird gezeigt, wie man Kontrollfluss in einem Graphenmodell beschreiben
kann.

2.8.1 Kontroll-Datenflussgraphen (CDFGs)

Offensichtlich kann ein Datenflussgraph keine *Kontrollstrukturen* wie z. B. *Verzweigungen* und *Iterationen* (z. B. Schleifenkonstrukte) modellieren. Dazu dienen sog. *Kontrollflussgraphen* (engl. *control flow graphs* (CFGs)). Ein Kontrollflussgraph ist ein gerichteter Graph, in dem den Knoten Berechnungen entsprechen und Kanten Nachfolgerrelationen in einem (sequentiellen) Kontrollfluss ausdrücken, nicht aber Datenabhängigkeiten. Besitzt ein Knoten mehrere Nachfolger, so handelt es sich um einen *Verzweigungsknoten*. Der von einem Verzweigungsknoten ausgehende Kontrollfluss ist *alternativ*, d. h. es wird nur genau ein Nachfolgerzweig durchlaufen. Die Auswahl eines Asts ist abhängig von Booleschen Ausdrücken, die man üblicherweise an die Ausgangskanten eines Verzweigungsknotens schreibt.

Beispiel 2.8.1. Abbildung 2.23a) stellt einen Ausschnitt eines SystemC-Programms innerhalb eines sequentiellen Prozesses dar. Die Aufgabe des Programms sei an dieser Stelle uninteressant. Der zugehörige Kontrollflussgraph ist in Abb. 2.23b) dargestellt: Üblicherweise assoziiert man mit jedem Knoten eine SystemC-Anweisung (in Kommentaren nummeriert dargestellt). Bei Knoten, die mehr als eine Ausgangskante besitzen (Verzweigungsknoten), ist der Kontrollfluss *alternativ*. Entsprechende Verzweigungsbedingungen werden an die Ausgangskanten geschrieben. Ein Schleifenkonstrukt lässt sich als eine Verzweigung mit Test auf die Abbruchbedingung der Iteration modellieren.

Ein Kontrollflussgraph kann offensichtlich nicht die Datenabhängigkeiten der Berechnungen darstellen. Das Modell von *Kontroll-Datenflussgraphen* ist nun ein heterogenes Modell, das eine Aufteilung einer Systemspezifikation in kontrollflussorientierte und datenflussorientierte Komponenten vornimmt und damit beide Aspekte in einem Modell vereinigen kann.

Beispiel 2.8.2. Gegeben sei erneut die Spezifikation in Abb. 2.23a). Nun kann man z. B. mit jeder Anweisung einen Datenflussgraphen assoziieren (siehe Abb. 2.23b), der die Berechnung der entsprechenden Anweisung modelliert. Die gestrichelten Knoten (NOP-Operationen) sollen einen einheitlichen Eintritts- bzw. Austrittspunkt eines Datenflussgraphen (DFGs) modellieren.

Schließlich zeigt Abb. 2.23b) einen weiteren relevanten Aspekt der Definition eines „guten" CDFG-Modells (insbesondere für die Synthese von parallelen Systemen, also Hardwaresynthese und Synthese von Multiprozessorsystemen): In der Spezifikation in Abb. 2.23a) besteht offensichtlich kein Grund, die beiden Anweisungen 5 und 6 sequentiell auszuführen. Optimierende Übersetzer nutzen dies aus und bilden einen DFG pro *Grundblock* (engl. *basic block*, siehe Kapitel 7). Ein Grundblock ist eine Folge fortlaufender Anweisungen, in die der Kontrollfluss am Anfang eintritt und die er am Ende verlässt, ohne dass er — außer am Ende — verzweigt. Dies ist in Abb. 2.23b) für die Anweisungen 5 und 6 gezeigt. Im CFG gibt es dann pro Grundblock nur einen Knoten. In Kapitel 7 wird ein Algorithmus angegeben, der die Zugehörigkeit einer Anweisung zu einem Grundblock bestimmt.

Die Datenflussgraphen bestimmt man durch *Datenflussanalyse* (siehe z. B. [9, 295]).

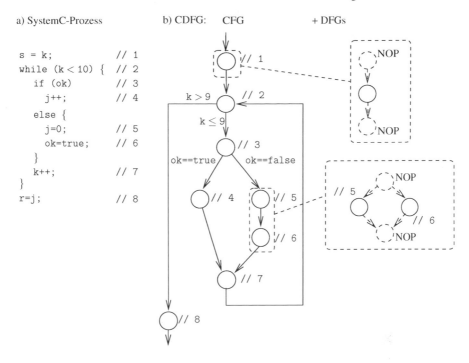

Abb. 2.23. CDFGs bei der Hardwaresynthese: a) Ausschnitt eines SystemC-Programms mit einem sequentiellen Prozess, b) CFG. Der CFG in b) bildet mit den Datenflussgraphen (DFGs) einen CDFG.

Die Aufspaltung einer Spezifikation in Kontrollflussgraph und Datenflussgraph wurde in Beispiel 2.8.2 durch Einführung einer Hierarchieebene ermöglicht. Im folgenden Beispiel wird gezeigt, dass diese Aufspaltung auch im Bereich der Softwaresynthese üblich ist.

Beispiel 2.8.3. Abbildung 2.24a) zeigt eine zur SystemC-Spezifikation in Abb. 2.23a) äquivalente Spezifikation in C++. In vielen Übersetzern, siehe z. B. [9], wird eine solche Spezifikation auch zweistufig mit einem den Kontrollfluss darstellenden CFG (in [9] auch *flow graph* genannt) repräsentiert, der einen Knoten pro Grundblock enthält. Die Grundblöcke sind in Abb. 2.24b) fortlaufend nummeriert.

Jedem Grundblock entspricht nun ein Graph, der in der Softwarewelt *gerichteter, azyklischer Graph* (engl. *directed acyclic graph* (DAG)) heißt [9].[6]

---

[6] Ein Unterschied besteht offensichtlich darin, keine Kantenorientierung einzuzeichnen. Die Bezeichnung „gerichtet" entspricht der Annahme, dass z. B. die in Abb. 2.24b) dargestellten Kanten eine Orientierung haben, die von den Blättern ausgeht und in den Berechnungsknoten endet. In Kapitel 7 werden die Unterschiede und Gemeinsamkeiten dieser unterschiedlichen Darstellungen genauer untersucht.

a) C++-Programm   b) CDFG:

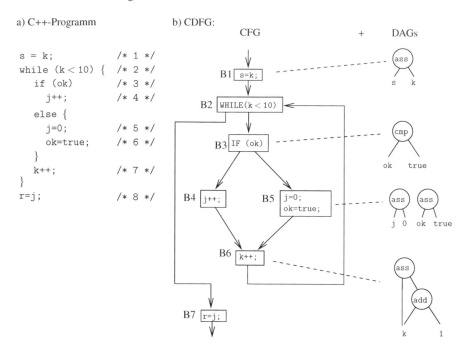

```
s = k;          /* 1 */
while (k < 10) { /* 2 */
   if (ok)       /* 3 */
      j++;       /* 4 */
   else {
      j=0;       /* 5 */
      ok=true;   /* 6 */
   }
   k++;          /* 7 */
}
r=j;             /* 8 */
```

Abb. 2.24. CDFGs bei der Softwaresynthese: a) Spezifikation in C++, b) CFG (auch *flow graph* genannt) und DAGs zur Darstellung der Berechnungen in den Anweisungen

Die Idee der hierarchischen Aufspaltung von Kontrollfluss und Datenfluss lässt sich auch auf mehrere Hierarchiestufen erweitern. Dazu wird eine Klasse von CDFGs mit dem Namen *Sequenzgraphen* [84] betrachtet.

Beispiel 2.8.4. Abbildung 2.25 zeigt den dem in Abb. 2.12 dargestellten Datenflussgraphen äquivalenten (nichthierarchischen) Sequenzgraphen.

Definition 2.8.1 (Sequenzgraph [84]). *Ein* Sequenzgraph *bezeichnet eine Hierarchie von gerichteten Graphen. Ein generisches Element des Graphen heißt* Einheit *eines Sequenzgraphen. Eine Einheit ist ein erweiterter Datenflussgraph G(V,E) mit Knotenmenge V und Kantenmenge E sowie folgenden Eigenschaften:*

- *Eine Einheit besitzt zwei Arten von Knoten: a)* Aufgaben *oder* Operationen *und b)* Hierarchieknoten. *Hierarchieknoten dienen der Verbindung von Einheiten in der Hierarchie.*

- *Eine Einheit stellt einen* azyklischen *und* polaren *Graphen dar, d. h. es gibt zwei ausgezeichnete Knoten, den sog.* Startknoten *und den* Endknoten. *Beide Knoten sind Hierarchieknoten und stellen die Operation NOP (= keine Operation) dar. Neben Start- und Endknoten gibt es drei weitere Hierarchieknoten, nämlich Modulaufruf (CALL), Verzweigung (BR) und Iteration (LOOP).*

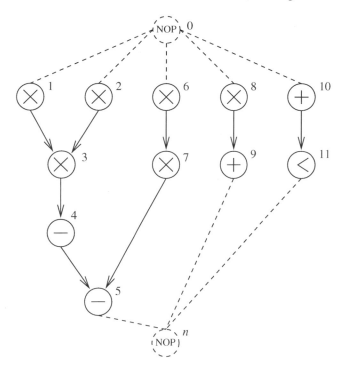

Abb. 2.25. Sequenzgraph der Spezifikation zur Lösung einer Differentialgleichung nach der Euler-Methode aus Beispiel 1.3.4 von Kapitel 1

- *Sequenzgrapheinheiten, die die Blätter der Hierarchie darstellen, besitzen außer dem Start- und Endknoten keine Hierarchieknoten.*

Beispiel 2.8.5. In Abb. 2.25 sind Knoten 0 und Knoten n Hierarchieknoten. Knoten 0 ist der Startknoten und Knoten n der Endknoten. Aus einem gegebenen Datenflussgraphen erhält man den Sequenzgraphen durch 1) Einfügen des Startknotens und Einfügen von je einer Kante vom Startknoten zu allen Knoten, die keine Eingangskanten besitzen, und 2) Verbinden aller Knoten, die keine Ausgangskanten besitzen, mit dem einzuführenden Endknoten.

Auf die Betrachtung zyklischer Graphen kann man offensichtlich verzichten, wenn Iterationen über Hierarchiebildung dargestellt werden können. Im Folgenden wird gezeigt, wie Modulaufrufe (siehe Abb. 2.26), Verzweigungen (siehe Abb. 2.27) und Iterationen (siehe Abb. 2.28) in Sequenzgraphen dargestellt werden.

Neben Start- und Endknoten gibt es drei weitere Hierarchieknoten, nämlich Modulaufruf (CALL), Verzweigung (BR) und Iteration (LOOP).

Ein Modulaufrufknoten ist ein Zeiger auf eine andere Einheit eines Sequenzgraphen auf niederer Hierarchiestufe. Er modelliert a) eine Menge von Abhängigkeiten der unmittelbaren Vorgängerknoten zum Startknoten des aufgerufenen Moduls und

b) eine Menge von Abhängigkeiten vom Endknoten des aufgerufenen Moduls zu seinen unmittelbaren Nachfolgerknoten.

Verzweigung wird im Modell des Sequenzgraphen durch einen Verzweigungsknoten (BR) und eine Menge von Verzweigungsgraphen modelliert. Ein Verzweigungsgraph ist wiederum ein Sequenzgraph. Der Verzweigungsknoten berechnet einen *Verzweigungsausdruck* und wählt je nach dessen Wert einen Sequenzgraphen zur Ausführung aus. Die Ausführung eines Verzweigungsgraphen schließt die Ausführung jedes anderen Verzweigungsgraphen aus.

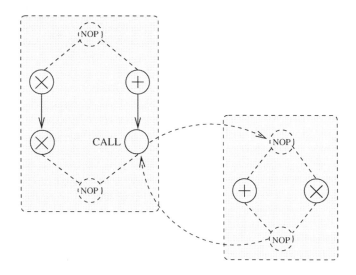

Abb. 2.26. Modellierung von Modulaufrufen im Modell des Sequenzgraphen (aus [84])

Beispiel 2.8.6. Abbildung 2.26 aus [84] zeigt die Modellierung von Modulaufrufen innerhalb von Sequenzgraphen. Der dargestellte Sequenzgraph entspricht den durch folgende Sequenz von Anweisungen eines C++-Programms beschriebenen Abhängigkeiten:

```
x = a * b;
y = x * c;
z = a + b;
submodul(a, z, &v, &w);
```

mit

```
void submodul (int m, int n, int *p, int *q)
{
  *p = m + n; *q = m * n;
}
```

In Abb. 2.27 ist die Modellierung von Verzweigungen dargestellt. Der dargestellte Sequenzgraph entspricht dem Code:

```
x = a * b; y = x * c; z = a + b;
if z > 0 {
  v = a + z; w = a * z;
}
```

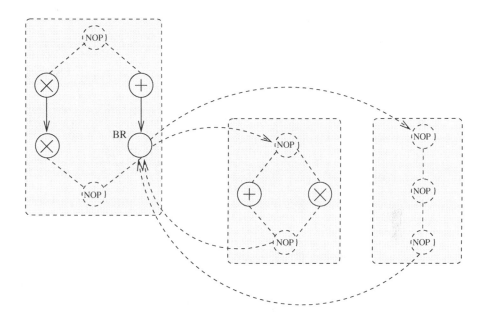

Abb. 2.27. Modellierung von Verzweigung im Modell des Sequenzgraphen (aus [84])

Ähnlich wie beim Modulaufruf werden Iterationen über Hierarchiebildung modelliert. Der Hierarchieknoten LOOP modelliert die Auswertung eines Ausdrucks zum Iterationsabbruch. Jede Iteration entspricht dem Aufruf des *Iterationsrumpfes*, der durch einen Sequenzgraphen repräsentiert wird.

Beispiel 2.8.7. Abbildung 2.28 zeigt eine Modellierung der Euler-Methode zur Lösung einer Differentialgleichung mittels Sequenzgraphen. Das System führt offensichtlich drei Aufgaben durch: a) Einlesen der Eingangsdaten, b) Iterieren, c) Ausgabe der Ausgangsdaten. Die Steuerung der Iteration erfolgt im Knoten LOOP. Der Schleifenrumpf wird durch den in Abb. 2.25 dargestellten Graphen repräsentiert.

Letztlich gilt noch eine Bemerkung den Attributen, die man den Knoten und Kanten eines Sequenzgraphen zuweisen kann. Dies können Messwerte bzw. Abschätzungen der entsprechenden Flächen- und/oder Berechnungszeiten sein. Die Berechnungszeiten können *datenunabhängig* oder *datenabhängig* sein. Offensichtlich können nur datenunabhängige Berechnungszeiten vor der Synthese abgeschätzt werden.

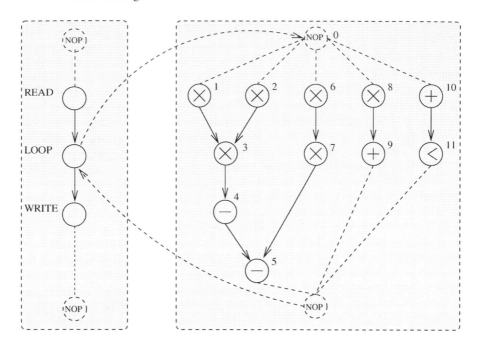

Abb. 2.28. Modellierung von Iteration im Modell des Sequenzgraphen

Datenabhängige Operationen sind beispielsweise Iterationen und Verzweigungen. Ferner können datenabhängige Berechnungen *beschränkt* (hier können untere und obere Schranken berechnet werden) oder *unbeschränkt* (z. B. das Warten auf externe Ereignisse) sein. Im letzteren Fall spricht man auch von *deterministischen* bzw. *nichtdeterministischen Berechnungszeiten*.

Schließlich wird die Philosophie der Modellierung im Entwurfswerkzeug SystemCoDesigner [162] der Friedrich-Alexander-Universität Erlangen-Nürnberg skizziert.

2.8.2 Modellierung in SystemCoDesigner

An heutige Systeme zur Spezifikation und zum automatischen Entwurf von Hardware/Software-Systemen wird die Anforderung gestellt, dass diese heterogene Modelle unterstützen. Ein Beispiel für ein solches Entwurfssystem ist das System-CoDesigner-Framework [162], welches eine Erweiterung des Modells *FunState* [401, 374] zu Grunde legt. Zunächst soll deshalb das nichthierarchische FunState-Basismodell vorgestellt werden.

FunState ist ein Akronym für engl. *Functions driven by State machines*, also Funktionen, die durch Zustandsmaschinen gesteuert bzw. aktiviert werden. Ein nichthierarchisches FunState-Modell besteht dabei aus einem *transformativen* und einem *reaktiven* Anteil. Der transformative Anteil wird durch ein Netzwerk ähnlich einem Petri-Netz modelliert, der reaktive Anteil durch ein Statechart.

Definition 2.8.2 (FunState-Modell [401]). *Ein FunState-Modell besteht aus einem Netzwerk N und einem endlichen Automaten M. Das Netzwerk $N = (F,S,E)$ besteht aus einer Menge an Speicherelementen $s \in S$, einer Menge von Funktionen $f \in F$ und einer Menge an gerichteten Kanten $e \in E \subseteq (F \times S) \cup (S \times F)$.*

Im Gegensatz zu den Transitionen in Petri-Netzen erfolgt die Aktivierung der Funktionen $f \in F$ im FunState-Modell nicht eigenständig durch das Vorhandensein von Marken auf den Speicherplätzen, sondern durch Zustandsübergänge im Statechart M. Hierbei können die Bedingungen an den Zustandsübergängen von M die Anzahl der Marken in einem Speicherelement oder aber den mit einer Marke assoziierten Wert berücksichtigen. Die Speicherelemente in einem FunState-Modell können FIFO-Semantik besitzen bzw. Register sein. Im Folgenden wird davon ausgegangen, dass alle Speicherelemente FIFO-Semantik besitzen.

Beispiel 2.8.8. Ein Beispiel eines FunState-Modells ist in Abb. 2.29 zu sehen. Der obere Teil stellt das Netzwerk N dar, welches aus drei Funktionen und zwei Speicherelementen besteht. Die Anzahl der Marken in einem Speicherelement wird mit $s\# \in \mathbb{Z}_{\geq 0}$ bezeichnet. Die Anzahl der anfänglichen Marken wird mit $s\#_0$ bezeichnet. In Abbildung 2.29 ist die Anzahl der anfänglichen Marken $s_1\#_0 = s_2\#_0 = 1$. Die Menge der Funktionen F ist gegeben durch $F = \{f_1, f_2, f_3\}$. Der untere Teil zeigt den Automaten M, welcher zwei Zustände besitzt. Die Zustandsübergänge sind mit Bedingungen und Aktionen beschriftet. Zum Beispiel kann der Übergang von z_1 nach z_2 erfolgen, sofern das Speicherelement s_2 mindestens eine Marke enthält. In diesem Fall wird die Funktion f_1 als Aktion ausgeführt.

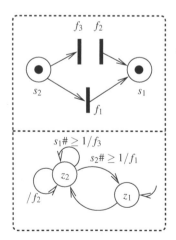

Abb. 2.29. FunState-Basismodell

Die Funktionen $f \in F$ in einem FunState-Modell sind eindeutig benannt und verarbeiten bei ihrer Ausführung Marken oder die mit Marken assoziierten Werte. Allen Ein- und Ausgängen von Funktionen sind Werte $c_i \in \mathbb{Z}_{\geq 0}$ bzw. $p_i \in \mathbb{Z}_{\geq 0}$ zugeordnet, die der Anzahl der zu konsumierenden bzw. zu produzierenden Marken entsprechen.

Die Ausführungssemantik des FunState-Modells ist in fünf Phasen aufgeteilt:

1. Initialisierung: Der aktuelle Zustand des endlichen Automaten M wird auf den Anfangszustand gesetzt und die Speicherelemente $s \in S$ im Netzwerk werden mit den anfänglichen Marken vorbelegt.
2. Prädikatevaluierung: Alle Prädikate von von dem aktuellen Zustand ausgehenden Transitionen des endlichen Automaten M werden evaluiert.
3. Fortschrittsprüfung: Ist kein Prädikat erfüllt, wird die Ausführung gestoppt.
4. Transitionsausführung: Ein Zustandsübergang aus dem aktuellen Zustand, dessen Prädikat erfüllt ist, wird nichtdeterministisch ausgewählt, und die annotierten Funktionen werden aktiviert.
5. Funktionsfeuerung: Alle aktivierten Funktionen werden in nichtdeterministischer Reihenfolge ausgeführt. Hierbei konsumieren bzw. produzieren die Funktionen entsprechend der mit den Ein- und Ausgängen assoziierten Werte c_i und p_i Marken von/auf den verbundenen Speicherelementen.[7] Die Ausführung wird mit Schritt 2. fortgesetzt.

Die Besonderheit des FunState-Modells liegt darin begründet, dass es allein durch Einschränkung des endlichen Automaten viele der zuvor eingeführten Modelle abbilden kann.

Das SystemCoDesigner-Framework basiert auf einer Erweiterung des FunState-Modells. In heutigen Entwurfsumgebungen im industriellen Umfeld ist es wichtig oder zumindest wünschenswert, zu Beginn des Entwurfes ein ausführbares Modell des zu entwickelnden Systems zu haben. Da ausführbare Modelle zwar eindeutig, aber oftmals nicht automatisch analysierbar sind, verwendet das SystemCoDesigner-Framework eine Implementierung des FunState-Modells in SystemC mit dem Namen SysteMoC [101]. Eine SysteMoC-Beschreibung besteht aus einem Netzwerk kommunizierender Aktoren, welche jeweils wie in FunState aus einer Menge von Funktionen und einem endlichen Automaten bestehen. Die SysteMoC-Implementierung setzt die oben beschriebene Ausführungssemantik für FunState-Modelle um. Die SysteMoC-Bibliothek erlaubt es, sowohl ein ausführbares Modell zu schreiben aber auch, dieses Modell automatisch auf Basis des FunState-Modells zu analysieren.

Beispiel 2.8.9. Anhand eines Beispiels soll die Modellierung mit SysteMoC gezeigt werden. Das folgende Beispiel berechnet approximativ die Quadratwurzel einer Gleitkommazahl, die von der Quelle `src` zufällig erzeugt wird. Der SysteMoC-Aktor `sqrloop` entscheidet hierbei, wann das Ergebnis exakt genug berechnet wurde. Der

---

[7] Hierbei kann es vorkommen, dass Funktionen versuchen, von leeren Speicherelementen zu lesen. Ob dieser Fall eintreten kann, kann für FunState-Modelle statisch überprüft werden [373].

Aktor approx führt die eigentliche Näherung durch. Der Aktor dup dupliziert die vom approx-Aktor berechneten Werte. Das Endergebnis wird schließlich zur Senke sink gesendet. Abbildung 2.30 zeigt den Netzwerkgraphen dieser kommunizierenden SysteMoC-Aktoren. Die Referenzierung der Speicherelemente erfolgt in SysteMoC über *Portnamen*.

```
class SqrRoot : public smoc_graph {
  private:
    Src      src;
    SqrLoop  sqrloop;
    Approx   approx;
    Dup      dup;
    Sink     sink;
  public:
    SqrRoot(sc_module_name name) : smoc_graph(name),
      src("A1", 50), sqrloop("A2"), approx("A3"),
      dup("A4"), sink("A5") {
      connectNodePorts(src.o1,     sqrloop.i1);
      connectNodePorts(sqrloop.o2, approx.i3);
      connectNodePorts(approx.o4,  dup.i5,
        smoc_fifo<double>(1));
      connectNodePorts(dup.o5,     approx.i4,
        smoc_fifo<double>() << 2 );
      connectNodePorts(dup.o6,     sqrloop.i2);
      connectNodePorts(sqrloop.o3, sink.i6);
    }
};
```

Ein SysteMoC-Netzwerkgraph wird immer von der Klasse smoc_graph abgeleitet. Die einzelnen Aktoren werden bei der Konstruktion des Netzwerkgraphen initialisiert und innerhalb des Konstruktors verbunden. Die Verbindungen werden hierbei mit Hilfe der Funktion connectNodePorts durchgeführt. Als Argumente erhält diese Funktion die beiden zu verbindenden Ports der Aktoren. Standardmäßig erfolgt die Verbindung über einen unbeschränkten FIFO-Speicher vom Typ smoc_fifo, wobei der zu übertragende Datentyp aus den Portdeklarationen bestimmt wird. Optional kann jedoch ein FIFO-Speicher beschränkter Größe und mit benutzerdefiniertem Datentyp übergeben werden (siehe z. B. die Verbindung von approx.o4 und dup.i5). Schließlich ist es auch möglich, Initialwerte auf den FIFO zu legen (siehe Verbindung zwischen dup.o5 und approx.i4).

Als Beispiel für eine SysteMoC-Aktor-Beschreibung wird hier der SqrLoop-Aktor ausgewählt. Wie bereits in Abb. 2.30 gezeigt, besteht der SqrLoop-Aktor aus drei unterschiedlichen Funktionen (copyStore, copyInput und copyApprox) und einen Automaten mit zwei Zuständen (start und stop). Mit Hilfe der Funktion copyStore wird ein neuer Wert von dem FIFO-Speicher der Quelle src gelesen und in der Variablen tmp_i1 gespeichert. Weiterhin wird dieser Wert auf den Ausgangsport geschrieben, welcher mit dem approx-Aktor verbunden ist. Die Funktion copyInput stellt dem approx-Aktor den gespeicherten Wert in der Variablen

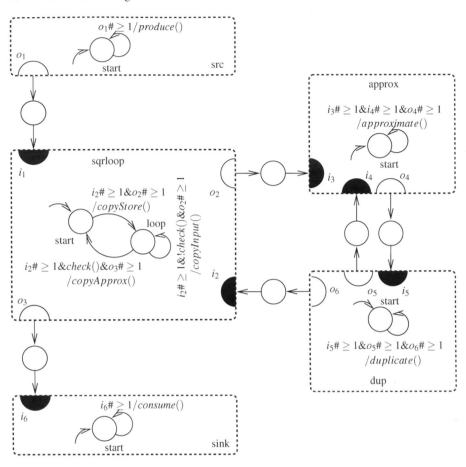

Abb. 2.30. Netzgraph einer SysteMoC-Beschreibung zur approximativen Wurzelberechnung. Die als Methoden realisierten Funktionen der dargestellten Aktoren werden graphisch nicht explizit dargestellt im Unterschied zu FunState-Modellen.

tmp_i1 zur Verfügung. Schließlich kopiert die Funktion copyApprox das Ergebnis vom dup-Aktor zum sink-Aktor.

Die Zustandsübergänge werden im Konstruktor des Aktors definiert, wobei im Gegensatz zu FunState auch geprüft werden kann, ob ein Speicherelement genügend freie Speicherplätze (Ausgangsports) zum Schreiben besitzt. So kann beispielsweise vom Zustand start in den Zustand loop gewechselt werden, sofern von der Quelle src mindestens ein Datum zur Verfügung gestellt wurde (i1(1)) und ein Datum in den FIFO-Speicher zum approx-Aktor geschrieben werden kann (o2(1)). Bei diesem Zustandsübergang wird die Funktion copyStore ausgeführt. Neben der Anzahl der Marken bzw. freien Speicherplätze können auch konstante Funktionen mit einem Booleschen Rückgabewert als Prädikat berücksichtigt werden. Diese sogenannten *Guard*-Funktionen können somit die mit Marken assoziierten Werte beziehungsweise einen evtl. internen Aktorzustand überprüfen. Eine Guard-Funktion im SqrRoot-Aktor ist die Funktion check, welche die Genauigkeit des Ergebnisses überprüft. Ist das Ergebnis zu ungenau, verbleibt der Aktor im Zustand loop und fordert eine neue (genauere) Approximation an. Ist jedoch das Ergebnis besser als eine vorgegebene Schranke, so wird das Ergebnis an die Senke sink übertragen. Es folgt der SysteMoC-Quelltext des SqrRoot-Aktors:

```
class SqrLoop : public smoc_actor {
  public:
    smoc_port_in<double>  i1, i2;
    smoc_port_out<double> o2, o3;
  private:
    double tmp_i1;
    void copyStore()  { o2[0] = tmp_i1 = i1[0];  }
    void copyInput()  { o2[0] = tmp_i1;          }
    void copyApprox() { o3[0] = i2[0];           }
    bool check() const {
      return fabs(tmp_i1 - i2[0]*i2[0]) < 0.0001;
    }

    smoc_firing_state start;
    smoc_firing_state loop;
  public:
    SqrLoop(sc_module_name name) :
      smoc_actor( name, start ) {
      start =
        i1(1)                             >>
        o2(1)                             >>
        CALL(SqrLoop::copyStore)          >> loop;
      loop  =
        (i2(1) &&  GUARD(SqrLoop::check)) >>
        o3(1)                             >>
        CALL(SqrLoop::copyApprox)         >> start
      | (i2(1) && !GUARD(SqrLoop::check)) >>
        o2(1)                             >>
        CALL(SqrLoop::copyInput)          >> loop;
    }
};
```

2.9 Können Programmiersprachen mehr?

Programmiersprachen können häufig mehrere Aspekte, wie z. B. datenfluss-, datensowie kontrollflussorientierte Modelle gleichzeitig darstellen. Grundsätzlich unterscheidet man zwei Arten von Programmiersprachen: *imperative* und *deklarative*. Imperative Programmiersprachen, wie beispielsweise C und Pascal, besitzen ein Ausführungsmodell, in dem Anweisungen in der Reihenfolge ausgeführt werden, wie sie im Programmtext erscheinen (= *control-driven*). LISP und PROLOG hingegen sind deklarative Sprachen. Für diese Sprachen ist charakteristisch, dass sie keine explizite Ausführungsreihenfolge spezifizieren (= *demand-driven*). Statt dessen wird das Ziel der Berechnung durch eine Menge von Funktionen oder logische Regeln ausgedrückt.

Imperative Programmiersprachen (z. B. C) bieten den Vorteil, dass komplexe Datenstrukturen wie Verbundtypen (Arrays, Records etc.) leicht modelliert werden können. Prozeduren und Funktionen erlauben die Bildung von Hierarchien. Im Weiteren besitzen diese Sprachen zahlreiche Kontrollstrukturen wie Sequenzen von Anweisungen, Verzweigungen (z. B. IF, CASE), Schleifenkonstrukte (WHILE, FOR, REPEAT) und Unterprogrammaufrufe. Auch haben imperative Programmiersprachen den Vorteil, dass sie weit verbreitet und durch Übersetzung auf einem Mikrocomputer *ausführbar* sind. Fast alle programmierbaren Rechnerarchitekturen, darunter die meisten Mikrocomputer, werden in imperativen Programmiersprachen programmiert. Imperative Programmiersprachen haben jedoch den Nachteil, dass sie nebenläufige Operationen nicht beschreiben können. Dieses Problem führte zur Entwicklung zahlreicher neuer Programmiersprachen, darunter OCCAM, Ada, ParallelC, VHDL [186, 187, 16] (IEEE-Standard 1076) und SystemC [144, 35, 188] (IEEE-Standard 1666). Zur Beschreibung von Hardware haben sich dabei die Hardwarebeschreibungssprachen VHDL und Verilog [404] (IEEE-Standard 1364) durchgesetzt, VHDL vornehmlich in Europa, Verilog vornehmlich in den Vereinigten Staaten. Verilog ist seit der Version 3.0 auch unter dem Namen SystemVerilog [377, 31] bekannt. Zu den wichtigsten Spracherweiterungen gegenüber der Version 2.0 zählen einerseits Konstrukte zum erleichterten Entwurf von großen Schaltungen, z. B. die Unterstützung einiger C-Datentypen sowie die Möglichkeit des Aufrufs von C/C++-Funktionen. Andererseits wird die Erstellung von Testbenches zur simulationsbasierten Verifikation von Schaltungen erheblich leichter gemacht durch spezielle Testbench-Konstrukte, siehe z. B. [31].

Zahlreiche verschiedene Kommunikationsmechanismen, wie z. B. das sog. *Message passing* in CSP (engl. *communicating sequential processes*) [175], der *Rendezvous*-Mechanismus in Ada und die Kommunikation über globalen Speicher, können in VHDL oder SystemVerilog modelliert werden. Ein Netzwerk kommunizierender sequentieller Prozesse (CSPs) kann als Netzwerk einer Klasse erweiterter FSMs aufgefasst werden, zwischen denen eine synchrone Kommunikation (simultane Lese- und Schreiboperationen) erfolgt. In der Sprache SDL [349] lassen sich ebenfalls kommunizierende Prozesse beschreiben, die erweiterte FSMs darstellen. Die Kommunikation erfolgt hier asynchron mit blockierenden Lese- und nichtblockierenden Schreibzugriffen auf Puffer unendlicher Größe. Sowohl in CSP als auch in SDL können Prozesse dynamisch instantiiert werden.

Während die oben genannten Sprachen sehr allgemein sind (Turing-Äquivalenz), wurden zur Spezifikation von *reaktiven Echtzeitsystemen* weitere Sprachen entwickelt, darunter ESTEREL [34, 33], LUSTRE [156], Lucid [15] und SIGNAL [30]. Diese ermöglichen nicht nur die Synthese von Hardware und Software ausgehend von einer Verhaltensspezifikation, sondern bieten auch elegante formale Verifikationsmethoden zur Überprüfung der Korrektheit von Spezifikationen an. Man bezeichnet solche Sprachen als *synchron* basierend auf der Vorstellung, dass die Antwort eines Systems auf externe Ereignisse ohne zeitliche Verzögerung erfolgt. Diese Annahme ist durch die Forderung begründet, dass ein reaktives System die Reihenfolge aller externen Ereignisse verfolgen können muss. Offensichtlich hat die Auswahl einer geeigneten Spezifikationsform einen direkten Einfluss auf die Synthesemethoden.

2.10 Literaturhinweise

Eine Einführung in die Welt der Petri-Netze gibt der Übersichtsartikel von Murata [286]. Als fortführende Literatur empfiehlt sich das Studium der Bücher von Peterson [316], Baumgarten [24] sowie von Reisig [338], [339]. Das Buch von Starke [371] widmet sich der Analyse von Petri-Netz-Modellen. Erweiterte Petri-Netz-Modelle werden beispielsweise in den Büchern von Desel und Esparza [85] sowie Jensen [197] behandelt.

Das Modell des Computation graph wurde von Karp und Miller [206] 1966 eingeführt. Sie zeigten, dass ihr Modell deterministisch ist, d. h., dass jede gültige Ausführungsreihenfolge von Knoten die gleiche Datensequenz bei jedem Knoten produziert. Markierte Graphen wurden von Commoner et al. in [73] analysiert. Der Begriff des SDF-Modells, eine Teilklasse von Computation graphs kennzeichnend, stammt von Lee [241] und ist eines der am weitesten verbreiteten Grundmodelle zur Darstellung und zum Entwurf von signalverarbeitenden Systemen. Das Entwurfssystem Ptolemy [54], mittlerweile in der Java-basierten Version II [330], die Software Signal Processing Designer der Firma CoWare (ehemals bekannt unter dem Namen SPW) [76] und das Entwurfssystem System Studio (siehe z. B. [379]) von Synopsys basieren auf ähnlichen datenflussbasierten Grundmodellen. In Ptolemy II sind die Aktoren in Java geschrieben und bietet die Unterstützung für unterschiedliche Datenflussmodelle sowie deren Kopplung. Das Werkzeug Signal Processing Designer von CoWare erlaubt die Simulation von in C geschriebenen Aktormodellen und besitzt eine MATLAB-Schnittstelle.

Beispiel 2.10.1. Abbildung 2.31 zeigt einen SDF-Graphen, wie er in Ptolemy II [330] beschrieben ist. Die Aktoren sind als Blöcke gekennzeichnet, die Parameter der Blöcke (Anzahl produzierter Marken, Anzahl konsumierter Marken etc.) lassen sich editieren. Ein konsistenter Graph lässt sich simulieren. In Ptolemy steht eine große Bibliothek an Aktoren zur Signal- und Bildverarbeitung zur Verfügung inklusive Signalgeneratoren und Anzeigeaktoren (z. B. Gantt-Chart, Balkendiagramm etc.). Die Aktoren sind in Ptolemy II in Java (Hostsprache) geschrieben. In Ptolemy ist SDF allerdings nur ein Berechnungsmodell unter vielen, die dort *Domains* heißen.

Die genannten Systeme dienen als Simulationswerkzeuge und können C-Code, Assemblercode bzw. manche auch VHDL-Code generieren, siehe z. B. [443]. In diesem Zusammenhang sind zahlreiche Arbeiten zur optimalen Codegenerierung bei Optimierung von Speicherplatz, Ausführungszeiten und Kommunikationsaufwand [360] auf Ein- als auch auf Mehrprozessorsystemen (siehe z. B. [38], [39],

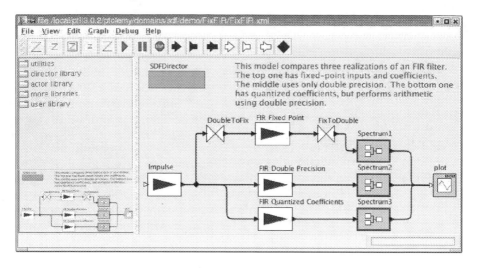

Abb. 2.31. Beispiel der Darstellung eines SDF-Graphen im Entwurfssystem Ptolemy II der UC Berkeley

[37]) entstanden. Die Arbeit von Sen [356] beschreibt die Synthese von optimiertem Verilog-Code aus SDF-Modellen heraus. In [181] wird zum einen ein neues Austauschformat für Werkzeuge zur Analyse, Simulation und Codegenerierung aus Datenflussmodellen mit Namen *Dataflow interchange format (DIF)* definiert. Zum anderen wird ein Verfahren zur Codegenerierung von C-Code vorgestellt (DIF-to-C), der dann von C-Compilern für vornehmlich DSPs übersetzt und auf den Zielprozessor geladen werden kann. Im Bereich der Abbildung von Datenflussgraphen auf Multiprozessoren gibt es weiterhin spezielle Arbeiten zur Optimierung des Speicheraufwands [287] einer Implementierung sowie einen Ansatz der Universität Leiden mit Namen COMPAAN [372], der in der Lage ist, Prozesse eines Kahn-process-network-Modells auf eine Architektur mit mehreren Prozessoren eines FPGA-basierten System-on-a-Chips vollautomatisch zu generieren [297]. In [162] wird schließlich ein Ansatz zur Entwurfsraumexploration und automatischen Generierung unterschiedlicher Hardware/Software-Implementierungen ausgehend von allgemeinen und heterogenen Datenflussgraphmodellen für FPGA-basierte System-on-a-Chip-Architekturen beschrieben. Im Werkzeug mit Namen *SystemCoDesigner* [162] (siehe auch Kap. 2.8.2) werden die einzelnen Datenflussaktoren sowie deren Kommunikation in der Sprache SystemC beschrieben. Die Abbildung ist hier nicht eingeschränkt auf eine reine Softwarerealisierung jedes Aktors, manche oder alle Aktoren können also auch in Hardware realisiert werden. In Hardware zu realisierende Aktoren können entweder bereits in Bibliotheken vorliegen oder aber während der Exploration selbst durch Verfahren der Architektursynthese, z.B. mit CatapultC [277] von Mentor Graphics oder Cynthesizer [115] von Forte Design Systems synthetisiert werden.

Dem aufmerksamen Leser ist sicherlich aufgefallen, dass hier nur ein Teilaspekt von Datenflussmodellen untersucht wurde, nämlich das *Kommunikationsmodell* oder die *Koordinationssprache* von Knoten. Die Funktionalität der Knoten wurde nicht behandelt. In den genannten Entwurfssystemen wird die Funktionalität der Knoten in einer sog. *Hostsprache* beschrieben, z. B. Java in Ptolemy II [330] bzw. C im Werkzeug Signal Processing Designer der Firma CoWare oder SystemC in den Werkzeugen System Studio und SystemCoDesigner. Auch sind die dort implementierten Knoten auf der Ebene der Eingabe hierarchisch, d. h. ein Knoten kann wieder durch einen Datenflussgraphen auf niederer Ebene beschrieben sein.

Eine gute Übersicht über HCFSMs gibt der Artikel von Harel [159]. Als Entwurfssysteme zum Entwurf von hierarchischen, nebenläufigen Zustandsmaschinen existieren z. B. das Werkzeug Statemate der Firma iLogix [185]. Es bietet die Möglichkeit zur Simulation und Generierung von C-Code.

Beispiel 2.10.2. Abbildung 2.32 zeigt die Oberfläche von Statemate zur Eingabe von Statecharts. Man erkennt einen Superzustand, der aus einer AND-Dekomposition von Subkomponenten besteht. Simuliert werden soll ein Kanal zur Datenübertragung. Dabei sind die Quelle (links), der eigentliche Kanal (Mitte) und der Empfänger (rechts) als AND-Komponenten modelliert.

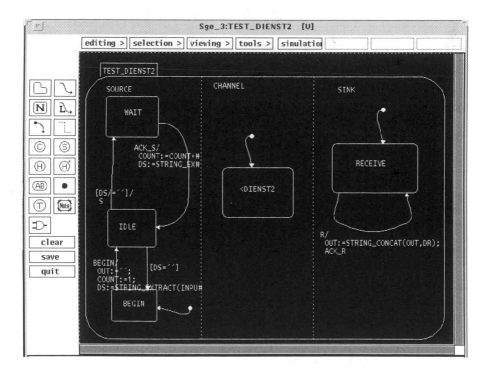

Abb. 2.32. Entwicklungsumgebung von Statecharts im Tool Statemate

Beispiel 2.10.3. Abbildung 2.33 zeigt die Simulationsumgebung in Statemate von iLogix [185] für die Spezifikation in Beispiel 2.10.2.

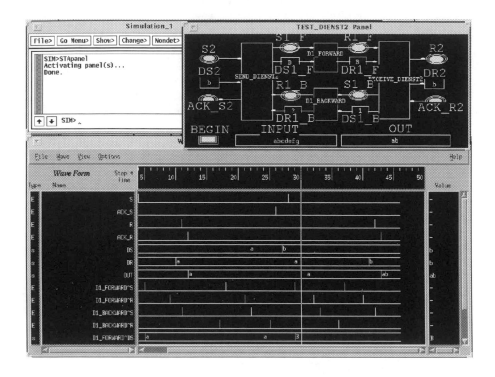

Abb. 2.33. Simulation in Statemate

Ein weiterer Ansatz zur Abbildung erweiterter Zustandsmaschinenmodelle auf Hardware/Software-Architekturen sind sog. *Co-design finite state machines (CFSMs)* [69]. Ein Problem wird durch ein Netzwerk gekoppelter CFSMs beschrieben, die miteinander über Ereignisse kommunizieren. Der Unterschied zwischen gekoppelten, herkömmlichen FSMs und CFSMs liegt in der Kommunikation: Während bei gekoppelten, herkömmlichen FSMs eine synchrone Vorstellung der Kommunikation existiert, d. h. alle FSMs wechseln gleichzeitig ihren Zustand, können Zustandswechsel bei CFSMs zunächst unbeschränkte Reaktionszeiten besitzen. Im Entwurfssystem POLIS [20] können CFSM-Beschreibungen aus ESTEREL-Programmen gewonnen werden. Mittels manueller Partitionierung der CFSMs in Hardware und Software kann in POLIS C-Code inklusive eines Betriebssystems und notwendiger Treibersoftware generiert werden. Die Hardwarefunktionalität kann mit Werkzeugen der Logiksynthese weiterverarbeitet und beispielsweise auf FPGAs prototypisiert werden.

Lee stellt in [239] den Zusammenhang der hier vorgestellten Datenflussmodelle zu Prozesskalkülen, insbesondere zu dem Kahn-process-network-Modell [202] und den zur Modellierung reaktiver Systeme entworfenen Sprachen ESTEREL [34], LUSTRE [156], Lucid [15] und SIGNAL [30] her. Eine gute Übersicht über das Gebiet der synchronen Sprachen gibt das Buch von Halbwachs [155]. Eine Abbildungsmethodik von SIGNAL auf Hardware wird in [438] beschrieben.

Die Spezifikation von Hardware/Software-Systemen stellt aufgrund der Heterogenität der Komponenten ein großes Problem dar, denn bekannte Modelle und Entwurfssprachen sind stark auf einen Anwendungsbereich (z. B. kontrollflussdominant oder datenflussdominant) bzw. entweder auf die Beschreibung von Hardware (z. B. VHDL [187, 16], SystemVerilog [377, 31]) oder die Beschreibung von Software (z. B. C, C++) zugeschnitten. Die Sprache SystemC [144, 35, 188] stellt hier einen interessanten Kompromiss dar, da sowohl die Datentypen aus C bzw. C++ als auch die für den Hardwareentwurf benötigten Datentypen (insbesondere Fixpunktzahlen) unterstützt werden. Außerdem ist die Modellierung von Nebenläufigkeit durch das Modulkonzept vorhanden. Modelle können schließlich in SystemC zeitbehaftet sein oder nicht.

Die *Unified Modeling Language (UML)* [116, 419] stellt letztlich eigentlich keine Sprache, sondern eine Sammlung von unterschiedlichen Modellen zusammen, die darüber hinaus vornehmlich nur den Entwicklungsprozess von reinen Software-Produkten unterstützt haben, seit der Version 2.0 [10] aber auch interessanter werden für den Entwurf eingebetteter Hardware/Software-Systeme. Von der Intention her stellt UML eine Initiative dar, die vor allem in der Anfangsphase den Entwicklungsprozess von Software standardisieren und damit vereinfachen soll. Zu den wichtigsten der 13 in der Version 2.0 unterstützten Modelle gehören Sequenzdiagramme, eine Variante von StateCharts, Aktivitätsdiagramme, die ähnlich wie eine Klasse von Petri-Netzen aufgebaut sind, Klassendiagramme, Kommunikationsdiagramme (zur Darstellung von Klassen und Botschaften, die zwischen Objekten der Klassen transferiert werden) sowie sog. *Use Case*-Diagramme. Das große Problem von UML ist jedoch die Semantik und Konsistenzprüfung, wenn mehrere unterschiedliche Modelle gleichzeitig verwendet werden in einem Entwicklungsprojekt. Obwohl es mittlerweile einige Werkzeuge gibt, die auch eine Konsistenzprüfung zwischen einigen UML-Diagrammen unterstützen, siehe z. B. von iLogix [185], hilft UML bislang jedoch leider nicht oder wenig, die für den Entwurf eines eingebetteten Systems essentiellen Probleme der automatischen Modellverfeinerung, der Codeoptimierung und der effizienten Zielcodegenerierung für eine kombinierte Hardware/Software-Zielarchitektur zu lösen.

2.11 Übungen

Übung 2.1 (Klassifikation von Modellen) Nennen Sie die wesentlichen Charakteristika, die zur Modellierung von

- Prozessorarchitekturen,
- Systemen der digitalen Signalverarbeitung,
- Datenbanksystemen,
- Kommunikationsprotokollen

benötigt werden. Geben Sie geeignete Modelle an.

Übung 2.2 (Petri-Netzmodell) Gegeben sei das Petri-Netz in Abb. 2.34.

- Beschreiben Sie das Netz algebraisch unter Angabe der Stellenmenge P, der Transitionenmenge T, der Markierung M_0 sowie der Flussrelation F.
- Geben Sie die Kantengewichte W und die Kapazitäten K der Stellen an.
- Geben Sie die Vor- und Nachbereiche der Transitionen und Stellen an.
- Welche Transitionen sind schaltbereit?
- Geben Sie geeignete Schaltfolgen unter Angabe der schaltenden Transitionen sowie der resultierenden Folgemarkierungen an.
- Bestimmen Sie die Erreichbarkeitsmenge $[M_0\rangle$.

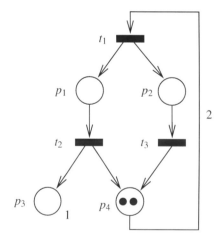

Abb. 2.34. Petri-Netz

Übung 2.3 (Modellierung) Zu entwerfen ist ein Paketsortierer, der folgende Spezifikation erfüllt. Gegeben ist ein Förderband mit Lichtschranken gemäß Abb. 2.35. Die Lichtschranken liefern die binären Signale S_1 und S_2. Die Pakete haben zwei unterschiedliche Längen (L_1 bzw. L_2). Dabei gilt:

a) $L_1 < L < L_2$,

b) $L < d + L_1$ (d: Mindestabstand zwischen zwei beliebigen Paketen),

c) Lichtschranke unterbrochen entspricht $S_i = 1$.

Sobald ein kurzes Paket erkannt ist, soll das Paketerkennungswerk dies über $A = 1$ so lange anzeigen, bis das Paket die zweite Lichtschranke erreicht. Sonst soll $A = 0$ sein. Modellieren Sie den Paketsortierer als Petri-Netz. Hinweis: Die Transitionen modellieren die steigenden und fallenden Flanken von S_1, S_2 und A.

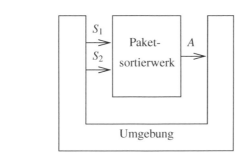

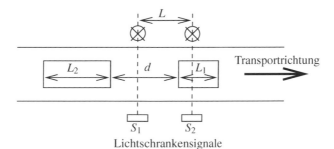

Abb. 2.35. Paketsortierer

Übung 2.4 (Eigenschaften von Petri-Netzen)

Betrachtet wird erneut das Petri-Netz G in Abb. 2.34. Analysieren Sie das Netz bezüglich folgender Eigenschaften:

- Konflikte,
- Sicherheit: Betrachten Sie auch den Fall b), dass für die Kapazität von Stelle p_3 $K(p_3) = \infty$ gelte und den Fall c), dass für das Gewicht der Kante $f = (p_4, t_1)$ $W(f) = 1$ gelte.
- Lebendigkeit: Ist das Netz deadlockfrei? Ist das Netz deadlockfrei, wenn b) $K(p_3) = \infty$? Untersuchen Sie für beide Fälle die Lebendigkeit der einzelnen Transitionen (tot, aktivierbar, lebendig).

- Konservativität: Ist das Petri-Netz G konservativ?

Übung 2.5 (Statecharts) Gegeben sei das Statechart in Abb. 2.36.

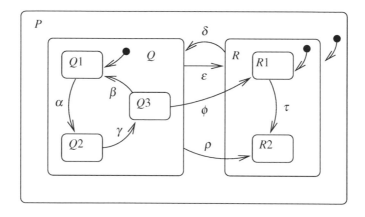

Abb. 2.36. Statechart

- Generieren Sie den äquivalenten (nichthierarchischen) Automaten als Zustandsdiagramm.
- Was sind die Vorteile hierarchischer FSMs gegenüber konventionellen FSMs?

Übung 2.6 (Markierte Graphen) Gegeben sei der markierte Graph in Abb. 2.37.

- Stellen Sie den markierten Graphen in Petri-Netznotation dar.
- Beweisen Sie den Satz: Die Summe der Marken in jedem Zyklus eines markierten Graphen ist konstant in jeder Folgemarkierung.
- Beweisen Sie den Satz: Ein stark zusammenhängender markierter Graph ist genau dann lebendig, wenn die Summe der Marken eines jeden gerichteten Zyklus positiv ist.
- Zeigen Sie schließlich, dass unter Zuhilfenahme der obigen Sätze gilt: Ein lebendiger markierter Graph ist genau dann 1-beschränkt, wenn jede Kante in jeweils einem Zyklus enthalten ist, der genau eine Marke enthält.

Übung 2.7 (Synchroner Datenfluss: SDF)
Gegeben seien die SDF-Graphen in Abb. 2.38.

- Stellen Sie beide Graphen in Petri-Netznotation dar (Graph und algebraische Beschreibung).
- Geben Sie eine algebraische Beschreibung (Form: $G(V, A, cons, prod, d)$) der SDF-Graphen an.
- Bestimmen Sie die Topologiematrix C der SDF-Graphen.
- Sind die Graphen konsistent?

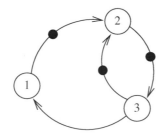

Abb. 2.37. Markierter Graph

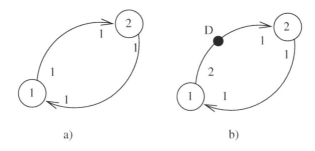

a)   b)

Abb. 2.38. SDF-Graphen

- Wenn ja, bestimmen Sie die Anzahl der Feuerungen eines jeden Knotens, die zu einem periodischen Ablauf führt. Wie oft muss jeder Knoten dabei mindestens feuern?
- Garantiert ein konsistenter Graph Beschränktheit und Lebendigkeit? Beweisen Sie ihre Aussage.

Übung 2.8 (Synchroner Datenfluss: SDF) Gegeben sei der in Abb. 2.39 dargestellte SDF-Graph zur Bilddatenkompression.

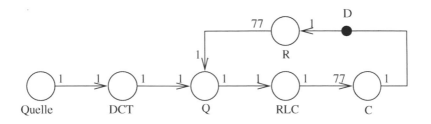

Abb. 2.39. SDF-Graph zur Bilddatenkompression

- Bestimmen Sie die Topologiematrix C,

- überprüfen Sie Konsistenz und
- bestimmen Sie die relative Anzahl von Knotenfeuerungen, die zu einem periodischen Ablauf an Knotenfeuerungen führt.
- Stellen Sie die Markierungsänderung beim Feuern von Knoten R als Vektoraddition der Form $d' = d - C^{\mathrm{T}} \gamma$ dar.

Übung 2.9 (Kontroll-Datenflussgraphen) Gegeben sei die folgende Spezifikation in SystemC. Bestimmen Sie einen Kontroll-Datenflussgraphen, der für den dargestellten Programmtext repräsentativ ist.

```
#include "systemc.h"

typedef sc_int<16> word;

// Arithmetische Rechtsschiebefunktion
word asr(word input) {
  word result;

  for(int i = 0; i < 16; i++) {
    if(i == 15)
      result[i] = input[i];
    else
      result[i] = input[i+1];
  }

  return result;
}

class module : sc_module {
  public:
    sc_fifo_in <word> input;
    sc_fifo_out<word> output;

    SC_HAS_PROCESS(module);

    module(sc_module_name module_name) :
      sc_module(module_name) {
      SC_THREAD(main);
    }

  private:
    void main() {
      while(true)
        output->write(asr(asr(asr(input->read())))));
    }
};
```

Hinweis: Es handelt sich um eine SystemC-Beschreibung mit einer arithmetischen Rechtsschiebefunktion asr, die im Modul module in der Funktion main aufgerufen wird. Das SystemC-Makro SC_THREAD meldet ähnlich wie das Makro SC_METHOD (siehe Kapitel 1) die Funktion main als sequentiellen Prozess beim SystemC-Simulator an. Im Gegensatz zu SC_METHOD-Prozessen besitzen SC_THREAD-Prozesse eine Endlosschleife (while(true)). Innerhalb dieser Endlosschleife können (müssen) Funktionsaufrufe blockieren, so dass der Simulator die Kontrolle zurück erlangen kann. In obigen Beispiel erfolgt die Blockade durch das Lesen (input->read) von einem FIFO-Speicher. Ist dieser leer, so blockiert der Prozess.

Übung 2.10 (Kontroll-Datenflussgraphen) Das folgende Beispiel ist Teil der Verhaltensspezifikation eines eingebetteten Systems, spezifiziert in der Beschreibungssprache SystemC.

```
#include "systemc.h"

class beispiel: sc_module {
  public:
      sc_in<int>  in1;
      sc_in<int>  in2;
      sc_in<int>  in3;
      sc_in<bool> com;

      SC_HAS_PROCESS(beispiel);

      beispiel(sc_module_name module_name) :
        sc_module(module_name) {
        SC_METHOD(main);
        // ...
      }
  private:
    void main() {
      int a, b, c, d, e, f;

      // ...

      while(e > f) {          // 1
        if(com == true) {     // 2
          e = in1;            // 3
          f = in1;            // 4
          a = d + in2;        // 5
          b = c - in3;        // 6
          c = a + b;          // 7
          d = c + 3;          // 8
        } else {
          e = in2;            // 9
          f = in3;            // 10
        }
      }                       // 11
    }
};
```

Diese Spezifikation beschreibt ein Modul mit dem Namen `beispiel`. Eingangs-signale des Moduls sind `in1,in2,in3` sowie `com`. Die Beschreibung des Verhal-tens besteht im Wesentlichen aus dem sequentiellen Prozess `main`. Dieser Prozess definiert die lokalen Variablen `a,b,c,d,e,f`. Stellen Sie nun die Spezifikation im Modell des

- Kontrollflussgraphen (CFG),
- Datenflussgraphen (DFG) und
- des hierarchischen Sequenzgraphen

dar. Erläutern Sie die Unterschiede sowie die Vor- und Nachteile der Modelle.

Übung 2.11 (Spezifikationssprachen) Nennen Sie Ihnen bekannte Spezifikations-sprachen für folgende Implementierungsarten und Entwurfsebenen:

- Logikentwurf,
- Mikroprozessor,
- Mikrocontroller,
- Multiprozessorsysteme (bestehend aus allgemein programmierbaren Prozesso-ren),
- Hardware/Software-Codesign von eingebetteten Systemen.

Was sind die wichtigsten Anforderungen an eine Spezifikationssprache bei folgenden Anwendungsgebieten:

- Digitale Signalverarbeitung,
- Steuerung von Industrieanlagen,
- Hardware/Software-Codesign von eingebetteten Systemen.

Geben Sie geeignete Sprachen bzw. Modelle an.

3

Synthese

Im Anschluss an die Spezifikation ist es Aufgabe der *Synthese*, eine funktionale Beschreibung auf eine strukturelle Beschreibung zu verfeinern. Die wichtigsten Probleme der Synthese wurden in Kapitel 1 kurz als *Allokation* der Ressourcen, *Ablaufplanung* und *Bindung* vorgestellt. Es wird gezeigt, dass diese Grundaufgaben unabhängig von der Implementierung in Hardware- und/oder Software verstanden werden können. Im Weiteren sind diese Grundaufgaben auch unabhängig vom Grad der bereits erzielten Abstraktion, also System-, Architektur- und Logikebene bei einer Hardwareimplementierung bzw. Block- und Modulebene bei einer Softwareimplementierung.

Als Grundmodell einer Ausgangsspezifikation wird ein aus einem *Problemgraphen* und einem *Ressourcegraphen* bestehendes Graphenmodell gewählt. An diesem Modell wird die Komplexität der Grundprobleme der Synthese untersucht. Zunächst folgt eine allgemeine Definition der Syntheseaufgaben.

3.1 Fundamentale Syntheseprobleme

Betrachtet werden nun die Hauptprobleme der Synthese von Systemen, nämlich die *Allokation* von Ressourcen, das Festlegen der zeitlichen Abläufe von Aufgaben (*Ablaufplanung*, engl. *scheduling*) und deren Bindung an Ressourcen (*Bindung*, engl. *binding*). Als Modell wird ein durch einen gerichteten, azyklischen Graphen (vgl. nichthierarchischer Sequenzgraph ohne Quell- und Senkeknoten) gegebener *Problemgraph* betrachtet.

Definition 3.1.1 (Problemgraph). *Ein* Problemgraph $G(V,E)$ *ist ein gerichteter, azyklischer Graph mit Knotenmenge V und Kantenmenge E, in dem jeder Knoten $v_i \in V$ eine Aufgabe (Task, Prozess, Anweisung, Elementaroperation) und jede Kante $e = (v_i, v_j) \in E$ eine Datenabhängigkeit darstellt.*

Ein Beispiel eines Problemgraphen ist in Abb. 3.1 dargestellt. Erweiterungen auf hierarchische Graphen sowie die Betrachtung allgemeiner Graphen (u. a. zyklische

Graphen) werden an gegebener Stelle beschrieben. Im Weiteren wird der Einfachheit halber angenommen, dass die Berechnungszeiten aller Aufgaben, die Typen sämtlicher zur Verfügung stehenden Ressourcen sowie deren Kosten bekannt sind.

Der Zusammenhang zwischen den Aufgaben und den Ressourcen (z. B. Prozessoren, ALUs, Gatter) wird durch einen *Ressourcegraphen* beschrieben.

Definition 3.1.2 (Ressourcegraph). *Ein* Ressourcegraph $G_R(V_R, E_R)$ *ist ein bipartiter Graph. Die Knotenmenge* $V_R = V \cup V_T$ *enthält die Knotenmenge V des Problemgraphen* $G(V, E)$. *Jeder Knoten* $r_k \in V_T$ *stellt einen Ressourcetypen dar (z. B. Prozessor, ALU, Addierer, Multiplizierer, Speicher, Bus etc.). Eine Kante* $(v_i, r_k) \in E_R$ *mit* $v_i \in V$ *und* $r_k \in V_T$ *modelliert die Realisierbarkeit von* v_i *auf einer Instanz des Ressourcetypen* r_k. *Ferner gibt es eine*

- *Kostenfunktion* $c : V_T \to \mathbb{Z}_0^+$, *die jedem Ressourcetyp* $r_k \in V_T$ *die Kosten* $c(r_k)$ *zuordnet sowie eine*
- *Gewichtsfunktion* $w : E_R \to \mathbb{Z}_0^+$, *die jeder Kante* $(v_i, r_k) \in E_R$ *die Berechnungszeit* $w(v_i, r_k)$ *(abgekürzt* $w_{i,k}$*) zuordnet, die die Berechnungszeit von* v_i *auf* r_k *darstellt.*

Ein Beispiel eines Ressourcegraphen ist in Abb. 3.3 dargestellt. Die folgenden Annahmen beruhen also auf folgenden Gegebenheiten:

- Die Aufgaben und deren Abhängigkeiten werden in einem Problemgraphen $G(V, E)$ beschrieben mit Knotenmenge $V = \{v_1, \cdots, v_{|V|}\}$.
- Der Zusammenhang zwischen Aufgaben und Ressourcetypen wird in einem Ressourcegraphen $G_R(V_R, E_R)$ beschrieben.
- Ein Paar $(G(V, E), G_R(V_R, E_R))$ heißt im folgenden *Spezifikation* oder Synthese-modell.[1]

Die ersten Untersuchungen beschränken sich auf den einfachen Fall, dass jeder Aufgabe $v_i \in V$ genau ein Ressourcetyp zugeordnet ist. Daraus folgt, dass jeder Knoten $v_i \in V$ Anfangsknoten genau einer Kante $e = (v_i, r_k) \in E_R$ ist und damit jedem Knoten genau eine Berechnungszeit d_i zugeordnet werden kann mit $d_i = w(v_i, r_k)$.

Das Ziel ist nun, a) einen *Ablaufplan*, b) eine *Allokation* von Ressourcen und c) eine *Bindung* von Aufgaben an Ressourcen so zu bestimmen, dass eine bestimmte Zielfunktion optimiert wird. Zunächst werden die Probleme der Ablaufplanung, Allokation und Bindung definiert.

3.1.1 Ablaufplanung

Unter *Ablaufplanung* versteht man das Festlegen von Startzeiten der Aufgaben unter Berücksichtigung aller Datenabhängigkeiten im Problemgraphen. Dabei sei der *Startzeitpunkt* einer Aufgabe der Zeitpunkt, zu dem die Ausführung der Aufgabe beginnt. Mit $\tau(v_i)$, $i = 1, \cdots, |V|$, wird im Weiteren der Startzeitpunkt des Knotens v_i bezeichnet. Man erhält folgende Definition:

---

[1] Auf verschiedenen Abstraktionsebenen der Synthese können evtl. Varianten und Erweiterungen dieser Definitionen von Problemgraphen und Ressourcegraphen auftreten, die an gegebener Stelle eingeführt werden.

Definition 3.1.3 (Ablaufplan). *Ein* Ablaufplan *eines Problemgraphen* $G(V,E)$ *ist eine Funktion* $\tau : V \rightarrow \mathbb{Z}_0^+$, *die jedem Knoten* $v_i \in V$ *die Startzeit* $t_i = \tau(v_i)$ *zuordnet, so dass gilt:*

$$\tau(v_i) \geq \tau(v_j) + d_j \quad \forall (v_j, v_i) \in E$$

Definition 3.1.4 (Latenz). *Die* Latenz L *eines Ablaufplans* τ *eines Problemgraphen* $G(V,E)$ *ist definiert als*

$$L = \max_{v_i \in V} \{\tau(v_i) + d_i\} - \min_{v_i \in V} \{\tau(v_i)\}$$

und bezeichnet damit die Anzahl der Zeitschritte des kleinsten Intervalls, das die Ausführungsintervalle aller Knoten $v_i \in V$ *einschließt.*

Das folgende Beispiel wurde exemplarisch aus dem Bereich der Architektursynthese gewählt.

Beispiel 3.1.1. Betrachtet wird der Problemgraph des bereits in Kapitel 1 in Beispiel 1.3.4 eingeführten und in Abb. 2.12 dargestellten Datenflussgraphen eines Integrationsverfahrens zur Lösung einer Differentialgleichung nach der Euler-Methode. Der Problemgraph kann auch als ein nichthierarchischer Sequenzgraph ohne Quell- und Senkeknoten aufgefasst werden. Unter der Annahme, dass die Berechnungszeit aller Aufgaben 1 sei, erhält man den in Abb. 3.1 dargestellten Ablaufplan $\tau(v_1) = \tau(v_2) = \tau(v_6) = \tau(v_8) = \tau(v_{10}) = 0$, $\tau(v_3) = \tau(v_7) = \tau(v_9) = \tau(v_{11}) = 1$, $\tau(v_4) = 2$ und $\tau(v_5) = 3$. Die Latenz L dieses Ablaufplans beträgt $L = \tau(v_5) + d_5 - \tau(v_1) = (3+1) - 0 = 4$.

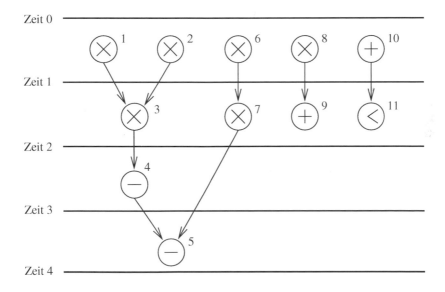

Abb. 3.1. Ablaufplan eines Problemgraphen

3.1.2 Allokation

Definition 3.1.3 berücksichtigt bei der Formulierung von Ablaufplänen nicht die Tatsache, dass oft nur eine begrenzte Anzahl von Ressourcen eines jeden Typs zur Verfügung stehen.

Beispiel 3.1.2. Betrachtet man erneut den Ablaufplan in Beispiel 3.1.1, so bräuchte man im Zeitschritt 1 mindestens 4 Ressourcen, die eine Multiplikation durchführen können, und eine Ressource, die eine Addition durchführen kann. Oft stehen nur begrenzt viele Ressourcen zur Verfügung. Abbildung. 3.2 zeigt einen Ablaufplan des gleichen Problemgraphen, der die Nebenbedingungen erfüllt, dass es jeweils nur eine Ressource gibt, die eine Multiplikation bzw. Addition, Subtraktion und Vergleichsbildung durchführen kann. Die Latenz beträgt in diesem Falle $L = \tau(v_9) + d_9 - \tau(v_1)$ $= (6+1) - 0 = 7$.

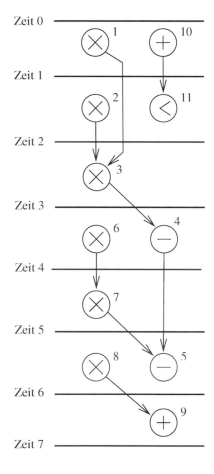

Abb. 3.2. Ablaufplan eines Problemgraphen bei beschränkter Anzahl von Ressourcen

Die Vorgabe der zur Verfügung stehenden Ressourcen wird im Folgenden als *Allokation* bezeichnet:

Definition 3.1.5 (Allokation). *Gegeben sei eine Spezifikation* $(G(V,E), G_R(V_R, E_R))$. *Eine* Allokation *ist eine Funktion* $\alpha : V_T \rightarrow \mathbb{Z}_0^+$, *die jedem Ressourcetypen* $r_k \in V_T$ *die Anzahl* $\alpha(r_k)$ *verfügbarer Instanzen zuordnet.*

Beispiel 3.1.3. Betrachtet wird erneut der Ablaufplan in Abb. 3.1. Der Ressourcegraph zur Modellierung der Ressourcenbeschränkungen in Beispiel 3.1.2 ist in Abb. 3.3 dargestellt. Sei $V_T = \{r_1, r_2\}$. Es gibt also zwei Ressourcetypen (r_1: Multiplizierer, r_2: ALU (Addierer, Subtrahierer und Vergleichsbildung)). Im Weiteren gelte $\alpha(r_1) = 1, \alpha(r_2) = 1$, d. h. es sind genau eine Instanz des Ressourcetyps Multiplizierer und eine Instanz des Typs ALU verfügbar. Die Kanten entsprechen den Ressourcetypzugehörigkeiten, die Kantengewichte stellen die Rechenzeiten $d_i = w(v_i, r_k)$ der Aufgaben $v_i \in V$ auf entsprechenden Ressourcetypen dar.

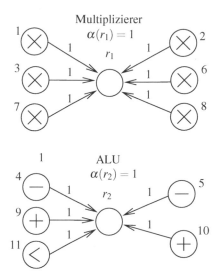

Abb. 3.3. Ressourcegraph für den Problemgraphen und die Ressourcenbeschränkungen aus Beispiel 3.1.2

3.1.3 Bindung

Die Bindung spezifiziert, auf welcher Instanz und auf welchem Ressourcetyp eine Aufgabe implementiert wird.

Definition 3.1.6 (Bindung). *Gegeben sei eine Spezifikation* $(G(V,E), G_R (V_R, E_R))$. *Die* Bindung *ist ein Paar von Funktionen*

- $\beta : V \to V_T$ *mit* $\beta(v_i) = r_k \in V_T$ *und* $(v_i, \beta(v_i)) \in E_R$;
- $\gamma : V \to \mathbb{Z}^+$ *mit* $\gamma(v_i) \le \alpha(\beta(v_i))$.

In Definition 3.1.6 gibt $r_k = \beta(v_i)$ den *Ressourcetyp* und $\gamma(v_i)$ die *Instanz des Ressourcetyps* r_k an, auf der v_i ausgeführt wird. Dabei muss $\gamma(v_i)$ kleiner gleich der Anzahl allozierter Instanzen des Ressourcetyps $\beta(v_i)$ sein, bzw. die Allokation des Typs $\beta(v_i)$ muss für alle Knoten $v_i \in V$ größer gleich $\gamma(v_i)$ sein.

Nun gibt es Ressourcetypen, die unterschiedliche Aufgaben implementieren können. Zum Beispiel kann ein Prozessor sämtliche in seinem Instruktionssatz definierten Aufgaben ausführen. Auf Hardwareebene wurde bereits das Beispiel einer arithmetisch-logischen Einheit (ALU) vorgestellt, die die Aufgaben Addition, Subtraktion und Vergleich implementieren kann. Offensichtlich muss die Eigenschaft erfüllt sein, dass jede Aufgabe eines gegebenen Problemgraphen auf mindestens einem Ressourcetyp implementierbar ist. Im Ressourcegraphen entspricht dies der Eigenschaft, dass von jedem Knoten $v_i \in V$ mindestens eine Kante ausgeht. Der Fall, dass eine Aufgabe auf verschiedenen Ressourcetypen implementiert werden kann (z. B. eine Addition auf einem *Carry-Lookahead*-Addierer oder einem *Carry-Ripple*-Addierer), entspricht dem Fall, dass im Ressourcegraphen mehrere Kanten in Knoten $v_i \in V$ beginnen. Dann spricht man von *Modulselektion*.

Ein einfacher Fall der Bindung entspricht dem Fall *dedizierter Ressourcen*. Jede allozierte Ressource bekommt maximal eine Aufgabe zugewiesen.

Beispiel 3.1.4. Betrachtet wird erneut der Problemgraph in Abb. 3.1. Im Falle dedizierter Ressourcen benötigt man genau $|V| = 11$ Ressourcen. Mit der durch den Ressourcegraphen in Abb. 3.3 beschriebenen Ressourcenzugehörigkeit werden 6 Instanzen des Typs Multiplizierer und 5 Instanzen des Typs ALU benötigt. Eine Bindung ist gegeben durch $\beta(v_1) = r_1, \gamma(v_1) = 1$, $\beta(v_2) = r_1, \gamma(v_2) = 2$, $\beta(v_3) = r_1, \gamma(v_3) = 3$, $\beta(v_4) = r_2, \gamma(v_4) = 1$, $\beta(v_5) = r_2, \gamma(v_5) = 2$, $\beta(v_6) = r_1, \gamma(v_6) = 4$, $\beta(v_7) = r_1, \gamma(v_7) = 5$, $\beta(v_8) = r_1, \gamma(v_8) = 6$, $\beta(v_9) = r_2, \gamma(v_9) = 3$, $\beta(v_{10}) = r_2, \gamma(v_{10}) = 4$, $\beta(v_{11}) = r_2, \gamma(v_{11}) = 5$.

Beispiel 3.1.5. Die Bindung in Beispiel 3.1.4 ist offensichtlich nicht besonders effizient. Die minimal benötigten Ressourcen zur Implementierung des in Abb. 3.1 gezeigten Ablaufplans erhält man durch Bestimmung der maximalen Anzahl gleichzeitig ablaufender Aufgaben eines Ressourcetyps über alle Zeitschritte. So werden nur vier Multiplizierer und zwei ALUs gebraucht. Die durch $\beta(v_1) = r_1, \gamma(v_1) = 1$, $\beta(v_2) = r_1, \gamma(v_2) = 2$, $\beta(v_3) = r_1, \gamma(v_3) = 2$, $\beta(v_4) = r_2, \gamma(v_4) = 2$, $\beta(v_5) = r_2, \gamma(v_5) = 2$, $\beta(v_6) = r_1, \gamma(v_6) = 3$, $\beta(v_7) = r_1, \gamma(v_7) = 3$, $\beta(v_8) = r_1, \gamma(v_8) = 4$, $\beta(v_9) = r_2, \gamma(v_9) = 2$, $\beta(v_{10}) = r_2, \gamma(v_{10}) = 1$, $\beta(v_{11}) = r_2, \gamma(v_{11}) = 1$ gegebene Bindung ist in Abb. 3.4 graphisch dargestellt.

3.2 Implementierung

Oft formuliert man neben der Allokation eine Latenzschranke $\bar{L}$, die eine obere Schranke an die Latenz eines Ablaufplans darstellt.

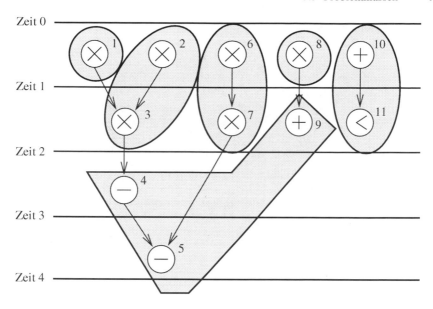

Abb. 3.4. Ablaufplanung und Bindung eines Problemgraphen

Mit diesen Begriffen kann nun der Begriff einer (gültigen) *Implementierung* definiert werden.

Definition 3.2.1 (Implementierung).
Gegeben sei eine Spezifikation $(G(V,E),\ G_R(V_R,E_R))$ (und evtl. eine Latenzschranke $\bar{L}$ und/oder eine Allokation α). Eine (gültige) Implementierung *ist ein Quadrupel $(\tau,\beta,\gamma,\alpha)$, bestehend aus Ablaufplan τ nach Definition 3.1.3, Bindung β,γ nach Definition 3.1.6 und Allokation α nach Definition 3.1.5, das die folgenden Bedingungen erfüllt:*

- $L \le \bar{L}$ *im Fall einer gegebenen Latenzbeschränkung und*
- $\forall r_k \in V_T, \forall t \in [\min_{v_i \in V}\{\tau(v_i)\}, \cdots, \max_{v_i \in V}\{\tau(v_i)+d_i\}]:$
  $|\{v_i : \beta(v_i) = r_k \wedge \tau(v_i) \le t < \tau(v_i)+d_i\}| \le \alpha(r_k)$ *im Fall von Ressourcenbeschränkungen.*

Die erste Bedingung besagt, dass der Ablaufplan die Latenzschranke einhalten muss. Die zweite Bedingung besagt, dass die Anzahl der Knoten, die gleichzeitig auf Instanzen eines Ressourcetyps ablaufen, zu jedem Zeitpunkt kleiner als die Anzahl allozierter Instanzen dieses Typs sein muss.

Damit wurden die Grundaufgaben der Synthese vorgestellt.

3.3 Problemklassen

Offensichtlich sind die Probleme Ablaufplanung und Bindung eng miteinander verbunden. Zunächst sollte klar sein, dass es keine zwingende Reihenfolge geben muss, die Ablaufplanung vor der Bindung durchzuführen. Zum Beispiel kann eine *partielle Bindung* Teil einer anfänglichen Spezifikation sein. Eine gegebene Bindung (voll oder partiell) beeinflusst die Ablaufplanung, da nie zwei Aufgaben gleichzeitig auf einer Ressource implementiert werden können. Genauso wurde deutlich, dass eine gegebene Ablaufplanung die nachfolgende Bindung beeinflusst. Im Folgenden werden Algorithmen untersucht, die Ablaufplanung und/oder Bindung durchführen. Offensichtlich ist man nicht an beliebigen Lösungen interessiert, sondern an denjenigen Lösungen, die eine Implementierung unter einem oder mehreren Gesichtspunkten optimieren. Beispielsweise versucht man bei der Ablaufplanung die Latenz eines Problemgraphen zu minimieren. Eine optimale Bindung minimiert die Kosten einer Implementierung, gegeben beispielsweise durch die Anzahl der benötigten Ressourcen. Während Latenzoptimalität und Kostenminimalität i. Allg. gegensätzliche Faktoren darstellen, ist man oft an Implementierungen interessiert, die latenzoptimal bei gegebenen Ressourcenbeschränkungen bzw. kostenminimal bei gegebenen Zeitbeschränkungen sind.

3.4 Übungen

Übung 3.1 (Synthese) Gegeben sei der Problemgraph in Abb. 3.5.

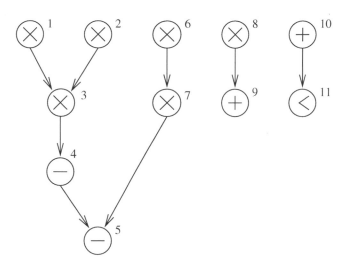

Abb. 3.5. Problemgraph

Nehmen Sie an, dass es nur einen Ressourcetyp gibt, der sämtliche Operationen $(+, -, <, *)$ berechnen kann und die Fläche 1 besitze. Es sei eine Einheit dieses Ressourcetyps alloziert. Die Kosten einer Implementierung ergeben sich aus der benötigten Gesamtfläche. Für die Berechnungszeiten der Operationen gelte: $d_i = 1$ für $i = 1, \cdots, 11$.

- Geben Sie den Problemgraphen algebraisch an $(G(V, E))$.
- Geben Sie den Ressourcegraphen $G_R(V_R, E_R)$ an.
- Annotieren Sie den Ressourcegraphen mit Gewichten $w: E_R \to \mathbb{Z}_0^+$, die den Berechnungszeiten der Operationen entsprechen.
- Annotieren Sie den Ressourcegraphen mit der gewählten Allokation.

Übung 3.2 (Ablaufplanung) Gegeben sei die Spezifikation aus Übung 3.1.

- Stellen Sie ein Ungleichungssystem auf, das die Bedingungen an gültige Ablaufpläne darstellt.
- Stellen Sie ein Optimierungsmodell auf, das die Latenz L optimiert. (Hinweis: Man füge dem Ungleichungssystem eine Zielfunktion zu und erhält dadurch ein lineares Programm).
- Wie groß ist die minimal erreichbare Latenz im Falle
  - der Ressourcenbeschränkungen aus Übung 3.1,
  - unbeschränkter Ressourcen?

Geben Sie für beide Fälle gültige Startzeitpunkte der Operationen an und überprüfen Sie die Gültigkeit der Ablaufpläne anhand des aufgestellten Ungleichungssystems.

Übung 3.3 (Exploration des Entwurfsraums) Gegeben sei erneut die Spezifikation aus Übung 3.1. Gesucht seien die Pareto-Punkte des Entwurfsraums, der durch die Parameter Kosten und Latenz gegeben ist. Die Anzahl der allozierten Ressourcen sei also zunächst noch nicht festgelegt.

- Berechnen sie eine untere und eine obere Schranke an die Latenz von allen möglichen Pareto-Punkten.
- Berechnen sie eine untere und eine obere Schranke an die Kosten der benötigten Ressourcen von allen möglichen Pareto-Punkten.
- Ermitteln Sie alle Pareto-Punkte und tragen Sie diese in einem Diagramm auf.

4

Ablaufplanung

Im Folgenden werden einige Optimierungsprobleme im Zusammenhang mit der Ablaufplanung untersucht, die Komplexität dieser Probleme analysiert und dann Algorithmen zu deren Lösung vorgestellt. Zunächst werden Ablaufplanungsprobleme nach unterschiedlichen Gesichtspunkten klassifiziert.

4.1 Klassifikation von Ablaufplanungsproblemen

Zum einen wird eine Einteilung in unterschiedliche Klassen von Ablaufplanungsproblemen getroffen. Zum anderen werden Algorithmen zur Lösung dieser Problemklassen vorgestellt.

4.1.1 Statische und dynamische Ablaufplanung

Als *statisch* werden im Folgenden Ablaufplanungsprobleme bezeichnet, deren Aufgaben in Art, Anzahl, Ankunfts- und Ausführungszeiten vollständig zur Übersetzungszeit bekannt sind. Hier lassen sich folglich oft Ablaufpläne guter Qualität vor dem Betrieb berechnen, d. h. *offline*. Im Gegensatz dazu heißen Probleme *dynamisch*, wenn mindestens eine der obigen Eigenschaften erst zur Laufzeit, d. h. im Betrieb, bekannt sind. Man betrachte als Beispiel ein Ein-Prozessor-System zur Echtzeitverarbeitung, bei dem der Prozessor ein Betriebssystem besitzt, das eine Menge von Aufgaben im Zeitmultiplex plant, das aber weder die Ankunftszeiten noch die genauen Ausführungszeiten der Aufgaben vorab kennt.

Modelle und Methoden für statische und dynamische Probleme (siehe z. B. [222, 370]) unterscheiden sich i. Allg. sehr voneinander. Hier werden vornehmlich Systeme behandelt, deren Ablaufpläne statisch, also vollständig mit Hilfe von CAD-Werkzeugen zur Übersetzungszeit berechnet und optimiert werden können. Jedoch werden auch dynamische Ablaufplanungsprobleme betrachtet, vor allem im Zusammenhang mit der Synthese von Softwarelösungen.

4.1.2 Präemption

Verfahren zur Ablaufplanung unterscheiden sich ferner darin, ob eine Aufgabe während ihrer Ausführung unterbrochen werden darf, um sie zu einem späteren Zeitpunkt entweder auf der gleichen oder einer anderen Ressource weiter abzuarbeiten (*präemptive Ablaufplanung*) oder ob sie ihre ganze Berechnungszeit ununterbrochen ein und dieselbe Ressource belegt (*nichtpräemptive Ablaufplanung*). Präemptive Verfahren spielen vornehmlich bei Softwaresystemen mit statischen (z. B. [267]) bzw. dynamischen Planungsverfahren (siehe z. B. [222, 370]) eine Rolle. Die Entscheidung präemptiv — nichtpräemptiv ist oft auch eine Frage der *Granularität* der zu planenden Aufgaben: Bei Problemen mit Aufgaben, deren Rechenzeiten klein sind gegenüber der Zeitspanne vom Abbruch einer geplanten Aufgabe bis zum Zeitpunkt, an dem die Abarbeitung der nächsten Aufgabe auf der gleichen Ressource beginnt (*Kontextwechselzeit*), sind präemptive Verfahren nicht sinnvoll anwendbar.

4.1.3 Datenabhängigkeiten

Ablaufplanungsprobleme unterscheidet man auch danach, ob zwischen den zu planenden Aufgaben Datenabhängigkeiten existieren dürfen oder nicht. Betrachtet werden Planungsprobleme mit Datenabhängigkeiten, da Planungsprobleme ohne Datenabhängigkeiten als Spezialfall eingeschlossen sind. Ferner wird erlaubt, dass neben Datenabhängigkeiten sowohl zeitliche Beschränkungen als auch Ressourcenbeschränkungen an die Planung von Aufgaben gestellt werden dürfen.

4.1.4 Ressourcenbeschränkungen

Unter dem komplexitätstheoretischen Gesichtspunkt lässt sich zeigen, dass die beiden Fälle der

- *Ablaufplanung ohne Ressourcenbeschränkungen* und
- *Ablaufplanung mit Ressourcenbeschränkungen*

unterschiedlich schwer zu lösen sind. Dabei können Beschränkungen an funktionale Ressourcen (z. B. Prozessoren, funktionale Einheiten etc.), Kommunikationsressourcen (z. B. Busse) und Speicherressourcen (z. B. RAM, ROM) gestellt werden. Die Beschränkungen betreffen beispielsweise die maximale Anzahl allozierter Einheiten eines Typs oder Kapazitätsbeschränkungen einer Einheit.

Beide Klassen von Problemen werden untersucht.

4.1.5 Periodische Ablaufplanung

Orthogonal zur letztgenannten Klassifikation unterscheidet man

- *aperiodische* Ablaufplanungsprobleme und
- *periodische (iterative)* Ablaufplanungsprobleme.

Die zweite Klasse tritt im Zusammenhang mit Schleifenspezifikationen auf (siehe z. B. [334, 359] im Bereich von Echtzeitsystemen, [65, 429] beim Entwurf von Systemen der digitalen Signalverarbeitung oder [141] im Zusammenhang mit der Architektursynthese). Bei periodischen Ablaufplanungsproblemen werden Aufgaben iterativ (periodisch) geplant, d. h. jede Aufgabe besitzt einen Index n, der einer Iteration entspricht, und wird zu jeder Iteration n im Zeitabstand des *Iterationsintervalls* (auch Periode) P geplant. Diese Erweiterung erlaubt die Ausnutzung von *Fließbandverarbeitung*, der nebenläufigen Planung von Aufgaben aus verschiedenen Iterationen. Die Prinzipien der Fließbandverarbeitung werden für eindimensionale Schleifenprogramme vorgestellt.

4.2 Klassifikation von Algorithmen

Da sich Allgemeinheit und Effizienz von Entwurfsverfahren häufig ausschließen, ist man an Algorithmen interessiert, die für spezielle Problemklassen Ablaufpläne generieren, die bestimmte Kriterien optimieren. Es wird gezeigt, dass es für bestimmte Problemklassen *exakte* Verfahren mit polynomieller Laufzeit gibt. Im allgemeinen Fall gilt jedoch, dass die Komplexität der zu lösenden Probleme die Verwendung von *Heuristiken* empfiehlt. Algorithmen zur Ablaufplanung unterscheiden sich auch dadurch, dass sie *transformatorisch* (auch iterativ verbessernd) oder *konstruktiv* sind. Diese Dichotomie gilt in Anlehnung an [275]. Bei transformatorischen Verfahren werden aus einem gegebenem Ablaufplan neue Ablaufpläne durch Transformation bisheriger Ablaufpläne generiert. Die Rechenzeit wird in der Exploration vieler Ablaufpläne verbraucht. Bei konstruktiven Verfahren wird ein einziger Ablaufplan konstruktiv aufgebaut und die Rechenzeit darauf verwendet, einen möglichst guten Ablaufplan zu konstruieren.

Diese Klassifikation von Algorithmen gilt übrigens genauso für Algorithmen zur Bindung, Partitionierung etc.

Übersicht: Zuerst werden Verfahren für statische Ablaufplanungsprobleme mit Datenabhängigkeiten bei nichtpräemptiver Planung betrachtet und sowohl exakte Verfahren als auch Heuristiken vorgestellt, die entweder konstruktiv oder transformatorisch sind. Dabei werden zunächst aperiodische (nichtiterative), dann iterative Ablaufplanungsprobleme betrachtet. Danach werden Verfahren vorgestellt, die für dynamische Probleme eingesetzt werden. In diesem Zusammenhang werden auch präemptive Verfahren besprochen. Genauso wie im statischen Fall werden zuerst die aperiodischen, dann die iterativen Probleme behandelt.

Im ganzen Verlauf des Kapitels wird angenommen, dass zur Zeit der Ablaufplanung eine Bindung noch nicht erfolgt ist. Falls eine Bindung vor der Ablaufplanung erfolgt sein sollte, dann sei dieser Einfluss durch Einführung von Sequentialisierungskanten im Problemgraphen bereits berücksichtigt worden. Das resultierende Ablaufplanungsproblem kann dann als ein Ablaufplanungsproblem ohne Ressourcenbeschränkungen aufgefasst werden.

4.3 Ablaufplanung ohne Ressourcenbeschränkungen

Das Problem der Ablaufplanung ohne Ressourcenbeschränkungen ist relevant in folgenden Fällen:

- *Bestimmung unterer Schranken*: Für einen gegebenen Problemgraphen kann man offensichtlich eine untere Schranke für die Latenz aller Ablaufpläne mit Ressourcenbeschränkungen finden, wenn man das Latenzminimierungsproblem ohne Ressourcenbeschränkungen löst.
- *Bindung mit dedizierten Ressourcen*: Praktisch gesehen liegt ein solcher Fall vor, falls alle Aufgaben unterschiedlicher Art sind, so dass jede Aufgabe auf einem anderen Ressourcetyp implementiert werden muss oder wenn die Kosten der dedizierten Komponenten keine Rolle spielen.
- *Lösen der Ablaufplanung nach der Bindung*: Der Einfluss der Bindung kann durch zusätzliche Sequentialisierungskanten im Problemgraphen modelliert werden. Damit wird verhindert, dass Aufgaben, die an eine Ressource gebunden sind, nebenläufig geplant werden können. Die Kosten der Implementierung sind in diesem Fall unabhängig von der Ablaufplanung.

Damit kann man folgendes Optimierungsproblem formulieren:

Definition 4.3.1. Latenzminimierung ohne Ressourcenbeschränkungen. *Gegeben sei eine Spezifikation* $(G(V,E), G_R(V_R,E_R))$. *Unter* Latenzminimierung ohne Ressourcenbeschränkungen *versteht man das Problem*

$$\min \{ L \mid \tau(v_j) - \tau(v_i) \geq d_i \ \forall (v_i, v_j) \in E \}$$

Dieses Problem kann in polynomieller Zeit exakt gelöst werden mit der sog. CPM-Methode (engl. *critical path method*) [174], die aus dem Bereich des *Operations Research* stammt.

4.3.1 Der ASAP-Algorithmus

Die einfachste Möglichkeit, einen latenzoptimalen Ablaufplan zu bestimmen, besteht darin, jeden Knoten so früh wie möglich (engl. *as soon as possible (ASAP)* [413]) zu starten. Das Problem der Latenzminimierung ohne Ressourcenbeschränkungen kann in polynomieller Zeit exakt gelöst werden durch topologische Sortierung der Knoten von G. Bezeichnet man die durch den Algorithmus bestimmten Startzeitpunkte der Operationen mit $\tau^S = (\tau(v_1)^S, \tau(v_2)^S, \cdots, \tau(v_{|V|})^S)$, dann sieht der Algorithmus wie folgt aus (Problemgraph $G(V,E)$ und der Vektor der Ausführungszeiten $d \in \mathbb{N}_0^{|V|}$ der Knoten werden übergeben):

```
ASAP(G(V,E),d) {
    FOREACH (v_i ohne Vorgänger)
        τ(v_i)^S := 0;
    REPEAT {
        Wähle einen Knoten v_i aus, dessen Vorgänger alle geplant sind;
```

$$\tau(v_i)^S := \max_{j:(v_j,v_i) \in E} \{\tau(v_j)^S + d_j\};$$
    }
    UNTIL (alle Knoten v_i geplant);
    RETURN (τ^S)
}

Beispiel 4.3.1. Die in Abb. 4.1 dargestellte Ablaufplanung eines Problemgraphen entspricht der durch den Algorithmus ASAP bestimmten Ablaufplanung für die Annahme, dass $d_i = 1 \; \forall i = 1, \cdots, 11$. Im ersten Schritt werden alle Knoten $v_i \in V$ ohne

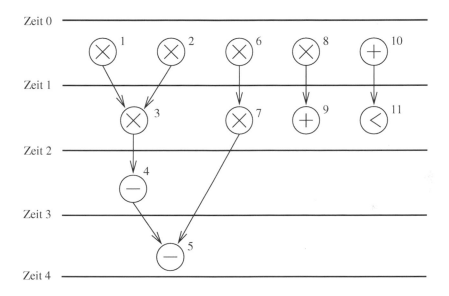

Abb. 4.1. Ablaufplanung mit dem ASAP-Algorithmus

Vorgänger geplant mit $\tau^S(v_i) = 0$. Das sind v_1, v_2, v_6, v_8 und v_{10}. Dann werden alle Knoten ohne ungeplante Vorgänger geplant usw., bis alle Knoten geplant sind. Man erhält $\tau^S(v_i) = 1 \; \forall i \in \{3, 7, 9, 11\}$, $\tau^S(v_4) = 2$ und $\tau^S(v_5) = 3$. Damit beträgt die Latenz $L^S = (3 + 1) - 0 = 4$.

4.3.2 Der ALAP-Algorithmus

Betrachtet wird nun den Fall, dass ein Ablaufplan eine Latenzschranke (engl. *latency bound*) $\bar{L}$ einhalten muss. $\bar{L}$ stellt eine obere Schranke an die Latenz L dar. Eine interessante Frage nach Vorgabe einer Latenzschranke $\bar{L}$ ist, in welchen Intervallen die Startzeiten der Knoten unter Einhaltung der Latenzschranke maximal schwanken können. Zum ASAP-Algorithmus, der jeweils die frühesten Startzeitpunkte aller Knoten ermittelt, gibt es einen komplementären Algorithmus, den sogenannten

ALAP-Algorithmus (engl. *as late as possible*), der die spätesten Startzeitpunkte ermittelt. Der Algorithmus lässt sich wie folgt beschreiben:

$\text{ALAP}(G(V,E), d, \bar{L})$ {

    FOREACH (v_i ohne Nachfolger)

        $\tau(v_i)^{\mathsf{L}} := \bar{L} - d_i;$

    REPEAT {

        Wähle einen Knoten v_i aus, dessen Nachfolger alle geplant sind;

        $\tau(v_i)^{\mathsf{L}} := \min_{j:(v_i, v_j) \in E} \{\tau(v_j)^{\mathsf{L}}\} - d_i;$

    }

    UNTIL (alle Knoten v_i geplant);

    RETURN (τ^{L})

}

Die durch den Algorithmus bestimmten Startzeitpunkte der Knoten werden mit $\tau^{\mathsf{L}} = (\tau(v_1)^{\mathsf{L}}, \tau(v_2)^{\mathsf{L}}, \cdots, \tau(v_{|V|})^{\mathsf{L}})$ bezeichnet. Als Latenzschranke $\bar{L}$ wählt man üblicherweise $\bar{L} = L^{\mathsf{S}}$. Mit Hilfe des ALAP-Algorithmus kann man dann die *Mobilität* μ (engl. *slack*) der Operationen bestimmen als Differenz der Startzeitpunkte von ALAP- und ASAP-Algorithmus. Folglich gilt $\mu(v_i) = \tau(v_i)^{\mathsf{L}} - \tau(v_i)^{\mathsf{S}} \; \forall i = 1, \cdots, |V|$. Operationen, für die die Mobilität null ist, können nur zu genau einem Zeitpunkt gestartet werden, damit die Latenzschranke erfüllt werden kann. Solche Operationen heißen auch *kritisch*. Falls die Mobilität einer Operation größer null ist, dann gibt sie die Größe des Intervalls an, in dem die Operation gestartet werden kann, um die Latenzschranke einzuhalten.

Beispiel 4.3.2. Abbildung 4.2 zeigt die Ablaufplanung des Problemgraphen aus Beispiel 4.3.1 mit dem ALAP-Algorithmus. Als Latenzschranke $\bar{L}$ wurde die durch den ASAP-Algorithmus bestimmte Latenz $\bar{L} = 4$ gewählt. Zuerst werden die Startzeitpunkte von Knoten $v_i \in V$ ohne Nachfolger auf $\tau(v_i)^{\mathsf{L}} = \bar{L} - d_i$ initialisiert. Das sind v_5, v_9 und v_{11}. Ihre Startzeit wird auf 3 gesetzt. Dann werden alle Knoten ohne ungeplante Nachfolger geplant usw., bis alle Knoten geplant sind. Ein Vergleich der Ablaufpläne zeigt, dass die Mobilität der Operationen v_1, v_2, v_3, v_4 und v_5 null ist, d. h. sie befinden sich auf einem kritischen Pfad. Die Mobilität der anderen Knoten beträgt $\mu(v_6) = \mu(v_7) = 1$ und $\mu(v_8) = \mu(v_9) = \mu(v_{10}) = \mu(v_{11}) = 2$.

Die Komplexitäten von ASAP- und ALAP-Algorithmen hängen von deren Implementierung ab, insbesondere von der Datenstruktur, mit der der Problemgraph dargestellt wird. Im besten Fall ist die Komplexität gleich der des Problems der topologischen Sortierung und damit $\mathcal{O}(|V| + |E|)$ [74].

4.3.3 Ablaufplanung mit Zeitbeschränkungen

Häufig möchte man zusätzlich zu den probleminhärenten Datenabhängigkeiten weitere zeitliche Beschränkungen ausdrücken. Diese kann man unterteilen in

- *absolute Zeitbeschränkungen*: Hierzu zählen sogenannte *Deadlines* (= späteste Startzeitpunkte von Aufgaben) und *Releasezeiten* (= früheste Startzeitpunkte von

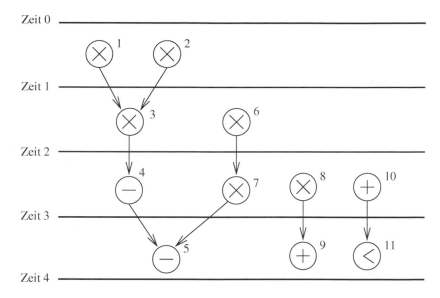

Abb. 4.2. Ablaufplanung mit dem ALAP-Algorithmus bei einer Latenzschranke von $\bar{L} = 4$

Aufgaben). Deadlines und Releasezeiten sind also absolute Beschränkungen der Startzeiten von Aufgaben.

- *relative Zeitbeschränkungen*: Diese drücken die zeitlichen Relationen zwischen Paaren von Aufgaben aus und sind unabhängig von deren absoluten Werten.

Beispielsweise garantiert eine relative Minimumsbeschränkung, dass eine Aufgabe einer anderen um mindestens eine gewisse Anzahl von Zeitschritten folgt. Dies gilt unabhängig davon, ob zwischen beiden Aufgaben Datenabhängigkeiten existieren. Eine Maximumsbeschränkung drückt aus, dass nur eine maximale Anzahl von Zeitschritten zwischen den Startzeitpunkten zweier Aufgaben verstreichen darf. Kombinationen von Minimums- und Maximumsbeschränkungen erlauben die Formulierung exakter Distanzen zwischen Startzeitpunkten zweier Aufgaben, z. B. Gleichzeitigkeitsbeschränkungen. Absolute Zeitbeschränkungen können übrigens auch als Spezialfälle von relativen Zeitbeschränkungen gesehen werden, indem man sie relativ zum Startzeitpunkt eines fiktiven Quellknotens formuliert, der Vorgänger aller Knoten ist.

Definition 4.3.2 (Relative Zeitbeschränkungen). *Eine relative Zeitbeschränkung zwischen zwei Knoten v_i und v_j, $v_i, v_j \in V$ eines gegebenen Problemgraphen $G(V,E)$ drückt man durch Zahlen $l_{i,j} \in \mathbb{Z}_0^+$ wie folgt aus:*

- *Minimumsbeschränkung: $\tau(v_j) \geq \tau(v_i) + l_{i,j}$,*
- *Maximumsbeschränkung: $\tau(v_j) \leq \tau(v_i) + l_{i,j}$.*

Beispiel 4.3.3. Gegeben sei das in Abb. 4.3 dargestellte Komponenten-Verbindungs-diagramm (CCD), das den Zugriff einer Schaltung auf einen Speicher darstellen soll. Die Spezifikation des Speicherzugriffsprotokolls lautet wie folgt:

- Die Adresse muss mindestens 1 Takt, darf aber höchstens 2 Takte anliegen.
- Daten erscheinen 1 Takt nach Anlegen der Adresse und sind 1 Takt lang gültig.

Abb. 4.3. CCD eines Systems, das eine Schaltung über einen Bus mit einem Speicher koppelt

Die zeitlichen Beschränkungen, die eine Schaltung zur Einhaltung dieses Protokolls erfüllen muss, sind in Abb. 4.4 dargestellt.

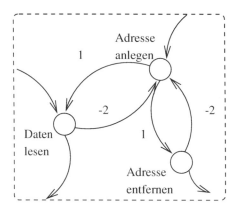

Abb. 4.4. Modellierung eines Speicherzugriffsprotokolls

Minimums- und Maximumsbeschränkungen können in einem erweiterten Problemgraphen, einem sogenannten *Beschränkungsgraphen* G_C, festgehalten werden.

Definition 4.3.3 (Beschränkungsgraph).
Gegeben sei eine Spezifikation $(G(V,E), G_R(V_R, E_R))$ sowie eine Menge von n Minimums- und Maximumsbeschränkungen, gegeben durch Zahlen $l_{i,j} \in \mathbb{Z}_0^+$. Ein Beschränkungsgraph $G_C(V_C, E_C, w)$ ist ein kantengewichteter, gerichteter Graph mit Gewichtsfunktion $w : E_C \to \mathbb{Z}$, den man aus G wie folgt erhält:

- *$V_C = V$; $E_C = E \cup E'$ und $|E'| = n$; E' beinhaltet jeweils eine Kante pro Minimums- bzw. Maximumsbeschränkung.*

- E' *bildet man wie folgt: Pro Minimumsbeschränkung* $l_{i,j}$ *gibt es eine Kante* $(v_i, v_j) \in E'$ *mit Gewicht* $w(v_i, v_j) = l_{i,j}$, *pro Maximumsbeschränkung* $l_{i,j}$ *gibt es eine Kante* $(v_j, v_i) \in E'$ *mit Gewicht* $w(v_j, v_i) = -l_{i,j}$. *Für alle Kanten* $(v_i, v_j) \in E$ *gilt:* $w(v_i, v_j) = d_i$.

Beispiel 4.3.4. Betrachtet wird der Problemgraph G in Abb. 4.5 (links) und die dort gegebene Knotennummerierung. Die Ausführungszeit einer Multiplikation betrage zwei Zeitschritte, die der Addition einen Schritt. Ferner soll Operation v_3 frühestens zum Zeitpunkt $t = 4$ starten. Dazu wird ein fiktiver Quellknoten v_0 mit Startzeitpunkt $\tau(v_0) = 0$ in G_C eingefügt, der Vorgänger von v_1 und v_2 wird und die Rechenzeit 0 besitzt, und man formuliert die relative Zeitbeschränkung $l_{0,3} = 4$. Ferner soll v_4 höchstens $l_{2,4} = 2$ Schritte nach v_2 starten. Der aus diesem Graphen nach der Konstruktionsvorschrift in Definition 4.3.3 gebildete Beschränkungsgraph G_C ist in Abb. 4.5 (rechts) dargestellt.

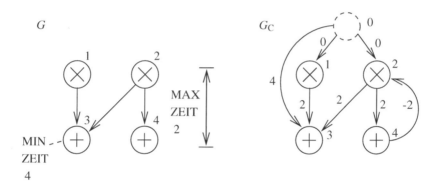

Abb. 4.5. Beispiel eines Beschränkungsgraphen mit Minimums- und Maximumsbeschränkungen

Die Hinzunahme von Minimums- und Maximumsbeschränkungen führt zu dem Problem, feststellen zu können, ob es überhaupt einen Ablaufplan gibt, der sämtliche Bedingungen erfüllt. Ein einfaches Testkriterium besteht darin, dass man für jede Maximumsbeschränkung $l_{i,j}$ testet, ob der längste Pfad zwischen Knoten v_i und Knoten v_j, der die minimal mögliche Zeitdistanz der Startzeitpunkte dieser beiden Knoten ausdrückt, kleiner oder gleich $l_{i,j}$ ist. Damit die Existenz eines Ablaufplans gewährleistet ist, muss der Beschränkungsgraph frei von positiven Zyklen sein. Man kann zeigen, dass diese Bedingung auch hinreichend ist [74]. Die Existenz eines Ablaufplans kann man mit dem Bellman-Ford-Algorithmus (siehe Anhang) in polynomieller Zeit ($\mathcal{O}(|V|\,|E|)$) überprüfen. Im Falle der Existenz liefert der Algorithmus gleichzeitig die ASAP-Zeiten der Knoten.

Beispiel 4.3.5. Für den Beschränkungsgraphen in Abb. 4.5 erhält man mit dem Bellman-Ford-Algorithmus (Berechnung des längsten Pfads) den Ablaufplan $\tau(v_0) =$

$\tau(v_1) = \tau(v_2) = 0$, $\tau(v_3) = 4$ und $\tau(v_4) = 2$. Knoten v_3 wird gegenüber dem Fall ohne Minimums- und Maximumsbeschränkungen um zwei Zeitschritte verzögert. Die Zeitdifferenz der Startzeitpunkte von v_4 und v_2 beträgt 2 und ist damit kleiner gleich der oberen Schranke. Die Latenz beträgt $L = \tau(v_3) + d_3 - \tau(v_0) = 5$.

Zusammenfassung: Im Falle unbeschränkter Ressourcen kann das Problem der Latenzminimierung in polynomieller Zeit gelöst werden für Problemgraphen (topologische Sortierung $\mathcal{O}(|V| + |E|)$). Die Einführung absoluter und relativer Zeitbeschränkungen zeigte, dass auch in diesem Fall die Existenz eines Ablaufplans sowie das Problem der Latenzminimierung in polynomieller Zeit gelöst werden kann durch Lösen des Längsten-Pfad-Problems (z. B. mit dem Bellman-Ford-Algorithmus in Zeit $\mathcal{O}(|V|\,|E|)$).

Im Folgenden werden die Problemstellungen durch Hinzunahme von Ressourcenbeschränkungen erweitert.

4.4 Ablaufplanung mit Ressourcenbeschränkungen

Das Problem der Ablaufplanung mit Ressourcenbeschränkungen ist nicht nur im Bereich der Hardware- und Softwaresynthese relevant, sondern wurde auch bereits intensiv im Bereich des *Operations Research* untersucht. Es wurde gezeigt, dass das Problem der latenzoptimalen Ablaufplanung eines Problemgraphen schon im einfachen Fall nur eines vorhandenen Ressourcetyps $\mathcal{N}\mathcal{P}$-schwer ist [72, 125]. Dieses Resultat gilt sogar für den Fall, dass die Berechnungszeiten aller Operationen 1 sind.

Um die exponentielle Laufzeit exakter Verfahren zu vermeiden, wurden zahlreiche heuristische Verfahren mit polynomieller Laufzeit entwickelt. Zunächst werden einige Heuristiken untersucht. Anschließend wird als Alternative ein exaktes Verfahren vorgestellt, das auf der Formulierung als ganzzahliges lineares Programm (engl. *integer linear program* (ILP)) beruht und eine gleichzeitige Betrachtung von Ablaufplanung, Allokation und Bindung in einem Modell erlaubt.

Im Rahmen ressourcenbeschränkter Ablaufplanungsprobleme sind grundsätzlich folgende Optimierungsprobleme relevant:

- *Latenzminimierung mit Ressourcenbeschränkungen*:
  Gesucht ist eine Implementierung, insbesondere die Funktionen τ, β mit minimaler Latenz L bei gegebener Allokation α.[1]

---

[1] Die Bindung γ braucht ohne Einschränkung der Allgemeinheit nicht explizit ermittelt zu werden, da man a) genauso gut jede Instanz r, $1 \leq r \leq \alpha(r_k)$, als eigenen Ressourcetyp mit Allokation 1 darstellen könnte und damit eine Bindung β den Typ und die Instanz einer Ressource verkörpern kann. Diese Darstellung ginge nur zu Lasten der Komplexität des Modells des Ressourcegraphen. Schließlich sei bemerkt, dass b) bei aperiodischer Ablaufplanung aus τ und Bindung β immer ein γ in polynomieller Zeit bestimmt werden kann, das mit der Allokation α kompatibel ist, z. B. mit dem im Anhang beschriebenen LEFTEDGE-Algorithmus.

- *Kostenminimierung unter Latenzbeschränkung*:
  Hier wird eine Implementierung gesucht, die bei Vorgabe einer Latenzschranke $\bar{L}$ minimale Kosten erzeugt.

- *Zulässiges Ablaufplanungsproblem*:
  Gesucht wird eine Implementierung bei gegebener Latenzschranke $\bar{L}$ und gegebener Allokation α.

- *Gewichtete Minimierung von Latenz und Kosten unter Latenz- und Ressourcenbeschränkungen*:
  Hier wird eine Implementierung gesucht, die bei gegebener Latenzschranke $\bar{L}$ und Allokation α eine Zielfunktion minimiert, die Kosten und Latenz gewichtet.

Betrachtet wird hier nur das Problem der Latenzminimierung unter Ressourcenbeschränkungen. Es sei jedoch bemerkt, dass sich für die folgenden Algorithmen auch ein Pendant zur Lösung der anderen Probleme formulieren lässt.

4.4.1 Erweiterte ASAP- und ALAP-Verfahren

Verfeinerungen von ASAP- und ALAP-Algorithmen führten zu modifizierten Verfahren [270, 432, 410], die auch Ressourcenbeschränkungen berücksichtigen können. Der Ausgangspunkt ist jeweils ein Ablaufplan, der mit dem ASAP- oder ALAP-Verfahren ermittelt wurde. In jedem Schritt des Algorithmus wird anschließend überprüft, ob die Ressourcenbeschränkungen eingehalten werden. Wird eine Ressourcenbeschränkung verletzt, so werden entsprechend viele Operationen auf einen späteren Zeitschritt (ASAP) bzw. einen früheren Zeitschritt (ALAP) verlagert. Diese Erweiterung nennt man auch *ASAP-Planung mit bedingter Verschiebung*, ein konstruktives Verfahren.

Beispiel 4.4.1. Das erweiterte ASAP-Verfahren, angewendet auf den Problemgraphen in Beispiel 3.1.3 mit den Ressourcenbeschränkungen $\alpha(r_1) = 2$, $\alpha(r_2) = 2$, führt zu dem Ablaufplan in Abb. 4.6.

4.4.2 Listscheduling

Auf Listen basierte Verfahren zur Ablaufplanung wurden zuerst im Bereich der Kompaktierung von Mikrocode [77] entwickelt. In diesem Anwendungsbereich werden mehrere Mikroinstruktionen parallel als Mikrooperation ausgeführt, um damit möglichst kompakte und damit schnelle Mikroprogramme zu erzeugen.

Listscheduling kann als Weiterentwicklung der ASAP-Verfahren aufgefasst werden. Im Gegensatz zu diesen werden jedoch globale Kriterien benutzt, um die Reihenfolge der Operationen zu bestimmen, für die der Ablaufplan festgelegt wird. Wie beim ASAP-Verfahren werden die Operationen Schritt für Schritt vom ersten Zeitschritt bis zum letzten Zeitschritt geplant. Es handelt sich folglich um ein konstruktives Verfahren.

Zu Beginn des Verfahrens werden die Knoten des Problemgraphen topologisch sortiert. Anschließend wird für jeden Knoten eine Priorität berechnet. Als Kriterien für diese Ermittlung wurden die Anzahl der Nachfolgerknoten, das Gewicht des

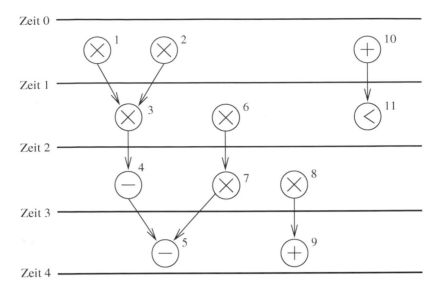

Abb. 4.6. Modifizierte ASAP-Ablaufplanung zur Berücksichtigung von Ressourcenbeschränkungen

längsten Pfads oder die Mobilität eines Knotens als Differenz seiner Startzeitpunkte nach ASAP- und ALAP-Planung [183, 179, 302, 140] vorgeschlagen. Ein Vergleich verschiedener Prioritätskriterien gibt [4]. Nach dieser Rechnung wird das eigentliche Planungsverfahren durchgeführt. In jedem Zeitschritt t wird die Menge $K_{t,k}$ von an den Ressourcetyp $r_k \in V_T$ gebundenen Kandidaten bestimmt, deren Vorgänger im Problemgraphen alle zum Zeitpunkt t beendet sind:

$$K_{t,k} = \{v_i \in V : \beta(v_i) = r_k \wedge \forall j : (v_j, v_i) \in E : t \geq \tau(v_j) + d_j\}$$

Im gleichen Schritt bestimmt man die Menge $G_{t,k}$ an Operationen des Ressourcetyps r_k, die im Zeitschritt t ausgeführt werden, also die zu einem Zeitpunkt vor t gestartet worden, aber zum Zeitpunkt t noch nicht beendet sind und damit eine Ressource belegen:

$$G_{t,k} = \{v_i \in V : \beta(v_i) = r_k \wedge t > \tau(v_i) > t - d_i\}$$

Dann erfolgt die Ablaufplanung: Für jeden Ressourcetyp $r_k \in V_T$ wird basierend auf der festgelegten Prioritätsliste der Operationen, beschreibbar durch eine Funktion $p : V \to \mathbb{Z}_0^+$, eine Menge S_t an Operationen aus der Kandidatenmenge $K_{t,k}$ mit maximaler Priorität ausgewählt und geplant. Dabei kann S_t maximal so viele Operationen enthalten, wie es die Ressourcenbeschränkung $|S_t| + |G_{t,k}| \leq \alpha(r_k)$ erlaubt. Der ganze Algorithmus lässt sich damit wie folgt formulieren:

LIST$(G(V,E), G_R(V_R, E_R), \alpha, p)\{$
    $t := 0;$
    REPEAT $\{$

```
FOR (k = 1) TO |V_T| {
        Bestimme Kandidatenmenge K_{t,k};
        Bestimme Menge nicht beendeter Operationen G_{t,k};
        Wähle eine Menge maximaler Priorität S_t ⊆ K_{t,k}:
            |S_t| + |G_{t,k}| ≤ α(r_k);
        FOREACH (v_i ∈ S_t) τ(v_i) := t;
        }
        t := t + 1;
    }
UNTIL (alle Knoten v_i geplant);
RETURN (τ);
}
```

Die Berechnungskomplexität dieses Algorithmus ist $\mathcal{O}(|V|)$. Der Algorithmus konstruiert einen Ablaufplan, der per definitionem die Ressourcenbeschränkungen erfüllt. Das heuristische Dringlichkeitsmaß wird statisch vor Ablauf des Algorithmus bestimmt.

Beispiel 4.4.2. Betrachtet wird erneut der Ablaufplan in Abb. 4.1. Der Ressourcegraph zur Modellierung der Ressourcenbeschränkungen wurde in Beispiel 3.1.3 beschrieben und ist in Abb. 4.7 noch einmal dargestellt. Es gibt zwei Ressourcety-

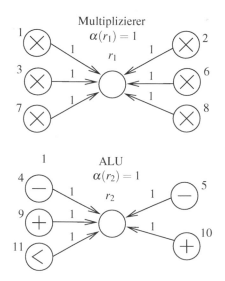

Abb. 4.7. Ressourcegraph

pen (r_1: Multiplizierer, r_2: ALU (Addierer, Subtrahierer und Vergleichsbildung)) mit $\alpha(r_1) = 1, \alpha(r_2) = 1$ allozierten Ressourcen. Die in Abb. 4.8 dargestellte Ablaufplanung entspricht der durch Listscheduling berechneten Ablaufplanung mit der durch den längsten Pfad bestimmten Prioritätsliste $p(v_1) = p(v_2) = 4$, $p(v_3) = p(v_6) = 3$, $p(v_4) = p(v_7) = p(v_8) = p(v_{10}) = 2$ und $p(v_5) = p(v_9) = p(v_{11}) = 1$. In diesem

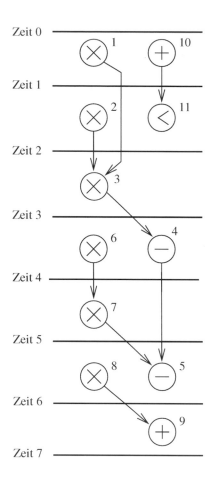

Abb. 4.8. Ablaufplanung mit Listscheduling

Beispiel gilt $G_{t,k} = 0 \; \forall t, k$, weil $d_i = 1 \; \forall v_i \in V$. Die erzielte Latenz ist in diesem Fall optimal.

Um zu zeigen, dass es bereits einfache Beispiele gibt, bei denen Listscheduling suboptimale Lösungen erzeugt, wird ein weiteres Beispiel angefügt.

Beispiel 4.4.3. Betrachtet wird der Problemgraph in Abb. 4.9a) und der zugehörige Ressourcegraph in Abb. 4.9b) mit der Allokation $\alpha(r_1) = 1$, $\alpha(r_2) = 1$. In Abb. 4.10a) sieht man den mit Listscheduling gefundenen Ablaufplan. Hingegen zeigt Abb. 4.10b), dass es einen Ablaufplan gibt, der eine um einen Zeitschritt geringere Latenz aufweist.

a) G b) G_R

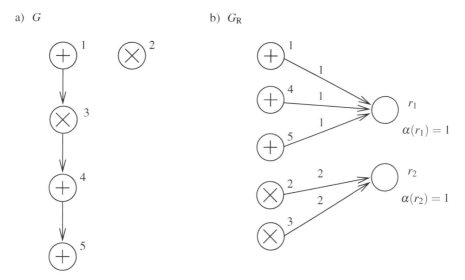

Abb. 4.9. Problemgraph und Ressourcegraph aus Beispiel 4.4.3

Man kann zeigen, dass Listscheduling exakt ist, wenn der Problemgraph ein Baum ist und alle Berechnungszeiten 1 betragen.

4.4.3 Force-directed scheduling

Force-directed scheduling [311] stellt eine Erweiterung des Verfahrens Listscheduling dar. Es handelt sich ebenfalls um ein konstruktives Verfahren. Das Dringlichkeitsmaß der Planung einer Operation wird hier allerdings nicht statisch vor Beginn des Verfahrens bestimmt, sondern wird dynamisch in jedem Schritt auf den Stand des bisher aufgebauten Ablaufplans angepasst, was i. Allg. zu verbesserten Ergebnissen der Ablaufplanung führt. Die Entscheidung der Planung einer Operation in einem Zeitschritt wird durch Berechnung von *Kräften* bestimmt. Kräfte zwingen Operationen in gewisse Schritte. Zur Beschreibung des Verfahrens bedarf es noch der Einführung einiger Größen:

1. *Mobilitätsintervall* einer Operation $v_i \in V$: $[\tau(v_i)^\mathrm{S}, \tau(v_i)^\mathrm{L}]$
2. *Ausführungswahrscheinlichkeit* $p_{i,t}$ einer Operation $v_i \in V$:

$$p_{i,t} = \begin{cases} \frac{1}{\mu(v_i)+1} & \forall t \in [\tau(v_i)^\mathrm{S}, \tau(v_i)^\mathrm{L}] \\ 0 & \text{sonst} \end{cases}$$

   mit der Mobilität $\mu(v_i) = \tau(v_i)^\mathrm{L} - \tau(v_i)^\mathrm{S}$.
3. *Belegung* $q_{k,t}$ des Ressourcetyps r_k zum Zeitpunkt t: Hier werden zu jedem Zeitschritt t die Ausführungswahrscheinlichkeiten der Operationen addiert, die durch eine Ressource des Typs r_k ausgeführt werden können, d. h.

a) Listscheduling   b) latenzoptimale Ablaufplanung

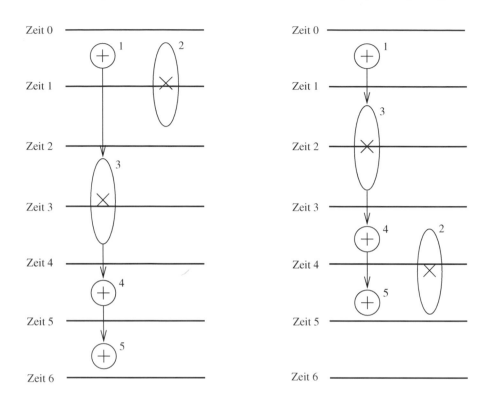

Abb. 4.10. Listscheduling ist i. Allg. suboptimal

$$q_{k,t} = \sum_{\forall i:(v_i,r_k)\in E_R} p_{i,t}$$

Diese Verteilung kann in einem *Belegungsgraphen* dargestellt werden, siehe Beispiel 4.4.4.

Beispiel 4.4.4. Betrachtet wird erneut der Problemgraph in Abb. 4.1 mit dem Ressourcegraphen in Abb. 4.7. Für eine Latenzschranke von $\bar{L} = 4$ wurden die Mobilitäten der Operationen in Beispiel 4.3.2 durch ASAP- und ALAP-Ablaufplanung ermittelt. Zum Beispiel ist die Mobilität $\mu(v_1)$ der Operation v_1 gleich 0. Folglich gilt $p_{1,0} = 1$, $p_{1,1} = p_{1,2} = p_{1,3} = 0$. Das gleiche gilt für Operation v_2. Operation v_6 besitzt die Mobilität $\mu(v_6) = 1$ und das Mobilitätsintervall $[0,1]$. Folglich gilt $p_{6,0} = p_{6,1} = 1/2$, $p_{6,2} = p_{6,3} = 0$. Operation v_8 besitzt die Mobilität $\mu(v_8) = 2$ und das Mobilitätsintervall $[0,2]$. Deshalb gilt $p_{8,0} = p_{8,1} = p_{8,2} = 1/3$, $p_{8,3} = 0$. Damit erhält man die Wahrscheinlichkeit der Belegung des Multiplizierers ($k = 1$) im Zeitschritt 0 zu $q_{1,0} = 1 + 1 + 1/2 + 1/3 = 17/6$.

Die Wahrscheinlichkeitsverteilungen für Multiplizierer und ALU ($k = 2$) sind in
Abb. 4.11 graphisch dargestellt.

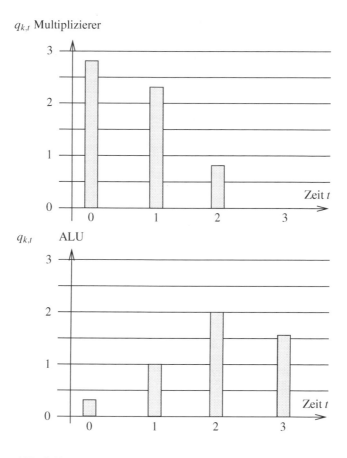

Abb. 4.11. Belegungsgraphen der Typen Multiplizierer und ALU

4. *Selbstkraft*: Die Planung einer Operation zu einem Zeitschritt basiert auf einer
einfachen Analogie zu dem mechanischen Modell einer Feder, bei der die Beziehung zwischen Elongation x, Federkonstante c und Kraft F durch das Hoo-
kesche Gesetz gemäß $F = cx$ gegeben ist. Bildlich dargestellt hängen die Kräfte
auf Operationen davon ab, zu welchem Zeitschritt sie gestartet werden. Wird eine Operation zu einem Zeitschritt geplant, so ändert sich ihre Ausführungswahrscheinlichkeit auf 1 in diesem Zeitschritt und auf 0 in allen anderen Zeitschritten.
Diese Änderung ist vergleichbar mit der Elongation einer Feder. Die Analogie
zur Federkonstante lässt sich durch den Wert der Verteilung $q_{k,t}$ herstellen. Da
diese Analogie jedoch nicht sehr weit trägt, wird hier das Verfahren direkt interpretiert. Die Selbstkraft $F_{i,t}^S$ einer Operation v_i bezüglich eines Zeitschritts t wird

definiert als

$$F_{i,t}^{\mathrm{S}} = q_{k,t} - \overline{q_{k,i}}$$

wobei

$$\overline{q_{k,i}} = \frac{1}{\mu(v_i) + 1} \sum_{m=\tau(v_i)^{\mathrm{S}}}^{\tau(v_i)^{\mathrm{L}}} q_{k,m}$$

Offensichtlich bezeichnet $F_{i,t}^{\mathrm{S}}$ also den Unterschied zwischen der Belegung der zur Operation v_i gehörigen Ressource r_k zum fraglichen Zeitpunkt t und dem Mittelwert $\overline{q_k}$ der Belegungen im Mobilitätsintervall der Operation v_i. Sie ist also ein Maß dafür, ob ein Planungszeitpunkt t bezüglich des Ressourcetyps r_k stark belegt ist.

Beispiel 4.4.5. Betrachtet wird Operation v_6 in Beispiel 4.4.2 vom Typ Multiplizierer ($k = 1$). Die Ausführungswahrscheinlichkeit in den ersten zwei Zeitschritten ist jeweils $p_{6,0} = p_{6,1} = 1/2$, für die Verteilung gilt $q_{1,0} = 17/6$ und $q_{1,1} = 7/3$. Plant man Operation v_6 zum Zeitpunkt $t = 0$, dann ändern sich die Wahrscheinlichkeiten um $1 - 1/2$ für Schritt $t = 0$ und um $0 - 1/2$ für Schritt $t = 1$. Die Selbstkraft beträgt folglich $17/6(1 - 1/2) + 7/3(0 - 1/2) = 1/4$. Die Kraft trägt ein positives Vorzeichen, da die Nebenläufigkeit der Multiplikationen im nullten Zeitschritt höher als im ersten Zeitschritt ist. Falls v_6 im ersten Zeitschritt geplant wird, beträgt die Selbstkraft $17/6(0 - 1/2) + 7/3(1 - 1/2) = -1/4$.

5. *Vorgänger- und Nachfolgerkräfte:* Da die Planung einer Operation die Mobilitätsintervalle anderer Operationen einschränken kann, betrachtet man zusätzlich Vorgänger- und Nachfolgerkräfte, das sind Kräfte auf Vorgänger- oder Nachfolgerknoten im Problemgraphen. Aus Gründen der Rechenzeit werden jedoch nur die direkten Vorgänger- oder Nachfolgerknoten im Problemgraphen betrachtet. Nehmen wir an, dass eine Operation v_j direkter Vorgänger oder Nachfolger einer Operation v_i ist und sich das Mobilitätsintervall von v_j durch eine Planung von v_i zum Zeitschritt t von $[\tau(v_j)^{\mathrm{S}}, \tau(v_j)^{\mathrm{L}}]$ mit $\mu(v_j) = \tau(v_j)^{\mathrm{L}} - \tau(v_j)^{\mathrm{S}}$ auf $[\tilde{\tau}(v_j)^{\mathrm{S}}, \tilde{\tau}(v_j)^{\mathrm{L}}]$ mit $\tilde{\mu}(v_j) = \tilde{\tau}(v_j)^{\mathrm{L}} - \tilde{\tau}(v_j)^{\mathrm{S}}$ ändert. Dann erhält man als Vorgänger- bzw. Nachfolgerkraft von v_j auf v_i bei Planung von v_i zum Zeitschritt t:

$$F_{j,t}^{\mathrm{N}} = \widetilde{q_{k,j}} - \overline{q_{k,j}}$$

wobei

$$\widetilde{q_{k,j}} = \frac{1}{\tilde{\mu}(v_j) + 1} \sum_{m=\tilde{\tau}(v_j)^{\mathrm{S}}}^{\tilde{\tau}(v_j)^{\mathrm{L}}} q_{k,m}$$

$F_{j,t}^{\mathrm{N}}$ ist also ein Maß dafür, wie stark sich die mittlere Belegung des zu einer Vorgänger- oder Nachfolgeroperation gehörigen Ressourcetyps erhöht.

Beispiel 4.4.6. Die Planung von Operation v_{10} im Zeitschritt $t = 1$ impliziert die Planung von Operation v_{11} im Zeitschritt $t = 2$ oder $t = 3$. Die Variation der Kraft auf v_{11} ist $1/2(q_{2,2} + q_{2,3}) - 1/3(q_{2,1} + q_{2,2} + q_{2,3}) = 1/2(2 + 5/3) - 1/3(1 + 2 + 5/3) = 5/18$.

6. *Gesamtkraft:* Die Gesamtkraft auf eine Operation im Zeitschritt t erhält man nun durch Summation der Selbstkraft und der Kräfte auf alle ihre Vorgänger- und Nachfolgerknoten:

$$F_{i,t} = F_{i,t}^S + \sum_{\forall v_j:(v_i,v_j)\in E} F_{j,t}^N + \sum_{\forall v_j:(v_j,v_i)\in E} F_{j,t}^N$$

Beispiel 4.4.7. Die Planung von Operation v_6 im Zeitschritt $t = 1$ impliziert die Planung von Operation v_7 im Zeitschritt $t = 2$. Die Nachfolgerkraft von v_7 auf v_6 ist dann $q_{1,2} - 1/2(q_{1,1} + q_{1,2}) = 5/6 - 1/2(7/3 + 5/6) = -3/4$. Die Gesamtkraft auf v_6 im Zeitschritt $t = 1$ ergibt sich als Summe aus Selbstkraft und Nachfolgerkraft, also $-1/4 - 3/4 = -1$. Insgesamt erhält man als Gesamtkräfte auf v_6 in den Zeitschritten $t = 0$ und $t = 1$ die Werte $1/4$ beziehungsweise -1.

Mit diesen Gesamtkräften lassen sich zwei Algorithmen formulieren: Die Grundstruktur des *Force-directed-listscheduling*-Algorithmus ist ähnlich der Struktur des Algorithmus Listscheduling. Jedoch werden die Mobilitätsintervalle und Kräfte der Operationen in jedem Schritt aktualisiert. Das Auswahlverfahren besteht darin, in jedem Schritt diejenigen ablaufbereiten Operationen auszuwählen, die die höchsten Kräfte aufweisen. Dies entspricht in jedem Schritt dem Streben nach einer maximalen Nebenläufigkeit unter Wahrung der Ressourcenbeschränkungen. Der Algorithmus konstruiert einen Ablaufplan, der per definitionem die Ressourcenbeschränkungen erfüllt und bemüht ist, die Latenz zu minimieren.

Wünscht man hingegen die Minimierung der Ressourcen unter Einhaltung einer vorgegebenen Latenzschranke $\bar{L}$, so wird man versuchen, eine möglichst geringe Nebenläufigkeit zu erreichen. Die Grundstruktur des Algorithmus *Force-directed scheduling* (siehe auch [84]) lautet wie folgt:

```
FORCEDIRECTED(G(V,E),G_R(V_R,E_R),\bar{L}) {
    REPEAT {
        Bestimme Mobilitätsintervalle aller nicht geplanten Operationen;
        Bestimme Belegungen und Ausführungswahrscheinlichkeiten;
        Bestimme Gesamtkräfte aller Operationen;
        Plane Operation mit der geringsten Kraft;
    }
    UNTIL (alle Knoten v_i geplant);
    RETURN(τ);
}
```

Im Gegensatz zu Listscheduling, bei dem ein Zeitpunkt nach dem anderen mit Operationen aufgefüllt wird, wird hier also eine Operation nach der anderen geplant. Die Einhaltung der Latenzschranke wird garantiert.

4.4.4 Ganzzahlige lineare Programmierung

Eine weitere Möglichkeit, Ablaufpläne unter Berücksichtigung endlicher Ressourcen zu bestimmen, besteht in der Formulierung als *ganzzahliges lineares Programm.*

Eine der ersten Arbeiten, in der formale Methoden beschrieben wurden, um digitale Logik mit algebraischen Relationen auf der Ebene von Datenpfadsystemen zu modellieren und Register-Transfer-Logik zu synthetisieren, wurde von Hafer und Parker ([153]) veröffentlicht. Zahlreiche weitere Arbeiten bauen direkt oder indirekt auf dem darin vorgeschlagenen Ansatz auf, z. B. [184, 204, 328, 128, 19].

Theorem 4.4.1 (Ablaufplanung mit Ressourcenbeschränkungen). *Gegeben sei eine Spezifikation $(G(V,E), G_R(V_R, E_R))$ und die mit ASAP- und ALAP-Planungsverfahren berechneten frühest- bzw. spätestmöglichen Startzeitpunkte $l_i := \tau(v_i)^S$ und $h_i := \tau(v_i)^L$ der Knoten $v_i \in V$. Eine zulässige Lösung des folgenden Ungleichungssystems ist dann eine Lösung des Ablaufplanungsproblems mit Ressourcenbeschränkungen:*

$$x_{i,t} \in \{0,1\} \qquad \forall v_i \in V, \, \forall t : l_i \leq t \leq h_i$$

$$\sum_{t=l_i}^{h_i} x_{i,t} = 1 \qquad \forall v_i \in V \tag{4.1}$$

$$\sum_{t=l_i}^{h_i} t \cdot x_{i,t} = \tau(v_i) \qquad \forall v_i \in V \tag{4.2}$$

$$\tau(v_j) - \tau(v_i) \geq d_i \qquad \forall (v_i, v_j) \in E \tag{4.3}$$

$$\sum_{i:(v_i,r_k)\in E_R} \sum_{p=\max\{0,t-h_i\}}^{\min\{d_i-1,t-l_i\}} x_{i,t-p} \leq \alpha(r_k)$$

$$\forall r_k \in V_T, \forall \min_{i=1}^{|V|}\{l_i\} \leq t \leq \max_{i=1}^{|V|}\{h_i\} \tag{4.4}$$

Es folgt eine kurze Erläuterung zu den einzelnen Gleichungen und Ungleichungen:

- Die binäre Variable $x_{i,t}$ drückt die Ablaufplanung der Operationen $v_i \in V$ aus:

$$x_{i,t} = \begin{cases} 1 & : \quad \text{falls } v_i \text{ zum Zeitpunkt } \tau(v_i) = t \text{ gestartet wird} \\ 0 & : \quad \text{sonst} \end{cases}$$

Der Gültigkeitsbereich der Variablen $x_{i,t}$ erstreckt sich jeweils vom frühest- bis zum spätestmöglichen Zeitschritt, an dem die Ausführung von Operation v_i begonnen werden kann.
- Da $x_{i,t}$ den Wert 1 genau zu dem Zeitpunkt annimmt, an dem die Abarbeitung von v_i beginnt, wird durch die Summation von $x_{i,t}$ in Gl. (4.1) über alle möglichen Startzeitpunkte t mit $l_i \leq t \leq h_i$ gewährleistet, dass v_i genau einmal ausgeführt wird.
- Die Eigenschaft, dass $x_{i,t}$ den Wert 1 am Startzeitpunkt $\tau(v_i) = t$ annimmt, wird in Gl. (4.2) ausgenutzt, um $\tau(v_i)$ explizit zu berechnen. Die Multiplikation von $x_{i,t}$ mit dem Zeitschritt t hat zum Zeitpunkt $t = \tau(v_i)$ den Wert $\tau(v_i)$ und ansonsten den Wert 0. Die Summation über das Produkt $t \cdot x_{i,t}$ liefert demzufolge genau $\tau(v_i)$.

- Das Planungsverfahren muss die durch den Problemgraphen G implizierten Datenabhängigkeiten gewährleisten: Für alle Kanten $(v_i, v_j) \in E$ muss gelten, dass die Ausführung von Operation v_j erst begonnen werden kann, wenn die Berechnung von Operation v_i beendet ist. Die Differenz der Startzeitpunkte von v_j und v_i, $\tau(v_j) - \tau(v_i)$ muss also mindestens so groß wie die Zeitspanne der Ausführung von v_i, also d_i, sein. Dies wird durch die Beschränkungen in Gl. (4.3) gewährleistet.

- Schließlich muss garantiert werden, dass zu keinem Zeitpunkt mehr als die zur Verfügung stehenden Instanzen der Ressourcetypen benutzt werden. Für die innere Summe in Gl. (4.4) gilt durch die Indexverschiebung mit p:

$$\sum_{p=0}^{d_i-1} x_{i,t-p} = \begin{cases} 1 & : \quad \forall t : \tau(v_i) \leq t \leq \tau(v_i) + d_i - 1 \\ 0 & : \quad \text{sonst} \end{cases}$$

Diese Summe hat also genau während der Ausführungszeit einer Operation v_i, d. h. für alle Zeitschritte t mit $\tau(v_i) \leq t \leq \tau(v_i) + d_i - 1$, jeweils den Wert 1. Durch Summation über alle Operationen, die vom gleichen Ressourcetyp r_k sind, erhält man für einen festen Zeitpunkt t die Anzahl der Operationen, die auf Instanzen des Ressourcetyps r_k zum Zeitpunkt t abgearbeitet werden. Es seien jeweils $\alpha(r_k)$ Instanzen des Ressourcetyps $r_k \in V_T$ vorhanden. Mithin gewährleistet das Ungleichungssystem, dass für alle Zeitschritte t und für alle Ressourcetypen $r_k \in V_T$ niemals mehr als die zur Verfügung stehende Anzahl von Instanzen eines Ressourcetyps benötigt wird. Die etwas komplexeren Summengrenzen $\max\{0, t - h_i\}$ bzw. $\min\{d_i - 1, t - l_i\}$ stellen sicher, dass nur definierte Variablen $x_{i,t-p}$ aufsummiert werden.

Durch Auswertung des Ungleichungssystems in Gl. (4.4) für alle Zeitschritte t mit $\min_{i=1}^{|V|} \{l_i\} \leq t \leq \max_{i=1}^{|V|} \{h_i\}$ wird ein Benutzungsprofil eines Ressourcetyps berechnet. Ein derartiges Benutzungsprofil wird im folgenden Beispiel dargestellt.

Beispiel 4.4.8. Gegeben sei der Ressourcegraph nach Abb. 4.12 mit den Operationen v_1 und v_2, die die Berechnungszeiten $d_1 = w_{1,1} = 4$ und $d_2 = w_{2,1} = 3$ auf Ressourcetyp r_1 besitzen. Die Startzeitpunkte der Ausführung der Operationen seien $\tau(v_1) = 2$ und $\tau(v_2) = 4$. Folglich gilt $x_{1,2} = 1$ und $x_{2,4} = 1$. Durch Auswertung der

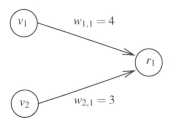

Abb. 4.12. Ressourcegraph aus Beispiel 4.4.8

inneren Summe des Ungleichungssystems in Gl. (4.4) erhält man die beiden linken Diagramme in Abb. 4.13, während die Summe für jeden Zeitschritt im rechten Teil zu sehen ist. Offensichtlich gibt der zu jedem Zeitschritt zugehörige Wert die Anzahl der benötigten Ressourcen an.

Zur Lösung des ILP bietet sich beispielsweise ein BRANCH&BOUND-Verfahren an, siehe Anhang.

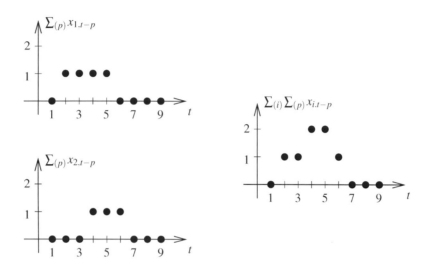

Abb. 4.13. Berechnung der Ressourcenausnutzung in Beispiel 4.4.8

4.5 Periodische Ablaufplanungsprobleme $\otimes$

Bei periodischen Ablaufplanungsproblemen werden Aufgaben iterativ (periodisch) geplant, d. h. jede Aufgabe besitzt einen Index n, der einer Iteration entspricht, und wird zu jeder Iteration n im Zeitabstand des *Iterationsintervalls* P (auch Periode, engl. *iteration period*) geplant.

Hier werden periodische Ablaufplanungsprobleme bezüglich folgender Kriterien unterschieden:

- *nebenläufige Ablaufplanung von Iterationen*: Hier können zu einem bestimmten Zeitpunkt Aufgaben unterschiedlicher Iterationen n abgearbeitet werden. Für diesen Fall wird ferner unterschieden:
  - *nichtüberlappende Ablaufplanung*: Unter der Annahme, dass die Ablaufplanung zum Zeitpunkt $t = 0$ beginnt, gilt, dass keines der im sog. *Grundintervall* $[0, \cdots, P]$ geplanten $|V|$ Ausführungszeitintervalle von Aufgaben mit der Grenze $t = 0$ bzw. $t = P$ überlappt. Solche Ablaufpläne spielen z. B.

bei Architekturen eine Rolle, bei denen mehrere Prozessoren sich nach dem Ablauf eines Iterationsintervalls an einem gemeinsamen Punkt synchronisieren müssen (sog. *Barrier-Synchronisation*).

– *überlappende Ablaufplanung*: Hier dürfen die Ausführungsintervalle von Aufgaben mit den Iterationsintervallgrenzen überlappen. Verlangt ist also nur, dass sich der Ablaufplan alle P Schritte wiederholt.

• *sequentielle Abarbeitung von Iterationen*: In diesem Fall müssen alle zu einer Iteration n gehörigen Aufgaben erst vollständig abgearbeitet sein, bevor Aufgaben nachfolgender Iterationen abgearbeitet werden können.

Eine orthogonale Unterklassifikation betrifft die Bindung von Aufgaben an Ressourcen. Unterschieden werden

• *vollstatische* Ablaufplanung: Bei vollstatischer Ablaufplanung werden alle Iterationen einer Aufgabe an die gleiche Ressource gebunden.

• *zyklostatische* Ablaufplanung mit *Periodizität* K: Hier wird erlaubt, dass K aufeinander folgende Iterationen einer Aufgabe an unterschiedliche Ressourcen gebunden werden dürfen unter der Einschränkung, dass die Ressource der $(K+n)$-ten Iteration gleich der Ressource der n-ten Iteration jeder Aufgabe ist.[2]

Bemerkung: Die Ablaufplanung wird bei beiden Klassen zur Übersetzungszeit festgelegt. Der Begriff zyklostatisch wird hier in Anlehnung an Schwartz [354] gewählt, der diesen Begriff zum ersten Mal verwendet hat.

4.5.1 Iterative Algorithmen

Die bisher betrachtete Klasse von Algorithmen konnte durch azyklische Problemgraphen beschrieben werden. Alle Operationen wurden genau einmal berechnet. Nun zeichnen sich aber zum Beispiel Algorithmen der Bild- und Signalverarbeitung dadurch aus, dass bestimmte Operationen immer wieder auf jeweils unterschiedliche Daten angewendet werden. Beim Beispiel des Video-Codecs in Kapitel 1 hieß dies, dass für jedes Bild einer Videosequenz die Codierschleife zu durchlaufen war. Es liegt daher nahe, die Klasse der Algorithmen wie folgt zu erweitern:

Definition 4.5.1 (Iterative Algorithmen). *Ein iterativer Algorithmus besteht aus einer Menge quantifizierter, linear indizierter Gleichungen* $S_i[n]$:

$$S_1[n] \ldots S_i[n] \ldots S_{|V|}[n] \qquad \forall n \geq 0$$

Jede Gleichung $S_i[n]$ *besitzt die Form*

$$x_i[n] = f_i(\ldots, x_j[n - s_{j,i}], \ldots)$$

wobei der Index $n \in \mathbb{N}_0$ *die Iteration des Algorithmus angibt. Die Variablen* $x_i[n]$ *sind skalar indiziert und* f_i *sind beliebige Funktionen. Zwischen der Berechnung der Variablen* $x_i[n]$ *und* $x_j[n]$ *können konstante* Indexverschiebungen $s_{j,i} \in \mathbb{N}_0$ *bestehen.*

---

[2] Der Begriff der zyklostatischen Ablaufplanung [354] ist verwirrend, da es hier eigentlich um eine differenzierende Art der Bindung geht. Der Begriff *zyklostatische Bindung* ist unserer Meinung nach passender.

Die Gleichungen $S_i[n]$ werden iterativ für alle $n \in \mathbb{N}_0$ ausgewertet. Eine Indexverschiebung $s_{j,i}$ bedeutet, dass die Berechnung der Variablen x_i von der Berechnung der Variablen x_j von vor $s_{j,i}$ Iterationen abhängt.

Definition 4.5.2 (Iteration). *Eine Iteration bezeichnet die Berechnung aller Variablen $x_i[n]$ eines nach Definition 4.5.1 gegebenen iterativen Algorithmus für ein festes n.*

Während einer Iteration n werden alle Variablen $x_i[n]$ berechnet. Es werden also die zu einem vollständigen Satz von Eingabedaten zugehörigen Ausgangsdaten berechnet. Die Indexverschiebungen kann man sich so vorstellen, dass Kanten mit Indexverschiebungen $s_{j,i} = 0$ Datenabhängigkeiten zwischen Operation v_i und Operation v_j innerhalb einer Iteration darstellen (*Intraiterationsdatenabhängigkeit*). Bei Kanten mit Indexverschiebungen $s_{j,i} \neq 0$ besteht eine Datenabhängigkeit zwischen der Operation v_i der n-ten Iteration und Operation v_j der $(n - s_{j,i})$-ten Iteration (*Interiterationsdatenabhängigkeit*).

Beispiel 4.5.1. Bei dem einfachen iterativen Algorithmus

$$x_2[n] = f_2(x_1[n]) \qquad \forall n \geq 0$$
$$x_3[n] = f_3(x_1[n]) \qquad \forall n \geq 0$$
$$x_4[n] = f_4(x_2[n], x_3[n]) \qquad \forall n \geq 0$$

bestehen zunächst keine von null verschiedenen Indexverschiebungen.

Die Struktur und Datenabhängigkeiten eines iterativen Algorithmus lassen sich wiederum durch einen (erweiterten) Problemgraphen darstellen.

Definition 4.5.3 (Iterativer Problemgraph). *Ein iterativer Problemgraph $G(V, E, s)$ ist ein Netzwerk mit Kantengewichtsfunktion $s : E \to \mathbb{N}_0$. Die Funktion s ordnet jeder Kante $(v_j, v_i) \in E$ die Indexverschiebung $s(v_j, v_i)$ (kurz $s_{j,i}$) zu. Ein iterativer Problemgraph kann ferner Zyklen besitzen.*

Beispiel 4.5.2. Der um Indexverschiebungen erweiterte Problemgraph des in Beispiel 4.5.1 eingeführten Algorithmus ist in Abb. 4.14 dargestellt. In diesem Beispiel besitzt er keine Zyklen und auch keine Datenabhängigkeiten zwischen Iterationen.

Es folgen noch einige weitere Definitionen, die für das Verständnis iterativer Algorithmen und deren Implementierung wichtig sind. Bei der Abbildung eines Algorithmus auf eine Architektur ist die Verarbeitungsgeschwindigkeit ein wichtiges Leistungsmerkmal. Neben der Latenz L spielt das Iterationsintervall (der Kehrwert der Datenverarbeitungsrate) eine wichtige Rolle.

Definition 4.5.4 (Iterationsintervall). *Als Iterationsintervall (auch Periode) P (engl. iteration period oder initiation interval)[3] bezeichnet man die Anzahl von Zeitschritten zwischen dem Beginn der Abarbeitung zweier aufeinander folgender Iterationen einer Operation v_i.*

---

[3] P heißt auch *Sample period* bei digitalen Filtern, siehe z. B. [266].

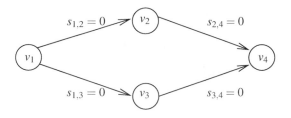

Abb. 4.14. Beispiel eines iterativen Problemgraphen

Da zu jeder Iteration ein neuer Satz von Eingangsdaten verarbeitet wird, ist das Iterationsintervall demnach das Inverse der Datenrate. Es ist mithin ein äußerst wichtiges Maß für den Datendurchsatz und die Verarbeitungsgeschwindigkeit einer Implementierung.

Beispiel 4.5.3. Die Begriffe Iteration, Iterationsintervall und Latenz werden anhand von Abb. 4.15 veranschaulicht. Es wird vorausgesetzt, dass die Ausführungszeit jeder Operation jeweils einen Zeitschritt benötigt. Die Iterationen werden mit einem Iterationsintervall von $P = 1$ abgearbeitet, da zu jedem Zeitschritt eine neue Iteration gestartet wird. Da die Abarbeitung einer Iteration vier Zeitschritte erfordert, beträgt die Latenz $L = 4$ Zeitschritte.

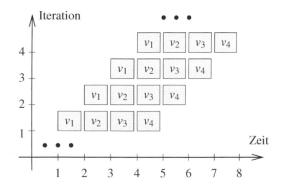

Abb. 4.15. Iterationsintervall und Latenz

Periodische (iterative) Ablaufpläne lassen sich nun wie folgt definieren:

Definition 4.5.5 (Periodischer Ablaufplan). *Ein periodischer Ablaufplan (mit Iterationsintervall P) eines iterativen Problemgraphen $G(V,E,s)$ ist eine Funktion $t : V \to \mathbb{Z}_0^+$, die jedem Knoten $v_i \in V$ die Startzeitpunkte*

$$\tau(v_i, n) = t(v_i) + n \cdot P \quad \forall n \in \mathbb{N}_0 \tag{4.5}$$

zuordnet, so dass ferner für alle Kanten $(v_i, v_j) \in E$ *gilt:*

$$t(v_j) - t(v_i) \geq d_i - s_{i,j} \cdot P$$

Dabei gelte $\tau(v_i, n) = 0$ *für alle* $n < 0$. $\tau(v_i, n)$ *stellt den Startzeitpunkt der n-ten Iteration von Knoten* v_i *dar.*

$t_i := t(v_i) = \tau(v_i, 0)$ bezeichne im Folgenden den Startzeitpunkt von Knoten v_i zur nullten Iteration. Ein iterativer Ablaufplan lässt sich folglich eindeutig durch das Iterationsintervall P und die Startzeitpunkte $t_i, i = 1, \cdots, |V|$ beschreiben. Für $\tau(v_i, n)$ wird im Folgenden auch $t_i(n)$ geschrieben.

Beispiel 4.5.4. Für den in Abb. 4.15 dargestellten Ablaufplan erhält man mit $P = 1$ den periodischen Ablaufplan

$$t_i(n) = t_i + n$$

mit $t_i = i \ \forall i = 1, \cdots, 4$.

Nun werden unterschiedliche Arten der Bindung betrachtet.

Definition 4.5.6 (Vollstatische Bindung). *Gegeben sei eine Spezifikation* $(G(V,E,s),$ $G_R(V_R, E_R))$, *bestehend aus einem iterativen Problemgraphen G und einem Ressourcegraphen* G_R. *Eine vollstatische Bindung lässt sich durch ein Tupel* (b, g) *von Funktionen mit*

- $b : V \rightarrow V_T$ *mit* $\beta(v_i, n) = b(v_i)$ $\forall n \in \mathbb{N}_0$ *und* $b(v_i) \in V_T$, $(v_i, b(v_i)) \in E_R$,
- $g : V \rightarrow \mathbb{N}$ *mit* $\gamma(v_i, n) = g(v_i)$ $\forall n \in \mathbb{N}_0$ *und* $g(v_i) \leq \alpha(b(v_i))$

beschreiben. Dabei bedeuten $\beta(v_i, n)$ *bzw.* $\gamma(v_i, n)$ *den Ressourcetyp bzw. die Instanz, auf der die n-te Berechnung von Knoten* v_i *erfolgt.*

Bei vollstatischer Bindung sind also der Typ und die Instanz, an die ein Knoten v_i gebunden wird, für alle Iterationen n gleich und damit durch $b(v_i) = \beta(v_i, 0)$ und $g(v_i) = \gamma(v_i, 0)$ eindeutig beschrieben. Ein Beispiel einer vollstatischen Bindung ist in Abb. 4.17 dargestellt.

Eine allgemeinere Klasse periodischer Bindungen sind zyklostatische Bindungen:

Definition 4.5.7 (Zyklostatische Bindung).
Gegeben sei eine Spezifikation $(G(V,E,s), G_R(V_R, E_R))$, *bestehend aus einem iterativen Problemgraphen G und einem Ressourcegraphen* G_R *sowie eine Zahl* $K \in \mathbb{N}$. *Eine zyklostatische Bindung mit Periodizität K lässt sich durch ein Tupel* (b, g) *von Funktionen mit*

- $b : (V \times \{0, 1, \cdots, K-1\}) \rightarrow V_T$ *mit* $\beta(v_i, n+K) = b(v_i, n)$ $\forall n \in \mathbb{N}_0$ *und* $b(v_i, k) \in V_T$ *sowie* $(v_i, b(v_i, k)) \in E_R$ $\forall k = 0, \cdots, K-1$,
- $g : (V \times \{0, 1, \cdots, K-1\}) \rightarrow \mathbb{N}$ *mit* $\gamma(v_i, n+K) = g(v_i, n)$ $\forall n \in \mathbb{N}_0$ *und* $\gamma(v_i, k) \leq \alpha(b(v_i, k))$ $\forall k = 0, \cdots, K-1$

beschreiben. Dabei bedeuten $\beta(v_i, n)$ *bzw.* $\gamma(v_i, n)$ *den Ressourcetyp bzw. die Instanz, auf der die n-te Berechnung von Knoten* v_i *erfolgt.*

Bei zyklostatischen Bindungen werden damit alle sich um K unterscheidenden Iterationen einer Aufgabe an dieselbe Ressource gebunden. Ein Beispiel einer zyklostatischen Bindung ist in Abb. 4.22 dargestellt, siehe auch Beispiel 4.5.7.

Eine *periodische Implementierung* sei im Folgenden gegeben durch ein Quadrupel (t, b, g, α), wobei t einen periodischen Ablaufplan und b, g eine periodische Bindung beschreiben.

Iterative Algorithmen zeichnen sich nun durch inhärenten Parallelismus auf zwei Ebenen aus. Zum einen können die Werte zweier Variablen $x_i[n]$ und $x_j[n]$ innerhalb einer Iteration n parallel berechnet werden, wenn keine direkten Datenabhängigkeiten zwischen den Operationen bestehen. Zum anderen können Operationen unterschiedlicher Iterationen gleichzeitig abgearbeitet werden. Bei der nebenläufigen Ablaufplanung von Iterationen von Problemen ohne Interiterationsdatenabhängigkeiten spricht man häufig auch von *funktionaler Fließbandverarbeitung* [307], bei Vorhandensein solcher Datenabhängigkeiten von *Schleifenfaltung* [131].

Beispiel 4.5.5. Gegeben seien der Problemgraph aus Abb. 4.14 und der Ressourcegraph aus Abb. 4.16 mit jeweils einer allozierten Ressource ($\alpha(r_1) = \alpha(r_2) = 1$). Ein zulässiger iterativer Ablaufplan für diese Spezifikation, der die Beschränkungen

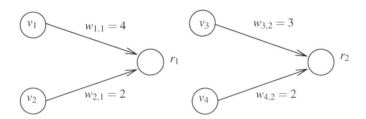

Abb. 4.16. Ressourcegraph aus Beispiel 4.5.5

in den Gln. (4.1),(4.3) und (4.4) erfüllt, ist in Tabelle 4.1 dargestellt.

Tabelle 4.1. Ein einfacher Ablaufplan

P	9			
v_i	v_1	v_2	v_3	v_4
$\beta(v_i)$	r_1	r_1	r_2	r_2
t_i	0	4	4	7

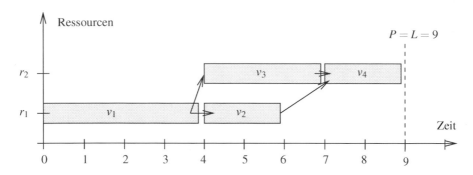

Abb. 4.17. Ablaufplanung und Bindung

Bei diesem Ablaufplan beträgt das Iterationsintervall $P = 9$, d. h. alle neun Zeitschritte wiederholt sich die Berechnung eines neuen Datensatzes. Ein solcher Ablaufplan entspricht einer *sequentiellen Abarbeitung aufeinander folgender Iterationen*. In Abb. 4.17 ist zusätzlich zum Ablaufplan eine vollstatische Bindung mit einer Ressource des Typs r_1 und einer Ressource des Typs r_2 dargestellt. Eine solche Darstellung bezeichnet man auch als *Gantt-Chart*. Man erkennt, dass die Ressource vom Typ r_2 während der Zeitschritte von $t = 0$ bis zum Zeitschritt $t = 4$ jeder Iteration nicht arbeitet. Offensichtlich ist es jedoch bei geeigneter Speicherung der Zwischenergebnisse möglich, gleichzeitig mit dem Beginn der Berechnung von Operation v_4 auf der Ressource vom Typ r_2, die Berechnung eines neuen Datensatzes durch Planung von v_1 auf der Ressource des Typs r_1 zu beginnen. Anders ausgedrückt bedeutet dies, dass in einer Iteration die Knoten $v_1(n), v_2(n), v_3(n)$ und $v_4(n-1)$ berechnet werden. Ein Ablaufplan, der diese Art der nebenläufigen Abarbeitung von Iterationen (Fließbandverarbeitung) berücksichtigt, ist in Tabelle 4.2 dargestellt. Das Iterationsintervall beträgt jetzt $P = 7$. Abbildung 4.18 zeigt die entsprechende Auslastung der Ressourcen. Der Ablaufplan ist nicht überlappend, da sich kein Ausführungsintervall mit den Iterationsintervallgrenzen $t = 0$ und $t = 7$ überschneidet.

Tabelle 4.2. Ein Ablaufplan mit funktionaler Fließbandverarbeitung

P	7			
v_i	v_1	v_2	v_3	v_4
$\beta(v_i)$	r_1	r_1	r_2	r_2
t_i	0	4	4	7/0

Ein Beispiel für einen überlappenden Ablaufplan sei im Folgenden gegeben:

Beispiel 4.5.6. Gegeben seien der Problemgraph nach Abb. 4.14 und der zugehörige Ressourcegraph nach Abb. 4.16. Das Iterationsintervall kann auf $P = 6$ Zeitschritte

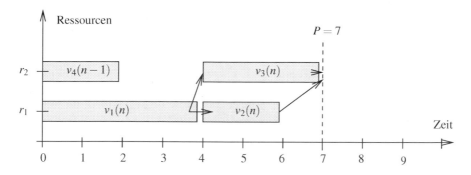

Abb. 4.18. Ablaufplanung mit funktionaler Fließbandverarbeitung

gesenkt werden, wenn v_3 zum Zeitschritt $t_3 = 4$ beginnt und am Zeitpunkt $t = 1$ des darauf folgenden Abarbeitungszyklus endet. Entsprechend verschiebt sich der Beginn von Operation v_4 auf $t_4 = 1$. Der Ablaufplan ist in Tabelle 4.3 dargestellt, die entsprechende Belegung der Ressourcen in Abb. 4.19. Es handelt sich hier um einen überlappenden Ablaufplan, da das Ausführungsintervall von v_3 mit der Iterationsintervallgrenze $P = 6$ überlappt.

Tabelle 4.3. Ein überlappender Ablaufplan mit funktionaler Fließbandverarbeitung

P		6		
v_i	v_1	v_2	v_3	v_4
$\beta(v_i)$	r_1	r_1	r_2	r_2
t_i	0	4	4	7/1

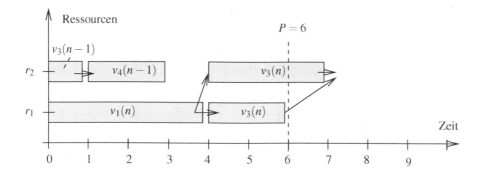

Abb. 4.19. Überlappende Ablaufplanung mit funktionaler Fließbandverarbeitung

4.5.2 Iterative Ablaufplanung ohne Ressourcenbeschränkungen

Abbildung 4.15 legt die Vermutung nahe, dass bei unendlichen Ressourcen auch unendlich viele Iterationen gleichzeitig nebeneinander geplant werden können. Diese Annahme gilt, wenn der Problemgraph G keine Zyklen besitzt. Dann lassen sich immer unendlich viele unabhängige Teilprobleme finden. Für die interessantere Klasse von zyklischen Graphen gibt es folgenden Satz, der das minimal mögliche Iterationsintervall iterativer Ablaufpläne charakterisiert [105, 341]. Im Weiteren wird angenommen, dass der Problemgraph zusammenhängend und die Berechnungszeit einer Aufgabe auf allen Ressourcen gleich ist.[4]

Theorem 4.5.1 (Maximales Zyklengewicht [105]). *Gegeben sei ein iterativer Problemgraph $G(V, E, s)$ und eine zusätzliche Funktion $w : E \rightarrow \mathbb{Z}_0^+$, die jeder Kante $(v_i, v_j) \in E$ die Berechnungszeit $w(v_i, v_j) = d_i$ des Knotens v_i als Gewicht zuweist. Die* Iterationsintervallschranke *(engl.* iteration period bound*) $P_{\min}$ ist gegeben durch*

$$P_{\min} = \max \left\{ \frac{\sum_{e \in Z} w(e)}{\sum_{e \in Z} s(e)} \mid \forall \text{ gerichtete Zyklen } Z \text{ von } G \right\} \quad (4.6)$$

Das Theorem sagt aus, dass die minimale Periode von periodischen Ablaufplänen durch das Maximum des auf die Anzahl der Indexverschiebungen normierten Zyklengewichts der Berechnungszeiten aller gerichteten Zyklen von G bestimmt ist.

Beispiel 4.5.7. Gegeben sei der iterative Problemgraph $G(V, E, s)$ in Abb. 4.20 inklusive der Berechnungszeiten der Knoten. Der Graph besitzt zwei Zyklen (siehe

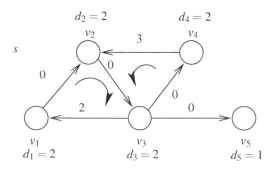

Abb. 4.20. Iterativer, zyklischer Problemgraph

Abb. 4.20). Die Berechnung des maximalen Zyklengewichts ergibt:

$$P_{\min} = \max \left\{ \frac{2+2+2}{3}, \frac{2+2+2}{2} \right\} = 3$$

---

[4] Ansonsten sei in Theorem 4.5.1 die Ausführungszeit d_i einer Aufgabe gewählt als das Minimum der Berechnungszeiten von v_i auf allen Ressourcetypen, an die v_i gebunden werden kann.

Das heißt, dass man eine neue Iteration eines Knotens frühestens nach drei Zeiteinheiten starten kann. Dies gilt unabhängig davon, wie viele Ressourcen verfügbar sind. Ein gültiger Ablaufplan $t_i(n) = t_i + n \cdot P$ mit $P = 8$ ist in Abb. 4.21 mit $t_1 = 0$, $t_2 = 2$, $t_3 = 4$, $t_4 = 6$ und $t_5 = 6$ dargestellt.

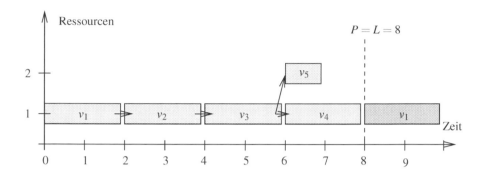

Abb. 4.21. Periodischer Ablaufplan des Problemgraphen in Abb. 4.20

Unter der Annahme, dass jede Operation den gleichen Ressourcetyp besitze, ist eine vollstatische Bindung mit zwei Ressourcen dargestellt. Die essentielle Aussage von Theorem 4.5.1 ist, dass es keinen periodischen Ablaufplan gibt, der ein kleineres Iterationsintervall als $P = 3$ besitzt.[5] Abbildung 4.22 zeigt einen gültigen Ablaufplan mit zyklostatischer Bindung und Periodizität $K = 2$, der das minimale Iterationsintervall $P = P_{min} = 3$ bei Verwendung von drei Ressourcen erreicht. Der Ablaufplan ist gegeben durch $t_i(n) = t_i + n \cdot 3$ mit $t_1 = 0$, $t_2 = 2$, $t_3 = 4$, $t_4 = 6$ und $t_5 = 8$. Für die Bindung gilt: $\gamma(v_1,0) = 3, \gamma(v_1,1) = 2, \ \gamma(v_2,0) = 3, \gamma(v_2,1) = 2,$ $\gamma(v_3,0) = 3, \gamma(v_3,1) = 2, \gamma(v_4,0) = 1, \gamma(v_4,1) = 1$ und $\gamma(v_5,0) = 1, \gamma(v_5,1) = 1$.

Bemerkungen:

- Aus Theorem 4.5.1 lässt sich folgern, dass die Bedingung

$$\sum_{e \in Z} s(e) > 0 \quad \forall \text{ gerichtete Zyklen } Z \text{ von } G$$

notwendig zur Existenz eines periodischen Ablaufplans ist. Man kann zeigen (vgl. Kapitel 2), dass sie auch hinreichend ist.
- Zur Bestimmung des maximalen Zyklengewichts muss man nicht alle gerichteten Zyklen einzeln untersuchen: P_{min} kann man durch Lösen des linearen Programms

$$\min\{P \mid (\phi, \ P) \begin{pmatrix} C \\ s \end{pmatrix} \geq w\}$$

---

[5] Dabei wird vorausgesetzt, dass im Falle zyklostatischer Bindung die Berechnungszeit einer Aufgabe auf allen Ressourcen, an die sie gebunden werden kann, gleich ist.

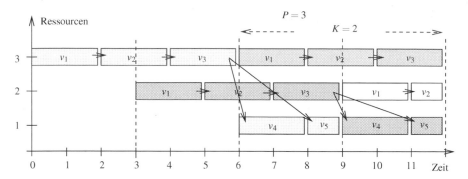

Abb. 4.22. Überlappender Ablaufplan mit zyklostatischer Bindung des iterativen Problemgraphen in Abb. 4.20 mit Periodizität $K = 2$ und $P = P_{min} = 3$ und $L = 9$. Zur gleichen Iteration gehörige Aufgaben sind im gleichen Grauton dargestellt.

als Wert der Zielfunktion einer optimalen Lösung erhalten. Dabei stellt C die Inzidenzmatrix von G, $\phi \in \mathbb{Z}^{1 \times |V|}$ einen Vektor von Knotenpotentialen, $s \in \mathbb{Z}^{1 \times |E|}$ die Indexverschiebungen der Kanten und $w \in \mathbb{Z}^{1 \times |E|}$ den Vektor der Kantengewichte (Berechnungszeiten der direkten Vorgängerknoten) dar. Bei gegebenem P erhält man durch Umformung die Beschränkungen

$$\phi\, C \geq w' = w - Ps \tag{4.7}$$

Bei Unzulässigkeit wurde P zu klein gewählt, sonst erhält man einen periodischen Ablaufplan mit $t_i(n) = \phi_i + n \cdot P$.

- Eine effizientere Technik ist es, das LP in Gl. (4.7) als Längstes-Pfad-Problem auf einem gewichteten Graphen mit Gewichten w' aufzufassen. Damit ist der Bellman-Ford-Algorithmus anwendbar zur Bestimmung der Erfüllbarkeit. Im Falle von Nichterfüllbarkeit gibt es einen positiven Zyklus. P_{min} kann dann über binäre Suche bestimmt werden. Die Komplexität dieses Verfahrens ist $\mathcal{O}(\log a\, |V|\, |E|)$, wobei a gleich der Summe der $|V|$ größten Berechnungszeiten aller Knoten ist.

Iterationsintervallschranke: Erfüllbarkeit

Es stellt sich die Frage, ob es für unterschiedliche Ablaufplanungsmodelle immer Ablaufpläne mit der Iterationsintervallschranke P_{min} nach Gl. (4.6) gibt.

Betrachtet wird zunächst der Fall von unbeschränkten Ressourcen. Parhi et al. [305] zeigten für den Fall der nebenläufigen Ablaufplanung unterschiedlicher Iterationen folgende Sachverhalte:

- *Graphen mit perfekter Rate* (engl. *perfect rate graphs* [305]): Graphen $G(V, E, s)$ mit der Eigenschaft

$$\sum_{e \in Z} s(e) = 1 \quad \forall \text{ gerichtete Zyklen } Z \text{ von } G$$

besitzen immer einen periodischen Ablaufplan mit vollstatischer Bindung und Iterationsintervall $P = P_{min}$.[6] Dies kann man per Konstruktion eines Ablaufplans zeigen.[7]

- Bei allgemeinen Graphen existiert ein solcher Ablaufplan nicht notwendigerweise. Allerdings existiert immer ein Ablaufplan mit zyklostatischer Bindung mit maximaler Periode

$$K = \text{kgV} \left\{ \sum_{e \in Z} s(e) \quad \forall \text{ gerichtete Zyklen } Z \text{ von } G \right\}$$

und Iterationsintervall P_{min}. Das Ergebnis beruht auf einer sogenannten *Entfaltungstransformation*, die einen iterativen Problemgraphen um K Iterationen entfaltet, wobei der um K Iterationen entfaltete Graph ein Graph mit perfekter Rate ist und damit zyklostatisch[8] mit Iterationsintervall P_{min} geplant werden kann. Man kann zeigen, dass Entfaltung immer insbesondere dann notwendig ist, wenn die Ausführungszeit eines Knotens größer als P_{min} ist.

Die Idee der Entfaltung soll an einem Beispiel gezeigt werden:

Beispiel 4.5.8. Betrachtet wird der iterative Problemgraph G in Abb. 4.23a). Nach Gl. (4.6) erhält man $P_{min} = \max\{\frac{3}{2}, \frac{2}{1}\} = 2$. Abb. 4.23b) zeigt den um den Faktor kgV$\{2, 1\} = 2$ entfalteten Graphen, der ein Graph mit perfekter Rate ist. Die k-te Iteration jedes Knotens mit $k = 1, 2$ ist als Superskript dargestellt. Dieser Graph besitzt ein minimales Iterationsintervall von $P_{min} = 4$, das allerdings zwei Iterationen des zugehörigen iterativen Algorithmus einschließt.

Bemerkung: Diese Entfaltung lässt sich mit der in Definition 2.6.1 in Kapitel 2 vorgestellten Vorschrift zur Entfaltung von SDF-Graphen berechnen, indem man die Parameter *cons* und *prod* als Einsvektoren definiert und den Vektor d der anfänglichen Tokenverteilung als Vektor s der Indexverschiebungen des iterativen Problemgraphen wählt. Man überzeuge sich selbst!

Nun wird der eingeschränktere Fall von vollstatischen Bindungen betrachtet. Bei diesem Modell gibt es erst recht Fälle, bei denen es keine Ablaufplanung mit Iterationsintervall P_{min} gibt. Die Iterationsintervallschranke ist hier gegeben durch

$$P_{min}^* = \max\{P_{min}, \max\{w(e) : e \in E\}\} \tag{4.8}$$

---

[6] Parhi et al. [305] gehen von Ablaufplänen mit rationalen Startzeitpunkten und rationalen Berechnungszeiten der Knoten aus. Bei unserer Definition von Ablaufplanung mit ganzzahligen Startzeitpunkten beträgt die Iterationsintervallschranke $\lceil P_{min} \rceil$.

[7] Diese Bedingung ist nur hinreichend für die Existenz eines periodischen Ablaufplans mit Iterationsintervall P_{min}. Auch besitzen Graphen mit perfekter Rate nicht notwendigerweise Ablaufpläne mit einer minimalen Anzahl von Ressourcen $\lceil \sum_{i=1}^{|V|} d_i / P_{min} \rceil$.

[8] Parhi et al. [305] nennen diese Planung auch *vollstatisch*, aber sie nehmen an, dass K unterschiedliche Ressourcen für die Planung der K Knoten eines Knotens v_i im entfalteten Graphen eingesetzt werden können. Es handelt sich nach unserer Definition also um eine zyklostatische Lösung mit Periodizität K.

a) G

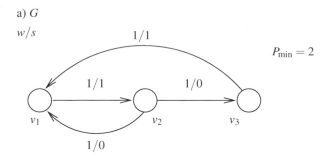

b) Entfaltung um den Faktor 2:

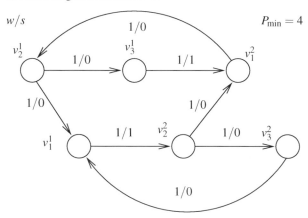

Abb. 4.23. Iterativer Problemgraph und Entfaltung um den Faktor $K = 2$

Das heißt, dass die Dauer der Planung zwischen zwei Iterationen zusätzlich durch die größte Knotenberechnungszeit beschränkt wird, da eine Ressource frühestens dann eine neue Aufgabe bearbeiten kann, wenn ihre aktuelle Aufgabe abgeschlossen ist und bei vollstatischer Bindung jeder Knoten in jeder Iteration an die gleiche Ressource gebunden wird. Im Falle, dass alle Ausführungszeiten kleiner als P_{min} in Gl. (4.6) sind, ist die Beschränkung gleich wie im Falle zyklostatischer Bindung.[9]

Bisher wurden stets Ablaufpläne betrachtet, bei denen die nebenläufige Planung von Aufgaben unterschiedlicher Iterationen erlaubt war. Schließlich wird der Fall von Ablaufplänen mit sequentieller Abarbeitung von Iterationen betrachtet: Die Berechnung einer Aufgabe der $(n+1)$-ten Iteration darf erst dann starten, wenn alle Aufgaben der n-ten Iteration beendet sind.

---

[9] Die Schranke P_{min} in Gl. (4.6) bzw. P^*_{min} in Gl. (4.8) beträgt im Fall unserer Definition von Ablaufplanung mit $\tau(v_i) \in \mathbb{Z}$ wieder $\lceil P_{min} \rceil$ bzw. $\lceil P^*_{min} \rceil$, da dann keine rationalen Startzeitpunkte zugelassen sind.

Beispiel 4.5.9. Abbildung 4.21 stellt einen Ablaufplan dar, bei dem Iterationen sequentiell abgearbeitet werden. Zu keinem Zeitpunkt werden Aufgaben unterschiedlicher Iterationen ausgeführt.

Minimierung des Iterationsintervalls

Bei sequentieller Ablaufplanung aufeinander folgender Iterationen kann das Iterationsintervall $P_{\min}$ i. Allg. auch nicht erreicht werden. Das minimale Iterationsintervall P eines gegebenen Graphen $G(V,E,s)$ mit Knotenberechnungszeiten d ist hier offensichtlich durch den längsten Pfad über Kanten gegeben, die keine positiven Indexverschiebungen besitzen. Damit lässt sich das minimale Iterationsintervall durch Berechnung des längsten Pfades, angewendet auf den azyklischen Graphen, den man durch Elimination aller Kanten $e \in E$ mit Indexverschiebung $s(e) > 0$ erhält, berechnen.

Als Antwort auf die Frage, ob man nicht äquivalente iterative Algorithmen angeben kann, für die das Iterationsintervall minimal ist, haben Leiserson et al. [243] eine Klasse von Äquivalenztransformationen unter der Bezeichnung *Retiming* untersucht.

Definition 4.5.8 (Retiming [243]). *Gegeben ist ein iterativer Problemgraph $G(V,E,$ $s)$ mit Ausführungszeiten $d \in \mathbb{N}_0^{|V|}$. Retiming ist eine lineare Transformation s' der Indexverschiebungen $s \in \mathbb{Z}^{1 \times |V|}$ mit*

$$s' = s + \phi \cdot C \geq 0 \qquad (4.9)$$

und $\phi \in \mathbb{Z}^{1 \times |V|}$. $C \in \{-1,0,1\}^{|V| \times |E|}$ stellt die Inzidenzmatrix von G dar.

Von Leiserson et al. [243] stammt nun ein Verfahren, mit dem man in polynomieller Zeit den längsten Pfad über Kanten mit Indexverschiebung 0 durch Retiming minimieren kann. Diese Technik kann dazu benutzt werden, das minimale Iterationsintervall bei sequentieller Ablaufplanung aufeinander folgender Iterationen zu finden. Sei P_{opt} die Länge dieses minimalen längsten Pfads unter Retiming, dann erhält man eine iterative Ablaufplanung mit minimalem Iterationsintervall P_{opt}, in dem man jedem Knoten v_i das entsprechende Knotenpotential dieser längsten Pfadberechnung als Startzeitpunkt zuweist.

Beispiel 4.5.10. Abbildung 4.24a) zeigt einen iterativen Problemgraphen mit zwei Zyklen und vier Knoten. Die Berechnungszeit jedes Knotens betrage 1. Dann erhält man $P_{\min} = 2$. Nun wird gezeigt, dass selbst bei Entfaltung um einen endlichen Faktor K und zyklostatischer Bindung kein Ablaufplan (bei sequentieller Ablaufplanung von dann K aufeinander folgenden Iterationen) mit $P = P_{\min} = 2$ existiert. Der längste Pfad auf dem Graphen mit nur denjenigen Kanten, deren Indexverschiebung 0 beträgt, verläuft von v_3 über v_1 nach v_2 und beträgt 3. Abbildung 4.24c) stellt einen Ablaufplan mit Iterationsintervall $P = 3$ dar. Unter Ausnutzung von zyklostatischer Bindung wird der Graph nun um einen Faktor K entfaltet. Eine Berechnung des längsten Pfades (über Kanten mit Indexverschiebung 0) auf dem um den Faktor K

entfalteten Graphen liefert den Wert $P = 1 + 2K$. Das bedeutet, dass das Iterationsintervall pro Iteration auf dem K-fach entfalteten Graphen $\frac{P}{K} = 2 + \frac{1}{K}$ beträgt. Man sieht also, dass die Iterationsintervallschranke auch bei Entfaltung um einen endlichen Faktor K und zyklostatischer Bindung nicht erreicht werden kann.

Nun wird eine Retiming-Transformation durchgeführt: Mit der Inzidenzmatrix

$$C = \begin{pmatrix} -1 & 0 & 0 & 1 & 0 \\ 1 & -1 & -1 & 0 & 1 \\ 0 & 1 & 0 & -1 & 0 \\ 0 & 0 & 1 & 0 & -1 \end{pmatrix}$$

und dem Vektor der Indexverschiebungen $s = (0, 2, 1, 0, 0)$ erhält man mit $\phi = (0, 1, 0, 0)$ den transformierten Vektor s' der Indexverschiebungen zu $s' = s + \phi \cdot C = s + (1, -1, -1, 0, 1) = (1, 1, 0, 0, 1)$. Der Graph $G'(V, E, s')$ ist in Abb. 4.24b) dargestellt. Retiming entspricht einer Überlagerung von sog. *Schnittmengentransformationen* (siehe gestrichelte Schnittmenge mit Knoten v_2 in Abb. 4.24a)). Die Retiming-Transformation besteht nun darin, zu den Indexverschiebungen aller Eingangskanten einer Schnittmenge eine konstante Zahl zu addieren (hier 1) und diese Zahl von den Indexverschiebungen aller Ausgangskanten zu subtrahieren. Der durch den Graphen dargestellte iterative Algorithmus ist bezüglich des Ein-Ausgabeverhaltens äquivalent.

Für den transformierten Graphen G' in Abb. 4.24b) beträgt nun der längste Pfad über Kanten ohne positive Indexverschiebungen 2. Ein Ablaufplan mit $P = P_{\mathrm{opt}} = P_{\min} = 2$ ist schließlich in Abb. 4.24d) dargestellt.

Zusammenfassung: Die Iterationsintervallschranke findet man nach Gl. (4.6). Bei periodischer Ablaufplanung mit nebenläufiger Planung unterschiedlicher Iterationen kann man zeigen, dass es immer einen Ablaufplan mit Iterationsintervall $P_{\min}$ gibt, allerdings kann eine Entfaltung dazu nötig sein (z. B. immer, wenn die Ausführungszeit eines Knotens größer als $P_{\min}$ ist). Bei Ablaufplanung mit sequentieller Abarbeitung aufeinander folgender Iterationen ist das minimale Iterationsintervall durch den längsten Pfad über Kanten mit Indexverschiebung 0 gegeben, den man durch Retiming [243] verbessern kann.

4.5.3 Verfahren zur Reduktion von $P_{\min}$

Es wurde gezeigt, dass Retiming eine Transformation ist, mit der man bei sequentieller Ablaufplanung aufeinander folgender Iterationen das Iterationsintervall minimieren kann. Allerdings kann Retiming nicht die Schranke $P_{\min}$ reduzieren.

Gibt es nun auch Transformationen, die $P_{\min}$ verkleinern können? Dazu werden zwei Transformationen vorgestellt, nämlich die sog. *Vorausberechnungstransformation* (engl. *lookahead transformation*) und die sog. *Zyklentransformation* (engl. *loop shrinking transformation*) (siehe z. B. [266]).

Betrachtet man noch einmal Gl. (4.6), in der $P_{\min}$ als maximales Zyklengewicht definiert ist, so kommen offensichtlich zwei Möglichkeiten zur Reduzierung von $P_{\min}$

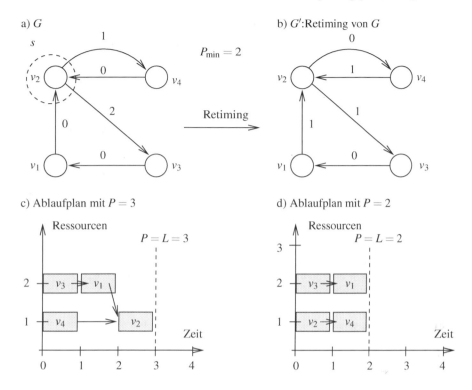

Abb. 4.24. a) Iterativer Problemgraph mit $P_{min} = 2$, b) Graph nach Retiming-Transformation, c) Ablaufpläne bei sequentieller Abarbeitung aufeinander folgender Iterationen mit $P = 3$ und d) $P = P_{min} = 2$ nach Retiming

in Frage: Entweder vergrößert man den Nenner, wodurch die Summe der Index-verschiebungen im kritischen Zyklus erhöht wird (hierzu gehört die Vorausberech-nungstransformation), oder man reduziert den Zähler des Terms, der das maximale Zyklengewicht bestimmt (engl. *loop shrinking*).

Der Vollständigkeit halber werden nur die Grundideen dieser Verbesserungen anhand von Beispielen vorgestellt.

Vorausberechnungstransformation

Betrachtet wird der in Abb. 4.25a) dargestellte *Signalflussgraph* eines IIR-Filters (engl. *infinite impulse response filter*) erster Ordnung, dessen Funktion sich durch den iterativen Algorithmus

$$y[n] = ay[n-1] + x[n] \quad \forall n \geq 0 \qquad (4.10)$$

beschreiben lässt. Der zugehörige iterative Problemgraph (zusammen mit der Be-rechnungszeit des Knotens) ist in Abb. 4.25b) dargestellt.

a) Signalflussgraph IIR-Filter

b) Problemgraph

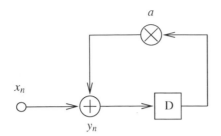

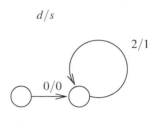

Abb. 4.25. IIR-Filter erster Ordnung: a) Signalflussgraph, b) Problemgraph

Man kann sich das Verzögerungselement D als synchrones Register (D-Flipflop) und die Multiplizier- und Addierknoten als kombinatorische Logikblöcke vorstellen. Unter der Annahme, dass Addition und Multiplikation jeweils die Ausführungszeit 1 besitzen, erhält man $P_{\min} = 2$. So könnte man nur alle zwei Zeitschritte ein neues Eingangsdatum anlegen.

Offensichtlich gilt nun die Gleichung

$$y[n-1] = ay[n-2] + x[n-1]$$

Diese kann man nun einsetzen in Gl. (4.10), so dass man den äquivalenten iterativen Algorithmus

$$y[n] = a(ay[n-2] + x[n-1]) + x[n] \quad \forall n \geq 0$$

erhält. Stellt man diesen als Problemgraphen dar, so beträgt die Indexverschiebung im Zyklus Zwei, siehe Abb. 4.26b). In diesem Graphen gilt nun $P_{\min} = 1$. Im Allgemeinen kann man diese Transformation mehrfach anwenden, um $P_{\min}$ zu verkleinern.

Es sei jedoch bemerkt, dass die Transformation allein keinen Nutzen bringt, wenn man sie nicht in Kombination mit Parallelverarbeitung (über eine Entfaltungstransformation) oder im Zusammenhang mit Modulen mit Fließbandverarbeitung einsetzt, wie folgendes Beispiel aus [266] zeigt:

Beispiel 4.5.11. Betrachtet wird der Problemgraph in Abb. 4.27a), der nur einen Knoten mit Berechnungszeit $d = 10$ und Indexverschiebung $s = 1$ (Algorithmus: $y[n] = y[n-1] \quad \forall n \geq 0$) enthält. Offensichtlich gilt $P_{\min} = 10$. Eine Vorausberechnungstransformation um den Faktor 10 liefert den transformierten Graphen in Abb. 4.27b) mit $P_{\min} = 1$. Der transformierte Algorithmus lautet: $y[n] = y[n-10] \quad \forall n \geq 0$. Allerdings kann bei nur einer zur Verfügung stehenden Ressource nur alle 10 Schritte eine neue Iteration starten. Abbildung 4.27c) und d) zeigen die Möglichkeit von Modulen mit Fließbandverarbeitung bzw. die Möglichkeit Parallelverarbeitung nach einer Entfaltung. Im Falle von Modulen mit Fließbandverarbeitung mit 10 Stufen dauert jede Iteration zwar auch 10 Schritte, allerdings kann in

a) Signalflussgraph IIR-Filter

b) Problemgraph

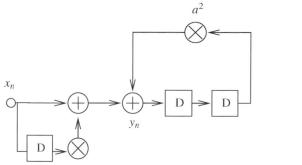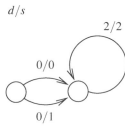

Abb. 4.26. IIR-Filter: a) Signalflussgraph nach Vorausberechnungstransformation, b) Problemgraph

jedem Schritt ein neues, unabhängiges Problem gestartet werden. Nach der Entfaltung um den Faktor 10 existieren 10 Instanzen des Problems, die unabhängig sind. In diesem Fall würde eine Parallelverarbeitung mit 10 Ressourcen den gewünschten 10fachen Datendurchsatz erzielen.

Zyklentransformationen

Algorithmische Äquivalenz kann auch unter Ausnutzung von Kommutativität, Assoziativität und Distributivität zu einer Verbesserung der Schranke P_{min} führen, die dadurch erreicht werden kann, dass man die Summe der Ausführungszeiten in den kritischen Zyklen minimiert. Solche Transformationen (siehe z. B. [265]) werden auch in optimierenden Compilern ausgenutzt.

Beispiel 4.5.12. Als Beispiel wird der iterative Algorithmus

$$y[n] = y[n-1] + b[n] + c[n] \quad \forall n \geq 0 \tag{4.11}$$

betrachtet. Ein Signalflussgraph, der eine direkte Realisierung des Algorithmus in Gl. (4.11) beschreibt, ist in Abb. 4.28a) dargestellt. Entsprechend einer durch den geklammerten Ausdruck $(y[n-1] + b[n]) + c[n]$ gegebenen Berechnungsreihenfolge erhält man $P_{min} = 2$. Aufgrund der Assoziativität der Addition erhält man den äquivalenten Ausdruck $y[n-1] + (b[n] + c[n])$. Aufgrund der Kommutativität der Addition erhält man schließlich den ebenfalls äquivalenten Ausdruck $(b[n] + c[n]) + y[n-1]$ und damit den äquivalenten Signalflussgraphen in Abb. 4.28b). Offensichtlich gilt nun $P_{min} = 1$.

Die genannten Transformation werden beispielsweise intensiv in dem VLSI-Entwurfssystem HYPER der UC Berkeley [332] und den Architektursynthesewerkzeugen CATHEDRAL der Universität Leuven [269, 139], SPARK [150] der Universitäten San Diego und Irvine sowie dem Werkzeug Chip-in-a-day [80] der UC

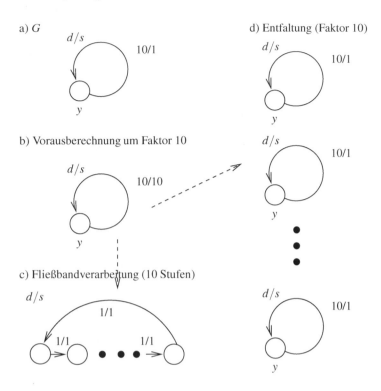

Abb. 4.27. a) Problemgraph G, b) Vorausberechnungstransformation um den Faktor 10, c) Fließbandverarbeitung und d) Entfaltung

Berkeley eingesetzt, um Algorithmen der digitalen Signalverarbeitung effizient zu realisieren.

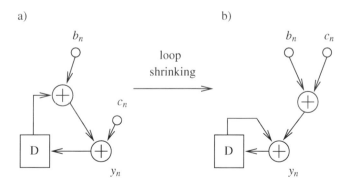

Abb. 4.28. Ausnutzung von Kommutativität und Assoziativität zur Reduktion der Summe von Ausführungszeiten in Zyklen und damit zur Reduktion von P_{min}

Bemerkung: Bei nichtiterativen Ablaufplanungsproblemen kann die Ausnutzung von Kommutativität, Assoziativität und Distributivität gleichsam ausgenutzt werden. Während hier die Schranke des Iterationsintervalls minimiert bzw. die maximale Datenrate erhöht werden kann, kann bei nichtiterativen Ablaufplanungsproblemen die minimal mögliche Latenz verkleinert werden.

4.5.4 Iterative Ablaufplanung mit Ressourcenbeschränkungen

Im Folgenden werden Ablaufplanungsprobleme betrachtet, bei denen unterschiedliche Ressourcetypen und Ressourcenbeschränkungen vorliegen. Schwartz et al. [354] zeigten, dass bei gegebenem Iterationsintervall eine untere Schranke der Anzahl benötigter Ressourcen durch den Quotienten aus der Summe aller Berechnungszeiten und dem Iterationsintervall gegeben ist.

Theorem 4.5.2 (Minimale Ressourcen [354]). *Gegeben sei ein iterativer Problemgraph $G(V, E, s)$, ein Ressourcetyp, auf dem jeder Knoten $v_i \in V$ mit Berechnungszeit d_i ausgeführt werden kann (z. B. Prozessor) und ein Iterationsintervall P. Die minimale Anzahl notwendiger Ressourcen beträgt*

$$\alpha_{\min} = \left\lceil \frac{\sum_{i=1}^{|V|} d_i}{P} \right\rceil \tag{4.12}$$

Häufig wird $\alpha_{\min}$ auch als *Processor bound* bezeichnet [305, 266].

In den folgenden Betrachtungen wird davon ausgegangen, dass ein Iterationsintervall P vorgegeben ist. Das ILP-Modell zur Ablaufplanung soll nun auf iterative Algorithmen erweitert werden.

4.5.5 ILP-Modell zur Ablaufplanung iterativer Algorithmen

Das in Theorem 4.4.1 beschriebene Verfahren zur Ablaufplanung mit endlichen Ressourcen wird nun auf iterative Algorithmen erweitert.

Theorem 4.5.3. Funktionale Fließbandverarbeitung und Schleifenfaltung. *Gegeben sei eine Spezifikation $(G(V, E, s), G_R(V_R, E_R))$, ein Iterationsintervall P, eine Latenzschranke $\bar{L}$ mit $P < \bar{L}$ und die mit ASAP- und ALAP-Planungsverfahren berechneten frühest- bzw. spätestmöglichen Startzeitpunkte l_i und h_i der Knoten $v_i \in V$. Werden in dem Ungleichungssystem in den Gln. (4.1),(4.3) und (4.4) die Beschränkungen in Gl. (4.3) durch die Beschränkungen in Gl. (4.13) und Gl. (4.4) durch Gl. (4.14) ersetzt, so ist eine zulässige Lösung des resultierenden Ungleichungssystems in den Gln. (4.1),(4.2),(4.13) und (4.14) eine Lösung des Ablaufplanungsproblems mit funktionaler Fließbandverarbeitung und Schleifenfaltung.*

$$\tau(v_j) - \tau(v_i) \geq d_i - s_{i,j} \cdot P \qquad \forall (v_i, v_j) \in E \tag{4.13}$$

$$\sum_{i:(v_i,r_k) \in E_R} \sum_{p=0}^{d_i-1} \sum_{n:l_i \leq t-p-n\cdot P \leq h_i} x_{i,t-p-n\cdot P} \leq \alpha(r_k) \quad \forall 0 \leq t < P, \forall r_k \in V_T \tag{4.14}$$

Der Beweis dieses Theorems stützt sich auf die Ausführungen in Zusammenhang mit Theorem 4.4.1.

- Zur mathematischen Modellierung des Planungsverfahrens mit Berücksichtigung von funktionaler Fließbandverarbeitung und Schleifenfaltung wird die in Theorem 4.4.1 definierte binäre Variable $x_{i,t}$ benutzt.

- Ebenso wie im nichtiterativen Fall muss gewährleistet sein, dass jede Operation genau einmal in jedem Iterationsintervall ausgeführt wird, siehe Gl. (4.1).

- Jede Datenabhängigkeitskante $(v_i, v_j) \in E$ besitzt nun das Gewicht $s_{i,j}$. Die in Iteration n durch die Ausführung von Operation v_i erzeugten Daten werden in Iteration $n + s_{i,j}$ von Operation v_j benötigt. Die n-te Ausführung von Operation v_i beginne zum Zeitschritt $t = t_i + n \cdot P$. Für den frühestmöglichen Zeitschritt, an dem die Ausführung der $(n + s_{i,j})$-ten Iteration von v_j beginnen kann, gilt also

$$t_j + (n + s_{i,j}) \cdot P \geq t_i + n \cdot P + d_i.$$

- Etwas schwieriger sind nun die Ressourcenbeschränkungen zu modellieren, da sich Operationen über die Grenzen einer Ausführungsperiode erstrecken können. Die Ausführung von v_i mit dem Index n eines iterativen Algorithmus beginnt am Zeitschritt $t_i(n) = t_i + n \cdot P$. Wird die Ausführung einer Operation v_i zum Zeitschritt t_i zur nullten Iteration begonnen, belegt sie entsprechend Ressourcen während sämtlicher Zeitschritte t mit

$$t = t_i + p + n \cdot P \quad \forall p : 0 \leq p \leq d_i - 1 \qquad (4.15)$$

Für $n = 0$ ergibt die Auswertung von Gl. (4.15) die Zeitschritte t mit $t_i \leq t \leq t_i + d_i - 1$. Dies entspricht den Startzeitpunkten von v_i im nichtiterativen Fall. Für $n \neq 0$ sind dies die jeweils um $n \cdot P$ Zeitschritte verschobenen Startzeitpunkte von Knoten v_i. Da die Ressourcenbelegung periodisch ist, braucht man nun nur das Grundintervall von $0 \leq t < P$ bezüglich der Ressourcenbelegung und damit der Erfüllung der Ressourcenbeschränkungen zu betrachten. Da die Belegung im Grundintervall von Operationen unterschiedlicher Iterationen n stammen kann, muss man das entsprechende n finden, das im Grundintervall ausgeführt wird. Mit $l_i \leq t_i \leq h_i$ erhält man durch Einsetzen von $t = t_i + p + n \cdot P$ die Bedingung $l_i \leq t - p - n \cdot P \leq h_i$ für dasjenige n, für das v_i im Grundintervall berechnet wird. Dies entspricht einer *Faltung* der Planungsintervalle in das Grundintervall.[10] Die Auswertung der beiden inneren Summen in Gl. (4.14) für eine gegebene Operation v_i ergibt nun, dass die Summation

$$\sum_{p=0}^{d_i-1} \sum_{n:l_i \leq t-p-n\cdot P \leq h_i} x_{i,t-p-n\cdot P}$$

für alle t, zu denen Operation v_i innerhalb des Grundintervalls $0 \leq t < P$ eine Ressource belegt, den Wert 1 hat, sonst den Wert 0. Wiederum wird durch Summation über alle Operationen v_i, die auf demselben Ressourcetyp r_k ausgeführt

---

[10] Das n ist i. Allg. negativ, da oft die nullte Iteration aufgrund von Datenabhängigkeiten nicht im Grundintervall gestartet werden kann.

werden, sichergestellt, dass zu keinem Zeitschritt mehr als die von diesem Typ zur Verfügung stehenden Instanzen benutzt werden können.

4.5.6 Beispiel: FIR-Filter

Zur Veranschaulichung der Ergebnisse von aperiodischer und periodischer Ablaufplanung soll nun ein realistisches Beispiel betrachtet werden.

Beispiel 4.5.13. Gegeben sei ein FIR-Filter (engl. *finite impulse response filter*) zweiter Ordnung, das durch den iterativen Algorithmus

$$y[n] = a_0 x[n] + a_1 x[n-1] + a_2 x[n-2] \qquad \forall n \geq 0 \qquad (4.16)$$

gegeben ist. Eine direkte Implementierung dieses Algorithmus ist der in Abb. 4.29 dargestellte *Signalflussgraph*. Die Elemente D stellen Verzögerungselemente dar, die man sich auch als Register (z. B. synchrone D-Flipflops) vorstellen kann.

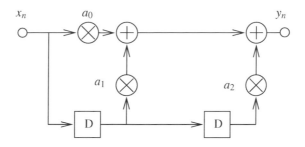

Abb. 4.29. Signalflussgraph eines FIR-Filters zweiter Ordnung

Um eine Implementierung mit beschränkten Ressourcen (≤ 2 Multiplizierer, ≤ 2 Addierer) zu erzielen, wird das Filter durch den Problemgraphen in Abb. 4.30 modelliert, den man aus Abb. 4.29 durch Auftrennen des Graphen an den Ausgängen der Verzögerungselemente (gekennzeichnet mit D) erhält.

Nun wird das Problem der Latenzminimierung mit Ressourcenbeschränkungen mit Hilfe eines ganzzahligen linearen Programms beschrieben.

Beispiel 4.5.14. Gegeben sei der Problemgraph des FIR-Filters in Abb. 4.30. Es seien zwei Ressourcen des Ressourcetyps r_1 (Multiplizierer) ($\alpha(r_1) = 2$) und eine Ressource des Typs r_2 (Addierer) ($\alpha(r_2) = 1$) alloziert. Die Berechnungszeit einer Multiplikation betrage zwei Zeitschritte, die einer Addition einen Zeitschritt. Um die Anzahl der Variablen des ILP möglichst klein zu halten, werden für eine gewählte Latenzschranke $\bar{L} = 5$ die frühesten und spätesten Startzeitpunkte von Operationen mit Hilfe der Algorithmen ASAP und ALAP berechnet. Das Ergebnis sind die in Abb. 4.30 bereits dargestellten Mobilitätsintervalle.

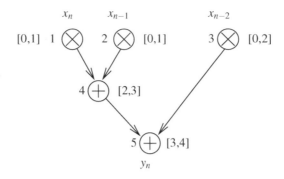

Abb. 4.30. Problemgraph FIR-Filter mit den durch ASAP- und ALAP-Ablaufplanung gewonnenen Mobilitätsintervallen für $\bar{L} = 5$

Beispiel 4.5.15. Unter den Vorgaben in Beispiel 4.5.14 erhält man folgendes System von Beschränkungen für das ganzzahlige lineare Programm:

1. Einführung binärer Variablen:

$$\tau(v_1) = 0x_{1,0} + 1x_{1,1}, \qquad\qquad x_{1,0} + x_{1,1} = 1$$
$$\tau(v_2) = 0x_{2,0} + 1x_{2,1}, \qquad\qquad x_{2,0} + x_{2,1} = 1$$
$$\tau(v_3) = 0x_{3,0} + 1x_{3,1} + 2x_{3,2}, \qquad x_{3,0} + x_{3,1} + x_{3,2} = 1$$
$$\tau(v_4) = 2x_{4,2} + 3x_{4,3}, \qquad\qquad x_{4,2} + x_{4,3} = 1$$
$$\tau(v_5) = 3x_{5,3} + 4x_{5,4}, \qquad\qquad x_{5,3} + x_{5,4} = 1$$

2. Datenabhängigkeiten:

$$\tau(v_4) - \tau(v_2) \geq 2$$
$$\tau(v_4) - \tau(v_1) \geq 2$$
$$\tau(v_5) - \tau(v_3) \geq 2$$
$$\tau(v_5) - \tau(v_4) \geq 1$$
$$\tau(v_1), \tau(v_2), \tau(v_3) \geq 0$$

3. Berechnung der Belegungen durch Faltung und Summation der Belegungen:

$$x_{1,0} + x_{2,0} + x_{3,0} \leq 2 \qquad (t = 0)$$
$$x_{1,0} + x_{1,1} + x_{2,0} + x_{2,1} + x_{3,0} + x_{3,1} \leq 2 \qquad (t = 1)$$
$$x_{1,1} + x_{2,1} + x_{3,1} + x_{3,2} \leq 2 \qquad (t = 2)$$
$$x_{3,2} \leq 2 \qquad (t = 3)$$

Eine Lösung des ganzzahligen linearen Programms führt zu der in Abb. 4.31 visualisierten Lösung. Die Latenz beträgt $L = 5$ und entspricht dem Iterationsintervall.

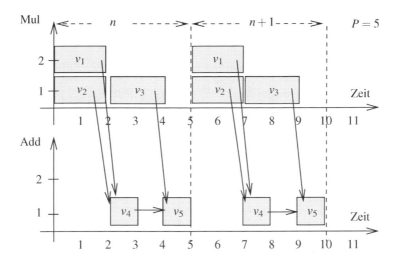

Abb. 4.31. Ablaufplan des FIR-Filters ohne Einbeziehung von funktionaler Fließbandverarbeitung

Offensichtlich sind die Ressourcen schlecht ausgenutzt, da die Ausführung aufeinander folgender Iterationen sequentiell erfolgt. Eine bessere Ablaufplanung erzielt man durch Planung des in Abb. 4.32 dargestellten Datenflussgraphen, der die Datenabhängigkeiten mehrerer Iterationen des Algorithmus darstellt.

Beispiel 4.5.16. Abbildung 4.32 zeigt eine äquivalente Darstellung der Berechnungen des Algorithmus in Gl. (4.16), die den Vorteil hat, dass eine bessere Ablaufplanung durch nebenläufiges Planen mehrerer Iterationen möglich ist (Entfaltung). Ein besserer Ablaufplan mit Iterationsintervall $P = 4$ ist in Abb. 4.33 dargestellt.

Diesen Vorteil kann man auch erzielen, indem man funktionale Fließbandverarbeitung erlaubt.

Beispiel 4.5.17. Die in Abb. 4.33 dargestellte Lösung entspricht nun der Lösung des Modells mit iterativer Ablaufplanung mit Fließbandverarbeitung (und Schleifenfaltung). Das Iterationsintervall beträgt $P = 4$. Die Gewichte s der Kanten des iterativen Problemgraphen in Abb. 4.30 sind alle gleich 0.

4.6 Ressourcetypbindung ⊗

Bei den bisherigen Betrachtungen wurde davon ausgegangen, dass jeder Knoten $v_i \in V$ eines Problemgraphen G auf einem einzigen Ressourcetyp $r_k \in V_T$ ausgeführt werden kann. Die folgende Erweiterung des ILP-Modells erlaubt ebenfalls die Darstellung und Optimierung der Ressourcetypauswahl (β, Modulselektion).

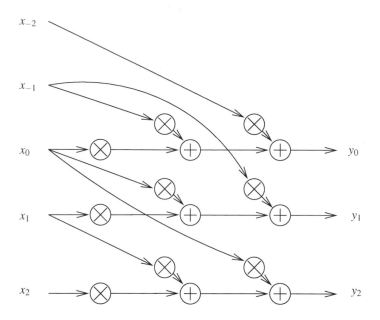

Abb. 4.32. Abhängigkeitsgraph des FIR-Filters

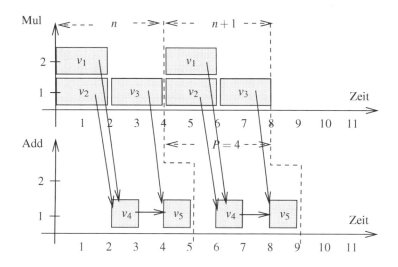

Abb. 4.33. Ablaufplan des FIR-Filters bei funktionaler Fließbandverarbeitung

Theorem 4.6.1 (Ablaufplanung mit Ressourcetypbindung). *Gegeben sei eine Spe-zifikation* $(G(V,E), G_R(V_R, E_R))$, *eine Latenzschranke* $\bar{L}$, *ein Iterationsintervall* P *mit* $P < \bar{L}$ *und die mit ASAP- und ALAP-Planungsverfahren berechneten frühest- bzw.*

*spätestmöglichen Startzeitpunkte $l_i := \tau(v_i)^S$ und $h_i := \tau(v_i)^L$ der Knoten $v_i \in V$.[11]
Eine zulässige Lösung des folgenden Ungleichungssystems ist dann eine Lösung des
Ablaufplanungsproblems mit funktionaler Fließbandverarbeitung, Schleifenfaltung
und Ressourcetypbindung:*

$$x_{i,t,k} \in \{0,1\} \qquad \forall v_i \in V, \, \forall t : l_i \leq t \leq h_i, \, \forall k : (v_i, r_k) \in E_R$$

$$\sum_{k:(v_i,r_k)\in E_R} \sum_{t=l_i}^{h_i} x_{i,t,k} = 1 \qquad \forall v_i \in V \qquad (4.17)$$

$$\sum_{k:(v_i,r_k)\in E_R} \sum_{t=l_i}^{h_i} t \cdot x_{i,t,k} = \tau(v_i) \qquad \forall v_i \in V \qquad (4.18)$$

$$\tau(v_j) - \tau(v_i) \geq z_{i,j} \qquad \forall (v_i,v_j) \in E \qquad (4.19)$$

$$\sum_{i:(v_i,r_k)\in E_R} \sum_{p=0}^{w(v_i,r_k)-1} \sum_{n:l_i \leq t-p-n\cdot P \leq h_i} x_{i,t-p-n\cdot P,k} \leq \alpha(r_k)$$
$$\forall r_k \in V_T, \, \forall 0 \leq t < P \qquad (4.20)$$

mit

$$z_{i,j} = \left(\sum_{k:(v_i,r_k)\in E_R} \sum_{t=l_i}^{h_i} x_{i,t,k} \cdot w(v_i,r_k) \right) - s_{i,j} \cdot P \qquad \forall (v_i,v_j) \in E \qquad (4.21)$$

Die wesentliche Neuheit besteht hier in der Erweiterung der binären Variablen $x_{i,t}$ um den Index k. Für Operation v_i existieren Variablen $x_{i,t,k}$ für alle $k : (v_i,r_k) \in E_R$, d. h. für alle diejenigen Ressourcetypen, an die v_i gebunden werden kann. Die Doppelsumme in Gl. (4.17) garantiert, dass genau ein Typ und ein Startzeitpunkt pro Knoten v_i bestimmt werden. Im Weiteren ist nun die Ausführungszeit d_i eines Knotens abhängig von der Auswahl des Ressourcetyps r_k, auf den v_i abgebildet wird. Dies ist die Berechnungszeit $w(v_i,r_k)$ (siehe Gl. (4.20)). Das Gleiche gilt für die Datenabhängigkeitsbeschränkungen in Gl. (4.19), wo d_i bzw. $d_i - s_{i,j} \cdot P$ ersetzt wurden durch $z_{i,j}$ in Gl. (4.21).

Im obigen Modell werden damit Ablaufplan und Bindung gleichzeitig optimiert. Der nichtiterative Fall ist in diesem Modell mit $s_{i,j} = 0 \, \forall (v_i,v_j) \in E$ und $P \geq \bar{L}$ ebenfalls als Spezialfall eingeschlossen. Damit wird die Betrachtung von statischen Ablaufplanungsproblemen abgeschlossen.

4.7 Dynamische Ablaufplanung

Der Vollständigkeit halber werden nun auch dynamische Ablaufplanungsprobleme behandelt.

---

[11] In Kapitel 6 wird ein Verfahren angegeben, wie ASAP- und ALAP-Zeiten bei iterativen Problemgraphen und Datenabhängigkeiten zwischen Iterationen sowie für den Fall der Modulselektion mit Hilfe des Bellman-Ford-Algorithmus bestimmt werden können.

Dabei sei darauf hingewiesen, dass im Zusammenhang mit Echtzeitsystemen der Begriff der statischen bzw. dynamischen Ablaufplanung nicht notwendigerweise synonym mit Ablaufplanung zur Compilezeit (dort sog. *Off-line-Algorithmen*) bzw. zur Laufzeit (dort sog. *On-line-Algorithmen*) gesehen wird. Ein statisches Ablaufplanungsproblem liegt dann vor, wenn das Ablaufplanungsproblem vollständig bekannt ist (Berechnungszeiten, Anzahl der Tasks, Deadlines etc.). Diese Annahmen sind häufig realistisch bei Systemen, die in eine wohldefinierte Umgebung eingebettet sind. Insbesondere bei datenflussdominanten Systemen lassen sich diese Daten häufig im Voraus bestimmen. Hingegen besitzt ein dynamisches Ablaufplanungsproblem die Eigenschaft, dass zu einem Zeitpunkt nur das bis dahin existierende Problem, nicht aber Aufgaben, die erst in der Zukunft entstehen, bekannt sind und damit Aufgaben dynamisch kreiert werden. Als Beispiel betrachte man die Reaktion eines Systems beim Auslösen eines Alarmsignals in kontrollflussdominanten Anwendungen.

Unabhängig davon, ob man es mit dynamischen oder statischen Ablaufplanungsproblemen zu tun hat, kann ein Ablaufplan entweder zur Compilezeit (off-line auf einem Rechner oder auf Papier) oder zur Laufzeit (on-line während des Betriebs) berechnet werden. Dies betrifft damit den Zeitpunkt, wann ein Algorithmus zur Ablaufplanung ausgeführt wird. On-line-Ablaufplanung erlaubt die Ausnutzung von Informationen, die erst zur Laufzeit bekannt sind. Hingegen erhöht eine Off-line-Ablaufplanung in vielen Fällen die Qualität und Voraussagbarkeit erzielbarer Lösungen und reduziert insbesondere auch den Mehraufwand zur Implementierung eines Ablaufplanungsverfahrens zur Laufzeit.

Insbesondere bei Echtzeitsystemen bietet es sich an, in jedem Fall eine Analyse eines Problems zur Compilezeit (off-line) durchzuführen. Dies gilt sowohl für statische als auch für dynamische Probleme. Bei dynamischen Problemen werden häufig stochastische Methoden der *Warteschlangentheorie* (engl. *queuing theory*) eingesetzt, um Erwartungswerte für das Verhalten eines Systems zu bestimmen. In vielen Echtzeitsystemen, bei denen strenge Echtzeitbeschränkungen eingehalten werden müssen, können solche Methoden jedoch nicht eingesetzt werden. Hier besteht die Praxis darin, ein statisches Problem durch Annahme des Worst-case-Verhaltens für Berechnungszeiten, maximale Anzahl von Aufgaben etc. zu definieren und mit diesem Modell eine Ablaufplanungsanalyse durchzuführen. Zahlreiche der hier vorgestellten Verfahren gehen von dieser Annahme aus.

Zunächst werden die wichtigsten Optimierungskriterien bei dynamischen Ablaufplanungsproblemen definiert. Danach werden einzelne Algorithmen zur Ablaufplanung vorgestellt, die typischerweise in Betriebssystemen eingesetzt werden. Dazu gehören sowohl nichtpräemptive als auch präemptive Verfahren. Schließlich werden bekannte Ergebnisse und Algorithmen für besondere Ablaufplanungsprobleme mit Echtzeitanforderungen vorgestellt. Diese werden erneut unterschieden nach nichtiterativen und iterativen (periodischen) Problemen.

4.7.1 Definitionen

Betrachtet wird im Folgenden erneut das Modell eines Problemgraphen $G(V,E)$. Den Aufgaben $v \in V$ werden häufig früheste Startzeitpunkte (*Releasezeiten, Ankunftszeiten*) und späteste Endzeitpunkte (*Deadlines*) zugewiesen.[12] Falls nicht anders bemerkt, gelte, dass allen Aufgaben die Ankunftszeit 0 und die Deadline ∞ zugewiesen ist. Ferner gibt es einen Ressourcegraphen $G_R(V_R, E_R)$ mit der vereinfachten Eigenschaft, dass jeder Knoten $v_i \in V_R \cap V$ auf genau einem Ressourcetyp (z. B. Prozessortyp) abgearbeitet werden kann und die Berechnungszeit d_i eines Knotens $v_i \in V$ als bekannt gilt, z. B. durch Annahme des Worst-case-Verhaltens.

Im Allgemeinen benötigt der Algorithmus zur Ablaufplanung auf einer Prozessor-CPU selbst Rechenzeit, um festzulegen, welche Task als nächstes die CPU belegen kann. Diese Zeitspanne bezeichnet man i. Allg. als *Dispatchlatenz*.

Definition 4.7.1 (Dispatchlatenz). *Die* Dispatchlatenz L_D *bezeichnet die maximale Zeitspanne zwischen dem Stoppen einer Aufgabe $v_i \in V$ auf einer CPU-Ressource und dem Starten der nächsten Aufgabe $v_j \in V$ auf derselben CPU-Ressource.*

Offensichtlich sollte die Dispatchlatenz so klein wie möglich sein. Im Folgenden gelte die Annahme, dass die Dispatchlatenz null sei. Für die Latenz eines Ablaufplans gelte die gleiche Definition wie für statische Ablaufplanungsverfahren.

Nun zeigen sich folgende Kriterien bei der Bewertung von Algorithmen zur dynamischen Ablaufplanung als nützlich:

Definition 4.7.2 (Ressourcenauslastung). *Gegeben sei ein Problemgraph $G(V,E)$, ein Ressourcegraph $G_R(V_R, E_R)$ mit einem einzigen Ressourcetyp der Allokation 1 (CPU) und ein Ablaufplan der Latenz L. Sei d_i die Berechnungszeit von Knoten $v_i \in V$. Dann bezeichnet*

$$U = \frac{\sum_{i=1}^{|V|} d_i}{L} \, 100 \qquad (4.22)$$

die Ressourcenauslastung *der CPU-Ressource in Prozent.*

Für mehrere Ressourcen kann man die Auslastung für jede einzelne Ressource entsprechend durch Summation der an sie gebundenen Aufgaben berechnen. Offensichtlich ist man bestrebt, die Ressourcenauslastung möglichst bei 100 % zu halten.

Im Falle präemptiver Ablaufplanung kann die Ausführung einer Aufgabe unterbrochen werden, um zu einem späteren Zeitpunkt, eventuell auf einer anderen Ressource (bei Mehrprozessorsystemen), weiter berechnet zu werden. Für solche Verfahren ist es deshalb interessant, wie lange es dauert, bis eine Aufgabe endgültig abgearbeitet ist.

---

[12] In der Welt von Echtzeitbetriebssystemen werden Deadlines meistens als späteste Endzeitpunkte (im Gegensatz zu spätesten Startzeitpunkten) definiert. Man beachte, dass die Unterscheidung nur relevant ist bei a) präemptiven Verfahren und b) bei nichtdeterministischen Berechnungszeiten, da sonst der Endzeitpunkt einer Aufgabe als Summe von Startzeitpunkt und Berechnungszeit bestimmt werden kann.

Definition 4.7.3 (Abarbeitungszeit). *Gegeben sei ein Problemgraph $G(V, E)$. Sei d_i die Berechnungszeit von Knoten $v_i \in V$, $\tau_b(v_i)$ der Zeitpunkt, an dem v_i zum ersten Mal eine CPU-Ressource belegt, und $\tau_e(v_i)$ der Zeitpunkt, an dem die v_i vollständig abgearbeitet ist (Endzeitpunkt). Dann beträgt die* Abarbeitungszeit $t_A(v_i)$ *von $v_i \in V$:*

$$t_A(v_i) = \tau_e(v_i) - \tau_b(v_i) \tag{4.23}$$

Im Weiteren definiert man die sog. *Wartezeit* (engl. *waiting time*) einer Aufgabe wie folgt:

Definition 4.7.4 (Wartezeit). *Gegeben sei ein Problemgraph $G(V,E)$. Sei d_i die Berechnungszeit von Knoten $v_i \in V$, $t_r(v_i)$ die Releasezeit von Knoten v_i und $\tau_e(v_i)$ der Zeitpunkt, an dem v_i vollständig abgearbeitet ist (Endzeitpunkt). Dann bezeichnet $t_W(v_i)$ mit*

$$t_W(v_i) = \tau_e(v_i) - t_r(v_i) - d_i \tag{4.24}$$

die Wartezeit *von Aufgabe i.*

Die Wartezeit einer Aufgabe ist damit die Dauer der Zeitspanne, die sie ab dem Zeitpunkt ihrer Ankunft (Releasezeit) keine CPU-Ressource belegt, also sozusagen auf ihre (weitere) Abarbeitung wartet. Ein ähnliches Maß ist die sog. *Flusszeit*, die Summe von Berechnungszeit und Wartezeit:

Definition 4.7.5 (Flusszeit/Antwortzeit). *Gegeben seien ein Problemgraph $G(V,E)$. Sei d_i die Berechnungszeit von Knoten $v_i \in V$, $t_r(v_i)$ die Releasezeit von Knoten v_i und $\tau_e(v_i)$ der Zeitpunkt, an dem v_i vollständig abgearbeitet ist (Endzeitpunkt). Dann bezeichnet $t_F(v_i)$ mit*

$$t_F(v_i) = \tau_e(v_i) - t_r(v_i) \tag{4.25}$$

die Flusszeit *von Aufgabe i. In der Literatur wird die Flusszeit auch häufig als* Antwortzeit *(engl.* response time*) bezeichnet.*

Folgendes Beispiel erläutert diese Definitionen:

Beispiel 4.7.1. Betrachtet wird der in Abb. 4.34 dargestellte Ablaufplan mit einer Ressource (CPU) und drei Aufgaben. Der Knoten v_1 mit Berechnungszeit $d_1 = 3$ besitze eine Releasezeit von $t_r(v_1) = 1$. Die Aufgabe belegt die Ressource zum ersten Mal zum Zeitpunkt $\tau_b(v_1) = 2$, wird dann nach einer Zeiteinheit unterbrochen, schließlich ab dem Zeitpunkt $t = 5$ weiter berechnet (präemptive Ablaufplanung) und zum Zeitpunkt $\tau_e(v_1) = 7$ beendet. Folglich beträgt die Abarbeitungszeit von v_1 $t_A(v_1) = \tau_e(v_1) - \tau_b(v_1) - 7 - 2 = 5$ Zeiteinheiten. Die Wartezeit nach Definition 4.7.4 beträgt $t_W(v_1) = \tau_e(v_1) - t_r(v_1) - d_1 = 7 - 1 - 3 = 3$ Zeiteinheiten. Die Flusszeit nach Definition 4.7.5 beträgt $t_F(v_1) = \tau_e(v_1) - t_r(v_1) = 7 - 1 = 6$ Zeitschritte.

Im Zusammenhang mit Echtzeitsystemen spielt die Einhaltung von Deadlines zur Beurteilung von Ablaufplanungsverfahren eine große Rolle, da bei diesen Systemen die Nichteinhaltung katastrophale Folgen haben kann. Hier sind deshalb auch folgende Definitionen von Eigenschaften eines Ablaufplans von Interesse:

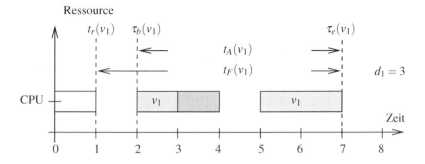

Abb. 4.34. Erläuterung der Definitionen von Abarbeitungszeit, Wartezeit und Flusszeit

Definition 4.7.6 (Lateness, Tardiness). *Gegeben sei ein Problemgraph $G(V,E)$. Sei $t_d(v_i)$ die Deadline (spätester Endzeitpunkt) von Knoten $v_i \in V$ und $\tau_e(v_i)$ der Zeitpunkt, an dem v_i vollständig abgearbeitet ist (Endzeitpunkt). Dann bezeichnet $t_L(v_i)$ mit*

$$t_L(v_i) = \tau_e(v_i) - t_d(v_i) \tag{4.26}$$

die sog. Lateness *von Aufgabe i und $t_T(v_i)$ mit*

$$t_T(v_i) = \max\{\tau_e(v_i) - t_d(v_i), 0\} \tag{4.27}$$

die sog. Tardiness *von Aufgabe i.*

Beispiel 4.7.2. Betrachtet wird der in Abb. 4.35 dargestellte Ablaufplan zweier Aufgaben v_1 und v_2 mit den Deadlines $t_d(v_1) = 6$, $t_d(v_2) = 5$ und den Endzeitpunkten $\tau_e(v_1) = 7$ und $\tau_e(v_2) = 4$. Folglich erfüllt v_2 die Deadline, die Tardiness beträgt 0. Die Lateness hat hier den negativen Wert $t_L(v_2) = -1$. Bei Knoten v_1 wird die Deadline $t_d(v_1) = 6$ nicht erfüllt. Lateness und Tardiness sind hier gleich, $t_L(v_1) = t_T(v_1) = 1$.

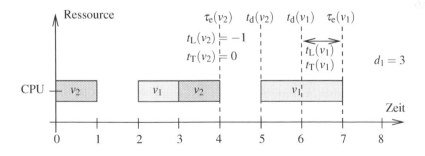

Abb. 4.35. Erläuterung der Definitionen von Lateness und Tardiness

4.7.2 Optimierungskriterien bei dynamischen Ablaufplanungsproblemen

Ein großer Bereich dynamischer Ablaufplanungsprobleme tritt im Zusammenhang mit *Betriebssystemen* auf, da dort das Verhalten der Umgebung nicht auf alle Zeiten exakt vorausgesagt werden kann. Ein Betriebssystem dient der dynamischen Verwaltung der Ressourcen eines Computers, wozu i. Allg. neben der CPU (engl. *central processing unit*) beispielsweise auch Speicherressourcen gehören. Das Programm, das die Ablaufplanung der Aufgaben (bei Betriebssystemen auch als *Tasks* oder *Prozesse* bezeichnet) auf der CPU vornimmt, heißt auch *(Software-)Dispatcher*.

Obwohl in diesem Kapitel die Rolle von Betriebssystemen nur als Anwendung dynamischer Ablaufplanungsverfahren betrachtet wird, ist es wichtig, zwei unterschiedliche Klassen von Betriebssystemen vor Augen zu haben, da diese Klassen unterschiedliche Verfahren einsetzen, die durch unterschiedliche Optimierungsziele gekennzeichnet sind. Dies sind zum einen *Mehrbenutzerbetriebssysteme* (auch sog. *Time-sharing-Systeme*), die dadurch gekennzeichnet sind, dass sich eine Menge von Benutzern (z. B. in einem Rechenzentrum) die Rechenzeit eines Zentralrechners teilt. Zum anderen sind dies *Echtzeitbetriebssysteme* (engl. *real-time operating systems*).

Bei Mehrbenutzerbetriebssystemen ist man von der Seite des Betreibers aus an einer maximalen CPU-Auslastung interessiert. Dies würde man im statischen Fall beispielsweise durch Minimierung der Latenz erreichen.

Für den Benutzer/die Benutzerin ist es interessant, wie lange es dauert, bis seine/ihre Aufgaben abgearbeitet sind (z. B. minimale Wartezeit, minimale Flusszeit). Da ein System nicht die Flusszeit eines einzelnen Benutzers/einer einzelnen Benutzerin minimieren sollte,[13] ist man beispielsweise an der Minimierung von Mittelwerten interessiert. Bei $|V|$ Aufgaben ist die *mittlere Wartezeit* beispielsweise durch Gl. (4.28), die *mittlere Flusszeit* durch Gl. (4.29) gegeben.

$$W = \frac{1}{|V|} \sum_{i=1}^{|V|} t_W(v_i) \qquad (4.28)$$

$$F = \frac{1}{|V|} \sum_{i=1}^{|V|} t_F(v_i) \qquad (4.29)$$

Häufig werden die einzelnen Flusszeiten auch gewichtet und die *gewichtete, mittlere Flusszeit* minimiert:[14]

$$F_w = \frac{\sum_{i=1}^{|V|} w_i\, t_F(v_i)}{\sum_{i=1}^{|V|} w_i} \qquad (4.30)$$

Dabei können die Gewichte w_i als Prioritäten aufgefasst werden.

---

[13] Dies könnte zu Ungunsten anderer Benutzer/Benutzerinnen ausfallen. Schließlich ist man ja für *Fairness*!

[14] Dieses Kriterium könnte als eine Art *Pseudo-Fairness* aufgefasst werden, ist wohl aber in der Praxis üblich.

Bei Echtzeitbetriebssystemen sind neben Latenz und minimaler mittlerer Fluss-zeit weiterhin Kriterien interessant, die die Einhaltung bzw. das Überschreiten von Deadlines beurteilen (z. B. bei sicherheitskritischen Anwendungen). Zum Beispiel kann ein Ablaufplanungsverfahren bestrebt sein, die *maximale Lateness* von Aufga-ben zu minimieren, die definiert ist als

$$\max_{i=1}^{|V|} \{t_{\mathrm{L}}(v_i)\} \tag{4.31}$$

oder die *mittlere Tardiness*:

$$\frac{1}{|V|} \sum_{i=1}^{|V|} t_{\mathrm{T}}(v_i) \tag{4.32}$$

Bei diesen beiden Kriterien kann es allerdings möglich sein, dass eventuell viele Aufgaben ihre Deadline überschreiten. Falls jedes einzelne Überschreiten eine ande-re Katastrophe auslösen kann, so ist es oft nützlicher, die *Anzahl der Aufgaben, die ihre Deadline überschreiten*, zu minimieren.[15] Diese Anzahl ergibt sich zu

$$\sum_{i=1}^{|V|} u(v_i) \tag{4.33}$$

mit $u(v_i) \in \{0,1\}$ und $u(v_i) = 1$, falls $t_{\mathrm{T}}(v_i) > 0$ und $u(v_i) = 0$ sonst.

Damit wurden die wichtigsten Optimierungskriterien im Zusammenhang mit dy-namischen Ablaufplanungsproblemen vorgestellt.

4.7.3 Dynamische Ablaufplanung ohne Echtzeitanforderungen

Im diesem Abschnitt werden einige Algorithmen zur dynamischen Ablaufplanung beschrieben, die typischerweise in Betriebssystemen ohne Echtzeitanforderungen eingesetzt werden. In Kapitel 7 wird auf die Aufgaben eines Betriebssystems näher eingegangen.

First-come-first-served-Ablaufplanung (FCFS)

Eine sehr einfach zu implementierende Strategie ist es, jede Aufgabe nach der Devise „Wer zuerst kommt, mahlt zuerst!" (engl. *first come first served*) einzuplanen.

Beispiel 4.7.3. Betrachtet wird ein Problemgraph mit drei Aufgaben v_1, v_2, v_3 ohne Datenabhängigkeiten mit den Berechnungszeiten $d_1 = 24, d_2 = 3, d_3 = 30$ und der Ankunftsreihenfolge v_1, v_2, v_3 zum Zeitpunkt 0. Abbildung 4.36a) zeigt einen mit der FCFS-Strategie gewonnenen Ablaufplan. Die mittlere Wartezeit beträgt in die-sem Beispiel $W = (0 + 24 + 27)/3 = 17$. Betrachtet man die Ankunftsreihenfolge v_2, v_1, v_3, so erhält man den Ablaufplan in Abb. 4.36b). Die mittlere Wartezeit be-trägt nun $W = (3 + 0 + 27)/3 = 10$.

---

[15] Motto: „Lieber eine Katastrophe, als viele auf einmal!"

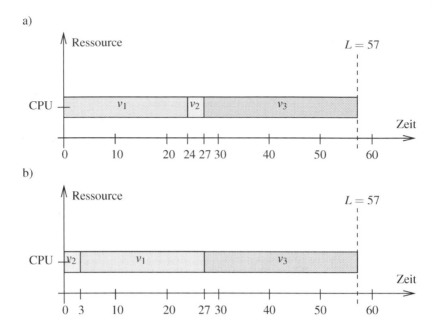

Abb. 4.36. Ablaufplanung mit FCFS-Algorithmus: a) Ankunftsreihenfolge v_1, v_2, v_3; b) Ankunftsreihenfolge v_2, v_1, v_3

Man erkennt, dass die mittlere Wartezeit stark von der Ankunftsreihenfolge abhängt und i. Allg. nicht optimal ist. Die Strategie ist jedoch einfach zu implementieren, indem man ankommende Aufgaben einfach in eine FIFO-Schlange einreiht und in dieser Reihenfolge abarbeitet.

Shortest-job-first-Ablaufplanung (SJF)

Für die Minimierung der mittleren Wartezeit bzw. Flusszeit gibt es einen Algorithmus mit dem Namen *Shortest job first* (SJF), der Aufgaben nach der Devise „Die kürzeste Aufgabe zuerst!" plant.

Beispiel 4.7.4. Betrachtet wird ein Problemgraph mit vier Aufgaben v_1, v_2, v_3, v_4 ohne Datenabhängigkeiten mit den Berechnungszeiten $d_1 = 6, d_2 = 8, d_3 = 7, d_4 - 3$ und den Ankunftszeiten $t_r(v_1) = t_r(v_2) = t_r(v_3) = t_r(v_4) = 0$. Abbildung 4.37 zeigt den mit der SJF-Strategie gewonnenen Ablaufplan. Die mittlere Wartezeit beträgt in diesem Beispiel $W = (3 + 16 + 9 + 0)/4 = 7$.

Nun kann man zeigen, dass der SJF-Algorithmus im Fall eines gegebenen Problemgraphen ohne Datenabhängigkeiten, einer einzigen Ressource und unter der Annahme, dass alle Ankunftszeiten 0 sind, immer einen Ablaufplan mit minimaler mittlerer Wartezeit (bzw. Flusszeit) erzeugt. Das Ergebnis ist ein Spezialfall der Regel von Smith:

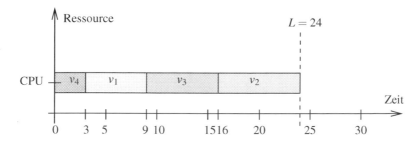

Abb. 4.37. Ablaufplanung mit SJF-Strategie

Theorem 4.7.1 (Smith-Regel [363]). *Gegeben sei ein Problemgraph $G(V, \{\ \})$ und ein Ressourcegraph $G_R(V_R, E_R)$ mit einem einzigen Ressourcetyp der Allokation 1 (CPU). Für die Ankunftszeiten gelte $t_r(v_i) = 0 \ \forall i = 1, \cdots, |V|$. Ferner besitzt Knoten v_i die Berechnungszeit d_i sowie ein Prioritätsgewicht w_i. Dann ist der Algorithmus, der die Aufgaben in der Reihenfolge nicht kleiner werdender Brüche d_i/w_i plant, ein exaktes Verfahren zur Bestimmung der minimalen mittleren Wartezeit (bzw. Flusszeit).*

Das Ergebnis, das im Falle $w_i = 1 \ \forall v_i \in V$ zum SJF-Algorithmus führt, lässt sich anschaulich durch folgende Beobachtung beweisen: Betrachtet wird ein Ablaufplan als eine Folge von Knoten wie (v_4, v_1, v_3, v_2) in Beispiel 4.7.4 und die Zielfunktion $\sum w_i \ \tau_e(v_i)$. Bezeichne δ einen Teil dieser Folge mit dem Endzeitpunkt t der letzten Aufgabe dieser Teilsequenz, so ergeben sich die Kosten eines Ablaufplans (δ, v_i, v_j, ϕ) zu $w_i(t + d_i) + w_j(t + d_i + d_j) + K$, wobei die Konstante K die Kosten der beiden Teilsequenzen δ und ϕ berücksichtigt. Falls man nun die Reihenfolge von v_i und v_j vertauscht, so erhält man die Kosten von (δ, v_j, v_i, ϕ) zu $w_j(t + d_j) + w_i(t + d_j + d_i) + K$, die im Fall $d_i/w_i < d_j/w_j$ größer sind. Da diese Beobachtung für jede Permutation von Aufgaben gilt, kann das Ergebnis gefolgert werden. Als Erläuterung diene auch folgendes Beispiel.

Beispiel 4.7.5. Abbildung 4.36b) zeigt einen mit dem SJF-Algorithmus bestimmten Ablaufplan für das Problem aus Beispiel 4.7.3. Man kann sich leicht überzeugen (durch Betrachtung aller möglichen Abarbeitungsreihenfolgen), dass der SJF-Algorithmus die mittlere Wartezeit minimiert.

Der SJF-Algorithmus gehört damit zu der Klasse prioritätsbasierter Ablaufplanungsverfahren, wobei zu einem Zeitpunkt, an dem eine eingeplante Aufgabe beendet ist, aus der Menge planbarer Aufgaben diejenige ausgewählt und geplant wird, die die höchste Priorität hat. Diese ist beim SJF-Algorithmus umgekehrt proportional zur Berechnungszeit. Die Priorität ist beim SJF-Algorithmus damit *statisch* durch die Berechnungszeit festgelegt.

Es zeigt sich jedoch, dass das Problem der Minimierung der Wartezeit (bzw. Flusszeit) für den Fall existierender Datenabhängigkeiten, aber auch bereits für die Erweiterung auf von null verschiedener Ankunftszeiten, $\mathcal{NP}$-schwer ist [245].

Im Weiteren werden präemptive Verfahren betrachtet. Präemptive Verfahren haben die Eigenschaft, dass Aufgaben während ihrer Abarbeitung unterbrochen werden können, um zu späteren Zeitpunkten weiter abgearbeitet zu werden. Es wird angenommen, dass für die Dispatchlatenz L_D im Folgenden $L_D = 0$ gelte.

Shortest-remaining-time-next-Ablaufplanung (SRTN)

Den SJF-Algorithmus gibt es auch in einer präemptiven Version, wo er als SRTN-Algorithmus (engl. *shortest remaining time next*) bekannt ist. Der Name sagt bereits etwas über die Strategie dieses Algorithmus aus: Zu jedem Zeitpunkt wird unter allen planbaren Aufgaben diejenige Aufgabe ausgewählt und geplant, deren restliche (verbleibende) Berechnungszeit minimal ist.

Beispiel 4.7.6. Betrachtet wird ein Problemgraph mit vier Aufgaben v_1, v_2, v_3, v_4 mit den Berechnungszeiten $d_1 = 8, d_2 = 4, d_3 = 9, d_4 = 5$ und den Ankunftszeiten $t_r(v_1) = 0, t_r(v_2) = 1, t_r(v_3) = 2, t_r(v_4) = 3$. Abbildung 4.38 zeigt den mit der SRTN-Strategie gewonnenen Ablaufplan. Man erkennt, dass zum Zeitpunkt $t = 1$ Knoten v_1

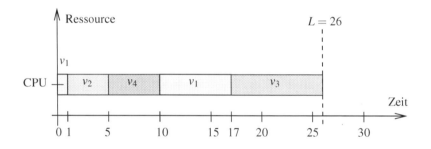

Abb. 4.38. Ablaufplanung mit SRTN-Strategie

suspendiert und erst zum Zeitpunkt $t = 10$ wieder weiter berechnet wird. Die mittlere Wartezeit beträgt in diesem Beispiel $W = ((9-0) + 0 + (17-2) + (5-3))/4 = 6,5$. Die mittlere Wartezeit eines Ablaufplans mit dem SJF-Algorithmus beträgt hingegen 7,75 Zeiteinheiten. Man kann zeigen, dass der Algorithmus exakt ist.

Der SRTN-Algorithmus ist folglich ebenfalls prioritätsbasiert. Allerdings werden die Prioritäten *dynamisch*, d. h. während der Ablaufplanung als verbleibende Berechnungszeiten neu berechnet.

Nun stellt sich offensichtlich die Frage, wie sich die hier vorgestellten Algorithmen in einer dynamischen Umgebung verhalten. Insbesondere werfen die beiden letzten Verfahren die Frage auf, wie man die Berechnungszeiten von neu entstehenden Aufgaben während der Laufzeit bestimmen kann, denn i. Allg. sind diese nicht bekannt. Neben der statischen Abschätzung des Worst-case-Verhaltens besteht eine häufig eingesetzte Methode darin, dass man die Berechnungszeiten von neuen Aufgaben durch Extrapolation aus den Berechnungszeiten vorhergehender Aufgaben ermittelt. Dies liefert insbesondere bei periodischen Aufgaben durch Extrapolation der Berechnungszeiten aus früheren Iterationen (sog. *CPU-bursts*) recht gute Ergebnisse.

Im Zusammenhang mit dynamischen Ablaufplanungsproblemen haben prioritätsbasierte Planungsverfahren jedoch den bekannten Nachteil, dass Aufgaben niedriger Priorität oft unbegrenzt lange auf ihre Abarbeitung warten müssen, also sozusagen *verhungern* (engl. *starvation*). Eine Abhilfe bieten hier Verfahren, die die Priorität dynamisch mit der aktuellen Wartezeit erhöhen. In der Betriebssystemwelt spricht man in diesem Zusammenhang von Altern (engl. *aging*).

Round-robin-Ablaufplanung (RR)

Das Problem des *Verhungerns* wird vermieden bei der sog. *Round-robin-Ablaufplanung*. Bei dieser Strategie gibt es ein festes Zeitintervall Q, nach dessen Ablauf spätestens ein Kontextwechsel eingeleitet wird (z. B. alle $Q = 100$ Zeitschritte), falls nicht eine geplante Aufgabe vor Ablauf des Zeitquantums beendet wurde. Die laufbereiten Aufgaben werden in einer zirkularen Warteschlange verwaltet und *reihum* für die maximale Zeitdauer eines Zeitquantums geplant.

Beispiel 4.7.7. Betrachtet wird ein Problemgraph mit drei Aufgaben v_1, v_2, v_3 ohne Datenabhängigkeiten mit den Berechnungszeiten $d_1 = 24, d_2 = 3, d_3 = 30$ und den Ankunftszeiten $t_r(v_1) = 0, t_r(v_2) = 0, t_r(v_3) = 0$. Abbildung 4.39 zeigt den mit der RR-Strategie gewonnenen Ablaufplan für ein Zeitquantum von $Q = 4$ Zeitschritten. Man erkennt, dass zum Zeitpunkt $t = 4$ der Knoten v_1 *suspendiert* wird, da das

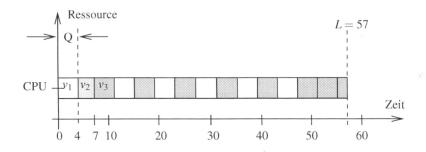

Abb. 4.39. Ablaufplanung mit RR-Strategie

Zeitquantum abgelaufen ist. Erst zum Zeitpunkt $t = 11$ wird v_1 weiter berechnet. Die mittlere Wartezeit beträgt in diesem Beispiel $W = (47 - 24) + (7 - 3) + (57 - 30)/3 = 18$ Zeiteinheiten.

Round-robin-Ablaufplanung wird häufig in Mehrbenutzerbetriebssystemen angewendet. Als Nachteil muss man häufig lange Wartezeiten in Kauf nehmen. Bei einer Anzahl von N planbaren Aufgaben und einem Zeitquantum Q kann man jedoch die Schranke $(N-1)Q$ angeben als längstes Zeitintervall, bis eine Aufgabe spätestens wieder weiter abgearbeitet wird. Falls Q gegen unendlich strebt, erhält man den bekannten FCFS-Algorithmus. Falls Q gegen null strebt, verhält sich das System (unter Vernachlässigung von Kontextwechselzeiten) wie ein System mit N Ressourcen, die allerdings jeweils nur die $1/N$-fache Rechenleistung besitzen.

4.7.4 Dynamische Ablaufplanung mit Echtzeitanforderungen

Im Folgenden werden Probleme und Algorithmen vorgestellt, bei denen Echtzeitanforderungen in Form von Deadlines vorliegen.

Minimierung der maximalen Lateness

Eine einfache Lösung für dieses Problem im nichtpräemptiven Fall bei einer CPU-Ressource gibt die Regel von Jackson [195]:

Theorem 4.7.2 (Jackson-Regel [195]). *Gegeben sei ein Problemgraph G $(V, \{ \ \})$ und ein Ressourcegraph $G_R(V_R, E_R)$ mit einem einzigen Ressourcetyp der Allokation 1 (CPU). Für die Ankunftszeiten gelte $t_r(v_i) = 0 \ \forall i = 1, \cdots, |V|$. Ferner sei für jede Aufgabe eine Deadline $t_d(v_i)$ gegeben. Dann ist der Algorithmus, der die Aufgaben in der Reihenfolge nicht kleiner werdender Deadlines plant, ein exaktes Verfahren zur Minimierung der maximalen Lateness.*

Ein Algorithmus, der gemäß der Jackson-Regel einen Ablaufplan bestimmt, heißt auch *Earliest-due-date*-Algorithmus (EDD).

Man kann zeigen, dass ähnlich wie im Falle des SJF-Algorithmus zur Minimierung der mittleren Flusszeit der EDD-Algorithmus bei von null verschiedenen Ankunftszeiten nicht mehr exakt ist. Allerdings führt hier ebenfalls die Erlaubnis der Präemption zu einer einfachen exakten Erweiterung: Zu jedem Zeitpunkt wird unter allen Aufgaben, deren Ankunftszeit kleiner oder gleich der aktuellen Zeit ist, diejenige Aufgabe geplant, deren Deadline am kleinsten ist. Diese Strategie von Horn [178] ist auch bekannt als *Earliest-deadline-first*-Algorithmus (EDF).

Bei verbotener Präemption ist das Problem der Minimierung der maximalen Lateness im Falle ungleicher Ankunftszeiten oder bei N gleichartigen Prozessoren bis auf wenige Spezialfälle $\mathcal{NP}$-schwer.

Tardinessprobleme

Betrachtet wird der Fall einer einzigen Ressource (z. B. CPU). Der Fall der gewichteten Minimierung der Anzahl von Aufgaben, die ihre Deadline überschreiten ($\sum_{i=1}^{|V|} w_i \, u(v_i)$) mit $u(v_i) = 1$, falls $t_T(v_i) > 0$ und $u(v_i) = 0$ sonst, ist $\mathcal{NP}$-schwer. Für den einfacheren Fall der ungewichteten Minimierung der Anzahl der Aufgaben, die ihre Deadline überschreiten, gibt es von Moore [283] einen exakten Algorithmus der Komplexität $\mathcal{O}(|V|^2)$ für den Fall gleicher Ankunftszeiten aller Aufgaben:

Im ersten Schritt werden alle Aufgaben nach aufsteigender Deadline (EDF-Regel) in einer Liste sortiert. Dann werden die folgenden beiden Schritte 2 und 3 iteriert, bis alle in der Liste verbleibenden Aufgaben bei sequentieller Ablaufplanung in Listenreihenfolge ihre Deadline einhalten. Schritt 2: Plane die Aufgaben in der aktuellen Liste nacheinander in Listenreihenfolge, bis zum ersten Mal eine Aufgabe ihre Deadline verpasst. Gibt es keine solche Aufgabe, so erfüllt der resultierende Ablaufplan die Deadlines und der Algorithmus terminiert. Schritt 3: Eliminiere in der bislang geplanten Liste diejenige Aufgabe mit größter Berechnungszeit und gehe zu Schritt 2 zurück.

Für den präemptiven Fall gibt es allerdings auch bei von null verschiedenen Ankunftszeiten polynomielle exakte Lösungen, die auf dem Prinzip der dynamischen Programmierung beruhen.

Die Minimierung der mittleren Tardiness ist bis auf wenige Spezialfälle ebenfalls ein $\mathcal{NP}$-schweres Problem.

Minimierung der Latenz

Das Problem der Latenzminimierung unter Ressourcenbeschränkungen ist, wie bereits gezeigt wurde, im nichtpräemptiven Fall $\mathcal{NP}$-schwer. Dies gilt selbst für den Fall ohne Datenabhängigkeiten auf zwei Prozessoren. Im Fall nur einer CPU-Ressource ohne Datenabhängigkeiten ist die Latenzminimierung (selbst bei von null verschiedenen Ankunftszeiten) offensichtlich kein Thema. Für den Fall N gleicher allozierter Prozessoren und Problemen ohne Datenabhängigkeiten bei Erlaubnis von Präemption gibt es einen exakten Algorithmus von McNaughton [276] der Komplexität $\mathcal{O}(|V|)$, der einen Ablaufplan mit Latenz

$$L^* = \max\left\{\max_{i=1}^{|V|}\{d_i\}, \frac{1}{N}\sum_{i=1}^{|V|}d_i\right\} \qquad (4.34)$$

bestimmt. Dabei ist L^* in Gl. (4.34) die minimale Länge eines präemptiven Ablaufplans. Diese muss offensichtlich mindestens so groß wie die Berechnungszeit jeder einzelnen Aufgabe und mindestens so groß wie bei homogener Verteilung der Summe der Berechnungszeiten auf alle N Prozessoren bei 100%iger Ressourcenauslastung sein.

Im nichtpräemptiven Fall bietet sich (insbesondere für den allgemeineren Fall mit Datenabhängigkeiten) die bereits vorgestellte Listschedulingheuristik an. Im Allgemeinen ist hier von Interesse, wie weit ein mit Listscheduling bestimmter Algorithmus vom jeweiligen Optimum entfernt ist. Offensichtlich hängt dies stark von der Priorisierung der Aufgaben ab. So fand Graham [142] heraus, dass es bei Listscheduling gewisse Anomalien gibt, wie z. B. die Erhöhung der Latenz trotz erhöhter Anzahl von Prozessoren. Für den Fall ohne Datenabhängigkeiten, gleicher Ankunftszeiten und N gleichartiger Prozessorressourcen, kann man jedoch für den Fall der Priorisierung in der Reihenfolge nichtwachsender Berechnungszeiten beweisen, dass Listscheduling im schlimmsten Fall um 33 % vom Optimum abweicht. Eine genaue Übersicht über die Komplexitäten zahlreicher Spezialfälle gibt Ecker in [93].

Betrachtet man zusätzlich Deadlines, so kann bei einer CPU-Ressource im präemptiven Fall ohne Datenabhängigkeiten das Problem der Latenzminimierung als ein Flussmaximierungsproblem aufgefasst und in polynomieller Zeit gelöst werden [49]. Für den nichtpräemptiven Fall wurde ein BRANCH&BOUND-Verfahren vorgeschlagen.

Einen einfachen Test, ob es überhaupt einen gültigen Ablaufplan gibt, der alle Deadlines einhält, besteht darin, die Aufgaben in nichtfallender Ordnung ihrer Deadlines zu planen. Gibt es eine Aufgabe, die ihre Deadline verpasst, dann existiert auch kein gültiger Ablaufplan.

Für den Fall der Minimierung der gewichteten, mittleren Flusszeit bei gleichen Ankunftszeiten, ohne Datenabhängigkeiten und ohne Präemption sind u. a. folgende Ergebnisse bekannt: Unter der Bedingung, dass es mindestens einen Ablaufplan gibt, der alle Deadlines erfüllt (Test siehe oben), liefert die Planung in der Reihenfolge nichtfallender Deadlines unter der Bedingung

$$\frac{d_i}{w_i} \leq \frac{d_j}{w_j} \Rightarrow t_d(v_i) \leq t_d(v_j) \quad \forall v_i, v_j \in V \qquad (4.35)$$

immer das exakte Minimum. Eine weitere interessante Heuristik für dieses Problem stammt von Smith [363]: Aus der Menge V von Aufgaben wird konstruktiv eine Reihenfolge der Ablaufplanung bestimmt, bei der die zuletzt zu planende Aufgabe zuerst bestimmt wird. Diese wird wie folgt ausgewählt: Unter allen Aufgaben v_j, die die Bedingung $t_d(v_j) \geq \sum_{i=1}^{|V|} d_i$ erfüllen, wird diejenige ausgewählt, deren Berechnungszeit d_j am größten ist. Dann wird mit dem gleichen Kriterium die zweitletzte Aufgabe bestimmt aus der Menge der verbleibenden $|V| - 1$ Aufgaben usw. Der Algorithmus kann so implementiert werden, dass er eine Laufzeit von $\mathcal{O}(|V| \log |V|)$ besitzt. Insbesondere ist dieser Algorithmus exakt für die Spezialfälle von a) Einheitsberechnungszeiten, b) Einheitsgewichten und c) unter der Bedingung in Gl. (4.35).

Berücksichtigung von Datenabhängigkeiten

Die Zulassung von Datenabhängigkeiten führt bereits für Spezialfälle zu $\mathcal{NP}$-schweren Problemen.

Im nichtpräemptiven Fall gibt es jedoch bei gleichen Ankunftszeiten folgenden Algorithmus von Lawler [236], der als *Latest-deadline-first*-Algorithmus (LDF) bekannt ist. Der Algorithmus baut einen Ablaufplan, der die Datenabhängigkeiten erfüllt, wie folgt auf: Unter allen Aufgaben ohne ungeplante Nachfolger, selektiert der LDF-Algorithmus diejenige Aufgabe zuerst, deren Deadline am größten ist. Dieser Schritt wird so lange iteriert, bis alle Aufgaben selektiert wurden. Einen Ablaufplan, der die Datenabhängigkeiten erfüllt, erhält man dann durch Ausführung der Aufgaben in umgekehrter Reihenfolge der Selektion, d. h. beginnend mit der zuletzt selektierten Aufgabe und endend mit der zuerst selektierten Aufgabe. Der Algorithmus besitzt die Komplexität $\mathcal{O}(|V|^2)$.

Beispiel 4.7.8. Betrachtet wird ein Problemgraph mit sechs Aufgaben $v_1, v_2, v_3, v_4, v_5, v_6$ und den in Abb. 4.40 dargestellten Datenabhängigkeiten. Für die Berechnungs-

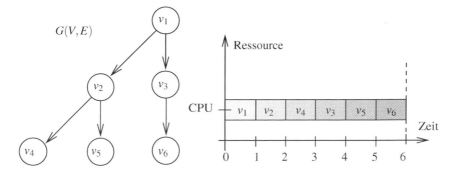

Abb. 4.40. Ablaufplanung mit LDF-Strategie

zeiten gelte $d_1 = d_2 = d_3 = d_4 = d_5 = d_6 = 1$ und die Deadlines $t_d(v_1) = 2, t_d(v_2) = 5, t_d(v_3) = 4, t_d(v_4) = 3, t_d(v_5) = 5, t_d(v_6) = 6$. Abbildung 4.40 zeigt ebenfalls einen mit der LDF-Strategie gewonnenen Ablaufplan. Unter den drei Aufgaben v_4, v_5 und v_6 ohne ungeplante Nachfolger wird v_6 zuerst selektiert, da deren Deadline am größten ist. Dann wird unter den drei Aufgaben v_3, v_4 und v_5 mit gleichem Argument v_5 selektiert, usw. Zuletzt wird v_1 selektiert. Geplant wird dann in umgekehrter Reihenfolge der Selektion. Im Beispiel erfüllen alle Aufgaben ihre Deadlines.

Theorem 4.7.3 (LDF-Regel [236]). *Gegeben sei ein Problemgraph $G(V,E)$ und ein Ressourcegraph $G_R(V_R, E_R)$ mit einem einzigen Ressourcetyp der Allokation 1 (CPU). Für die Ankunftszeiten gelte $t_r(v_i) = 0 \ \forall i = 1, \cdots, |V|$. Ferner sei für jede Aufgabe eine Deadline $t_d(v_i)$ gegeben. Dann ist der Algorithmus, der die Aufgaben nach der LDF-Regel plant, ein exaktes Verfahren zur Minimierung der maximalen Lateness.*

Bei ungleichen Ankunftszeiten kann das Problem der Minimierung der maximalen Lateness nur dann exakt polynomiell gelöst werden, wenn man Präemption gestattet. Chetto et al. [68] haben 1990 eine elegante Erweiterung des EDF-Algorithmus vorgestellt. Da EDF keine Datenabhängigkeiten kennt, werden die Ankunftszeiten $t_r(v_i)$ und die Deadlines $t_d(v_i)$ im ersten Schritt in neue Ankunftszeiten $t_r^*(v_i)$ und neue Deadlines $t_d^*(v_i)$ transformiert und im nächsten Schritt die EDF-Strategie angewendet. Die folgende Transformation der Ankunftszeiten und Deadlines bewirkt dabei, dass keine Aufgabe vor Beginn all ihrer Vorgänger starten und keine Nachfolger unterbrechen kann. Diese Modifikation heißt *EDF**-Algorithmus [68]. Man kann leicht zeigen, dass ein Ablaufplan für das ursprüngliche Problem mit Datenabhängigkeiten genau dann existiert, wenn EDF* einen Ablaufplan findet für das transformierte Problem ohne Datenabhängigkeiten.

Die Transformation lautet wie folgt:

$$t_r^*(v_j) = \max\{t_r(v_j), \max_{i:(v_i,v_j)\in E}\{t_r^*(v_i) + d_i\}\} \tag{4.36}$$

Offensichtlich kann v_j erst nach ihrer Ankunftszeit und nicht früher als zum frühestmöglichen Endzeitpunkt aller ihrer direkten Vorgänger starten.

$$t_d^*(v_i) = \min\{t_d(v_i), \min_{j:(v_i,v_j)\in E}\{t_d^*(v_j) - d_j\}\} \tag{4.37}$$

Weiterhin muss eine Aufgabe v_i vor ihrer Deadline beendet sein, darf aber auch nicht später als zum spätestmöglichen Startzeitpunkt aller ihrer direkten Nachfolger enden.

Beispiel 4.7.9. Betrachtet wird die Datenabhängigkeit (v_i, v_j) in Abb. 4.41 mit Berechnungszeiten $d_i = 5$ und $d_j = 7$. Die Ankunftszeiten betragen $t_r(v_i) = 2$, $t_r(v_j) = 0$, die Deadline $t_d(v_i) = 15$, $t_d(v_j) = 14$. Für die transformierte Ankunftszeit von v_j

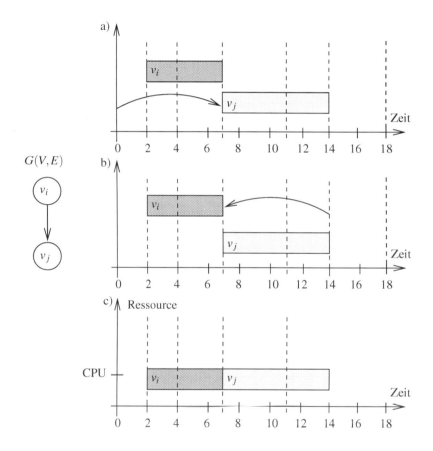

Abb. 4.41. Ablaufplanung mit EDF*-Strategie: a) Ankunftszeittransformation, b) Deadlinetransformation, c) Ablaufplan mit EDF-Strategie bei Verwendung der transformierten Zeiten

erhält man $t_r^*(v_j) = \max\{0, 2+5\} = 7$. Für die transformierte Deadline von v_i erhält man $t_d^*(v_i) = \min\{15, 14-7\} = 7$. Diese sind in Abb. 4.41 jeweils eingetragen. Plant man anschließend die Aufgaben nach der EDF-Regel, so erhält man den Ablaufplan in Abb. 4.41c). Man vergewissere sich, dass eine Ablaufplanung nach EDF ohne Transformation der Ankunftszeiten und Deadlines die Datenabhängigkeiten nicht respektieren würde.

Zusammenfassung: Bei nichtperiodischen dynamischen Ablaufplanungsproblemen mit Echtzeitbedingungen bieten sich daher folgende Algorithmen zur Minimierung der maximalen Lateness an:

- Gleiche Ankunftszeiten (keine Präemption):
  - Keine Datenabhängigkeiten: EDD-Algorithmus [195] mit Komplexität $\mathcal{O}(|V| \log |V|)$,
  - Datenabhängigkeiten: LDF-Algorithmus [236] mit Komplexität $\mathcal{O}(|V|^2)$.
- Unterschiedliche Ankunftszeiten (Präemption):
  - Keine Datenabhängigkeiten: EDF-Algorithmus [178], Komplexität $\mathcal{O}(|V|^2)$,
  - Datenabhängigkeiten: EDF*-Algorithmus [68] mit Komplexität $\mathcal{O}(|V|^2)$.

4.7.5 Periodische, dynamische Ablaufplanung

Nun wird der Fall iterativer dynamischer Ablaufplanung betrachtet.

Wichtige Ergebnisse zur Theorie dieser Klasse von Ablaufplanungsproblemen stammen von Liu und Layland [259], die im Folgenden zusammengefasst werden. Deren Untersuchungen beziehen sich auf ein Modell von periodischen Aufgaben, die sich durch einen iterativen Problemgraphen $G(V, \{ \}, -)$, d. h. durch einen Problemgraphen ohne Datenabhängigkeiten und folglich ohne Indexverschiebungen darstellen lassen. Der Ressourcegraph $G_R(V_R, E_R)$ besitzt nur einen Ressourcetyp (CPU) der Allokation 1 (Uniprozessormodell). Den Aufgaben $v_i \in V$ sind bekannte (Worst-case-)Berechnungszeiten d_i zugewiesen. Ferner wird angenommen, dass Präemption erlaubt sei. Im Gegensatz zu iterativen Ablaufplanungsproblemen mit Datenabhängigkeiten haben hier einzelne Aufgaben meist unterschiedliche Perioden $P(v_i)$. Betrachtet wird damit folgendes Ablaufplanungsmodell:

Definition 4.7.7 (Iteratives, dynamisches Ablaufplanungsmodell).
Ein iteratives, dynamisches Ablaufplanungsmodell besteht aus

- *einem iterativen Problemgraphen $G(V, \{ \}, -)$,*
- *einem Ressourcegraphen $G_R(V_R, E_R)$ mit einem Ressourcetyp der Allokation 1 (CPU),*
- *Knotenberechnungszeiten d_i für Knoten $v_i \in V$,*
- *Perioden $P(v_i)$ für Knoten $v_i \in V$,*
- *periodischen Releasezeiten $t_r(v_i, n)$ mit*

$$t_r(v_i, n) = t_r^*(v_i) + n \cdot P(v_i) \quad \forall n \geq 0$$

Dies bedeutet, dass die Releasezeiten neuer Iterationen eines Knotens v_i immer im Abstand des Iterationsintervalls (der Periode) $P(v_i)$ auftreten. Die Releasezeiten $t_r^*(v_i)$ werden auch als Phasen *bezeichnet. Ferner gibt es*

- periodische Deadlines $t_d(v_i, n)$ *mit*

$$t_d(v_i, n) = t_r(v_i, n) + t_d^*(v_i) \quad \forall n \geq 0$$

Dies bedeutet, dass sich die Deadlines ebenfalls im Abstand der Periode $P(v_i)$ einer Aufgabe wiederholen. $t_d^*(v_i)$ ist hier keine absolute Zeitbeschränkung, sondern als Zeitspanne relativ zur Releasezeit einer Iteration definiert.

Liu und Layland beschäftigten sich zunächst nur mit dem Spezialfall $t_d^*(v_i) = P(v_i)$ $\forall v_i \in V$, d. h., dass die Deadline einer Iteration einer Aufgabe immer gleich der Dauer der Periode einer Iteration ist. Zur Erläuterung der Begriffe soll folgendes Beispiel dienen.

Beispiel 4.7.10. Gegeben sei ein Problemgraph mit zwei Knoten v_1 und v_2, den Berechnungszeiten $d_1 = 1$, $d_2 = 2,5$ sowie den Perioden $P(v_1) = 2$ und $P(v_2) = 5$. Für die Deadlines gelte $t_d^*(v_1) = P(v_1), t_d^*(v_2) = P(v_2)$, für die Ankunftszeiten der nullten Iteration gelte $t_r^*(v_1) = t_r^*(v_2) = 0$. Abbildung 4.42 zeigt zwei periodische Ablaufpläne. Der Ablaufplan in Abb. 4.42a) erfüllt beide Deadlines und wiederholt sich periodisch nach zwei Iterationen von Knoten v_2 bzw. fünf Iterationen von Knoten v_1. Der Ablaufplan in Abb. 4.42b) erfüllt die Deadline der nullten Iteration von Knoten v_2 nicht ($t_d(v_2, 0) = t_r(v_2, 0) + t_d^*(v_2) = 0 + 5 < 5,5$).

Liu und Layland betrachteten nun Algorithmen zur iterativen Ablaufplanung mit Echtzeitbedingungen und statischen Prioritäten. Um hinreichende Kriterien angeben zu können, wann ein Algorithmus zur Ablaufplanung für beliebige Instanzen von Ablaufplanungsproblemen alle Deadlines erfüllen wird, muss man zeigen, dass der Algorithmus auch für den schlimmsten Fall angenommener Releasezeiten einen in diesem Sinn gültigen Ablaufplan findet. So zeigten Liu und Layland, dass dieser Fall immer durch die Phasen $t_r^*(v_i) = 0$ $\forall v_i \in V$ gegeben ist, d. h. wenn alle Aufgaben gleichzeitig ankommen. Anschaulich beginnt in diesem Fall der Wettlauf der Zeit mit den Deadlines aller Aufgaben gleichzeitig, was offensichtlich nicht ungünstiger sein könnte. Dann zeigten sie, dass ein Algorithmus zur Ablaufplanung mit statischen Prioritäten eine Probleminstanz unter Erfüllung aller Deadlines immer dann planen kann, wenn für die Phasen $t_r^*(v_i) = 0$ $\forall v_i \in V$ alle Deadlines für die nullte Iteration erfüllt werden.

Um diese Ergebnisse anschaulicher zu machen, wird nun ein bekannter Algorithmus zur iterativen Ablaufplanung mit statischen Prioritäten vorgestellt.

Ratenmonotone Ablaufplanung

Unter dem Begriff *ratenmonotone Ablaufplanung* (engl. *rate-monotonic scheduling* (RMS)) haben Liu und Layland ein präemptives Ablaufplanungsverfahren beschrieben, das den Aufgaben statische Prioritäten nach folgendem Prinzip zuweist: v_i habe größere Priorität als v_j, falls $P(v_i) < P(v_j)$. Also wählt man die Priorität statisch beispielsweise proportional zur gegebenen Rate einer Aufgabe (Kehrwert der Periode). Aufgaben mit kleinerer Periode werden also höher priorisiert als Aufgaben mit

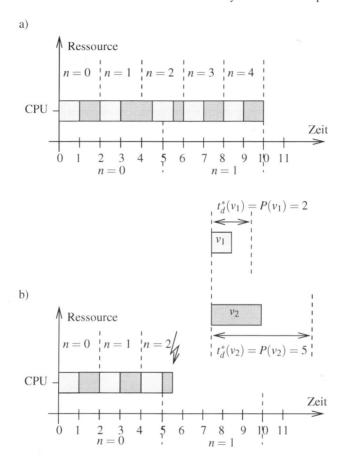

Abb. 4.42. Iterative, dynamische Ablaufpläne: a) mit der EDF-Strategie, b) mit dem RMS-Algorithmus

größerer Periode. Dies gilt also unabhängig von den Berechnungszeiten der Aufgaben. Bei Ankunft einer Aufgabe höherer Priorität wird die laufende Aufgabe unterbrochen.

Beispiel 4.7.11. Abbildung 4.42b) zeigt einen mit der RMS-Strategie gewonnenen Ablaufplan für das in Beispiel 4.7.10 vorgestellte Problem.

Liu und Layland zeigten dann, dass der RMS-Algorithmus unter allen Algorithmen mit statischen Prioritäten (für den von ihnen angenommenen Fall $t_d^*(v_i) = P(v_i)$) immer einen gültigen Ablaufplan bestimmt, falls ein solcher existiert.

Beispiel 4.7.12. Aus diesem Ergebnis lässt sich schließen, dass es keinen Algorithmus mit festen Prioritäten gibt, der für das Problem aus Beispiel 4.7.10 alle Deadlines erfüllt, da der RMS-Algorithmus keinen solchen Ablaufplan bestimmt hat.

Nun lässt sich allerdings ein einfaches, hinreichendes Kriterium angeben, wann der RMS-Algorithmus immer einen Ablaufplan findet, der alle Deadlines erfüllt:

Theorem 4.7.4 (Liu und Layland). *Gegeben sei ein Ablaufplanungsproblem nach Definition 4.7.7 mit der Eigenschaft $t_d^*(v_i) = P(v_i) \; \forall v_i \in V$. Die Menge von Aufgaben kann unter Erfüllung aller Deadlines mit dem RMS-Algorithmus geplant werden, wenn*

$$\sum_{i=1}^{|V|} \frac{d_i}{P(v_i)} \leq |V| \cdot (2^{1/|V|} - 1) \tag{4.38}$$

gilt.

Für $|V| = 1$ erhält man als rechte Seite von Ungleichung (4.38) den Wert 1. Damit kann das RMS-Verfahren ein Problem mit einer Aufgabe unter der Erfüllung deren Deadline immer planen, wenn (offensichtlich) die Berechnungszeit kleiner gleich der Deadline (hier auch Periode) ist. Interessanter ist der Fall für $|V| \to \infty$. Dann erhält man für die rechte Seite der Ungleichung (4.38) den Wert ln2. Damit lässt sich die Aussage treffen, dass für alle Problemgrößen $|V|$ immer ein gültiger Ablaufplan gefunden wird, wenn $\sum_{i=1}^{|V|} d_i/P(v_i) \leq$ ln2 gilt, d. h. wenn die Prozessorressource weniger als $1/\text{ln}2 \cdot 100\% \approx 69,3\%$ ausgelastet ist. Man beachte, dass das Kriterium in Theorem 4.7.4 natürlich nur eine hinreichende Bedingung darstellt, so dass es auch Probleminstanzen geben kann, für die der RMS-Algorithmus auch bei höherer Prozessorauslastung einen Ablaufplan finden kann, der alle Deadlines einhält.

Aus Ungleichung (4.38) lässt sich übrigens auch eine notwendige Bedingung für die Einhaltbarkeit aller Deadlines erkennen: $\sum_{i=1}^{|V|} d_i/P(v_i) \leq 1$. Dies entspricht dem Grenzfall einer Prozessorauslastung von 100%. Falls diese Bedingung nicht erfüllt ist, kann offensichtlich auch kein Algorithmus mit dynamischen Prioritäten einen gültigen Ablaufplan finden.

Damit stellt sich aber die Frage, ob es denn einen Algorithmus gibt, der auch für den extremen Fall $\sum_{i=1}^{|V|} d_i/P(v_i) = 1$ einen gültigen Ablaufplan finden kann? Die Antwort heißt ja, und ein solcher Algorithmus ist der EDF-Algorithmus.

Theorem 4.7.5 (Liu und Layland). *Gegeben sei ein Ablaufplanungsproblem nach Definition 4.7.7 mit der Eigenschaft $t_d^*(v_i) = P(v_i) \; \forall v_i \in V$. Die Menge von Aufgaben kann unter Erfüllung aller Deadlines mit dem EDF-Algorithmus geplant werden, wenn*

$$\sum_{i=1}^{|V|} \frac{d_i}{P(v_i)} \leq 1 \tag{4.39}$$

gilt.

Der EDF-Algorithmus ist prioritätsgesteuert mit dynamischer Priorität, wobei die höchste Priorität derjenigen Aufgabe zugewiesen wird, deren Deadline am kleinsten ist. Präemption erfolgt immer dann, wenn es eine noch nicht fertig abgearbeitete Aufgabe gibt, die eine höhere Priorität besitzt.

Beispiel 4.7.13. Abbildung 4.42a) zeigt einen mit der EDF-Strategie ermittelten Ablaufplan, der alle Deadlines erfüllt für das Problem aus Beispiel 4.7.10. Dies gilt bei einer Prozessorauslastung von 100 % ($\sum_{i=1}^{2} \frac{d_i}{P(v_i)} = 1/2 + 2,5/5 = 1$). In Abb. 4.42b) ist ein Ablaufplan nach der RMS-Strategie dargestellt. EDF und RMS werden in der Praxis nahezu ausschließlich in der hier dargestellten präemptiven Version eingesetzt.

Deadlinemonotone Ablaufplanung

Zum Abschluss des Kapitels folgen noch einige Erweiterungen der Theorie von Liu und Layland. Eine der ersten Erweiterungen betrifft die Zulassung, dass die Deadlines von Aufgaben nicht notwendigerweise gleich ihrer Perioden sind. Leung und Whitehead [246] betrachteten also den Fall $t_d^*(v_i) \leq P(v_i)$ und schlugen unter dem Namen *deadlinemonotone Ablaufplanung* (engl. *deadline-monotonic scheduling* (DMS)) einen Algorithmus mit statischen Prioritäten vor, bei dem ein Knoten v_i gegenüber einem Knoten v_j eine höhere Priorität zugewiesen bekommt, falls $t_d^*(v_i) < t_d^*(v_j)$.

Ähnlich wie Liu und Layland für den RMS-Algorithmus zeigten Leung und Whitehead, dass der DMS-Algorithmus unter allen Algorithmen mit statischen Prioritäten (für den von ihnen angenommen Fall $t_d^*(v_i) \leq P(v_i)$) immer einen gültigen Ablaufplan bestimmt, falls ein solcher existiert.

Antwortzeitanalyse

Neben den vorgestellten einfachen auf Ressourcenauslastung beruhenden Tests in Gl. (4.38) für RMS-Ablaufplanung und in Gl. (4.39) für EDF, wurden Tests entwickelt, die detailliertere Informationen über das Zeitverhalten und Prioritäten von Aufgaben zur Bestimmung der Planbarkeit periodischer Aufgaben ausnutzen. Für RMS betrachten Joseph und Pandya in [199] die Antwortzeit einer Aufgabe $v_i \in V$ im ungünstigsten Fall gleicher Ankunftszeiten aller Aufgaben. Die Antworts- bzw. Flusszeit $t_F(v_i)$ ist dann gegeben durch die Summe der eigenen Ausführungszeit d_i und der maximalen sog. *Interferenz* I_i. Der Interferenzterm I_i bestimmt dabei die Summe der Verzögerungszeiten, denen v_i unterliegt, wenn sie durch höherpriore Aufgaben unterbrochen wird. Sei $hp(v_i) \subseteq V$ die Menge höherpriorer Aufgaben von v_i und die Deadline $t_d^*(v_i)$ gleich der Periode $P(v_i)$ für alle $v_i \in V$. Dann gilt offensichtlich:

$$t_F(v_i) = d_i + \sum_{v_j \in hp(v_i)} d_j \left\lceil \frac{t_F(v_i)}{P(v_j)} \right\rceil \leq t_d^*(v_i) = P(v_i) \qquad (4.40)$$

Gibt es für diese rekursive Gleichung eine Lösung im Intervall $[0, \ldots, t_d^*(v_i)]$, so erfüllt die Aufgabe v_i unter RMS-Ablaufplanung ihre Deadline $t_d^*(v_i)$. Der Ansatz in Gl. (4.40) erlaubt die Betrachtung beliebiger Prioritätszuweisungen. Er gilt daher insbesondere auch im Falle des DMS-Verfahrens, wenn also $t_d^*(v_i) \leq P(v_i)$ gilt.

Für den Fall, dass Deadlines größer als die Perioden einer Aufgabe sein dürfen, besteht das Problem, dass Instanzen einer folgenden Iteration ankommen können, bevor die Ausführung von Instanzen der aktuellen Iteration beendet ist. Im Ansatz von Lehoczky [242] werden dazu Fenster von q aufeinander folgenden Iterationen zusammen analysiert und daraus eine kombinierte Antwortzeit $t_q(v_i)$ berechnet:

$$t_q(v_i) = qd_i + \sum_{v_j \in hp(v_i)} d_j \left\lceil \frac{t_q(v_i)}{P(v_j)} \right\rceil \tag{4.41}$$

Die Antwortzeit der $q$ten Iteration wird dann wie folgt berechnet:

$$t_F(v_i, q) = t_q(v_i) - (q-1)P(v_i) \tag{4.42}$$

Daraus berechnet man $t_F(v_i)$ zu $t_F(v_i) = \max_q\{t_F(v_i, q)\}$.

Von Audsley [18] und Tindell [406] stammen schließlich Erweiterungen der beschriebenen Antwortzeitanalyse, die auch das Phänomen nicht exakt periodisch ankommender Aufgaben, sondern sog. *Release-jitter* zulassen sowie das Auftreten von periodischen sporadischen Aufgaben, sog. *Sporadic bursts*.

Für EDF-Ablaufplanung wird eine Antwortzeitanalyse in [365, 366] beschrieben.

Aktuelle Untersuchungen, die hier nicht behandelt werden können, betreffen die Suche nach Algorithmen für eine Kombination von aperiodischen, periodischen und sog. *sporadischen* Aufgaben, siehe z. B. [58]. Periodische Aufgaben sind üblicherweise *zeitgetrieben* und besitzen *harte Echtzeitbedingungen*. Harte Echtzeitbedingungen zeichnen sich dadurch aus, dass ihre Missachtung bzw. Überschreitung zu einer Katastrophe führen kann in der durch das System gesteuerten Umgebung. Dies steht im Gegensatz zu *weichen* Echtzeitbedingungen, deren Missachtung nicht unbedingt zu einer Katastrophe führen muss, sondern lediglich aus Performance- oder anderen Gründen wichtig ist. Aperiodische Aufgaben sind *ereignisgetrieben* und besitzen entweder harte, weiche oder gar keine Echtzeitbedingungen. Bei aperiodischen Aufgaben kann man Deadlines nur dann einhalten, wenn man die Umgebungsbedingungen kennt, insbesondere die Abstände zweier aufeinander folgender Ankunftszeiten einer Aufgabe. Aperiodische Aufgaben, die durch bekannte Minimalabstände charakterisiert sind, heißen *sporadisch*. Ziel der Ablaufplanung ist es, alle harten Echtzeitbedingungen einzuhalten (periodische und aperiodische Aufgaben) und kleine Antwortzeiten für alle anderen Aufgaben zu erzielen. Es folgt ein Ausblick auf aktuelle Forschungsthemen und Werkzeuge im Bereich dynamischer Ablaufplanung.

4.8 Literaturhinweise, Ausblicke und Werkzeuge

Ablaufplanung beschäftigt sich mit dem Problem der Zuweisung von Zeitschritten an Aufgaben unter Berücksichtigung von Zeit- und Ressourcenbeschränkungen.

Zuerst wurde eine Übersicht über die wichtigsten Ablaufplanungsverfahren für Probleme mit (oder ohne) Datenabhängigkeiten bei statischer, nichtpräemptiver Ablaufplanung gegeben. Dabei wurden zwei wesentliche Komplexitätsklassen unterschieden, nämlich solche ohne Ressourcenbeschränkungen bzw. mit Ressourcenbeschränkungen.

Bei unbeschränkten Ressourcen lässt sich mit der aus dem Bereich des *Operations Research* stammenden CPM-Methode (engl. *critical path method*) [174], siehe auch PERT [179], ein latenzminimaler Ablaufplan in polynomieller Zeit bestimmen durch Planung der Operationen nach der ASAP- (engl. *as soon as possible*) oder der ALAP- (engl. *as late as possible*) Heuristik.

Ressourcenbeschränkte Ablaufplanungsprobleme sind bis auf wenige Spezialfälle $\mathcal{NP}$-schwer, siehe z. B. [72, 125]. Darum wurden Heuristiken vorgestellt. Als konstruktive Verfahren gehören hierzu auf sog. Prioritätslisten basierende Verfahren (engl. *list scheduling*), die aus dem Bereich der Kompaktierung von Mikrocode stammen [77] (Erweiterungen eines Algorithmus von Hu [183]) und unter verschiedenen Prioritätskriterien und Zielfunktion angewendet werden [179, 302, 140]. Ein Vergleich verschiedener Prioritätskriterien gibt der Artikel [4]. Ein anderes Ablaufplanungsverfahren, das ebenfalls aus dem Softwarebereich stammt, ist Tracescheduling von Fisher [112]. Force-directed scheduling [311] stellt eine Erweiterung von auf Listen basierenden Verfahren dahingehend dar, dass die Prioritäten der Operationen dynamisch während der Konstruktion des Ablaufplans angepasst werden. Diese Heuristik, zuerst im Bereich der Architektursynthese angewendet, wurde ebenfalls an andere Gebiete angepasst und verbessert, siehe z. B. [425].

Schließlich wurden exakte Verfahren basierend auf ILP-Formulierungen eingeführt: Die ersten Arbeiten stammen von Hafer und Parker [153] und wurden in vieler Hinsicht erweitert und verbessert, siehe z. B. [184, 204, 328, 128, 19]. Diese erlauben neben der Ablaufplanung die gleichzeitige Bestimmung einer Bindung.

Eine weitere Klassifikation von Ablaufplanungsproblemen betrifft die Unterscheidung aperiodisch — periodisch. Bei periodischen (iterativen) Problemen spielt neben der Latenz das Iterationsintervall (Periode) eine wichtige Rolle. Zunächst wurde der Fall unbeschränkter Ressourcen betrachtet: Von Fettweis [105] und von Renfors und Neuvo [341] stammt der Satz, dass die Iterationsintervallschranke P_{min} durch das maximale Zyklengewicht eines iterativen Problemgraphen gegeben ist. Was die Erreichbarkeit dieser Schranke angeht, haben Schwartz [354] und Parhi et al. [305] Untersuchungen durchgeführt. Parhi et al. [305] zeigten, dass die Erfüllbarkeit von P_{min} bei nebenläufiger Ablaufplanung unterschiedlicher Iterationen und zyklostatischer Bindung immer erreicht werden kann durch Entfaltung. Dies gilt nicht immer bei vollstatischer Bindung und auch nicht bei sequentieller Ablaufplanung aufeinander folgender Iterationen. Dort kann das Iterationsintervall jedoch i. Allg. durch *Retiming* [243] verkleinert werden. Zur Verkleinerung der Schranke P_{min} wurden ferner zwei Transformationen vorgeschlagen, nämlich eine Vorausberechnungstransformation, die die Anzahl der Indexverschiebungen in kritischen Zyklen verkleinern kann, und sog. Zyklentransformationen (engl. *cycle shrinking transformations*), die unter Ausnutzung von Kommutativität, Assoziativität und Distributivität Ausdrücke so transformieren, dass die Summe der Ausführungszeiten in kritischen Zyklen kleiner wird. Diese Transformationen finden auch in optimierenden Übersetzungswerkzeugen Anwendung.

Zur Lösung von Ablaufplanungsproblemen mit beschränkten Ressourcen wurde das ILP-Modell auf funktionale Fließbandverarbeitung [307] und Schleifenfaltung [131] erweitert. Lucke und Parhi [263] beschreiben ein zweistufiges ILP-Modell, das im ersten ILP für ein gegebenes Iterationsintervall einen Ablaufplan mit minimalen Ressourcen bestimmt und im zweiten ILP-Modell eine Bindung bei Entfaltung um einen minimalen Entfaltungsfaktor.

In der Literatur sind iterative Problemgraphen auf gewissen Abstraktionsebenen bzw. für spezielle Ablaufplanungsprobleme auch bekannt unter den Bezeichnungen

- *Signalflussgraphen* (engl. *signal flow graphs*) (siehe z. B. [243]). Knoten entsprechen hier kombinatorischen Logikblöcken, Indexverschiebungen entsprechen synchron getakteten Registern. Leiserson et al. [243] haben für diese Graphen *Retiming*-Transformationen definiert zur Optimierung der Taktrate, Registerzahl etc.
- *markierte Graphen* (engl. *marked graphs*) [73], auch als *homogene SDF-Graphen* in [238] bezeichnet und
- *eindimensionale Abhängigkeitsgraphen* (siehe z. B. [336, 386, 391, 392, 395]). Iterative Algorithmen sind nur Spezialfälle von Algorithmenklassen mit Schleifen höherer Dimensionen, so z. B. der Klasse *Regulärer Iterativer Algorithmen* [336].

Schließlich wurden die wesentlichen Probleme, Anforderungen und Optimierungskriterien im Zusammenhang mit dynamischen Ablaufplanungsproblemen eingeführt und bekannte Algorithmen für Probleme ohne Echtzeitanforderungen und mit Echtzeitanforderungen vorgestellt. Diese wurden genauso wie bei statischen Ablaufplanungsproblemen betrachtet für den Fall nichtiterativer bzw. für den Fall iterativer Ablaufplanungsprobleme. Empfehlenswert im Zusammenhang mit Ablaufplanung und Echtzeitbedingungen sind die Bücher [218], [58] und [261]. Detaillierte Informationen über EDF enthält das EDF-Buch [369]. In [57, 442] werden auch interessante Vergleich zwischen ratenmonotoner Ablaufplanung (RMS) und EDF beschrieben.

In Abschnitt 7.12.5 wird im Zusammenhang mit Ablaufplanungsverfahren in Betriebssystemen auf das Problem von sog. *Ressourcenkonflikten* und sog. *Ablaufplanungsanomalien* eingegangen. Zugriffe auf geteilte Ressourcen (z. B. geschützte Datenbereiche) können dazu führen, dass niederpriore Aufgaben höherpriore Aufgaben am Ablauf hindern. Ohne geeignete Ressourcenzugriffsprotokolle kann beispielsweise der Fall auftreten, dass eine niederpriore Aufgabe eine Ressource blockiert und eine höherpriore Aufgabe an der Ausführung hindert, wenn sie in ihrer Ausführung auf die gleiche Ressource zugreifen will. Man spricht hier auch vom Problem der *Prioritätsinversion*.

Zeitgetriebene Ablaufplanung

Neben der behandelten Round-robin-Ablaufplanung gibt es eine weitere populäre zeitgesteuerte Ablaufplanungsstrategie, die als *TDMA* (engl. *time division multiple access*) bekannt ist. Hier werden jeder Aufgabe periodisch auf einer Ressource (z. B. Prozessor oder Bus) Zeitslots zugewiesen. Im Gegensatz zur RR-Strategie erfolgt dies unabhängig davon, ob die Aufgabe gerade lauffbereit ist oder nicht. Damit hängt das Zeitverhalten einer Aufgabe nicht mehr vom Zeitverhalten anderer Aufgaben ab, was die Zeitanalyse stark vereinfacht. Zum Beispiel lässt sich die Antwortzeit einer Aufgabe v_i mit Periode $P(v_i)$, zugewiesener Slotbreite $S(v_i)$, Ausführungszeit d_i und Zeitquantum Q wie folgt berechnen:

$$t_F(v_i) = d_i + (Q - S(v_i)) \left\lceil \frac{d_i}{S(v_i)} \right\rceil \tag{4.43}$$

Der eigenen Ausführungszeit d_i zuzuschlagen sind maximal $\lceil \frac{d_i}{S(v_i)} \rceil$ Zeitscheiben, in denen v_i die Ressource $(Q - S(v_i))$ Zeitschritte nicht belegt. TDMA ist zwar im Bereich der Ablaufplanung auf CPUs wenig bekannt, hingegen oft genutzt zur Planung von Kommunikationen auf Bussen. Kopetz gibt in seinem Buch [220] eine gute Übersicht über TDMA-Ablaufplanung und der kommerziellen Anwendung im sog. *Time-triggered protocol* (TTP) [5]. Andere industrielle Anwendungen spiegeln sich wider im sog. *TTCAN*-Protokoll (engl. *time-triggered controller area protocol*) [70] und im Busstandard *FlexRay* [113]. Im Mittel führt Round-robin-Ablaufplanung zu besseren Ergebnissen, da bei TDMA ungenutzte Zeitslots für andere Aufgaben nicht zur Verfügung stehen. Man kann zeigen, dass Round-robin-Ablaufplanung aber im Worst-case das Verhalten von TDMA besitzt. Daher kann man die TDMA-Analyse auch zur Analyse des Worst-case-Verhaltens von Round-robin-Ablaufplanung einsetzen.

Aktuelle Arbeiten

Nicht dargestellt wurden Erweiterungen der Echtzeitablaufplanungsverfahren auf Mehrprozessorsysteme. Die verallgemeinerte RMS-Theorie [218] liefert Ideen für Multiprozessorerweiterungen, siehe auch [369] für EDF. In diesem Zusammenhang spielen auch Datenabhängigkeiten eine wichtige Rolle. Tindell [405] erweitert dazu die hier vorgestellte Antwortzeitanalyse um zeitliche Offsets. Damit lassen sich unter anderem durch Datenabhängigkeiten bedingte Verzögerungen modellieren. Dieser Ansatz ist auch als *holistische Ablaufplanungsanalyse* (engl. *holistic schedulability analysis*) bekannt [407]. Zunächst wurden dabei Aufgaben mit statischen Prioritäten und TDMA-basierter Kommunikation behandelt, später auch prioritätsgesteuerte Kommunikationsmedien wie z. B. CAN-Busse (engl. *controller area network*) [408], die im Automobilbereich und in der Robotik weit verbreitet sind. Eles und Pop analysieren in [323] Systeme mit hybriden TDMA- (z. B. TTP [5]) und prioritätsgesteuerten Kommunikationsprotokollen (z. B. CAN [318]). Eine solche Kombination wird übrigens auch im aktuellen FlexRay-Busstandard unterstützt, der im Automobilbereich aktuell Einzug findet.

Alternativen zur klassischen Antwortzeitanalyse wurden beispielsweise in [400] von Thiele et al. vorgeschlagen. Nicht exakt periodische Ankunftszeiten und Offsets lassen sich durch sog. *Ankunftskurven* (engl. *arrival curves*) verallgemeinern, die darstellen, wie viele Ereignisse minimal und maximal in einem Zeitintervall auf ein System eintreffen können. Basierend auf solchen Kurven wird mit einer Algebra, dem sog. *Real-time calculus*, und basierend auf Belegungskurven der Ressourcen eine Ankunftskurve in eine Ausgangskurve von Ereignissen transformiert. Diese Ausgangskurve kann wieder Eingangskurve einer anderen Ressource sein, usw.

Die formale Analyse liefert sowohl Worst-case- als auch Best-case-Zeitverhalten als Einhüllende zurück, aber dazwischen auch alle möglichen Zwischenlösungen, wie ein Echtzeitsystem reagieren kann.

Werkzeuge

Für die Analyse von Echtzeit gibt es unter anderem folgende Werkzeuge: *RapidRMA* [412] von TriPacific, *Real-Time Architect* [100] von Livedevices, *Comet* [421] von VaST und *CANAlyzer* [422] von Vector dienen der Ablaufplanungsanalyse von Prozessoren oder Bussen. Die Werkzeuge beinhalten Erweiterungen der beschriebenen Methoden um spezifische Eigenschaften des Betriebssystems, beispielsweise Kontextwechselzeiten und Betriebssystemprimitive. Der ratenmonotone Ansatz wird auch im Automobilbereich verwendeten Betriebssystem *ERCOSEK* [99] eingesetzt.

Während obige Werkzeuge auf die Analyse einzelner Komponenten zielen (Prozessor oder Bus), wird im Automobilbereich beispielsweise die Werkzeugkette *Volcano* [426] eingesetzt, die den holistischen Ansatz verfolgt. Die *TTP Software Development Suite* [414] von TTTech unterstützt auch den Entwurf von über Bus vernetzte Controller-Netzwerke basierend auf TDMA-Kommunikation. Eine holistische Analyse komplexer kommunizierender Tasks für heterogene Ressourcen unterstützt schließlich auch das Werkzeug *SymTA/S* [378, 343], das an der Universität Braunschweig entwickelt wurde und von der Firma Symtavision vermarktet und weiterentwickelt wird. Mit diesem Werkzeug ist es möglich, Flaschenhälse in der Bindung von Aufgaben an Prozessoren schnell aufzudecken bzw. die Sensitivität von Bindungs-, Prioritäts- und Ablaufplanungsentscheidungen hinsichtlich der Erfüllung von Echtzeiteigenschaften schnell zu evaluieren.

4.9 Übungen

Übung 4.1 (Algorithmen und Komplexität) Betrachtet wird das Problem der Sortierung einer Liste A von N Zahlen mit den Elementen $A[1], A[2], \cdots, A[N]$. Die Elemente sollen in aufsteigender Reihenfolge sortiert werden, so dass für die sortierte Liste A' gilt: $A'[1] \leq A'[2] \leq \cdots \leq A'[N]$. Gegeben sei dazu der folgende Sortieralgorithmus:

```
SO-WIRD-SORTIERT(A) {
      FOR j = 2 TO N {
            hilf := A[j];
            /* A[j] in die sortierte Liste eingetragen */
            i := j - 1;
            WHILE (i > 0) AND (A[i] > hilf) {
                  A[i + 1] := A[i];
                  i := i - 1;
            }
            A[i + 1] := hilf;
      }
      RETURN(A);
}
```

- Lernen Sie die Funktionsweise des Algorithmus kennen, indem Sie den Algorithmus am Beispiel der Liste $5, 2, 4, 6, 1, 3$ anwenden.
- Geben Sie die Zeitkomplexität des Algorithmus an.
- Zu welcher Komplexitätsklasse gehört der Algorithmus?
- Handelt es sich um einen exakten Algorithmus?
- Ist der Algorithmus optimal?

Übung 4.2 (Algorithmen zur Ablaufplanung)
Gegeben sei der Problemgraph $G(V, E)$ in Abb. 4.43. Für die Berechnungszeiten der Operationen gelte: Eine Multiplikation dauere zwei Zeitschritte, alle anderen Operationen einen Zeitschritt.

- Modellieren sie folgende zusätzlichen Beschränkungen:
    - v_6 starte frühestens einen Zeitschritt später als v_4.
    - v_5 und v_9 sollen gleichzeitig starten.
    - v_9 starte höchstens zwei Zeitschritte nach v_{10}.
- Stellen Sie den Beschränkungsgraphen $G_C = (V_C, E_C, w)$ auf.
- Bestimmen Sie einen gültigen Ablaufplan mit dem Bellman-Ford-Algorithmus, der wie folgt beschrieben ist (für die Kantengewichte $w(v_1, v_i)$ gelte: $w(v_1, v_i) = d_i$, falls $(v_1, v_i) \in E_C$ und $-\infty$ sonst):

```
BELLMAN-FORD(G(V, E), w) {
    τ(v₁)¹ := 0;
    FOR (i = 2) TO (|V|)
        τ(vᵢ)¹ := w(v₁, vᵢ);
```

FOR $(j = 1)$ TO $(|V| - 1)$ {
    FOR $(i = 1)$ TO $(|V|)$ {
        $\tau(v_i)^{j+1} := \max_{k \neq i: \exists (v_k, v_i) \in E} \{\tau(v_i)^j, (\tau(v_k)^j + w(v_k, v_i))\};$
    }
    IF $(\tau(v_i)^{j+1} = \tau(v_i)^j \;\forall i)$ RETURN(true);
}
RETURN(false);
}

- Analysieren Sie die Komplexität des Algorithmus.
- Nun gelte die Bedingung, dass die beiden Operationen v_3 und v_5 gleichzeitig starten sollen. Gibt es jetzt noch gültige Ablaufpläne? Wie kann man eine solche inkonsistente Nebenbedingung mit Hilfe des Bellman-Ford-Algorithmus erkennen?
- Funktionieren der ASAP- und der ALAP-Algorithmus für Graphen mit relativen Zeitbeschränkungen?

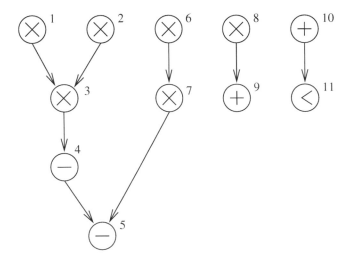

Abb. 4.43. Problemgraph

Übung 4.3 (ASAP-, ALAP-Ablaufplanung und Listscheduling) Gegeben sei der Problemgraph in Abb. 4.43. Für die Berechnungszeiten der Operationen gelten die gleichen Annahmen wie in Übung 4.2.

- Handelt es sich beim ASAP- und ALAP-Verfahren um ein konstruktives Verfahren oder ein iteratives Verfahren?
- Ermitteln Sie einen Ablaufplan nach dem ASAP-Verfahren und dem ALAP-Verfahren.

- Bestimmen Sie die Mobilität $\mu(v)$ der Operationen $v \in V$.
- Berechnen Sie eine Prioritätsliste der Operationen nach dem Kriterium der Anzahl der Nachfolgerknoten einer Operation.
- Nun sei das Kriterium der längste Pfad eines Knotens (zu einem fiktiven Endknoten mit Rechenzeit 0, der Nachfolger aller Knoten im Graphen ist, die keine Nachfolger besitzen). Ermitteln Sie nun geeignete Ablaufpläne mit dem Verfahren Listscheduling für die drei genannten Prioritätskriterien für eine Allokation von zwei Multiplizierern und zwei ALUs.

Übung 4.4 (Ganzzahlige lineare Programmierung)
Gegeben sei der Problemgraph in Abb. 4.43. Für die Berechnungszeiten der Operationen gelte: $d_* = 2$, $d_+ = d_- = d_> = 1$. Es seien zwei Einheiten des Ressourcetyps r_1 (Multiplizierer) und zwei Einheiten des Ressourcetyps r_2 (ALU) alloziert.

- Formulieren Sie das Problem der Latenzminimierung unter Ressourcenbeschränkungen als ganzzahliges lineares Programm (ILP). Hinweis: Berechnen Sie die frühesten und spätesten Startzeitpunkte der Operationen mit Hilfe des ASAP- und ALAP-Algorithmus.
- Begründen Sie, welche Latenzschranke Sie beim ALAP-Algorithmus gewählt haben und warum das aufgestellte Optimierungsmodell das Problem der Latenzminimierung unter Ressourcenbeschränkung löst.
- Versuchen Sie nun in gleicher Weise ein ILP zu formulieren, das das Problem der Kostenminimierung unter Latenzbeschränkung löst. Hinweis: Nehmen Sie an, dass sich die Kosten einer Realisierung allein als Summe der Kosten c von Multiplizierern (mit $c(r_1) = 2$ pro alloziertem Multiplizierer) und ALUs (mit $c(r_2) = 1$ pro allozierter ALU) berechnen lassen. Als Latenzschranke gelte $\bar{L} = 6$.
- Handelt es sich bei der ILP-Methode um ein exaktes Verfahren?
- Nennen Sie ein Verfahren zur Lösung ganzzahliger linearer Programme.
- Formulieren Sie die Nebenbedingung der Ressourcenbeschränkungen für den Fall, dass zwei oder mehrere Operationen alternativ, aber nie gleichzeitig ausgeführt werden können.
- Wie kann man Modulselektion in der ILP-Notation ausdrücken?

Übung 4.5 (Iterative Algorithmen) Gegeben sei folgender iterativer Algorithmus:

$$x_1[n] = f_1(x_1[n-1]) \ \forall n \geq 0$$
$$x_2[n] = f_2(x_1[n], x_2[n-1]) \ \forall n \geq 0$$
$$x_3[n] = f_3(x_1[n], x_2[n], x_3[n-1]) \ \forall n \geq 0$$

- Stellen Sie die Datenabhängigkeiten des Algorithmus in einem iterativen Problemgraphen dar.
- Stellen Sie einen Ablaufplan der Berechnung der Variablen über fünf Iterationen dar, wenn für die Berechnungszeiten der Operationen gelte: $d_1 = 2$, $d_2 = 2$, $d_3 = 3$.
- Beschreiben Sie, was man i. Allg. unter funktionaler Fließbandverarbeitung versteht.

- Wie groß ist das kleinstmögliche Iterationsintervall P?
- Geben Sie die Formulierung von Ressourcenbeschränkungen in der ILP-Notation an, die für das gegebene Beispiel Fließbandverarbeitung und Schleifenfaltung berücksichtigt. Es gelte $P = 3, \bar{L} = 8$.
- Geben Sie auch die ILP-Notation für die Datenabhängigkeiten an und berücksichtigen Sie die Tatsache, dass Datenabhängigkeiten zwischen Iterationen existieren.

Übung 4.6 (Iterative Ablaufplanung) Beantworten Sie folgende Fragen und begründen Sie Ihre Antwort.

- Gibt es für jeden iterativen Problemgraphen einen Ablaufplan mit Iterationsintervall P_{min}?
- Gibt es Transformationen, mit denen man jeden iterativen Problemgraphen so transformieren kann, dass ein Ablaufplan mit Iterationsintervall P_{min} existiert?
- Wenn ja, gilt dies auch bei a) vollstatischer Bindung und b) bei sequentieller Ablaufplanung aufeinander folgender Iterationen?
- Gibt es Verfahren zur Verkleinerung der Iterationsintervallschranke P_{min}?
- Kann man durch Retiming das Iterationsintervall P verkleinern?
- Kann man durch Retiming die Iterationsintervallschranke P_{min} verkleinern?

Übung 4.7 (Dynamische Ablaufplanung) Gegeben sei eine Menge von unabhängigen Tasks $T_1, \cdots, T_6$ mit den Ausführungszeiten $d_1 = 20, d_2 = 5, d_3 = 10, d_4 = 5, d_5 = 20, d_6 = 5$, den Ankunftszeiten $t_r(1) = 0, t_r(2) = 0, t_r(3) = 5, t_r(4) = 20, t_r(5) = 50, t_r(6) = 50$. Bestimmen Sie jeweils einen Ablaufplan mit den Algorithmen

- FCFS (engl. *first come first served*),
- SJF (engl. *shortest job first*),
- SRTN (engl. *shortest remaining time next*),
- Prioritätsscheduling mit festen Prioritäten $2, 1, 4, 3, 6, 7$ für Task $T_1, T_2, \cdots, T_6$ und
- RR (engl. *round-robin*) bei einem Zeitquantum von $Q = 2, 5$ Zeiteinheiten.

Vergleichen Sie die Algorithmen unter den Anforderungen

- CPU-Auslastung,
- Abarbeitungszeit der einzelnen Prozesse und
- mittlere Wartezeit.

Übung 4.8 (Ablaufplanung mit Echtzeitbedingungen)
Beschreiben Sie jeweils einen geeigneten Algorithmus zur Planung einer Menge V von unabhängigen Tasks mit gegebenen Berechnungszeiten und Deadlines auf einem Ein-Prozessor-System unter Optimierung der folgenden Zielfunktionen:

- Minimierung der mittleren Flusszeit $\sum_i \tau_e(v_i)$, wobei $\tau_e(v_i)$ den Zeitpunkt darstellt, an dem die Task T_i (v_i) vollständig abgearbeitet ist;
- Minimierung der Anzahl von sog. „tardy tasks" (Prozesse, deren Deadline nicht eingehalten wird).

Wenden Sie nun Ihren Algorithmus an auf folgendes Problem mit vier unabhängigen Tasks $T_1, \cdots, T_4$ (v_1, v_2, v_3, v_4) mit Ankunftszeiten 0, Ausführungszeiten $d_1 = 10, d_2 = 20, d_3 = 10, d_4 = 20$ und Deadlines $t_d(v_1) = 10, t_d(v_2) = 20, t_d(v_3) = 30, t_d(v_4) = 40$.

Übung 4.9 (Periodische, dynamische Ablaufplanung)

- Welche Algorithmen kennen Sie zur Planung einer Menge periodischer Tasks mit individuellen Perioden und Deadlines auf einem Ein-Prozessor-System?
- Welche dieser Algorithmen führen die Planung mit statischen Prioritäten, welche mit dynamischen Prioritäten durch?
- Welche Aussagen lassen sich für diese Algorithmen über die Einhaltung von Deadlines machen?

Übung 4.10 (LDF-Algorithmus)
Gegeben sei der Problemgraph in Abb. 4.44 und die folgende Tabelle mit den Ausführungszeiten d_i und den Deadlines $t_d(v_i)$ der Knoten v_i. Bestimmen Sie einen Ablaufplan mit dem LDF-Algorithmus. Ist der Ablaufplan gültig?

	v_1	v_2	v_3	v_4	v_5	v_6	v_7	v_8
d_i	3	5	2	2	2	1	3	2
$t_d(v_i)$	6	8	10	14	12	15	18	20

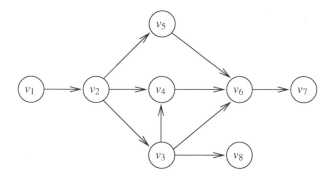

Abb. 4.44. Problemgraph

Übung 4.11 (EDF mit Datenabhängigkeiten)
Gegeben sei ein Problemgraph $G(V, E)$ mit $V = \{v_1, v_2, v_3, v_4, v_5, v_6\}$ und $E = \{(v_1, v_2), (v_1, v_3), (v_2, v_4), (v_2, v_5), (v_3, v_6)\}$. Die Ausführungszeiten d_i, Ankunftszeiten $t_r(v_i)$ und absoluten Deadlines $t_d(v_i)$ sind:

	v_1	v_2	v_3	v_4	v_5	v_6
d_i	2	2	2	2	2	2
$t_d(v_i)$	4	10	8	6	10	12
$t_r(v_i)$	0	1	1	3	7	9

- Bestimmen Sie den Ablaufplan unter Verwendung des EDF-Algorithmus, der die Datenabhängigkeiten vernachlässigt, und stellen Sie diesen graphisch dar.
- Bestimmen Sie den Ablaufplan unter Verwendung eines modifizierten EDF-Algorithmus, der einen Task nur aktiviert, nachdem dessen Vorgänger ihre Ausführung beendet haben.
- Bestimmen Sie die veränderten Ankunftszeiten und Deadlines für einen EDF-Algorithmus, der Datenabhängigkeiten berücksichtigt (EDF*). Geben Sie den Ablaufplan für EDF* graphisch an.

Übung 4.12 (RMS-Algorithmus) Gegeben seien die drei periodischen Aufgaben v_1, v_2 und v_3 in folgender Tabelle sowie ihre Perioden $P(v_i)$ und Ausführungszeiten d_i. Weisen Sie den Tasks Prioritäten entsprechend dem ratenmonotonen Ablaufplanungsverfahren (RMS) zu.

	v_1	v_2	v_3
d_i	1	2	3
$P(v_i)$	4	6	10

- Überprüfen Sie die Ablaufplanung mit dem RMS-Algorithmus, wenn nur ein Prozessor vorhanden ist.
- Geben Sie den Ablaufplan graphisch an. Werden alle Deadlines eingehalten?

Übung 4.13 (DMS-Algorithmus) Gegeben ist die folgenden Menge von periodischen Aufgaben:

	v_1	v_2	v_3
d_i	1	2	3
$t_d^*(v_i)$	5	4	8
$P(v_i)$	5	6	10

Überprüfen Sie die Einhaltbarkeit der Deadlines durch Ablaufplanung unter Anwendung des DMS-Algorithmus, und geben Sie den Ablaufplan graphisch an.

5

Bindung

Die *Bindung* gibt an, auf welcher Instanz und auf welchem Ressourcetyp eine Aufgabe implementiert wird. Bindung kann entweder nach erfolgter Ablaufplanung oder davor oder in einem Verfahren gleichzeitig mit der Ablaufplanung durchgeführt werden. Zunächst wird gezeigt, dass Optimierungsprobleme im Zusammenhang mit der Bindung auf Grundprobleme der Graphentheorie zurückführbar sind. Dann werden Spezialfälle, Algorithmen und deren Komplexitäten betrachtet. Genauso wie im Kapitel Ablaufplanung wird zwischen nichtperiodischen und periodischen Bindungsproblemen unterschieden, deren Komplexität analysiert und Algorithmen zu deren Lösung vorgestellt. Weiterhin wird im Verlauf des ganzen Kapitels angenommen, dass eine Aufgabe während ihrer ganzen Ausführungszeit an ein und dieselbe Ressource gebunden sei. Ein Wechsel der Ressource sei also während der Ausführung einer Operation nicht gestattet. Dies gelte für aperiodische als auch für periodische Probleme. Im Falle der periodischen Bindung wird jedoch die Annahme getroffen, dass verschiedene Iterationen einer Operation an unterschiedliche Ressourcen gebunden werden dürfen (sog. *zyklostatische Bindung*).

Zunächst wird der Fall der Bestimmung einer Bindung nach erfolgter Ablaufplanung betrachtet.

5.1 Graphentheoretische Betrachtung von Bindungsproblemen

Zwei Knoten eines gegebenen Problemgraphen können offensichtlich an ein und dieselbe Ressourceinstanz gebunden werden, wenn deren Ausführungen nicht zeitlich überlappen und wenn sie vom gleichen Ressourcetyp sind. Zwei Aufgaben sind genau dann nicht nebenläufig, wenn sie auf einem gerichteten Pfad liegen, wenn ihre Ausführungsintervalle disjunkt sind oder wenn sie alternativ sind. Die Verträglichkeit von Operationen lässt sich folglich durch Analyse des Problemgraphen bestimmen. Für das eingeführte Synthesemodell erhält man folgende Definitionen von Verträglichkeit:

Definition 5.1.1 (Verträglichkeit). *Gegeben sei eine Spezifikation $(G(V, E), G_R(V_R, E_R))$. Ein Paar von Knoten (v_i, v_j) mit $v_i, v_j \in V$ heißt*

- schwach verträglich, *falls* $\exists r_k \in V_T : (v_i, r_k) \in E_R \wedge (v_j, r_k) \in E_R$;
- ablaufplanverträglich, *falls* (v_i, v_j) *schwach verträglich ist und für die Startzeit* $\tau(v_i)$ *von Knoten* v_i *bei Berechnungszeit* $d_i \in \mathbb{N}$ *gilt:*

$$\tau(v_i) \geq \tau(v_j) + d_j$$

- stark verträglich, *falls* (v_i, v_j) *schwach verträglich ist und falls in G ein gerichteter Pfad von* v_i *nach* v_j *existiert (Schreibweise* $v_i \prec v_j$).

Die Verträglichkeit zwischen v_i *und* v_j *wird mit der Schreibweise* $v_i \sim v_j$ *ausgedrückt.*

Für den Spezialfall, dass jeder Knoten an genau einen Ressourcetyp gebunden werden kann ($\forall v_i \in V_R \cap V : |\{(v_i, r_k) \mid (v_i, r_k) \in E_R\}| = 1$), was auch dem Fall einer gegebenen Ressourcetypbindung entspricht, ist die Verträglichkeitsrelation $\sim$ transitiv.

Beispiel 5.1.1. Betrachtet wird der Graph $G(V, E)$ und der Ablaufplan in Abb. 5.1. Operationen $v_1, v_2, v_3, v_6, v_7, v_8$ sind vom Typ Multiplizierer. Damit sind alle Paare aus diesen Knoten schwach verträglich. (v_1, v_3) ist Element der starken Verträglichkeitsrelation, (v_7, v_1) nicht. Das Paar (v_7, v_1) ist jedoch Element der Ablaufplanverträglichkeitsrelation.

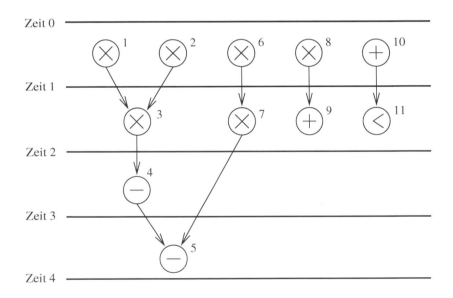

Abb. 5.1. Problemgraph mit Ablaufplanung

Die Verträglichkeit der Operationen hält man in einem Verträglichkeitsgraphen fest:

Definition 5.1.2 (Verträglichkeitsgraph). *Ein* (Ressourcen-)Verträglichkeitsgraph $G_V(V_V, E_V)$ *bezeichnet einen ungerichteten Graphen mit Knotenmenge V_V und Kantenmenge $E_V = \{\{v_i, v_j\} : v_i \sim v_j, \; v_i, v_j \in V_V, i \neq j\}$.*

Beispiel 5.1.2. Abbildung 5.2 zeigt die Verträglichkeitsgraphen für die Ressourcetypen Multiplizierer und ALU aus Beispiel 5.1.1 für a) schwache Verträglichkeit, b) Ablaufplanverträglichkeit und c) starke Verträglichkeit.

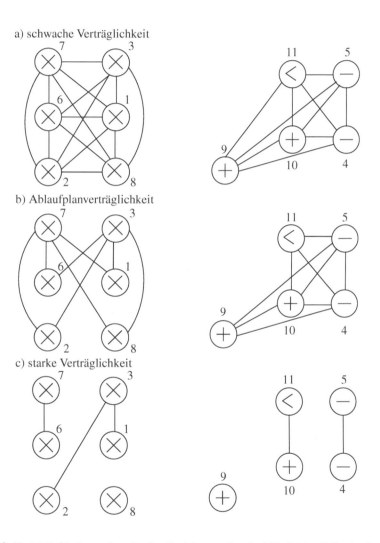

a) schwache Verträglichkeit

b) Ablaufplanverträglichkeit

c) starke Verträglichkeit

Abb. 5.2. Verträglichkeitsgraphen für den Problemgraphen in Abb. 5.1 im Falle a) schwacher Verträglichkeit, b) Ablaufplanverträglichkeit und c) starker Verträglichkeit

Ein Verträglichkeitsgraph besitzt mindestens $|V_T|$ unabhängige Mengen. Eine Menge gegenseitig verträglicher Operationen entspricht einer *Clique* in G_V. Eine *maximale Verträglichkeitsmenge* entspricht einer *maximalen Clique* in G_V.

Falls sich die Kosten einer Implementierung direkt aus der Anzahl verwendeter Ressourcen berechnen lassen, liegt eine kostenoptimale Bindung dann vor, wenn eine minimale Anzahl von Ressourcen jedes Typs benötigt wird.

Offensichtlich können alle Knoten einer Clique in G_V an eine Instanz eines Ressourcetyps gebunden werden. Folglich kann in diesem Fall das Problem der kostenoptimalen Bindung aufgefasst werden als das Problem, den Graphen G_V mit einer minimalen Anzahl von Cliquen zu partitionieren.

Beispiel 5.1.3. Betrachtet werden die Verträglichkeitsgraphen in Abb. 5.2. Im Falle schwacher Verträglichkeit bilden die Knoten $v_1, v_2, v_3, v_6, v_7, v_8$ und die Knoten $v_4, v_5, v_9, v_{10}, v_{11}$ jeweils eine Clique, die maximal ist. Im Falle von Ablaufplanverträglichkeit bilden z. B. Knoten v_4, v_5, v_{10} eine Clique, die allerdings nicht maximal ist. Die Clique $\{v_4, v_5, v_9, v_{10}\}$ hingegen ist maximal. Der Graph des Ressourcetyps Multiplizierer kann in vier Cliquen partitioniert werden und der Graph der ALU in zwei Cliquen. Man bräuchte also vier Instanzen des Typs Multiplizierer und zwei Instanzen des Typs ALU. Diese Lösung entspricht der bereits in Abb. 3.4 dargestellten Bindung.

Eine alternative Untersuchungsmethode besteht darin, Paare von Operationen zu bestimmen, die einen Konflikt hinsichtlich der Bindung auf eine Instanz einer Ressource erzeugen.

Definition 5.1.3 (Konflikt). *Gegeben sei eine Spezifikation* $(G(V,E), G_R\ (V_R, E_R))$. *Zwei Knoten* $v_i, v_j \in V$ *sind in Konflikt genau dann, wenn sie nicht verträglich sind im Sinne von Definition 5.1.1.*

Konflikte lassen sich in einem Konfliktgraphen darstellen.

Definition 5.1.4 (Konfliktgraph). *Ein (Ressourcen-)Konfliktgraph* $G_K\ (V_K, E_K)$ *bezeichnet einen ungerichteten Graphen mit Knotenmenge* V_K *und Kantenmenge* $E_K = \{\{v_i, v_j\} : v_i \not\sim v_j,\ v_i, v_j \in V_K, i \neq j\}$. *Ein Konflikt zwischen zwei Knoten* v_i *und* v_j *wird mit der Schreibweise* $v_i \not\sim v_j$ *ausgedrückt.*

Offenbar sind Verträglichkeitsgraph und Konfliktgraph komplementär. Eine Menge gegenseitig verträglicher Knoten in G_V entspricht einer unabhängigen Menge in G_K. Auf der Ebene des Konfliktgraphen erhält man eine Bindung durch Färbung der Knoten, so dass Knoten, zwischen denen es eine Kante gibt, eine unterschiedliche Farbe zugewiesen bekommen.

Definition 5.1.5 (Graphfärbung). *Die* Graphfärbung *eines ungerichteten Graphen* $G(V,E)$ *ist eine Funktion* $c : V \to \mathbb{N}$, *die jedem Knoten* $v \in V$ *eine Farbe* $c(v)$ *zuweist, so dass keine Kante* $e \in E$ *zwei Endpunkte gleicher Farbe besitzt:*

$$\forall \{v_1, v_2\} \in E : c(v_1) \neq c(v_2)$$

Folglich besteht hier das Problem der kostenoptimalen Bindung darin, den Graphen G_K mit einer minimalen Anzahl von Farben zu färben.

Da Aufgaben unterschiedlichen Typs immer in Konflikt stehen, ist es anschaulicher, die Konfliktgraphen der einzelnen Typen unabhängig voneinander zu betrachten. Diese Graphen sind komplementär zum Verträglichkeitsgraphen des entsprechenden Typs.

Beispiel 5.1.4. Betrachtet wird erneut der Problemgraph in Abb. 5.1. Die Konfliktgraphen sind in Abb. 5.3 dargestellt. Dabei werden die Konfliktgraphen verschiedener Ressourcetypen unabhängig voneinander behandelt.

Damit wurde das Problem der optimalen Bindung auf das klassische Problem der *Cliquepartitionierung* auf einem Verträglichkeitsgraphen bzw. auf ein *Graphfärbungsproblem* bei gegebenem Konfliktgraphen reduziert. In beiden Fällen sind die entsprechenden Entscheidungsprobleme für allgemeine Graphen $\mathcal{NP}$-vollständig.

Da das Problem der Cliquepartitionierung äquivalent zum Problem der Färbung des komplementären Graphen ist, kann man sich auf die Beschreibung der Bindungsprobleme als Graphfärbungsprobleme beschränken. Hierfür werden im Folgenden geeignete Algorithmen vorgestellt.

5.2 Bindung nach Ablaufplanung

Es wird gezeigt, dass das Bindungsproblem nach erfolgter Ablaufplanung in polynomieller Zeit exakt gelöst werden kann.

Gegeben sei eine Spezifikation $(G(V,E), G_R(V_R, E_R))$ und ein Ablaufplan τ sowie die Ressourcetypbindung β. Dann ist eine Bindung γ gesucht, so dass die entsprechende Allokation α eine Kostenfunktion minimiert. Der Einfachheit halber wird hier angenommen, dass die Kostenfunktion die Anzahl allozierter Ressourcen berechnet ($\sum_{k=1}^{|V_T|} \alpha(r_k)$).

Das *Konfliktintervall* I_i eines Knotens v_i im Problemgraphen ist nun das Zeitintervall $[l_i, \cdots, r_i)$ mit $l_i = \tau(v_i)$ und $r_i = \tau(v_i) + w(v_i, \beta(v_i))$. Die Menge der $|V|$ Konfliktintervalle von Knoten von G wird mit I ($I = \{I_1, \cdots, I_{|V|}\}$) bezeichnet.

Im Konfliktgraphen ist jetzt zwei Knoten genau dann in einem Konflikt, wenn sich die Ausführungszeitintervalle überlappen und sie vom gleichen Ressourcetyp sind. Solche Graphen heißen *Intervallgraphen*.

Definition 5.2.1 (Intervallgraph). *Ein ungerichteter Graph $G(V,E)$ heißt* Intervallgraph, *falls man jedem Knoten $v_i \in V$ ein Intervall $[l_i, r_i)$ zuordnen kann, $l_i, r_i \in \mathbb{Z}$ und $l_i < r_i$, so dass die Kante $\{v_i, v_j\}$ genau dann existiert, wenn sich die Intervalle $[l_i, r_i)$ und $[l_j, r_j)$ überlappen.*

Beispiel 5.2.1. Abbildung 5.4a) zeigt eine Menge von Intervallen und den korrespondierenden Intervallgraphen (Abb. 5.4b)).

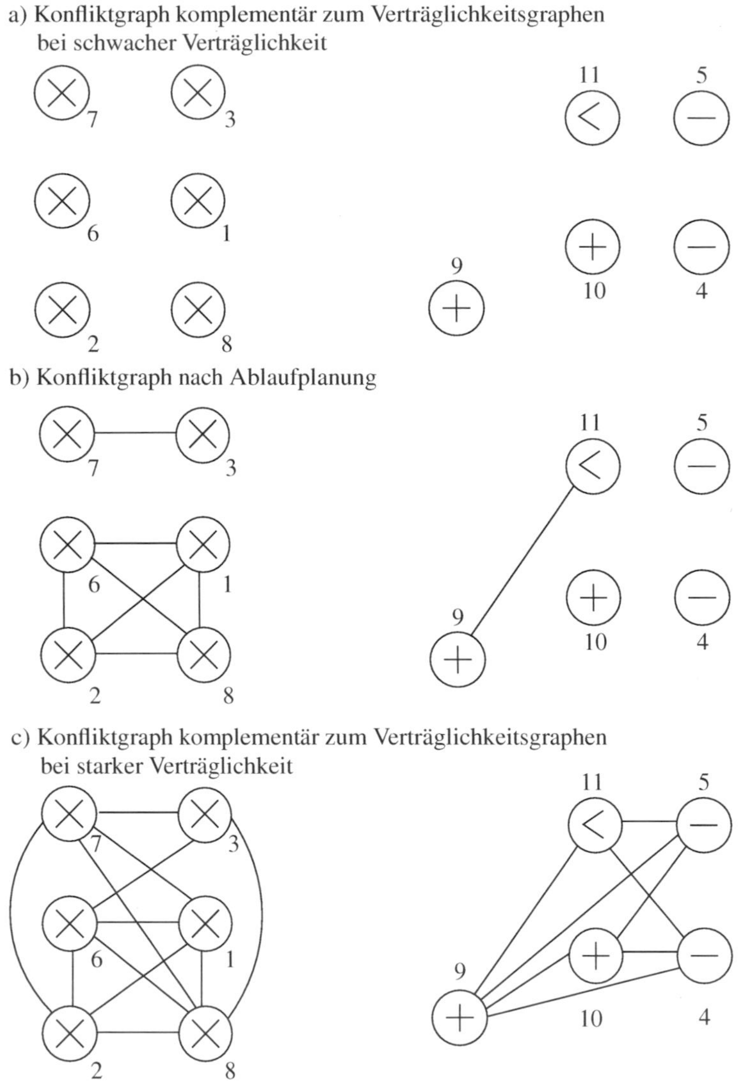

a) Konfliktgraph komplementär zum Verträglichkeitsgraphen
   bei schwacher Verträglichkeit

b) Konfliktgraph nach Ablaufplanung

c) Konfliktgraph komplementär zum Verträglichkeitsgraphen
   bei starker Verträglichkeit

Abb. 5.3. Konfliktgraphen für den Problemgraphen in Abb. 5.1

Im Anhang wird ein Algorithmus zur minimalen Färbung von Intervallgraphen vorgestellt, der sog. LEFTEDGE-Algorithmus [160]. Der vielfach verwendete Algorithmus mit Laufzeit $\mathcal{O}(|V| \log |V|)$ ist hier der Anschauung halber noch einmal dargestellt.

LEFTEDGE(I) {
Sortiere Elemente von I in Liste L in aufsteigender Reihenfolge von l_i;

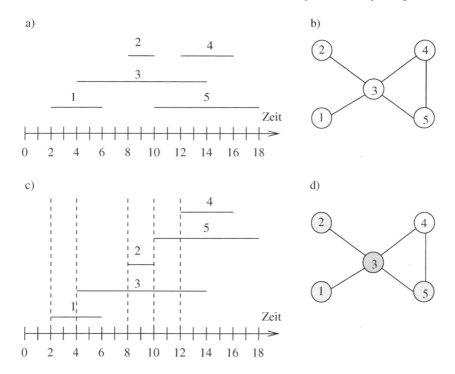

Abb. 5.4. Menge von Intervallen a), korrespondierender Intervallgraph b), Sortierung der Intervalle c) und Färbung d)

```
j := 0;
WHILE (L ≠ { }) {
    S := { };
    r := 0; /* init. größte rechte Grenze von Elementen in S */
    WHILE (∃ Element Iᵢ in L : lᵢ ≥ r) {
        i := Element in L mit kleinstem lᵢ und lᵢ ≥ r;
        S := S ∪ {Iᵢ};
        r := rᵢ;
        L := L \ {Iᵢ};
    }
    j := j + 1;
    FOREACH (Iᵢ ∈ S) {
        c(Iᵢ) := j;
    }
}
RETURN (c(I));
}
```

Der Algorithmus heißt LEFTEDGE, da er die Intervalle zunächst in Reihenfolge steigender linker Intervallgrenzen sortiert und in dieser Reihenfolge die korrespondierenden Knoten färbt. Dabei wird einem Knoten die Farbe mit kleinstem Index zugewiesen, die nicht bereits anderen überlappenden Intervallen zugewiesen worden ist.

Man kann leicht zeigen, dass der LEFTEDGE-Algorithmus für Intervallgraphen exakt ist. Eine optimale Bindung mit dem LEFTEDGE-Algorithmus kann also in polynomieller Zeit bestimmt werden. Man betrachtet die Färbung der einzelnen Ressourcetypen getrennt voneinander.

Beispiel 5.2.2. Betrachtet wird der Intervallgraph in Abb. 5.4b). Für die Intervalle $I_1, \cdots, I_5$ der Knoten $v_1, \cdots, v_5$ gilt mit $I_i = [l_i, r_i) \, \forall i = 1, \cdots, 5$: $l_1 = 2, r_1 = 6, l_2 = 8$, $r_2 = 10, l_3 = 4, r_3 = 14, l_4 = 12, r_4 = 16, l_5 = 10$ und $r_5 = 18$. Die sortierten Intervalle sind in Abb. 5.4c) dargestellt. Der Algorithmus weist den Knoten v_1, v_2 und v_5 die erste Farbe ($c(I_1) = c(I_2) = c(I_5) = 1$) zu. Knoten v_3 bekommt die Farbe $c(I_3) = 2$ und Knoten v_4 die Farbe $c(I_4) = 3$ zugewiesen. Zur Färbung werden also insgesamt drei Farben benötigt. Die Färbung ist in Abb. 5.4d) dargestellt.

5.3 Periodische Bindungsprobleme $\otimes$

Bei periodischen Bindungsproblemen treten periodische Intervalle auf, die zu Färbungsproblemen auf speziellen Klassen von Graphen führen.

Im Falle bereits erfolgter periodischer Ablaufplanung kann man die Ausführungszeitintervalle einer Aufgabe v_i als *periodisches Intervall* beschreiben:

Definition 5.3.1 (Periodisches Intervall). *Sei ein Intervall beschrieben durch* $[r, r + e)$ *mit* $r, e \in \mathbb{N}$, *wobei e die Dauer des Intervalls bezeichnet. Ein periodisches Intervall* (p, e, r) *mit* $0 < e, r \leq p$ *und* $p \in \mathbb{N}$ *bezeichnet eine sich periodisch mit der Periode* $p \in \mathbb{N}$ *fortsetzende Menge von Zeitintervallen, die alle Zeitintervalle* $[r + np, r + np + e)$ *mit* $n \in \mathbb{N}_0$ *enthält.*

In einem periodischen Ablaufplan mit Iterationsintervall P gilt für die Startzeit $t_i(n)$ der n-ten Iteration von Knoten v_i:

$$t_i(n) = t_i + n \cdot P$$

Folglich lässt sich die Menge aller Ausführungszeitintervalle von v_i als periodisches Intervall (p, e, r) mit $p = P, e = w(v_i, \beta(v_i))$ und $r = t_i$ darstellen.

Nun gibt es sog. *Graphen mit zirkularen Kanten*, die die Konfliktrelationen einer Menge von periodischen Intervallen durch zirkulare Kanten ausdrücken, die wiederum im Falle der Überlappung mit unterschiedlichen Farben zu färben sind.

Definition 5.3.2 (Graph mit zirkularen Kanten). *Ein Graph* $G(V, E)$ *heißt* Graph mit zirkularen Kanten, *wenn man mit ihm einen Kreis assoziieren kann, der im Uhrzeigersinn in Segmente* $1, \cdots, n$ *unterteilt ist, so dass mit jedem Knoten* $v_i \in V$ *eine* *zirkulare Kante $I_i = [l_i, r_i)$ mit $l_i, r_i \in \{1, \cdots, n\}$ assoziierbar ist. Dabei ist eine zirkulare Kante ein Kreissegment, das sich im Uhrzeigersinn von Segment l_i zum Segment r_i erstreckt. Ferner gilt, dass $\{v_i, v_j\} \in E$ genau dann, wenn sich die Kanten $[l_i, r_i)$ und $[l_j, r_j)$ überlappen.*

Garey et al. [126] zeigten, dass das Problem der minimalen Färbung eines Graphen mit zirkularen Kanten $\mathcal{NP}$-schwer ist. Jedoch gibt es Heuristiken, die einen Graphen mit zirkularen Kanten mit maximal $2b_{max}$ Farben färben, wobei b_{max} während einer Iteration die maximale Anzahl sich überlappender Ausführungszeitintervalle darstellt. Ein solcher Algorithmus ist der Algorithmus SORT&MATCH von Tucker [415].

SORT&MATCH $(G(V,E))$ {
 Suche $t : b(G,t) = b_{min}(G)$;
 Partitioniere V in $V = V_A \cup V_B$:
  $|V_A| = b_{min}(G) \wedge \forall v_i \in V_A : t \in [l_i, r_i)$;
 Färbe die Knoten $v \in V_B$ mit LEFTEDGE;
 /* Dieser braucht höchstens $b_{max}(G)$ Farben */
 /* Für Knoten $v \in V_A$ braucht man max. $b_{min}(G)$ zusätzliche Farben. */
 Bestimme eine maximale Teilmenge $V'_A \subseteq V_A$,
  die mit den bisher vergebenen Farben gefärbt werden kann;
 Gebe jedem Knoten $v \in V_A \setminus V'_A$ eine noch nicht allozierte Farbe;
}

Der Algorithmus heißt SORT&MATCH, da er im ersten Schritt die Knotenmenge V sortiert und die Knoten ($v \in V_B$) separiert, deren Intervalle einen Intervallgraphen bilden, der mit dem LEFTEDGE-Algorithmus mit $b_{max}(G)$ Farben exakt gefärbt werden kann. Weist man den restlichen Knoten in V_A mit $|V_A| = b_{min}(G)$ eine neue Farbe zu, so kommt man auf die obere Schranke von insgesamt $b_{max}(G) + b_{min}(G) \leq 2b_{max}(G)$ Farben. Zunächst versucht der Algorithmus allerdings, möglichst vielen Knoten $v \in V_A$ bereits allozierte Farben zuzuweisen. Diese zweite Phase heißt MATCH, weil das entsprechende zu lösende Problem ein Mustererkennungsproblem ist, auf das hier nicht näher eingegangen werden soll.

Beispiel 5.3.1. Als Beispiel wird das Problem der Optimierung der Anzahl von Registern bei iterativen Ablaufplanungsproblemen im Bereich der Architektursynthese betrachtet. Das Beispiel stammt aus [84]. Abbildung. 5.5a) zeigt einen iterativen Ablaufplan des Problemgraphen der inneren Schleife der SystemC-Spezifikation aus Beispiel 1.3.4 in Kapitel 1. Der Ablaufplan wird zyklisch alle 4 Zeitschritte wiederholt. Dabei müssen die Zwischenwerte sowie die Werte der Variablen u, x und y über eine Iteration hinweg erhalten bleiben. Abbildung 5.5b) zeigt die korrespondierenden Lebenszeiten der Variablen inklusive der in Abb. 5.5a) eingezeichneten Zwischenvariablen z1 bis z7, die Ergebnisse von Berechnungen zwischen den Taktgrenzen speichern.

Da die Variablen ebenfalls zyklisch „leben", kann man die Lebenszeiten als Kanten auf einem Kreis anordnen (siehe Abb. 5.6a)). Der zugehörige Konfliktgraph ist in Abb. 5.6b) dargestellt. Es handelt sich um einen Graphen mit zirkularen Kanten.

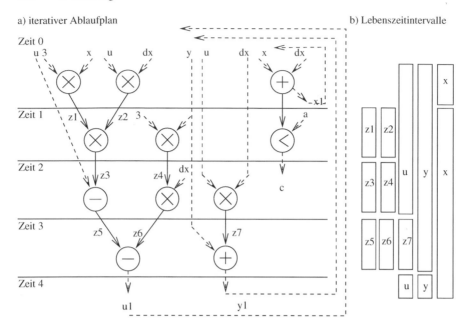

Abb. 5.5. Problemgraph mit iterativer Ablaufplanung a) und Lebenszeiten der Variablen b). Das Beispiel stammt aus [84].

Ziel ist es nun, eine minimale Anzahl von Registern zu finden, d. h. eine minimale Färbung des Graphen mit zirkularen Kanten. Nach Abb. 5.5b) ist die maximale Anzahl gleichzeitig aktiver Variablen $b_{max} = 5$, die minimale Anzahl aktiver Variablen gleich $b_{min} = 3$. b_{max} stellt eine untere Schranke, $b_{max} + b_{min} = 8$ stellt eine obere Schranke nach Tucker [415] zur Speicherung der 10 Variablen dar. Angewendet wird nun die Heuristik von Tucker. Zum Zeitschritt $t = 0$ sind die b_{min} Variablen u, y und x aktiv. Diese drei Knoten gehören zu V_A. Werden nun diese drei Knoten gelöscht, so entsteht ein Intervallgraph (z1 bis z7), den man mit dem LEFTEDGE-Algorithmus mit drei Farben färben kann. Aus der Färbung lässt sich dann beispielsweise folgende Registerbindung durchführen: Register R1 speichert z1, z3 und z5. Register R2 speichert z2, z4 und z6, und Register R3 speichert z7 (siehe z. B. in Abb. 5.7a)). Nun bestimmt der Algorithmus eine maximale Teilmenge von V_A, die mit den bisher vergebenen Farben gefärbt werden kann. Das ist nur der Knoten u, der in R3 gespeichert werden kann. Die restlichen Knoten (y und x) bekommen neue Register R4 bzw. R5 zugewiesen. Damit wurden 5 Register benötigt.

Schließlich kann man zeigen, dass für eine Spezialklasse von Graphen mit zirkularen Kanten eine exakte minimale Färbung in polynomieller Zeit erfolgen kann, nämlich dann, wenn kein Lebenszeitintervall vollständig in einem anderen Lebenszeitintervall enthalten ist.

Darüber hinaus gibt es noch ein allgemeineres periodisches Bindungsproblem, bei dem das Iterationsintervall P für verschiedene Operationen unterschiedlich sein

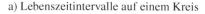

a) Lebenszeitintervalle auf einem Kreis

b) Graph mit zirkularen Kanten

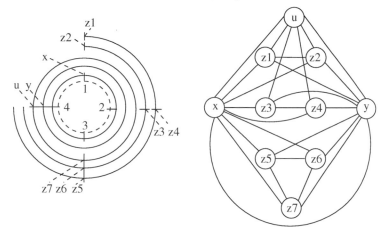

Abb. 5.6. Lebenszeiten der Variablen in Abb. 5.5, dargestellt als Kanten auf einem Kreis a) und Konfliktgraph (Graph mit zirkularen Kanten) b)

b) Konfliktgraph der Knoten
   in V_B

b) Färbung mit SORT&MATCH

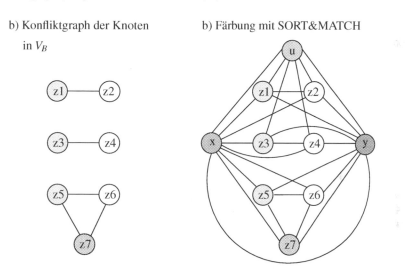

Abb. 5.7. Färbung des Graphen in Abb. 5.6 mit dem Algorithmus SORT&MATCH. In a) ist der Intervallgraph dargestellt, der die Knotenmenge V_B enthält und der mit dem LEFTEDGE-Algorithmus gefärbt wird. In b) ist eine vollständige Färbung des Graphen dargestellt.

kann. Dieser Fall tritt beispielsweise dann auf, wenn mehrere unabhängige, iterative Algorithmen unabhängig voneinander geplant werden und dann an Ressourcen gebunden werden sollen, oder bei iterativen Problemen ohne Datenabhängigkeiten. Hier lassen sich die Lebenszeitintervalle zwar auch als periodische Intervalle defi-

nieren, jedoch formuliert man hier ein Färbungsproblem auf einer Superklasse von
Graphen mit zirkularen Kanten, sog. *periodischen Intervallgraphen* (siehe Anhang).
Den Autoren sind derzeit keine Spezialalgorithmen zur Färbung periodischer Intervallgraphen bekannt. Trotzdem sei an dieser Stelle bemerkt, dass eine Menge von
$|V|$ periodischen Intervallen I_i mit jeweils unterschiedlichem Iterationsintervall P_i
als Graph mit zirkularen Kanten mit Periode $P_{\max} = \mathrm{kgV}(P_1, P_2, \cdots, P_{|V|})$ dargestellt
werden kann. Die Bindung dieses „entfalteten" Problems führt unter Anwendung
des Algorithmus SORT&MATCH i. Allg. zu einer zyklostatischen Bindung, in der
ein periodisches Intervall maximal auf $P_{\max}/P_i$ unterschiedlichen Ressourcen gebunden ist (jedoch auf einer eindeutigen Ressource während einer Iteration). Die Forderung der Bindung eines periodischen Intervalls an eine einzelne Ressource lässt sich
zwar durch Modifikation des SORT&MATCH-Algorithmus bewerkstelligen, allerdings gilt dann nicht mehr die Güte des Algorithmus, mit maximal $2b_{\max}$ Farben
auszukommen.

5.4 Bindung hierarchischer Graphen $\otimes$

Ein einfacher Ansatz der Bindung hierarchischer Graphen, insbesondere hierarchischer Problemgraphen, besteht darin, jede Einheit des Problemgraphen getrennt zu
betrachten. Eine geeignete Methode, die Verträglichkeit über Hierarchiegrenzen zu
ermitteln, ist die Auflösung der Hierarchie. Es sei hier nur am Rande erwähnt, dass
die Berechnung von Verträglichkeits- und Konfliktgraphen zwar genauso erfolgt wie
bisher, jedoch haben diese Graphen i. Allg. nicht mehr die Eigenschaft, Intervallgraphen zu sein (siehe [84]). Folglich muss man sich mit Heuristiken behelfen.

5.5 Bindung vor Ablaufplanung $\otimes$

Beim Entwurf kontrollflussdominanter Systeme wird häufig die Bindung vor der Ablaufplanung durchgeführt, da dort eher kostenkritische und nicht performanzkritische
Faktoren im Vordergrund stehen. Beispielsweise erhält man auf der Abstraktionsebene der Architektursynthese eine genauere Abschätzung von Fläche bzw. Speicherbedarf, wenn die Bindung schon erfolgt ist, da dann auch der Einfluss von Multiplexern, Bussen und Verdrahtung in die Kostenberechnung (z. B. Chipfläche) einbezogen werden kann.

Bei gegebener Ressourcetypbindung β entspricht der Fall der Minimierung der
Kosten dem trivialen Fall der Allokation nur einer Instanz eines jeden Ressourcetyps. Im Gegensatz zur Verwendung der Definition von Ablaufverträglichkeit benutzt man hier die Definition von schwacher Verträglichkeit (siehe Definition 5.1.1).
Die Partitionierung des Verträglichkeitsgraphen bzw. Färbung des Konfliktgraphen
ist in diesem Falle trivial (siehe z. B. Abb. 5.2a)). Für jeden Ressourcetyp muss
man anschließend alle an eine Instanz gebundenen Operationen sequentialisieren, da
sie nicht nebenläufig geplant werden können. Diese Aufgabe nennt man *Konflikt-
auflösung* [84] und erfolgt durch Einführung geeigneter Sequentialisierungskanten

im Problemgraphen. Beispielsweise kann man einen latenzoptimalen Ablaufplan unter der Allokation bestimmen, dass es von jedem Ressourcetyp nur eine Instanz gibt. Oder man führt einfach Sequentialisierungskanten ein, die konsistent mit der durch die Datenabhängigkeitskanten implizierten Partialordnung sind. Eine andere Definition von Verträglichkeit, die keiner Einführung von Sequentialisierungskanten bedarf und damit die Latenz von Ablaufplänen nicht beeinflusst, ist die der starken Verträglichkeit. Diese Definition besagt, dass ein Knoten v_j, der Nachfolger eines Knotens v_i ist, immer an die gleiche Ressource gebunden werden kann, da offensichtlich in jedem gültigen Ablaufplan entsprechende Knoten sequentiell abgearbeitet werden müssen. Folglich ist hier die Einführung von Sequentialisierungskanten nicht notwendig. Das Bindungsproblem lässt sich auch in diesem Fall in polynomieller Zeit exakt lösen. Im Falle nicht gegebener Ressourcetypbindung (Modulselektion) hat die Bindung einen Einfluss auf die Ablaufplanung, da die Berechnungszeiten der Operationen von den Modulen abhängen, an die sie gebunden sind. In Kapitel 4 wurde dazu ein ILP-Modell vorgeschlagen, das die Ablaufplanung und die Ressourcetypbindung koppelt.

5.6 Partitionierungsalgorithmen

Häufig werden zur Lösung von Bindungsproblemen sog. *Partitionierungsverfahren* eingesetzt. Im Folgenden sollen das Partitionierungsproblem formal definiert und die wichtigsten Algorithmen zur Lösung dieses Problems vorgestellt werden.

Bei Partitionierungsverfahren werden i. Allg. zwei Ansätze unterschieden (siehe z. B. [122]): Bei *struktureller Partitionierung* liegt die Spezifikation bereits in Form einer strukturellen Beschreibung auf einer bestimmten Abstraktionsebene, z. B. der Register-Transferebene oder der Gatterebene, vor. Diese strukturellen Objekte werden dann an strukturelle Objekte einer höheren Abstraktionsebene gebunden (z. B. die Objekte Gatter einer Netzlistenbeschreibung einer logischen Schaltung auf eine Menge von ASIC-Bausteinen). Die strukturellen Objekte werden in Blöcke eingeteilt, wobei jedem Block eine Systemkomponente entspricht. Bei *funktionaler Partitionierung* wird eine Verhaltensbeschreibung auf eine strukturelle Beschreibung abgebildet.

Gajski et al. [122] beschreiben das Grundproblem der Partitionierung wie folgt:

Definition 5.6.1 (Partitionierungsproblem [122]). *Gegeben sei eine Menge* $O = \{o_1, o_2, \cdots, o_n\}$ *von Objekten. Gesucht ist eine* Partition $P = \{p_1, p_2, \cdots, p_m\}$, *so dass*

- $p_1 \cup p_2 \cup \cdots \cup p_m = O,$
- $p_i \cap p_j = \{\ \} \; \forall i, j : i \neq j,$ *und*
- *die Kosten* $f(P)$ *minimal sind.*

In Abb. 5.8 ist das Partitionierungsproblem für n Objekte und m Partitionsblöcke im Modell des Ressourcegraphen dargestellt, wobei angenommen wird, dass grundsätzlich jedes Objekt (Knoten V im Problemgraphen G) an jeden der m Partitionsblöcke (Ressourcetypen $V_T = V_R \setminus V$) gebunden werden kann. Beschränkungen an gültige Bindungen und andere Entwurfsbeschränkungen seien also im Folgenden in der Zielfunktion f berücksichtigt, z. B. durch Bestrafungsterme.

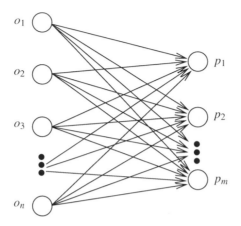

Abb. 5.8. Darstellung des Partitionierungsproblems im Modell eines Ressourcegraphen

Gegeben sei nun eine Menge funktionaler Objekte und eine Menge von Ressourcetypen. Ein Partitionierungsalgorithmus bildet jedes funktionale Objekt auf genau einen Ressourcetypen ab und dient der Suche nach Partitionen mit geringstem Kostenmaß. Bei n funktionalen Objekten und m möglichen Ressourcetypen gibt es offensichtlich $\mathcal{O}(m^n)$ Alternativen. Folglich sind Verfahren der erschöpfenden Suche (engl. *exhaustive search*) nicht anwendbar für realistische Problemstellungen. Bezüglich der Ansätze unterscheidet man genau wie bei anderen Abstraktionsebenen der Synthese

- *konstruktive Algorithmen*: Hierzu gehören z. B. Verfahren, die auf Clustering von Knoten in *Bottom-up*-Manier eine Partition konstruieren. Zur Gruppierung von Objekten werden sog. *Closenessfunktionen*[1] benutzt.
- *transformatorische Algorithmen*: Diese Algorithmen verbessern iterativ eine gegebene Partition unter Berechnung einer Zielfunktion. Rechenzeit wird hier verbraucht in der Evaluierung möglichst vieler Partitionen.

Im Folgenden werden einige Standardalgorithmen zur Lösung des Partitionierungsproblems skizziert. Dabei werden zuerst konstruktive Heuristiken, dann iterative Heuristiken und schließlich ein exaktes Verfahren betrachtet. Anschließend werden einige Spezialalgorithmen für ein spezielles Partitionierungsproblem, nämlich das der Hardware/Software-Partitionierung, vorgestellt.

---

[1] Während eine Kosten- oder Zielfunktion f absolute Eigenschaften einer ganzen Lösung (hier einer Partition P) berechnet, bewertet eine Closenessfunktion die (relative) Güte des Zusammengruppierens zweier oder mehrerer Objekte bzw. Blöcke.

5.6.1 Konstruktive Verfahren zur Partitionierung

Konstruktive Verfahren zur Partitionierung benutzen Closenessfunktionen zur Evaluierung der Kosten, weil andere Kriterien nicht verwendet werden können, ohne eine vollständige Partition vorliegen zu haben.

Zufallsgruppierung

Ein einfaches, konstruktives Verfahren der Komplexität $\mathcal{O}(n)$ ist es, nacheinander jedes Objekt zufällig an eine Komponente zu binden. Eine so kreierte Partition dient häufig als Anfangspartition für iterative Algorithmen.

Hierarchisches Clustering

Hierarchisches Clustering bezeichnet eine ganze Klasse konstruktiver Algorithmen [198, 228, 274, 60] zur Partitionierung. Objekte werden gruppiert, dann werden die Closenesswerte neu berechnet. Dieser Vorgang wiederholt sich, bis eine Terminierungsbedingung erfüllt ist, z. B. wenn alle Objekte gebunden sind bzw. wenn die Closeness zwischen allen Blöcken eine gegebene Schranke unterschreitet.

Ein in [122] beschriebener Algorithmus der Komplexität $\mathcal{O}(n^2)$, die im Wesentlichen durch die Berechnung der Closeness zwischen allen Blöcken gegeben ist, wird hier leicht modifiziert wiedergegeben:

```
HIERARCHISCHES-CLUSTERING(O, f) {
        /* Initialisiere jedes Objekt als einen Block */
        P := { };
        FOR (i = 1) TO n {
                p_i := {o_i};
                P := P ∪ p_i;
        }
        numblocks := n;
        /* Berechne Closeness zwischen den Objekten */
        FOR (i = 1) TO n {
                FOR (j = 1) TO n {
                        BerechneCloseness(p_i, p_j);
                }
        }

        k := n + 1;
        /* Vereinigen der Objekte und Neuberechnung der Closeness */
        WHILE (Abbruch(P) = false) {
                (p_x, p_y) := FindeBestePaarung(P);
                p_k := p_x ∪ p_y;
                P := P \ p_x \ p_y ∪ p_k;
                numblocks := numblocks − 1;
```

```
            FOREACH (p_l ∈ P \ p_k) {
                BerechneCloseness(p_l, p_k);
            }
            k := k + 1;
        }
        RETURN(P);
    }
```

Der Algorithmus verwendet eine Prozedur BerechneCloseness, die den Closeness-wert zwischen zwei Blöcken p_i und p_j einer Partition berechnet. Diese Funktion kann z. B. das Minimum, das Maximum, den Mittelwert oder die Summe der Closenesswerte aller Objektpaare (o_x, o_y) mit $o_x \in p_i$ und $o_y \in p_j$ berechnen.

Weiterhin gibt es eine Prozedur FindeBestePaarung, die aus der aktuellen Partition P die beiden Partitionsblöcke p_x, p_y mit maximalem Closenesswert zurückliefert. Die Funktion Abbruch liefert den Wahrheitswert true, falls die Terminierungsbedingung erfüllt ist, sonst den Wert false. Als Terminierungsbedingung kann man sich beispielsweise eine maximale Anzahl k_{max} von Gruppierungen oder ein zu unterschreitender Maximalwert der Closeness zwischen Partitionsblöcken vorstellen.

Zunächst wird eine Gruppierung bestimmt, die jedes Objekt als einzelnen Partitionsblock definiert. Dann wird zwischen jedem Paar von Blöcken der Closenesswert berechnet und beispielsweise in einer (nicht dargestellten) globalen Datenstruktur festgehalten. Der Kern des Verfahrens bildet eine Schleife, in der so lange zwei Blöcke p_x, p_y mit größtem Closenesswert in einem Block p_k vereinigt werden, bis das Abbruchkriterium erfüllt ist. Die Variable *numblocks* enthält die Anzahl der Blöcke der am Ende gefundenen Partition.

Beispiel 5.6.1. Abbildung 5.9 (aus [122]) zeigt die Anwendung des Algorithmus anhand eines Beispiels mit vier Objekten, deren Closeness durch ungerichtete Kanten mit Kantengewichten angedeutet sind. Zu Beginn des Verfahrens wird die Partition $P = \{\{o_1\}, \{o_2\}, \{o_3\}, \{o_4\}\}$ mit *numblocks* $= 4$ (siehe Abb. 5.9a)) bestimmt. Das Paar $p_1 = \{o_1\}, p_2 = \{o_2\}$ weist nun mit dem Wert 30 den größten Closenesswert auf und wird deshalb in einen Block zusammen gruppiert. Man erhält die neue Partition $P = P \setminus p_1 \setminus p_2 \cup p_5$ mit $p_5 = \{o_1, o_2\}$, d. h. $P = \{\{o_3\}, \{o_4\}, \{o_1, o_2\}\}$. Als Terminierungsbedingung wird die Bedingung *numblocks* $= 2$ gewählt, d. h. eine Partition mit zwei Blöcken. Innerhalb der Schleife wird nun die Closeness neu berechnet. Mit *numblocks* $= 3$ wird zunächst die Closeness des neuen Blocks p_5 zu p_3 bestimmt. Unter der Annahme, dass sich die Closeness $c_{i,j}$ zweier Blöcke p_i, p_j als arithmetisches Mittel der Gewichte aller Objektpaare (o_x, o_y) mit $o_x \in p_i$ und $o_y \in p_j$ ergibt, erhält man $c_{3,5} = 1/2(c_{1,3} + c_{2,3}) = 20$. Genauso erhält man $c_{4,5} = 1/2(c_{1,4} + c_{2,4}) = 10$. Die neue Partition und die neuen Gewichte sind in Abb. 5.9b) dargestellt. Da nun die beiden Blöcke p_3 und p_5 die größte Closeness aufweisen, werden diese beiden im zweiten Schritt zusammen gruppiert. Man erhält die Partition $P = \{\{o_1, o_2, o_3\}, \{o_4\}\}$ und *numblocks* $= 2$. Das Verfahren terminiert an dieser Stelle.

Man kann sich bildlich vorstellen, dass das Verfahren einen Baum von sog. *Clustern* generiert, in dem horizontale Schnitte (engl. sog. *cutlines*) jeweils eine Partition

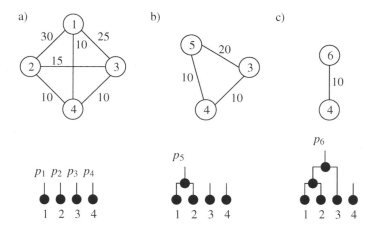

Abb. 5.9. Hierarchisches Clustering. Das Beispiel stammt aus [122].

beschreiben (siehe z. B. in Abb. 5.9). So gibt es zahlreiche Verfahren, die sich die *Geschichte* der einzelnen Partitionen merken und nach Clustering aller Objekte in einen einzelnen Knoten anschließend jeden Schnitt durch Anwendung einer Zielfunktion evaluieren. Aus allen kreierten Schnitten wird die beste Partition bestimmt.

Statt ferner nur eine einzige Closenessfunktion zuzulassen, kann man sich vorstellen, das Clusteringverfahren so zu erweitern, dass mehrere Iterationen mit unterschiedlichen Closenesskriterien berechnet werden, um die beste Partition zu bestimmen: Aus einem kreierten Clusterbaum bestimmt man diejenige Partition (Schnitt), die unter allen kreierten Schnitten die (lokal) beste darstellt. Diese ermittelt man beispielsweise durch Evaluierung einer Zielfunktion. Mit dieser Partition als Anfangspartition wendet man nun das Clusteringverfahren erneut an, jedoch unter Verwendung einer anderen Closenessfunktion usw. Ein solches Verfahren mit dem Namen *Multi-Stufen-Clustering* wurde von Lagnese und Thomas [228] vorgeschlagen. Jede solche Iteration mit einem speziellen Kriterium definiert eine sog. Stufe (engl. *stage* [228]).

Berechnet man im obigen Verfahren als Closeness die Summe der Kantengewichte von Kanten, die zwischen Objekten verschiedener Blöcke verlaufen, so wäre die beste Partition die mit nur einem Block. Um dies zu verhindern, kann man Größenbeschränkungen an die Anzahl der Elemente in den Gruppen formulieren. Das hätte jedoch den Nachteil, dass die Güte der Partitionen stark beeinträchtigt werden könnte. Vermeiden kann man dies durch Definition einer neuen Closeness:

Definition 5.6.2 (Ratiocut [122]). *Sei* $P = \{p_i, p_j\}$ *und* $cut(P)$ *die Summe der Gewichte der Kanten zwischen Objekten in unterschiedlichen Blöcken* p_i *und* p_j. *Die Anzahl der Objekte in* p_i, p_j *(Blockgrößen) sei* $size(p_i)$, $size(p_j)$. *Das* Ratio *von P ist gegeben durch*

$$ratio = \frac{cut(P)}{size(p_i)size(p_j)}$$

Während der Zähler ein Zusammengruppieren möglichst vieler Objekte bewirken würde, sorgt der Nenner für ausgewogene Blockgrößen. Eine Heuristik, die diese Closenessfunktion verwendet, wurde in [217] unter dem Namen *Ratiocut* vorgeschlagen.

Insgesamt gesehen haben konstruktive Verfahren im Zusammenhang mit der Partitionierung die Schwäche, dass man aus der (relativen) Closenesswertberechnung nicht einfach auf die (absoluten) Eigenschaften der Implementierung schließen kann: Wie überprüft man beispielsweise während des Verfahrens, ob globale Entwurfsbeschränkungen eingehalten werden? Weiterhin kann es von Nachteil sein, alle Informationen über gültige Bindungen, Performanz etc. in einem einzigen Closenesswert festzuhalten. Die Definition einer geeigneten Closenessfunktion kann sich als sehr schwierig erweisen, wenn man zahlreiche Entwurfsbeschränkungen erfüllen muss oder wenn man zahlreiche Entwurfskriterien abwägen will.

5.6.2 Iterative Verfahren zur Partitionierung

Kernighan-Lin-Algorithmus

Zahlreiche Ansätze zur Partitionierung basieren auf der Grundstruktur eines iterativen Algorithmus zur Verbesserung von Bipartitionen, der von Kernighan und Lin stammt [208] und bezüglich Laufzeit und Strategie verbessert wurde [106] [223]. Der Algorithmus wird vor allem im Bereich des VLSI-Entwurfs eingesetzt im Zusammenhang mit der Platzierung von Schaltkreisen und minimiert die Anzahl von Kanten zwischen zwei Partitionsblöcken. Beginnend mit einer beliebigen Bipartition wird folgende Iteration wiederholt [106]: Bestimme für jedes Objekt den Kostengewinn bei Umgruppierung des Objekts in den jeweils anderen Partitionsblock. Migriere dann dasjenige Objekt in den anderen Block, das den größten Kostengewinn verursacht. Um einem lokalen Optimum entweichen zu können (wo keine einzelne Migration die Kosten verringert, aber vielleicht das gleichzeitige Verschieben mehrerer Objekte), haben bereits Kernighan und Lin den Algorithmus modifiziert: Ein Objekt wird umgruppiert, wenn dies den größten Kostengewinn *oder das kleinste Wachstum* der Kostenfunktion bewirkt. Um zu verhindern, dass das gleiche Objekt hin- und hergruppiert wird (Endlosschleife), kann jedes Objekt nur einmal umgruppiert werden. Dabei werden Umgruppierungen zunächst *versuchsweise* durchgeführt. Nachdem ein Objekt versuchsweise umgruppiert ist, sucht man nun unter den restlichen $n-1$ Objekten dasjenige aus, das am besten umgruppiert wird usw., bis jedes Objekt einmal umgruppiert worden ist. In einer Tabelle merkt man sich dabei in jedem Schritt, wie die Kosten einer aktuellen Partition wären, wenn die bisherige Umgruppierung wirklich durchgeführt würde.

Nachdem dann alle Objekte einmal (versuchsweise) umgruppiert worden sind, wird die Partition mit den geringsten Kosten ausgewählt und nur diejenigen Objekte dann wirklich umgruppiert, die zu diesen geringsten Kosten führen. Diese beschriebenen Schritte stellen eine Iteration des Algorithmus dar.

Der Algorithmus iteriert schließlich ausgehend von einer solchen neuen Partition, bis keine neue Partition mit geringeren Kosten gefunden werden kann. Das Verfahren zeigt sich als robust, besitzt eine Komplexität von $\mathcal{O}(n^3)$ und lässt sich auch auf *m-Block-Partitionen* erweitern, z. B. indem man in jedem Schritt nicht nur das Objekt, sondern auch denjenigen Block bestimmt, für den der größte Kostengewinn bzw. das geringste Kostenwachstum möglich wird. Die Komplexität dieses Verfahrens multipliziert sich in diesem Fall mit *m*. Eine andere Möglichkeit besteht in der rekursiven Anwendung des Bipartitionierungsalgorithmus auf jeden Block einer Bipartition, bis *m* Blöcke vorliegen. Ein solches Verfahren ähnelt sehr dem bekannten *Mincut*-Verfahren (siehe z. B. [244]) zur Platzierung beim VLSI-Entwurf.

Simulated annealing

Dieses Standardoptimierungsverfahren [216] (siehe auch Anhang) unterscheidet sich vom Kernighan-Lin-Algorithmus dadurch, dass ein Objekt mehrfach umgruppiert werden kann. Der Algorithmus beschränkt die Komplexität durch Nichtakzeptanz kostensteigernder Gruppierungen mit zunehmender Zeit. Ausgehend von einer Anfangspartition wird eine simulierte Temperatur langsam erniedrigt. Für jede Temperatur werden zufällige Umgruppierungen generiert. Es ist bekannt, dass das Verfahren ein globales Optimum [348, 244] unter gewissen Annahmen findet, u. a. wenn die Temperatur beliebig langsam verringert wird. Die Komplexität des Verfahrens hängt stark von dessen Implementierung ab. Deshalb kann die Komplexität zwischen exponentiell und polynomiell variieren. Im Allgemeinen wird das Verfahren so implementiert, dass die Komplexität ein Polynom niedriger Ordnung ist.

5.6.3 Evolutionäre Algorithmen

Evolutionäre Algorithmen imitieren die Natur und können zur Partitionierung eingesetzt werden. Im Gegensatz zu Simulated annealing, wo ausgehend von einer Partition jeweils genau eine neue Partition generiert wird, arbeiten Evolutionäre Algorithmen auf Mengen von Partitionen, sog. *Populationen*. Iterativ werden nach Auswahlverfahren der Evolution neue Populationen generiert. Die für evolutionäre Algorithmen typischen Auswahlverfahren sind *Selektion*, *Kreuzung* und *Mutation* (siehe auch Anhang). Evolutionäre Algorithmen gehören genauso wie Simulated annealing zu Standardverfahren der Optimierung. In Kapitel 8 werden wir die Stärken dieser Verfahren bei der Systemsynthese kennenlernen. Das Bindungsproblem bildet darin ein wichtiges Teilproblem.

5.6.4 Partitionierung mit linearer Programmierung

Partitionierungsprobleme können auch in Form eines ganzzahligen linearen Programms (ILP — engl. *integer linear program*) formuliert werden. Angewendet auf das beschriebene Partitionierungsproblem kann beispielsweise folgende Modellierung erfolgen: Die Zugehörigkeit eines Objektes $o_i \in O$ zu einem Partitionsblock p_k, $1 \leq k \leq m$ drückt man durch eine binäre Variable $x_{i,k}$ aus. Die Kosten der Implementierung von o_i auf Block p_k seien durch Konstanten $c_{i,k} \in \mathbb{Q}_0^+$ gegeben. Ferner sind additive Kommunikationskosten $g_{i,j}$ gegeben, falls zwei Objekte $o_i, o_j \in O$ in unterschiedliche Partitionsblöcke partitioniert werden. Zur Erleichterung der Darstellung wird $\forall 1 \leq i \leq n : g_{i,i} = 0$ definiert.

Weiterhin seien die Kosten einer Partition P gleich der Summe der Kosten der in den Blöcken p_k, $1 \leq k \leq m$ enthaltenen Objekte (Kosten eines Blocks) plus die Summe der Kommunikationskosten für Objektpaare, die in unterschiedlichen Blöcken liegen.

Als Beschränkungen gibt es pro Block eine Kostenschranke $\bar{c}_k$ sowie eine globale Schranke cut der maximal erlaubten Summe von Kommunikationskosten. Ferner gibt es für jeden Block eine Minimalgröße l_k, die der Einfachheit halber als Anzahl der Objekte, die auf p_k partitioniert werden, bestimmt ist, und eine Maximalgröße h_k. Damit erhält man das folgende ILP-Modell:

$$x_{i,k} \in \{0,1\} \qquad \forall 1 \leq i \leq n, \, \forall 1 \leq k \leq m$$

$$\sum_{k=1}^{m} x_{i,k} = 1 \qquad \forall 1 \leq i \leq n \qquad (5.1)$$

$$c_k = \sum_{i=1}^{n} x_{i,k} \, c_{i,k} \leq \bar{c}_k \qquad \forall 1 \leq k \leq m \qquad (5.2)$$

$$c_{\text{com}} = \sum_{k_1=1}^{m-1} \sum_{k_2=k_1+1}^{m} \sum_{i=1}^{n} \sum_{j=1}^{n} x_{i,k_1} \, x_{j,k_2} \, g_{i,j} \leq cut \qquad (5.3)$$

$$l_k \leq \sum_{i=1}^{n} x_{i,k} \leq h_k \qquad \forall 1 \leq k \leq m \qquad (5.4)$$

Als zu minimierende Zielfunktion wählt man z. B. $\sum_{k=1}^{m} c_k + c_{\text{com}}$. Bemerkung: Den quadratischen Term in Gl. (5.3) kann man linearisieren, siehe z. B. [328, 326]. Das einfache, obige ILP-Modell kann um zahlreiche Eigenschaften erweitert werden, z. B. sind beschränkte Abbildungsmöglichkeiten leicht modellierbar (siehe z. B. in Kapitel 4).

Die Lösung kann z. B. mit einem BRANCH&BOUND-Algorithmus [303] (siehe Anhang) erfolgen. Da es sich um ein exaktes Verfahren handelt, ist die Anwendbarkeit dieses Algorithmus jedoch auf kleinere Problemgrößen beschränkt. Insbesondere bei geschätzten Entwurfsdaten sind exakte Verfahren wie diese nicht unbedingt sinnvoll einsetzbar.

5.6.5 Algorithmen zur HW/SW-Partitionierung

Das Problem der Hardware/Software-Partitionierung (im Folgenden HW/SW-Partitionierung abgekürzt) wurde in ersten Ansätzen oft vereinfacht als ein Spezialfall des allgemeinen Partitionierungsproblems aufgefasst, nämlich als sog. *Bipartitionierungsproblem*. Ein Bipartitionierungsproblem ist ein Partitionierungsproblem mit zwei Blöcken (Ressourcetypen). Im Zusammenhang mit der HW/SW-Partitionierung gilt: $P = \{p_{HW}, p_{SW}\}$. Dabei bezeichnet der Partitionsblock p_{HW} den Anteil der Objekte, die in Hardware realisiert werden (p_{SW} analog). Als Zielfunktionen spielen hier beispielsweise die Fläche der zu realisierenden Hardware, deren Minimierung für ein Migrieren von Objekten in den Block p_{SW} spricht, und die Performanz der Implementierung, die für ein Migrieren von Objekten in den Block p_{HW} spricht, eine wichtige Rolle.

Man unterscheidet nun Ansätze zur HW/SW-Partitionierung danach, ob sie *softwareorientiert* (z. B. [98]) oder *hardwareorientiert* (z. B. [148]) sind. Im ersten Fall geht man von einer Anfangspartition in Software ($p_{HW} = \{\}$, $p_{SW} = O$), im zweiten Fall von einer Partition aller Objekte in Hardware ($p_{SW} = \{\}$, $p_{HW} = O$) aus.

Die Motivation des ersten Ansatzes liegt in der Realisierbarkeit komplexerer Operationen in Software, die nicht oder nur sehr aufwändig in Hardware realisierbar wären. Auch ist i. Allg. der Anteil an benötigter Hardware geringer als im hardwareorientierten Ansatz. Ein Nachteil besteht jedoch darin, dass die Anfangspartition evtl. nicht den Performanzanforderungen entspricht. Gegen den hardwareorientierten Ansatz spricht die Komplexität der Realisierung, die i. Allg. nicht minimal ist. Im Folgenden werden einige spezielle HW/SW-Partitionierungsalgorithmen beschrieben.

Eine Klasse von einfachen Algorithmen, die ausgehend von einer Anfangspartition Objekte in den jeweils anderen Block migrieren, bis keine Verbesserung mehr möglich ist, ist nach folgendem Schema aufgebaut:

```
GREEDY_PARTITIONER(P) {
    REPEAT { /* Greedy-Partitionierung */
        P_alt := P;
        FOR (i = 1) TO n {
            IF (f(Move(P,o_i)) < f(P))
                P := Move(P,o_i);
        }
    }
    UNTIL (P = P_alt);
    }
}
```

Dabei wird eine Prozedur Move(P, o_i) benutzt, die eine neue Partition P' bildet, die man erhält, indem man Objekt o_i in den Partitionsblock p_{SW} migriert, falls $o_i \in p_{HW}$ gilt bzw. umgekehrt. Der Algorithmus macht seinem Namen alle Ehre, da er Objekte gierig (engl. *greedy*) umgruppiert: Ein Objekt wird umgruppiert, falls dies zu einer Verbesserung führt.

Der folgende Algorithmus, eine Variation des von Gupta in [148] beschriebenen Algorithmus, ist hardwareorientiert und startet mit der Anfangspartition aller Objekte in Hardware ($p_{HW} = O$, $p_{SW} = \{\}$). Das Verfahren funktioniert im Prinzip genauso wie der oben beschriebene Algorithmus, jedoch werden Migrationen von Objekten von der Hardware zur Software nur dann durchgeführt, wenn gegebene Performanzbeschränkungen erfüllt bleiben und eine Verbesserung der Zielfunktion erzielt wird. Die Anfangspartition erfüllt diese Beschränkungen per definitionem.

Die vereinfachte Grundstruktur des Algorithmus aus [148] kann in unserer Notation wie folgt dargestellt werden:

```
GUPTA() {
    P := {O,{ }};
    REPEAT
        P_alt := P;
        FOREACH (o_i ∈ p_HW) {
            TryMove(P,o_i);
        }
    UNTIL (P = P_alt);
}
```

```
PROCEDURE TryMove(P,o_i) {
    IF SatisfiesPerformance(Move(P,o_i)) AND
        (f(Move(P,o_i)) < f(P)) {
        P := Move(P,o_i);
        FOREACH (o_j ∈ Successors(o_i)) {
            TryMove(P,o_j);
        }
    }
}
```

Die Funktion SatisfiesPerformance(P) liefert den Wahrheitswert true zurück, falls P alle Performanzbeschränkungen erfüllt. Falls ein Objekt o_i migriert wurde, wird zuerst versucht, sämtliche „benachbarten" Objekte von o_i (im Algorithmus durch eine Funktion Sucessors(o_i) bezeichnet) ebenfalls zu migrieren. Dies sind beispielsweise die Menge der direkten Nachfolgerknoten für einen gegebenen Problemgraphen.

Eine duale Sichtweise des Partitionierungsproblems ist in dem softwareorientierten Ansatz [98] realisiert. Dieser Ansatz beginnt mit einer Anfangspartition $p_{HW} = \{ \}$, $p_{SW} = O$, d. h. einer Partition aller Objekte in Software, und wendet Simulated annealing an zur Partitionierung. Dieses Verfahren hat gegenüber dem hardwareorientierten Ansatz den Vorteil, dass Simulated annealing aus lokalen Minima entweichen kann.

Die hier vorgestellten Algorithmen stellen eine exemplarische Auswahl einiger weniger Ansätze zur Partitionierung dar und wurden zudem auch sehr vereinfacht beschrieben.

5.7 Entwurfssysteme zur Partitionierung

Im letzten Abschnitt wird noch eine exemplarische Übersicht über den Einsatz von Partitionierungstechniken in universitären und industriellen Entwurfssystemen gegeben.

5.7.1 Funktionale Partitionierung im Hardwareentwurf

Die folgenden Techniken zielen im Gegensatz zu den vorgestellten allgemeinen Partitionierungstechniken speziell auf die Partitionierung auf Hardwarekomponenten.

Yorktown Silicon Compiler (YSC)

Der Yorktown Silicon Compiler (YSC) [60] benutzt als Eingabe eine funktionale Beschreibung auf der Ebene von arithmetischen und logischen Ausdrücken. Das Ziel ist die Partitionierung der Operationen (z. B. Multiplikationen, Additionen etc.) auf funktionale Blöcke eines Datenpfads. Jeder Block wird anschließend über Werkzeuge der Logiksynthese verfeinert. Die Anzahl der Module wird durch den Algorithmus zur Partitionierung bestimmt. Hierzu wird ein hierarchischer Clusteringalgorithmus mit folgender Closenessfunktion eingesetzt:

$$Closeness(p_i, p_j) = \left(\frac{sharedwires(p_i, p_j)}{maxwires(P)} \right)^{c_2} \cdot$$
$$\cdot \left(\frac{maxsize}{\min\{size(p_i), size(p_j)\}} \right)^{c_3}$$
$$\cdot \left(\frac{maxsize}{size(p_i) + size(p_j)} \right)$$

Hierin bedeuten:

- $sharedwires(p_i, p_j) = c_1 \times commoninputs(p_i, p_j) + internalwires(p_i, p_j)$,
- $commoninputs(p_i, p_j)$: Anzahl der Bits von gemeinsamen Eingängen, also Eingängen, die sowohl von Objekten des Blocks p_i als auch von Objekten des Blocks p_j benutzt werden,
- $internalwires(p_i, p_j)$: Anzahl der Verbindungen (in Bits) zwischen Objekten $o_i \in p_i$ und $o_j \in p_j$,
- $maxwires(P)$: $\max_{p_i, p_j \in P: i \neq j}\{sharedwires(p_i, p_j)\}$,
- $size(p_i)$: abgeschätzte Transistorzahl zur Realisierung von p_i,
- $maxsize$: maximale Größe (in Anzahl von Transistoren) eines Blocks,
- c_1, c_2, c_3: Konstanten.

Der erste Term favorisiert das Zusammengruppieren von Blöcken, die viele gemeinsame Daten teilen. Der zweite Term sorgt für ausgeglichene Blockgrößen, und der dritte Term bewirkt, dass jeder einzelne Block eine gewisse Größe nicht überschreitet. Das hierarchische Clusteringverfahren in YSC terminiert, wenn die maximale Closeness zwischen zwei Blöcken eine vorgegebene Schranke unterschreitet. Die erzielten Ergebnisse können dahingehend verbessert werden, dass man zusätzlich Ergebnisse der Logikminimierung einfließen lässt.

BUD

In dem von McFarland stammenden System BUD [273, 274] werden Partitionen mit Operationen der Granularität von Operationen eines Kontroll-Datenflussgraphen (CDFG), also auch Multiplizier-, Addier- und andere arithmetische und logische Operationen, generiert. Die Operationen sollen an Module eines Datenpfads gebunden werden, wobei eine Partition gleichsam eine Allokation und eine Bindung verkörpert. Der eingesetzte Partitionierungsalgorithmus ist ein hierarchischer Clusteringalgorithmus. Zu Beginn des Verfahrens wird die Closeness zwischen jedem Paar von Operationen nach folgender Closenessfunktion bestimmt:

$$
\begin{aligned}
Closeness(o_i, o_j) = {} & \left(\frac{shareddata(o_i, o_j)}{totaldata(o_i, o_j)} \right) \\
& + \left(\frac{fcost(o_i) + fcost(o_j) - cost(o_i, o_j)}{cost(o_i, o_j)} \right) \\
& - n \cdot par(o_i, o_j)
\end{aligned}
$$

Hierin bedeuten:

- *shareddata*(o_i, o_j): Anzahl der von beiden Operationen o_i und o_j gemeinsam benutzten Daten in Bits. Gemeinsame Nutzung von Daten tritt auf, wenn entweder beide Knoten einen gemeinsamen direkten Vorgänger im CDFG besitzen oder wenn o_j direkter Nachfolger von o_i ist bzw. umgekehrt. Aus den Wortlängen der Daten kann man die Bitzahl bestimmen.
- *totaldata*(o_i, o_j): Summe der Eingangsdaten und Ausgangsdaten (in Bits) des Blocks (o_i, o_j). Anschaulich lässt sich *totaldata*(o_i, o_j) wie folgt bestimmen: Im CDFG zeichne man eine Hülle um o_i und o_j und addiere die Anzahl von Bits von Daten, die über Kanten in die Hülle und über Kanten aus der Hülle transportiert werden. Besitzen die beiden Knoten einen gemeinsamen direkten Vorgänger, so sind die Daten einer solchen Menge von Kanten einfach zu zählen. Besitzt o_i oder o_j mehrere direkte Nachfolger, so sind die Daten einer solchen Menge von Kanten ebenfalls einfach zu zählen.
- *fcost*(o_i): Kosten der funktionalen Einheit zur Realisierung von o_i.
- *cost*(o_i, o_j): minimale Kosten (bzgl. Fläche und erzielbarer Performanz) der benötigten funktionalen Einheiten, um beide Operationen zu implementieren.
- *par*(o_i, o_j): 1, falls o_i und o_j parallel ausgeführt werden können, 0 sonst.

Der erste Term favorisiert Gruppierungen von Objekten mit gemeinsam genutzten Daten. Das Ziel ist hier eine Reduktion des erforderlichen Verdrahtungsaufwands. Der zweite Term favorisiert das Gruppieren von Operationen, die eine Ressource teilen können. Zum Beispiel können Additionen und Subtraktionen gemeinsam ein Addier/Subtrahierwerk belegen. Der dritte Term betrifft die Performanz und verhindert, dass nebenläufige Operationen durch Zusammengruppierung sequentialisiert werden. Die einzelnen Terme können in BUD entsprechend ihrer Wichtigkeit gewichtet werden.

Nun wird ein Clusterbaum generiert durch iteratives Zusammengruppieren zweier Blöcke mit größter Closeness. Zur Berechnung der Closeness zwischen hierarchischen Objekten wird hier die Mittelwertbildung eingesetzt. In jedem Schritt wird aus der aktuellen Partition die Allokation und ein Ablaufplan mit Listscheduling bestimmt.

Nachdem alle Objekte in einen einzigen Block gruppiert sind, wird schließlich diejenige Partition durch Architektursynthese implementiert, die die besten Eigenschaften (z. B. Fläche, Latenz) unter allen während des Verfahrens betrachteten Partitionen hatte.

APARTY

Von Lagnese und Thomas [228] stammt das Partitionierungswerkzeug APARTY. Die wesentlichen Verbesserungen gegenüber der in BUD dargestellten Partitionierungstechnik bestehen aus folgenden zwei Punkten:

- *Closenessberechnung zwischen hierarchischen Objekten*: Offensichtlich ist die Closenessberechnung bei der Konstruktion hierarchischer Cluster in BUD nicht exakt (Mittelwertbildung). In APARTY werden Closenessfunktionen zwischen Blöcken definiert (also zwischen Gruppen von Operationen, siehe auch beim YSC).

- *Evaluierung mehrerer Closenessfunktionen*: Ein weiterer Nachteil von BUD ist die lineare Verknüpfung aller Eigenschaften in einen Wert in der Closenessfunktion. Statt dessen werden in APARTY mehrere Closenessfunktionen definiert, u. a. bezüglich des Kommunikationsaufwands, des Steuerungsaufwands und der gemeinsamen Nutzbarkeit funktionaler Blöcke. Das Clusteringverfahren ist das bereits in diesem Kapitel angedeutete Verfahren Multi-Stufen-Clustering, bei dem in verschiedenen Iterationen unterschiedliche Closenessfunktionen zur Clusterbildung eingesetzt werden können.

Ferner kann auch eine Zielfunktion zur Evaluierung der besten Partition aus einem in einer Iteration kreierten Clusterbaum von Iteration zu Iteration unterschiedlich sein (z. B. minimale Fläche, maximale Performanz etc.). Details können in [228] nachgelesen werden.

5.7.2 ILP-basierte Ansätze für Multi-Chip-Entwürfe

Andere Techniken betreffen ILP-basierte Ansätze, z. B. der von Gebotys in [127, 128] beschriebene und auf Multi-Chip-Architekturen erweiterte Ansatz [129]. Auf eine ähnliche Klasse von Zielarchitekturen bezieht sich der Ansatz CHOP [224]. Hier werden Suchverfahren und Schätzungstechniken eingesetzt, um den Entwurfsraum von Multi-Chip-Entwürfen zu explorieren. Beide Ansätze betrachten allerdings nur Partitionen mit mehreren dedizierten Hardwareeinheiten (keine Softwarealternativen).

5.7.3 Entwurfssysteme zur Hardware/Software-Partitionierung

Der folgende Abschnitt dient der Übersicht über Ansätze der Partitionierung von Funktionalität in Hardware- und Softwarekomponenten.

Vulcan

Vulcan [147, 149] ist ein in Stanford entstandenes Framework, das aus zwei Teilsystemen besteht: Im ersten Teilsystem wird die Partitionierung einer Spezifikation auf verschiedene ASICs [147] beschrieben, im zweiten Teilsystem [149] die Partitionierung in Hardware- und Softwarekomponenten. Nur das zweite Teilsystem wird stichwortartig beschrieben:

- Eingabe: Eine Spezifikation erfolgt in Form eines HardwareC-Programms, einer Erweiterung von C um Prozesse mit Interprozesskommunikationsstrukturen. Die Beschreibung enthält ebenfalls die Spezifikation von zeitlichen Minimums- und Maximumsbeschränkungen zwischen Paaren von Operationen sowie Datenratenbeschränkungen. Daraus wird eine interne Beschreibung in Form eines hierarchischen Graphenmodells (ähnlich einem hierarchischen Sequenzgraphen) generiert. Das Modell kann auch Operationen beinhalten, die eine nichtdeterministische Berechnungszeit besitzen.
- Zielimplementierung: Als Zielarchitektur wird ein Prozessor mit zusätzlichen anwendungsspezifischen Hardwarekomponenten betrachtet. Das System besitzt einen globalen Systembus und einen globalen, nichthierarchischen Speicher, über den jede Kommunikation zwischen Hardwarekomponente und Prozessor erfolgt. Dabei ist der Prozessor immer für die Busvergabe verantwortlich (*Busmaster*).
- Abstraktionsebene: Als zu partitionierende Objekte werden Anweisungsblöcke ohne Kontrollfluss, sog. Grundblöcke, und feingranularere Operationen betrachtet. Die Operationen einer Spezifikation werden zunächst unterschieden in
  - externe Operationen (z. B. Operationen als Reaktion auf externe Ereignisse) mit nichtdeterministischer Berechnungszeit,
  - interne Operationen mit nichtdeterministischer Berechnungszeit (z. B. Verzweigungen, datenabhängige Schleifen) und
  - Operationen mit deterministischer Berechnungszeit.
  Jede interne Operation mit nichtdeterministischer Berechnungszeit wird in Software realisiert durch Generierung jeweils eines *Programmthreads*. Threads stellen nebenläufige, jedoch in sich sequentielle, schleifenfreie Programme dar. Das Softwaremodell basiert auf einer statischen Ablaufplanung der einzelnen Threads und einer dynamischen Ablaufplanung der Threads zur Laufzeit. Alle externen nichtdeterministischen Operationen werden in Hardware realisiert. Folglich basiert das Hardwaremodell darauf, dass die Hardware sämtliche Synchronisationen mit der Umgebung durchführt. Zu partitionieren sind schließlich nur noch Operationen mit deterministischer Berechnungszeit.

- Algorithmus: Zur Partitionierung wird die bereits vereinfacht vorgestellte, hardwareorientierte Heuristik GUPTA verwendet. Die Zielfunktion besteht aus einer gewichteten Summe von Hardwarekosten, Programm- und Datenspeicheraufwand, Erfüllbarkeit von Performanzbeschränkungen sowie Synchronisationsaufwand. Als Ergebnis wird eine Bipartition ausgegeben. Zur Synthese der Hardwarekomponenten besitzt das Framework Vulcan eine Schnittstelle zu dem ebenfalls in Stanford entwickelten Architektursynthesewerkzeug Olympus.

Cosyma

Das an der Universität Braunschweig entstandene Entwurfssystem Cosyma stammt von Ernst et al. [98] und besitzt folgende Eigenschaften:

- Eingabe: Als Eingabe werden Spezifikationen in C^x, einer Erweiterung von ANSI C um Minimums- und Maximumsberechnungszeiten, Task- und Intertaskkommunikationsmechanismen, betrachtet. Eine C^x-Spezifikation wird in eine innere Struktur eines sog. ES-Graphen, eines um eine Symboltabelle und Daten- und Kontrollflussabhängigkeiten erweiterten Syntaxgraphen, transformiert.
- Zielimplementierung: In [98] wird die in Cosyma betrachtete Zielarchitektur als eine Architektur mit einem Prozessor (zur Abwicklung der Software) und einem Coprozessor (zur Realisierung der Hardware) beschrieben, die über einen gemeinsamen Speicher gekoppelt sind. Das Kommunikationsprinzip entspricht dem Prinzip kommunizierender sequentieller Prozesse. Gemäß [98] darf die Ausführung von Operationen auf dem Coprozessor zeitlich nicht mit der Ausführung von Operationen auf dem Prozessor überlappen.
- Verfahren: Partitioniert wird auf der Ebene von Anweisungsblöcken (Grundblöcken). Es werden Iterationen zwischen der Partitionierung und der Synthese einer Implementierung (Software durch Übersetzung, Hardware durch Architektursynthese) durchgeführt.
- Algorithmus: Das Partitionierungsverfahren ist softwareorientiert und beginnt mit einer Partition der gesamten Funktionalität in Software. Das Verfahren besteht aus zwei geschachtelten Schleifen: In der inneren Schleife wird Simulated annealing eingesetzt mit einer Zielfunktion, die den geschätzten Ausführungszeitgewinn bei Migrieren eines Blocks in Hardware unter Berücksichtigung von Kommunikationszeiten bestimmt. Dabei wird die Berechnungszeit eines Grundblocks in Hardware für eine benutzergesteuerte Allokation funktionaler Ressourcen mit Listscheduling bestimmt. Softwareausführungszeit und Kommunikationszeiten werden ebenfalls geschätzt. In der äußeren Schleife werden Syntheseverfahren eingesetzt, um die geschätzten Werte der inneren Schleife zu aktualisieren. Unter anderem wurde auch ein eigenes Werkzeug zur Architektursynthese mit dem Namen BSS (Braunschweig Synthesis System) (siehe z. B. [177]) entwickelt, mit dem der Coprozessor synthetisiert werden kann.

SpecSyn

In dem Entwurfssystem SpecSyn [123] sind folgende Erweiterungen bekannter Verfahren realisiert:

- explizite Modellierung von Bussen und Speichern als Hardwarekomponenten (Bindung von Variablen an Speicher),
- Konzept von Variablen und Kommunikationskanälen (Bindung von Kommunikationen und Busse),
- Allokation von mehr als einer Hardware- bzw. Softwarekomponente.

Dabei werden drei Bindungsprobleme (Partitionierungsprobleme) betrachtet: 1) Die Abbildung von Funktionalität auf Systemkomponenten, 2) die Abbildung von Variablen auf Speicher und 3) die Abbildung von Kommunikationen auf Busse. Der Benutzer wählt die Reihenfolge aus, in der die drei Partitionierungsprobleme gelöst werden. Als Zielfunktionen werden u. a. gewichtete Summen von Überschreitungen von Beschränkungen (engl. *violations*) bestimmter Eigenschaften betrachtet. Als HW/SW-Partitionierungsalgorithmus benutzt das System u. a. einen Algorithmus der binären Suche. Das System vereinigt ferner eine ganze Reihe verschiedener Partitionierungsalgorithmen, die auf Closenessfunktionen beruhen [123].

5.7.4 ILP-basierte Ansätze zur HW/SW-Partitionierung

Von Prakash und Parker [327] stammt eine Partitionierungsmethode, die die Partitionierung eines Datenabhängigkeitsgraphen auf eine Multiprozessorarchitektur mit einem ILP-Modell beschreibt. Nach Aussagen der Autoren konnten jedoch zum damaligen Stand der Dinge nur Spielbeispiele mit dieser exakten Methode gelöst werden.

5.8 Literaturhinweise und Zusammenfassung

Zentrale Bindungsprobleme wurden auf die Probleme der Suche einer Cliquepartition mit minimaler Anzahl von Cliquen von Verträglichkeitsgraphen bzw. auf die minimale Färbung von Konfliktgraphen abgebildet, wobei der eine Graph das Komplement des anderen darstellt.

Als Optimierungsproblem ist die Suche einer Färbung c eines Graphen G mit einer minimalen Anzahl von Farben (diese entspricht der chromatischen Zahl $\chi(G)$) relevant. Als Entscheidungsproblem formuliert man das Problem der *k-Färbbarkeit* (dies ist die Frage, ob $\chi(G) \leq k$?). Es wurde gezeigt, dass dieses Problem $\mathcal{NP}$-vollständig ist (siehe Garey und Johnson [125]). Von Garey und Johnson ist ferner folgendes Resultat bekannt: Wenn es eine Heuristik mit polynomieller Laufzeit gibt, die einen Graphen G mit höchstens $a\chi(G) + b$ Farben färbt bei $a < 2$, dann gibt es auch eine Heuristik mit polynomieller Laufzeit, die G mit $\chi(G)$ Farben färbt. Als Erweiterung zeigten Linial und Vazirini [257], dass es keine Heuristik mit polynomieller Laufzeit gibt, die einen beliebigen Graphen G mit $a\chi(G) + b$ Farben für beliebige, feste Werte für a und b färbt. Das heißt, dass es keine polynomielle Graphfärbungs-heuristik gibt, die beweisbar für jeden beliebigen Graphen eine Färbung bestimmt, die nur einen konstanten Faktor von der chromatischen Zahl $\chi(G)$ abweicht. Es gibt jedoch Graphen mit speziellen Eigenschaften, für die es exakte Algorithmen mit po-lynomieller Laufzeit gibt.

Wenn die Bindung nach der Ablaufplanung erfolgt, wurde ferner gezeigt, dass eine optimale Bindung in polynomieller Zeit bestimmt werden kann mit Hilfe des LEFTEDGE-Algorithmus [160], der exakt ist für sog. *triangulierte Graphen* [135, 292], wobei Intervallgraphen eine Teilklasse dieser Graphenklasse bilden. Bei periodischer Ablaufplanung ist der Konfliktgraph allerdings kein Intervallgraph mehr, sondern ein *Graph mit zirkularen Kanten*. Garey et al. [126] zeigten, dass das Problem der minimalen Färbung von Graphen mit zirkularen Kanten $\mathcal{NP}$-schwer ist. Sie zeigten ferner, dass das korrespondierende Entscheidungsproblem einer $k-$*Färb-barkeit* in Zeit $\mathcal{O}(|V|k! \, k \log k)$, d. h. in polynomieller Zeit für festes k, bestimmt wer-den kann. Es gibt allerdings von Orlin et al. [299] einen Algorithmus mit Laufzeit $\mathcal{O}(|V|^2 \log |V|)$, der für eine Teilklasse von Graphen mit zirkularen Kanten exakt ist, die die Eigenschaft besitzen, dass kein Intervall vollständig in einem anderen Intervall enthalten ist. Für allgemeine Graphen mit zirkularen Kanten gibt es fol-gende Ergebnisse: Sei die *Breite eines Graphen G mit zirkularen Kanten am Punkt t* $b(G,t)$ gleich der Anzahl sich am Punkt t überlappender Intervalle und seien $b_{\max}(G)$ ($b_{\min}(G)$) die maximale (minimale) Breite von G über alle Punkte, so gilt: G ist optimal färbbar mit $b_{\max}(G) \leq k \leq b_{\max}(G) + b_{\min}(G)$ Farben. Dafür wurde eine Färbungsheuristik von Tucker [415] mit polynomieller Laufzeit vorgestellt, die einen Graphen G mit zirkularen Kanten mit maximal $b_{\max}(G) + b_{\min}(G)$ Farben färbt.

Schließlich wurden Partitionierungsverfahren zur Lösung von Bindungsproble-men behandelt. Zunächst wurden konstruktive Verfahren, insbesondere *hierarchisch-es Clustering* [198, 228, 274, 60], vorgestellt. Daneben kann das Partitionierungs-problem auch als ganzzahliges lineares Programm formuliert und exakt gelöst wer-den. Effizienter erscheinen allerdings transformatorische Partitionierungsverfahren, beispielsweise das Verfahren von Kernighan und Lin [208] mit einer Komplexität $\mathcal{O}(n^3)$, bei dem versucht wird, eine gegebene Partition durch versuchsweises Um-gruppieren und Auswahl der besten Umgruppierung von Objekten zu verbessern. Weitere transformatorische Verfahren imitieren die Natur und basieren auf Simula-ted annealing [216] und evolutionären Algorithmen. Ein spezielles Bindungsproblem auf Systemebene ist das sog. *Hardware/Software-Partitionierungsproblem*. Hierbei wird vereinfachend angenommen, dass lediglich zu entscheiden ist, ob eine Aufga-be in Software (auf einem Prozessor) oder in Hardware (als ASIC) verfeinert wer-den soll. Ansätze zur Hardware/Software-Partitionierung wurden in Abschnitt 5.7 ausführlich diskutiert.

5.9 Übungen

Übung 5.1 (Bindung) Gegeben sei der Problemgraph in Abb. 5.10 mit einer dargestellten partiellen Bindung.

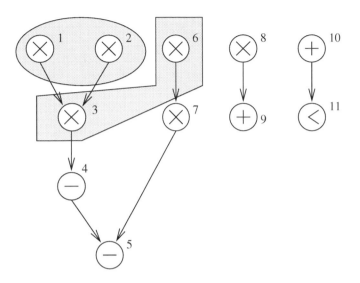

Abb. 5.10. Problemgraph

Es gibt einen Ressourcetyp Multiplizierer (r_1), der die Multiplikation abdeckt und einen Ressourcetyp (r_2), der sämtliche restlichen Operationen $(+, -, <)$ berechnen kann. Für die Berechnungszeiten der Operationen gelte: $d_i = 1 \ \forall i = 1, \cdots 11$.

- Geben Sie den Ressourcegraphen an.
- Geben Sie die dargestellte Bindung algebraisch an.
- Vervollständigen Sie die Bindung für die Allokation von drei Multiplizierern und zwei ALUs.
- Bestimmen Sie die minimale Latenz für beliebige Vervollständigungen der partiellen Bindung in Abb. 5.10.
- Fügen Sie in den Graphen Sequentialisierungskanten ein, die garantieren, dass für alle Ablaufpläne die partielle Bindung in Abb. 5.10 gültig ist. Wie viele Kanten müssen eingeführt werden? Untersuchen Sie den Einfluss der Wahl der eingeführten Sequentialisierungskanten auf die minimale Latenz.

Übung 5.2 (Bindung) Gegeben sei der Problemgraph in Abb. 5.11 und die dargestellte Ablaufplanung. Es gibt zwei Ressourcetypen: einen Multiplizierer (r_1) und eine ALU (r_2) (Operationen $(+, -, <)$).

- Berechnen Sie Verträglichkeitsgraph und Konfliktgraph für die Fälle

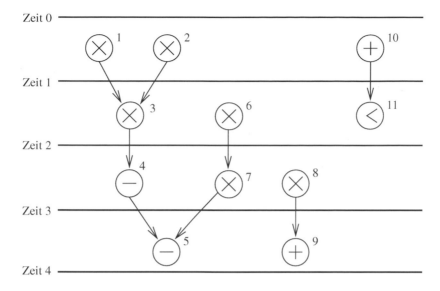

Abb. 5.11. Problemgraph und Ablaufplanung

– schwacher Verträglichkeit,
– Ablaufplanverträglichkeit,
– starker Verträglichkeit.

• Bestimmen Sie eine optimale Cliquepartition des Verträglichkeitsgraphen und eine optimale Färbung des Konfliktgraphen für den Fall von Ablaufplanverträglichkeit.
• Berechnen Sie die Färbung mit dem LEFTEDGE-Algorithmus.
• Wie viele Ressourcen werden von jedem Ressourcetyp benötigt?
• Geben Sie eine untere Schranke der Anzahl benötigter Ressourcen jedes Typs an, die unabhängig von den Berechnungszeiten der einzelnen Operationen latenzoptimale Ablaufpläne erlaubt.

Übung 5.3 (Partitionierung) Gegeben seien n Objekte.

• Geben Sie einen Ausdruck an, der die Anzahl von Möglichkeiten berechnet, n Objekte in m Partitionsblöcke zu partitionieren.
• Wie viele Möglichkeiten gibt es, $n = 50$ Objekte in $m = 4$ Partitionsblöcke zu partitionieren?
• Gegeben sei ein Partitionierungsverfahren, das n^2 Partitionen untersucht. Welcher Prozentsatz möglicher Partitionen kann in diesem Fall untersucht werden?

Übung 5.4 (Granularität) Gegeben sei der Fall, dass eine Problemspezifikation in SystemC aus 60 Prozessen, 300 Grundblöcken, 1950 Anweisungen oder 2420 Elementaroperationen besteht. Wenn nun ein Partitionierungsverfahren n^2 Partitionen untersucht und zur Berechnung und Bewertung einer Partition 8 Millisekunden benötigt, was ist dann die benötigte Laufzeit für die gegebenen vier Granularitätsstufen?

Übung 5.5 (Closeness) Bestimmen Sie die Closeness zwischen allen Objektpaaren für den Graphen in Abb. 5.12 unter Benutzung folgender Closenessfunktion:

$$Closeness(o_i, o_j) = \left(\frac{shareddata(o_i, o_j)}{totaldata(o_i, o_j)} \right) +$$
$$+ \left(\frac{fcost(o_i) + fcost(o_j) - cost(o_i, o_j)}{cost(o_i, o_j)} \right)$$

Hierin bedeuten:

- *shareddata*(o_i, o_j): Anzahl der von beiden Operationen o_i und o_j gemeinsam benutzten Daten in Bits. Gemeinsame Nutzung von Daten tritt auf, wenn entweder beide Knoten einen gemeinsamen direkten Vorgänger im Graphen besitzen oder wenn o_j direkter Nachfolger von o_i ist bzw. umgekehrt. Aus den Wortlängen der Daten kann man die Bitzahl bestimmen.
- *totaldata*(o_i, o_j): Summe der Eingangsdaten und Ausgangsdaten (in Bits) des Clusters (o_i, o_j). Anschaulich lässt sich *totaldata*(o_i, o_j) wie folgt bestimmen: Im Graphen zeichne man eine Hülle um o_i und o_j und addiere die Anzahl von Bits von Daten, die über Kanten in die Hülle und über Kanten aus der Hülle transportiert werden. Besitzen die beiden Knoten einen gemeinsamen direkten Vorgänger, so sind die Daten einer solchen Menge von Kanten einfach zu zählen. Besitzt o_i oder o_j mehrere direkte Nachfolger, so sind die Daten einer solchen Menge von Kanten ebenfalls einfach zu zählen.
- *fcost*(o_i): Kosten der funktionalen Einheit zur Implementierung von o_i. Hier gelte: *fcost*$(o_i) = 1$ für alle Operationen. Addierer und Subtrahierer können nur eine Addition bzw. eine Subtraktion durchführen.
- *cost*(o_i, o_j): minimale Kosten der benötigten funktionalen Einheiten, um beide Operationen zu implementieren.

Nehmen Sie an, dass alle Kanten Daten der Wortbreite 16 Bits tragen.

Übung 5.6 (Clustering) Führen Sie das hierarchische Clusteringverfahren durch an dem Graphen in Abb. 5.13 für folgende Arten der Closenessberechnung zwischen zwei hierarchischen Blöcken p_i, p_j: a) Mittelwertbildung, b) Minimum, c) Maximum und d) Summe der Gewichte aller Kanten zwischen Objektpaaren (o_x, o_y) mit $o_x \in p_i$ und $o_y \in p_j$.

Übung 5.7 (Partitionierung) Entwickeln Sie ein ILP-Modell (ganzzahliges lineares Programm) zur Partitionierung eines ungerichteten Graphen $G(V, E)$ mit $n = |V|$ Knoten in m Blöcke mit minimalen Kosten. Hinweise: Man führe binäre Optimierungsvariablen $x_{i,k}$ ($1 \leq i \leq n, 1 \leq k \leq m$) ein, die die Zugehörigkeit von Knoten v_i zum k-ten Partitionsblock kennzeichnen. Die Implementierungskosten von Knoten v_i auf Block k betragen $c_{i,k}$. Die Kosten eines Blocks werden hier aus Gründen der

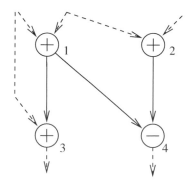

Abb. 5.12. Datenflussgraph

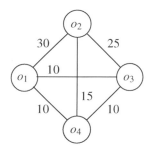

Abb. 5.13. Graph aus Übung 5.6

Einfachheit gebildet als Summe der Kosten der im Block enthaltenen Knoten plus der Anzahl der Kanten, die über die Partitionsblockgrenze hinausgehen. Die Zielfunktion soll die Gesamtkosten der Partition minimieren. Im Weiteren soll es Nebenbedingungen geben, die die Kosten eines einzelnen Blocks k auf $\bar{c}_k$ beschränken sollen, sowie Schranken $cut_{k,l}$ der maximalen Anzahl von Kanten, die zwischen zwei Partitionsblöcken k und l verlaufen können. Weiterer Hinweis: Nichtlineare Terme, wie z. B. $x_{i,k} \cdot x_{j,k}$, können wie folgt linearisiert werden: Man ersetze $x_{i,k} \cdot x_{j,k}$ durch $z_{i,j,k} \in \{0,1\}$, führe Nebenbedingungen der Form $x_{i,k} \geq z_{i,j,k}$ und $x_{j,k} \geq z_{i,j,k}$ ein und verändere die Zielfunktion in geeigneter Weise.

Übung 5.8 (HW/SW-Partitionierung mit ILP) Gegeben sei ein gerichteter, azyklischer Graph $G(V,E)$ von Tasks, die auf eine Architektur mit einem Prozessor sowie einem ASIC mit frei programmierbarer Hardware abgebildet werden sollen. Versuchen Sie ein ILP-Modell aufzustellen, das das Problem der HW/SW-Partitionierung löst.

Hinweis: Betrachten Sie die HW/SW-Partitionierung als ein Bipartitionierungsproblem. Ein jedes Objekt besitze die HW-Kosten c_i^{HW}, die SW-Kosten c_i^{SW}, die HW-Berechnungszeit d_i^{HW} und die SW-Berechnungszeit d_i^{SW}. Ferner existieren Beschränkungen an die maximale Gesamtausführungszeit, die maximalen Gesamtkosten und Einzelkostenbeschränkungen an den Prozessor und die Hardware (entspricht z. B. Speicher bzw. Fläche). Die entstehenden Kosten und Verzögerungen durch Kommunikation zwischen Hardware und Software seien vernachlässigbar. Das ILP soll gleichzeitig die Zeitpunkte der Operationen festlegen (Ablaufplanung) sowie die Zugehörigkeit einer Task in Hardware oder Software (Bindung) bestimmen.

Übung 5.9 (HW/SW-Partitionierung)
Gegeben sei folgender Algorithmus zur HW/SW-Partitionierung.

```
HW/SW-Partitionierung(G(V,E),f) {
        P := {V,{ }}; /*Alle Knoten in HW*/
        REPEAT {
                P_alt := P;
                FOREACH (v_i ∈ p_HW) {
                        TryMove(P,v_i);
                }
        }
        UNTIL (P = P_alt);
}


PROCEDURE TryMove(P,v_i) {
        IF SatisfiesPerformance(Move(P,v_i)) AND
           (f(Move(P,v_i)) < f(P)) {
                P := Move(P,v_i);
                FOREACH (v_j ∈ Successors(v_i)) {
                        TryMove(P,v_j);
                }
        }
}
```

Die Funktion SatisfiesPerformance(P) liefere den Wert wahr, falls es für P einen Ablaufplan gibt, der die Performanzschranke $\bar{L} = 5$ erfüllt. Die Zielfunktion (f) soll die Kosten der Realisierung widerspiegeln, die hier wie folgt zu bestimmen sind: Die Kosten pro Knoten in Software betragen null Kosteneinheiten, die Kosten pro Knoten in Hardware betragen eine Kosteneinheit. Die Berechnungszeiten der Knoten des Problemgraphen in Abb. 5.14 sind aus der Abbildung, getrennt nach Berechnungszeit in Hardware d^{HW} und Software d^{SW}, ersichtlich. Pro Kommunikationskante zwischen einem in Software realisierten Knoten und einem in Hardware realisierten Knoten und umgekehrt berechne man einen Aufschlag von $0,5$ Zeiteinheiten auf die Berechnungszeit.

Lösen Sie nun folgende Aufgaben:

- Handelt es sich bei dem gegebenen Algorithmus um einen exakten Algorithmus oder um eine Heuristik?
- Wie würde man die Funktion SatisfiesPerformance(P) beispielsweise realisieren?

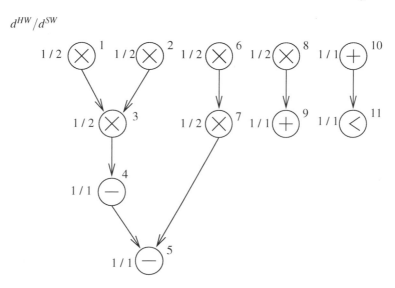

d^{HW}/d^{SW}

Abb. 5.14. Problemgraph

- Wenden Sie den Algorithmus nun auf das in Abb. 5.14 gegebene Problem an. Wie sieht die erzielte Lösung aus?
- Diskutieren Sie Vor- und Nachteile dieses Verfahrens verglichen mit einem ILP-Verfahren sowie den Verfahren Simulated annealing und evolutionären Algorithmen.

6

Architektursynthese

Zunächst wird der Schritt der Architektursynthese (engl. *high-level synthesis*), siehe auch Abb. 6.1 im Doppeldachmodell, in den gesamten Entwurfsablauf von Hardware/Software-Systemen eingebettet. Dabei werden die wichtigsten bei der Architektursynthese relevanten Realisierungsarten vorgestellt.

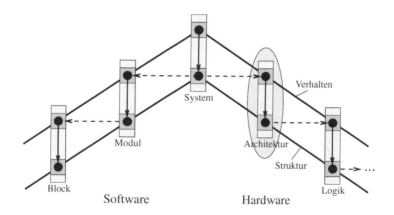

Abb. 6.1. Architektursynthese im Doppeldachmodell

Dann wird beschrieben, wie man aus dem mathematischen Modell eines Ablaufplans, einer Bindung und einer Allokation direkt eine konkrete Hardwareimplementierung ableiten und wie die bisherige Notation erweitert werden kann, um Besonderheiten der Architektursynthese zu modellieren. Dazu gehören beispielsweise die Betrachtung von *Modulen mit Fließbandverarbeitung* und die *Verkettung* funktionaler Ressourcen zu komplexen Modulen (engl. *chaining*). Wir untersuchen, wie man die wichtigsten zu optimierenden Größen einer Architektur, nämlich *Taktperiode, Durchsatz, Ausführungszeit, Kosten* sowie den *Energie-* bzw. *Leistungsverbrauch* schätzen und optimieren kann. Der Energieverbrauch ist besonders wichtig bei Systemen, die mit Batterien betrieben werden. Aber auch bei der Realisierung mehrerer Prozessoren auf einem *System-on-a-Chip* wird der Leistungsverbrauch, der Erwärmung und abzuführende Wärme bedeutet, immer wichtiger.

Der weitere Verlauf dieses Kapitels liegt dann in der Vorstellung von Optimierungsverfahren zur Lösung ressourcenbeschränkter Ablaufplanungsprobleme auf der Architekturebene. In diesem Zusammenhang werden insbesondere unterschiedliche ILP-Modelle untersucht und ein noch wenig bekanntes Optimierungsmodell, das sog. *Flussmodell*, eingeführt.

Abschließend wird auf Literatur zum Thema Architektursynthese sowie auf Entwurfssysteme zur Architektursynthese verwiesen.

6.1 Was ist Architektursynthese?

Architektursynthese beschreibt den Verfeinerungsschritt im Entwurf eines Hardwaresystems, bei dem eine Verhaltensbeschreibung mit Aufgaben der Granularität von elementaren arithmetisch/logischen Operationen (z. B. Additionen, Multiplikationen, Schiebe- und Rotationsbefehle) auf eine strukturelle Beschreibung eines *Operationswerks* (Datenpfad) und eines *Steuerwerks* (Kontrollpfad) abgebildet wird.

Das Operationswerk verbindet Ressourcen auf der Ebene von *Register-Transfer*-Blöcken, das Steuerwerk wird auf der Logikebene beschrieben. Die Blöcke des Operationswerks lassen sich unterscheiden in

- *funktionale Ressourcen*: Dies sind hier ALUs, Multiplizierer, Komparatoren etc.
- *Kommunikationsressourcen*: Dazu zählen Leitungsverbindungen und Busse.
- *Speicherressourcen*: Hierzu zählen Register, FIFOs und Speicherblöcke (z. B. RAM, ROM).

Beispiel 6.1.1. Betrachtet wird erneut die SystemC-Spezifikation [144, 35, 188] des in Beispiel 1.3.4 eingeführten Integrationsverfahrens zur Lösung einer Differentialgleichung nach der Euler-Methode:

```
#include "systemc.h"

class dgl : sc_module {
  public:
    sc_in<bool> activate;
    sc_in<double> x_in;
    sc_in<double> y_in;
    sc_in<double> u_in;
    sc_in<double> a_in;
    sc_in<double> dx_in;
    sc_out<double> y_out;

    SC_HAS_PROCESS(dgl);

    dgl(sc_module_name module_name) :
```

```
    sc_module(module_name) {
    SC_METHOD(algorithm);
    sensitive << activate;
  }

private:
  void algorithm() {
    double  x  =  x_in;
    double  y  =  y_in;
    double  u  =  u_in;
    double  a  =  a_in;
    double  dx = dx_in;

    double  x1, u1, y1;

    while( a <= x ) {
      x1 = x + dx;
      u1 = u - (3 * x * u * dx) - (3 * y * dx);
      y1 = y + (u * dx);
      x = x1; u = u1; y = y1;
    }
    y_out = y;
  }
};
```

Die makroskopische Struktur einer Architektur zur Realisierung dieser Spezifikation ist in Abb. 6.2 dargestellt. Die Architektur besteht aus einem Operationswerk mit einem Multiplizierer und einer ALU sowie einer Menge von Registern, Multiplexern und Verbindungsleitungen. Verbindungen zwischen Steuerwerk und Operationswerk sind gestrichelt dargestellt. Außerdem sind Ein- und Ausgänge verdeutlicht. Das Steuerwerk steuert die Datenpfade (Multiplexer) und die Berechnungen der funktionalen Einheiten. Die Steuerungsaufgaben betreffen die Funktionsauswahl (z. B. einer ALU), die Generierung von Start- und Resetsignalen und die Erkennung von Ausnahmebehandlungen und Fehlern.

Nun werden Operationswerk- und Steuerwerksynthese beschrieben. Dabei gehen die meisten heutigen Systeme davon aus, dass die Realisierung eine *synchrone, monophasige* Schaltung mit einem globalem Taktsignal der Periode T (z. B. in ns) ist (siehe z. B. [86],[84]).

6.1.1 Operationswerk

Eine Klassifikation des Aufbaus des Operationswerks betrifft die Realisierung der Kommunikation. Im Allgemeinen unterscheidet man grundsätzlich sog. *multiplexerbasierte Architekturen* (siehe z. B. Abb. 6.3a)) und *busorientierte Architekturen* (siehe z. B. Abb. 6.3b)).

Beispiel 6.1.2. Abbildung 6.3a) zeigt eine multiplexerbasierte Architektur eines Operationswerks. Abbildung 6.3b) zeigt eine busorientierte Architektur.

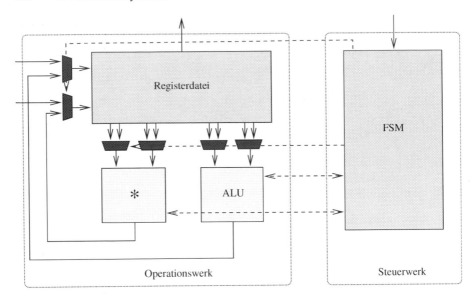

Abb. 6.2. Makroskopische Struktur einer Architektur, die die Spezifikation in Beispiel 6.1.1 implementiert

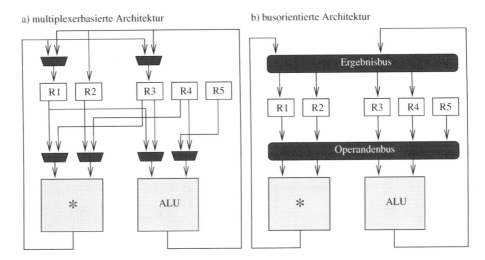

Abb. 6.3. Multiplexerbasierte Architektur a) und busorientierte Architektur b) eines Operationswerks

Häufig liegen Mischformen beider Realisierungsformen vor. Zum Beispiel besitzen busorientierte Architekturen oft den Vorteil eines geringeren Verdrahtungsaufwands, allerdings besteht evtl. die Gefahr, dass ein Bus zum Flaschenhals wird und die Parallelität der funktionalen Einheiten eingeschränkt werden kann. Multiplexerorientierte Architekturen sind flexibler, implizieren aber häufig einen höheren Verdrahtungsaufwand.

6.1.2 Steuerwerk

Bei der Steuerwerksynthese unterscheidet man in der Regel auch zwei Realisierungs-formen, nämlich sog. *Direktimplementierungen* als Zustandsmaschine (engl. *finite state machine*, FSM) und *mikroprogrammierte Steuerkreise* (engl. *microcoded architectures*).

Direktimplementierung

Eine Direktimplementierung kann durch *Schaltwerksynthese* bestimmt werden. Dazu konstruiert man für einen berechneten Ablaufplan (siehe Kapitel 3) mit Latenz L ein Zustandsdiagramm eines *Moore*-Schaltwerks wie folgt: Das Zustandsdiagramm besitzt (in der einfachsten Form) L Zustände (Zustandsmenge $X = \{x_0, \cdots, x_{L-1}\}$), wobei der Zustand x_i eindeutig dem im Zeitschritt $t = i$ des Ablaufplans angenommenen Zustand des Steuerwerks entspricht. Es gibt ein binäres Eingangssignal reset und folglich nur die beiden Eingabeereignisse reset und $\overline{\text{reset}}$, also $I = \{\text{reset}, \overline{\text{reset}}\}$. Die Zustandsübergangsfunktion f lässt sich wie folgt beschreiben:

$$f(x_t, i) = \begin{cases} x_0 & : \quad t = L - 1 \ \vee \ i = \text{reset} \\ x_{t+1} & : \quad \text{sonst} \end{cases} \tag{6.1}$$

x_0 heißt *Anfangszustand* und wird von allen Zuständen aus bei Eintreten des Ereignisses reset angesprungen. Die Ausgabe des Schaltwerks besitze n_{act} Steuersignale, die als Ansteuerleitungen von Multiplexern, Registern und funktionale Einheiten in das Operationswerk führen. In Zustand $x_t, t = 0, \cdots, L - 1$ werden nun genau diejenigen Ansteuersignale aktiviert, die die Ausführung derjenigen Operationen betreffen, deren Startzeitpunkt t ist.

Beispiel 6.1.3. Abbildung 6.5 stellt ein Zustandsdiagramm des Steuerwerks einer Architektur dar, die den in in Abb. 6.4 dargestellten Ablaufplan zur Implementierung der Spezifikation aus Beispiel 6.1.1 mit $L = 4$ realisiert. Das Beispiel zeigt anschaulich, dass das Ergebnis der Architektursynthese eine Verhaltensbeschreibung der nächst tieferen Abstraktionsebene (hier Logikebene) liefert. Die Ausgabe des Moore-Schaltwerks entspricht den Werten der Ansteuersignale der funktionalen Ressourcen und Datenpfade des Operationswerks (gemäß der Bindung). In diesem Falle muss das Operationswerk mindestens zwei Multiplizierer und zwei ALUs besitzen (Allokation).

Aus dem Zustandsdiagramm kann eine Schaltung direkt hergeleitet werden: Nach Zustandsminimierung und Zustandscodierung bestimmt man die Art der Rückkopplungskomponenten zur Speicherung der Zustandsvariablen (z. B. vorderflankengetaktete D-Flipflops). Dann können aus der Zustandsüberführungsfunktion das sog. *Zustandsüberführungsschaltnetz* und aus der Ausgabefunktion das sog. *Ausgabeschaltnetz* durch Logikminimierung hergeleitet werden. Eine solche Implementierung (siehe auch Abb. 6.6) entspricht der Direktrealisierung des Steuerwerks.

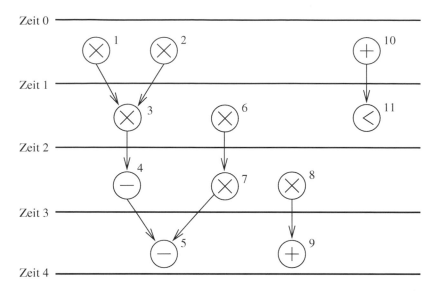

Abb. 6.4. Ablaufplan mit $L = 4$

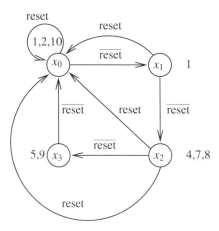

Abb. 6.5. Zustandsdiagramm des Steuerwerks für den gegebenen Ablaufplan in Abb. 6.4. Aus diesem kann eine Direktimplementierung durch Schaltwerksynthese hergeleitet werden.

Mikroprogrammierter Steuerkreis

Bei der Realisierung als mikroprogrammierter Steuerkreis wird die Information zur Ansteuerung des Operationswerks in einem *Tabellenspeicher* gespeichert, z. B. in einem ROM (engl. *read only memory*) der Größe $L \cdot n_{act}$ (siehe Abb. 6.7). Dabei beschreibt L die Anzahl der Wörter und n_{act} die Wortbreite des Speichers (Anzahl Steuersignale). Zustandsüberführungsschaltnetz (ZL) und Zustandsregister können

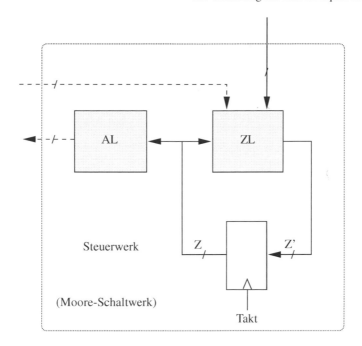

Abb. 6.6. Direktrealisierung eines Steuerwerks (Moore-Schaltwerk). Der mit AL bezeichnete Block steht für das Ausgabeschaltnetz, ZL für das Zustandsüberführungsschaltnetz. Dieses bildet in einem aktuellen Zustand (Zustandswort Z) aus dem Zustandswort und der Eingabe den Folgezustand (Zustandswort Z').

häufig durch einen einfachen synchronen Zähler der Bitbreite $\lceil \log_2 L \rceil$ implementiert werden.

Beispiel 6.1.4. Abbildung 6.7 zeigt eine Realisierung des Steuerwerks für den bereits in Beispiel 6.1.3 betrachteten Ablaufplan als mikroprogrammierter Steuerkreis. Das Zustandsregister wird durch ein Resetsignal in den Zustand 0 zurückgesetzt.

Eine Übersicht über Optimierungen von Steuerwerken, insbesondere auch über die Konstruktion von hierarchischen Steuerwerken für Spezifikationen mit a) Verzweigungen und b) Schleifen gibt De Micheli in [84].

6.2 Schätzung der Entwurfsqualität

Die Entwurfsqualität einer Hardwarerealisierung wird vor allem durch die Performanzgrößen Taktperiode T, Latenz L, Ausführungszeit $T_{ex} = L \cdot T$, Datenrate $1/(P \cdot T)$, Leistungsverbrauch sowie die Kosten der Realisierung bestimmt. Da nun auf Architekturebene noch kein vollständiger Entwurf vorliegt, muss man die Entwurfsqualität abschätzen.

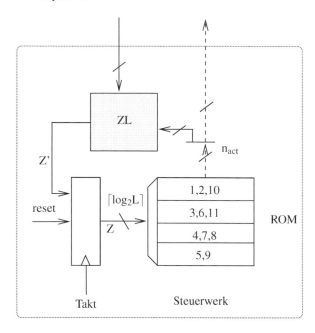

Abb. 6.7. Steuerwerksrealisierung für den in Abb. 6.4 dargestellten Ablaufplan mit $L = 4$ in Form eines mikroprogrammierten Steuerkreises

6.2.1 Kostenmaße

Die Kosten einer Realisierung sind abhängig vom Entwurfsstil. Beispielsweise benutzt man im vollkundenspezifischen Entwurf die Transistorzahl als Maß der Kosten (Chipfläche). Beim Gatearrayentwurf misst man die Kosten z. B. als Anzahl verwendeter Gatter, bei FPGAs (engl. *field programmable gate arrays*) z. B. als Anzahl verwendeter Logikblöcke (engl. *control logic blocks*, CLBs).

6.2.2 Performanzmaße

- *Taktperiode T*:
  Die Wahl der Taktperiode bestimmt die Technologie und hat Einfluss auf die Ausführungszeit sowie auf die Anzahl benötigter Ressourcen.
- *Latenz L*:
  Die Latenz gibt die Anzahl der Zeitschritte (Anzahl der Takte) zur Abarbeitung eines Problems an.
- *Ausführungszeit* $T_{\mathrm{ex}} = L \cdot T$.

Beispiel 6.2.1. In Abb. 6.8 (aus [122]) ist ein Datenflussgraph dargestellt. Untersucht werden sollen Implementierungsvarianten mit drei verschiedenen Taktperioden ($T_1 = 380$ ns, $T_2 = 150$ ns und $T_3 = 80$ ns). Die Implementierungsvariante in a) zeichnet sich durch die kleinste Ausführungszeit aus, benötigt aber 2 Multiplizierer und

4 Addierer. Die Implementierung in b) benötigt die geringste Anzahl von Ressourcen (1 Multiplizierer und 1 Addierer), ist allerdings am langsamsten. Bezüglich der Ressourcenauslastung stellt c) die effizienteste Lösung dar.

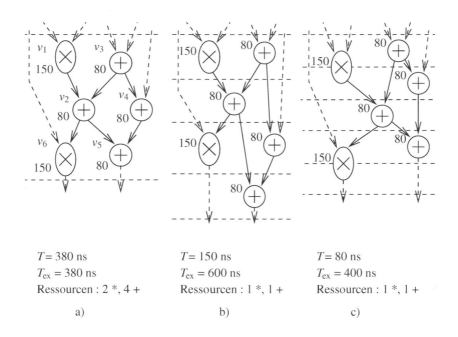

$T = 380$ ns $T = 150$ ns $T = 80$ ns
$T_{ex} = 380$ ns $T_{ex} = 600$ ns $T_{ex} = 400$ ns
Ressourcen : 2 *, 4 +   Ressourcen : 1 *, 1 +   Ressourcen : 1 *, 1 +

          a)   b)   c)

Abb. 6.8. Effekt von Taktperiode auf Ausführungszeit und Ressourcenanforderungen (aus [122])

Bei iterativen Ablaufplanungsproblemen sind ferner relevant die Performanzmaße

- *Iterationsintervall P* (bei funktionaler Fließbandverarbeitung und Schleifenfaltung, siehe Kapitel 4) und die
- *Datenrate R* mit

$$R = \frac{1}{P \cdot T} \tag{6.2}$$

Auf der Architekturebene gibt es noch eine zweite Art der Fließbandverarbeitung, die sich allerdings nur auf einzelne sog. *Module mit Fließbandverarbeitung* bezieht.

Beispiel 6.2.2. Abbildung 6.9a) zeigt einen Ablaufplan eines Problemgraphen mit einem Multiplizierermodul (siehe Abb. 6.9b)), das Fließbandverarbeitung erlaubt. Der Multiplizierer mit zwei *Stufen* erlaubt das Starten einer neuen Multiplikation in jedem Zeitschritt. Damit ist eine geschachtelte Bearbeitung jeweils zweier Multiplikationsoperationen möglich. Offensichtlich muss T größer als die maximale Verzögerung zwischen zwei Stufen gewählt werden. Für ein Modul mit S Stufen erhält man die Ausführungszeit einer Operation als $S \cdot T$. Jedoch kann in jedem Zeitschritt eine neue Operation gestartet werden ($P = 1$). Dann erscheint in jedem Zeitschritt ein gültiges Resultat am Ausgang des Moduls.

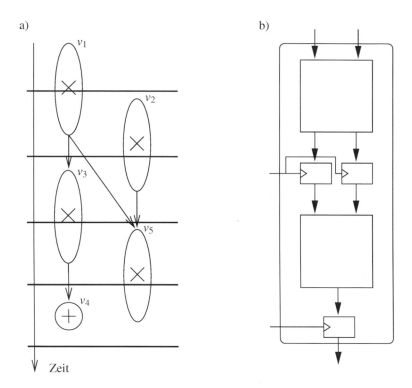

Abb. 6.9. a) Ablaufplan bei Multiplizierermodulen mit Fließbandverarbeitung. b) Es wird nur ein Multiplizierer mit zwei Fließbandstufen benötigt.

Beispiel 6.2.3. Betrachtet wird ein Modul ohne Fließbandverarbeitung, dessen kombinatorische Verzögerungszeit den Wert T_1 (in ns) habe. Es folgen zwei Gedankenspiele:

Im ersten Fall wird angenommen, dass die Taktperiode T noch nicht gegeben sei. Dann ist $T = T_1$ die minimale Taktperiode, und man erhält die maximale Datenrate zu $R_1 = 1/T_1$. Falls nun S Fließbandstufen eingeführt werden, so kann die minimale Taktperiode T_2 im besten Fall auf $T_2 = T_1/S$ gesenkt werden. Die Datenrate ist daher im besten Fall ($P = 1$) $R_2 = 1/T_2 = S/T_1 = S \cdot R_1$ und damit S-mal so hoch wie im Fall ohne Fließbandverarbeitung.

Im zweiten Fall wird von einer gegebenen Taktperiode T ausgegangen. Dieser Fall tritt z. B. dann auf, wenn nur ein einziges Modul aus einer Reihe von (bereits für eine Taktperiode optimierten) Modulen auf Fließbandverarbeitung umgerüstet werden soll oder bei funktionaler Fließbandverarbeitung, bei der Fließbandverarbeitung für einen ganzen Datenpfad eingeführt werden soll, um die Datenrate zu steigern (iterative Ablaufplanung). In diesem Fall ist die Ausführungszeit durch die Latenz L des Moduls (bzw. Ablaufplans im Falle von iterativer Ablaufplanung) bestimmt und damit die Datenrate gleich $R_1 = 1/(L \cdot T)$. Will man nun (statt alle L Schritte) nach jeweils $P < L$ Schritten eine neue Berechnung starten, so ergibt sich die minimale Anzahl von benötigten Fließbandstufen zu $S = \lceil L/P \rceil$. Die neue Datenrate beträgt dann $R_2 = 1/(P \cdot T)$.

Im Folgenden soll gezeigt werden, wie die Metriken der Taktperiode T, der Latenz L, der Ausführungszeit T_{ex}, der Datenrate R und der Kosten abgeschätzt werden können. Danach werden Techniken zur Schätzung und Optimierung des Leistungsverbrauchs beschrieben.

6.2.3 Abschätzung der Taktperiode T

In den meisten existierenden CAD-Systemen zur Architektursynthese wird die Taktperiode von dem Entwickler/der Entwicklerin vor Beginn des Entwurfs vorgegeben. Ohne diese Vorgabe muss die Taktperiode abschätzt bzw. ermittelt werden. Dazu werden im Folgenden einige Verfahren vorgestellt.

Methode der maximalen Operatorverzögerungszeit

Sei $z(r_k)$ die Verzögerungszeit (z. B. in ns) eines Ressourcetyps $r_k \in V_T$ eines gegebenen Ressourcegraphen. Dann wählt diese Methode (engl. *maximal operator delay (MOD) method*) [306, 196] T zu:

$$T = \max_{k:r_k \in V_T} \{z(r_k)\}$$

Der Vorteil dieser schnellen Abschätzungsmethode muss gegenüber dem Nachteil einer erheblichen Unterauslastung der schnelleren Funktionseinheiten abgewogen werden, siehe z. B. in Abb. 6.10.

Maximierung der mittleren Ressourcenauslastung [290]

Definition 6.2.1 (Taktschlupf). *Der* Taktschlupf *(engl.* clock slack*) ist eine Funktion* $s : \mathbb{Q}_{\geq 0} \times V_T \to \mathbb{Q}_{\geq 0}$*, die die absolute Zeitdauer angibt, in der eine funktionale Einheit* $r_k \in V_T$ *aufgrund einer gegebenen Taktperiode T nicht ausgelastet ist:*

$$s(T, r_k) = (\lceil z(r_k)/T \rceil) \cdot T - z(r_k)$$

Beispiel 6.2.4. Gegeben seien drei funktionale Ressourcetypen ($V_T = \{r_1, r_2, r_3\}$) (FUs), darunter ein Multiplizierer (r_1) mit einer Verzögerungszeit $z(r_1) = 163$ ns, ein Subtrahierer (r_2) mit einer Verzögerungszeit $z(r_2) = 56$ ns und ein Addierer (r_3) mit einer Verzögerungszeit $z(r_3) = 49$ ns. Die MOD-Methode wählt die Taktperiode zu $T = 163$ ns. In Abb. 6.10 sieht man die Auslastung aller Einheiten bei der Wahl dieser Taktperiode.

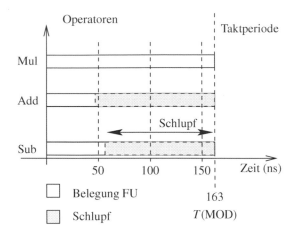

Abb. 6.10. Schlupf der funktionalen Einheiten bei der MOD-Methode zur Bestimmung der Taktperiode T

Im Allgemeinen gilt sicherlich, dass ein kleinerer Schlupf einer Funktionseinheit auch zu kleineren Ausführungszeiten bei gleicher Anzahl von Ressourcen führt.

Diese Idee führt zu folgendem Optimierungsproblem:

Definition 6.2.2 (Mittlerer Taktschlupf [122]). *Gegeben sei eine Taktperiode T. Sei* $h(r_k) = |\{v \in V : \beta(v) = r_k\}|$ *die Anzahl der Operationen, die an den Ressourcetyp* $r_k \in V_T$ *gebunden sind. Der* mittlere Schlupf *ist eine Funktion* $ms : \mathbb{Q}_{\geq 0} \to \mathbb{Q}_{\geq 0}$

$$ms(T) = \frac{\sum_{k=1}^{|V_T|}(h(r_k) \cdot s(T, r_k))}{\sum_{k=1}^{|V_T|} h(r_k)}$$

Letztlich definiert man als *mittlere Ressourcenauslastung*:

Definition 6.2.3 (Mittlere Ressourcenauslastung). *Die* mittlere Ressourcenauslastung *$ma(T)$ mit*

$$ma(T) = \left(1 - \frac{ms(T)}{T}\right) \cdot 100$$

bezeichnet die prozentuale mittlere Auslastung der Funktionseinheiten bei gegebener Taktperiode T.

Mit diesen Definition kann man nun leicht eine Optimierungsprozedur formulieren, die in einem Intervall $[T_{min}, \cdots, T_{max}]$ von (als ganzzahlig angenommenen) Taktperiodenkandidaten diejenige Taktperiode mit maximaler mittlerer Ressourcenauslastung durch Enumeration sucht.

ILP-Suche [66]

Walker und Chaudhuri haben eine Suche vorgeschlagen, die mit dem Ziel der Minimierung von T_{ex} für diskrete Werte der Taktperiode ein Latenzminimierungsproblem in Form eines ILP löst. Das Suchintervall von T_{min} bis T_{max} kann allerdings stark verkleinert werden, indem man nur diejenigen Werte von T untersucht, für die mindestens ein Ressourcetyp r_k den Taktschlupf $s(T, r_k) = 0$ besitzt. Chaudhuri et al. haben in [66] bewiesen, dass diese Bedingung an die Taktperiode notwendig für ausführungszeitoptimale Implementierungen ist.

Fragen: 1) Bestimmt die Methode der Maximierung der mittleren Ressourcenauslastung automatisch auch immer die minimale Ausführungszeit? Antwort: Nein, das Verfahren ist eine Heuristik. Walkers Verfahren ist hingegen exakt. 2) Wie wählt man i. Allg. die Suchschranken T_{min} und T_{max}, bzw. wodurch können sie eingeschränkt sein? Antwort: T_{min} ist oft als Anforderung des Kunden vorgegeben. Ansonsten wählt man T_{min} als minimale Verzögerung der Ressourcetypen. T_{max} kann man mit der MOD-Methode bestimmen.

Bemerkung: Im Allgemeinen ist die Taktperiode T nicht allein durch die Verzögerungszeiten der funktionalen Blöcke bestimmt, sondern ebenfalls durch Verzögerungszeiten von Verbindungsleitungen und Registern sowie deren Setup-Zeiten. Da diese i. Allg. erst nach Vorliegen eines detaillierten Floorplans bzw. nach der Platzierung und Verdrahtung ermittelt werden können, wird bei der Bestimmung der Taktperiode häufig eine Sicherheitsreserve eingeplant und die minimale Taktperiode um diese Spanne erhöht.

6.2.4 Abschätzung der Latenz L

Die Latenz kann nach Vorgabe der Taktperiode mit den in Kapitel 4 vorgestellten Algorithmen zur ressourcenbeschränkten Ablaufplanung abgeschätzt werden. Die Berechnungszeit $d(v_i)$ (in Zeitschritten) eines Knotens $v_i \in V$ eines Problemgraphen $G(V, E)$, der an den Ressourcetyp $r_k \in V_T$ gebunden ist, wobei $z(r_k)$ dessen Verzögerungszeit und T die gewählte Taktperiode ist, berechnet sich zu

$$d(v_i) = \left\lceil \frac{z(r_k)}{T} \right\rceil \tag{6.3}$$

Da das Latenzminimierungsproblem bei beschränkter Anzahl von Ressourcen $\mathcal{NP}$-schwer ist, bieten sich zur Abschätzung bewährte Heuristiken an, beispielsweise *Listscheduling* (siehe Kapitel 4).

6.2.5 Abschätzung der Ausführungszeit

Nachdem die Taktperiode T und die Latenz L geschätzt sind, erhält man eine Schätzung der Ausführungszeit T_{ex} zu $T_{ex} = L \cdot T$.

6.2.6 Abschätzung der Kosten

Auf der Architekturebene sieht man sich mit dem Problem konfrontiert, die Kosten, die sich z. B. aus der Fläche eines Entwurfs ergeben, aus der Anzahl und den Typen der allozierten Komponenten abzuschätzen. Aus der Anzahl allozierter Komponenten können dann aus gegebenen Technologiedateien absolute Flächenwerte bestimmt werden.

Operationswerk

Bei einer Aufteilung in Operationswerk und Steuerwerk gemäß Abb. 6.2 ergibt sich beispielsweise eine einfache Abschätzung der Fläche des Operationswerks als Summe der abgeschätzten Flächen für

- Speicherressourcen (z. B. RAM, Register),
- funktionale Ressourcen (ALUs, Multiplizierer) und
- Ansteuerlogik und Verdrahtung (z. B. Multiplexer, Busse sowie Verbindungs- und Ansteuerleitungen).

Eine Worst-case-Schranke für die Anzahl benötigter Register im Datenpfad erhält man beispielsweise aus dem Ablaufplan eines Problemgraphen und folgender Beobachtung: Alle Daten, die von einem Knoten zu einem anderen Knoten über die Grenze eines Zeitschritts transportiert werden, müssen offensichtlich in einem Register zwischengespeichert werden. Im Ablaufplan erzeugt jeder Knoten $v_i \in V$ eine entsprechende Variable. Kanten entsprechen dem Transport von Daten. Daraus lässt sich eine obere Schranke der Anzahl benötigter Register herleiten, indem man die Lebenszeiten (Intervalle) der Variablen berechnet.

Beispiel 6.2.5. Abbildung 6.11 zeigt einen Problemgraphen nach der Ablaufplanung. Gleichzeitig sind in Abb. 6.11b) die Lebenszeiten der Variablen dargestellt. Bei 13 zu speichernden Variablen (Zwischenvariablen z1, $\cdots$, z7, drei Schleifenvariablen (x, y, u) und drei schleifenunabhängigen Variablen (a, dx, 3) sind jedoch nicht 13 Register notwendig, da Variablen mit nichtüberlappenden Lebenszeiten an das gleiche Register gebunden werden können.

Um die minimale Registeranzahl zu bestimmen, muss man die Lebenszeiten der Variablen untersuchen und ein entsprechendes Bindungsproblem lösen. In Kapitel 5 wurden dazu Algorithmen für den nichtiterativen Fall und den iterativen Fall (funktionale Fließbandverarbeitung) vorgestellt.

Formal lässt sich die Lebenszeit von Variablen (im nichtiterativen Fall) wie folgt definieren:

Definition 6.2.4 (Lebensdauer von Variablen). *Gegeben sei ein Problemgraph $G(V,E)$ und ein (nichtiterativer) Ablaufplan $\tau : V \to \mathbb{Z}_0^+$, der jedem Knoten einen Startzeitpunkt zuordnet. Sei ferner $d(v_i)$ die Berechnungszeit von Knoten $v_i \in V$. Dann gilt für die* Lebensdauer $life(v_i)$ *der durch Knoten v_i dargestellten Variablen:*

$$life(v_i) = \max_{j:(v_i,v_j)\in E} \{\tau(v_j) + d(v_j) - (\tau(v_i) + d(v_i))\} \qquad (6.4)$$

Das Lebenszeitintervall *von v_i ist damit das Intervall*

$$\left[\tau(v_i) + d(v_i), \max_{j:(v_i,v_j)\in E} \{\tau(v_j) + d(v_j)\} \right) \qquad (6.5)$$

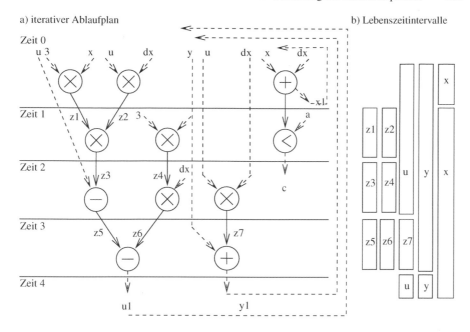

Abb. 6.11. Problemgraph bei iterativer Ablaufplanung a) und Lebenszeitintervalle b). Das Beispiel stammt aus [84].

Das heißt, eine vom Knoten v_i erzeugte Variable lebt im Intervall $[\tau(v_i) + d(v_i), \tau(v_j) + d(v_j))$, wobei v_j diejenige direkte Nachfolgeroperation von v_i ist, deren Endzeitpunkt maximal ist. Die Definition basiert damit auf der Vorstellung, dass eine Variable so lange in einem Register gehalten werden muss, bis die letzte sie referenzierende Operation ihren Wert nicht mehr braucht: Bei Multizyklenoperationen nehmen wir an, dass dies der Endzeitpunkt einer solchen Operation ist. Für einen gegebenen Ablaufplan ist damit (im nichtiterativen Fall) die maximale Anzahl überlappender Lebenszeitintervalle eine untere Schranke für die Anzahl benötigter Register. Aus den Registerwortlängen kann man dann die benötigte Fläche abschätzen.

Funktionale Ressourcen sind entweder über die Allokation im Planungsproblem vorgeben oder können nach der Ablaufplanung prinzipiell mit dem gleichen Verfahren wie die Register abgeschätzt werden durch Formulierung eines Färbungsproblems (ressourcenminimale Bindung nach der Definition von Ablaufplanverträglichkeit (siehe Kapitel 5)).

Ist kein Ablaufplan gegeben, sondern beispielsweise nur eine Latenzschranke $\bar{L}$, dann kann man z. B. den Listscheduling-Algorithmus einsetzen, um eine Abschätzung der Anzahl benötigter funktionaler Ressourcen zu erhalten (siehe Kapitel 4).

Nachdem alle Operationen an funktionale Einheiten und alle Variablen an Register gebunden sind, kann man den Aufwand für die Ansteuerlogik und die Verdrahtung abschätzen. Dies sind entweder Multiplexernetzwerke mit entsprechender

Verdrahtung oder Busse. Die Fläche von Multiplexern kann leicht berechnet werden. Die Anzahl benötigter Multiplexer hängt von der Bindung ab. Zur Abschätzung des Verdrahtungsaufwands ist ferner ein detaillierter Floorplan notwendig. Im Allgemeinen gilt, dass bei Bussen weniger Verdrahtungsaufwand anfällt. Bei Multiplexernetzwerken kann man den Aufwand durch mehrstufige Netze reduzieren (Logikoptimierung). Bei der Verdrahtung nimmt man i. Allg. an, dass der Flächenaufwand und die Verzögerungszeit proportional von der Verdrahtungslänge abhängen.

Steuerwerk

Das Steuerwerk besteht im Wesentlichen aus folgenden Komponenten (siehe Abb. 6.6 bzw. Abb. 6.7):

- *Zustandsregister* zur Speicherung des Zustandswortes,
- *Ausgabeschaltnetz* (zur Erzeugung der Ansteuersignale des Datenpfads) und
- *Zustandsüberführungsschaltnetz* zur Berechnung des neuen Zustands.

Die Wortbreite des Zustandsregisters bei gegebenem Ablaufplan mit Latenz L kann zu $\lceil \log_2 L \rceil$ abgeschätzt werden. Der Flächenaufwand für das Ausgabeschaltnetz und das Zustandsüberführungsschaltnetz hängt stark von der Realisierungsform ab (z. B. Direktrealisierung oder mikroprogrammierter Steuerkreis). Bei einer Realisierung als mikroprogrammierter Steuerkreis kann das Ausgabeschaltnetz als Wertetabelle in einem ROM (engl. *read only memory*) oder auf einem programmierbaren logischen Array (PLA) implementiert werden. Dabei muss das ROM L Wörter speichern können. Die Breite des ROMs ist abhängig von der Anzahl notwendiger Steuerleitungen.

Das Zustandsüberführungsnetz besteht entweder aus Gatterlogik (siehe Abb. 6.6) und/oder einem Zähler. Die auf solchen einfachen Modellen bestimmten Abschätzungen sind häufig äußerst konservativ. Bessere Schätzungen sind nur dann möglich, wenn Verfahren a) der Zustandsminimierung und Zustandscodierung und b) der Logikminimierung (insbesondere bei Direktrealisierungen) in die Schätzung einbezogen werden.

6.3 Energie- und Leistungsverbrauchsmanagement

Neben Kosten- und Geschwindigkeitseigenschaften wird der Energie- und der Leistungsverbrauch ein zunehmend wichtiger Faktor im Entwurf eingebetteter Hardware/Software-Systeme. Der Trend entsteht durch ein starkes Marktwachstum mobiler Geräte (z. B. Digitale Assistenten, MP3-Player etc.) sowie drahtloser Kommunikationsgeräte (z. B. Handy, Navigationsgeräte etc.). Aber nicht nur im Bereich batteriebetriebener Geräte, sondern auch für die allgemeine sog. *MPSoC*-Technologie wird das Problem der Wärmeabfuhr und Energiereduktion immer größer, wenn nämlich in Zukunft auf einem Chip 10 bis 100 Prozessoren integriert sind. Die Minimierung des sog. *Leistungsverbrauchs* hat aber auch weitere positive Effekte auf andere Entwurfsziele: Beispielsweise erniedrigen sich die Herstellungskosten, wenn aufwändige Kühltechniken und Kühlkörper vermieden werden können. Bekanntermaßen erniedrigt sich weiterhin die erwartete Lebensdauer einer Schaltung bei höheren Temperaturen. Gemäß [362] bedeutet beispielsweise eine Temperaturerhöhung von 10 K bereits eine Verdopplung der Versagensrate eines elektronischen Bauelements. Daher geht die Minimierung des Leistungsverbrauchs auch einher mit der Erhöhung der erwarteten Lebensdauer bzw. der erwarteten fehlerfreien Betriebszeit.

Bevor Einflussgrößen und Maßnahmen zur Steuerung des Leistungsverbrauchs eingeführt werden, sind einige wichtige Begriffe zu unterscheiden.

6.3.1 Energie- und Leistungsverbrauch

Obwohl oft synonym verwendet, ist es zunächst wichtig, die Begriffe *Leistungs-* und *Energieverbrauch* zu unterscheiden. Batteriebetriebene Systeme sind durch die Energie E eingeschränkt, die die Batterie liefern kann. Der Leistungsverbrauch[1] P charakterisiert die Rate, mit der Energie aus der Batterie entnommen werden kann bzw. verbraucht wird. Die Betrachtung des Leistungsverbrauchs ist daher wichtig für die Auswahl von Gehäuse und Kühlkörpern eines Systems, während die Energie charakteristisch beispielsweise für die Betriebsdauer der Batterie ist. Falls eine Berechnung so implementiert werden könnte, dass sie nur die halbe Leistung P' braucht, so ist noch lange nichts gewonnen hinsichtlich der verbrauchten Energie ($E' = E$), wenn diese Maßnahme zu einer doppelten Ausführungszeit $T'_{ex} = 2T_{ex}$ führt. Dies zeigt der folgende Zusammenhang:

$$E' = \int_0^{T'_{ex}} P'dt = \frac{1}{2} \int_0^{2T_{ex}} Pdt = \frac{1}{2} \cdot 2 \cdot E \tag{6.6}$$

Nur im Fall konstanter Ausführungszeit korrelieren also Leistungs- und Energieverbrauch und eine Minimierung der einen Größe geht einher mit der Minimierung der anderen Größe.

6.3.2 Leistungseffizienz

In Abb. 6.12 aus [268] wird deutlich, dass verschiedene Realisierungsvarianten eines Systems wie ASICs, rekonfigurierbare Hardware (z. B. FPGAs) oder Prozessoren unterschiedliche Grenzen besitzen hinsichtlich der sog. *Leistungseffizienz*, gemessen in MOps/mW. Dieser Wert drückt aus, wie viele Millionen Operationen pro Leistungsverbrauch von einem mW technologisch möglich bzw. typisch sind.

Zum einen erkennt man, dass sich dieser Wert mit zunehmend kleineren Strukturgrößen erhöht. Man sieht aber auch, dass ASICs die höchste Leistungseffizienz

---

[1] In Abschnitt 6.3 wird für den Leistungsverbrauch das Symbol P in Anlehnung an die allgemeine Literatur für engl. *Power* gewählt. Diese Größe sollte nicht mit dem Iterationsintervall eines Ablaufplans (Kapitel 4) oder der Bezeichnung einer Partition (Kapitel 5) verwechselt werden.

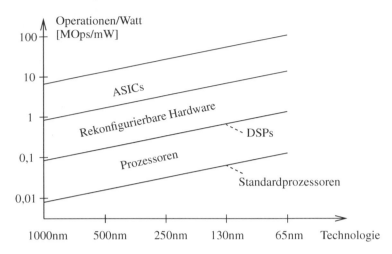

Abb. 6.12. Leistungseffizienz verschiedener Implementierungsformen [268]

besitzen. Rekonfigurierbare Hardware bzw. Prozessoren verfügen im Gegensatz dazu eine um eine bzw. sogar um zwei Größenordnungen schlechtere Leistungseffizienz. Digitale Signalprozessoren, sog. DSPs, können unter Umständen eine ähnliche Effizienz wie rekonfigurierbare Schaltungen erzielen. Die unterste Linie in Abb. 6.12 ist schließlich durch Vielzweckprozessoren bestimmt.

Leistungs- und Energieverbrauch können nun generell auf allen Abstraktionsebenen des Entwurfs von Hardware/Software-Systemen betrachtet und optimiert werden, siehe Abb. 6.13.

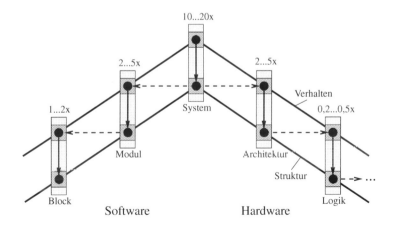

Abb. 6.13. Typisches Einsparungspotential für Energie- und Leistungsverbrauch auf verschiedenen Abstraktionsebenen

Auf der Systemebene (siehe auch Kapitel 8), kann durch Partitionierungsverfahren die Allokation von ASIC-, Prozessor- und rekonfigurierbaren Ressourcen geeignet durchgeführt werden, ferner die Auswahl und Bindung von Algorithmen auf diese Ressourcen. Zu Optimierungsmöglichkeiten auf der Systemebene gehören im Falle von ASIC- und MPSoC-Realisierungen ebenfalls Verfahren zur Platzierung, Taktbaumauslegung und Speicheroptimierung. Weiterhin gehören zu dieser Ebene auch Ansätze, die die Vorteile einer global asynchron, lokal synchronen Systemarchitektur untersuchen, sog. *GALS* - engl. *globally asynchronous locally synchronous systems* [394], und hier Techniken vorschlagen [194], um auf diese Art und Weise den Leistungsverbrauch eines Systems zu reduzieren. Laut [333] besteht auf dieser höchsten Abstraktionsebene des Systems durch geeignete Techniken die Möglichkeit, den Leistungsverbrauch des Systems um Faktoren zwischen 10 bis 20 positiv zu beeinflussen. Zu Optimierungsverfahren auf der Logikebene [87, 281, 313] gehören spezielle Optimierungstechniken der zwei- und mehrstufigen Logiksynthese, der Technologieabbildung, der Codierung von Zuständen sowie technologische Maßnahmen wie beispielsweise das sog. *Clock gating*, das an späterer Stelle erläutert wird. Das Einsparpotential wird auf dieser Ebene mit ca. 20-50 % beziffert. Auf der Architekturebene, die im Folgenden näher betrachtet wird, beträgt das Einsparpotential typischerweise Faktoren zwischen 2 und 5.

Der Vollständigkeit halber soll auch nicht unerwähnt bleiben, dass sich zahlreiche aktuelle Arbeiten mit Verfahren zur Minimierung und Optimierung des Leistungsverbrauchs auf der Softwareseite des Doppeldachs in Abb. 6.13 beschäftigen. Auf der Blockebene sei beispielsweise auf [409] verwiesen. Auf dieser Ebene wird durch geeignete Befehlsauswahl, Code optimierende Transformationen (siehe auch Kapitel 7) und geschickte Ablaufplanungsstrategien der Energieverbrauch des Prozessors, auf dem der Zielcode dann läuft, minimiert. Auf der nächst höheren Ebene von Modulen oder Tasks kann das Betriebssystem offensichtlich auf alle strukturellen Eigenschaften der darunter liegenden Hardware wie auch der laufenden Anwendungen, die implizit durch die Aktivierung von Hardwarekomponenten Energie verbrauchen, zugreifen. Wegen dieser Vermittlerrolle konzentriert sich die Forschung hier auf Betriebssystemstrategien, die durch Wissen über die Gesamtheit der internen Abläufe den Energieverbrauch wirksam beeinflussen können. Das Betriebssystem kann dabei die Hardwarekomponenten in den jeweils für das Gesamtsystem optimalen Betriebsmodus versetzen und die Verweildauer in den jeweiligen Betriebsmodi durch eine energiebewusste Aktivitätensteuerung beeinflussen. Ein Betriebsmodus mit reduzierter Energieaufnahme impliziert dabei in der Regel eine reduzierte Geschwindigkeit bzw. eine höhere Zugriffsverzögerung. Auch bei Mehrprozessorsystemen kann durch Planung und Verlagerung von Tasks auf andere Prozessoren, Einplanung zu späteren Zeitpunkten oder durch gezielte Steuerung von Versorgungsspannung und Taktfrequenz [430] eines oder mehrerer Prozessoren ein erheblicher Einfluss auf den Leistungsverbrauch erzielt werden. Die technologischen Voraussetzungen für solche Maßnahmen, die zum sog. *Power Management* gehören, werden wenn auch nur kurz im Folgenden beschrieben.

Der Rest dieses Abschnitts widmet sich dem Thema der Ermittlung bzw. Schätzung des Leistungs- und Energieverbrauchs einer Implementierung. Dazu werden zunächst die wichtigsten Einflussfaktoren einer Schaltungsimplementierung, speziell für CMOS-Schaltungen, analysiert, sowie Techniken angegeben, wie auf Architekturebene der Energieverbrauch einer Schaltung maßgeblich gesenkt werden kann. In diesem Zusammenhang werden einerseits strukturelle Maßnahmen vorgestellt, die man auch als *Power Management* bezeichnet. Andererseits werden Maßnahmen beschrieben, die bereits auf der Verhaltensebene eingesetzt werden können und als den *Leistungsverbrauch optimierende Transformationen* bekannt sind.

Zuvor erfolgt jedoch eine Übersicht über Einflussfaktoren und Quellen für den Leistungsverbrauch von CMOS-Schaltungen, die im Markt digitaler Schaltungen maßgeblich dominieren.

6.3.3 Quellen des Leistungsverbrauchs

Abb. 6.14 zeigt eine einfache Inverterschaltung in CMOS-Technologie. Der mittlere Leistungsverbrauch P_{avg} wird hier beeinflusst durch drei Faktoren:

$$P_{avg} = P_{sch} + P_{ks} + P_{leck} \tag{6.7}$$

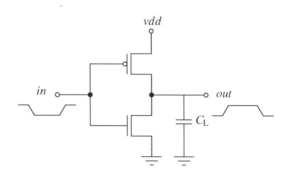

Abb. 6.14. Inverter in CMOS-Technologie

Der erste Term P_{sch} wird erzeugt durch das Umladen von parasitären Kapazitäten beim Schalten der Transistoren. In Abb. 6.14 ist diese Kapazität durch C_L am Ausgang des Invertergatters modelliert. Beim Wechsel des Eingangs *in* von 1 auf 0 wird C_L aufgeladen, im umgekehrten Fall entladen. Der Energieverbrauch beträgt pro Schaltvorgang $1/2 C_L vdd^2$. Betreibt man das Gatter als Teil eines synchron getakteten Schaltwerks mit Taktfrequenz f, so erhält man für P_{sch}

$$P_{sch} = \frac{1}{2} N \cdot C_L \cdot vdd^2 \cdot f \tag{6.8}$$

In Gl. (6.8) gibt N die mittlere Zahl der Signaländerungen pro Takt am Inverterausgang an. N wird auch als *Schaltaktivität* bezeichnet. In den meisten CMOS-Technologien stellt P_{sch} den größten Anteil des Leistungsverbrauchs der Schaltung dar. Daher zielen die meisten Techniken zur Optimierung des Leistungsverbrauchs auch auf diesen Term. An Gl. (6.8) erkennt man aber auch bereits das Problem der Bestimmung bzw. Schätzung des Leistungsverbrauchs P_{sch}: Um eine gute Schätzung zu erzielen, muss offensichtlich die Schaltaktivität möglichst akkurat geschätzt oder berechnet werden. Simulative Ansätze sind hier jedoch im Allgemeinen zu langsam.

Der zweite Term in Gl. (6.7) wird als *Kurzschlussleistung* bezeichnet. Dieser Anteil entsteht dadurch, dass bei Signalpegelwechseln am Eingang des Inverters in Abb. 6.12 von beispielsweise 1 auf 0 für eine kurze Zeit lang sowohl der NMOS-Transistor (unten) als auch der PMOS-Transistor (oben) leiten und somit kurzzeitig ein Kurzschluss der Versorgungsspannungsleitung mit der Masse vorliegt. Laut [28] kann P_{ks} durch folgende Gleichung approximiert werden

$$P_{ks} = k\,(vdd - 2v_T)^3 \tau N f, \qquad (6.9)$$

wobei die Konstante k von Technologie und Transistorparametern abhängt, v_T die *Schwellenspannung* der Transistoren, τ die *Signalanstiegszeit* und N die Schaltaktivität am Ausgang des Invertergatters darstellt.

Der dritte Term P_{leck} bezeichnet schließlich den Leistungsverbrauch aufgrund von sog. *Leckströmen* [64]:

$$P_{leck} = (I_{di} + I_{st})vdd \qquad (6.10)$$

In Gl. (6.10) bezeichnet I_{di} die Stromstärke von Leckströmen, die durch zwischen Diffusions- und Substratgebieten gebildete Dioden fließen können. Diese liegen in aktuellen Halbleitertechnologien im Bereich von 1 fA pro Transistor. I_{st} bezeichnet die Stromstärke von Strömen, die aufgrund von Nichtidealität von Transistoren auch in gesperrtem Zustand fließen können. Dieser Anteil wächst jedoch bei kleineren Schwellenspannungen v_T. Insgesamt ist der Anteil P_{leck} bedeutsam für Schaltungen, die sich über lange Zeiträume in einem Ruhezustand befinden.

6.3.4 Strukturelle Maßnahmen zur Leistungsverbrauchsreduktion

Reduktion der Versorgungsspannung

Betrachtet wird erneut Gl. (6.8). Offensichtliche Maßnahmen zur Senkung des Leistungsverbrauchs bestehen darin, mindestens eine der Größen N, C_L, vdd oder f zu reduzieren. Leider sind die einzelnen Größen jedoch nicht unabhängig voneinander. Insbesondere bewirkt eine Senkung der Versorgungsspannung vdd zwar einen quadratischen Einspareffekt im Leistungsverbrauch, aber leider muss man bei niedrigerer Versorgungsspannung auch eine Erhöhung der minimalen Taktperiode T_{min} bzw. Erniedrigung der maximalen Taktfrequenz $f_{max} = 1/T_{min}$ in Kauf nehmen. Gemäß [180] ist dieser Zusammenhang gegeben durch

$$T_{min} = \frac{1}{f_{max}} \sim k\frac{vdd}{(vdd - v_T)^2} \qquad (6.11)$$

Das heißt, dass die Schaltzeiten der Transistoren gemäß dieser Abhängigkeit größer werden. In Gl. (6.11) stellt k eine Konstante dar. Mindestanforderungen an die zu erzielenden Taktfrequenz können daher den Grad der Leistungsverbrauchsreduktion durch Erniedrigung der Versorgungsspannung einschränken. Andere Maßnahmen, den Verlust an Geschwindigkeit zu kompensieren, bestehen darin, v_T zu reduzieren, siehe z. B. [64]. Diese Maßnahme hat aber einen negativen Effekt auf den Leistungsverbrauchsanteil P_{leck} in Gl. (6.10). Andere Maßnahmen (siehe [333]) sind:

- Verwendung schnellerer arithmetischer Einheiten, z. B. *Carry-Lookahead-Addierer*,
- Variation von v_T,
- Ausnutzung von Parallelismus und Fließbandverarbeitung oder
- Einführung mehrerer Versorgungsspannungen für Schaltungsteile, die sich nicht auf einem zeitkritischen Pfad befinden.

Beispiel 6.3.1. Der geschilderte Tradeoff zwischen erreichbarer Taktfrequenz und Leistungsverbrauch durch Variation der Versorgungsspannung wird bereits heute in Mikroprozessoren, beispielsweise dem Prozessor XScale von Intel eingesetzt und als *Dynamic voltage scaling* bezeichnet. Die Umschaltzeiten von einem Paar an Versorgungsspannung (z. B. im Bereich zwischen 1,3 V und 3,3V) und Taktfrequenz (z. B. im Bereich zwischen 50 MHz und 300 MHz) auf eine andere Kombination beträgt oft nur wenige Millisekunden. Entwurfsrelevante Fragen zum Entwurf solcher Prozessoren werden beispielsweise in [56] beschrieben.

Reduktion des Produkts von Schaltaktivität und Lastkapazität

Das Produkt aus Schaltaktivität N und Lastkapazität C_L kann auf verschiedenen Abstraktionsebenen betrachtet und verkleinert werden. Auf Transistorebene führt allein die Verwendung kleinerer Strukturgrößen zu Verbesserungen, Transformationen auf höheren Abstraktionsebenen wurden bereits zu Beginn des Abschnitts genannt.

Power Management

Die Reduktion der Versorgungsspannung vdd führt zwar zu kleineren Leistungsverbrauchszahlen, reduziert aber allein nicht den Energieverbrauch für eine bestimmte Berechnung. Es zeigt sich jedoch, dass viele Schaltvorgänge von Transistoren unnötig sind, d. h. keinen Einfluss auf den Wert von Ausgängen der Schaltung haben. Aus dieser Motivation heraus wurden zahlreiche Techniken vorgeschlagen, unnötige Schaltvorgänge zu vermeiden. Diese Techniken können ebenfalls prinzipiell auf mehreren Abstraktionsebenen eingesetzt werden. Im Folgenden werden drei dieser Techniken exemplarisch beschrieben. Unter *Power Management* bezeichnet man den Oberbegriff für solche Techniken, die Bedingungen identifizieren, wann bestimmte Teile einer Schaltung nicht benötigt und daher abgeschaltet werden können.

Beispiel 6.3.2. Abb. 6.15 (aus [333]) zeigt die Struktur eines Schaltwerks, dessen Eingangs- und Zustandsregister getaktet sind. Der Energieverbrauch kann beispielsweise dadurch gesenkt werden, indem unnötige Schaltvorgänge dadurch vermieden werden, dass das Taktsignal *clk* der Register über ein Gatter ausgeblendet wird, beispielsweise wenn sich von einem auf den nächsten Takt die Eingangs- und Zustandssignale nicht ändern. Man spricht in diesem Zusammenhang auch von engl. *Clock gating*. Der in Abb. 6.15 dargestellte Steuereingang c bestimmt dabei mit $c = 1$, ob der Takt der Register ausgeblendet werden soll. Das dargestellte Latch ist durchlässig im Zustand $clk = 0$.

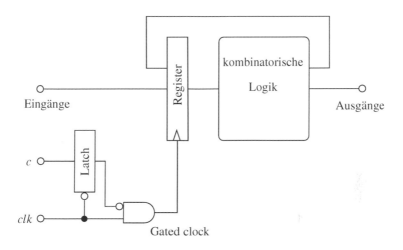

Abb. 6.15. Reduktion der Schaltaktivität eines synchronen Schaltwerks durch *Clock gating*

Beispiel 6.3.3. Moderne Prozessoren besitzen verschiedene Betriebszustände, die nur unterschiedliche Teile des Prozessors betreiben, andere bei Bedarf abschalten. Abb. 6.16 aus [272] zeigt drei Betriebszustände eines StrongARM-Prozessors. Der Prozessor ist nur im Zustand run voll operational. Im Zustand idle werden nur eintretende Interrupts überwacht, im Zustand sleep sind alle Einheiten abgeschaltet. Den Zustandsübergängen in Abb. 6.16 sind auch typische Umschaltzeiten zugeordnet. Man erkennt ferner drastische Unterschiede im mittleren Leistungsverbrauch in den unterschiedlichen Zuständen. Eine wichtige Implementierungsfrage betrifft hier die Entscheidung, wann der Prozessor seinen Zustand wechseln sollte, da beispielsweise der Wechsel von Zustand sleep in den Zustand run unverhältnismäßig lang dauert gegenüber allen anderen Übergangszeiten. Möglichkeiten zur Steuerung von Übergängen und Übergangszeitpunkten fangen an mit einfachen Timer-Konzepten und reichen hin bis zu komplexen Techniken, die auf der Basis stochastischer Modelle die zukünftige Systemauslastung schätzen und darauf basierend Zustandsübergänge triggern.

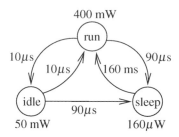

Abb. 6.16. Betriebszustände mit typischen mittleren Leistungsverbrauchswerten und Übergangszeiten eines StrongARM-Prozessors (aus [272])

Beispiel 6.3.4. Auch bei rein kombinatorischen Schaltungen mit getakteten Ein- und Ausgangsregistern kann der Leistungsverbrauch gesenkt werden, wenn man weiß, dass die aktuellen Eingangssignale keine Änderung der Ausgänge bewirken. Unter Umständen lassen sich solche Bedingungen vorausberechnen mit einem geringen Aufwand an zusätzlicher Logik, um basierend auf dieser Logik dann zu entscheiden, ob die Eingangsregister überhaupt getaktet werden sollen oder nicht (vgl. *Clock gating*).

Eine Übersicht über weitere Techniken des *Power management* gibt [333].

6.3.5 Maßnahmen auf Verhaltensebene zur Reduktion des Leistungsverbrauchs

Als Maßnahmen zur Beeinflussung des Leistungsverbrauchs einer Schaltung basierend auf einer Verhaltensbeschreibung der Architekturebene sind vornehmlich folgende Techniken zu nennen:

Ablaufplanung: konditionelle Berechnung von Verzweigungen

Auf der Ebene der Ablaufplanung besteht Optimierungspotential hinsichtlich des Leistungsverbrauchs im Falle von konditionellen Verzweigungen im Sequenzgraphen oder CDFG. Abb. 6.17 zeigt den Ausschnitt eines Sequenzgraphen mit einem Verzweigungsknoten (BR) zur Berechnung des Betrags $|a - b|$ zweier Zahlen a und b. Unter der Annahme, dass die Latenz des Vergleichs sowie der Subtraktionsoperationen jeweils eine Latenz von einem Takt besitzt und eine Latenzschranke von $\bar{L} = 2$ gegeben sei, zeigt Abb. 6.18 zwei mögliche Ablaufpläne.

In Abb. 6.18a) werden beide konditionellen Zweige unabhängig vom Ausgang des Vergleichs $a > b$ berechnet. Der dargestellte Multiplexer wählt hier durch Ansteuerung eines Multiplexers das richtige Ergebnis aus. Diese Lösung führt nicht nur eine unnötige Berechnung aus, sondern braucht auch garantiert mehr Energie, selbst wenn beide Subtraktionen auf der gleichen Ressource laufen würden, da sich die Operanden in diesem Falle ändern würden. In der in Abb. 6.18b) dargestellten

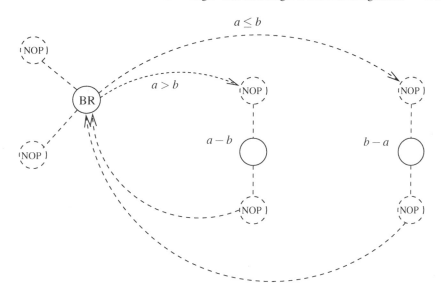

Abb. 6.17. Sequenzgraph zur Bildung des Betrags $|a - b|$ zweier Zahlen a und b

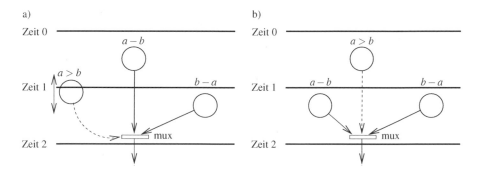

Abb. 6.18. Zwei mögliche Ablaufpläne der Operationen des Sequenzgraphen in Abb. 6.17

Lösung wird die Vergleichsoperation so früh wie möglich geplant (Zeitschritt 0). Abhängig vom Ergebnis des Vergleichs braucht dann im nächsten Zeitschritt jedoch nur noch eine der beiden Subtraktionen ausgeführt werden.

Bindung (Ressourcetypbindung)

Die Idee besteht hier darin, nur diejenigen Operatoren auf zeitlich kritischen Pfaden an die schnellsten funktionalen Einheiten und nichtkritische Operationen an langsamere Einheiten mit im Allgemeinen kleinerer Lastkapazität zu binden. Die Bindung an schnelle Ressourcetypen kann auch ausgenutzt werden, um auf nichtkritischen Pfaden eine größere Versorgungsspannung zu wählen, siehe Abb. 6.19 [420]. Die

Operation v_3 wird an eine Ressource gebunden mit niedriger Versorgungsspannung (3,3 V) als die restlichen Operationen, die auf dem kritischen Pfad liegen (5,0 V). Ein Spannungskonverter muss an der Grenze verschiedener Spannungsdomänen eingesetzt werden.

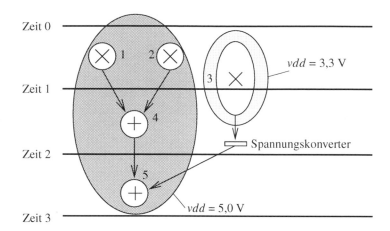

Abb. 6.19. Bindung von Operationen auf kritischen Pfaden an schnelle Ressourcetypen, verbunden mit der Senkung der Versorgungsspannung auf nichtkritischen Pfaden

Mehrfachbindung

Als Mehrfachbindung (engl. auch *Resource sharing*) bezeichnet man die Bindung mehrerer Operationen an ein und dieselbe Ressourceninstanz. Abb. 6.20 (aus [333]) zeigt den Ablaufplan zweier aufeinander folgender Iterationen eines iterativen Algorithmus mit einer Latenz von $L = 6$ Zeitschritten sowie die Belegung eines Addierers, an den alle Operationen vom Typ Addition gebunden sind. Durch geschickte Wiederverwendung von Operanden auf einer Ressource kann unter Umständen die Schaltaktivität substantiell reduziert werden.

Wahl der Taktperiode

Die Wahl der Taktperiode T hat Einfluss nicht nur auf die Latenz der Operationen, sondern auch auf den Leistungsverbrauch, wie Abb. 6.21 zeigt. Der dargestellte Zusammenhang lässt sich wie folgt erklären:

- Bei größeren Taktperioden T kann evtl. die Latenz eines Ablaufplans verkleinert werden durch Verkettung von mehreren Operationen in einem Takt (vgl. Abschnitt 6.5). Das bedeutet, dass das Taktversorgungsnetz weniger häufig geladen und entladen wird im gleichen Betrachtungszeitraum. Dies führt zu einer Abnahme des Leistungsverbrauchs für Taktnetze und Register. Zusätzlich bewirken evtl. kleinere zu synthetisierende Steuerwerke einen unterstützenden Effekt.

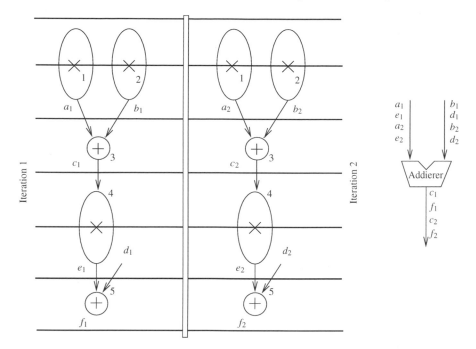

Abb. 6.20. Durch geschickte Mehrfachbindung (hier der Operationen eines iterativen Algorithmus) an eine Ressource kann die Schaltaktivität reduziert werden, wenn Operanden von einer auf die nächste Berechnung konstant bleiben

- Bei der Logik nimmt der Leistungsverbrauch mit zunehmender Taktperiodendauer T zu. Wegen prohibitiver Mehrfachbindung funktionaler Einheiten werden die Datenpfade sehr schnell größer und hungriger nach Leistung.

6.3.6 Schätzung des mittleren Leistungsverbrauchs

Die Schätzung des Leistungsverbrauchs ist auf Architekturebene äußerst wichtig um zu prüfen, ob eine Schaltung die gegebenen Anforderungen an den Leistungsverbrauch erfüllt. Weiterhin hilft die Schätzung, den Einfluss optimierender Transformationen zu evaluieren. Auf der Architekturebene erfolgt die Schätzung auf der Basis von funktionalen Einheiten, Speichern, Registern und Multiplexern, die üblicherweise in einer Bibliothek für die gewählte Zieltechnologie vorliegen.

Offensichtlich hängt der mittlere Leistungsverbrauch einer Schaltung in Gl. (6.7) maßgeblich von der Schaltaktivität N ab. Im Gegensatz zu zeitlichen Anforderungen ist man hier an Mittelwerten und nicht an Maximalwerten interessiert, da die Temperatur eines Chips maßgeblich durch den Mittelwert und nicht durch zeitliche Extremwerte bestimmt wird. Das Problem bei der Bestimmung bzw. Schätzung des Leistungsverbrauchs wurde bereits zu Beginn des Abschnitts vorgestellt, dass

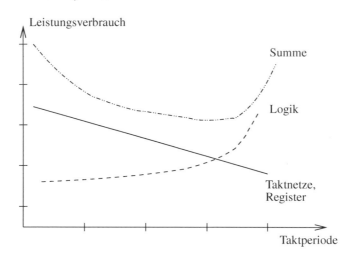

Abb. 6.21. Effekt der Taktperiodenauswahl auf den Leistungsverbrauch

nämlich dieser Mittelwert abhängig vom Zeitverlauf der Eingangssignale der Schaltung ist. Eine einfache, jedoch akkurate Lösung wäre es, den Leistungsverbrauch konkret für einen charakteristischen Satz von Eingangssignalen durch Simulation zu bestimmen. Problematisch ist hier jedoch, dass die für eine Anwendung charakteristischen Testmuster häufig unbekannt sind oder für den Betrieb des Systems nicht vorausbestimmbar sind. Weiterhin verbietet sich der simulative Ansatz häufig aufgrund zu hoher erforderlicher Simulationszeiten.

Folgende Ansätze betrachten daher modellbasierte Schätzverfahren zur Ermittlung des mittleren Leistungsverbrauchs.

Analytische Schätzmodelle für P_{avg}

Analytische Modelle versuchen, den Leistungsverbrauch mit Größen der Entwurfskomplexität in Beziehung zu setzen. Sie besitzen den Vorteil, dass wenig Information über die Schaltungsimplementierung notwendig ist und eine Schätzung somit schnell berechnet werden kann.

Für eine Schaltung, bestehend mit einer geschätzten Zahl GE von Gattern, Taktfrequenz f, Lastkapazität C_L, mittlerem Energieverbrauch eines Basisgatters beim Schalten E_{typ} und geschätzter Schaltaktivität N_s, erhält man beispielsweise eine Schätzung des Leistungsverbrauchs zu

$$P_s = GE \ (E_{typ} + C_L vdd^2) \ f \ N_s \tag{6.12}$$

Diese Schätzung ist jedoch oft zu grob und ungenau, und daher nur für kombinatorische Logikblöcke und bei Verwendung von zellbasierten Technologien einsetzbar.

Beispiel 6.3.5. Als analytisches Modell zur Approximation des Leistungsverbrauchs eines Speicherbausteins (Feld mit 2^n Zellen, jede bestehend aus jeweils 6 Transistoren, organisiert in 2^{n-k} Zeilen und 2^k Spalten) unter Vernachlässigung des Verbrauchs für den Decoder [260], erhält man die Schätzung:

$$P_{\text{mem}} = \frac{2^k}{2}(C_{\text{int}}l_{\text{col}} + 2^{n-k}C_{\text{tr}})\, vdd\, v_{\text{swing}}\, f \qquad (6.13)$$

In Gl. (6.13) stellt C_{int} die Verdrahtungskapazität pro Längeneinheit, l_{col} die Länge der Bitspalte, C_{tr} die sog. Transistordrainkapazität und v_{swing} den Spannungshub auf der Bitleitung dar. Interessanterweise ist diese Schätzung unabhängig davon, ob eine logische Null oder eine logische Eins gespeichert wird.

Informationstheoretische Modelle zur Schätzung von P_{avg}

Solche Verfahren, siehe z. B. [289], [314] basieren auf informationstheoretischen Modellen, die beispielsweise auf der Basis der Berechnung von Entropiewerten schnelle Schätzungen ermöglichen.

Synthesebasierte Schätzung von P_{avg}

Basierend auf der Annahme einer vorgegebenen Struktur der Architektur, wird hier eine Synthese einzelner Ressourcetypen durchgeführt und der Leistungsverbrauch jedes Ressourcetyps durch Schätzungsverfahren auf der Logikebene ermittelt. Auf Logikebene werden vor allem auf Regression basierende Schätzmodelle eingesetzt. Man bezeichnet dieses Vorgehen auch als engl. *Macro modeling.* Ein solches Verfahren basiert auf den folgenden Ablaufschritten: Charakterisiere jeden Ressourcetyp in der Bibliothek unter Einfluss von Pseudo-Zufallssignalverläufen und berechne eine lineare Regressionskurve basierend auf diesen Trainingssequenzen. Solche Kurven, siehe z. B. Abb. 6.22, stellen den Leistungsverbrauch der Ressource in Abhängigkeit von Parametern, beispielsweise der Anzahl von Signaländerungen der Eingänge und Ausgänge dar. Eine solche Charakterisierung erfolgt lediglich ein einziges Mal.

Die Tatsache, dass die Punkte nahezu auf einer Geraden liegen, motiviert die Annäherung durch eine lineare Funktion. Bei einem *Makroblock* mit m Eingangsbits und n Ausgangsbits lautet die Approximation

$$P_{\text{avg}} = \frac{1}{2}vdd^2\, f\, \Big(\sum_{k=1}^{m} C_{i,k}A_{i,k} + \sum_{k=1}^{n} C_{o,k}A_{o,k}\Big) \qquad (6.14)$$

In Gl. (6.14) stellt A_p die Schaltaktivität am Pin p und C_p eine mit diesem Pin assoziierte sog. *Äquivalenzkapazität* dar. Zur Ermittelung der Werte dieser einzelnen Konstanten geht man wie folgt vor: Zuerst ermittelt man durch Simulation der Makroblockimplementierung mit einer großen Anzahl von Stichproben die Schaltaktivität an jedem Pin für jeden Vektor von m Eingangssignalen. Anschließend wird die obige lineare Regression durchgeführt [46].

Erweiterte und zusätzliche Verfahren zur Schätzung des mittleren Leistungsverbrauchs einer Schaltung werden beispielsweise in [314] und [333] beschrieben.

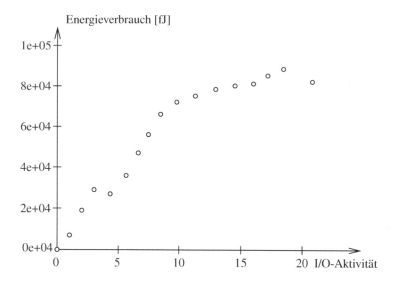

Abb. 6.22. Energieverbrauch einer Ressource einer Bibliothek in Abhängigkeit der Anzahl von Signaländerungen der Ein- und Ausgangsbits. Dargestellt ist die Variation des mittleren Energieverbrauchs eines 8-Bit-Addierers in Abhängigkeit der Schaltaktivität der einzelnen Eingangs- und Ausgangsbits [29].

6.4 Notation und Problemstellung der Architektursynthese

Im Folgenden wird von den üblichen Annahmen ausgegangen, dass

- die Taktperiode T bereits bestimmt sei (z. B. kundenbedingt oder technologiebedingt). Dabei reserviert man üblicherweise bei bekannten Ausführungszeiten der funktionalen Ressourcen Sicherheitsspannen für Leitungsverzögerungen und *Setup*-Zeiten von Registern. Dadurch kann die Ausführungszeit eines Knotens in einem Problemgraphen durch eine dimensionslose, ganze Zahl beschrieben werden. Diese gibt die Anzahl der Zeitschritte (Takte) an, die der Knoten eine Ressource belegt (siehe Gl. (6.3)). Ferner kann dadurch die Optimierung der Ausführungszeit als ein Latenzminimierungsproblem formuliert werden. Korrekterweise müsste man sagen, dass man die Ausführungszeit *bei gegebener Taktperiode* minimiert.
- Die Kosten werden allein durch die Allokation funktionaler Ressourcen bestimmt, d. h. der Anteil der Kosten für Steuerwerk, Leitungsverbindungen, Ansteuerlogik (und Register)[2] wird vernachlässigt bzw. als konstanter *Overhead* betrachtet. Diese Abschätzung ist sicher schlecht für kontrollflussdominante Systeme. Dort würde man beispielsweise die Bindung vor der Ablaufplanung durchführen.

---

[2] Später wird auch die Minimierung des Registeraufwands in die Optimierung einbezogen.

Aus dieser Vereinfachung ergibt sich, dass die Kosten einer Realisierung allein aus der Allokation α bestimmt werden können und damit unabhängig von der Bindung sind.

Damit lässt sich der Zusammenhang zwischen einer Implementierung und einer mathematischen Beschreibung der Architektur durch Ablaufplan, Bindung und Allokation direkt herleiten.

Die zu planenden Aufgaben und deren Datenabhängigkeiten sind in Form eines Problemgraphen gegeben.

Zur Unabhängigkeit der folgenden Abschnitte von früheren Kapiteln und zum Hinweis auf Unterschiede zu früheren Definitionen wird hier noch einmal formal angegeben, was man unter einem Problemgraphen, einem Ressourcegraphen und einer Implementierung auf der Architekturebene versteht.

Definition 6.4.1 (Problemgraph). *Ein* Problemgraph *$G(V,E)$ ist ein gerichteter, azyklischer Graph mit Knotenmenge V und Kantenmenge E, in dem jeder Knoten $v_i \in V$ eine zu planende Aufgabe (Task, Prozess, Anweisung, Elementaroperation) und jede Kante $e = (v_i, v_j) \in E$ eine Datenabhängigkeit darstellt.*

Beispiel 6.4.1. Betrachtet wird der in Abb. 6.23a) dargestellte Problemgraph. Es be-

a) $G(V,E)$ b) $G_R(V_R, E_R)$

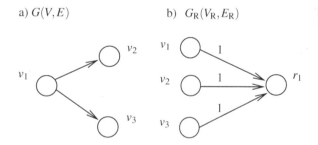

Abb. 6.23. Problemgraph a) und Ressourcegraph b)

stehen Datenabhängigkeiten zwischen Knoten v_1 und v_2 und zwischen Knoten v_1 und v_3.

Der Zusammenhang zwischen den Aufgaben und den Ressourcen (z. B. Multiplizierer, arithmetisch-logische Einheiten, Komparatoren etc.) wird durch einen *Ressourcegraphen* beschrieben.

Definition 6.4.2 (Ressourcegraph). *Der* Ressourcegraph *$G_R(V_R, E_R)$ ist ein bipartiter Graph. Die Knotenmenge $V_R = V \cup V_T$ enthält die Knotenmenge V des Problemgraphen $G(V,E)$. Jeder Knoten $r_k \in V_T$ stellt einen Ressourcetyp dar (z. B. ALU, Addierer, Multiplizierer etc.). Eine Kante $(v_i, r_k) \in E_R$ mit $v_i \in V$ und $r_k \in V_T$ modelliert die Realisierbarkeit von v_i auf einer Instanz des Ressourcetyps r_k. Ferner gibt es die*

- *Kostenfunktion* $c : V_T \to \mathbb{Z}_0^+$, *die jedem Ressourcetyp* $r_k \in V_T$ *die Kosten* $c(r_k)$ *zuordnet sowie die*
- *Gewichtsfunktion* $w : E_R \to \mathbb{Z}_0^+$, *die jeder Kante* $(v_i, r_k) \in E_R$ *die Berechnungszeit* $w(v_i, r_k)$ *(abgekürzt* $w_{i,k}$*) zuordnet, die die Berechnungszeit in Anzahl von Zeitschritten von* v_i *auf einer Ressource vom Typ* r_k *darstellt.*

Beispiel 6.4.2. Der in Abb. 6.23b) dargestellte Ressourcegraph zeigt einen einzigen Ressourcetyp r_1 (z. B. ALU), der alle drei Knoten des Problemgraphen in Abb. 6.23a) realisieren kann. Die Berechnungszeiten der Knoten auf dem Ressourcetyp r_1 betragen $w_{1,1} = w_{2,1} = w_{3,1} = 1$.

Ein Paar, bestehend aus einem Problemgraphen $G(V, E)$ und einem Ressourcegraphen $G_R(V_R, E_R)$, heißt im Folgenden *Spezifikation*. Das Ziel ist nun, a) einen *Ablaufplan*, b) eine *Allokation* von Ressourcen und c) eine *Bindung* von Aufgaben an Ressourcen so zu bestimmen, dass eine bestimmte Zielfunktion optimiert wird.

Definition 6.4.3 (Ablaufplan). *Ein* Ablaufplan *eines Problemgraphen G* (V, E) *ist eine Funktion* $\tau : V \to \mathbb{Z}_0^+$, *die jedem Knoten* $v_i \in V$ *die Startzeit* $t_i = \tau(v_i)$ *zuordnet, so dass gilt:*

$$\tau(v_j) \geq \tau(v_i) + w(v_i, \beta(v_i)) \quad \forall (v_i, v_j) \in E$$

wobei $\beta(v_i) \in V_T$ *den Ressourcetyp angibt, auf dem* v_i *berechnet wird.*

Definition 6.4.4 (Bindung). *Gegeben sei eine Spezifikation mit Problemgraph* $G(V, E)$ *und Ressourcegraph* $G_R(V_R, E_R)$. *Die* Bindung *ist ein Tupel von Funktionen*

- $\beta : V \to V_T$ *mit* $\beta(v_i) = r_k \in V_T$ *und* $(v_i, \beta(v_i)) \in E_R$;
- $\gamma : V \to \mathbb{Z}^+$ *mit* $\gamma(v_i) \leq \alpha(\beta(v_i))$.

Dabei gibt $r_k = \beta(v_i)$ *den Ressourcetyp und* $\gamma(v_i)$ *die Instanz des Ressourcetyps* r_k *an, auf dem* v_i *ausgeführt wird. Es muss gelten, dass* $\gamma(v_i)$ *kleiner gleich der Anzahl allozierbarer Instanzen* $\alpha(r_k)$ *vom Typ* r_k *ist, falls eine solche Schranke existiert.*

Beispiel 6.4.3. Abbildung 6.24 stellt zwei Ablaufpläne dar für die Spezifikation mit Problemgraph und Ressourcegraph in Abb. 6.23a) bzw. b). Die dargestellten Ablaufpläne entsprechen einer Allokation von 2 Ressourcen im Fall a) und einer Ressource im Fall b).
Für Ablaufplanung und Bindung gilt:

a) $t_1 = 0, t_2 = t_3 = 1, \beta(v_1) = \beta(v_2) = \beta(v_3) = r_1, \gamma(v_1) = \gamma(v_3) = 1, \gamma(v_2) - 2$,
b) $t_1 = 0, t_2 = 2, t_3 = 1, \beta(v_1) = \beta(v_2) - \beta(v_3) = r_1, \gamma(v_1) = \gamma(v_2) = \gamma(v_3) = 1$.

Oft gibt man die Anzahl verfügbarer Instanzen eines Ressourcetyps als *Allokation* vor:

Definition 6.4.5 (Allokation). *Gegeben sei eine Spezifikation* $(G(V, E), G_R(V_R, E_R))$. *Eine* Allokation *ist eine Funktion* $\alpha : V_T \to \mathbb{Z}_0^+$, *die jedem Ressourcetyp* $r_k \in V_T$ *die Anzahl* $\alpha(r_k)$ *verfügbarer Instanzen zuordnet.*

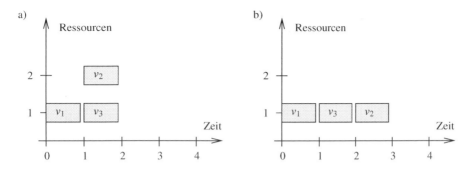

Abb. 6.24. Ablaufpläne für die Spezifikation aus Abb. 6.23 bei a) zwei Ressourcen und b) einer Ressource

Die Allokation kann neben dem Ressourcegraphen als explizite Beschränkung von Ressourcen formuliert werden. Eine weitere wichtige benutzerdefinierte Beschränkung ist eine Latenzschranke.

Definition 6.4.6 (Latenz). *Die* Latenz *L eines Ablaufplans* τ *(bei gegebener Bindung β) sei definiert als*

$$L = \max_{v_i \in V}\{\tau(v_i) + w(v_i, \beta(v_i))\} - \min_{v_i \in V}\{\tau(v_i)\}$$

und bezeichnet damit die Anzahl der Zeitschritte des kleinsten Intervalls, das die Ausführungsintervalle aller Knoten $v_i \in V$ einschließt.

Beispiel 6.4.4. Die Latenz L beträgt für den Ablaufplan in Abb. 6.24a) zwei, im Fall b) drei Zeitschritte.

Falls man eine (obere) Latenzschranke formuliert, dann wird diese mit $\bar{L}$ bezeichnet. Im Weiteren wird die Schreibweise $l_i = \tau(v_i)^S$ bzw. $h_i = \tau(v_i)^L$ benutzt, um die frühestmöglichen (ASAP-) bzw. spätestmöglichen (ALAP-)Startzeitpunkte eines Knotens $v_i \in V$ zu bezeichnen. Ferner bezeichne $N(v_i)$ (kurz N_i) im Folgenden das Intervall $N_i = [l_i, \cdots, h_i]$ von möglichen Startzeitpunkten des Knotens v_i.

Damit kann eine (bzgl. Ressourcen- und Latenzbeschränkungen) *gültige Implementierung* definiert werden:

Definition 6.4.7 (Implementierung). *Gegeben sei eine Spezifikation mit Problemgraph $G(V,E)$ und Ressourcegraph $G_R(V_R,E_R)$ (und evtl. eine Latenzschranke $\bar{L}$ und/oder eine Allokation α). Eine (gültige)* Implementierung *ist ein Quadrupel $(\tau, \beta, \gamma, \alpha)$, das die folgenden Bedingungen erfüllt:*

- $L \leq \bar{L}$ *im Fall von Latenzbeschränkung und*
- $|\{v_i : \beta(v_i) = r_k \ \wedge \ \tau(v_i) \leq t < \tau(v_i) + w(v_i, r_k)\}| \leq \alpha(r_k) \quad \forall r_k \in V_T, \forall t = 0, \cdots, L-1$ *im Fall von Ressourcenbeschränkungen.*

Beispiel 6.4.5. Abbildung 6.24a) und b) stellen jeweils eine mit $\alpha(r_1) = 2$ gültige Implementierung dar. Jedoch ist die in Abb. 6.24a) dargestellte Ablaufplanung und Bindung ungültig, falls $\alpha(r_1) = 1$ gilt.

Optimierungsprobleme von zentralem Interesse lassen sich wie folgt charakterisieren. Dabei wird angenommen, dass die *Kosten* einer Implementierung durch eine Funktion der Allokation α gegeben sind:

- *Latenzminimierung mit Ressourcenbeschränkungen*:
  Gesucht ist eine Implementierung τ mit minimaler Latenz L bei gegebener Allokation α.[3]
- *Kostenminimierung unter Latenzbeschränkung*:
  Hier wird eine Implementierung gesucht, die bei Vorgabe einer Latenzschranke $\bar{L}$ minimale Kosten erzeugt.
- *Zulässiges Ablaufplanungsproblem*:
  Gesucht wird eine gültige Implementierung bei gegebener Latenzschranke $\bar{L}$ und gegebener Allokation α.
- *Gewichtete Minimierung von Latenz und Kosten unter Latenz- und Ressourcenbeschränkungen*:
  Hier wird eine Implementierung gesucht, die bei gegebenem $\bar{L}$ und α eine Zielfunktion, die Kosten und Latenz gewichtet, minimiert.

6.5 Spezialoperationen und Spezialressourcen

Bevor nun Verfahren zur Lösung der genannten Probleme vorgestellt werden, betrachten wir Spezialfälle von Operationen und Ressourcen, die typisch für die Architekturebene sind.

6.5.1 Verkettung funktionaler Operatoren

Aus Abb. 6.8 wurde bereits deutlich, dass Operatoren auf Pfaden, deren Summe von Ausführungszeiten kleiner als die Taktperiode T ist, in einem Zyklus abgearbeitet werden können. In der Hardware entspricht eine solche Lösung dem *Verketten* (engl. *chaining*) funktionaler Ressourcen, ohne dass dazwischen Speicherelemente eingefügt werden.

Um Ablaufpläne mit Verkettung zu betrachten, definieren wir folgende Relation zweier Operationen eines Problemgraphen und gehen dabei vereinfachend davon

---

[3] Die Bindung γ braucht ohne Einschränkung der Allgemeinheit nicht explizit ermittelt zu werden, da man a) genauso gut jede Instanz r, $1 \leq r \leq \alpha(r_k)$, als eigenen Ressourcetyp mit Allokation 1 darstellen könnte und damit eine Bindung β den Typ und die Instanz einer Ressource verkörpern kann. Diese Darstellung ginge nur zu Lasten der Komplexität des Modells des Ressourcegraphen. Schließlich sei bemerkt, dass bei nichtiterativer Ablaufplanung τ und Bindung β b) immer ein γ in polynomieller Zeit bestimmt werden kann, das mit der Allokation α kompatibel ist (siehe LEFTEDGE-Algorithmus im Anhang).

aus, dass jeder Knoten auf einem einzigen und damit eindeutigen Ressourcetyp implementiert werden kann.

Definition 6.5.1 (Verkettung). *Gegeben sei ein Problemgraph $G(V,E)$ und ein Ressourcegraph $G_R(V_R,E_R)$ mit $V_R = V \cup V_T$ und der Eigenschaft: $|\{e \in E_R : e = (v_i, r_k)\}| = 1$ für alle $v_i \in V$. Gegeben sei ferner eine Taktperiode $T \in \mathbb{Z}_0^+$ (z. B. in ns). Die Knoten $v_i \in V$ des Problemgraphen werden jeweils mit der Verzögerungszeit $z(r_k) \in \mathbb{Z}_0^+$ des Modultyps $r_k \in V_T$ attribuiert, für den $(v_i, r_k) \in E_R$ gilt. Dann drückt das Element $(v_i, v_j) \in R$ der* Verkettungsrelation $R \subseteq (V \times V)$ *die Eigenschaft zweier Knoten $v_i, v_j \in V$ aus, dass*

- *v_j Nachfolger von v_i im Problemgraphen G ist und dass*
- *für jeden Pfad von v_i nach v_j über Knoten aus V*
  - *die Summe der Verzögerungszeiten der Knoten entlang des Pfads größer als die Taktperiode T ist, aber*
  - *die Summe der Verzögerungszeiten abzüglich der Verzögerungszeit von v_j kleiner gleich T ist.*

Beispiel 6.5.1. Betrachtet wird der Problemgraph in Abb. 6.8a) und eine Taktperiode von $T = 160$ ns. Damit können offensichtlich zwei Additionen (Verzögerungszeit 80 ns) verkettet in einem Takt abgearbeitet werden. Dies sind beispielsweise die Knotenpaare (v_3, v_2), (v_3, v_4), (v_2, v_5) und (v_4, v_5). Als Elemente der Verkettungsrelation R erhält man die Paare: (v_1, v_2), (v_3, v_6), (v_3, v_5) und (v_2, v_6).

Unter der folgenden Annahme, dass für die gewählte Taktperiode T die Bedingung $T \geq \max_{r_k \in V_T}\{z(r_k)\}$ gilt, kann man die Möglichkeit der Verkettung in gültigen Ablaufplänen berücksichtigen, indem man die Bedingungen der Form

$$\tau(v_j) \geq \tau(v_i) + w(v_i, r_k) \quad \forall (v_i, v_j) \in E$$

ersetzt durch die beiden Ungleichungssysteme

$$\tau(v_j) \geq \tau(v_i) \quad \forall (v_i, v_j) \in E \tag{6.15}$$

und

$$\tau(v_j) \geq \tau(v_i) + 1 \quad \forall (v_i, v_j) \in R \tag{6.16}$$

Die erste Bedingung sagt aus, dass jeder Knoten v_j, der direkter Nachfolger eines Knotens v_i ist, frühestens im gleichen Zeitschritt wie v_i geplant werden kann. Die zweite Bedingung besagt, dass im Fall $(v_i, v_j) \in R$ v_j frühestens einen Zeitschritt nach dem Starten von v_i geplant werden kann.

Unter der Annahme, dass für gegebene Taktperiode und Ausführungszeiten in einem Schritt maximal k_1 Knoten innerhalb eines Taktes verkettet werden können und dass ein Knoten maximal k_2 direkte Vorgänger besitzt, gibt es maximal $k_2^{k_1} \cdot n$ Elemente in R. Im Allgemeinen ist jedoch k_2 kleiner als zwei und k_1 eine kleine Zahl.

6.5.2 Module mit Fließbandverarbeitung

Abbildung 6.9 zeigt den Ablaufplan eines Problemgraphen mit einem Multiplizierermodul mit zwei Fließbandstufen, wobei die Dauer einer Multiplikation zwei Zeitschritte, die Dauer einer Addition einen Zeitschritt beträgt.

Offensichtlich kann ein Multiplizierer jeden Zeitschritt eine neue Operation starten, jedoch kann Fließbandverarbeitung nur zwischen solchen Knoten ausgenutzt werden, zwischen denen keine Datenabhängigkeiten existieren. Sei $d_i = w(v_i, r_k)$ die Berechnungszeit eines Knotens auf einer Ressource vom Typ r_k und sei r_k ein Ressourcetyp mit Fließbandverarbeitung und sog. *Datenverarbeitungsintervall* $u(v_i, r_k) \in \mathbb{Z}_{\geq 0}$, $u(v_i, r_k) \leq w(v_i, r_k)$. Dann kann das Modul vom Typ r_k bei Abarbeitung von Knoten v_i bereits nach $u(v_i, r_k)$ Zeitschritten eine neue Operation starten.[4] In der Bedingung an eine gültige Implementierung in Definition 6.4.7 kann für Module mit Fließbandverarbeitung $w(v_i, r_k)$ durch $u(v_i, r_k)$ ersetzt werden. Man beachte, dass für einen gültigen Ablaufplan jedoch weiterhin unverändert die Bedingung

$$\tau(v_j) \geq \tau(v_i) + w(v_i, \beta(v_i)) \quad \forall(v_i, v_j) \in E$$

gilt, da ein Knoten v_j, der direkter Nachfolger eines Knotens v_i ist, der auf einem Fließbandmodul vom Typ $r_k = \beta(v_i)$ ausgeführt wird, erst nach dessen vollständiger Abarbeitung, also frühestens nach $w(v_i, \beta(v_i))$ Zeitschritten gestartet werden kann.

6.5.3 Funktionale Fließbandverarbeitung und Schleifenfaltung

Eine Besonderheit einer Architektur ist die Möglichkeit der Fließbandverarbeitung im Datenpfad. Um diese Möglichkeit auszunutzen, betrachtet man iterative Probleme und deren Ablaufplanung (siehe auch Kapitel 4):

Definition 6.5.2 (Iterative Algorithmen). *Ein iterativer Algorithmus besteht aus einer Menge von $|V|$ quantifizierten, linear indizierten Gleichungen $S_i[n]$:*

$$S_1[n] \ldots S_i[n] \ldots S_V[n] \qquad \forall n \geq 0$$

Jede Gleichung $S_i[n]$ besitzt die Form

$$x_i[n] = f_i(\ldots, x_j[n - s_{j,i}], \ldots)$$

wobei der Index n die Iteration des Algorithmus angibt. Die Variablen $x_i[n]$ sind skalar indiziert und f_i sind beliebige Funktionen. Zwischen der Berechnung von Variablen $x_i[n]$ und $x_j[n]$ können konstante Indexverschiebungen $s_{j,i} \in \mathbb{N}_0$ bestehen.

Die Gleichungen $S_i[n]$ werden iterativ für alle $n \in \mathbb{N}_0$ ausgewertet. Eine Indexverschiebung $s_{j,i}$ bewirkt, dass die Berechnung der Variablen x_i von dem Ergebnis der Berechnung der Variablen x_j von vor $s_{j,i}$ Iterationen abhängt.

---

[4] Man beachte, dass das Datenverarbeitungsintervall (oder Iterationsintervall) $u(v_i, r_k)$ eines Moduls vom Typ $r_k \in V_T$ abhängig vom Knoten $v_i \in V$ sein kann. Man betrachte z. B. eine ALU, die nur für bestimmte Operationen Fließbandverarbeitung erlaubt, für andere hingegen nicht.

Beispiel 6.5.2. Bei dem einfachen iterativen Algorithmus

$$x_1[n] = f_1(x_2[n-1], x_3[n-1]) \qquad \forall n \geq 0$$
$$x_2[n] = f_2(x_1[n]) \qquad \forall n \geq 0$$
$$x_3[n] = f_3(x_2[n-1]]) \qquad \forall n \geq 0$$

besteht bei der Berechnung der Variablen x_1 zu den Variablen x_2 und x_3 eine Indexverschiebung von je einer Iteration.

Die Struktur und die Datenabhängigkeiten eines iterativen Algorithmus lassen sich wiederum durch einen Problemgraphen darstellen, bei dem jedoch zusätzlich die den Kanten zugeordneten Indexverschiebungen definiert sind. Die Funktion $s : E \rightarrow \mathbb{Z}$ ordnet jeder Kante $(v_i, v_j) \in E$ des Problemgraphen die zugehörige Indexverschiebung $s_{i,j} = s(v_i, v_j)$ zu. Im Folgenden bezeichnet ein *iterativer Problemgraph* ein Netzwerk $G(V, E, s)$.

Beispiel 6.5.3. Der iterative Problemgraph des in Beispiel 6.5.2 eingeführten Algorithmus ist in Abb. 6.25a) dargestellt.

a) Iterativer Problemgraph

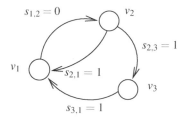

b) Iterativer Ablaufplan

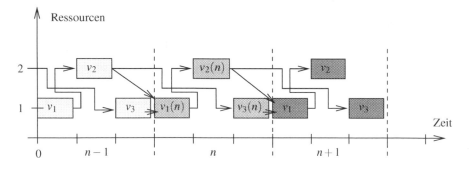

Abb. 6.25. Iterativer Problemgraph a) und iterative Ablaufplanung b)

Nun bezeichnet man als *Iterationsintervall P* die Anzahl von Taktzyklen zwischen dem Beginn zweier aufeinander folgender Iterationen. In den weiteren Betrachtungen wird ferner angenommen, dass jede Operation v_i in allen Iterationen $n \geq 0$ an ein und dieselbe Ressource gebunden wird (vollstatische Bindungen).

Dann lässt sich für ein gegebenes Iterationsintervall P die Startzeit der n-ten Iteration eines Knotens v_i darstellen als

$$t_i(n) = t_i + n \cdot P$$

mit $t_i \in \mathbb{Z}_{\geq 0}$.

Beispiel 6.5.4. Abbildung 6.25b) stellt einen *iterativen Ablaufplan* mit Latenz $L = 3$ und Iterationsintervall $P = 3$ dar, wobei jede Operation einen Zeitschritt benötigt. Für die Startzeitpunkte der Knoten gilt:

- $t_1(n) = 0 + n \cdot 3 \quad \forall n \geq 0,$
- $t_2(n) = 1 + n \cdot 3 \quad \forall n \geq 0,$
- $t_3(n) = 2 + n \cdot 3 \quad \forall n \geq 0.$

Im Allgemeinen gilt $P < L$. Ein iterativer Ablaufplan mit Iterationsintervall $P = 2$ ist in Abb. 6.26 dargestellt.

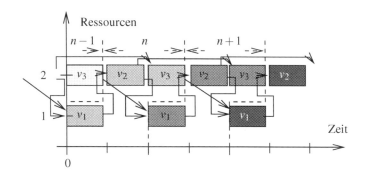

Abb. 6.26. Iterativer Ablaufplan mit Iterationsintervall $P = 2$

Unter *funktionaler Fließbandverarbeitung* versteht man nun das nebenläufige Planen von Operationen aus unterschiedlichen Iterationen für die Spezialklasse iterativer Algorithmen mit $s_{i,j} = 0 \ \forall (v_i, v_j) \in E$. Im Falle von *Schleifenfaltung* sind jedoch auch Interiterationsdatenabhängigkeiten $s_{i,j} \neq 0$ erlaubt, also Datenabhängigkeiten zwischen Operationen aus unterschiedlichen Iterationen. In der Hardware entspricht eine Realisierung von funktionaler Fließbandverarbeitung und Schleifenfaltung einem Datenpfad mit Fließbandverarbeitung: Während bei einem Modul mit Fließbandverarbeitung (je nach Fließbandtiefe) die nebenläufige Abarbeitung mehrere Operationen möglich ist, sind bei einem Datenpfad mit Fließbandverarbeitung Operationen unterschiedlicher Iterationen eines iterativen Algorithmus nebenläufig verarbeitbar.

6.6 Verfahren zur Architektursynthese

Bei der Architektursynthese sind ressourcenbeschränkte Ablaufplanungsprobleme zu lösen. Dazu können prinzipiell die in Kapitel 4 beschriebenen Verfahren Listscheduling oder Force-directed scheduling oder ILP-Techniken eingesetzt werden.

6.6.1 Erweiterung bekannter Ablaufplanungsverfahren

Es soll gezeigt werden, wie man bekannte Ablaufplanungsverfahren, insbesondere Listscheduling, auf die speziellen Probleme der Architektursynthese erweitern bzw. zuschneiden kann.

- *Module mit Fließbandverarbeitung*: Sei $r_k \in V_T$ ein Modul mit Fließbandverarbeitung und Datenverarbeitungsintervall(en) $u(v_i, r_k)$. Unterschiedlich zu dem in Kapitel 4 vorgestellten Verfahren Listscheduling ist nur die Berechnung der Menge $G_{t,k}$ an Operationen des Ressourcetyps r_k, die im Zeitschritt t ausgeführt werden, also die zu einem Zeitpunkt vor t gestartet worden sind, aber noch nicht beendet sind und damit zum Zeitpunkt t eine Ressource belegen:

$$G_{t,k} = \{ v_i \in V : \beta(v_i) = r_k \wedge t > \tau(v_i) > t - u(v_i, r_k) \}$$

- *funktionale Fließbandverarbeitung*: Von Park und Parker [307] stammt ein Ansatz, bei dem Listscheduling auf funktionale Fließbandverarbeitung erweitert wird bei gleichzeitiger Betrachtung der Verkettung von Operationen.
- *alternative Berechnungen*: Bisher wurde immer von Problemgraphen ausgegangen, die frei von Kontrollflussinformationen (z. B. Verzweigungen) sind. Typischerweise beinhalten Spezifikationen jedoch auch Kontrollflussinformation. Insbesondere bei hierarchischen Spezifikationen, z. B. bei hierarchischen Sequenzgraphen, müssen neben den Operationen des Problemgraphen auch Verzweigungen und Alternativen berücksichtigt werden. Generell kann man ein Verfahren wie Listscheduling auch dahingehend erweitern, dass man ein- und dieselbe Ressource mehrfach vergibt, falls zugehörige Operationen alternativ sind. Die Priorisierung zu planender Operationen kann hier z. B. durch Berechnung von Verzweigungsinformationen und Verzweigungswahrscheinlichkeiten erfolgen.
  Für Probleme mit alternativen Operationen, insbesondere für eine spezielle Klasse von *Kontrollflussgraphen* (CFGs), bei denen alle Pfade von einem Quellknoten zu einem Senkeknoten alternativ sind, wurden spezielle Techniken entwickelt, die eine Ablaufplanung auf Pfaden durchführen. Hierzu sei auf den Algorithmus von Camposano [59] und Erweiterungen dieses Verfahrens [27] verwiesen.

6.6.2 ILP-Modelle zur Architektursynthese

Folgende Arbeiten aus dem Bereich der Architektursynthese formulieren ressourcenbeschränkte Ablaufplanungsprobleme durch ILP-Modelle: [184, 127, 128, 19, 67].

Sämtliche Ansätze gehen von einem gegebenen Datenflussgraphen, Kontrollfluss-graphen oder Kontroll-Datenfluss-Graphen (CDFG) aus. Im Folgenden wird einheitlich der Begriff *Problemgraph* benutzt. Hwang et al. [184] stellen die Startzeit einer Operation des Problemgraphen dar als gewichtete Summe einer Menge von binären Variablen. Durch Verwendung von ASAP-, ALAP- und Listschedulingverfahren kann die Anzahl der Variablen und damit der Lösungsraum reduziert werden, so dass typische Probleme der Architektursynthese optimal geplant und in akzeptabler Laufzeit synthetisiert werden können. Der in [184] beschriebene Ansatz wurde in [19] auf Speicher- und Busmodellierung erweitert.

Um die Effizienz einer ILP-Formulierung zu verbessern, haben Gebotys et al. [127, 128] die Struktur der Beschränkungen der ILP-Modelle zur Ablaufplanung untersucht. Diese Ideen wurden weiterentwickelt von Chaudhuri et al. [67], die in einer exzellenten Arbeit die genaue Struktur der Beschränkungen des Lösungspolytops untersucht haben unter Anwendung von Sätzen der Polyedertheorie. Sie zeigten, dass sich Teilprobleme des Ablaufplanungsproblems mit Ressourcenbeschränkungen durch Lösen von *LP-Relaxationen* exakt bestimmen lassen, da die Lösungspolytope nur ganzzahlige Eckpunkte besitzen (sog. *integrale Polytope*). Dabei nennt man die LP-Relaxation eines ILP das lineare Programm mit gleicher Zielfunktion und gleichen Beschränkungen, wobei jedoch die Ganzzahligkeitsbeschränkungen von Variablen fallengelassen werden. Ein LP kann in polynomieller Rechenzeit gelöst werden (siehe Anhang). Chaudhuri et al. zeigten ferner, dass das gesamte Polytop als Schnitt ganzzahliger Polytope nicht ganzzahlig ist. Jedoch versuchten sie im Verlauf ihrer Arbeit durch Einführen zusätzlicher Beschränkungen die Struktur des Schnittpolytops zu verbessern, so dass ein Standardverfahren zur Lösung von ILPs, z. B. der im Anhang beschriebene *BRANCH&BOUND-Algorithmus (BAB)*, schneller eine optimale Lösung finden kann.

Damit lassen sich die Hauptbestrebungen von Verbesserungen verzeichnen in

- Strategien von Lösungsalgorithmen zur beschleunigten Suche nach einer optimalen Lösung. Solche Ansätze spielen angeblich eine entscheidende Rolle bei der Lösung von harten kombinatorischen Problemen wie z. B. dem *Problem des Handlungsreisenden* (engl. *traveling salesperson problem* (TSP)), siehe z. B. [201]. So werden ILP-Techniken eingesetzt zur Lösung immer größerer Instanzen solcher Probleme. Nach Reinelt [201] liegen heutzutage die Hauptinteressen der Lösung schwieriger kombinatorischer Optimierungsprobleme in
- der Verbesserung der Struktur des Optimierungsproblems bzw. in der „guten Formulierung" des Problems und
- in der Bestimmung beweisbar guter Lösungen innerhalb einer gegebenen Zeitschranke.

Im Zusammenhang mit ressourcenbeschränkten Ablaufplanungsproblemen werden zunächst die Eigenschaften bekannter ILP-Modelle zur Architektursynthese vorgestellt. Dann wird 1) eine Formulierung vorgeschlagen, die Ressourcenbeschränkungen als Fluss in einem dem Problemgraphen überlagerten *Flussgraphen* beschreibt. Es wird gezeigt, dass eine auf diesem Modell basierte ILP-Formulierung im Gegensatz zu existierenden ILP-Modellen eine Komplexität in der Anzahl binärer

Variablen aufweist, die unabhängig von der Größe der Zeitbeschränkungen (Latenz, ASAP- und ALAP-Zeiten) ist. Damit kann die Formulierung auch für andere Anwendungen ressourcenbeschränkter Ablaufplanungsprobleme eingesetzt werden.

2) Für dieses ILP-Modell werden wir, ähnlich wie es Gebotys und Elmasry [127, 128] und Chaudhuri et al. [67] für ihre Modelle getan haben, die Struktur des Lösungspolytops analysieren (Abschnitt 6.9). Dabei wird gezeigt, dass nicht alle Variablen dieses sog. *Flussmodells* ganzzahlig sein müssen. So sind beispielsweise alle eingeführten Variablen, die die Startzeiten der Knoten widerspiegeln, automatisch ganzzahlig, falls gewisse andere Variablen ganzzahlig gelöst sind. Das Flussmodell besitzt ohne Voroptimierungen $\mathcal{O}(|V|^2)$ binäre Variablen bei einem gegebenen Problemgraphen mit $|V|$ Knoten.

In Abschnitt 6.10 werden 3) Methoden zur Verbesserung der Struktur der Formulierung untersucht. Darunter zählen a) die Elimination redundanter Variablen, b) die optimale Bestimmung von Konstanten und c) das Hinzufügen von beschränkenden Hyperebenen in Form von zusätzlichen linearen Ungleichungen (engl. *valid inequalities*).

Danach folgt ein Abschnitt über die Behandlung von iterativen Ablaufplanungsproblemen mit dem Flussmodell, insbesondere die Modellierung von Modulen mit Fließbandverarbeitung sowie die Darstellung von funktionaler Fließbandverarbeitung und Schleifenfaltung (Abschnitt 6.11). Das Modell und die Optimierungsmöglichkeiten werden an einigen Beispielen getestet (Abschnitt 6.13).

6.7 ILP-Modelle zur Architektursynthese

Nun werden ILP-Modelle für die oben genannte Optimierungsprobleme eingeführt. Als Optimierungsproblem wird hier exemplarisch das Problem der Kostenminimierung unter Latenzbeschränkung betrachtet. Es sollte dem Leser jedoch klar sein, dass es für jeden der hier aufgeführten Ansätze ein entsprechendes Modell für die anderen genannten Optimierungsprobleme gibt.

6.7.1 Zeitschlitzmodelle

Gegeben sei eine Spezifikation, bestehend aus einem Problemgraphen $G(V, E)$ und einem Ressourcegraphen $G_R(V_R, E_R)$. Zum einen wird eine Formulierung von Hwang et al. [184] betrachtet, die in dem System ALPS zur Architektursynthese realisiert ist, zum anderen eine Formulierung von Gebotys [127, 128], die in einem System mit dem Namen OASIC verwirklicht wurde. Beide klassifizieren wir als *Zeitschlitzmodelle*, was durch die Interpretation der im Folgenden beschriebenen Optimierungsvariablen begründet ist.

ALPS

Die in [184] beschriebene Methodik zur Architektursynthese stellt einen der ersten, ausführlichen Ansätze zur Lösung von Ablaufplanungsproblemen mit Ressourcenbeschränkungen mit ILP-Techniken dar. In ALPS werden zahlreiche Eigenschaften wie z. B. Multizyklenoperationen (Operationen mit von 1 verschiedenen Berechnungszeiten), Verkettung von Operationen und Fließbandverarbeitung unterstützt. Aus Gründen der Übersichtlichkeit wird nur das ILP-Modell zur Kostenminimierung bei Latenzbeschränkung dargestellt:

- *Zielfunktion*:
  Minimierung der Gesamtkosten:

$$\text{Minimiere} \sum_{k=1}^{|V_T|} c_k \cdot a_k \qquad (6.17)$$

wobei $c_k = c(r_k)$ die Kosten einer Ressource vom Typ $r_k \in V_T$ sind und $a_k = \alpha(r_k)$.

- *Beschränkungen*:
  1. *Bindungsbeschränkungen*:
     Jeder Knoten muss einmal gestartet werden und kann nur an genau einen Ressourcetyp gebunden werden. Hier werden binäre Variablen $x_{i,t,k}$ eingeführt, wobei der Index i für den Knoten v_i steht, der Index t für den Zeitpunkt, an dem v_i auf einer Instanz des Ressourcetyps r_k gestartet wird. Der Index k steht schließlich für den Ressourcetyp r_k. Damit erhält man[5]:

$$\sum_{k:(v_i,r_k)\in E_R} \sum_{t\in N(v_i)} x_{i,t,k} = 1 \qquad \forall i = 1,\cdots,|V| \qquad (6.18)$$

  2. *Datenabhängigkeiten*:
     Mit Gl. (6.18) erhält man auch leicht die Dauer $d_i = d(v_i)$ von Knoten v_i als

$$d_i = \sum_{k:(v_i,r_k)\in E_R} \sum_{t\in N(v_i)} x_{i,t,k} \cdot w(v_i,r_k)$$

und den Startzeitpunkt $t_i = \tau(v_i)$ als

$$t_i = \sum_{k:(v_i,r_k)\in E_R} \sum_{t\in N(v_i)} t \cdot x_{i,t,k}$$

Damit erhält man die Datenabhängigkeiten in der Schreibweise:

$$t_j - t_i \geq d_i \quad \forall (v_i,v_j) \in E \qquad (6.19)$$

  3. *Zeitbeschränkungen*:
     Jede Operation muss zum Zeitpunkt $\bar{L}$ abgeschlossen sein:

$$t_i + d_i \leq \bar{L} \quad \forall i = 1,\cdots,|V| \qquad (6.20)$$

---

[5] $N(v_i)$ bezeichnet das Planungsintervall $[l_i,\cdots,h_i]$ von möglichen Startzeitpunkten von Operation v_i.

4. *Ressourcenbeschränkungen*:
Für jeden Ressourcetyp $r_k \in V_T$ muss gelten, dass zu jedem Zeitpunkt nie mehr als $a_k = \alpha(r_k)$ Knoten gleichzeitig Ressourcen vom Typ r_k belegen:

$$\sum_{i:(v_i,r_k)\in E_R} \sum_{p=\max\{0,t-h_i\}}^{\min\{w(v_i,r_k)-1,t-l_i\}} x_{i,t-p,k} \leq a_k \tag{6.21}$$

$$\forall k = 1,\cdots,|V_T|, \ \forall \ \min_{i=1,\cdots,|V|}\{l_i\} \leq t \leq \max_{i=1,\cdots,|V|}\{h_i\}$$

Wir klassifizieren dieses Modell als sog. *Zeitschlitzmodell*, da hier eine Diskretisierung der Zeitachse in ganzzahlige Startzeitpunkte vorgenommen wird.[6]
Ein kleines Beispiel soll dieses Modell verdeutlichen.

Beispiel 6.7.1. Betrachtet wird erneut die Spezifikation in Abb. 6.23a), b). Für die Kosten für den Ressourcetyp r_k gelte $c(r_k) = 1$. Mit der Latenzschranke $\bar{L} = 3$ erhält man $l_1 = 0, l_2 = l_3 = 1$ und $h_1 = 1, h_2 = h_3 = 2$. Damit lautet obiges ILP-Modell zur Kostenoptimierung unter Latenzbeschränkung (da es nur einen Ressourcetyp gibt, wurde der Index k weggelassen):

$$\begin{aligned}
&\text{Minimiere} \quad a \\
&\text{so dass}
\end{aligned}$$

$$\begin{aligned}
x_{1,1} &&&&&& \leq \bar{L}-1 \\
&& x_{2,1} &+2x_{2,2} &&& \leq \bar{L}-1 \\
&&&& x_{3,1} &+2x_{3,2} & \leq \bar{L}-1 \\[1ex]
-x_{1,1} &+x_{2,1} &+2x_{2,2} &&&& \geq 1 \\
-x_{1,1} &&& +x_{3,1} &+2x_{3,2} && \geq 1 \\
x_{1,0} +x_{1,1} &&&&&& = 1 \\
&& x_{2,1} &+x_{2,2} &&& = 1 \\
&&&& x_{3,1} &+x_{3,2} & = 1 \\[1ex]
x_{1,0} &&&&&& \leq a \\
x_{1,1} &+x_{2,1} && +x_{3,1} &&& \leq a \\
&& x_{2,2} && +x_{3,2} && \leq a
\end{aligned}$$

Traditionell beurteilt man die Komplexität einer ILP-Formulierung durch die Anzahl ganzzahliger Variablen und die Anzahl von Ungleichungen, obwohl die Struktur des Lösungspolytops für die Lösungszeit häufig eine mindestens genauso wichtige Rolle spielt. Der folgende Komplexitätsvergleich ist also mit Vorsicht zu genießen. Die Anzahl ganzzahliger (binärer) Variablen ist hier nach oben beschränkt durch $u_x \cdot |E_R|$, wobei $u_x = \max_{i=1,\cdots,|V|}\{h_i - l_i + 1\}$. Die Anzahl von Ungleichungsbeschränkungen beträgt $|V|$ (Gl. (6.18)), $|E|$ (Gl. (6.19)), $|V|$ (Gl. (6.20)) und $u_t \cdot |V_T|$ (Gl. (6.21)) mit $u_t = \max_{i=1,\cdots,|V|}\{h_i\} - \min_{i=1,\cdots,|V|}\{l_i\} + 1$.
Damit gilt für die Komplexität des ILP-Modells in den Gln. (6.17)–(6.21): $\mathcal{O}(u_x |E_R|)$ binäre Variablen und $\mathcal{O}(|V| + |E| + u_t \cdot |V_T|)$ Beschränkungen.

---

[6] Dem aufmerksamen Leser ist aufgefallen, dass die in Kapitel 4 eingeführten ILP-Modelle dem ALPS-Modell entsprechen und daher ebenfalls Zeitschlitzmodelle sind.

OASIC

Gebotys [127, 128] versuchte, die Struktur des ILP-Modells von Hwang et al. [184] zu verbessern, da deren Formulierung nur für kleinere bis mittelgroße Probleme mit heutigen ILP-Lösern in akzeptabler Laufzeit bestimmt werden kann. Die Verbesserung liegt hier in dem Versuch, die Datenabhängigkeiten anders zu formulieren, so dass man ein sog. *Weighted node packing* (WNP)-Problem erhält, das man einfacher lösen kann aufgrund von speziellen Eigenschaften eines solchen Lösungspolytops. Insbesondere wurden die Ungleichungen in Gl. (6.19) wie folgt umformuliert:

$$\sum_{k:(v_j,r_k)\in E_R} \sum_{t'\le t, t'\in N(v_j)} x_{j,t,k} + \sum_{k:(v_i,r_k)\in E_R} \sum_{t'\ge t-w(v_i,r_k)+1, t'\in N(v_i)} x_{i,t,k} \le 1$$

$$\forall\, (i,j) \in E,\ \forall t \in \{(N(v_i) + w(v_i,r_k) - 1) \cap N(v_j)\} \qquad (6.22)$$

Dabei bleiben die sonstigen Beschränkungen die selben wie im ALPS-Modell. Die gleichen binären Variablen werden benutzt. Damit ist das OASIC-Modell auch ein Zeitschlitzmodell.

Die Anzahl der Beschränkungen in Gl. (6.22) ist hier allerdings beschränkt durch $u_x \cdot |E|$. Damit besitzt dieses Modell $\mathcal{O}(u_x\,|E_R|)$ binäre Variablen und $\mathcal{O}(u_x\,|E| + |V| + u_t\,|V_T|)$ Ungleichungsbeschränkungen.

Beispiel 6.7.2. Betrachtet wird erneut das Beispiel aus Abb. 6.23. Nur die Datenabhängigkeitsbeschränkungen unterscheiden sich von dem Modell von ALPS. Deshalb werden nur diese hier aufgeführt.

$$x_{1,1} + x_{2,1} \le 1$$
$$x_{1,1} + x_{3,1} \le 1$$

Erweiterungen der Zeitschlitzmodelle

Im Prinzip sind für Zeitschlitzmodelle folgende Besonderheiten der Architektursynthese modellierbar, die sich für das ALPS-Modell wie folgt beschreiben lassen:

- Verkettung von Operatoren: Unter der Annahme, dass jeder Knoten v_i auf genau einem Ressourcetyp implementierbar ist, ersetzt man die Datenabhängigkeitsbeschränkungen in Gl. (6.19) durch ein wie in Gl. (6.15) und Gl. (6.16) beschriebenes Ungleichungssystem.
- Module mit Fließbandverarbeitung: $w(v_i,r_k)$ in Gl. (6.21) ersetzt man durch $u(v_i,r_k)$ für alle Modultypen r_k mit Fließbandverarbeitung und Datenverarbeitungsintervall $u(v_i,r_k)$.
- Funktionale Fließbandverarbeitung und Schleifenfaltung: Die Erweiterung des ALPS-Modells auf funktionale Fließbandverarbeitung und Schleifenfaltung wurde bereits in Kapitel 4 beschrieben, siehe insbesondere Theorem 4.6.1.
- Minimierung des Speicheraufwands.

Zum letzten Punkt folgt eine etwas ausführlichere Bemerkung. Der Einfachheit der Darstellung halber wird nur der Fall betrachtet, dass jede Operation auf einem eindeutigen Ressourcetyp implementierbar ist. Dann kann der Index k weggelassen werden. Will man nun beispielsweise unter allen Ablaufplänen einen Plan ermitteln, der eine Registerbindung mit minimaler Anzahl von Registern erlaubt, so kann man die Zielfunktion f wie folgt abändern:

$$\text{Minimiere } c_f \cdot f + c_r \cdot r$$

Die Variable $r \in \mathbb{Z}_{\geq 0}$ stellt die maximale Anzahl lebendiger Variablen während des Ablaufplans dar. c_f und c_r stellen konstante Kostengewichte mit $c_f \gg c_r$ dar. Um r im Modell zu ermitteln, fügt man beispielsweise eine Gleichung der Form

$$r \geq \sum_{i=1}^{|V|} z_{i,t} \quad \forall t: \min_{i=1,\cdots,|V|}\{l_i\} \leq t \leq \max_{i=1,\cdots,|V|}\{h_i\}$$

ein. Dabei sind $z_{i,t}$ binäre Variablen, die für alle $v_i \in V$ und für alle Zeitschritte $l_i \leq t \leq \max\{h_j : (v_i, v_j) \in E\}$ definiert sind und genau dann 1 sein sollen, wenn die durch v_i erzeugte Variable lebt. Dies erreicht man durch die Beschränkungen

$$z_{i,t} \geq \sum_{p=\max\{0, t-h_i\}}^{t-l_i} x_{i,t-p} - \sum_{p=\max\{0, t-h_j\}}^{t-l_j} x_{j,t-p} \qquad (6.23)$$
$$\forall v_i \in V, \forall j: (v_i, v_j) \in E, \forall t: l_i \leq t \leq \max\{h_j : (v_i, v_j) \in E\}$$

Die erste Summe in Gl. (6.23) ist für alle Zeitschritte t mit $t_i \leq t \leq \max\{h_j : (v_i, v_j) \in E\}$ 1, die zweite für alle Zeitschritte t mit $t_j \leq t \leq \max\{h_j : (v_i, v_j) \in E\}$, die Differenz damit im Intervall $[t_i, \cdots, t_j)$.[7] Somit wird $z_{i,t}$ für alle Zeitpunkte t im Intervall $[t_i, \cdots, t_j)$ auf 1 gezwungen. Ferner sind in jeder zulässigen Lösung die minimalen Werte von $z_{i,t}$ null an allen Zeitpunkten, an denen die durch v_i erzeugte Variable nicht lebt.

Damit die Anzahl der Beschränkungen in Gl. (6.23) beherrschbar bleibt, lassen sich einige Voroptimierungen durchführen, die nun kurz erwähnt werden. Offensichtlich besteht das Problem der Bestimmung der Lebenszeit der von einem Knoten v_i erzeugten Variablen darin, denjenigen direkten Nachfolger v_j zu finden, der die Variable zuletzt referenziert. In diesem Zusammenhang spricht man auch von *Lebenszeit definierenden Kanten*. Gewisse Kanten (v_i, v_j) (und damit Beschränkungen) können von vornherein ausgeschlossen werden:

---

[7] Die Lebenszeit einer durch v_i erzeugten Variablen wurde hier anders definiert als in Gl. (6.4), was auf der Vorstellung beruht, dass ein Knoten vom Startzeitpunkt an bereits Daten erzeugen kann, die gespeichert werden müssen, und jede Ressource, die Daten von Vorgängerknoten liest, diese bei Beginn der Abarbeitung des Nachfolgerknotens kopieren muss, was die Ressource des Vorgängerknotens von der Last der weiteren Speicherung befreit. In [19] wird diese Art der Speichermodellierung auch als *Transferspeicher* bezeichnet und von der Speicherung interner Daten und Zwischenergebnisse, dem sog. *Arbeitsspeicher*, unterschieden.

- *Transitivität*: Gibt es im Problemgraphen $G(V,E)$ die Kanten (v_i, v_j), (v_j, v_k) und (v_i, v_k) (siehe Abb. 6.27a)), dann kann (v_i, v_j) nie Lebenszeit definierende Kante sein und braucht daher in den Beschränkungen in Gl. (6.23) nicht berücksichtigt werden.

- *ASAP-ALAP-Ausschluss*: Gibt es im Problemgraphen $G(V,E)$ die Kanten (v_i, v_j) und (v_i, v_k) und gilt: $h_k \leq l_j$, so braucht die Kante (v_i, v_k) offensichtlich ebenfalls nicht in den Beschränkungen in Gl. (6.23) betrachtet werden (siehe Abb. 6.27b)).

- *Explizite Einführung Lebenszeit definierender Kanten*: Pro Knoten $v_i \in V$, der Anfangspunkt noch mindestens zweier Kanten ist, die nicht in den beiden vorangegangenen Schritten ausgeschlossen wurden, wird ein sog. „Dummyknoten" v_i' mit Berechnungszeit 0 eingeführt, der künstlich die Lebenszeit von v_i bestimmt durch folgende Konstruktionsvorschrift (siehe Abb. 6.28): Eingeführt wird eine Kante (v_i, v_i') und jeweils eine Kante von jedem Knoten v_j, der direkter Nachfolger von v_i ist, zu v_i'. Nun ist nach dem Transitivitätskriterium die Kante (v_i, v_i') Lebenszeit definierend.

Damit gibt es für jeden Knoten v_i eine eindeutige Lebenszeit definierende Kante. Folglich kann in Gl. (6.23) das Ungleichheitszeichen durch ein Gleichheitszeichen ersetzt werden.

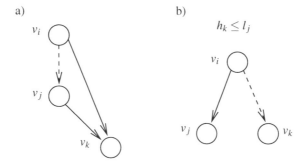

Abb. 6.27. Transitivität a) und ASAP- und ALAP-Ausschluss b) zur Reduktion der Beschränkungen in Gl. (6.23)

6.7.2 Flussmodell

Um auf den grundsätzlichen Unterschied zu den Zeitschlitzmodellen aufmerksam zu machen, wird an dieser Stelle ein alternatives Modell, das sog. *Flussmodell*, an einem Beispiel eingeführt.

Betrachtet wird die Spezifikation in Abb. 6.23a), b). In Abb. 6.29 ist ein sog. *Flussgraph* dem Problemgraphen überlagert dargestellt, dessen Kanten gestrichelt sind. Neben den Knoten des Problemgraphen enthält der Flussgraph einen sog. *Res-*

a)   b)

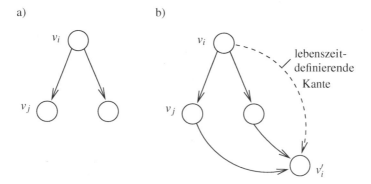

Abb. 6.28. Künstliche Definition von Lebenszeit definierenden Kanten: a) vorher, b) nachher. Die Kante (v_i, v_i') ist Lebenszeit definierend.

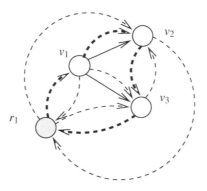

Abb. 6.29. Flussgraph

sourceknoten, der die Quelle und Senke von Ressourcen darstellen soll (grau unterlegt dargestellt). Nun kann man sich vorstellen, dass der Ressourceknoten Ressourcen an alle Knoten „schicken" kann. Ferner können Knoten Ressourcen an andere Knoten „weiterleiten". Als Transportmedium dienen nun genau die gestrichelten Kanten des Flussgraphen, die im Folgenden als *Flusskanten* bezeichnet werden.

Beispiel 6.7.3. Für den Flussgraphen in Abb. 6.23c) erhält man folgendes ILP-Modell zur Kostenminimierung unter Latenzbeschränkung ($\bar{L} = 3$) (als Kosten wird hier die Anzahl allozierter Ressourcen bewertet):

Minimiere $x_{r_1,v_1} + x_{r_1,v_2} + x_{r_1,v_3}$

so dass

($F1.1$) $x_{r_1,v_1} - x_{v_1,v_2} - x_{v_1,v_3} - x_{v_1,r_1} = 0$

($F1.2$) $x_{v_1,v_2} + x_{v_3,v_2} + x_{r_1,v_2} - x_{v_2,v_3} - x_{v_2,r_1} = 0$

$$(F1.3) \quad x_{v_1,v_3} + x_{v_2,v_3} + x_{r_1,v_3} - x_{v_3,v_2} - x_{v_3,r_1} = 0$$

$$(F2.1) \quad x_{r_1,v_1} = 1$$

$$(F2.2) \quad x_{v_1,v_2} + x_{v_3,v_2} + x_{r_1,v_2} = 1$$

$$(F2.3) \quad x_{v_1,v_3} + x_{v_2,v_3} + x_{r_1,v_3} = 1$$

$$(D.1) \quad t_2 - t_1 \geq 1$$

$$(D.2) \quad t_3 - t_1 \geq 1$$

$$t_1, t_2, t_3 \leq \bar{L} - 1$$

$$(S.1) \quad t_2 - t_3 \geq 1 + (x_{v_3,v_2} - 1)M$$

$$(S.2) \quad t_3 - t_2 \geq 1 + (x_{v_2,v_3} - 1)M$$

$$x_{v_2,v_3}, x_{v_3,v_2} \in \{0,1\}$$

Das Modell und die unterschiedlichen Ungleichungen lassen sich durch folgende Fragestellungen erklären:

1. Wie drückt man eine Allokation α aus?
   Für den Ressourceknoten muss gelten, dass die Summe der Ressourcen, die diesen Knoten „verlassen", kleiner gleich der Allokation ist. Dazu definiert man sog. *Flussvariablen* $x_{v_i,v_j,k} \in \{0,1\}$, die man als Kantengewichte der Kanten $e = (v_i, v_j)$ des Flussgraphen auffassen kann, und formuliert eine Bedingung, dass die Summe der Flüsse über alle Ausgangskanten kleiner gleich der Allokation $\alpha(r_k)$ ist. Zunächst wird angenommen, dass der Flussgraph aus $|V_T|$ Teilgraphen besteht, wobei der k-te Teilgraph der vollständige Graph ist, der alle Knoten $v_i \in V$ beinhaltet, für die gilt: $(v_i, r_k) \in E_R$ plus den Knoten r_k selbst. Bemerkung: In Beispiel 6.7.3 ist nur ein Ressourcetyp vorhanden. Deshalb wurde der dritte Index der Variablen weggelassen.

2. Wie drückt man eine Bindung β aus?
   Unter der Annahme, dass es nicht nur einen Ressourcetyp gibt, besteht der Flussgraph aus $|V_T|$ Teilgraphen. Um darzustellen, dass jeder Knoten $v_j \in V$ an genau einen Ressourcetyp gebunden ist, formuliert man eine Bedingung, dass die Summe der Flussvariablen aller Eingangsflusskanten 1 ist, d. h. jeder Knoten muss genau eine Ressource „empfangen" (siehe Ungleichungen $(F2.*)$ in Beispiel 6.7.3). Dasjenige k, für das dann $x_{v_i,v_j,k} = 1$ ist, stellt damit dar, dass $\beta(v_j) = r_k$ gilt. (In Beispiel 6.7.3 gilt offensichtlich $\beta(v_i) = r_1$, $\forall i = 1, \cdots, 3$. Die Allokation ist bei Kostenminimierung als Ergebnis der Ablaufplanung aus den Werten der Flussvariablen von Kanten zu ermitteln, die Ressourceknoten verlassen.)

3. Wie drückt man aus, dass die Anzahl der Ressourcen konstant ist?
   Da Knoten keine Ressourcen „verbrauchen" können, sondern diese nur für die Dauer ihrer Ausführung belegen, muss man eine Bedingung haben, die besagt, dass die Ressource, die ein Knoten empfängt, auch wieder den Knoten verlässt. Dazu fügt man für jeden Knoten eine Bedingung hinzu, die besagt, dass die Summe der Flussvariablen aller Eingangskanten gleich der Summe der Flussvariablen aller Ausgangskanten ist (siehe Gln. $(F1.*)$ in Beispiel 6.7.3).

4. Wie sieht man, welche Knoten die gleiche Ressource belegen? Wie garantiert man außerdem, dass sich diese nicht zeitlich überlappen (Ablaufplanung τ)? Zwei Knoten $v_i, v_j \in V$ belegen die gleiche Instanz von Ressourcetyp r_k genau dann, wenn es im k-ten Teilgraphen des Flussgraphen einen 1-Pfad (ein Pfad aus Kanten, deren Flussvariablen alle 1 sind) von v_i nach v_j oder umgekehrt gibt. Dabei gibt die Reihenfolge der besuchten Knoten dieses Pfades gleichzeitig die Reihenfolge der Belegung der Ressource an. Schließlich fügt man eine Bedingung ein, die besagt, dass zwei Knoten genau in dem Fall, dass zwischen ihnen ein Fluss existiert, sequentiell ausgeführt werden müssen. Anschaulich kann man sich vorstellen, dass die Flusskanten auch als Datenabhängigkeiten aufgefasst werden können, die genau in dem Fall aktiv sind, wenn ein Fluss über sie erfolgt (siehe Gln. (S.1) und (S.2) in Beispiel 6.7.3).

Beispiel 6.7.4. Die einzigen ganzzahligen Variablen des Flussmodells der Spezifikation in Abb. 6.23c) sind die beiden binären Flussvariablen x_{v_2,v_3} und x_{v_3,v_2}. Warum in Beispiel 6.7.3 nur zwei ganzzahlige Variablen definiert werden müssen, wird Ergebnis der Analyse in Abschnitt 6.9 sein.

In dem ILP-Modell in Beispiel 6.7.3 ist M eine große ganzzahlige Konstante, $\bar{L}$ ist die Latenzschranke. Als Variablen tauchen $t_i, i = 1, \cdots, 3$ (Startzeitpunkte der Knoten) und die Flussvariablen x_{v_i,v_j} auf. Die Kostenfunktion sagt aus, dass der Fluss aus Knoten r_1 (Ressourceknoten) zu minimieren ist. Damit wird die Anzahl benötigter Ressourcen minimiert.

Zusammenfassend gibt es im Flussmodell

- Datenabhängigkeitsbeschränkungen (Typ D): Diese garantieren, dass die Datenabhängigkeiten eingehalten werden.
- Flussbeschränkungen (Typ F): Dazu gehören
  - Bindungsbeschränkungen (Typ F1) (jeder Knoten des Graphen G muss an genau eine Ressource gebunden werden);
  - Flusserhaltungsbeschränkungen (Typ F2) (Eingangsfluss gleich Ausgangsfluss) und
- Sequentialisierungsbeschränkungen (Typ S): Datenabhängigkeitsbeschränkungen, die im Falle eines Flusses aktiv werden. Zum Beispiel gilt im Falle ($x_{v_2,v_3} = 1$, also Fluss von v_2 zu v_3)

$$t_3 - t_2 \geq 1 + (1 - 1)M$$

Dies bedeutet, dass v_3 in diesem Fall erst dann starten kann, wenn v_2 fertig abgearbeitet ist. Im Falle $x_{v_2,v_3} = 0$ (kein Fluss) gilt:

$$t_3 - t_2 \geq 1 - M << 0$$

Die Sequentialisierungsbeschränkung ist damit inaktiv.

- Ganzzahligkeitsbeschränkungen.

Beispiel 6.7.5. Wählt man die Latenzschranke $\bar{L} = 3$ in obigem ILP-Modell, so erhält man eine Lösung $x_{r_1,v_1} = 1$; ebenso entweder $x_{v_2,v_3} = 1$ oder $x_{v_3,v_2} = 1$, aber nie beide gleichzeitig, da die Aktivität beider Sequentialisierungskanten (Gl. (S.1) und Gl. (S.2)) keine Zuordnung der Zeitpotentiale t_2 und t_3 erlaubt (positiver Zyklus). Abbildung 6.29 zeigt eine solche Lösung. Fett gestrichelte Kanten stellen den Fluss dar. In diesem Fall wird nur eine Ressource benötigt. Zum Beweis der Korrektheit des Modells, insbesondere, dass die Summe des Ausgangsflusses der Ressourceknoten gleich der Anzahl verwendeter Ressourcen ist (Zielfunktion), muss man zeigen, dass sich keine zyklischen Flüsse über Knotenmengen bilden können, die nicht einen Ressourceknoten einschließen (d. h. alle zyklischen Flüsse, falls solche möglich sind, schließen einen Ressourceknoten ein). Dies ist offensichtlich, da die Menge der Sequentialisierungsbedingungen vom Typ S in einem solchen Falle nie erfüllbar wäre.

Aus Beispiel 6.7.5 wird auch offensichtlich, dass der Flussgraph nie vollständig sein muss. Beispielsweise sind Kanten entgegengesetzt zu Datenabhängigkeitskanten nie aktiv und können eliminiert werden. In Abschnitt 6.10 wird ein Verfahren zur Elimination von Flussvariablen vorgestellt.

6.8 Das Flussmodell

Die Tatsache, dass in den beiden bekannten Zeitschlitzmodellen (ALPS und OASIC) die Schranke $u_x = \max_{i=1,\cdots,|V|}\{h_i - l_i + 1\}$ als Proportionalitätskonstante in der Anzahl ganzzahliger Variablen auftritt, bedeutet, dass die Komplexität des Modells von der gewählten Latenzschranke $\bar{L}$ anhängt, da die ALAP-Zeiten $h_i, i = 1, \cdots, |V|$ von dieser Schranke abhängen. Damit die Beschreibung des Modells beherrschbar bleibt, kann das Modell nur auf Probleme der Architektursynthese mit kleinen Latenzen und Knotenberechnungszeiten angewendet werden.

Nun wird das Flussmodell formal vorgestellt, in dem Ressourcenbeschränkungen als Flussbeschränkungen in einem Flussproblem dargestellt werden. Dabei stellt man sich vor, dass eine Ressource durch eine Menge von Knoten des Problemgraphen „fließt" und dabei die Knoten in dieser Reihenfolge abarbeitet. Falls ein Knoten $v_i \in V$ eine Ressource vom Typ r_k erhält, belegt er sie für die Berechnungszeit $w(v_i, r_k)$. Wird die Ressource nun an einen Knoten $v_j \in V$ weitergegeben, entspricht dies einem Fluss von Knoten v_i zu Knoten v_j und bedeutet, dass Knoten v_j erst dann gestartet werden kann. Um Flussbeziehungen und flussbedingte sequentielle Abarbeitungsreihenfolgen zu modellieren, wird dem Problemgraphen ein *Flussgraph* überlagert:

Definition 6.8.1 (Flussgraph).
Gegeben sei ein Spezifikation mit Problemgraph $G(V,E)$ und Ressourcegraph $G_R(V_R, E_R)$, wobei $V_R = V \cup V_T$ und V_T die Menge der Ressourcetypen von G_R darstellt. Der Flussgraph $G_F(V_F, E_F)$ ist ein gerichteter Graph, der wie folgt definiert ist:

- *$V_F = \bigcup_{k=1}^{|V_T|} V_k$ ist die Knotenmenge, wobei $V_k = \bigcup_{v_i \in V:\exists (v_i,r_k)\in E_R}\{v_i\} \cup \{r_k\}$ und r_k: Ressourceknoten (Quelle und Senke von Flüssen) vom gleichnamigen Typ.*

- $E_F = \bigcup_{k=1}^{|V_T|} E_k$ *ist die Kantenmenge von sog.* Flusskanten *(oder auch Sequentialisierungskanten im Folgenden), wobei* $E_k = V_k \times V_k$ *für alle* $k = 1, \cdots, |V_T|$ *(vollständiger Graph).*[8]

Beim k-ten Teilgraphen des Flussgraphen handelt es sich also um den vollständigen Graphen, der aus genau den Knoten $v_i \in V$ besteht, die auf dem Ressourcetyp r_k ablaufen können und dem Ressourceknoten r_k selbst, der als Quelle und Senke von Ressourceflüssen vom Typ r_k fungiert.

In allen folgenden Darstellungen werden Flusskanten gestrichelt dargestellt.

Beispiel 6.8.1. Betrachtet wird der Problemgraph $G(V, E)$ und der Ressourcegraph $G_R(V_R, E_R)$ in Abb. 6.23. Der entstehende Flussgraph besitzt hier ($|V_T| = 1$) eine Komponente und ist in Abb. 6.30 dargestellt.

$G_F(V_F, E_F)$

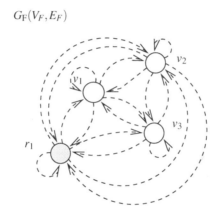

Abb. 6.30. Flussgraph

Ein möglicher Fluss bei einer allozierten Ressource wurde in Abb. 6.29 fett dargestellt: Ressourceknoten r_k verteilt die Ressource an Knoten v_1, der sie an Knoten v_2 weiterleitet, dieser an v_3 und jener schließlich wieder zurück an den Ressourceknoten. Man sieht, dass der Fluss neben der Bindung β (dasjenige k, für das ein Knoten $v_i \in V$ einen positiven Fluss erhält) auch γ aus dem Fluss erkennbar ist: Löscht man alle Eingangskanten des Ressourceknotens r_k, dann beschreibt jeder fett gezeichnete Zyklus, beginnend in r_k, genau die Menge der Knoten, die an eine Ressourceinstanz vom Typ r_k gebunden sind. Dies ist voraus greifend als weiterer Vorteil gegenüber existierenden ILP-Modellen zu sehen, wo eine Variable $x_{i,t,k}$ nur den Ressourcetyp r_k (β) und nicht die Instanz (γ) bestimmt.

Bevor nun das ILP-Modell formal eingeführt wird, folgt ein weiteres Beispiel.

---

[8] Der Einfachheit der Notation halber wird angenommen, dass gleiche Kanten mehrfach in E_k auftreten dürfen (G_F ist dann ein Multigraph). Allerdings gehören diese Kanten zu jeweils unterschiedlichen Ressourcetypen r_k (Modulselektion).

Beispiel 6.8.2. Betrachtet wird der Problemgraph $G(V,E)$ und der Ressourcegraph $G_R(V_R,E_R)$ in Abb. 6.31a) bzw. b). Der zugehörige Flussgraph $G_F(V_F,E_F)$ ist in Abb. 6.31c) dargestellt. In diesem Fall besteht er aus zwei Teilgraphen.

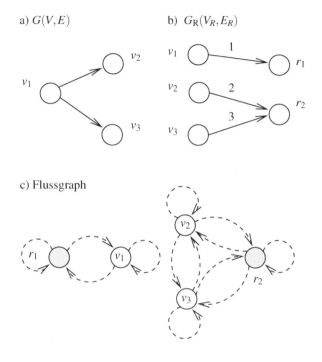

a) $G(V,E)$ b) $G_R(V_R,E_R)$

c) Flussgraph

Abb. 6.31. Problemgraph G a), Ressourcegraph G_R b) und Flussgraph G_F c)

Es sei bemerkt, dass im Falle, dass ein Knoten $v_i \in V$ auf mehr als einem Ressourcetyp $r_k \in V_T$ abgearbeitet werden kann (Modulselektion), entsprechende Teilgraphen des Flussgraphen verbunden sind.

Damit erhält man folgendes ILP-Modell:

- *Zielfunktion*:

$$\text{Minimiere} \sum_{k=1}^{|V_T|} c(r_k) \cdot \sum_{v_j:(r_k,v_j)\in E_k} x_{r_k,v_j,k} \quad (6.24)$$

Für jede Kante $(v_i,v_j) \in E_k, i \neq j$ wird eine binäre *Flussvariable* $x_{v_i,v_j,k}$ eingeführt, die im Falle $x_{v_i,v_j,k} = 1$ ($= 0$) bedeutet, dass ein (kein) Fluss einer Ressource vom Typ r_k vom Knoten v_i zum Knoten v_j über die Flusskante $(v_i,v_j) \in E_k$ existiert. Die beiden ersten Indizes sind also Knotenbezeichner. Der dritte Index k gibt den Ressourcetyp an.

Die Zielfunktion minimiert hier die Gesamtkosten, dargestellt als Summe der Kosten des Ressourcetyps r_k multipliziert mit der Anzahl von Flüssen von Kanten, die vom k-ten Ressourceknoten ausgehen.

- *Beschränkungen*:
  1. *Flussbeschränkungen* (Typ F):
     Für jeden Knoten $v_i \in V$ muss die Summe der Eingangsflüsse gleich der Summe der Ausgangsflüsse sein. Dies muss unabhängig für jeden Typ r_k gelten, für den $(v_i, r_k) \in E_R$ existiert, da ein Ressourcetyp in einem Knoten v_i nicht in einen anderen Ressourcetyp „verzaubert" werden kann. Das heißt:

$$\sum_{v_j : (v_j, v_i) \in E_k : i \neq j} x_{v_j, v_i, k} - \sum_{v_j : (v_i, v_j) \in E_k : i \neq j} x_{v_i, v_j, k} = 0 \qquad (6.25)$$

$$\forall v_i \in V, \ \forall k : (v_i, r_k) \in E_R$$

Die Summe der Eingangsflüsse jedes Knotens ist gleich der Summe der Ausgangsflüsse. Bemerkung: Der Ressourceknoten als Quelle und Senke muss nicht extra aufgeführt werden.

Nun muss jeder Knoten $v_i \in V$ an genau eine Ressource gebunden werden:

$$\sum_{k : (v_i, r_k) \in E_R} \sum_{v_j : (v_j, v_i) \in E_k : i \neq j} x_{v_j, v_i, k} = 1 \quad \forall i = 1, \cdots, |V| \qquad (6.26)$$

Diese Bedingung bedeutet, dass der Eingangsfluss von Ressourcen für jeden Knoten $v_i \in V$ genau gleich eins sein muss.

  2. *Datenabhängigkeitsbeschränkungen* (Typ D):
     Für die Berechnungszeit d_i eines Knotens $v_i \in V$ gilt:

$$d_i = \sum_{k : (v_i, r_k) \in E_R} \sum_{v_j : (v_j, v_i) \in E_k : i \neq j} x_{v_j, v_i, k} \cdot w(v_i, r_k)$$

Damit erhält man die Datenabhängigkeitsbeschränkungen:

$$t_j - t_i \geq d_i \quad \forall (v_i, v_j) \in E \qquad (6.27)$$

Dabei sind die Variablen $t_i, i = 1, \cdots, |V|$ reellwertige Variablen.[9]

  3. *Zeitbeschränkungen* (Typ Z): Bei gegebener Latenzschranke $\bar{L}$ muss schließlich für den Startzeitpunkt t_i gelten:

$$t_i + d_i \leq \bar{L} \quad \forall i = 1, \cdots, |V| \qquad (6.28)$$

  4. *Sequentialisierungsbeschränkungen* (Typ S):

$$t_j - t_i \geq d_i + (x_{v_i, v_j, k} - 1) \cdot \delta(v_i, v_j, k) \qquad (6.29)$$

$$\forall (v_i, v_j) \in E_k, k = 1, \cdots, |V_T|, v_i, v_j \in V, i \neq j$$

Darin ist $\delta(v_i, v_j, k) \in \mathbb{Z}_0^+$ eine „große" Konstante, die zunächst nicht näher bestimmt wird, deren Werte allerdings einen entscheidenden Einfluss auf die Struktur des Lösungspolytops und damit auf die Geschwindigkeit der Bestimmung einer optimalen Lösung haben können.

---

[9] Das Flussmodell ist damit eigentlich kein ILP, sondern ein MILP (siehe Anhang).

5. *Ressourcenbeschränkungen* (Typ R):

$$\sum_{v_j:(r_k,v_j)\in E_k:k\neq j} x_{r_k,v_j,k} \leq a_k \quad \forall k = 1,\cdots,|V_T| \tag{6.30}$$

Für jeden Ressourcetyp muss die Anzahl der Fluss verteilenden Flusskanten (Kanten mit positivem Fluss mit Anfangsknoten in einem Ressourceknoten) kleiner als die Anzahl $a_k = \alpha(r_k)$ sein. Diese Beschränkungen treten bei dem Problem der Kostenminimierung nicht auf.

6. *Ganzzahligkeitsbeschränkungen* (Typ G):

$$x_{v_i,v_j,k} \in \{0,1\} \tag{6.31}$$

$$\forall(v_i,v_j) \in E_k, k = 1,\cdots,|V_T|, v_i, v_j \in V, i \neq j$$

Für die Zeitvariablen $t_i, i = 1,\cdots,|V|$ gilt: $t_i \in \mathbb{R}_0^+$.

Später wird gezeigt, dass i. Allg. wesentlich weniger Variablen Ganzzahligkeitsbeschränkungen unterliegen müssen als in Gl. (6.31). Die Ressourcenbeschränkungen (Typ R) kommen i. Allg. nicht im Problem Kostenminimierung vor, die Zeitbeschränkungen (Typ Z) kommen i. Allg. nicht im Latenzminimierungsproblem vor. Bemerkung: Im Latenzminimierungsproblem sowie bei der gewichteten Minimierung von Kosten und Latenz kommt die Latenz L in der Zielfunktion vor. Um L exakt zu bestimmen, führt man Beschränkungen der Form

$$L \geq t_i + d_i \quad \forall i = 1,\cdots,|V|$$

ein.

Die Bedeutung der Beschränkungen ergibt sich wie folgt: Sei $x_{v_i,v_j,k} = 1$, dann bedeutet dies, dass Knoten v_j an Ressource r_k gebunden ist und die Ressource von Knoten v_i erhält, der auch an diese Ressource gebunden ist. Folglich kann v_j erst frühestens dann starten, wenn v_i abgeschlossen ist ($t_j - t_i \geq d_i + 0$). Die Beschränkung wird in diesem Falle aktiv. Im Falle $x_{v_i,v_j,k} = 0$ soll keine Sequentialisierungsbedingung aktiv sein ($t_j - t_i \geq d_i - \delta(v_i,v_j,k) << 0$). Die Sequentialisierungsbedingungen stellen damit den Zusammenhang zwischen Fluss von Ressourcen (Ressourcenbeschränkungen) und gültigen Ablaufplänen her.

Beispiel 6.8.3. Betrachtet wird das Problem aus Beispiel 6.8.2 mit dem Problem- und Ressourcegraphen in Abb. 6.31 und einer gegebenen Allokation von $\alpha(r_1) = \alpha(r_2) = 1$. Das Fluss-ILP zur Latenzminimierung sieht wie folgt aus:

Minimiere L

so dass

$(F1.1)$ $x_{r_1,v_1,1} - x_{v_1,r_1,1} = 0$

$(F1.2)$ $x_{r_2,v_2,2} + x_{v_3,v_2,2} - x_{v_2,r_2,2} - x_{v_2,v_3,2} = 0$

$(F1.3)$ $x_{r_2,v_3,2} + x_{v_2,v_3,2} - x_{v_3,r_2,2} - x_{v_3,v_2,2} = 0$

$(F2.1)\quad x_{r_1,v_1,1} = 1$

$(F2.2)\quad x_{r_2,v_2,2} + x_{v_3,v_2,2} = 1$

$(F2.3)\quad x_{r_2,v_3,2} + x_{v_3,r_2,2} = 1$

$(D.1)\quad t_2 - t_1 \geq 1$

$(D.2)\quad t_3 - t_1 \geq 1$

$\quad L \geq t_1 + 1, L \geq t_2 + 2, L \geq t_3 + 3$

$(S.1)\quad t_2 - t_3 \geq 3 + (x_{v_3,v_2,2} - 1)\delta(v_3,v_2,2)$

$(S.2)\quad t_3 - t_2 \geq 2 + (x_{v_2,v_3,2} - 1)\delta(v_2,v_3,2)$

$(R.1)\quad x_{r_1,v_1,1} \leq \alpha(r_1)$

$(R.2)\quad x_{r_2,v_2,2} + x_{r_2,v_3,2} \leq \alpha(r_2)$

$(G)\quad x_{v_2,v_3,2}, x_{v_3,v_2,2} \in \{0,1\}$

Das ILP besitzt zwei binäre Variablen, die Ganzzahligkeitsbeschränkungen unterliegen (G).

Theorem 6.8.1 (Korrektheit Flussmodell). *Gegeben sei eine Spezifikation mit Problemgraph $G(V,E)$ und Ressourcegraph $G_R(V_R,E_R)$. Die Lösung des ILP-Modells in Gln. (6.25)–(6.31) liefert dann eine gültige Implementierung mit Ablaufplan τ ($t_i \in \mathbb{Z}_0^+, i = 1, \cdots, |V|$) und Bindung (β, γ), die die Latenzbeschränkung $\bar{L}$ und durch eine Allokation α gegebene Ressourcenbeschränkungen erfüllt, falls dies möglich ist und den Wert „unlösbar" sonst.*

Theorem 6.8.1 sei hier nicht bewiesen. Das Modell besitzt eine Komplexität der Anzahl binärer Variablen von $\mathcal{O}(|V_T||V|^2)$ bei $\mathcal{O}(|E_R| + |E| + |V| + |V_T||V|^2 + |V_T|)$ Beschränkungen. Im Folgenden werden jedoch einige Möglichkeiten zur Verbesserung des Modells durch Analyse des Lösungspolytops und durch Einführung optimierender Transformationen beschrieben.

6.9 Analyse des Flussmodells $\otimes$

6.9.1 Polyedertheorie

Nach Nemhauser [292] ist die Formulierung eines „guten" ILP-Modells eine Grundvoraussetzung für dessen Lösung. Analysiert werden soll hier die Struktur des Lösungspolytops des Fluss-ILP. Dabei werden einige interessante Eigenschaften bewiesen, die für die Lösbarkeit großer Probleminstanzen in akzeptabler Laufzeit verantwortlich sein könnten.

Dazu bedarf es der Einführung einiger Definitionen aus der Polyedertheorie:
Ein allgemeines ILP-Modell lässt sich schreiben als

$$z_{\text{ILP}} = \min\{c^{\mathsf{T}}x \mid x \in P_{\text{F}}, x \in \mathbb{Z}^n\} \tag{6.32}$$

wobei P_{F} das *Lösungspolytop* beschreibt mit

$$P_F = \{Ax \geq b,\, x \in \mathbb{R}^n_{\geq 0}\} \tag{6.33}$$

und $A \in \mathbb{Z}^{m \times n}$, $b \in \mathbb{Z}^{m \times 1}$ und $c^T \in \mathbb{Z}^{1 \times n}$.

Alternativ lässt sich das gleiche ILP darstellen als

$$z_{\text{ILP}} = \min\{c^T x \mid x \in P_I\} \tag{6.34}$$

mit

$$P_I = \text{conv}\{x \in P_F \mid x \in \mathbb{Z}^n\} \tag{6.35}$$

wobei conv den Operator der *konvexen Hülle* einer Menge darstellt. P_I heißt auch *ganzzahlige konvexe Hülle* von P_F.

Geometrisch sind diese Definitionen in Abb. 6.32 verdeutlicht.

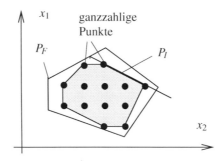

Abb. 6.32. Zweidimensionales Polytop P_F und ganzzahlige konvexe Hülle P_I

Die *gültigen Lösungen* des ILP sind in Abb. 6.32 durch fette Punkte innerhalb von P_F dargestellt.

Sei nun die *LP-Relaxation* des ILP gegeben durch

$$z_{\text{LP}} = \min\{c^T x \mid x \in P_F\} \tag{6.36}$$

Dann gilt offensichtlich $P_I \subseteq P_F$ und $z_{\text{LP}} \leq z_{\text{ILP}}$, d. h. die LP-Relaxation liefert immer eine untere Schranke der Lösung des entsprechenden ILP.

Interessant sind nun ILP-Modelle, die die Eigenschaft haben, dass $P_I = P_F$ gilt, da dann $z_{\text{ILP}} = z_{\text{LP}}$ und das ILP-Modell einfach durch Lösung seiner LP-Relaxation in polynomieller Zeit bestimmt werden kann. Ein solches Polytop P_F heißt *integral*.

Definition 6.9.1 (Integrales Polytop). *Ein Polytop P_F heißt integral, wenn $P_I = P_F$. Dann gilt $z_{\text{LP}} = z_{\text{ILP}}$ und das ILP kann in polynomieller Zeit durch Lösen seiner LP-Relaxation bestimmt werden.*

Anschaulich sind in einem integralen Polytop alle Eckpunkte ganzzahlig. Da nun bekannt ist, dass jede lineare Zielfunktion ihr Extremum in einem Eckpunkt des Polytops besitzt, folgt, dass die durch Bestimmung der LP-Relaxation gefundene

Lösung immer ganzzahlig ist. Daraus folgt, dass man auf die Ganzzahligkeitsbeschränkungen von Variablen verzichten kann, wenn man weiß, dass $P_1 = P_F$ gilt.

Man wird nicht erwarten können, dass das Polytop des Flussmodells integral ist, da man damit gezeigt hätte, dass ressourcenbeschränkte Ablaufplanungsprobleme in polynomieller Zeit gelöst werden können, denn dann hätte man auch gezeigt, dass $\mathcal{P} = \mathcal{NP}$. Aus dem gleichen Grund wird man auch keinen Algorithmus finden können, der aus P_F in polynomieller Zeit P_1 konstruiert.

Was die Lösung eines ILP mit Standardverfahren wie dem BRANCH&BOUND-Algorithmus betrifft, ist es allerdings für die Laufzeit von entscheidender Bedeutung, ob P_F eine schlechte Approximation an P_1 ist oder nicht (siehe z. B. in Abb. 6.32).

6.9.2 Analyse des Lösungspolytops des Fluss-ILP

Nun wird die Lösungsstruktur des Lösungspolytops des Fluss-ILP untersucht. Dabei wird der Einfachheit halber angenommen, dass zunächst jeder Knoten $v_i \in V$ auf genau einem Ressourcetyp abgearbeitet werden kann (keine Modulselektion). Dann erhält man die vereinfachten Beschränkungen (einziger Unterschied: d_i ist eine Konstante. Damit sind Flussbeschränkungen (Typ F) und Datenabhängigkeiten (Typ D) entkoppelt):

- *Flussbeschränkungen* (Typ F):

$$\sum_{v_j:(v_j,v_i)\in E_k:i\neq j} x_{v_j,v_i,k} - \sum_{v_j:(v_i,v_j)\in E_k:i\neq j} x_{v_i,v_j,k} = 0 \tag{6.37}$$

$$\forall v_i \in V, \forall k : (v_i,r_k) \in E_R$$

$$\sum_{v_j:(v_j,v_i)\in E_k:i\neq j} x_{v_j,v_i,k} = 1 \quad \forall v_i \in V, \forall k : (v_i,r_k) \in E_R \tag{6.38}$$

- *Datenabhängigkeitsbeschränkungen* (Typ D):

$$t_j - t_i \geq d_i \quad \forall (v_i,v_j) \in E \tag{6.39}$$

- *Zeitbeschränkungen*:

$$t_i \leq \bar{L} - d_i \quad \forall i = 1,\cdots,|V| \tag{6.40}$$

- *Sequentialisierungsbeschränkungen* (Typ S):

$$t_j - t_i \geq d_i + (x_{v_i,v_j,k} - 1) \cdot \delta(v_i,v_j,k) \tag{6.41}$$

$$\forall (v_i,v_j) \in E_k, k = 1,\cdots,|V_T|, v_i,v_j \in V, i \neq j$$

Mit $v_i \prec v_j$ wird im Folgenden die Eigenschaft bezeichnet, dass es in G einen gerichteten Pfad von Knoten $v_i \in V$ zum Knoten $v_j \in V$ gibt über Kanten aus E.

Dann gilt folgender wichtiger Satz:

Theorem 6.9.1 (Ganzzahlige Variablen). *Gegeben sei eine Spezifikation mit Problemgraph $G(V,E)$ und Ressourcegraph $G_R(V_R,E_R)$ sowie das ILP-Modell in den Gln. (6.37)–(6.41).*

1. Die Anzahl ganzzahliger (binärer) Optimierungsvariablen kann wie folgt verkleinert werden auf

$$N_{\text{ILP}} = \sum_{k=1}^{|V_{\text{T}}|} \sum_{(v_i,v_j) \in E_k : v_i, v_j \in V \,\wedge\, v_i \neq v_j} n(i,j) \tag{6.42}$$

$$n(i,j) = \begin{cases} 1 \ \text{if } v_i \not\prec v_j \ \wedge \ v_j \not\prec v_i \\ 0 \ \text{sonst} \end{cases} \tag{6.43}$$

2. Ferner gilt, dass die Ungleichungen in Gl. (6.41) für alle Paare (v_i, v_j) redundant sind und folglich eliminiert werden können, wenn $n(i,j) = 0$ gilt.

3. Die Ganzzahligkeitsbeschränkungen betreffen nur die N_{ILP} Variablen $x_{v_i,v_j,k}$, die nach Elimination der redundanten Ungleichungen nach 2. in Gl. (6.41) vorkommen.

Beweis: Zunächst wird Teil 2) bewiesen. Dabei wird die Beschränkung mit Flussvariable $x_{v_i,v_j,k}$ in Gl. (6.41) betrachtet. Gezeigt werden muss, dass die Ungleichung redundant ist, wenn $n(i,j) = 0$. Nun gilt $n(i,j) = 0$, wenn entweder 1) $v_i \prec v_j$ oder 2) $v_j \prec v_i$. Fall 1): Es gilt $v_i \prec v_j$. Dann gibt es einen Pfad über Datenabhängigkeitskanten in E der Form $((v_i, \cdot), \cdots (\cdot, v_j))$ und damit eine Menge von Datenabhängigkeitsbeschränkungen in (6.39), die $t_j - t_i \geq d_i$ implizieren. Die Beschränkung ist damit redundant. 2) Fall 2: Es gilt $v_j \prec v_i$. Gezeigt wird, dass in jeder gültigen Lösung $x_{v_i,v_j,k} = 0$ gilt und die Ungleichung damit ebenfalls redundant ist, da die Sequentialisierungsbeschränkung nie aktiv werden kann. Der Beweis erfolgt durch Widerspruch. Sei $x_{v_i,v_j,k} = 1$, dann ist die entsprechende Ungleichung $t_j - t_i \geq d_i > 0$ aktiv. Wegen $v_j \prec v_i$ muss $t_i - t_j \geq 0$ gelten. Beide Ungleichungen sind nie erfüllbar. Deshalb muss in jeder gültigen Lösung $x_{v_i,v_j,k} = 0$ gelten.

Teil 1) und 3) werden wie folgt bewiesen: Sei $x_{\text{S}} \in \{0,1\}^{N_{\text{ILP}} \times 1}$ der Vektor derjenigen N_{ILP} Flussvariablen in Gl. (6.41), die nicht redundant sind. Für jede Lösung x_{S}, die zulässig (alle Beschränkungen in Gln. (6.37)–(6.41) erfüllt) und ganzzahlig ist, definieren wir ein Polytop $P_{\text{F}}(x_{\text{S}})$, in dem x_{S} fix ist. Das Theorem gilt als bewiesen, wenn gezeigt ist, dass jedes $P_{\text{F}}(x_{\text{S}})$ integral ist. Dies wird im folgenden Theorem bewiesen. $\qquad\qquad\qquad\qquad\qquad\qquad\qquad\qquad\qquad\qquad\qquad\qquad$ □

Um zu zeigen, dass für jede Lösung x_{S} das jeweilige $P_{\text{F}}(x_{\text{S}})$ integral ist, wollen wird das ILP-Modell zuerst in Matrixschreibweise formuliert.

Sei $C \in \{0, +1, -1\}^{|V| \times |E|}$ die *Inzidenzmatrix* von G, $t \in \mathbb{R}^{|V| \times 1} = (t_1, t_2, \cdots, t_{|V|})^{\text{T}}$ der Vektor der Startzeiten der Knoten und $w \in \mathbb{Z}^{|E| \times 1} = (w_1, w_2, \cdots, w_{|E|})^{\text{T}}$ ein konstanter Vektor der Berechnungszeiten mit $w_l = d_i \ \forall l = 1, \cdots, |E| : e_l = (v_i, v_j) \in E$. Dann lassen sich die Beschränkungen in Gl. (6.39) darstellen als

$$C^{\text{T}} t \geq w$$

Sei $x = (x_{\bar{\text{S}}}^{\text{T}}, x_{\text{S}}^{\text{T}})^{\text{T}} \in \{0,1\}^{|E_{\text{ges}}| \times 1}$ mit $E_{\text{ges}} = |E_{\text{F}}| - |V| - |V_{\text{T}}|$ ($|V| + |V_{\text{T}}|$ entspricht der Anzahl nicht eingeführter Flussvariablen für Schleifen) der Vektor der Flussvariablen mit $x_{\bar{\text{S}}} \in \{0,1\}^{(|E_{\text{ges}}| - N_{\text{ILP}}) \times 1}$ und $x_{\text{S}} \in \{0,1\}^{N_{\text{ILP}} \times 1}$. Die Matrix $(C_{\bar{\text{S}}}, C_{\text{S}}) \in \{-1, 0, 1\}^{|V| \times |E_{\text{ges}}|}$ sei die Inzidenzmatrix des Flussgraphen (ohne Schleifen) mit $C_{\bar{S}} \in \{-1, 0, 1\}^{|V| \times (|E_{\text{ges}}| - N_{\text{ILP}})}$ und $C_S \in \{-1, 0, 1\}^{|V| \times N_{\text{ILP}}}$. Dann lassen sich die Beschränkungen in Gl. (6.37) darstellen als

$$(C_{\bar{S}}, C_S) \begin{pmatrix} x_{\bar{S}} \\ x_S \end{pmatrix} = 0$$

Schließlich sei $(D_{\bar{S}}, D_S) \in \{-1, 0, 1\}^{|V| \times |E_{\text{ges}}|}$ die Matrix der Beschränkungen in (6.38) mit $D_{\bar{S}} \in \{0, 1\}^{|V| \times (|E_{\text{ges}}| - N_{\text{ILP}})}$ und $D_S \in \{0, 1\}^{|V| \times N_{\text{ILP}}}$. Dann lassen sich die Beschränkungen in Gl. (6.38) darstellen als

$$(D_{\bar{S}}, D_S) \begin{pmatrix} x_{\bar{S}} \\ x_S \end{pmatrix} = 1$$

Es verbleiben die Sequentialisierungsbeschränkungen in Gl. (6.41), die sich in Matrixschreibweise formulieren lassen als

$$C_S^T t - M_S x_S \geq m_S$$

mit

$$M_S \in \mathbb{Z}^{N_{\text{ILP}} \times N_{\text{ILP}}} = \begin{pmatrix} \ddots & & \\ & \delta(v_i, v_j, k) & \\ & & \ddots \end{pmatrix}$$

und

$$m_S \in \mathbb{Z}^{N_{\text{ILP}} \times 1} = (\cdots, d_i - \delta(v_i, v_j, k), \cdots)^T$$

Damit lässt sich das ganze ILP in Matrixschreibweise formulieren:

$$z_{\text{ILP}} = \min\{c^T \cdot (t^T, x_{\bar{S}}^T, x_S^T)^T \mid (t^T, x_{\bar{S}}^T, x_S^T)^T \in P_F, x_S \in \mathbb{Z}^{N_{\text{ILP}} \times 1}\} \tag{6.44}$$

mit

$$P_F = \{x \in \mathbb{R}_{\geq 0}^{|V| + |E_{\text{ges}}|} \mid Ax \, (=, =, \geq, \geq)^T \, b\} \tag{6.45}$$

und

$$A = \begin{pmatrix} 0 & C_{\bar{S}} & C_S \\ 0 & D_{\bar{S}} & D_S \\ C^T & 0 & 0 \\ C_S^T & 0 & -M_S \end{pmatrix}, \quad x = \begin{pmatrix} t \\ x_{\bar{S}} \\ x_S \end{pmatrix} \quad \text{und} \quad b = \begin{pmatrix} 0 \\ 1 \\ d \\ m_S \end{pmatrix} \tag{6.46}$$

Theorem 6.9.2 (Integralität von $P_F(x_S)$). *Gegeben sei eine Spezifikation mit Problemgraph G und Ressourcegraph G_R sowie das ILP-Modell in den Gln. (6.37)–(6.41), das das Lösungspolytop P_F (Gln. (6.45)–(6.46) in Matrixform) besitzt. Sei $x_S \in \{0, 1\}^{N_{\text{ILP}} \times 1}$ der Vektor derjenigen N_{ILP} Flussvariablen in Gl. (6.41), die nicht redundant sind gemäß Theorem 6.9.1. Für jede Lösung x_S, die in zulässigen Lösungen von P_F erscheinen kann, bezeichne $P_F(x_S)$ dasjenige Teilpolytop von P_F, in dem $x_S \in \{0, 1\}^{N_{\text{ILP}} \times 1}$ fix ist, alle sonstigen Variablen unbestimmt. Dann gilt für jedes dieser x_S:*

$$P_F(x_S) \quad \text{ist integral.}$$

Beweis: Ist x_S ganzzahlig bestimmt, so erhält man $P_F(x_S)$ in Matrixschreibweise als

$$P_F(x_S) = \{x' \in \mathbb{R}_{\geq 0}^{|V| + |E_{ges}| - N_{ILP}} \mid A'x' \ (=, =, \geq, \geq)^T \ b'\} \tag{6.47}$$

mit

$$A' = \begin{pmatrix} 0 & C_{\bar{S}} \\ 0 & D_{\bar{S}} \\ C^T & 0 \\ C_S^T & 0 \end{pmatrix}, \quad x' = \begin{pmatrix} t \\ x_{\bar{S}} \end{pmatrix} \quad \text{und} \quad b' = \begin{pmatrix} -C_S x_S \\ 1 - D_S x_S \\ d \\ m_S + M_S x_S \end{pmatrix} \tag{6.48}$$

Da x_S ganzzahlig ist, gilt offensichtlich, dass b' ganzzahlig und konstant ist. Ferner erkennt man, dass das Lösungspolytop in zwei orthogonale Teilpolytope $P_{F,T}(x_S)$ und $P_{F,x_{\bar{S}}}(x_S)$ zerfällt mit

$$P_{F,T}(x_S) = \{t \in \mathbb{R}_{\geq 0}^{|V|} \mid A_T t = b_T\}$$

und

$$P_{F,x_{\bar{S}}}(x_S) = \{x_{\bar{S}} \in \mathbb{R}_{\geq 0}^{|E_{ges}| - N_{ILP}} \mid A_{x_{\bar{S}}} x_{\bar{S}} \geq b_{x_{\bar{S}}}\}$$

Dabei gilt für die Matrizen:

$$A_T = \begin{pmatrix} C^T \\ C_S^T \end{pmatrix}, \quad b_T = \begin{pmatrix} d \\ m_S + M_S x_S \end{pmatrix} \tag{6.49}$$

und

$$A_{x_{\bar{S}}} = \begin{pmatrix} C_{\bar{S}} \\ D_{\bar{S}} \end{pmatrix}, \quad b_{x_{\bar{S}}} = \begin{pmatrix} -C_S x_S \\ 1 - D_S x_S \end{pmatrix} \tag{6.50}$$

Schließlich muss nur noch bewiesen werden, dass beide Teilpolytope integral sind. Dazu wird folgender Hilfssatz aus [303] benutzt:

Korollar 6.9.1. *Gegeben sei ein Polytop $P_F = \{x : Ax \geq b, x \geq 0\}$ (oder $P_F = \{x : Ax = b, x \geq 0\}$). Ist die Matrix A total unimodular (TU), dann ist P_F integral für jeden beliebigen, konstanten, ganzzahligen Vektor b, falls P_F nichtleer ist.*

Für die Definition von Unimodularität und totaler Unimodularität einer Matrix sei dabei auf den Anhang verwiesen.

Nun gilt (siehe [303]), dass die Inzidenzmatrix eines gerichteten Graphen TU ist. Mit folgendem Hilfssatz aus [292], Seite 540, wird gezeigt, dass A_T TU ist:

Korollar 6.9.2. *Folgende Aussagen sind äquivalent:*

1. A ist TU.
2. A^T, die Transponierte von A, ist TU.
3. ...

Nun ist $A_T = (C, C_S)^T$ die Transponierte der Inzidenzmatrix des Graphen mit Knotenmenge V und den Kanten E (Inzidenzmatrix C) sowie den zusätzlichen N_{ILP} Flusskanten, die in Gl. (6.41) definiert sind. Damit ist (C, C_S) eine Inzidenzmatrix und damit TU. Da nun A_T die Transponierte dieser Matrix ist, ist A_T nach Korollar 6.9.2 TU.

Der Beweis gilt nun als abgeschlossen, wenn gezeigt ist, dass auch $A_{x_{\bar{\mathrm{S}}}}$ TU ist. Dabei ist $C_{\bar{\mathrm{S}}}$ ebenfalls eine Inzidenzmatrix des Graphen mit Knoten V und denjenigen $|E_\text{ges}| - N_\text{ILP}$ Flusskanten, die nicht in Gl. (6.41) vorkommen. Die Matrix $D_{\bar{\mathrm{S}}}$ besitzt die Eigenschaft, dass in jeder Spalte genau eine Eins existiert, sonst nur Nullen (da jede Kante (Variable in $x_{\bar{\mathrm{S}}}$) nur genau einen Knoten als Endpunkt besitzt). Deshalb ist jede quadratische Teilmatrix von $D_{\bar{\mathrm{S}}}$ unimodular und damit TU. Nun wird gezeigt, dass $A_{x_{\bar{\mathrm{S}}}}^\mathrm{T} = (C_{\bar{\mathrm{S}}}^\mathrm{T}, D_{\bar{\mathrm{S}}}^\mathrm{T})^\mathrm{T}$ TU ist und damit nach Korollar 6.9.2 auch $A_{x_{\bar{\mathrm{S}}}}$.

Dazu wird folgendes Theorem aus [292], Seite 542, angewendet:

Theorem 6.9.3 ([292], Seite 542). *Die folgenden Aussagen sind äquivalent:*

1. $A \in \{-1, 0, 1\}^{m \times n}$ ist TU.

2. Für jede Menge $J \subseteq N = \{1, \cdots, n\}$ von Spalten gibt es eine Partition J_1, J_2 von Spalten aus J, so dass

$$s_i = \left| \sum_{j \in J_1} a_{i,j} - \sum_{j \in J_2} a_{i,j} \right| \leq 1 \quad \forall i = 1, \cdots, m \tag{6.51}$$

In $A_{x_{\bar{\mathrm{S}}}}^\mathrm{T}$ gibt es in jeder Zeile maximal drei von null verschiedene Elemente, maximal ein (-1)-Element und maximal zwei Einselemente. Bedingung 2 in Theorem 6.9.3 ist nun offensichtlich für alle Teilmengen $J \subseteq N$ erfüllt, die a) nur Spalten in $C_{\bar{\mathrm{S}}}^\mathrm{T}$ besitzen ($J_2 = \emptyset$) ($|\sum_{j \in J_1} a_{i,j}|$ entweder 0 oder 1), b) nur Spalten aus $D_{\bar{\mathrm{S}}}^\mathrm{T}$ ($J_2 = \emptyset$) ($|\sum_{j \in J_1} a_{i,j}|$ entweder 0 oder 1). Der Fall c), bei dem J eine Teilmenge aus Spalten von $C_{\bar{\mathrm{S}}}^\mathrm{T}$ und $D_{\bar{\mathrm{S}}}^\mathrm{T}$ enthält, ist etwas schwieriger zu beweisen. Dazu wird folgendes Beispiel betrachtet:

Beispiel 6.9.1. Gegeben sei das ILP-Modell für das Problem in Beispiel 6.8.1. Dabei erhält man für $A_{x_{\bar{\mathrm{S}}}}^\mathrm{T}$ folgende Matrix:

$$
\begin{array}{c|ccc|ccc|}
 & \multicolumn{3}{c}{C_{\bar{\mathrm{S}}}^\mathrm{T}} & \multicolumn{3}{c}{D_{\bar{\mathrm{S}}}^\mathrm{T}} \\
x_{\bar{\mathrm{S}}} & (F1.1) & (F1.2) & (F1.3) & (F2.1) & (F2.2) & (F2.3) \\
\hline
x_{r_1,v_1} & 1 & 0 & 0 & 1 & 0 & 0 \\
x_{r_1,v_2} & 0 & 1 & 0 & 0 & 1 & 0 \\
x_{r_1,v_3} & 0 & 0 & 1 & 0 & 0 & 1 \\
x_{v_1,v_2} & -1 & 1 & 0 & 0 & 1 & 0 \\
x_{v_1,v_3} & -1 & 0 & 1 & 0 & 0 & 1 \\
x_{v_1,r_1} & -1 & 0 & 0 & 0 & 0 & 0 \\
x_{v_2,r_1} & 0 & -1 & 0 & 0 & 0 & 0 \\
x_{v_3,r_1} & 0 & 0 & -1 & 0 & 0 & 0 \\
\end{array}
$$

Per Konstruktion gilt, dass es zu jeder Spalte $D_{\bar{\mathrm{S}}j}^\mathrm{T}$ aus $D_{\bar{\mathrm{S}}}^\mathrm{T}$ genau eine korrespondierende Spalte in $C_{\bar{\mathrm{S}}c(j)}^\mathrm{T}$ gibt, die genau dort eins ist, wo $D_{\bar{\mathrm{S}}j}^\mathrm{T}$ eins ist (Eigenschaft der Flussbeschränkungen vom Typ F1 und F2).

Damit lässt sich der Beweis anschaulich zu Ende führen: Besteht eine Menge $J \subseteq N$ nun aus Spalten von $C_{\bar{S}}^T$ und $D_{\bar{S}}^T$, dann wird folgende Aufteilung in Partitionsblöcke J_1 und J_2 gewählt: Für jede Spalte $D_{\bar{S}j}^T \in J$ sei $D_{\bar{S}j}^T \in J_2$, falls Spalte $C_{\bar{S}c(j)}^T \in J$, sonst $D_{\bar{S}j}^T \in J_1$. Für alle Spalten $C_{\bar{S}j}^T \in J$ gelte: $C_{\bar{S}j}^T \in J_1$.

Man erkennt leicht, dass im ersten Fall Spalte j und Spalte $c(j)$ subtrahiert werden. Damit beträgt die Betragsdifferenz der beiden Spalten in jeder Zeile i entweder $s_i = 0$ oder $s_i = 1$. Daran ändern die Summen zusätzlicher Spalten aus $D_{\bar{S}}^T$ nichts, da sie in jeder Zeile nur genau eine Eins besitzen. Auch additive Spalten aus $C_{\bar{S}}^T$ ändern nichts an der Gültigkeit von Gl. (6.51), da in diesem Falle bei $s_i = 0$ nur Nullen oder eine -1 addiert werden könnte bzw. bei $s_i = -1$ nur Nullen oder eine Eins (Eigenschaft der Inzidenzmatrix).

Falls $C_{\bar{S}c(j)}^T \notin J$, dann gilt $D_{\bar{S}j}^T \in J_1$. In diesem Fall kann die Spaltensumme aller Spalten $C_{\bar{S}}^T \in J$ nur 0 oder -1 sein, wobei beliebige additive Spalten $D_{\bar{S}j}^T \in J$ nur 0 oder 1 hinzu addieren können. Das schließt den Beweis ab.   □

Beispiel 6.9.2. Betrachtet wird erneut das Problem aus Beispiel 6.8.1. Die einzigen ganzzahligen Variablen sind nach Theorem 6.9.1 die Flussvariablen $x_{2,3}$ und $x_{3,2}$, da v_2 und v_3 das einzige Knotenpaar sind, für die weder $v_2 \prec v_3$ noch $v_3 \prec v_2$ ($N_{ILP} = 2$) gilt.

Eine interessante Implikation der bewiesenen Eigenschaften soll auch in folgendem Beispiel verdeutlicht werden.

Beispiel 6.9.3. Man betrachte einen Problemgraphen $G(V,E)$ mit der Eigenschaft, dass für jedes Paar $(v_i, v_j) \in V, i \neq j$ von Knoten entweder ein Pfad von v_i nach v_j oder umgekehrt existiert. Unter der Annahme, dass jedem Knoten ein eindeutiger Ressourcetyp zugewiesen wird, folgt aus Theorem 6.9.1, dass das Fluss-ILP keine ganzzahligen Variablen besitzt und damit in polynomieller Zeit durch Lösung seiner LP-Relaxation gelöst werden kann durch Lösung seiner LP-Relaxation.

Bemerkung: Das Ergebnis ist nicht verwunderlich, da man für diese Klasse von Graphen weiß, dass die Berechnung des längsten Pfades nach topologischem Sortieren der Knoten eine minimale Latenz liefert und nie mehr als eine Ressource jedes Typs benötigt wird.

Theorem 6.9.4 (Integralität von P_F'). *Gegeben sei eine Spezifikation mit Problemgraph $G(V,E)$ und Ressourcegraph $G_R(V_R,E_R)$ sowie das ILP-Modell in den Gln. (6.37)–(6.41), das das Lösungspolytop P_F (Gln. (6.45)–(6.46) in Matrixform) besitzt. Nun werden die Sequentialisierungsbeschränkungen (Gl. (6.41)) entfernt, und man erhält das Polytop P_F' mit*

$$P_F' = \{x \in \mathbb{R}_{\geq 0}^{|V|+|E_{ges}|} \mid Ax \, (=, =, \geq)^T \, b\} \tag{6.52}$$

und

$$A = \begin{pmatrix} 0 & C_{\bar{S}} & C_S \\ 0 & D_{\bar{S}} & D_S \\ C^T & 0 & 0 \end{pmatrix}, \quad x = \begin{pmatrix} t \\ x_{\bar{S}} \\ x_S \end{pmatrix} \quad \text{und} \quad b = \begin{pmatrix} 0 \\ 1 \\ d \end{pmatrix} \tag{6.53}$$

Dann gilt:

$$P'_F \quad \text{ist integral.}$$

Beweis: In direkter Analogie zum Beweis von Theorem 6.9.2 zeigt man, dass sowohl C^T als auch die Matrix

$$\begin{pmatrix} C_{\bar{S}} & C_S \\ D_{\bar{S}} & D_S \end{pmatrix}$$

TU sind und damit die gesamte Matrix A in Gl. (6.53).   □

Das heißt, dass das Lösungspolytop des Flussmodells unter Vernachlässigung der Sequentialisierungsbeschränkungen nur ganzzahlige Eckpunkte besitzt.

Zusammenfassung der Ergebnisse dieses Abschnitts: In Theorem 6.9.1 wurde gezeigt, dass 1) die Gesamtzahl von Ganzzahligkeitsbeschränkungen auf N_{ILP} reduziert werden kann. Damit müssen weder die Zeitpotentiale t_i noch sämtliche Flussvariablen, die nicht in den Beschränkungen in Gl. (6.41) vorkommen, als ganzzahlige Variablen betrachtet werden. 2) Das Theorem hat ebenfalls gezeigt, dass viele der Beschränkungen in Gl. (6.41) redundant sind. Dabei ist N_{ILP} die beste Schranke, die wir für die Anzahl der Ungleichungen in Gl. (6.41) und damit für die Anzahl ganzzahliger Variablen ohne Optimierung des Modells finden konnten.[10] 3) Ferner zeigten wir, dass das Lösungspolytop P'_F (ohne Sequentialisierungskanten) integral ist. Man kann übrigens zeigen, dass dies auch unter Hinzunahme der Ressourcenbeschränkungen vom Typ R in Gl. (6.30) und damit für alle vier vorgestellten Arten von Ablaufplanungsproblemen gilt.

Damit besitzt das Flussmodell im Falle des Ausschlusses von Modulselektion $\mathcal{O}(N_{ILP})$ Variablen mit Ganzzahligkeitsbeschränkungen (binäre Variablen) und $\mathcal{O}(|E_R| + |V| + |E| + |V| + N_{ILP} + |V_T|)$ Beschränkungen.

Wenn N_{ILP} kleiner als $u_x \cdot |E_R|$ ist, ist die Anzahl von binären Variablen kleiner als im ALPS-Modell und im OASIC-Modell. Während natürlich, wie bereits gesagt, die Anzahl der ganzzahligen Variablen kein objektives Vergleichskriterium (vielmehr die Struktur der Lösungspolytope) von ILP-Modellen ist, so lässt sich doch folgende Beobachtung machen: Beim ALPS- bzw. OASIC-Modell steigt die Anzahl binärer Variablen proportional zu der benutzerdefinierten Latenzbeschränkung an (Mobilität der Operationen). Beim Flussmodell hängt die Anzahl der Variablen nicht von der Latenz ab, aber im starken Maße von der Graphenstruktur und den existierenden Datenabhängigkeiten.

Es wird jedoch gezeigt, dass bei Verwendung eines BRANCH&BOUND-Algorithmus die Effizienz im extremen Maße von den Konstanten $\delta(v_i, v_j, k)$ abhängt, deren optimale Wahl, wie im nächsten Abschnitt deutlich wird, von der Latenzschranke $\bar{L}$ abhängt.

---

[10] In einigen Fällen lässt sich diese Anzahl von Variablen noch weiter um maximal $|V| - 1$ Variablen reduzieren, wenn man aus den N_{ILP} Variablen solche $|V| - 1$ Variablen heraus nimmt, die einen Spannbaum im Flussgraphen bilden.

6.10 Verbesserung der Modellstruktur $\otimes$

Im vorherigen Abschnitt wurde gezeigt, dass die Komplexität des Modells in der Bestimmung derjenigen Flussvariablen $x_{v_i,v_j,k}$ liegt, für die weder $v_i \prec v_j$ noch $v_j \prec v_i$ gilt. Ferner gilt, dass für alle festen Teillösungsvektoren x_S dieser Menge von Flussvariablen das resultierende Lösungspolytop integral ist. Die Frage ist nun, wie die Beschränkungen in Gl. (6.41) aussehen bzw. wie gut die Beschreibung von P_F P_I approximiert. Um die Modellstruktur zu verbessern, lassen sich insbesondere folgende Techniken ausnutzen:

- *Eliminierung redundanter Variablen*:
  Da bekannt ist, dass sich der Lösungsraum bei Hinzunahme einer einzigen binären Variable schlimmstenfalls verdoppeln kann, werden Pfadanalysetechniken beschrieben, um die Anzahl von Flussvariablen zu verkleinern.
- *Verbesserung der Beschränkungen*:
  Im Allgemeinen gilt $P_I \subset P_F$, und die LP-Relaxation liefert eine untere Schranke der Zielfunktion. Die Effizienz eines BRANCH&BOUND-Verfahrens hängt nun entscheidend davon ab, ob und wie viele Beschränkungen von P_F bereits Facetten von P_I darstellen oder nicht, da ein solches Verfahren große Teilbäume stutzen kann, wenn schnell eine „gute" ganzzahlige Lösung gefunden wird. Je mehr Beschränkungen bereits Facetten darstellen, desto größer ist die Wahrscheinlichkeit (wenn man die Verzweigungsstrategie des Lösers nicht kennt oder keinen Einfluss darauf hat), schnell eine gute ganzzahlige Lösung zu finden. Deshalb sollte ein gutes ILP-Modell P_I so gut wie möglich approximieren. In diesem Zusammenhang wird gezeigt, dass die Wahl der Konstanten $\delta(v_i, v_j, k)$ optimiert werden kann, um bessere Approximationen von P_I zu erhalten.
- *Hinzufügen von „guten" Beschränkungen*:
  Das Hinzufügen von Beschränkungen zur weiteren Beschränkung von P_F und damit zur besseren Approximation von P_I kann helfen, den Suchraum unter dem gleichen Argument wie im vorherigen Punkt zu verkleinern.

6.10.1 Elimination von Flussvariablen

Wie bereits im Beweis von Theorem 6.9.1 angedeutet, können offensichtlich manche Flussvariablen $x_{v_i,v_j,k}$ nie den Wert $x_{v_i,v_j,k} = 1$ annehmen. Dies gilt insbesondere dann, wenn sich ein positiver Zyklus über Datenabhängigkeiten durch die Aktivierung der entsprechenden Sequentialisierungsbedingung in Gl. (6.29) ergeben würde, siehe z. B. in Abb. 6.33.

Solche Variablen und entsprechende Ungleichungen, die nie aktiv werden können, werden eliminiert bzw. erst gar nicht erzeugt.

Als Bedingungen, wann die Aktivität einer Flusskante zu einem positiven Zyklus führen würde, erhält man:

Lemma 6.10.1.
Gegeben sei ein Fluss-ILP mit den Beschränkungen in den Gln. (6.25)–(6.31). Die Variable $x_{v_i,v_j,k}$ kann eliminiert werden, wenn $v_j \prec v_i$ gilt.

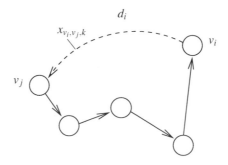

Abb. 6.33. Elimination von Flussvariablen $x_{v_i,v_j,k}$

Beweis: Gezeigt wird, dass in jeder gültigen Lösung $x_{v_i,v_j,k} = 0$ gilt und damit eliminiert werden kann. Der Beweis erfolgt durch Widerspruch. Sei $x_{v_i,v_j,k} = 1$, dann ist die entsprechende Ungleichung $t_j - t_i \geq d_i > 0$ aktiv. Wegen $v_j \prec v_i$ muss $t_i - t_j \geq 0$ gelten. Beide Ungleichungen sind nie erfüllbar. Deshalb muss $x_{v_i,v_j,k} = 0$ in jeder gültigen Lösung gelten. □

Beispiel 6.10.1. Betrachtet wird der Flussgraph in Abb. 6.30. Nach Lemma 6.10.1 sind die Flusskanten x_{v_2,v_1} und x_{v_3,v_1} redundant. Entsprechende Flusskanten sind in Abb. 6.29 bereits gar nicht mehr eingezeichnet.

Lemma 6.10.2.
Gegeben sei ein Fluss-ILP mit den Beschränkungen in den Gln. (6.25)–(6.31). Die Variable $x_{v_i,v_j,k}$ kann eliminiert werden, wenn

$$d_i > h_j - l_i$$

wobei l_i die ASAP-Zeit von $v_i \in V$ und und h_j die ALAP-Zeit von Knoten $v_j \in V$ darstellt.

Beweis: Gezeigt wird, dass in jeder gültigen Lösung $x_{v_i,v_j,k} = 0$ gilt und damit eliminiert werden kann. Der Beweis erfolgt durch Widerspruch. Sei $x_{v_i,v_j,k} = 1$, dann ist die entsprechende Ungleichung $t_j - t_i \geq d_i$ aktiv. Nun zeigen wir, dass es keinen Ablaufplan gibt, der diese Bedingung erfüllt: Der maximale Wert $t_j - t_i$ beträgt offensichtlich $h_j - l_i$. Da nach Voraussetzung $d_i > h_j - l_i$ gilt, kann also $t_j - t_i \geq d_i > h_j - l_i$ für keine Werte von t_j, t_i erreicht werden. Deshalb muss $x_{v_i,v_j,k} = 0$ gelten in jeder gültigen Lösung. □

Beispiel 6.10.2. Betrachtet wird der Flussgraph in Abb. 6.34. Für die Berechnungszeiten der Knoten gelte $d_1 = d_2 = \cdots = d_6 = 1$. Es gibt nur einen Ressourceknoten.

- Mit $\bar{L} = 3$ erhält man die ASAP- und ALAP-Zeiten: $l_1 = l_4 = h_1 = h_4 = 0$, $l_2 = l_5 = h_2 = h_5 = 1$ und $l_3 = l_6 = h_3 = h_6 = 2$. Die nach Lemma 6.10.2 eliminierbaren Flussvariablen sind $x_{1,4}$, $x_{2,4}$, $x_{3,4}$, $x_{4,1}$, $x_{5,1}$, $x_{6,1}$, $x_{3,5}$, $x_{6,2}$, $x_{2,5}$, $x_{3,6}$, $x_{5,2}$ und $x_{6,3}$. Abbildung 6.34b) zeigt den Flussgraphen nach Elimination dieser Flusskanten.

a) Problemgraph und Flussgraph
(nicht alle Kanten dargestellt)

b) Elimination von Flussvariablen
nach ASAP- und ALAP-Bedingungen

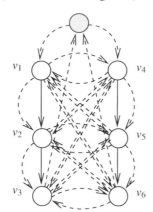 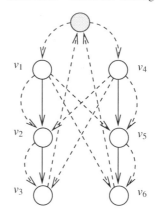

Abb. 6.34. Elimination von Flussvariablen

- Bei $\bar{L} = 4$ erhält man die ASAP- und ALAP-Zeiten: $l_1 = l_4 = 0$, $h_1 = h_4 = 1$, $l_2 = l_5 = 1$, $h_2 = h_5 = 2$ und $l_3 = l_6 = 2$, $h_3 = h_6 = 3$. Die nach Lemma 6.10.2 eliminierbaren Flussvariablen sind nun nur noch $x_{2,4}, x_{3,4}, x_{5,1}, x_{6,1}, x_{3,5}$ und $x_{6,2}$.
- Ab $\bar{L} = 6$ können keine Flussvariablen mehr nach Lemma 6.10.2 eliminiert werden.

Das Maß der Reduktion hängt damit stark von der Latenzschranke ab. Bei Latenzminimierung unter Ressourcenbeschränkungen sollte eine Latenzschranke mit einer Heuristik wie beispielsweise Listscheduling oder Force-directed scheduling im voraus bestimmt werden. Bei Kostenminimierung ist der Reduktionseffekt bei Problemen mit kleineren Latenzschranken offensichtlich höher.

Beispiel 6.10.3. In einem weiteren Beispiel soll gezeigt werden, dass im Fall dedizierter Ressourcen das Optimierungsproblem trivial wird. Dazu wird der Problemgraph $G(V,E)$ und der Ressourcegraph $G_R(V_R,E_R)$ in Abb. 6.35a) bzw. b) betrachtet. Der entsprechende Flussgraph ist in Abb. 6.35c) dargestellt. Man erhält das ILP-Modell

$$\text{Minimiere } x_{r_1,v_1,1} + x_{r_2,v_2,2} + x_{r_3,v_3,3}$$

so dass

$$(F1.1) \quad x_{r_1,v_1,1} - x_{v_1,r_1,1} = 0$$
$$(F1.1) \quad x_{r_2,v_2,2} - x_{v_2,r_2,2} = 0$$
$$(F1.1) \quad x_{r_3,v_3,3} - x_{v_3,r_3,3} = 0$$
$$(F2.1) \quad x_{r_1,v_1,1} = 1$$
$$(F2.2) \quad x_{r_2,v_2,2} = 1$$
$$(F2.3) \quad x_{r_3,v_3,3} = 1$$

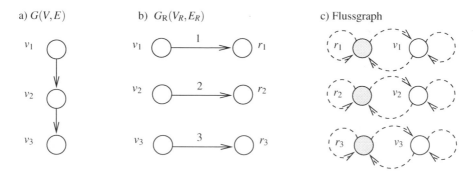

Abb. 6.35. Problemgraph a), Ressourcegraph b) und Flussgraph c)

$$(D.1) \quad t_2 - t_1 \geq 1$$
$$(D.2) \quad t_3 - t_2 \geq 2$$
$$t_1 \leq \bar{L} - 1, \, t_2 \leq \bar{L} - 2, \, t_3 \leq \bar{L} - 3$$

Man erkennt, dass keine Variable ganzzahlig sein muss, da es keine Beschränkungen vom Typ S gibt. Flussproblem (Typ F) und Planungsproblem (Typ D) sind entkoppelt. Die Lösung der LP-Relaxation liefert $t_1 = 0, t_2 = 1, t_3 = 3$ und $L = 6$. In der Lösung des LP besitzen alle sechs Flussvariablen $x_{r_1,v_1,1}, x_{r_2,v_2,2}, x_{r_3,v_3,3}$, $x_{v_1,r_1,1}, x_{v_2,r_2,2}$ und $x_{v_3,r_3,3}$ den Wert 1.

Die Elimination von Variablen nach Lemma 6.10.1 bzw. 6.10.2 kann in polynomieller Zeit erfolgen (Längste-Pfad-Berechnung zwischen allen Knotenpaaren mit Floyd-Warshall-Algorithmus ($\mathcal{O}(|V|^3)$) bzw. ASAP- und ALAP-Zeitbestimmung ($\mathcal{O}(|V| + |E|)$)).

6.10.2 Anpassung der Konstanten $\delta(v_i, v_j, k)$

Es wurde bereits erwähnt, dass die Struktur eines ILP-Modells mit Lösungspolytop P_F um so besser ist, je mehr P_F die konvexe Hülle der Menge der ganzzahligen Punkte in P_F (P_I) approximiert.

Hier soll gezeigt werden, wie man die noch nicht näher beschriebenen Konstanten $\delta(v_i, v_j, k)$ in Gleichungen der Form

$$t_j - t_i \geq d_i + (x_{v_i,v_j,k} - 1) \cdot \delta(v_i, v_j, k) \tag{6.54}$$

so bestimmen kann, dass das Modell weiterhin korrekt ist, aber jede Beschränkung dazu beisteuert, P_I möglichst gut zu approximieren.

Die Wichtigkeit dieser Optimierung soll an einem Beispiel gezeigt werden.

Beispiel 6.10.4. Aus Anschauungsgründen wird Gl. (6.54) in

$$x_2 - \delta x_1 \geq d - \delta$$

transformiert mit den beiden Variablen $x_2 := t_j - t_i$, $x_1 := x_{v_i,v_j,k}$ und der Konstanten ganzen Zahl $d := d_i$. Als Beispiel werden zwei Knoten v_i und v_j mit den ASAP- und ALAP-Zeiten $l_i = 3, h_i = 5$ und $l_j = 0, h_j = 4$ betrachtet. Damit gelten die Beschränkungen $\min\{t_j - t_i\} = l_j - h_i = -5$ und $\max\{t_j - t_i\} = h_j - l_i = 4 - 3 = 1$. Die Beschränkungen $-5 \leq x_2 \leq 1$ definieren zusammen mit der Beschränkung $0 \leq x_1 \leq 1$ ein Rechteck (siehe Abb. 6.36). Gleichzeitig ist die Beschränkung in Gl. (6.54) für verschiedene Werte von δ mit $d = d_i = 0$ in Abb. 6.36 dargestellt. Die Hyperebenen von Beschränkungen mit $d_i > 0$ ergeben sich für jedes δ einfach als Parallelverschiebung der Geraden im Punkt $(x_1, x_2) = (1, 0)$ um die Ordinate d_i. Offensichtlich kann die Beschränkung das Lösungspolytop (schraffiert dargestellt) verkleinern. Im folgenden Lemma wird gezeigt, dass das kleinste δ, das keine ganzzahligen Lösungen bei $x_1 = 0$ einschränkt die beste Beschränkung liefert, d. h. die beste Annäherung von P_F an P_I (im Beispiel $\delta = 5$ (gestrichelt dargestellt)).

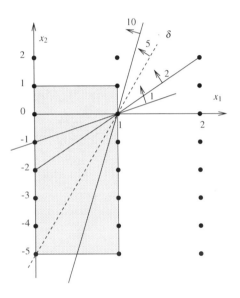

Abb. 6.36. Optimierung der Konstanten $\delta(v_i, v_j, k)$

Lemma 6.10.3. *Gegeben sei die Menge von Sequentialisierungsbeschränkungen aus Gl. (6.29) der Form*

$$t_j - t_i \geq d_i + (x_{v_i,v_j,k} - 1) \cdot \delta(v_i, v_j, k)$$

Die Beschränkungen approximieren das Polytop P_I des Fluss-ILP unter Ausnutzung von ASAP- und ALAP-Zeiten am besten, wenn

$$\delta(v_i, v_j, k) = d_i - l_j + h_i \tag{6.55}$$

gewählt wird, wobei l_j die ASAP-Zeit von v_j und h_i die ALAP-Zeit von v_i ist.

Beweis: 1) Die Sequentialisierungsbeschränkung darf bei Inaktivität (entspricht $x_1 = 0$ in Abb. 6.36) keine ganzzahlige Lösung für $t_j - t_i$ ausschließen. 2) Diese Lösungen können sich aufgrund der ASAP- und ALAP-Zeiten nur im Intervall $[\min\{t_j - t_i\}, \cdots, \max\{t_j - t_i\}] = [l_j - h_i, \cdots, h_j - l_i]$ bewegen. 3) Da die Berechnungszeit d_i nur eine Parallelverschiebung der Geraden im Punkt $(x_1, x_2) = (1, 0)$ um die Ordinate d_i bedeutet, gilt, dass das kleinste δ die stärkste Beschränkung darstellt, (siehe auch Abb. 6.36), die aber keinen Punkt $t_j - t_i$ bei $x_{v_i, v_j, k} = 0$ ausschließt. Das heißt, dass folgendes Problem zu lösen ist:

$$\min\{\delta(v_i, v_j, k) \in \mathbb{Z}_{\geq 0} \mid \min\{t_j - t_i\} \geq d_i - \delta(v_i, v_j, k)\}$$

bzw.

$$\min\{\delta(v_i, v_j, k) \in \mathbb{Z}_{\geq 0} \mid \delta(v_i, v_j, k) \geq d_i - \min\{t_j - t_i\}\}$$

4) Die Behauptung in Gl. (6.55) folgt aus der Beziehung $\min\{t_j - t_i\} = l_j - h_i$, wie leicht zu überprüfen ist. 5) Das gesamte Lösungspolytop ist am stärksten beschränkt, wenn alle Sequentialisierungsbeschränkungen am stärksten beschränkt sind (Schnittprinzip).   □

Beispiel 6.10.5. Aus Abb. 6.37a) wird das Resultat aus Lemma 6.10.2 deutlich: Falls $d_i > h_j - l_i$ (dem maximalen Wert von $x_2 = t_j - t_i$), dann gibt es keine Lösung mit $x_1 = 1$, was die Redundanz der korrespondierenden Variablen und der Sequentialisierungsbeschränkung impliziert ($x_1 \equiv 0$). In Abb. 6.37b) ist der Fall dargestellt, dass $d_i < l_j - h_i$ (dem minimalen Wert von $x_2 = t_j - t_i$) gilt. Die Beschränkung ist redundant, nicht aber die korrespondierende Flussvariable, die 0 oder 1 sein kann. Allerdings gilt, da sie nicht mehr in den Sequentialisierungsbeschränkungen auftritt, dass sie auch keine ganzzahlige Optimierungsvariable darstellt. Diese Eigenschaft wird im folgenden Abschnitt ausgenutzt.

6.10.3 Elimination redundanter Ungleichungen

In Abb. 6.37b) wurde deutlich, dass eine Beschränkung der Form

$$t_j - t_i \geq d_i + (x_{v_i, v_j, k} - 1) \cdot \delta(v_i, v_j, k)$$

(Typ S) redundant ist, wenn $d_i < l_j - h_i$ gilt.

Die Eliminierung dieser Ungleichung reduziert damit gleichzeitig die Anzahl ganzzahliger Variablen. Diese Eigenschaft wird im folgenden Lemma zusammengefasst.

Lemma 6.10.4.
Gegeben sei ein Fluss-ILP mit den Beschränkungen in den Gln. (6.25)–(6.31) und einer Beschränkung vom Typ S der Form

$$t_j - t_i \geq d_i + (x_{v_i, v_j, k} - 1) \cdot \delta(v_i, v_j, k)$$

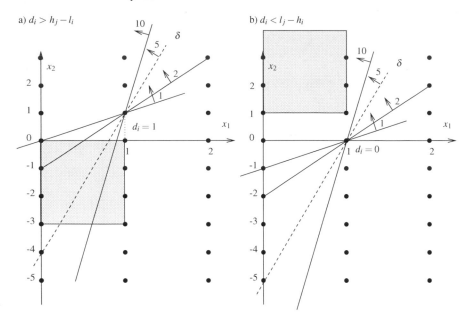

Abb. 6.37. Bestimmung der Konstanten $\delta(v_i, v_j, k)$: Spezialfälle

Die Ungleichung und die Ganzzahligkeitsbeschränkung von $x_{v_i,v_j,k}$ kann eliminiert werden, wenn

$$d_i < l_j - h_i$$

gilt, wobei l_j die ASAP-Zeit von $v_j \in V$ und und h_i die ALAP-Zeit von Knoten $v_i \in V$ darstellt.

Beweis: 1) Gezeigt wird, dass die Beschränkung bei $d_i < l_j - h_i$ nie aktiv sein kann. 2) Für alle gültigen Zeitpotentiale t_i, t_j kann sich $t_j - t_i$ aufgrund von ASAP- und ALAP-Zeiten nur im Intervall $[\min\{t_j - t_i\}, \cdots, \max\{t_j - t_i\}] = [l_j - h_i, \cdots, h_j - l_i]$ bewegen. 3) Nun gibt es kein endliches $\delta(v_i, v_j, k) \in \mathbb{Z}_{\geq 0}$, für das die Hyperebene $t_j - t_i \geq d_i + (x_{v_i,v_j,k} - 1) \cdot \delta(v_i, v_j, k)$ das Lösungspolytop gemäß Abb. 6.36 schneidet. Damit ist die Beschränkung redundant und kann eliminiert werden. 4) Da nun als Ergebnis von Theorem 6.9.1 und Theorem 6.9.2 nur diejenigen Variablen ganzzahlig sein müssen, die in Ungleichungen vom Typ S in Gl. (6.29) vorkommen (und nicht redundant sind), entfällt die Ganzzahligkeitsbeschränkung an $x_{v_i,v_j,k}$. $\square$

6.10.4 Hinzufügen gültiger Ungleichungen

Ein weiterer Schritt zur Verbesserung der Struktur eines ILP kann durch Hinzufügen *gültiger Ungleichungen* in das Modell erfolgen. Das sind Ungleichungsbeschränkungen, die beschränkende Hyperebenen des Lösungspolytops definieren (wenn man das Ungleichheitszeichen durch ein Gleichheitszeichen ersetzt). Insbesondere sind solche Ungleichungen erfolgversprechend, die Hyperebenen definieren, deren Schnitt mit P_1 Facetten von P_1 sind. Von solchen Ungleichungen sagt man auch, dass sie Facetten von P_1 *darstellen*.

Es folgen zwei einfache Möglichkeiten der Hinzufügung gültiger Ungleichungen, die sich als nützlich zur Reduktion der Lösungszeit erwiesen haben.

Auch nach obigen Eliminierungsverfahren gibt es im Flussmodell Bedingungen, die sich gegenseitig ausschließen. Betrachtet werden beispielsweise zwei Flusskanten $(v_i, v_j) \in E_k$ und $(v_j, v_i) \in E_k$, die nicht der Reduktion nach Lemma 6.10.1 zum Opfer gefallen sind. Folglich muss gelten, dass weder $v_i \prec v_j$ noch $v_j \prec v_i$ gilt, und damit gibt es in Gl. (6.29) zwei Beschränkungen der Form:

$$t_j - t_i \geq d_i + (x_{v_i,v_j,k} - 1) \cdot \delta(v_i, v_j, k)$$
$$t_i - t_j \geq d_j + (x_{v_j,v_i,k} - 1) \cdot \delta(v_j, v_i, k)$$

Offensichtlich können in keiner gültigen Lösung beide Flussvariablen aktiv sein (siehe auch Abb. 6.38). Deshalb kann man dem Modell folgende gültige Beschränkung hinzufügen:

Lemma 6.10.5. *Die Beschränkung*

$$x_{v_i,v_j,k} + x_{v_j,v_i,k} \leq 1 \tag{6.56}$$
$$\forall i, j = 1, \cdots, |V| : i \neq j \land (v_i, v_j) \in E_k \land (v_j, v_i) \in E_k$$

stellt eine gültige Ungleichung von P_1 dar.

Beweis: Dass die Ungleichung in Gl. (6.56) eine gültige Beschränkung für P_1 darstellt, geht aus obiger Argumentation hervor, dass in keiner Lösung beide binäre Variablen gleichzeitig 1 sein können. $\square$

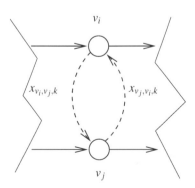

Abb. 6.38. Hinzufügen gültiger Ungleichungen der Form $x_{v_i,v_j,k} + x_{v_j,v_i,k} \leq 1$

Lemma 6.10.6. *Die folgenden Ungleichungen beschreiben gültige Ungleichungen von P_I bei gegebener Latenzschranke $\bar{L}$:*

$$t_i \geq l_i \quad \forall i = 1, \cdots, |V|$$
$$t_i \leq h_i \quad \forall i = 1, \cdots, |V|$$

wobei l_i die ASAP-Zeit und h_i die ALAP-Zeit von Knoten $v_i \in V$ bei Latenzschranke $\bar{L}$ darstellt.

Beweis: trivial.   □

Zusammengefasst gilt, dass a) die Anzahl der ganzzahligen Variablen N_ILP der ILP-Modelle durch Berücksichtigung von ASAP- und ALAP-Zeiten auf N_ILP^* verkleinert werden kann, dass b) die Konstanten $\delta(v_i, v_j, k)$ mit $\delta(v_i, v_j, k) = d_i - l_j + h_i$ die Struktur des Lösungspolytops verbessern können. Das gleiche gilt für c) das Hinzufügen von gültigen Beschränkungen nach Lemma 6.10.5 und Lemma 6.10.6.

Im folgenden Abschnitt sollen Modellerweiterungen zur Behandlung iterativer Ablaufplanungsprobleme mit dem Flussmodell erläutert werden.

6.11 Fließbandverarbeitung

In diesem Abschnitt wird gezeigt, dass auch Module mit Fließbandverarbeitung einfach im Flussmodell dargestellt werden können. Ferner wird erklärt, wie die bei iterativen Ablaufplanungsproblemen wichtigen Prinzipien von *funktionaler Fließbandverarbeitung* (dem nebenläufigen Planen von Operationen mehrerer Iterationen) und *Schleifenfaltung* [184] (funktionale Fließbandverarbeitung mit der zusätzlichen Eigenschaft, dass das Problem Interiterationsdatenabhängigkeiten besitzen darf) im Flussmodell auszudrücken sind. Für die Zeitschlitzmodelle wurde die Darstellungsmöglichkeit von funktionaler Fließbandverarbeitung und Schleifenfaltung bereits in Kapitel 4 erläutert (siehe insbesondere Theorem 4.6.1).

6.11.1 Ressourcen mit Fließbandverarbeitung

Module mit Fließbandverarbeitung können Daten annehmen und ausgeben innerhalb von Zeitintervallen, die kleiner als die Berechnungszeiten der entsprechenden Operationen sind.

Abbildung 6.9 zeigte den Ablaufplan eines Problemgraphen bei Multiplizierermodulen mit Fließbandverarbeitung. Sei $d_i = w(v_i, r_k)$ die Berechnungszeit eines Knotens auf einer Ressource vom Typ r_k, und sei r_k ein Ressourcetyp mit Fließbandverarbeitung und sog. *Datenverarbeitungsintervall* $u(v_i, r_k) \in \mathbb{Z}_{\geq 0}$, $u(v_i, r_k) \leq w(v_i, r_k)$. Dann kann ein Modul vom Typ r_k bei Abarbeitung von Knoten v_i bereits nach $u(v_i, r_k)$ Zeitschritten eine neue Operation starten.

Theorem 6.11.1 (Fluss-ILP: Module mit Fließbandverarbeitung). *Gegeben sei eine Spezifikation mit Problemgraph $G(V, E)$ und Ressourcegraph $G_\mathrm{R}(V_\mathrm{R}, E_\mathrm{R})$. Gegeben sei ferner das ILP-Modell in den Gln. (6.25)–(6.31), wobei Ungleichungen in Gl. (6.29) ersetzt werden durch Ungleichungen in Gl. (6.57) mit*

$$t_j - t_i \geq u(v_i, r_k) + (x_{v_i, v_j, k} - 1) \cdot \delta(v_i, v_j, k) \tag{6.57}$$
$$\forall (v_i, v_j) \in E_k, k = 1, \cdots, |V_T|, v_i, v_j \in V, i \neq j$$

wobei $u(v_i, r_k)$ das Datenverarbeitungsintervall bei Planung von Operation v_i auf Ressourcetyp r_k ist. Dann ist jede zulässige Lösung des Ungleichungssystems eine Lösung des Ablaufplanungsproblems bei Modulen mit Fließbandverarbeitung.

Beweis: 1) Die Datenabhängigkeiten (Typ D) in Gl. (6.27) werden nicht betroffen, da bei einer Datenabhängigkeit im Problemgraphen eine Nachfolgeroperation immer warten muss, bis die Vorgängeroperation vollständig beendet ist. 2) Für die Berechnung der Latenz gelten ebenfalls nach wie vor die Beschränkungen $L \geq t_i + d_i$ für alle $i = 1, \cdots, |V|$, da die Eigenschaft der Fließbandverarbeitung nicht die Berechnungszeit einer Operation v_i verändert. 3) In Gl. (6.57) treten alle Kanten zwischen Knoten $v_i, v_j \in V$ in E_k auf, die nicht Schleifen sind. Im Falle der Aktivität der Ungleichung ($x_{v_i, v_j, k} = 1$) gilt $t_j - t_i \geq u(v_i, v_j)$. Falls nun a) die Kante (v_i, v_j) nicht im Problemgraph existiert ($(v_i, v_j) \notin E$), ist $t_j - t_i \geq u(v_i, v_j)$ die einzige Beschränkung an die Sequentialisierung zwischen v_j und v_i. Ferner sagt dies aus, dass v_j nach frühestens $u(v_i, r_k)$ Zeitschritten auf derselben Ressource starten kann, und v_j wird auf jeden Fall an dieselbe Ressource gebunden. Falls b) $(v_i, v_j) \in E$, dann gibt es auf jeden Fall eine Datenabhängigkeitsbeschränkung $t_j - t_i \geq d_i$, die „stärker" oder gleich „stark" als die Sequentialisierungsbeschränkung $t_j - t_i \geq u(v_i, r_k)$ ist, da $u(v_i, r_k) \leq d_i$ gilt. Deshalb ist die Beschränkung inaktiv. 4) Im Falle $x_{v_i, v_j, k} = 0$ ist die Sequentialisierungsbeschränkung in Gl. (6.57) stets inaktiv. □

6.11.2 Funktionale Fließbandverarbeitung und Schleifenfaltung

Iterative Ablaufplanung kann im Flussmodell wie folgt dargestellt werden:

Theorem 6.11.2. Funktionale Fließbandverarbeitung und Schleifenfaltung. *Gegeben sei eine Spezifikation mit iterativem Problemgraphen $G(V, E, s)$ und mit Ressourcegraph $G_R(V_R, E_R)$. Ohne Einschränkung der Allgemeinheit gelte für die Allokation α: $\alpha(r_k) = 1 \; \forall k = 1, \cdots, |V_T|$. Gegeben sei ferner das ILP-Modell in (6.25)– (6.31), wobei die Datenabhängigkeitsbeschränkungen (Typ D) in Gl. (6.27) ersetzt werden durch Gl. (6.58) mit*

$$t_j - t_i \geq (d_i - s_{i,j} \cdot P) \quad \forall (v_i, v_j) \in E \tag{6.58}$$

und die Sequentialisierungsbeschränkungen (Typ S) in (6.29) ersetzt werden durch Gl. (6.59) mit

$$z_j - z_i \geq (d_i + (g_i - g_j)P) + (x_{v_i, v_j, k} - 1) \cdot \delta(v_i, v_j, k) \tag{6.59}$$
$$\forall (v_i, v_j) \in E_k, k = 1, \cdots, |V_T|, i \neq j$$
$$0 \leq z_i < P, t_i + d_i = z_i + g_i P + d_i \leq \bar{L}, g_i, g_j \in \mathbb{Z}_{\geq 0}$$

wobei

$$d_k = d(r_k) = -P \quad \forall r_k \in V_T$$

gilt.

Dann ist jede zulässige Lösung des Ungleichungssystems eine Lösung des Ablaufplanungsproblems bei funktionaler Fließbandverarbeitung und Schleifenfaltung mit Iterationsintervall P.

Beweis: Sei t_i (entspricht $t_i(0)$) der Startzeitpunkt der nullten Iteration von Knoten v_i.

1. Die Datenabhängigkeiten in Gl. (6.58) ergeben sich nun wie folgt: Gibt es eine Datenabhängigkeit von Knoten v_i zu Knoten v_j über $s_{i,j}$ Iterationen, so muss offensichtlich gelten: $t_j(n) \geq t_i(n - s_{i,j}) + d_i$, d. h.

$$t_j + nP \geq t_i + (n - s_{i,j})P + d_i$$

Gl. (6.58) entspricht lediglich einer Umformung dieser Gleichung.

2. Die Sequentialisierungsbeschränkungen in Gl. (6.59) bedürfen einer ausgiebigeren Erklärung: Ein Unterschied zum bisherigen Modell ist, dass nun auch die Ressourceknoten $r_k \in V_T$ in den Beschränkungen vorkommen und ebenfalls eine Zeit $t_k = z_k + g_k P$ zugewiesen bekommen. Jedem Ressourceknoten r_k wird ferner die Berechnungszeit $d_k = -P$ zugewiesen, siehe Abb. 6.39.

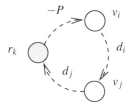

Abb. 6.39. Modellierung von zyklischem Ressourcenfluss bei iterativer Ablaufplanung

Eine Sequentialisierungsbeschränkung soll nun genau dann aktiv sein, wenn ein Knoten v_i im Abarbeitungsintervall der g_i-ten Iteration eine Ressource erhält von einem Knoten v_j aus der g_j-ten Iteration:

$$z_j + g_j P - z_i - g_i P \geq d_i + (x_{v_i,v_j,k} - 1) \cdot \delta(v_i, v_j, k)$$

wobei $0 \leq z_i, z_j < P$ und $g_i, g_j \in \mathbb{Z}_{\geq 0}$ gelten muss und sich die Schranken $0 \leq z_i, z_i + g_i P + d_i \leq \bar{L}$ an g_i ergeben und $t_i = z_i + g_i \cdot P$ gilt. z_i entspricht dem Startzeitpunkt einer Operation von v_i im Intervall $[0, \cdots, P)$. Nun muss zum einen garantiert werden, dass a) sich immer noch zyklische Flüsse einstellen können, die immer genau einen Ressourceknoten einschließen und b), was den Einbezug der Ressourceknoten in die Sequentialisierungsbeschränkungen motiviert, die Summe der Rechenzeiten aller Knoten $v_i \in V$, die eine Ressource innerhalb einer Iteration belegen, kleiner gleich P ist. Dies erreicht man durch die Wahl $d_k = -P$, wie man anschaulich auch in Abb. 6.39 sieht: Es gäbe a) keine zulässige Lösung der Zeitpotentiale in einem Zyklus des Flusses (= Knoten, die die Ressource belegen), wenn $d_k \geq 0$ wäre (positiver Zyklus). b) $d_k = -P$ garantiert, dass die Summe der restlichen Rechenzeiten von Knoten $v_i \in V$, die die Ressource r_k belegen, maximal P ist. Damit kann in keiner zulässigen Lösung eine Ressource mehr als P Zeitschritte während einer Iteration belegt sein.

3. Da schließlich jeder Ressourceknoten r_k auch eine Startzeit t_k besitzt, wäre es im Fall $\alpha(r_k) > 1$ nicht möglich, dass unterschiedliche Instanzen eines Typs zu unterschiedlichen Zeiten starten könnten, was das Prinzip der Schleifenfaltung einschränken würde. $\qquad\Box$

Beispiel 6.11.1. Betrachtet wird der einfache Fall eines Graphen $G(V,E,s)$ mit einem Knoten v_i und einer Kante (v_i, v_i) (siehe Abb. 6.40) und $s_{i,i} = 1$. Der zugehörige iterative Algorithmus lautet:

$$x_i[n] = x_i[n-1] \quad \forall n \geq 0$$

Es gibt einen Ressourcetyp r_k. Die Berechnungszeit von v_i auf r_k betrage $d_i = w(v_i, r_k) = 2$ Zeitschritte. Als Latenzschranke gelte $\bar{L} = 7$.

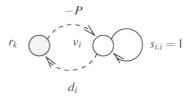

Abb. 6.40. Beispiel eines iterativen Problemgraphen und eines überlagerten Flussgraphen bei einer Ressource zur Veranschaulichung des Flussmodells bei funktionaler Fließbandverarbeitung und Schleifenfaltung

Das Iterationsintervall betrage nun

- $P = 1$: Es gibt keine zulässige Lösung der Datenabhängigkeitsbeschränkung $t_i - t_i = 0 \geq d_i - P$ aus Gl. (6.58). Das minimale Iterationsintervall, bei dem diese Beschränkung erfüllbar wird, ist $P = d_i = 2$.
- $P = 2$: Nun ist die Datenabhängigkeitsbeschränkung erfüllt. Betrachtet werden nun die beiden Sequentialisierungsbeschränkungen in Gl. (6.59):

$$z_i - z_k \geq -P + (g_k - g_i)P$$

$$z_k - z_i \geq 2 + (g_i - g_k)P$$

Beide Beschränkungen sind aktiv, da der Fluss nur von r_k kommen kann und wieder an r_k zurück fließen muss. Ferner gilt: $0 \leq z_i < P, z_i + g_i P \leq 5$ und $0 \leq z_k < P, z_k + (g_k - 1)P \leq 7$. Ohne Einschränkung der Allgemeinheit kann man $z_i = 0$

wählen. Wegen $0 \leq z_k < P$ folgt $z_k = 0$. Mit $0 \leq g_i \leq 2$ können insgesamt drei Iterationen von v_i innerhalb der Latenzschranke $\bar{L} = 7$ ausführt werden, wobei für die Startzeitpunkte $t_i = g_i 2$ gilt. Bei $g_i = 0$ implizieren die beiden obigen Ungleichungen $z_k = 2 - 2g_k$ und damit $g_k = 1$. Damit gilt $t_k = 2$. Mit $g_i = 1$ impliziert $z_k = 4 - 2g_k$ den Wert $g_k = 2$ und $t_k = 4$. Bei $g_i = 2$ erhält man $g_k = 3$ und $t_k = 6$.

- $\bar{L} = 2, P = 2$: Nun lauten die Beschränkungen $0 \leq z_i, z_i + g_i 2 \leq 0$ und $0 \leq z_k, z_k + (g_k - 1)P \leq 2$. Damit kommt nur die Lösung $z_i = g_i = 0$ in Frage. Aus $z_k = 0$ folgt $g_k = 1$ und damit ebenfalls wieder $t_k = 2$.

6.11.3 ASAP- und ALAP-Zeiten bei iterativer Ablaufplanung

Zunächst wird der Fall der Modulselektion ausgeschlossen. Dann sind die Berechnungszeiten der Knoten $v_i \in V$ konstant (d_i).

Offensichtlich gilt, dass gemäß der Datenabhängigkeitsbeschränkungen in Gl. (6.58) die frühesten Anfangszeitpunkte einer Operation $t_i(n) = z_i + n \cdot P$ als Längstes-Pfad-Problem auf einem gewichtstransformierten Graphen aufgefasst werden können.

Lemma 6.11.1 (ASAP/ALAP bei iterativer Ablaufplanung). *Gegeben sei ein iterativer Problemgraph $G(V, E, s)$ sowie die Berechnungszeiten d_i der Knoten $v_i \in V$ und ein Iterationsintervall P. Dann ergeben sich die*

- *ASAP-Zeiten l_i bei iterativer Ablaufplanung als Potentiale des längsten Pfades im Netzwerk $G^S(V, E^S, d^S)$ mit $E^S = E$, $d^S : E^S \to \mathbb{Z}$ und Gewichten*

$$d^S(v_i, v_j) = d_i - s_{i,j} P$$

und Anfangspotentialen 0.

- *ALAP-Zeiten h_i bei iterativer Ablaufplanung als Potentiale des kürzesten Pfades im Netzwerk $G^L(V, E^L, d^L)$ mit $E^L = \mathrm{rev}(E)$, $d^L : E^L \to \mathbb{Z}$ und Gewichten*

$$d^L(v_j, v_i) = -d_i + s_{i,j} P$$

und Anfangspotentialen $\bar{L} - d_i$.[11]

Beweis: 1) Nach Theorem 6.11.2 ergeben sich die Datenabhängigkeiten bei iterativen Problemgraphen zu $t_j - t_i \geq d_i - s_{i,j} P = d^S(v_i, v_j)$. Die Bestimmung des Längsten-Pfad-Problems auf dem Netzwerkgraphen G^S minimiert damit die Potentiale t_i unter Einhaltung der Datenabhängigkeitsbeschränkungen und liefert damit die ASAP-Potentiale t_i. 2) Es ist bekannt, dass man die ALAP-Zeiten auf dem Graphen mit reversen Kanten und negierten Kantengewichten durch Berechnung des kürzesten Pfads bestimmen kann. $\qquad \square$

---

[11] $\mathrm{rev}(E)$ bezeichne den Operator, der bei gegebener Kantenmenge E eine Menge von Kanten mit entgegengesetzter Orientierung zurück liefert.

Beispiel 6.11.2. Berechnet werden ASAP- und ALAP-Zeiten für den in Abb. 6.25a) dargestellten Problemgraphen. Die Berechnungszeit eines jeden Knotens betrage einen Zeitschritt. In Abb. 6.41a) ist das Netzwerk mit den Gewichten $d_i - s_{i,j} \cdot P$ dargestellt. Der längste Pfad (LPP) bestimmt die ASAP-Zeiten. Als Iterationsintervall wurde $P = \bar{L} = 3$ gewählt. Die Berechnung von ALAP-Zeiten nach Lemma 6.11.1 ist in Abb. 6.41b) dargestellt (Achtung: Berechnung des kürzesten Pfades (KPP)). Um den Bellman-Ford-Algorithmus anwenden zu können, führt man einen fiktiven Knoten v_0 als Quellknoten ein, den man bei ASAP mit $\tau(v_0) = 0$, im Fall von ALAP mit $\tau(v_0) = \bar{L}$ initialisiert. Die Gewichte der Kanten (v_0, v_i) werden mit 0 im Falle von ASAP und mit $-d_i$ im Falle von ALAP initialisiert.

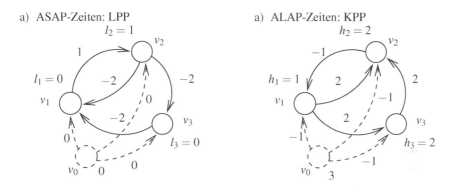

a) ASAP-Zeiten: LPP

a) ALAP-Zeiten: KPP

Abb. 6.41. Berechnung von ASAP- und ALAP-Zeiten bei iterativer Ablaufplanung für den Problemgraphen aus Abb. 6.25a)

Im Fall von Modulselektion sind nun die Berechnungszeiten der Knoten $v_i \in V$ abhängig vom Ressourcetyp, an den der Knoten v_i gebunden wird. Da das ASAP-ALAP-Intervall keine Möglichkeiten der Ablaufplanung ausschließen darf, berechnet man ASAP- und ALAP-Zeiten mit den Berechnungszeiten $d_i = \min_{(v_i, r_k) \in E_R} w(v_i, r_k)$, weil dann bei einer Berechnung nach Lemma 6.11.1 die ASAP-Zeiten am kleinsten und die ALAP-Zeiten am größten sind.

6.11.4 Ablaufplanung mit vollstatischer Bindung $\otimes$

Es wurde gezeigt, dass sich Module mit Fließbandverarbeitung als auch funktionale Fließbandverarbeitung und Schleifenfaltung in das Flussmodell einbeziehen lassen. Auf einen weiteren Vorteil gegenüber dem entsprechenden ALPS-Modell für funktionale Fließbandverarbeitung und Schleifenfaltung [184] soll hier hingewiesen werden:

Das ALPS-Modell bestimmt keine explizite Bindung der Operationen. Für nichtiterative Probleme kann man zwar immer eine für Ressourcenbeschränkungen gültige vollstatische Bindung (jede Iteration einer Operation findet auf der gleichen

Ressource statt, sog. vollstatische Bindung) finden (z. B. mit dem LEFTEDGE-Algorithmus), für iterative Probleme gilt dies i. Allg. jedoch nicht, wie folgendes Beispiel zeigt:

Beispiel 6.11.3. Gegeben sei der Problemgraph $G(V, E)$ in Abb. 6.42a) und der Ressourcegraph $G_R(V_R, E_R)$ in Abb. 6.42b). Die Berechnungszeit jeder Operation beträgt zwei Zeitschritte. Es existiert nur ein Ressourcetyp (z. B. ALU).

Der längste Pfad im Problemgraph beträgt $\bar{L} = 6$. Dies ist eine untere Latenzschranke, die unabhängig von der Anzahl von verfügbaren Ressourcen ist. Nun gelte die Ressourcenbeschränkung $\alpha(r_1) = 2$.

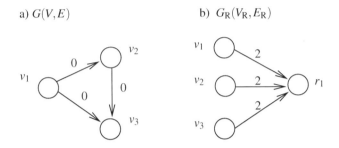

a) $G(V, E)$ b) $G_R(V_R, E_R)$

Abb. 6.42. Problemgraph a) und Ressourcegraph b)

Abbildung 6.43a) zeigt einen nach dem ALPS-Modell berechneten Ablaufplan mit minimalem Iterationsintervall $P = 3$ bei zwei verfügbaren Ressourcen. Das Flussmodell findet für $P = 3$ keinen gültigen Ablaufplan, sondern erst für $P = 4$. Dieser ist in Abb. 6.43b) dargestellt.

Man erkennt leicht, dass der in Abb. 6.43a) dargestellte Ablaufplan eine *zyklostatische Bindung* erfordert. Bei der Formulierung der Ressourcenbeschränkungen wird angenommen, dass in jeder Iteration eine Operation an eine andere Ressource gebunden werden kann. Zum Beispiel wird Operation v_1 in geraden Iterationen auf Ressource 1, in ungeraden Iterationen auf Ressource 2 abgearbeitet. Im Allgemeinen gilt, dass ein minimales Iterationsintervall nur bei Ablaufplanung mit zyklostatischer Bindung erreicht werden kann. Jedoch ist diese Annahme, dass eine Operation auf unterschiedlichen Ressourcen durchgeführt wird, im Rahmen der Architektursynthese unrealistisch. Es ist daher offensichtlich, dass im Falle iterativer Planungsprobleme die Bindung in das Optimierungsmodell einbezogen werden muss. Bei existierenden ILP-Modellen muss man in diesem Fall auch jeden Ressourcetyp r_k mit Allokation $\alpha(r_k)$ als $\alpha(r_k)$ Ressourcetypen mit Allokation 1 darstellen, um eine zyklostatische Bindung zu verhindern.

Es wurde gezeigt, dass ein weiterer Vorteil des iterativen Planungsmodells als Flussproblem ist, dass die Bindung (γ) in das Optimierungsproblem einbezogen ist. Dadurch existieren nur Lösungen für solche Werte des Iterationsintervalls, für die es auch eine vollstatische Bindung gibt.

a) Iterativer Ablaufplan mit zyklostatischer Bindung (ALPS) ($P = 3$):

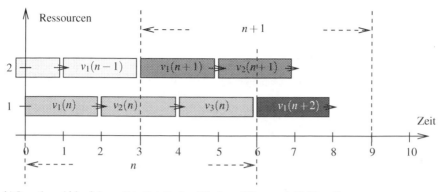

b) Iterativer Ablaufplan mit vollstatischer Bindung (Flussmodell) ($P = 4$):

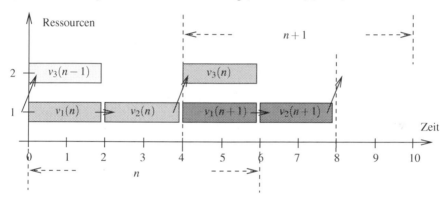

Abb. 6.43. Ablaufplan mit zyklostatischer Bindung nach ALPS mit minimalem Iterationsintervall $P = 3$ a) und Ablaufplan mit optimalem Iterationsintervall $P = 4$ (bei vollstatischer Bindung) als Lösung des Flussmodells. Die Lösung in a) stellt keine gültige Lösung bei vollstatischer Bindung dar.

Zur Verbesserung des Flussmodells bei iterativer Ablaufplanung lassen sich prinzipiell die Resultate der Lemmata 6.10.1 und 6.10.2 unter Verwendung der nach Lemma 6.11.1 bestimmten ASAP- und ALAP-Zeiten direkt anwenden.

Auch die Methode zur Optimierung der Parameter $\delta(v_i, v_j, k)$ nach Lemma 6.10.3 sowie das Hinzufügen gültiger Ungleichungen (Lemma 6.10.5 und Lemma 6.10.6) können zur Verbesserung des Modells angewendet werden.

6.12 Relaxationsverfahren ⊗

Das Interesse dieses Abschnitts gilt Verfahren zur Lösung von ILPs, insbesondere BRANCH&BOUND-Verfahren (BAB). BAB-Verfahren lösen ein ILP durch Lösen von LP-Relaxationen.

Zunächst soll gezeigt werden, dass BAB-Verfahren geeignet sind, um das Flussmodell effizient zu lösen. Es ist bekannt, dass sog. *Lagrange-Relaxationen* bessere untere Schranken liefern als die LP-Relaxation. Zwar braucht die Berechnung einer Lagrange-Relaxation i. Allg. mehr Rechenzeit, jedoch kann sich dies positiv darauf auswirken, dass viele Teilbäume von zu untersuchenden Relaxationen gestutzt werden können und die Anzahl der Relaxationen damit drastisch sinken kann.

Dazu wird das Flussmodell noch einmal unter dem Aspekt der Suche nach geeigneten Relaxationen betrachtet, zunächst wieder für den Fall ohne Modulselektion. Dann gilt folgende Formulierung:

$$z_{\text{ILP}} = \min\{c^{\text{T}}(t^{\text{T}}, x_{\bar{\text{S}}}^{\text{T}}, x_{\text{S}}^{\text{T}})^{\text{T}} \mid \tag{6.60}$$
$$C_{\text{S}}^{\text{T}}t - M_{\text{S}}x_{\text{S}} \geq m_{\text{s}}, (t^{\text{T}}, x_{\bar{\text{S}}}^{\text{T}}, x_{\text{S}}^{\text{T}})^{\text{T}} \in P_{\text{F}}'\}$$

mit

$$P_{\text{F}}' = \{x \in \mathbb{Z}_{\geq 0}^{|V|+|E_{\text{ges}}|} \mid C_{\bar{\text{S}}}x_{\bar{\text{S}}} + C_{\text{S}}x_{\text{S}} = 0, D_{\bar{\text{S}}}x_{\bar{\text{S}}} + D_{\text{S}}x_{\text{S}} = 1, C^{\text{T}}t \geq d\} \tag{6.61}$$

Unter der *Lagrange-Relaxation* [292] versteht man das Problem

$$z_{\text{LR}(\lambda)} = \min\{c^{\text{T}} \cdot (t^{\text{T}}, x_{\bar{\text{S}}}^{\text{T}}, x_{\text{S}}^{\text{T}})^{\text{T}} + \lambda(-C_{\text{S}}^{\text{T}}t + M_{\text{S}}x_{\text{S}} + m_{\text{s}}) \mid$$
$$(t^{\text{T}}, x_{\bar{\text{S}}}^{\text{T}}, x_{\text{S}}^{\text{T}})^{\text{T}} \in P_{\text{F}}'\} \tag{6.62}$$

mit $\lambda \in \mathbb{R}_{\geq 0}^{N_{\text{ILP}}}$.

Interessanterweise enthält diese Formulierung nicht die Sequentialisierungsbeschränkungen in Gl. (6.41). Statt dessen wurden sie in die Zielfunktion mit einem sog. „Bestrafungsterm" (engl. *penalty term*) $\lambda(-C_{\text{S}}^{\text{T}}t + M_{\text{S}}x_{\text{S}} + m_{\text{s}})$ verlagert. Da $\lambda \geq 0$, werden Verletzungen der Sequentialisierungsbeschränkungen positiv in der Zielfunktion addiert. Anschaulich werden die Beschränkungen immer garantiert, wenn λ genügend groß ist.

Nun entspricht Gl. (6.62) einer Relaxation von Gl. (6.60) für alle $\lambda \geq 0$ und damit gilt $z_{\text{LR}(\lambda)} \leq z_{\text{ILP}}$ für alle $\lambda \geq 0$. Die beste Relaxation ist damit

$$z_{\text{LR}(\lambda^*)} = \max_{\lambda \geq 0}\{z_{\text{LR}(\lambda)}\} \tag{6.63}$$

(6.63) heißt „*Lagrangesches Duales Problem*" von (6.60) *bezüglich der Beschränkungen* $C_{\text{S}}^{\text{T}}t - M_{\text{S}}x_{\text{S}} \geq m_{\text{s}}$ (Beschränkungen vom Typ S). Offensichtlich ist $z_{\text{LR}(\lambda^*)}$ die beste untere Schranke, die man bei Relaxation der Sequentialisierungsbeschränkungen erhalten kann.

Nun wird gezeigt, dass die Schranke z_{LP} der LP-Relaxation genauso gut ist wie die beste Lagrange-Relaxation. Dies bedeutet: $z_{\text{LP}} = z_{\text{LR}(\lambda^*)}$. Dazu muss $z_{\text{LR}(\lambda^*)}$ berechnet werden.

Nach Nemhauser [292], Theorem 6.2, Kapitel II.3 kann das „Lagrangesche Duale Problem" durch Lösen des folgenden linearen Programms gelöst werden:

$$z_{LR(\lambda^*)} = \min\{c^T \cdot (t^T, x_{\bar{S}}^T, x_S^T)^T \mid C_S^T t - M_S x_S \geq m_s,$$
$$(t^T, x_{\bar{S}}^T, x_S^T)^T \in \mathrm{conv}(P_F')\}$$

Deshalb gilt $z_{LP} = z_{LR(\lambda^*)}$ (das Polytop P_F' unter Weglassen der Sequentialisierungsbeschränkungen ist ganzzahlig nach Theorem 6.9.4), und damit ist die LP-Relaxation genauso gut wie die beste Lagrange-Relaxation bezüglich der Sequentialisierungsbeschränkungen.

6.13 Beispiele

Die Entwurfsmethodik soll an einigen Beispielen demonstriert werden. Das erste Beispiel ist das bereits bekannte Beispiel eines numerischen Lösungsverfahrens einer gewöhnlichen Differentialgleichung (ODE) nach der Euler-Methode, an dem die Anwendbarkeit des Flussmodells gezeigt werden soll.

Als weiteres Beispiel aus dem Bereich der Architektursynthese wird ein elliptisches Wellenfilter (EWF) untersucht.

Zur Lösung der ILPs wird das Programmpaket CPLEX [190] auf einer SUN Sparc 4-20 eingesetzt.

6.13.1 Löser einer gewöhnlichen Differentialgleichung

Der folgende Programmtext ist eine SystemC-Spezifikation [144, 35, 188] zur Lösung einer gewöhnlichen Differentialgleichung der Form $y'' + 3xy' + 3y = 0$ im Intervall $[x, a]$ mit Schrittweite dx und Anfangswerten $y(0) = y$, $y'(0) = u$ nach der Euler-Methode (siehe auch Beispiel 1.3.4).

```
#include "systemc.h"

class dgl : sc_module {
  // ...

  private:
    void algorithm() {
       double  x =  x_in;
       double  y =  y_in;
       double  u =  u_in;
       double  a =  a_in;
       double  dx = dx_in;

       double  x1, u1, y1;

       while( a <= x ) {
```

```
        x1 = x + dx;
        u1 = u - (3 * x * u * dx) - (3 * y * dx);
        y1 = y + (u * dx);
        x = x1; u = u1; y = y1;
    }
    y_out = y;
  }
};
```

In Abb. 6.44 ist der bereits bekannte Problemgraph für die Spezifikation der inneren Schleife und eine Lösung des Flussproblems zur Latenzminimierung für die Ressourcenbeschränkungen zweier Multiplizierer und eines Addierers dargestellt. Aus dem dargestellten Fluss sieht man, in welcher Reihenfolge eine Ressource die Knoten des Problemgraphen abarbeitet. Die minimale Latenz durch Lösen des Fluss-ILP ergab eine optimale Latenz von $L = 8$ Zeitschritten. Die CPU-Zeit der Optimierung betrug 2.03 Sekunden auf einer SUN 4-20.

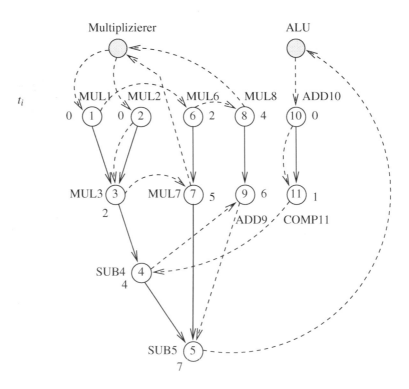

Abb. 6.44. Latenzoptimierung unter Ressourcenbeschränkungen von zwei Multiplizierern und einer ALU. Dargestellt sind die Flusskanten, die in der Lösung aktiv waren. Außerdem sind den Knoten die Startzeiten der gefundenen optimalen Lösung zugeordnet.

6.13.2 Elliptisches Wellenfilter

Als typisches Problem der Architektursynthese betrachten wir den Abhängigkeitsgraphen des in Abb. 6.45 dargestellten *elliptischen Wellenfilters* (aus [403], Seite
206). Die Abbildung stellt ebenfalls einen mit dem Flussmodell optimierten Ab-

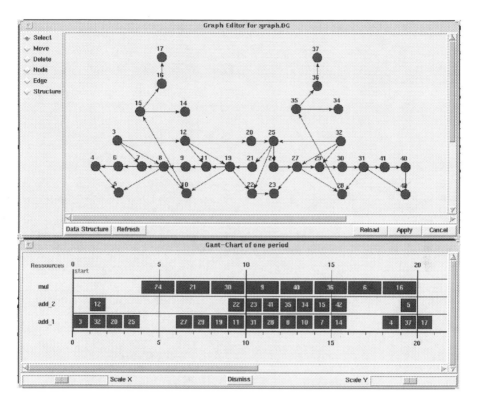

Abb. 6.45. Problemgraph und Ergebnis der Kostenminimierung des elliptischen Wellenfilters
(Flussmodell, nichtiterativ).

laufplan bei Kostenminimierung unter Latenzbeschränkung ($\bar{L} = 21$) dar. Eine Multiplikation benötige zwei Zeitschritte und eine Addition einen Zeitschritt. Es werden
ein Multiplizierer und zwei Addierer alloziert.

Die Lösungen für Latenz- und Kostenminimierung sind in den Tabellen 6.1 bzw.
6.2 dargestellt. Die Ergebnisse sind die gleichen wie bei Anwendung des ALPS-
bzw. OASIC-Modells. Die Lösungszeiten waren jedoch etwas schlechter als bei der
Lösung des ALPS-Modells.

In einem zweiten Experiment wurden die Knotenberechnungszeiten des Pro-
blemgraphen jeweils mit 10 multipliziert (Multipliziererknoten brauchen dann 20,
Addierknoten 10 Zeitschritte). In diesem Fall konnte mit keinem verfügbaren ILP-
Löser das ALPS- bzw. OASIC-Modell gelöst werden wegen zu vieler Optimie-

Tabelle 6.1. Latenzminimierung für verschiedene gegebene Ressourcenallokationen des EWF-Benchmarks

# Addierer	# Multiplizierer	Latenz L
2	1	21
2	2	18
4	4	16

Tabelle 6.2. Kostenminimierung für verschiedene gegebene Latenzschranken $\bar{L}$ des EWF-Benchmarks. Dargestellt sind die Anzahl benötigter Ressourcen in gefundenen Lösungen (Annahme: Einheitskosten pro Ressource).

$\bar{L}$	# Multiplizierer	# Addierer
16	4	4
17	3	3
18	2	2
20	2	2
21	1	1

rungsvariablen. So stieg selbst CPLEX [190] mit der Fehlermeldung aus, dass das Simplextableau mehr als 240 000 Koeffizienten besitzt. Hingegen erhält man durch Lösen des Flussmodells in der gleichen Zeit wie vor der Skalierung der Knotenberechnungszeiten eine optimale Lösung.

Ein detaillierter quantitativer Vergleich der Lösungszeiten dieser Verfahren für verschiedene Benchmarks und Beschränkungen ist in [393] beschrieben.

Die Modelle ALPS und OASIC, die sich im Falle, dass alle Operationen Monozyklen- und/oder Zweizyklenoperationen sind, als unübertroffen in der Geschwindigkeit zum Finden einer optimalen Lösung herausstellten, versagen also in zwei Fällen, für die das Flussmodell eine gute Alternative darstellt:

- *Probleme mit großen Knotenberechnungszeiten bzw. Knoten mit stark unterschiedlichen Berechnungszeiten*: Es zeigt sich, dass allein die Existenz eines Knotentyps für eine komplexe Spezialoperation, z. B. eine 32 Zeitschritte dauernde Divisionsoperation, die Anwendbarkeit des ALPS- bzw. OASIC-Modells wegen der Explosion der Anzahl von Optimierungsvariablen in Frage stellt.

- *Probleme mit rationalen Start- und Berechnungszeiten*: Bisher wurde davon ausgegangen, dass die Berechnungszeiten nach Vorgabe einer Taktperiode T nach Gl. (6.3) als ganze Zahlen vorliegen. Die Ressourcenbeschränkungen der Zeitschlitzmodelle (ALPS und OASIC) brauchen diese Bedingung. Hingegen können im Flussmodell ohne Einschränkung der hier vorgestellten Ergebnisse genauso gut rationale Berechnungszeiten und Startzeiten erlaubt werden.

Die hier nicht dargestellten Ergebnisse für iterative Ablaufplanung bestätigten die Sachverhalte.

Zusammenfassend zeigt sich das hier vorgestellte Flussmodell als interessante Alternative zu existierenden Formulierungen von Ablaufplanungsproblemen mit

Ressourcenbeschränkungen, insbesondere für Probleme mit großen Berechnungszeiten der Operationen.

Die Ergebnisse des Vergleichs mit existierenden Formulierungen unter Verwendung eines BRANCH&BOUND-Verfahrens zeigten dann auch, dass die Qualität des Flussmodells darin begründet liegt, dass die Komplexität des Modells unabhängig von der Latenz L und den Werten der Rechenzeiten des Problems ist. Dies steht im Gegensatz zu existierenden Modellen wie ALPS oder OASIC, die damit auf die Lösung von Problemen der Architektursynthese beschränkt bleiben. Dort finden jene allerdings ihre Berechtigung, da die Flussformulierung den anderen Modelle in der Lösungszeit zur Bestimmung einer optimalen Lösung für Benchmarks der Architektursynthese unterlegen ist. Im Weiteren sei bemerkt, dass die Flussformulierung ebenfalls für den Fall von rationalen Rechenzeiten und nichtganzzahligen Startzeitpunkten unverändert verwendet werden kann.

Es sei noch auf eine interessante Verwandtschaft des Flussmodells zum „Problem des Handlungsreisenden" (engl. *traveling salesperson problem* (TSP)) hingewiesen: Das Problem TSP ist ein Spezialfall des Flussproblems für die Klasse von Problemgraphen $G(V, E)$ mit $E = \emptyset$ und einem Ressourcetyp ($|V_T| = 1$) mit $\alpha(r_k) = 1$, auf dem alle Knoten ablaufen können. Als Berechnungszeiten wählt man hier die Distanzen der Knoten (Städte) mit $w(v_i, v_j) = w(v_j, v_i)$. Das TSP ist dann eine Lösung des Latenzminimierungsproblems bei einer Ressource. Damit ist das TSP ein Spezialfall des Flussmodells. Basierend auf dieser Analogie wird zur Zeit untersucht, wie sich Verfahren zur Lösung von TSP-ILPs (z. B. Branch-and-cut, [201]) eignen, schneller bessere Lösungen zu finden. In diesem Zusammenhang stehen auch die Suche besserer Anfangslösungen sowie die Untersuchung geeigneter Verzweigungsstrategien im Vordergrund.

Schließlich gelten noch ein paar Bemerkungen zu hier nicht vorgestellten Modellerweiterungen: Speicher- und Busbeschränkungen (wie in [19] beschrieben) können durch zusätzliche Ressourcen modelliert werden und sind damit auch im Flussmodell darstellbar.

Das Flussmodell ist ebenfalls auf Speicheroptimierung durch Berechnung der Lebenszeit von Variablen erweiterbar, was hier nicht näher gezeigt werden soll. So lassen sich die in Abschnitt 6.7.1 und [19] beschriebenen Ergebnisse auch hier anwenden.

6.14 Literaturhinweise und Werkzeuge

Zum Thema Architektursynthese sind zahlreiche Bücher erschienen, darunter Camposano und Wolf [62], Gajski et al. [121] und De Micheli [84], um nur einige zu nennen.

Übersichten über existierende Entwurfssysteme zur Architektursynthese geben Tseng und Siewiorek [413] sowie [275, 428, 62].

Eines der ersten formalen Modelle zur Behandlung von Ablaufplanungsproblemen im Bereich der Architektursynthese stammt von Hafer und Parker [152] und basiert auf einem ILP-Modell. Von Hwang et al. [184] stammt das ALPS-Modell.

Gebotys und Elmasry [127, 128] verbesserten das ILP-Modell durch Einführung von Cliqueconstraints. Eine genaue Analyse des Lösungspolytops und weitere Verbesserungen dieser Modelle wurden von Chaudhuri und Walker in [67] präsentiert. Die genannten Methoden wurden mit Änderungen und Erweiterungen (z. B. [19]) in zahlreichen Werkzeugen implementiert, darunter ALPS [184], OASIC [128], OSCAR [92] und [3].

Durch Einführung eines *Flussproblems* wurde eine neue Sicht ressourcenbeschränkter Ablaufplanungsprobleme dargestellt. Es wurde gezeigt, dass das Modell gegenüber existierenden Modellen, insbesondere bei Problemen mit hohen und/oder unterschiedlichen Knotenberechnungszeiten eingesetzt werden kann. Darüber hinaus kann das Flussmodell rationale Rechenzeiten und Startzeitpunkte behandeln und ist damit in der Anwendbarkeit nicht auf die Ebene der Architektursynthese beschränkt.

Die exakten Methoden sind vor allem für datenflussdominante Systeme relevant. Im Allgemeinen gilt dort, dass die Ablaufplanung vor der Bindung durchgeführt wird, siehe z. B. im Entwurfssystem CATHEDRAL-II [139]. Bei kontrollflussdominanten Anwendungen vollziehen existierende Systeme meistens die Bindung vor der Ablaufplanung (z. B. im System BUD [273], CADDY und Nachfolger CADDY-II [61, 157] und HEBE [62]). Für diese Bereiche wurden auch Spezialalgorithmen entworfen, z. B. *pfadbasierte Algorithmen*, die ein CFG-Modell (engl. *control flow graph*) betrachten, in dem alle Pfade alternativ auszuführen sind. Dazu gehört die AFAP-Methode (engl. *as fast as possible*) von Camposano [59], die von Becker und Hennig [27] erweitert und in der Laufzeit verbessert wurde. Ku [225] beschreibt eine Erweiterung von Ablaufplanungsverfahren für Knoten mit nichtdeterministischer Berechnungszeit. Aktuelle Arbeiten, siehe z. B. im System CADDY-II des FZI in Karlsruhe betreffen Verfahren zur Kommunikationsanalyse [157] und Arbeiten zur Verhaltenssynthese unter Minimierung des Energieverbrauchs, beispielsweise durch taktweise Variation der Versorgungsspannung von funktionalen Einheiten im Datenpfad.

Force-directed scheduling stammt von Paulin und Knight [311] und stellt eine Heuristik dar, die eine Erweiterung von Listenverfahren darstellt. Schleifenfaltung wurde zum ersten Mal von Girczyc [131] behandelt. In [264] wird ein Ansatz zur Architektursynthese mit evolutionären Algorithmen beschrieben.

Im Bereich der Architektursynthese sind in den letzten Jahren auch zunehmend Entwurfsverfahren hinzugekommen, die den Leistungsverbrauch einer Implementierung betrachten und optimieren. Eine Übersicht in diese Thematik gibt beispielsweise das Buch [333]. Im Bereich von rechenintensiven Schleifenprogrammen ist der Leistungsverbrauch häufig dominiert vom Zugriff auf meist externe Speicherbausteine. In diesem Zusammenhang wurden spezielle Techniken entworfen, um durch a) Schleifentransformationen die Größe vom Speichern und Anzahl von Speicherzugriffen zu minimieren [439], b) die Anzahl und Typen physikalischer Speicher zu bestimmen (z. B. Einport- oder Multiportspeicher, geteilter Speicher oder verteilter Speicher) [251] sowie gegebenenfalls c) die Speicherhierarchie zu optimieren [440]. d) Schließlich wird in [301] auch das Problem betrachtet, die Bindung von Variablen an physikalische Speicherbausteine inklusive einer Portzuweisung zu bestimmen.

Werkzeuge

Zum Abschluss des Kapitels soll noch gezeigt werden, dass es bereits kommerzielle Werkzeuge gibt, mit denen sich die vorgestellten Syntheseverfahren von oben nach unten durchgängig anwenden lassen. Dazu gehört beispielsweise das Werkzeug *Cynthesizer* der Firma Forte Design Systems [115], mit dem ganze SystemC-Module [144, 35, 188] in Hardware synthetisiert werden können sowie das Werkzeug *CatapultC* der Firma Mentor Graphics [277], das die Architektursynthese auf der Basis von allgemeinen C++-Verhaltensbeschreibungen beherrscht.

Im Folgenden wird die Spezifikation des in Beispiel 6.1.1 eingeführten Integrators für eine Differentialgleichung mit dem Architektursynthesetool *CatapultC* von Mentor Graphics [277] synthetisiert. Demonstriert wird, wie man einen konkreten Entwurf in SystemC bzw. C++ mit dem Synthesewerkzeug durchführen kann. Als Implementierung wird ein FPGA gewählt. Die Eingabespezifikation für CatapultC sieht gegenüber der in Beispiel 6.1.1 beschriebenen Spezifikation leicht modifiziert aus:

```
1    #define SC_INCLUDE_FX
2    #include "systemc.h"
3
4    typedef sc_fixed<8, 0, SC_RND, SC_SAT> data_t;
5
6    #pragma hls_design top
7
8    void diff_eq( data_t x_in,
9                  data_t y_in,
10                 data_t u_in,
11                 data_t a_in,
12                 data_t dx_in,
13                 data_t *y_out )
14   {
15     data_t  x =  x_in;
16     data_t  y =  y_in;
17     data_t  u =  u_in;
18     data_t  a =  a_in;
19     data_t dx = dx_in;
20
21     while( a <= x ) {
22       data_t tmp = u * dx;
23       u = u - 3 * (x * tmp + y * dx);
24       y = y + tmp;
25       x = x + dx;
26     }
27
28     *y_out = y;
29   }
```

Die Bedeutung der Programmzeilen sollte selbsterklärend sein. In der Spezifikation wurde berücksichtigt, dass der Term u * dx nicht zweimal berechnet werden muss. Solche optimierenden Transformationen werden in Kapitel 7 näher beschrieben. Als Wortbreiten der Operanden wurden 8 Bit gewählt, wobei der gewählte Datentyp data_t in Programmzeile 4 zusätzlich festlegt, dass es sich um Festkommazahlen ohne Vorkommastellen handelt, die einer speziellen Rundung und Überlaufbehandlung unterliegen. Die Ergebnisse der Multiplikation von zwei N-Bit-Zahlen besitzen als Ergebnis $2N$ Bit.

Ziel der Synthese der obigen Beschreibung ist ein FPGA-Baustein der Firma Xilinx der Serie Virtex4, LX25. Im Vorfeld der Synthese muss zusätzlich noch die gewünschte Taktfrequenz der Implementierung angegeben werden. Diese wurde für die folgende Studie zu 100 MHz gewählt.

Nun soll eine möglichst kleine Schaltung synthetisiert werden für eine vorgegebene Taktperiode von $T = 10$ ns.

Als Ergebnis der Synthese erhält man folgenden Bericht:

```
Bill Of Materials
Component Name                   Area(DSP)  Area(FU)  PAlloc  PAssign
------------------------------   ---------  -------   ------  -------
mgc_add(10,0,1,0,10)              0.000      1.375      1       2
mgc_add(16,0,15,1,16)             0.000     16.524      1       1
mgc_add(19,0,17,1,19)             0.000     19.538      1       1
mgc_add(8,1,8,1,9)                0.000      9.242      1       1
mgc_add(9,1,9,1,10)               0.000     10.229      1       1
mgc_and(1,2)                      0.000      0.730      1      16
mgc_and(6,2)                      0.000      4.379      1       3
mgc_mul(2,0,16,1,18)              0.000     18.541      1       1
mgc_mul(8,1,8,1,16)               1.000      0.000      1       1
mgc_mux(1,1,2)                    0.000      1.000      0       1
mgc_mux(8,1,2)                    0.000      8.000      0       5
mgc_mux(9,1,2)                    0.000      9.000      0       2
mgc_mux1hot(8,3)                  0.000     12.376      0       7
mgc_nand(1,2)                     0.000      0.730      0       2
mgc_nand(1,3)                     0.000      1.054      1       0
mgc_nor(1,2)                      0.000      0.730      1       4
mgc_nor(1,3)                      0.000      1.054      1       0
mgc_not(1)                        0.000      0.000      0      24
mgc_not(18)                       0.000      0.000      1       1
mgc_not(8)                        0.000      0.000      1       2
mgc_or(1,2)                       0.000      0.730      1      10
mgc_or(6,2)                       0.000      4.379      1       3
mgc_reg_pos(1,0,0,1,0,0,0)        0.000      0.000      0       2
mgc_reg_pos(15,0,0,1,0,0,0)       0.000      0.000      0       1
mgc_reg_pos(16,0,0,1,0,0,0)       0.000      0.000      0       1
mgc_reg_pos(18,0,0,1,0,0,0)       0.000      0.000      0       1
mgc_reg_pos(8,0,0,1,0,0,0)        0.000      0.000      0       9


TOTAL AREA (After Assignment):   936.084    1.000   272.000
```

Das Werkzeug schätzt dabei die benötigte Fläche ab. Dargestellt sind alle durch das Werkzeug allozierten Ressourcen inklusive 5 Addierern, 2 Multiplizierern, aber auch alle für das Steuerwerk erforderlichen Gatter, Multiplexer sowie benötigten Register zur Speicherung der Zwischenergebnisse, siehe auch ausschnittsweise graphisch in Abb. 6.46. Man erkennt zum Beispiel Multiplizierer- und Addierer-Ressourcen sowie Register.

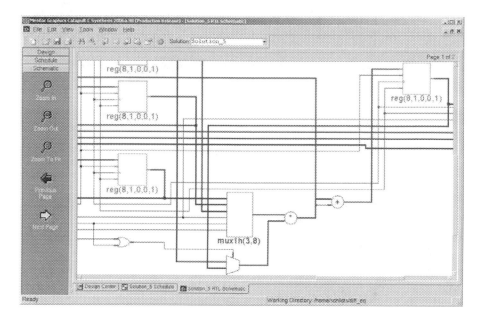

Abb. 6.46. Ergebnis der Architektursynthese mit dem Werkzeug CatapultC der Firma Mentor Graphics

Die erzielte Ablaufplanung ist in Abb. 6.47 dargestellt. Man erkennt, dass die innere Schleife der Iteration 5 Takte benötigt sowie die Belegung der einzelnen allozierten Ressourcen. Um die Signale und dargestellte Ressourcenbelegung zu verstehen, ist im Folgenden die Zuordnung der Variablen der SystemC-Beschreibung zu Signalen der synthetisierten Architektur dargestellt.

```
acc_i8_l341 + mul_i16_122    <=> u * dx
acc_i9_125                   <=> x + dx
acc_i10_121_1                <=> a <= x
acc_i9_124                   <=> y + tmp
mul_i15_123                  <=> x * tmp
mul_i16_123                  <=> y * dx
acc_i16_123                  <=> (x * tmp) + (y * dx)
acc_i19_123 + mul_i18_123    <=> 3 * (...)
acc_i10_123                  <=> u - (...)
```

Da nur 2 Multiplizierer alloziert wurden, konnten einige Multiplikationen an den gleichen Multiplizierer gebunden werden. An den Bitbreiten erkennt man, dass die

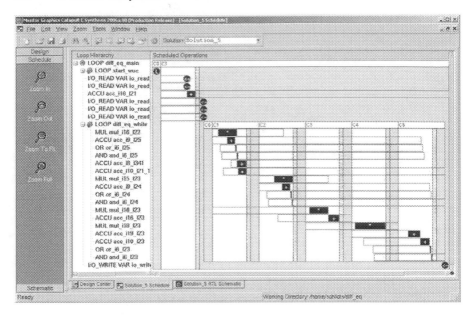

Abb. 6.47. Ablaufplan der Architektursynthese mit dem Werkzeug CatapultC

Multiplikation mit 3 auf einen $(2 \times 16 \rightarrow 18)$-Bit-Multiplizierer gebunden ist und die Restlichen auf den $(8 \times 8 \rightarrow 16)$-Bit-Multiplizierer.

Nach der sich an die Architektursynthese anschließenden Logiksynthese mit dem Xilinx Werkzeug ISE erhält man schließlich den folgenden Bericht über die verwendeten Ressourcen auf dem platzierten und verdrahteten FPGA:

```
Design Summary
--------------

Number of errors:      0
Number of warnings:    0
Logic Utilization:
   Number of Slice Flip Flops:    134 out of  21,504    1%
   Number of 4 input LUTs:        392 out of  21,504    1%
Logic Distribution:
   Number of occupied Slices:     223 out of  10,752    2%
Total Number 4 input LUTs:        400 out of  21,504    1%
   Number used as logic:          392
   Number used as a route-thru:     8
   Number of bonded IOBs:          52 out of     448   11%
   Number of BUFG/BUFGCTRLs:        1 out of      32    3%
   Number used as BUFGs:            1
   Number used as BUFGCTRLs:        0


Total equivalent gate count for design:  4,334
Additional JTAG gate count for IOBs:  2,496
```

sowie einen Bericht über das erzielte Timing:

```
Design statistics:
  Minimum period: 10.385ns (Maximum frequency:  96.293MHz)
```

Man erkennt, dass die Zieltaktfrequenz von 100 MHz mit 96,293 MHz annähernd erreicht werden konnte.

Nach der Technologiabbildung erfolgt die Platzierung und Verdrahtung auf dem homogenen Feld von Logikblöcken, die bei Xilinx-FPGAs *Slices* heißen. In unserem Fall des gewählten Bausteins Virtex4 der Version LX25 besteht der Baustein aus einem Feld von 21504 frei verwendbaren Logikblöcken und insgesamt 448 für die Anwendung verfügbaren I/O-Pins. Die erfolgte Platzierung ist in Abb. 6.48 dargestellt. In Abb. 6.49 ist in einer Detaildarstellung zusätzlich noch die *Verdrahtung* (engl. *congestion*) angedeutet. Der obige Synthesebericht sagt uns, dass für die komplette Schaltung weniger als gerade einmal 2 % der verfügbaren Logikblöcke belegt wurden. Von den 448 verfügbaren Pins wurden 52 belegt für die Signale der Eingangs- und Ausgangsoperanden.

Der vorgestellte durchgängige Entwurf dauerte inklusive der Zeit zum Schreiben der Verhaltensspezifikation weniger als eine Stunde, eine Zeit, die sicherlich nicht erheblich über der benötigten Zeit liegt, das gleiche Problem in Software auf einem Mikroprozessor zu implementieren. Damit soll das Beispiel gleichfalls als Motivation der in Kapitel 8 behandelten Verfahren zur Systemsynthese dienen.

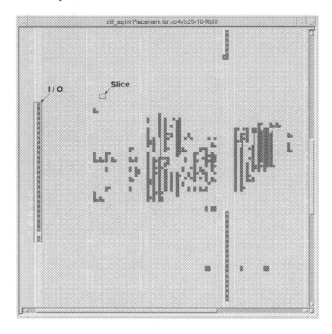

Abb. 6.48. Platzierung der Logikblöcke (Slices) des Integratorbeispiels auf einem Xilinx 4VLX25-FPGA

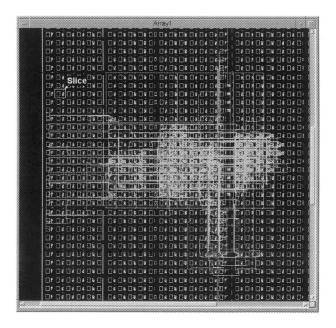

Abb. 6.49. Platzierung der Logikblöcke (Slices) des Integratorbeispiels auf einem Xilinx 4VLX25-FPGA (Ausschnitt und Anzeige der Verdrahtungen)

6.15 Übungen

Übung 6.1 (Synthese) Beschreiben Sie die wichtigsten Performanz- und Kostenmaße bei der Architektursynthese. Wie kann man diese Maße schätzen bzw. optimieren?

Übung 6.2 (Synthese) Gegeben sei die in Abb. 6.50 dargestellte Ablaufplanung und Bindung eines Problemgraphen.

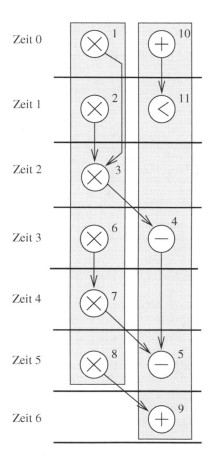

Abb. 6.50. Ablaufplan und Bindung

Geben Sie ein Zustandsdiagramm eines Moore-Schaltwerks an, das den Ablaufplan realisiert und die gebundenen Ressourcen geeignet ansteuert.

Übung 6.3 (Bindung und Synthese) Gegeben sei der Datenflussgraph mit Information über Ablaufplanung und Bindung in Abb. 6.51.

Gesucht ist eine Architektur, bestehend aus einem Operationswerk und einem Steuerwerk, die den Datenflussgraphen implementiert.

- Synthetisieren Sie den Datenpfad, indem Sie in Abb. 6.52 die notwendigen Verbindungen eintragen. Ein Beispiel einer Verbindung ist bereits eingetragen, nämlich die Realisierung von Operation v_1, die die Konstante 3 mit x multipliziert und das Ergebnis in einem Zwischenregister R1 abspeichert.
- Schätzen Sie die benötigte Gesamtfläche des Datenpfades ab, wenn gilt: $A_{ALU} = 1$ pro Bit, $A_{Mult} = 1$ pro Bit, $A_{Multiplexer} = 0.1$ pro Bit, $A_{Register} = 0.2$ pro Bit bei einer Wortlänge von 16 Bits.
- Konstruieren Sie das Steuerwerk (Moore-Schaltwerk).

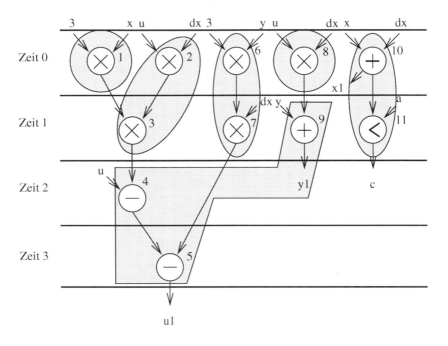

Abb. 6.51. Datenflussgraph mit Ablaufplan und Bindung

Übung 6.4 (Hierarchische Steuerung) Bisher wurde nur die Synthese eines Steuerwerks für einen Anweisungsblock (auch Grundblock genannt (siehe Kapitel 7)) betrachtet, den man durch einen Problemgraphen beschreiben kann. Überlegen Sie sich ein hierarchisches Modell einer Ablaufsteuerung für die Erweiterungen von Spezifikationen mit

- Schleifen,
- Alternativen (Verzweigungen).

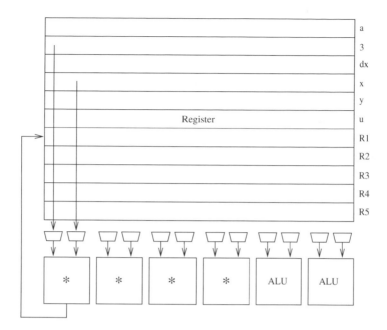

Abb. 6.52. Datenpfadrealisierung

Geben Sie für beide Fälle ein Diagramm an, wie ein solches hierarchisches Steuerwerk aussehen könnte.

Hinweise: 1) Betrachten Sie als Ausgangspunkt beispielsweise das Modell von hierarchischen Sequenzgraphen (aus Kapitel 2). 2) Ein Steuerwerk auf einer höheren Ebene generiere Aktivierungssignale für Steuerwerke der nächst tieferen Hierarchieebene.

Übung 6.5 (Taktperiode) Betrachten Sie den inneren Teil der Schleife des folgenden Ausschnitts eines SystemC-Programms:

```
#include "systemc.h"

class aufgabe : sc_module {
  public:
    sc_in<bool> clk;

    // ...

    SC_HAS_PROCESS(aufgabe);

    aufgabe(sc_module_name module_name) :
      sc_module(module_name) {
      SC_CTHREAD(verhalten, clk.pos());
```

```
        }

    private:
      void verhalten() {
        int t1, t2, t3, t4, t5, t6, t7;

        while(true) {
          wait();

          // ...

          t1 = t2 + (t3 * 5);
          t2 = t2 + t3 + t4;
          t5 = t1 * t1;
          t6 = t3 + t4 + t7;
          t4 = t1 + t5;

          // ...
        }
      }
};
```

Hinweis: Die Anweisung wait im obigen Quelltext wartet auf das Eintreten eines Ereignisses der Sensitivitätsliste des dargestellten SystemC-Moduls. In diesem Beispiel ist diese gegeben durch clk.pos() und bedeutet konkret, dass die dargestellte Schleife jedes Mal beim Eintreffen einer positiven Flanke des Signals clk erneut durchlaufen wird.

Gegeben seien ferner eine Bibliothek mit zwei Ressourcetypen, u. a. einem Addierer (r_1) mit Verzögerungszeit $z(r_1) = 45$ ns und einem Multiplizierer r_2 mit einer Verzögerungszeit von $z(r_2) = 105$ ns.

- Bestimmen Sie einen Problemgraphen, der die Berechnungen dieses Anweisungsblocks und deren Datenabhängigkeiten darstellt.
- Bestimmen Sie die Taktperiode mit der MOD-Methode. Berücksichtigen Sie dabei für jede Ressource eine Sicherheitsspanne von 15 ns für Leitungsverzögerungen, Registerverzögerungen und Setup-Zeiten.
- Bestimmen Sie die unter den gleichen Annahmen aus der Menge {45, 60, 90, 105, 120} von möglichen Taktperiodenkandidaten diejenige Taktperiode, die
  - den kleinsten Taktschlupf besitzt bzw.
  - die beste mittlere Ressourcenauslastung gestattet.
- Bestimmen Sie für die gegebenen Taktperiodenkandidaten die Berechnungszeiten (in Zeitschritten) der Operationen nach Gl. (6.3).
- Berechnen Sie jeweils für diese Berechnungszeiten einen Ablaufplan, der die Latenz abschätzt bei einer Allokation von zwei Addierern ($\alpha(r_1) = 2$) und einem Multiplizierer ($\alpha(r_2) = 1$). Hinweis: Verwenden Sie den Listscheduling-Algorithmus und verwenden Sie das Prioritätskriterium der Mobilität einer Operation bei ASAP- und ALAP-Planung.

- Bestimmen Sie nun die Ausführungszeit T_{ex} der Ablaufpläne. Mit welcher (welchen) Taktperioden erzielt man die minimale Ausführungszeit?
- Welches der Verfahren zur Abschätzung der Taktperiode liefert das beste Ergebnis?

Übung 6.6 (Synthese) Gegeben sei erneut der Anweisungsblock aus Aufgabe 6.5. Die Taktperiode betrage $T = 60$ ns.

- Bestimmen Sie einen latenzminimalen Ablaufplan bei der Allokation von jeweils einem Addierer und einem Multiplizierer.
- Gibt es einen Ablaufplan, der eine Ausführungszeit $T_{ex} \leq 360$ ns besitzt? Geben sie in diesem Fall einen Ablaufplan an, der die Kosten minimiert, wobei Addierer und Multiplizierer Einheitskosten haben. Vernachlässigen Sie den Kostenaufwand für Steuerwerk, Register und Verdrahtung.

Übung 6.7 (Schätzung) Überlegen Sie sich Metriken, mit denen man die

- Testbarkeit eines Entwurfs,
- die Time-to-market und
- die Wartbarkeit eines Systems

beurteilen könnte.

Übung 6.8 (Leistungsverbrauch) Nennen Sie Maßnahmen zur Reduzierung des Leistungsverbrauchs auf

- struktureller Ebene und
- Verhaltensebene.

Übung 6.9 (Energie- und Leistungsverbrauch) Nennen Sie Beispiele eingebetteter Systeme, bei denen der Energie- bzw. Leistungsverbrauch eine wichtige Rolle spielt. Wird das Problem des Leistungsverbrauchs im Zeitalter von MPSoC-Lösungen kleiner oder größer?

Übung 6.10 (Schätzung des Leistungsverbrauchs)
Geben Sie Verfahren zur Schätzung des Leistungsverbrauchs von CMOS-Schaltungen an. Welche Faktoren gehen in den Leistungsverbrauch ein?

Übung 6.11 (Module mit Fließbandverarbeitung) Gegeben sei ein paralleles Divisionsmodul für Festpunktzahlen, das eine $2N$-Bit-Zahl (Dividend) durch eine N Bit lange Zahl dividiert und als Ergebnis den Quotienten und den Rest (beides N-Bit-Zahlen) ausgibt. Die kombinatorische Verzögerungszeit des Moduls ohne Fließbandstufen betrage N^2 ns.

- Mit welcher maximalen Datenrate kann das Modul Divisionen ausführen?
- Wie groß ist die Latenz einer Division?

Nun werden in die einzelnen Divisionsstufen Register eingefügt, wodurch man einen Dividierer mit N Fließbandstufen erhält und die maximale kombinatorische Verzögerungszeit um den Faktor $1/N$ sinkt.

- Mit welcher maximalen Datenrate kann dieses Modul Divisionen ausführen?
- Wie groß ist in diesem Fall die Latenz einer Division?
- Kann man durch Module mit Fließbandverarbeitung die Ausführungszeit von Operationen verkleinern?

Übung 6.12 (Module mit Fließbandverarbeitung)
Erweitern Sie das Verfahren Force-directed scheduling (siehe Kapitel 4), so dass Module mit Fließbandverarbeitung behandelt werden können.

Übung 6.13 (Flussmodell) Vergleichen Sie Vor- und Nachteile der Zeitschlitzmodelle zur ressourcenbeschränkten Ablaufplanung mit denen des Flussmodells. Wann würden Sie welches ILP-Modell einsetzen?

Übung 6.14 (ASAP/ALAP-Zeiten bei iterativer Ablaufplanung) Gegeben sei der in Abb. 6.53 dargestellte iterative Problemgraph. Die Berechnungszeit jedes Knotens betrage einen Zeitschritt. Bestimmen Sie ASAP- und ALAP-Zeiten für den Fall eines gegebenen Iterationsintervalls von $P = 2$ bei einer Latenzschranke von $\bar{L} = 3$. Gibt es einen iterativen Ablaufplan mit Iterationsintervall $P = 1$?

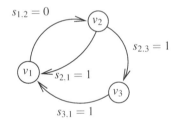

Abb. 6.53. Iterativer Problemgraph

7

Softwaresynthese

In diesem Kapitel werden die Hauptaufgaben der Softwaresynthese vorgestellt. Auf der in Abb. 7.1 dargestellten *Blockebene* bezeichnet man den Vorgang der Softwaresynthese i. Allg. als *Übersetzung* (engl. *compilation*). Die Eingabespezifikation liegt meist in Form eines Programms in einer Quellsprache (z. B. in C, C++), das Resultat der Synthese ist ein neues Programm in einer Zielsprache (z. B. Assemblercode eines Zielprozessors).

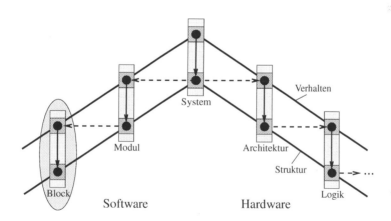

Abb. 7.1. Softwaresynthese auf der Blockebene

Zunächst erfolgt eine kurze Übersicht und Klassifikation von Prozessortypen, die im Bereich des Entwurfs von eingebetteten Hardware/Software-Systemen verbreitet sind. Danach werden der Grundaufbau eines *Compilers* als Übersetzungswerkzeug und die wichtigsten Aufgaben eines Compilers beschrieben. Der Schwerpunkt des Kapitels liegt in der Generierung und Optimierung von Zielprogrammen auf der Blockebene. Dabei werden die wichtigsten Techniken der Codegenerierung behandelt. Da die Grundverfahren zum größten Teil aus dem Bereich der Softwaresynthese für *Vielzweckrechner* stammen, werden zuerst ein Ein-Prozessor-System als Zielar-chitektur und die anfallenden Aufgaben betrachtet, ein gegebenes *Hochsprachenpro-gramm* (z. B. in C) in ein äquivalentes *Maschinenprogramm* (*Assemblerprogramm*) eines Zielprozessors zu verfeinern (Synthese auf der Blockebene, vgl. Kapitel 1). Diese lassen sich auch hier als Allokation, Bindung und Ablaufplanung beschreiben. Im Weiteren werden einige Möglichkeiten vorgestellt, Code zu optimieren. Diese Verfahren schließen die Grundlagen der Softwaresynthese ab.

Der anschließende Teil beschäftigt sich mit Optimierungsmethoden der Softwa-resynthese für *Spezialprozessoren*, die im Bereich von Hardware/Software-Systemen vornehmlich interessant sind. Dazu gehören sog. ASIPs (engl. *application speci-fic instruction set processors*). Das sind Architekturen mit einem durch ein speziel-les Anwendungsgebiet bestimmten Instruktionssatz, z. B. DSPs (engl. *digital signal processors*). Diese unterstützen häufig spezielle Instruktionen (wie z. B. das Mul-tiplizieren und Addieren in einem Maschinenzyklus) und besitzen oft heterogene Registersätze oder mehrere parallele funktionale Einheiten (z. B. *VLIW*-Rechner).

Gegenüber allgemeinen Compilern, die auf Schnelligkeit der Übersetzung großer Programme bedacht sind, liegt hier das Hauptinteresse in der Erzeugung extrem ef-fizienten Codes (bzgl. Ausführungszeit, Programmspeicherbedarf etc.). Folglich un-terscheiden sich auch die Techniken der Codegenerierung und Codeoptimierung.

Schließlich erfolgt ein Exkurs in die Problematik der Softwaresynthese auf *Mo-dulebene*. In diesem Zusammenhang wird auf die Rolle von *Betriebssystemen* einge-gangen, insbesondere von *Echtzeitbetriebssystemen*. Für datenflussdominante Syste-me werden Verfahren der Codegenerierung zur Minimierung des Programmspeicher- und Datenspeicherbedarfs vorgestellt. Das erste Kriterium ist wichtig insbesondere bei Ein-Chip-Realisierungen, das letzte v. a. bei Digitalen Signalprozessoren (DSPs).

Im Folgenden wird eine fundierte Kenntnis der Prinzipien von Mikrorechnern so-wie der Hochsprachen- und Assemblerprogrammierung vorausgesetzt. Die Grundla-gen von Mikrorechnerorganisation und Rechnerarchitekturen werden in den hervor-ragenden Standardwerken u. a. von Liebig und Flik [252, 114], Hennessy und Patter-son [308, 309, 171], Bode [45], Ungerer [418], Giloi [130] sowie Tanenbaum [384] und Stallings [367] eingehend behandelt. Zum Thema Übersetzerbau allgemein sei das bekannte Drachenbuch von Aho, Sethi und Ullman [9] genannt sowie die Werke von Muchnik [285] und Appel [12]. Hinsichtlich der theoretischen Aspekte der lexi-kalischen, Syntax- und semantischen Analyse ist das Buch von Wilhelm und Maurer [435] unverzichtbar.

7.1 Merkmale und Klassifikation von Prozessoren

Zunächst werden einige Gesichtspunkte unterschiedlicher Prozessoren, die zur Aus-führung von Programmen im Bereich von Hardware/Software-Systemen dienen, klassifiziert.

7.1.1 Klassifikation von Prozessoren

Bei eingebetteten Hardware/Software-Systemen, wie sie z. B. für Automobile, Audio- und Videoprodukte und Produkte der Telekommunikation typisch sind, ist zunächst ein geeigneter Prozessortyp für das zu entwerfende System auszuwählen. Nach dem heutigen Stand der Technik kann diese Wahl durch folgende Kriterien beeinflusst sein:

- *Vielzweck — anwendungsspezifisch*:
  Für bestimmte Anwendungsgebiete, wie z. B. für die Digitale Signalverarbeitung, sind Vielzweckprozessoren unzweckmäßig, weil sie weder Spezialoperationen, wie beispielsweise schnelle Multiplizier-Addierinstruktionen, noch spezielle Adressierungsarten und auch keine heterogenen Registersätze besitzen. *Digitale Signalprozessoren* (DSPs) sind in dieser Hinsicht wesentlich besser geeignet: Diese besitzen meist neben einer ALU eine parallele Multipliziereinheit sowie spezielle Kommunikationseinheiten. Ein anderer Anwendungsbereich, der spezielle Architekturen hervorgebracht hat, ist der Bereich der *Prozesssteuerungen* (engl. *embedded control*). Dort spielen *Mikrocontroller*-Architekturen, die auf minimale Kontextwechselzeiten und Interruptlatenzen sowie auf minimale Kosten optimiert sind (z. B. Speicherbedarf) eine wesentliche Rolle. Mikrocontroller besitzen in den meisten Fällen eine CISC-Architektur (engl. *complex instruction set computer*). Dies steht im Gegensatz zu heutigen Vielzweckrechnern, die fast alle eine RISC-Architektur (engl. *reduced instruction set computer*) besitzen. CISC-Architekturen erlauben i. Allg. eine wesentlich höhere *Codedichte*, da sie über einen großen Befehlsvorrat an Instruktionen mit unterschiedlichen Ausführungszeiten und Befehlsformaten verfügen. Sie sind i. Allg. mit wenigen Prozessorregistern ausgestattet. RISC-Architekturen [45, 308, 309] besitzen einen kleineren Befehlsvorrat, wenig Adressierungsarten, jedoch zahlreiche Prozessorregister. Bis auf Lade- und Speicherbefehle arbeiten alle Instruktionen auf Registeroperanden und können in einem Maschinenzyklus ausgeführt werden. Dies wird bei RISCs zur Fließbandverarbeitung von Befehlen ausgenutzt. Als weitere Merkmale anwendungsspezifischer Prozessoren lassen sich spezielle periphere Komponenten nennen, wie z. B. Timer-Bausteine, Kommunikationsschnittstellen (seriell/parallel). Hersteller solcher Prozessoren gehen auf individuelle Wünsche der Kunden ein durch Anbieten von sog. *Baukastensystemen*. Dies trifft insbesondere bei Mikrocontrollern zu.
- *Chip — Layoutzelle* (engl. *core*):
  Ein Prozessor kann entweder als Chip in einem Gehäuse oder als Layoutzelle (engl. *processor core*) verfügbar sein. Falls die Layoutzelle von einer Firma entworfen wurde und nicht nach außen hin verkäuflich ist, spricht man von sog. *In-house cores*. Ein Beispiel eines Cores wurde schon in Abb. 1.8 des Kapitels Einleitung dargestellt.
- *Konfigurierbarkeit*:
  Die interne Architektur eines Prozessors kann entweder fest sein (sog. *Off-the-shelf processors*) oder konfigurierbar (sog. ASIPs, engl. *application specific instruction set processors*). Die erstgenannten Prozessoren haben den Vorteil, dass

Compiler verfügbar sind, allerdings auch eine Menge von Nachteilen: Entweder sind sie zu teuer (Fläche, Auslastung), oder sie sind für gewisse Anwendungen nicht einsetzbar: Bei portablen Geräten ist beispielsweise der Leistungsverbrauch des Prozessors entscheidend, so dass Standardrealisierungen nicht eingesetzt werden können. ASIPs besitzen i. Allg. eine Menge generischer Parameter, die ein Anwender individuell festlegen kann. Dazu gehören z. B. die Größe von Speichern, die Anzahl und Wortbreiten der funktionalen Einheiten, der Instruktionssatz, die Anzahl von Interruptleitungen, Technologieparameter (z. B. Versorgungsspannung, Taktrate) und viele mehr. Die optimale Auswahl von Instruktionen und Parametern von ASIPs für bestimmte Anwendungsgebiete ist Gegenstand zahlreicher Forschungsprogramme, siehe z. B. [182, 325, 254].

Beispiel 7.1.1. Abbildung 7.2 (aus [137]) zeigt die Anwendung eines DSP-Cores innerhalb einer Ein-Chip-Realisierung des GSM-Standards für ein zellulares Telefon. Dargestellt ist die Aufteilung der Blöcke eines Blockdiagramms auf die Architektur. Der DSP-Core wird eingesetzt, um Aufgaben mit niedrigen bis mittleren Datenraten (Codierung/Decodierung) sowie Steuerungsfunktionen zu übernehmen. Die Blöcke, die höhere Rechenleistungen erfordern (Modulation und Demodulation), werden in anwendungsspezifischer Hardware realisiert.

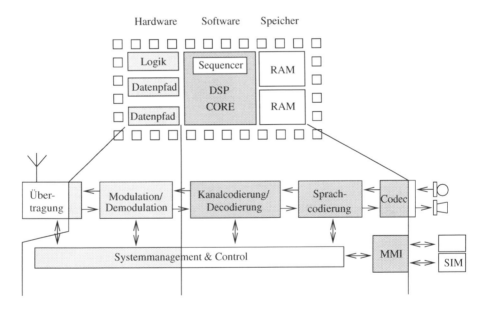

Abb. 7.2. Blockdiagramm der Funktion eines zellularen Telefons nach dem GSM-Standard (unten) und Abbildung der Blöcke auf eine Ein-Chip-Realisierung mit einem DSP-Core (oben)(nach [137])

7.1.2 Kriterienbasierte Prozessorwahl

Die Auswahl eines oder evtl. sogar mehrerer Prozessoren für die Implementierung eines eingebetteten Systems kann von unterschiedlichen Kriterien, siehe Abb. 7.3, abhängen.

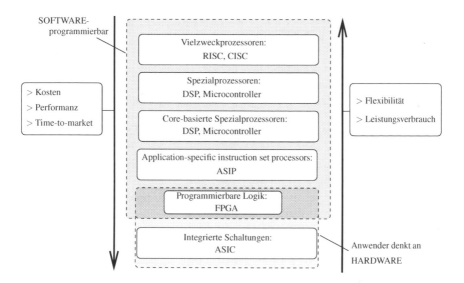

Abb. 7.3. Spezialisierungsformen und Kriterien für Hardware/Software-Entscheidungen, insbesondere für die Auswahl von Prozessortypen

Vielzweckprozessoren aus PCs, Workstations und Laptops sind zum Einsatz in eingebetteten Systemen oft zu teuer oder zu energiehungrig oder stellen nicht die gewünschten Schnittstellenfunktionen bereit, beispielsweise zur Wandlung analoger Sensordaten in digitale Signale, zur Ansteuerung von Aktuatoren, Ein/Ausgabe- oder Kommunikationsschnittstellen (u. a. Bluetooth, Infrarot, WLAN etc.) oder Timer-Bausteine etc. ASIPs stellen offensichtlich bezüglich Flexibilität und Performanz die Nahtstelle zwischen Software und Hardware her. Aus Kostengründen ist ein ASIP oft nur ein „abgespeckter" Prozessor und damit günstiger als ein Vielzweckprozessor, aber aufgrund der (wenn auch beschränkten) Programmierbarkeit immer noch flexibler als dedizierte Hardware.

Ein ASIC als dedizierte Hardwarelösung ist oft zu teuer hinsichtlich Entwicklungszeit und Produktionskosten oder aber nicht flexibel genug für späte Änderungen in der Produktspezifikation oder bei Updates. Die Nahtstelle zwischen Software- und Hardwarewelt von der Hardwareseite her bildet *programmierbare Hardware* (siehe Abb. 7.3). Dazu gehören beispielsweise sog. FPGAs (engl. *field programmable gate arrays*). Neben der Implementierung einfacher Logikfunktionen mit geringem Speicher bieten größere Bausteine mittlerweile soviel Kapazität, dass ganze SoC-Lösungen mit einem oder mehreren Prozessorkernen auf einem FPGA Platz finden. Diese Prozessorkerne können proprietärer Natur sein und mit der eigenen Schaltung zusammen auf den Baustein geladen werden. Dann spricht man von sog. *Soft cores*. Eine andere Realisierungsart besteht darin, dass an gewissen Stellen auf dem FPGA ein oder mehrere vorhandene Kerne, beispielsweise ein PowerPC-Kern im Falle bestimmter FPGAs der Firma Xilinx, festintegriert sind, um den der Entwickler/die Entwicklerin dann seine/ihre eigene Hardware herum baut. Hier spricht man von sog. *Hard cores*. Die führenden Hersteller von SRAM-basierten FPGAs sind die Firmen Xilinx und Altera. Beide bieten auch Werkzeuge an, die die Entwicklung von eingebetteten Hardware/Software-Lösungen weitgehend unterstützt, insbesondere den kombinierten Entwurf eigener Hardware und die Kopplung dieser Hardware an Prozessorkerne. Auch die Konfiguration jedes instantiierten Prozessors hinsichtlich Schnittstellen und Peripherie wird durch Templates mittlerweile sehr vereinfacht. Der Programm- und Datenspeicher kann in den meisten Fällen auch auf dem Chip realisiert werden durch auf dem FPGA ebenfalls enthaltene rekonfigurierbare RAM-Bänke. Beim Entwurf denkt der Designer dabei an Hardware, obwohl er den FPGA-Baustein programmiert. FPGAs als Hardwarerealisierungsvariante besitzen damit auch die Flexibilität von Softwarelösungen mit hoher Performanz. Jedoch ist die Performanz und die Auslastung der Ressourcen lange nicht so hoch wie bei ASICs. Dies zeigt sich besonders bei der Implementierung massiv paralleler Rechenfelder (z. B. *Systolic arrays* [386]).

Im Folgenden konzentrieren wir uns auf die Darstellung der Architektureigenschaften von ASIPs.

7.1.3 Architekturparameter von ASIPs

Architekturparameter von ASIPs unterscheidet man nach folgenden Gesichtspunkten:

- *Datentyp*: Festpunkt- oder Fließpunktarithmetik.
- *Codetyp*: Mikrocode oder Makrocode. Beim Mikrocode, zutreffend für die meisten existierenden Typen von ASIPs, benötigen alle Instruktionen einen Maschinenzyklus (siehe z. B. [308, 309]). Beim Makrocode kann eine Instruktion mehrere Zyklen benötigen (z. B. bei Einheiten mit Fließbandverarbeitung). In einem Befehlswort stecken alle Informationen zur Ansteuerung des Datenpfads über mehrere Maschinenzyklen.
- *Speicherorganisation*: Man unterscheidet hier sog. „Load-Store"- und „Mem-Reg"-Architekturen. ASIPs sind üblicherweise sog. „Load-Store"-Architekturen. Für diese Klasse ist charakteristisch, dass alle Maschinenoperationen mit Registeroperanden arbeiten, die, falls nicht bereits dort, über einen Load-Befehl aus dem Speicher geladen bzw. aus einem Register über einen Store-Befehl in den Speicher abgelegt werden. Bei „Mem-Reg"-Architekturen können Maschinenbefehle auch Speicheroperanden besitzen, die bei Ausführung des Befehls geladen bzw. gespeichert werden. ASIPs besitzen häufig keinen Cache; der Speicher (RAM, ROM, Register) wird in den meisten Fällen auf dem Chip realisiert. Zur Speicherorganisation gehört auch die Registerstruktur, die entweder heterogen

oder homogen sein kann. Bei homogenen Registersätzen kann im Prinzip jedes Register universell eingesetzt werden. Abbildung 7.4 zeigt eine Architektur mit heterogenem Registersatz. Zum Beispiel kann der linke Operand des Multiplizierers in Abb. 7.4 Daten nur entweder aus Register R1, MR oder AR verarbeiten.

- *Instruktionsformat*: codiert oder orthogonal (bei VLIW-Maschinen [77, 96]). Bei orthogonalem Instruktionsformat können Teile des Instruktionswortes unabhängig voneinander gesetzt werden.

- *Besonderheiten*: ASIPs besitzen häufig eine Reihe weiterer Besonderheiten, beispielsweise spezielle arithmetische Einheiten, besondere Adressierungsarten oder die Unterstützung von Schleifenkonstrukten (z. B. *zero-overhead looping*): Durch geeignete Hardwareunterstützung führen hier Schleifeninkremente bzw. -dekremente sowie Tests von Schleifenabbruchbedingungen zu keinen zusätzlichen Ausführungszyklen innerhalb der Ausführung von Schleifen.

Beispiel 7.1.2. Abbildung 7.4 zeigt eine ASIP-Organisation, bestehend aus einem Operationswerk und einem Steuerwerk. Der Prozessor stellt eine sog. *Harvard-Architektur* dar, die gegenüber der klassischen *von-Neumann-Architektur* die Eigenschaft besitzt, dass auf Instruktionsspeicher und Datenspeicher getrennt zugegriffen werden kann. Eine besondere Eigenschaft des Datenpfads sind einige besondere Verbindungsmöglichkeiten sowie eine gekoppelte Multiplizier-Addiereinheit (MUL-ADD). Es handelt sich um eine „Load-Store"-Architektur mit Festpunkt-

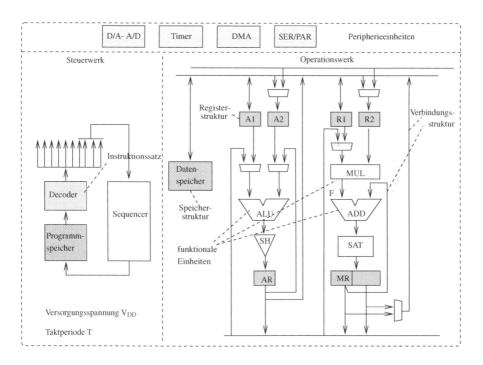

Abb. 7.4. Beispiel einer ASIP-Architektur

arithmetik sowie heterogenem Registersatz (Register A1, A2, AR, R1, R2, MR). Das Steuerwerk decodiert im Instruktionsdecoder die Befehlsworte. Als periphere Komponenten sind Analog-Digital-Umsetzer (sog. A/D-Wandler) und Digital-Analog-Umsetzer (sog. D/A-Wandler), Timer, serielle Schnittstellen oder ein DMA-Controller (engl. *direct memory access*) konfigurierbar.

Die Generierung effizienten Codes für ASIPs setzt voraus, dass der Compiler genau über die Prozessororganisation informiert ist. Ändert man diese für eine bestimmte Anwendung, so kann von den neuen Merkmalen offensichtlich nur dann profitiert werden, wenn der Compiler diese Eigenschaften kennt und zur Codegenerierung ausnutzen kann. Compiler, die man mit vertretbarem Aufwand für verschiedene Zielarchitekturen (sog. *Targets*) anpassen kann, heißen sinngemäß *Retargetierbare Compiler*. Bevor auf die Problematik der Codegenerierung und Codeoptimierung für ASIPs und auf das Thema der Anpassbarkeit von Compilern in Abschnitt 7.11 eingegangen wird, werden die Grundprinzipien der Codeübersetzung für Standardprozessoren erläutert.

7.2 Einführung Compiler

Zunächst wird der Grundaufbau eines *Compilers*, eines Übersetzungswerkzeugs zur Softwaresynthese, dargestellt.

Definition 7.2.1 (Compiler [9]). *Ein Compiler ist ein Programm, das ein in einer bestimmten Sprache — der Quellsprache — geschriebenes Programm liest und es in ein äquivalentes Programm einer anderen Sprache — der Zielsprache — übersetzt.*

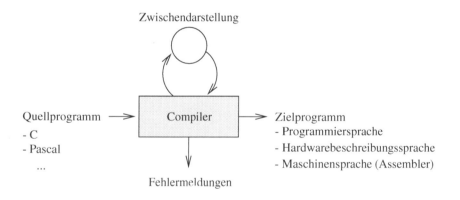

Abb. 7.5. Compiler als Übersetzungswerkzeug

Der Übersetzungsvorgang nach Abb. 7.5 besteht i. Allg. aus zwei Phasen: der *Analyse* und der *Synthese*. Bei der Analyse wird ein Quellprogramm eingelesen, *lexikalisch* analysiert und die *syntaktische Struktur* sowie ein Teil der *semantischen*

Eigenschaften berechnet. Das Ergebnis der Analyse ist eine *interne Zwischendarstellung* des Quellprogramms bzw. eine Zurückweisung des Programms bei Vorhandensein von syntaktischen oder semantischen Fehlern. In diesem Fall werden entsprechende Fehlermeldungen erzeugt.

In der Synthesephase wird — evtl. in mehreren Zwischenschritten — aus der Zwischendarstellung ein äquivalentes Zielprogramm generiert.[1]

7.2.1 Umgebungen

Im Folgenden werden die Aufgaben eines Compilers auf der Ebene der Generierung von Maschinencode (Assembler) für einen Zielprozessor betrachtet (Blockebene). Um ein ausführbares Zielprogramm zu erzeugen, sind neben dem Compiler meistens jedoch noch andere Werkzeuge notwendig, die man als *Umgebung des Compilers* bezeichnet. Bei der Softwaresynthese für Ein-Prozessor-Systeme ist eine typische Umgebung in Abb. 7.6 dargestellt.

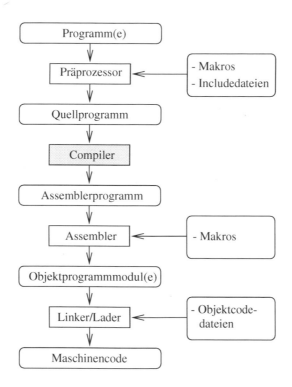

Abb. 7.6. Typische Umgebungen eines Compilers

---

[1] Die Definition eines Compilers schließt nicht die Synthese eines Zielprogramms in einer Hardwarebeschreibungssprache (z. B. VHDL) aus. Falls das Ziel der Übersetzung eine Beschreibung von Hardware ist, spricht man auch von *Silicon compilation*.

Ein gegebenes Quellprogramm wird durch einen *Präprozessor* vorverarbeitet. Dessen Aufgaben betreffen u. a. das Lesen von Quellcode (z. B. von sog. *Includedateien* oder über mehrere Dateien verteilte Unterprogramme) und die Expansion von Makros (z. B. `#define`-Konstrukte in C++). Nach der Übersetzung des Quellcodes in Maschinencode wird das sog. *Assemblerprogramm* von weiteren Programmen weiterverarbeitet, z. B. von einem *Assembler*, der diesen Assemblercode in Binärcode der Zielmaschine übersetzt. Oft besitzt die Umgebung weitere Werkzeuge zum Binden mehrerer übersetzter Teilprogramme sowie von Bibliotheksprogrammen an den Zielcode und zum Laden der Binärdaten in den Speicher des Zielprozessors. Im Folgenden werden nur die Aufgaben des Compilers betrachtet.

7.2.2 Sprachkonzepte

Zum Verständnis der folgenden Probleme erscheint uns eine kurze Zusammenfassung wichtiger Definitionen der Konzepte imperativer Programmiersprachen als angebracht.

Imperative Programmiersprachen besitzen *Variablen* als Behälter für Datenobjekte, die ihren Inhalt (Wert) im Laufe der Programmausführung ändern können. Wertänderungen erfolgen durch Ausführung von *Anweisungen*, z. B. Wertzuweisungen (engl. *assignments*). Variablen werden im Programm mit *Namen* bezeichnet. Das Gleiche gilt für Prozeduren und Konstanten. Variablenbezeichnungen (Namen von Variablen) werden Speicherzellen von Maschinen zugeordnet, die die aktuellen Werte dieser Variablen enthalten. Namen sind i. Allg. entweder *global* oder *lokal* (z. B. innerhalb von Prozeduren). Damit kann es sein, dass gleichen Namen unterschiedliche Speicherzellen zugeordnet sind, die dynamisch *inkarniert* und wieder freigegeben werden können.

Ein *Ausdruck* ist ein aus Konstanten, Namen und Operatoren zusammengesetzter Term, der bei der Ausführung ausgewertet wird.

Prozeduren bzw. *Unterprogramme* sind eine Möglichkeit der Strukturierung von Programmen durch Zusammenfassung von Anweisungsfolgen. Durch einen *Prozeduraufruf* wird eine Prozedur ausgeführt, wobei über den *Prozedurrumpf* aktuelle *Parameter* übergeben werden. Nach Ausführung der Prozedur geht der Programmfluss an die Stelle des Aufrufs zurück. Ein *Bezeichner* (engl. *identifier*) ist ein Symbol (im Sinne der im Folgenden beschriebenen lexikalischen Analyse), das in einem Programm zur Benennung eines Objekts benutzt werden kann. In imperativen Programmiersprachen gehören zu solchen Objekten Variablen, Konstanten, Typen, Prozeduren und Funktionen.

7.2.3 Analyse von Quellprogrammen

Die Analyse besteht aus drei in folgender Reihenfolge durchlaufenen Analysephasen:

Lexikalische Analyse

Bei der lexikalischen Analyse wird das Quellprogramm in Form einer Zeichenfolge von einer Datei von „links nach rechts" gelesen (engl. *scanning*) und in eine Folge lexikalischer Einheiten der Programmiersprache, sog. *Symbole* (engl. *tokens*) zerlegt. Typische Symbole sind Kommentare, Sonderzeichen und Bezeichner von Standardtypobjekten wie z. B. `int` und `float` in C++. Das Modul eines Compilers, das diese Aufgaben übernimmt, heißt üblicherweise *Scanner*.

Beispiel 7.2.1. Betrachtet wird die Anweisung `rad = phi * pi / 180;` des folgenden C++-Programms, in der ein gegebener Winkel `phi` von Grad in Bogenmaß (`rad`) umgewandelt wird.

```
int main(int argc, char *argv[]) {
    int phi;
    double rad;
    double pi = 3.14159265358979323846;
       ...
        rad = phi * pi / 180;
       ...
}
```

Die lineare Analyse würde die Zeichen der Anweisung in folgende Symbole gruppieren: Bezeichner `rad`, Zuweisungssymbol =, Bezeichner `phi`, Zeichen *, Bezeichner `pi`, Zeichen /, Konstante 180 und das Sonderzeichen ;. Dabei wurden bereits für die weitere Verarbeitung irrelevante Symbole wie beispielsweise Leerzeichen und Zeilenwechsel eliminiert, die als Trennung zwischen Symbolen gedient haben.

Syntaxanalyse

Die Syntax einer Programmiersprache wird mit einer *kontextfreien Grammatik* beschrieben, die die elementaren Konstrukte der Sprache und deren Zusammensetzungsregeln beschreibt. Der sog. *Parser* ist ein Modul, das diese Grammatik kennt und versucht, aus der gegebenen Symbolfolge des Quellprogramms grammatikalisch korrekte Sätze zu erkennen und zusammenzufassen. Gleichzeitig muss er Fehler erkennen, lokalisieren und diagnostizieren können. Die Ausgabe des Parsers ist i. Allg. ein sog. *Syntaxbaum.*

Definition 7.2.2 (Kontextfreie Grammatik [435]). *Eine* kontextfreie Grammatik $G(V_N, V_T, P, S)$ *ist ein Quadrupel* (V_N, V_T, P, S), *wobei* V_N, V_T *Alphabete sind,* V_N *die Menge der* Nichtterminale, V_T *die Menge der* Terminale, $P \subseteq V_N \times (V_N \cup V_T)^{*2}$ *die Menge der* Produktionsregeln *und* $S \in V_N$ *das* Startsymbol *ist.*

---

[2] Sei Σ ein Alphabet, d. h. eine endliche, nichtleere Menge von Zeichen (siehe auch Anhang). Dann ist ein Wort x über Σ eine endliche Folge von Zeichen aus Σ. $\Sigma^* = \bigcup_{n \geq 1} \Sigma^n$, wobei Σ^n die Menge aller Worte über Σ der Länge n darstellt, bezeichnet damit die Menge aller nichtleeren Worte über Σ.

Die Terminale sind diejenigen Symbole, die in den Programmen tatsächlich auftreten. Die Nichtterminale der Grammatik stehen für Mengen von *Worten*, nämlich für diejenigen Worte, die sie *produzieren*. Im Folgenden beschreiben Großbuchstaben in Kursivschrift Elemente von V_N und griechische Buchstaben Elemente aus $(V_T \cup V_N)^*$. Eine Produktionsregel der Schreibweise $A \to \alpha$ bezeichnet ein Element (A, α) der Relation P. Eine Produktionsregel beschreibt, wie man durch Ersetzen von linken Seiten (Nichtterminalen) durch rechte Seiten (Worte aus $(V_T \cup V_N)^*$) aus Worten über $V_T \cup V_N$ neue solche Worte *produziert* oder *ableitet* [435]. Gilt $(A, \alpha_i) \in P$ für eine Menge $\{\alpha_1, \alpha_2, \cdots, \alpha_n\}$, dann schreiben wir $A \to \alpha_1 \mid \alpha_2 \mid \cdots \mid \alpha_n$. Die $\alpha_1, \alpha_2, \cdots, \alpha_n$ heißen die *Alternativen* von A.

Beispiel 7.2.2. Folgendes Beispiel beschreibt eine Grammatik G für eine simple Art von (Wert-)Zuweisungen:

- $V_N = \{Z, A\}$;
- $V_T = \{+, *, /, (,), ;, \text{ID}, \text{K}\}$, wobei ID das Bezeichnersymbol und K das Konstantensymbol darstellt. Z sei das Nichtterminal für eine Zuweisung, A das Nichtterminal für einen Ausdruck.
- $P = \{Z \to \text{ID} = A;, A \to A + A \mid A * A \mid A/A \mid (A) \mid \text{ID} \mid \text{K}\}$;
- $S = Z$.

Zum Beispiel ist ID = K; eine gültige Zuweisung, die sich durch Anwendung der Regeln $Z \to \text{ID} = A$; und $A \to \text{K}$ ableiten lässt.

Definition 7.2.3 (Syntaxbaum [435]). *Sei* $G(V_N, V_T, P, S)$ *eine kontextfreie Grammatik. Sei* B *ein geordneter Baum, d. h. ein Baum, in dem die Ausgangskanten jedes Knotens geordnet sind. Seine Blätter seien markiert mit Symbolen aus* $V_T \cup \{\varepsilon\}$ *und innere Knoten mit Symbolen aus* V_N. B *heißt Syntaxbaum für ein Wort* $x \in V_T^*$ *und* $X \in V_N$ *gemäß* G, *wenn gilt:*

- *Ist* n *ein beliebiger innerer Knoten, markiert mit dem Nichtterminal* A, *und sind seine Kinder von links nach rechts markiert mit* $N_1, N_2, \cdots, N_k \in V_N \cup V_T$, *so ist* $A \to N_1 N_2 \cdots N_k$ *eine Produktion in* P. *Ist sein einziges Kind markiert mit* ε, *so ist* $A \to \varepsilon$ *eine Produktion in* P.
- *Das Blattwort von* B, *d. h. das Wort, das sich durch Konkatenation der Markierungen der Blätter von links nach rechts ergibt, ist* x.
- *Die Wurzel ist markiert mit* X. *Ein Syntaxbaum für ein Wort* x *und das Startsymbol* S *heißt einfach Syntaxbaum für* x.

Beispiel 7.2.3. Man betrachte erneut die Zuweisung `rad = phi * pi / 180;` in C++. Abbildung 7.7a) zeigt eine graphische Darstellung des durch die Syntaxanalyse erzeugten Syntaxbaums für diese Zuweisung und die in Beispiel 7.2.2 eingeführte Grammatik G. Das Blattwort des betrachteten Baums ist $\text{ID} = \text{ID} * \text{ID}/\text{K}$;. Die Blätter sind zusätzlich mit den Namen korrespondierender Programmvariablen und Konstanten attributiert.

Eine komprimierte Darstellung des Syntaxbaums ist ein sog. *abstrakter Syntaxbaum* (siehe Abb. 7.7b)). Dieser wird auch als *Parsebaum* bezeichnet. Er stellt eine

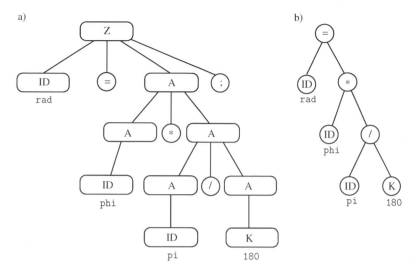

Abb. 7.7. Syntaxbaum a) und abstrakter Syntaxbaum b) für die Zuweisung `rad = phi * pi / 180;`

gebräuchlichere interne Repräsentation der syntaktischen Struktur dar, bei der nur noch die im Programm auftretenden Konstrukte und ihre Schachtelungsbeziehung identifiziert werden. In den folgenden Abschnitten wird jeweils vom abstrakten Syntaxbaum ausgegangen, wenn von einem Syntaxbaum geredet wird, da diese Darstellung für die Codegenerierung relevant ist.

Semantische Analyse

Programmiersprachen besitzen notwendigerweise auch Eigenschaften, die sich nicht durch eine kontextfreie Grammatik beschreiben lassen. Dazu gehören Deklariertheitseigenschaften, so z. B. dass Bezeichner nicht doppelt deklariert werden dürfen, und die Typkonsistenz (z. B. Typüberprüfungen, dass Felder nicht mit reellwertigen Variablen indiziert werden). Basierend auf einem gegebenen Syntaxbaum werden dazu die notwendigen Informationen gesammelt und den Knoten des Baums als Attribute zugeordnet. Ein solcher Baum heißt auch *dekorierter Syntaxbaum* [435].

Beispiel 7.2.4. Betrachtet wird erneut die Zuweisung `rad = phi * pi / 180;` des in Beispiel 7.2.1 gegebenen C++-Programms. Die Programmvariable `phi` und die Konstante 180 sind vom Typ `int`, während `rad` und `pi` vom Typ `double` sind. Offensichtlich gibt es einen Konflikt bei der Berechnung der rechten Seite, da die Operanden der Multiplikation bzw. Division unterschiedliche Typen besitzen. Es gelten jedoch zum einen *Überladungsregeln*, die diese Operatoren auf verschiedenen Typen definieren. Zum anderen gibt es sog. *Typanpassungen*, die z. B. besagen, dass das Ergebnis einer Operation mit einem Operanden vom Typ `int` und einem Operanden vom Typ `double` erlaubt ist und den Typ `double` besitzt. Dann ist der

Ausdruck auf der rechten Seite der Zuweisung `rad = phi * pi / 180;` vom Typ `double` und damit die Zuweisung an `rad` vom Typ `double` korrekt.

7.2.4 Phasen (Analyse, Codegenerierung, Optimierung)

Analyse und Synthese können als *Phasen* eines Compilers aufgefasst werden, von denen jede das Quellprogramm von einer Darstellung in eine andere überführt. In Abb. 7.8 ist eine typische Zerlegung der Phasen eines Compilers dargestellt. Als *Front-End* bezeichnet man i. Allg. die Phasen eines Compilers, die abhängig und spezifisch für die Quellsprache und weitgehend unabhängig von der Zielsprache sind. Dazu zählen i. Allg. die Analysephasen, die Erstellung der sog. *Symboltabelle* sowie die Erzeugung von Zwischencode. Eine Symboltabelle ist eine Datenstruktur, die für jeden im Quellprogramm deklarierten Bezeichner eine Datenstruktur enthält. In diese Datenstrukturen werden bei der Syntaxanalyse die Attribute der Bezeichner eingetragen (Beispiel: Speicherbedarf, Typ, Gültigkeitsbereich; bei Prozedurbezeichnern Anzahl und Typen der Argumente etc.)

Codeoptimierung bzw. Transformationen zur Effizienzsteigerung können auch bereits Bestandteil des Front-Ends sein, solange sie unabhängig von der Zielarchitektur sind. Das *Back-End* beinhaltet diejenigen Teile des Compilers, die sich auf die Zielsprache beziehen und i. Allg. nicht von der Quellsprache abhängen, sondern nur von der Zwischensprache. Zum Back-End gehören die Phasen der Codeoptimierung und Codegenerierung. Im Folgenden werden die einzelnen Phasen des Back-Ends kurz beschrieben.

Zwischencodegenerierung

Manche Compiler erzeugen nach der syntaktischen und semantischen Analyse eine explizite Zwischendarstellung in Form eines „Zwischenprogramms" für eine abstrakte Maschine. Ein solches Zwischenprogramm sollte leicht generierbar, leicht in die Zielsprache (Maschinensprache) übersetzbar und maschinenunabhängig sein, damit maschinenunabhängige Codeoptimierungen sowie ein leichtes *Retargeting*, eine Kopplung anderer maschinenabhängiger Back-Ends, möglich ist. Als Zwischensprache wird häufig ein sogenannter *Drei-Adress-Code* gewählt. Dieser ähnelt einem Maschinenprogramm, in dem jeder Speicherplatz als (symbolisches) Register fungieren kann. Der Code ist aus Instruktionen aufgebaut, die jeweils *höchstens 3 Operanden und maximal einen Operator* besitzen. Die Aufgaben der Zwischencodegenerierung sind die Erzeugung temporärer Namen und das Festlegen einer Reihenfolge der Auswertung (Ablaufplanung, engl. *scheduling*).

Beispiel 7.2.5. Man betrachte erneut die Zuweisung `rad = phi * pi / 180;` des in Beispiel 7.2.1 dargestellten C++-Programms. Eine Darstellung in Drei-Adress-Code, die gleichzeitig eine Ausführungsreihenfolge zur Berechnung der Knoten des zugehörigen Syntaxbaums darstellt, könnte wie folgt aussehen:

```
t1   := double 180
```

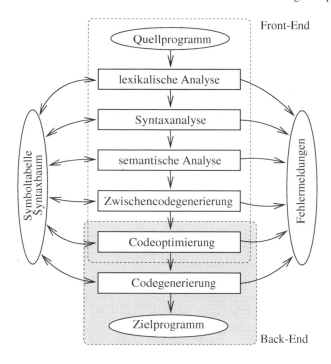

Abb. 7.8. Phasen eines Compilers und Aufteilung in Front-End und Back-End

```
t2  := pi / t1
t3  := phi * t2
rad := t3
```

Dabei stellt der unäre Operator `double` eine Typkonversion der Konstanten 180 auf den Typ `double` und `:=` das Zuweisungssymbol einer Drei-Adress-Anweisung der Form `t3 := t1 op t2` dar.

Codeoptimierung

Die Phase der Codeoptimierung dient dazu, den Zwischencode zu verbessern. Dazu gehören beispielsweise Transformationen zur Vereinfachung von Ausdrücken und zur Berechnung von (Teil-)Ausdrücken zur Compilezeit. Da besagte Transformationen häufig nur lokal, d. h. relativ zu einem kleinen Ausschnitt des Programms betrachtet werden, ist die Bezeichnung Optimierung irreführend, da höchstens eine lokale Optimalität erreicht werden kann. Häufig wird deshalb die Bezeichnung *Effizienz steigernde Transformation* [435] dem Begriff der Optimierung vorgezogen.

Beispiel 7.2.6. Betrachtet wird erneut die Zuweisung `rad = phi * pi / 180;` des in Beispiel 7.2.1 dargestellten C++-Programms und die in Beispiel 7.2.5 berechnete Zwischendarstellung. Bei Ausgabe der äquivalenten Anweisungsfolge von Drei-Adress-Anweisungen

```
t1  := pi / 180.0
rad := phi * t1
```

wurde vom Compiler erkannt, dass die Konstante 180 nur einmal verwendet wurde und damit zur Übersetzungszeit in eine Konstante vom Typ `double` `180.0` konvertiert werden kann. Auch wurde der Name `t3` in vorheriger Darstellung nur zur Übergabe seines Wertes gebraucht. Deshalb konnte `t3` durch `t1` ersetzt werden. In Abschnitt 7.9 wird eine Menge gebräuchlicher Effizienz steigernder Transformationen vorgestellt.

Codegenerierung

Die eigentliche Synthese beginnt mit der Speicher- oder Adresszuordnung. Maschinenparameter wie Wortlänge, Adresslänge etc. bestimmen die Zuordnung von Speichereinheiten zu den elementaren Datentypen. Jedem im Zwischenprogramm vorkommenden Namen wird ein Speicherplatz zugewiesen. Danach wird jede Instruktion des Zwischencodes in eine Folge von Maschinenbefehlen übersetzt. Dabei ist u. a. entscheidend, wie und welche Namen den Registern zugewiesen werden, da auf solche i. Allg. schneller zugegriffen werden kann als auf Speicherzellen. In Abschnitt 7.4 werden die Aufgaben der Codegenerierung wieder als Allokation, Ablaufplanung und Bindung definiert.

Beispiel 7.2.7. Betrachtet wird der Zwischencode

```
t1  := pi / 180.0
rad := phi * t1
```

zur Berechnung der Zuweisung `rad = phi * pi / 180;`. Eine Sequenz von Assembleranweisungen eines *Zwei-Adress-Rechners* mit Registern `R0,R1` könnte wie folgt aussehen:

```
MOVF pi,R0
DIVF #180.0,R0
MOVF phi,R1
MULF R1,R0
MOVF R0,rad
```

Die Semantik der Befehlswörter geht aus dem Kontext hervor. Ein Operand ergibt sich entweder als Inhalt eines Registers oder als Inhalt einer Speicherzelle. Bei Zwei-Adress-Rechnern wird bei zweistelligen Operationen eine Operandenadresse zur Adressierung des Orts zur Speicherung des Ergebnisses genutzt. Die Semantik des Divisionsbefehls `DIVF #180.0,R0` ergibt sich hier beispielsweise wie folgt: Der erste Operand (Dividend) ist der Inhalt von Register `R0`, der zweite Operand (Divisor) ist die Konstante `180.0`. Das Ergebnis der Division wird im Register `R0` gespeichert.

7.3 Zwischendarstellungen

Neben dem bereits eingeführten Syntaxgraphen werden nun die wichtigsten im Bau von Compilern vorkommenden Zwischendarstellungsformen vorgestellt.

7.3.1 Drei-Adress-Code

Ein Drei-Adress-Code stellt eine Folge von Anweisungen der Form x := y op z dar, wobei x, y und z Namen, Konstanten oder vom Compiler generierte temporäre Werte und op ein binärer arithmetischer oder logischer Operator ist.

Definition 7.3.1. *Für einen Drei-Adress-Befehl* x := y op z *gilt, dass er* x *setzt und dass er* y *und* z *verwendet (referenziert).*

Die Wahl des Drei-Adress-Codes als internes Zwischenformat lässt sich wie folgt motivieren:

- Die Auflösung von komplizierten Ausdrücken und von geschachtelten Kontrollflussanweisungen macht den Drei-Adress-Code geeignet für Zielcodegenerierung und Optimierung.
- Die Zwischennamenerzeugung erlaubt leichte Umordnungen der Anweisungen.
- Der Drei-Adress-Code ist eine linearisierte Darstellung eines Syntaxbaums, in der Namen den inneren Knoten des Syntaxbaums entsprechen. Der Drei-Adress-Code stellt gleichzeitig einen *gültigen Ablaufplan* dar.

Drei-Adress-Anweisungen ähneln bereits stark Assembleranweisungen. Im Allgemeinen benötigt man Drei-Adress-Anweisungen zur Darstellung von a) Zuweisungen, b) zur Kontrollflusssteuerung und c) zur hierarchischen Strukturierung (z. B. Unterprogramme und Prozeduren).

- Zuweisungsanweisungen: Zuweisungen werden in der Notation x := y op z beschrieben, wobei op ein binärer logischer oder arithmetischer Operator ist. Spezialfälle von Zuweisungen sind Zuweisungen mit einem Operanden x := op y, wobei op ein unärer Operator ist (z. B. eine logische Negation oder eine Schiebeoperation), und Kopieranweisungen der Form x := y.
- Kontrollflussanweisungen: Anweisungen können symbolische Marken (engl. *labels*) besitzen. Diese dienen der Beschreibung von Sprungzielen. Hierzu gehören
  - unbedingte Sprünge: goto L, wobei die Drei-Adress-Anweisung mit Marke L als nächste Anweisung auszuführen ist.
  - bedingte Sprünge: if x relop y goto L, wobei relop $\in \{=, \leq, \geq, \dots\}$ einen relationalen Operator darstellt, der auf x und y angewendet wird und die Anweisung mit Marke L als nächstes ausführt, falls x relop y den Wahrheitswert wahr besitzt. Falls nicht, wird die dieser Drei-Adress-Anweisung folgende Drei-Adress-Anweisung ausgeführt.
- Unterprogramme P: Es gibt zahlreiche Möglichkeiten der Realisierung von Unterprogrammen, die sich insbesondere in der Steuerung der Übergabe von Parametern unterscheiden (siehe z. B. [252]). Hier wird eine Übergabe einer Menge

von n Parametern p_i der Form `par pi` durch eine Parameterliste gewählt, wobei das Unterprogramm dafür zuständig ist, die Parameter aus der Parameterliste zu lesen. Der Aufruf eines Unterprogramms P erfolgt in diesem Fall mit einer Folge von Anweisungen

```
par p1
par p2
  ...
par pn
call  P,n
```

Die Rückgabe eines Wertes y an das aufrufende Programm kann mit einem Befehl der Form `ret(y)` realisiert werden oder über eine Liste von Ergebnisparametern.

- Schließlich gibt es *indizierte Zuweisungen* der Form x := y[i] bzw. x[i] := y. Die erste dieser Zuweisungen setzt x auf den Wert des Speicherplatzes, der i Speichereinheiten hinter dem Platz von y liegt. Die zweite Anweisung setzt den Inhalt des Speicherplatzes, der i Einheiten hinter dem von x liegt, auf den Wert von y.

Auf die Darstellung von Zeigeroperationen wird an dieser Stelle verzichtet.

Beispiel 7.3.1. Betrachtet wird die Generierung von Drei-Adress-Code für ein digitales Filter mit endlicher Impulsantwort (FIR-Filter), das durch die Differenzengleichung

$$y[n] = \sum_{i=0}^{N} a[i] \cdot x[n-i] \quad \forall n \geq 0$$

beschrieben ist. Die Berechnung kann durch folgendes C++-Programm erfolgen, wobei angenommen wird, dass sowohl die Koeffizienten $a[i]$ als auch die Ordnung N des Filters Variablen sind, die von Fall zu Fall verschieden sind. Der Filterausgang y soll für alle Iterationen n mit $0 \leq n \leq M$ berechnet werden.[3]

```
int main(int argc, char *argv[]) {
    int i, n;
    int a[N+1];
    int x[M+1], y[M+1];
       ...
    n = 0;
    do {
        y[n] = 0;
        i = 0;
        do {
            if (n >= i)
                y[n] += a[i] * x[n-i];
            i++;
```

---

[3] $x[n]$ wird als kausales Eingangssignal angenommen ($x[n] = 0 \ \forall n < 0$).

```
        } while (i <= N);
        n++;
    } while (n <= M);
}
```

Der korrespondierende Drei-Adress-Code könnte wie folgt aussehen:[4]

```
/* Block B1 */
(1)   n := 0

/* Block B2 */
(2)   t1 := 4 * n
(3)   y[t1] := 0
(4)   i := 0

/* Block B3 */
(5)   if n >= i goto (7)

/* Block B4 */
(6)   goto (18)

/* Block B5 */
(7)   t2 := n - i
(8)   t3 := 4 * t2
(9)   t4 := x[t3]
(10)  t5 := 4 * i
(11)  t6 := a[t5]
(12)  t7 := t6 * t4
(13)  t8 := 4 * n
(14)  t9 := y[t8]
(15)  t10 := t9 + t7
(16)  t11 := 4 * n
(17)  y[t11] := t10


/* Block B6 */
(18)  t12 := i + 1
(19)  i := t12
(20)  if i <= N goto (5)

/* Block B7 */
(21)  t13 := n
(22)  n := t13 + 1
(23)  if n <= M goto (2)
```

---

[4] Betrachtet wird eine Byte-adressierbare Zielmaschine, wobei ein Wort aus jeweils vier Bytes besteht.

7.3.2 Kontrollflussgraphen und DAGs

Als Zwischendarstellung wurde bereits der Syntaxbaum eingeführt. DAGs (engl. *directed acyclic graphs*) ähneln Syntaxbäumen sehr dahingehend, dass sie die gleichen Informationen wie der Syntaxbaum enthalten. Sie erlauben jedoch eine kompaktere Darstellung sog. *gemeinsamer Teilausdrücke*. Zur Darstellung des Kontrollflusses eines Programms werden Kontrollflussgraphen definiert.

Definition 7.3.2 (Kontrollflussgraph). *Gegeben sei eine Folge von Drei-Adress-Anweisungen $S = (S_1, S_2, \cdots, S_n)$. Der Kontrollflussgraph (CFG) $G(V, E)$ dieser Anweisungsfolge ist ein gerichteter, kantengeordneter und knotenmarkierter Graph. Zu jeder Anweisung S_i gibt es einen eindeutigen Knoten $v_i \in V$, der mit dieser Anweisung markiert ist. Der Knoten v_1 stellt den eindeutig bestimmten* Eintrittsknoten *des Graphen dar.*

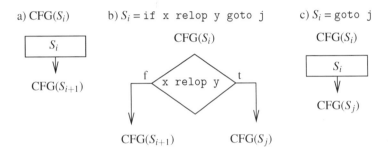

Abb. 7.9. Konstruktionsvorschrift zur Generierung von Kontrollflussgraphen für a) Zuweisungsanweisungen, b) bedingte Sprungbefehle und c) unbedingte Sprungbefehle

Knoten mit mehr als einem Vorgänger heißen auch *Verschmelzungen*, Knoten mit mehr als einem Nachfolger *Verzweigungen*.

Die im Folgenden definierten *Grundblöcke* stellen Einheiten von Programmteilen dar, auf denen man üblicherweise Codeoptimierungen vornimmt.

Definition 7.3.3 (Grundblock [9]). *Ein* Grundblock *(engl. basic block) bezeichnet eine maximal lange Folge fortlaufender Anweisungen, in die der Kontrollfluss am Anfang eintritt und die er am Ende verlässt, ohne dass er — außer am Ende — verzweigt.*

Beispiel 7.3.2. In Beispiel 7.3.1 ist die Aufteilung einer Folge von Drei-Adress-Anweisungen in sieben Grundblöcke $B_1, B_2, \cdots, B_7$ beschrieben.

Im Folgenden wird ein einfacher Algorithmus vorgestellt, der aus einem aus einer Folge $S = (S_1, S_2, \cdots, S_n)$ von n Drei-Adress-Befehlen bestehenden Programm die Zugehörigkeit einer Anweisung S_i zu einem Grundblock B_j bestimmt. Zu jedem

Blockanfang besteht der zugehörige Grundblock aus dem Blockanfang selbst und aus allen Befehlen bis zu, jedoch ausschließlich, dem nächsten Blockanfang oder bis zum Ende des Programms.

```
EINTEILUNG_IN_GRUNDBLÖCKE(S) {
        j := 1;
        L := { };
        FOR (i = 1) TO n {
                IF (Sᵢ ist Sprungbefehl) {
                        L := L ∪ Sprungziel(Sᵢ);
                }
        }
        η(S₁) := j;
        FOR (i = 2) TO n {
                IF (Sᵢ ∈ L) OR (Sᵢ₋₁ ist Sprungbefehl) {
                        j := j + 1;
                        η(Sᵢ) := j;
                }
                ELSE η(Sᵢ) := j;
        }
        RETURN(η);
}
```

Der Algorithmus berechnet zuerst alle in Befehlen vorkommenden Sprungziele und speichert diese in einer Menge L. Dann wird der erste Befehl Blockanfang des ersten Blocks. Ferner sind alle Befehle, die Sprungziele von bedingten oder unbedingten Sprüngen sind, Blockanfänge sowie jeweils die erste auf einen bedingten oder unbedingten Sprung folgende Anweisung. Die Prozedur liefert einen Vektor $\eta = (\eta(S_1), \eta(S_2), \cdots, \eta(S_n)) \in \mathbb{N}^n$ der Grundblockzugehörigkeiten der Anweisungen zurück.

Beispiel 7.3.3. Betrachtet man den Drei-Adress-Code in Beispiel 7.3.1, dann ist die erste Anweisung S_1 Blockanfang von Block B_1 ($\eta(S_1) = 1$). Die Menge von Sprungzielen ist $L = \{S_2, S_5, S_7, S_{18}\}$. Folglich gilt $\eta(S_2) = \eta(S_3) = \eta(S_4) = 2$ (Block B_2). Da $S_5 \in L$, gilt $\eta(S_5) = 3$. S_5 ist ein Sprungbefehl. Folglich gilt $\eta(S_6) = 4$. Da $S_7 \in L$, gilt $\eta(S_7) = 5$ usw.

Häufig werden die Knoten eines Grundblocks auch zusammengefasst zu jeweils einem Knoten eines sog. *Grundblockgraphen*:

Definition 7.3.4 (Grundblockgraph). *Ein Grundblockgraph $G(V,E)$ ist ein gerichteter, kantengeordneter und knotenmarkierter Graph, der sich für eine gegebene Folge von Drei-Adress-Anweisungen wie folgt konstruieren lässt: Pro Grundblock B_i der Folge gibt es einen eindeutigen Knoten $v_i \in V$. Dieser ist markiert mit der Folge der Anweisungen dieses Grundblocks. Ferner gibt es eine gerichtete Kante $e = (v_i, v_j) \in E$ genau dann, falls B_j in einer Ausführungsreihenfolge direkt nach B_i folgt, d. h. falls es*

- *einen bedingten oder unbedingten Sprung von der letzten Anweisung in B_i zur ersten Anweisung in B_j gibt, oder*
- *B_j im Programm direkt nach B_i folgt und B_i am Ende keinen unbedingten Sprung enthält.*

Man sagt auch, dass B_i Vorgänger von B_j und B_j Nachfolger von B_i ist.

Beispiel 7.3.4. Betrachtet wird erneut das Beispiel des FIR-Filters aus Beispiel 7.3.1. Abbildung 7.10a) zeigt den Kontrollflussgraphen, Abb. 7.10c) den Grundblockgra-

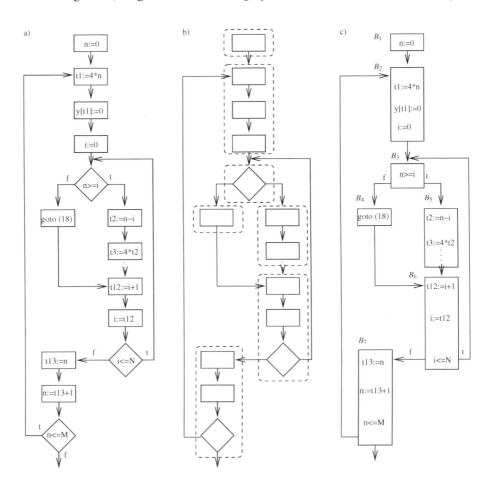

Abb. 7.10. Kontrollflussgraph a), Bestimmung der Grundblöcke b) und Grundblockgraph c)

phen nach Extraktion der Grundblöcke. Pro Grundblock gibt es einen Knoten.

Ein DAG ist eine nützliche Datenstruktur zur Implementierung von Transformationen auf Grundblöcken. Ein DAG beschreibt, wie die von den Befehlen eines

Grundblocks berechneten Werte in nachfolgenden Befehlen des Blocks benutzt werden. Insbesondere ist er hilfreich zur Bestimmung gemeinsamer Teilausdrücke innerhalb eines Grundblocks.

Definition 7.3.5 (DAG [9]). *Ein* DAG *(engl.* directed acyclic graph*) eines Grundblocks ist ein gerichteter, kantengeordneter und azyklischer Graph mit folgender Knotenmarkierung:*

- *Blätter werden durch eindeutige Bezeichner markiert und sind Variablennamen oder Konstanten. Aus dem Operator, der auf einen Namen angewandt wird, bestimmt man, ob die Speicherlokation oder der Wert eines Namens benötigt wird. Die Blätter stellen Initialwerte für Namen dar, die zur Differenzierung mit dem Subskript 0 versehen werden.*
- *Innere Knoten sind mit einem Operatorsymbol markiert.*
- *Zur kompakten Darstellung gemeinsamer Teilausdrücke kann einem Knoten auch optional eine Folge von Bezeichnern zugewiesen werden (siehe z. B. in Abb. 7.11). Dabei geht man davon aus, dass innere Knoten berechnete Werte darstellen. Von den Bezeichnern, die die Knoten markieren, wird angenommen, dass sie diese Werte besitzen.*

Die Bedeutung von Knoten und Kanten[5] soll durch Angabe einer Konstruktionsvorschrift eines DAG anhand eines Beispiels nichtformal erfolgen.

Beispiel 7.3.5. Man betrachte den Drei-Adress-Code des FIR-Filters aus Beispiel 7.3.1. Der DAG des Grundblocks B_5 ist in Abb. 7.11 dargestellt. Bei der Konstruktion des DAG werden die Anweisungen des Drei-Adress-Codes von oben nach unten betrachtet. Gibt es für eine betrachtete Anweisung der Form z := x op y bereits einen Knoten, der den Wert der ganzen rechten Seite verkörpert, so wird dieser Knoten zusätzlich mit z markiert. Falls nicht, dann wird ein neuer Knoten erzeugt, gekennzeichnet mit dem Operatorsymbol op und markiert mit z, und man fügt zwei gerichtete Kanten mit Endpunkt in diesem neuen Knoten ein. Der linke Vorgängerknoten wird derjenige Knoten, der den „aktuellen" Wert von x repräsentiert. Entsprechend wird der rechte Vorgängerknoten als Träger des aktuellen Wertes von y ermittelt. Gibt es keinen solchen Knoten, so wird jeweils ein Blatt, notiert mit x bzw. y, eingefügt. Falls nun ein Knoten existiert, der auch mit z markiert ist, so löscht man diese Markierung, da nun die betrachtete Anweisung den aktuellen Wert dieses Namens bestimmt.

Bei der Konstruktion eines DAG ist Vorsicht geboten bei Unterprogrammaufrufen, indirekten Zuweisungen über Zeiger und bei Zuweisungen an Felder wie z. B. bei der Zuweisung an y[t11]. Das Problem liegt hier darin begründet, dass der Wert von y[t11] geändert wird, obwohl sich weder y noch t11 geändert haben. Zum Beispiel steht t9 auch für y[t11], hat aber noch einen alten Wert. Bei der Zuweisung an ein Feld y ist es daher notwendig, alle mit [ ] markierten Knoten, deren linkes Argument y (plus minus einer Konstante) ist, als „tot" zu markieren (siehe in Abb. 7.11,

---

[5] Unsere Definition unterscheidet sich von der Definition in [9] dahingehend, dass wir den gerichteten Kanten eines DAG auch wirklich eine Orientierung zuordnen.

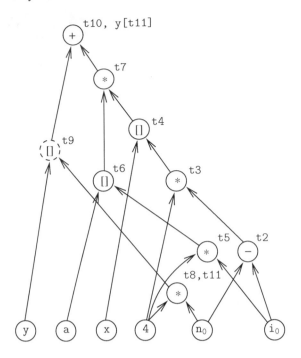

Abb. 7.11. DAG des Grundblocks B_5 in Beispiel 7.3.1

dargestellt durch einen gestrichelten Kreis), was bedeutet, dass dieser Knoten mit keinem zusätzlichen Bezeichner mehr markiert werden darf. Ähnliche Probleme tauchen bei Unterprogrammaufrufen auf, da diese evtl. Werte gemeinsamer Variablen verändern, und bei Zuweisungen über Zeiger. DAGs haben den Vorteil, dass während der Konstruktion gemeinsame Teilausdrücke erkannt werden können und dass man am Ende der Konstruktion weiß, welche Knoten aktuelle Werte von Bezeichnern tragen und welche Bezeichner in einem Block lediglich verwendet werden (Blätter ohne Subskript).

7.4 Codegenerierung und Codeoptimierung

Die Codegenerierung stellt die letzte Phase des Übersetzungsprozesses dar. Als Eingabe liegt eine Zwischendarstellung des Quellprogramms vor, als Ausgabe wird ein semantisch äquivalentes Zielprogramm erzeugt. Dieser Vorgang ist in Abb. 7.12 dargestellt. Das Zielprogramm kann entweder in einer Assemblersprache oder in Form von Binärcode der Zielmaschine erzeugt werden. In diesem Abschnitt benutzen wir, wegen der besseren Lesbarkeit, Assemblercode als Zielsprache.

Die Verwendung der hier vorgestellten Codegenerierungstechniken ist unabhängig davon, ob zuerst eine Optimierungsphase durchgeführt wurde oder nicht. Eine solche Phase versucht, den Zwischencode so zu transformieren, dass daraus ein

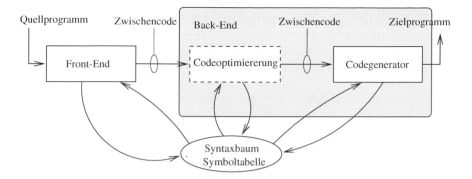

Abb. 7.12. Phase der Codegenerierung

effizienterer Code erzeugt werden kann. Zunächst werden die Grundprobleme der Codegenerierung betrachtet. Danach werden Verfahren zur Optimierung von Zwischencode vorgestellt.

Die Hauptanforderungen an die Codegenerierung sind die

- *Korrektheit* des generierten Codes, die
- Erzeugung *effizienten Codes* (effiziente Ausnutzung der Ressourcen der Zielmaschine) und die
- *effiziente Codegenerierung*.

Die Hauptaufgaben der Codegenerierung sind:

- *Ablaufplanung* (engl. *scheduling*). Darunter versteht man die Berechnung von Befehlsfolgen. Bei Spezialrechnern mit mehreren funktionalen Einheiten, wie beispielsweise bei VLIW-Rechnern (engl. *very large instruction word computer*) und bei Prozessoren mit einem *Befehlsfließband* (insbesondere bei RISC-Prozessoren [45]), wird i. Allg. eine weitere Phase der *Kompaktierung* unterschieden, eine Art der Ablaufplanung, die Anweisungen zusammenfasst (kompaktiert), die die Maschine parallel berechnen kann. Dabei wird die für ein Quellprogramm erzeugte Befehlsfolge neu angeordnet, um die funktionalen Einheiten bzw. das Befehlsfließband besser auszunutzen.
- *Allokation*: Dazu gehören die Bestimmung der Art der Speicherverwaltung und der Größe der Speicher. Zu den Speichern gehören i. Allg. Register, Cache, Arbeitsspeicher bzw. Sekundärspeicher (Festplatte, CD-ROM, Diskette, Magnetband). Im Falle von Spezialrechnern, wie z. B. bei superskalaren Rechnern und VLIW-Rechnern bzw. Multiprozessorrechnern, zählen dazu ebenfalls die Art und Anzahl funktionaler Einheiten bzw. die Anzahl der verfügbaren Prozessoren als zu allozierende Größen.
- *Bindung*: Im Zusammenhang mit der Softwaresynthese bezeichnet Bindung die Abbildung von Namen auf Speicheradressen. Ein Teilproblem, auf das hier näher eingegangen wird, ist das Problem der *Registervergabe*, der Auswahl von Namen, die an Register gebunden werden sollen, und die *Registerbindung*, das ist

die Zuweisung von Registern an die Namen, die in der Registervergabe ausgewählt worden sind.[6] Ein weiteres Bindungsproblem ist die sog. *Codeselektion* oder *Befehlsauswahl*. Darunter versteht man die Auswahl möglichst „guter"
Codemuster (aus dem Instruktionssatz der Zielmaschine) zur Berechnung der
Anweisungen des Zwischencodes.[7]

Die einzelnen Probleme sollen im Folgenden an einigen Beispielen näher erläutert
werden. Zuvor bedarf es jedoch der Definition einer simplen Assemblersprache.

7.4.1 Eine einfache Zielsprache

Der Einfachheit halber wird eine primitive Registermaschine als Zielmaschine verwendet, die repräsentativ für viele Kleinrechner ist. Die im nachfolgenden Abschnitt
vorgestellten Optimierungsverfahren sind jedoch weitgehend auch auf komplexeren
Maschinenmodellen anwendbar. Das folgende Maschinenmodell stammt aus [9].

Betrachtet wird eine Byte-adressierbare Zielmaschine, wobei ein Wort aus jeweils vier Bytes besteht. Außerdem besitzt die Maschine k allgemeine Register
$R_0, R_1, \cdots, R_{k-1}$. Sie besitzt Zwei-Adress-Befehle der Form

$$O \quad Q, Z$$

Dabei ist O das Nichtterminal des sog. *Operationscodes*, Q ist das Nichtterminal
für den *Quelloperanden*, und Z ist das Nichtterminal für den *Zieloperanden*. Beide
stehen für *Adressfelder* der Operanden. Die Syntax der Assemblerbefehle lässt sich
mit folgenden Regeln beschreiben:

- $O \rightarrow$ MOV | ADD | SUB | $\cdots$. O gibt den (mnemonischen) Operationscode an. Dazu
  gehören z. B. ein Transportbefehl MOV sowie logische und arithmetische Befehle
  (z. B. ein Addierbefehl ADD). Andere Befehle werden zu gegebener Zeit eingeführt.
- $Z \rightarrow M \mid R_i \mid C(R_i) \mid *R_i \mid *C(R_i)$,
- $Q \rightarrow Z \mid \#D$, d. h., dass Q neben den Alternativen von Z zusätzlich noch eine
  Alternative $\#D$ besitzt.
- $R_i \rightarrow$ R0 | R1 | $\cdots$. Ri bezeichnet das i-te Prozessorregister.
- C steht für eine natürliche Zahl in der Länge eines Maschinenwortes,
- D steht für eine Konstante in der Länge eines Maschinenwortes und
- M steht für eine Speicheradresse bzw. für deren Bezeichner.

Diese Regeln lassen sich wie folgt erläutern: Statt die Operanden selbst im Befehl
anzugeben, spezifiziert man, wie ein Operand gefunden werden kann, z. B. durch Angabe einer Adresse eines Operanden. Da Adressen von Operanden allerdings selbst
auch zu lang wären, um sie im Befehlswort zu speichern, codiert man im Befehlswort

---

[6] Im Sprachjargon des Compilerbaus steht der Begriff *Register allocation* meistens für die
Aufgaben der Registervergabe und Registerbindung.

[7] Häufig sieht man das Problem der Codeselektion zusätzlich auch als ein Ablaufplanungsproblem, das die Auswahl von Codemustern zur Bestimmung „guter Befehlsfolgen" löst.

für Quelle und Ziel nur *Berechnungsvorschriften zum Finden der Operanden*, wobei die Operanden bzw. deren Adressen dann in darauf folgenden Wörtern des Befehlswortes stehen. Die Quelle und das Ziel eines Befehls werden dadurch festgelegt, dass Register und Speicherplätze mit sog. *Adressierungsarten* kombiniert werden. Die Bezeichnungen der Adressierungsarten, deren Mnemonik und die Erklärung, wie sich jeweils die Adresse eines Operanden bestimmen lässt, sind in Tabelle 7.1 zusammengefasst.

Tabelle 7.1. Adressierungsarten

ADRESSIERUNG	FORM	ADRESSE	KOSTEN
direkte	M	M	1
Register-	R_i	R_i	0
indizierte	$C(R_i)$	$C + \text{Inhalt}(R_i)$	1
registerindirekte	$*R_i$	$\text{Inhalt}(R_i)$	0
indirekt indizierte	$*C(R_i)$	$\text{Inhalt}(C + \text{Inhalt}(R_i))$	1
unmittelbare	$\#D$	-	1

In Tabelle 7.1 gibt $\text{Inhalt}(X)$ den Inhalt des Registers oder der Speicherzelle mit Adresse X an. Im Falle der unmittelbaren Adressierung steht der Operand D direkt (d. h. nicht dessen Adresse) im folgenden Wort.

In Tabelle 7.1 sind zusätzlich sog. *Instruktionskosten* aufgeführt. Die Kosten geben damit jeweils die Länge (in Wörtern) eines Befehls an. Diese betragen 1 (für das Befehlswort) plus die Kosten, die mit den Adressierungsarten für Quelle und Ziel (in der obigen Tabelle als „zusätzliche Kosten" zu verstehen) verbunden sind.

Zur tiefergehenden Erklärung von Adressierungsarten und Assemblerprogrammierung sei auf Bücher zum Thema Mikroprozessoren und Rechnerorganisation, z. B. auf die Bücher von Liebig und Flik [252, 114], Hennessy und Patterson [308, 309, 171] oder [384] und [367], verwiesen.

Bemerkung: Die Kosten sind hier exemplarisch gewählt. Bei einer Optimierung der Kosten würde hier die Codelänge optimiert. Das kann z. B. bei eingebetteten *Mikrocontrollern* in Industriesteuerungen oder Fahrzeugen wichtig sein. Für die meisten Vielzweckrechner und die meisten Befehle gilt, dass die benötigte Zeit zum Holen eines Befehls aus dem Speicher wesentlicher länger als die Ausführungszeit des Befehls ist. In diesem Fall impliziert die minimale Codegröße ebenfalls eine minimale Ausführungszeit.

7.4.2 Allokation, Ablaufplanung und Bindung

Damit können die einzelnen Aufgaben der Codegenerierung an Beispielen vorgestellt werden:

Die Allokation ist bei Vielzweckrechnern kein Thema für sich, da die Maschinenhardware fest ist (Prozessor, Speicher etc.). Folglich gehören zu den Hauptproblemen

Bindungsprobleme (u. a. Befehlsauswahl, Registervergabe und Registerbindung) sowie die Ablaufplanung.

Codeselektion

Hier handelt sich es um das Problem, Operationen, Ausdrücke und Anweisungen der Zwischendarstellung möglichst „gut" an Befehle (Instruktionen) des Instruktionssatzes des Zielprozessors zu binden.

Für eine Drei-Adress-Anweisung der Form x := y + z wird im weiteren Verlauf des Kapitels angenommen, dass den Variablennamen x, y und z feste und vor allem unterschiedliche Speicherplätze zugeordnet wurden. Im Kontext der folgenden Assemblerprogramme werden dann die gleichen Variablennamen x, y und z verwendet, um deren Speicheradressen zu bezeichnen.

Beispiel 7.4.1. Unter obigen Annahmen könnte für die Anweisung x := y + z folgender Code erzeugt werden:

```
MOV y,R0   /* transportiere Inhalt von
              y nach R0 */
ADD z,R0   /* addiere Inhalt von R0 zu Inhalt
              von z und speichere das Ergebnis
              in R0 */
MOV R0,x   /* speichere Inhalt von R0 in x */
```

Diese Art der Codeselektion, die für jeden Drei-Adress-Befehl getrennt ein in einer Bibliothek gespeichertes Codemuster instantiiert, führt häufig zu schlechtem Code, wie folgendes Beispiel zeigt:

```
v := w + x   MOV w,R0
             ADD x,R0
             MOV R0,v
y := v + z   MOV v,R0
             ADD z,R0
             MOV R0,y
```

Offensichtlich gilt, dass der vierte Befehl überflüssig ist. Das Gleiche gilt für den dritten Befehl, falls v nicht noch an einer anderen Stelle verwendet wird. Ferner gibt es für zahlreiche Befehle kostengünstigere Implementierungsalternativen. Zum Beispiel besitzen DSPs häufig einen sog. MULADD-Befehl, der eine zur Realisierung von digitalen Filtern typische Multiplizier-Addieroperation berechnet. Durch geeignete Hardware realisieren DSPs solche Operationen in einem einzigen Maschinenzyklus.

Registervergabe und -bindung

Befehle, die Registeroperanden enthalten, sind meist kürzer und schneller als solche mit Speicheroperanden. Man unterscheidet i. Allg. die beiden folgenden Teilprobleme:

- *Registervergabe*: Für jeden Punkt (Befehlszeile) des Zwischencodes wird die Menge der Namen bestimmt, die Register belegen.
- *Registerbindung*: Hier erfolgt die Auswahl eines bestimmten Registers für jeden dieser Namen.

Beispiel 7.4.2. Im folgenden Beispiel zur Codegenerierung wird die C++-Anweisung u = (v-w) + (v-x) + (v-x); betrachtet. Bei zwei verfügbaren Registern R0 und R1 erhält man z. B. folgende Sequenz von Drei-Adress-Anweisungen und entsprechenden Assemblercode:

```
t1 := v - w        MOV v,R0
                   SUB w,R0
t2 := v - x        MOV v,R1
                   SUB x,R1
t3 := t1 + t2      ADD R1,R0
u  := t3 + t2      ADD R1,R0
                   MOV R0,u
```

Ablaufplanung

Interpretiert man die Kanten eines DAG als Datenabhängigkeiten, so findet man eine direkte Analogie zu der in Kapitel 3 getroffenen Definition des Ablaufplans eines Problemgraphen: Ein Knoten kann erst dann berechnet werden, wenn dessen Vorgänger berechnet sind. Diese Beobachtung führt zu folgender nichtformalen Definition:

Definition 7.4.1 (Ablaufplan). *Gegeben sei ein Syntaxbaum bzw. ein DAG. Ein Ablaufplan ist eine (Reihen-)Folge von Knoten, in der die Berechnung dieses Baums bzw. DAG erfolgt. Dabei ist jede Folge von Knotenberechnungen gültig, in der die Berechnung eines Knotens im Baum bzw. DAG erst dann erfolgt, wenn dessen Kinder berechnet sind.*

Fasst man nun ein Ein-Prozessor-System (sehr vereinfacht!) als eine Implementierung mit einer einzigen Ressource (CPU) auf, so wird klar, dass man einen Ablaufplan durch eine Folge von Knotenberechnungen ausdrücken kann, die die durch Kanten gegebenen Kausalabhängigkeiten erfüllt.

Gewisse Ausführungsreihenfolgen brauchen weniger Register zur Aufnahme von Zwischenergebnissen als andere.

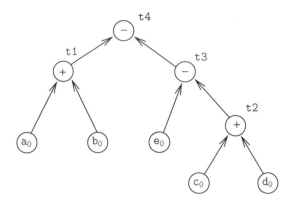

Abb. 7.13. DAG für den Ausdruck $(a + b) - (e - (c + d))$ in Beispiel 7.4.3

Beispiel 7.4.3. An einem kleinen Beispiel (aus [9]) wird gezeigt, wie die Reihenfolge, in der Berechnungen ausgeführt werden, die Kosten des resultierenden Objektcodes beeinflusst. Gegeben sei der DAG in Abb. 7.13a), der den Ausdruck $(a + b) - (e - (c + d))$ repräsentiert.

Die beiden folgenden Drei-Adress-Codesequenzen stellen unterschiedliche Ablaufpläne dar.

```
a)                  b)
t2 := c + d         t1 := a + b
t3 := e - t2        t2 := c + d
t1 := a + b         t3 := e - t2
t4 := t1 - t3       t4 := t1 - t3
```

Daraus erhält man mit dem gleichen Codegenerierungsalgorithmus unter der Annahme, dass es nur zwei Register R0 und R1 gibt und t4 nach Durchlaufen des Codestücks noch verwendet wird, unterschiedlichen Code:

```
a)                  b)
MOV c,R0            MOV a,R0
ADD d,R0            ADD b,R0
MOV e,R1            MOV c,R1
SUB R0,R1           ADD d,R1
MOV a,R0            MOV R0,t1
ADD b,R0            MOV e,R0
SUB R1,R0           SUB R1,R0
MOV R0,t4           MOV t1,R1
                    SUB R0,R1
                    MOV R1,t4
```

Im Folgenden wird angenommen, dass der Code für die Drei-Adress-Befehle in der Reihenfolge generiert wird, in der der Zwischencode-Generator diese erzeugt. Der

Vollständigkeit halber werden auch für komplexere Anweisungstypen Codesequenzen (siehe [9]) angegeben:
Indizierte (Tabelle 7.2) und Zeigeranweisungen (Tabelle 7.3) werden in Drei-Adress-Befehlen genauso wie binäre Operationen behandelt. Die Codesequenz wird dabei durch den Index i oder den Wert des Zeigers bestimmt. Es sind jeweils die Fälle angegeben, die unterscheiden, ob sich i in einem Register Ri, in einem Speicherplatz Mi oder im Kellerspeicher (Stack) mit der relativen Adresse Si befindet. Der Eintrag K bezeichnet die Kosten.

Tabelle 7.2. Codegenerierung für indizierte Anweisungen (aus [9])

Anweisung	i in Reg. Ri		i im Speicher Mi		i im Stack Si	
	Code	K	Code	K	Code	K
a := b[i]	MOV b(Ri),R	2	MOV Mi,R MOV b(R),R	4	MOV Si,R MOV b(R),R	4
a[i] := b	MOV b,a(Ri)	3	MOV Mi,R MOV b,a(R)	5	MOV Si(A),R MOV b,a(R)	5

Tabelle 7.3. Codegenerierung für Zeigeranweisungen (aus [9])

Anweisung	p in Reg. Rp		p im Speicher Mp		p im Stack Sp	
	Code	K	Code	K	Code	K
a := *p	MOV *Rp,a	2	MOV Mp,R MOV *R,R	3	MOV Sp(A),R MOV *R,R	3
*p := a	MOV a,*Rp	2	MOV Mp,R MOV a,*R	4	MOV a,R MOV R,*Sp(A)	4

Bedingte Sprünge können in einer Maschine auf zwei Arten implementiert werden:

- Verzweigung, wenn der Wert eines bestimmten Registers negativ, null, positiv, nichtnegativ, von null verschieden bzw. nichtpositiv ist. Auf einer solchen Maschine kann ein Drei-Adress-Befehl der Form if x < y goto z dadurch implementiert werden, dass y von x in einem Register R subtrahiert und anschließend nach z gesprungen wird, falls der Wert von Register R negativ ist.
- Verwendung einer Menge von Bedingungscodes zur Anzeige, ob der zuletzt berechnete oder in ein Register geladene Wert negativ, null oder positiv ist, z. B.

```
CMP x,y /* setzt Bedingungscode auf pos., falls x>y */
JNE z   /* Sprung nach Marke z, falls der Bedingungscode
            negativ oder null ist.                      */
```

Nun werden Verfahren zur Ablaufplanung, Registervergabe und Registerbindung sowie zur Codeselektion betrachtet und geeignete Optimierungsalgorithmen angegeben.

7.5 Registervergabe und Registerbindung

Anweisungen, die nur Registeroperanden benötigen, sind kürzer und schneller in der Abwicklung als solche mit Speicheroperanden. Hier werden Strategien und Algorithmen behandelt, welche festlegen, welche Werte eines Programms in Registern bleiben sollen (Registervergabe) und in welchem Register ein bestimmter Wert gehalten werden soll (Registerbindung). Betrachtet wird die Registervergabe innerhalb eines Unterprogramms (Prozedur). Dazu braucht man eine Analyse, wann Namen im Programm *aktiv* (oder synonym *lebendig*) sind (Abschnitt 7.5.1). Basierend auf einer solchen Analyse kann das Problem der Registervergabe und Registerbindung als ein Färbungsproblem auf einem Konfliktgraphen formuliert werden (siehe Abschnitt 7.5.2). Dabei wird zunächst eine *lokale* Analyse auf der Ebene von Grundblöcken betrachtet. Neben der zweiten Möglichkeit der *benutzergesteuerten Registervergabe* durch Registerdeklarationen, wie z. B.

```
register int i;
```

in der Programmiersprache C++, gibt es Verfahren, die die Registervergabe und -bindung *global*, d. h. über die Ebene eines Grundblocks hinaus, betrachten. Insbesondere für Schleifenprogramme wird in Abschnitt 7.5.3 eine Heuristik vorgestellt, die die Registervergabe basierend auf einem gegebenen Kontrollflussgraphen einer Schleife durch Definition von sog. *Verwendungszählern* steuert. Ferner wird die Färbungsproblematik auf eine spezielle Klasse von Schleifenprogrammen erweitert. Zur Lösung werden ILP-Modelle vorgestellt (Abschnitt 7.6).

7.5.1 Lebenszeitenanalyse

Es gelte die Annahme, dass die Ablaufplanung der Befehle innerhalb eines Grundblocks von Drei-Adress-Anweisungen in der Reihenfolge dieser Anweisungen erfolgt. Weiterhin wird davon ausgegangen, dass die Codeselektion unter Annahme einer unbeschränkten Anzahl von sog. *symbolischen* Registern erfolgt ist und dass jeder Name der gegebenen Anweisungsfolge einem solchen symbolischen Register entspricht.

Definition 7.5.1 (Lebensspanne). *Gegeben sei eine Folge $S = (S_1, S_2, \cdots, S_n)$ von Drei-Adress-Anweisungen und deren Kontrollflussgraph $G(V,E)$, wobei $v_i \in V$ der mit S_i markierte Knoten sei. Der Befehl S_i setze* x. *Wenn* x *Operand eines Befehls S_j ist und es einen Pfad von v_i nach v_j in G gibt, auf dem* x *nicht erneut gesetzt wird, so sagt man:* Befehl S_j *verwendet den bei S_i berechneten Wert von* x. *Ferner heißt* x *lebendig oder aktiv an jedem Knoten (oder Programmpunkt) eines solchen*

Pfads. Die Lebensspanne *von* x *sei die Menge aller Knoten (oder Programmpunkte), an denen* x *lebendig ist.*

Beispiel 7.5.1. Gegeben sei folgendes Zwischenprogramm, das einen Grundblock mit vier Anweisungen darstellt. Am Ausgang des Grundblocks seien t1 und t4 aktiv.

```
t1 := 5
t2 := 3 * 20
t3 := 2 * t2
t4 := t1 * t3
```

In Abbildung 7.14 sind sog. *Setzungs(zeit)punkte* und Lebensspannen symbolischer Register als *Lebenszeitintervalle* dargestellt. Setzungs(zeit)punkte sind mit einem Punkt, *Verwendungs(zeit)punkte* mit einem Kreuz gekennzeichnet. Das Intervall dazwischen definiert das *Aktivitätsintervall* oder *Lebenszeitintervall* eines symbolischen Registers innerhalb eines Grundblocks.[8]

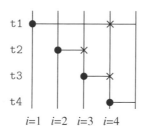

Abb. 7.14. Setzungszeitpunkte und Aktivitätsintervalle der Namen des Grundblocks in Beispiel 7.5.1

Werte müssen nur im Speicher gehalten werden, wenn sie nachfolgend verwendet werden. Falls ein Wert in einem (physikalischen) Register nicht mehr benötigt wird, kann ein anderes symbolisches Register an das physikalische Register gebunden werden.

Der folgende Algorithmus berechnet die Lebensspannen von Namen innerhalb eines Grundblocks *B*. Dabei wird für jeden Namen x in der Symboltabelle notiert, ob x eine *nächste Verwendung* in *B* besitzt. Gibt es keine, so wird eingetragen, ob x beim Verlassen des Grundblocks aktiv ist (normal: Ermittlung durch *Datenflussanalyse* (siehe z. B. [435]). Hier wird die Annahme getroffen, dass am Ausgang alle nichttemporären Namen aktiv sind).

---

[8] Es ist üblich, dass man auf der Ebene eines Grundblocks auch von Zeiten und Intervallen statt von Programmpunkten spricht, wenn die Reihenfolge der Abarbeitung der Befehle innerhalb eines Grundblocks festliegt. Insbesondere für den Fall, dass jeder Drei-Adress-Befehl einem Maschinenbefehl entspricht und jeder Befehl in einem Maschinenzyklus abgearbeitet werden kann, ist diese Analogie realistisch.

```
LEBENSSPANNEN(B) {
/* Finde das Blockende von B */
i := BLOCKENDE(B);
    /* Laufe rückwärts bis zum Anfang des Blocks */
    WHILE (i >= BLOCKANFANG(B)) {
        /* Untersuche den aktuellen Befehl i : x := y op z */
        IF (x nicht aktiv)
            Lösche Befehl i;
        ELSE {
            Markiere x als nicht aktiv und keine nächste Verwendung;
            Markiere y als aktiv und nächste Verwendung in i;
            Markiere z als aktiv und nächste Verwendung in i;
        }
        i := i - 1;
    }
}
```

Die Prozeduren BLOCKANFANG und BLOCKENDE stellen Funktionen dar, die den Blockanfang bzw. das Blockende eines Grundblocks bestimmen. Anfang und Ende sind durch einen Zähler i gekennzeichnete Anweisungen (siehe Abb. 7.14).

7.5.2 Registervergabe und -bindung durch Graphfärbung

Die Färbung von Graphen ist eine systematische Technik zur Vergabe von Registern. Es wird davon ausgegangen, dass die Codeselektion unter Annahme einer unbeschränkten Anzahl von symbolischen Registern an die Namen des Drei-Adress-Codes erfolgt ist. Dann besteht das Problem der Registerbindung darin, die symbolischen Register an physikalische Register zu binden unter Minimierung der Anzahl von sog. *Registerabwürfen* (engl. *register spills*). Das Problem lässt sich als Färbungsproblem eines sog. *Registerkonfliktgraphen* beschreiben:

Definition 7.5.2 (Registerkonfliktgraph). *Ein* Registerkonfliktgraph $G(V,E)$ *bezeichnet einen ungerichteten Graphen, in dem die Knotenmenge V die Menge der symbolischen Register darstellt. Die Kantenmenge $E = \{\{v_i, v_j\} : v_i \not\sim v_j, v_i, v_j \in V, i \neq j\}$ drückt die Konfliktrelation der Register aus: $v_i \not\sim v_j$ bedeutet, dass es einen Punkt gibt, an dem sowohl v_i als auch v_j aktiv sind.*

Beispiel 7.5.2. Man betrachte erneut den in Beispiel 7.5.1 dargestellten Grundblock. Die Lebensspannen definieren die Konflikte. Sie sind in Abb. 7.14 dargestellt, der daraus resultierende Konfliktgraph in Abb. 7.15a). Es existiert eine Kante zwischen je zwei Knoten, deren Lebensspannen nicht disjunkt sind.

Das Problem der Registervergabe und Registerbindung kann nun als ein k-Färbungsproblem des Konfliktgraphen aufgefasst werden: Es wird versucht, den Registerkonfliktgraphen mit k Farben einzufärben, wobei k der Anzahl verfügbarer (physikalischer) Register entspricht und benachbarte Knoten unterschiedliche

a) Konfliktgraph   b) Färbung mit zwei Farben

Abb. 7.15. Registerkonfliktgraph

Farben zugewiesen bekommen müssen. Das zugehörige Entscheidungsproblem ist für allgemeine Graphen $\mathcal{NP}$-vollständig. Eine einfache konstruktive Färbungsheuristik von Chaitin [63] eliminiert nacheinander Knoten aus G unter der Annahme $\exists v_i \in V : \deg(v_i) < k$. Offensichtlich kann v_i eine Farbe zugewiesen bekommen, die unterschiedlich von den Farben aller seiner Nachbarn ist. Knoten v_i und alle Kanten mit Endpunkt v_i werden dann entfernt. Dieser Iterationsschritt wird so lange wiederholt, bis entweder a) der Graph leer ist. Dann ist der Graph k-färbbar, und man erhält eine Färbung durch Zuteilung von Farben in umgekehrter Eliminationsreihenfolge. b) Jeder Knoten besitzt mindestens k Nachbarn. Dann ist die k-Färbung nicht möglich. Heuristisch wird in diesem Fall ein Knoten ausgewählt und aus dem Graphen gelöscht. Dies entspricht einem *Registerabwurf*, einer Zwischenspeicherung des zugehörigen symbolischen Registers. Im Programmcode muss in diesem Fall bei jeder Setzung innerhalb der Lebensspanne eine Zwischenspeicherung (z. B. ein Store-Befehl) und bei jeder Verwendung ein Ladebefehl (z. B. ein Load-Befehl) eingefügt werden. Der Konfliktgraph wird geändert, und der Färbungsprozess geht in eine neue Phase. Dabei ist die Anzahl der benötigten Phasen nicht voraussagbar.

Für den Fall, dass der Konfliktgraph ein Intervallgraph ist, kann eine optimale Registervergabe und Registerbindung in polynomieller Zeit mit dem LEFTEDGE-Algorithmus (siehe Kapitel 5) erzielt werden.

Beispiel 7.5.3. Betrachtet wird erneut der Konfliktgraph in Abb. 7.15a). Die vorgestellte Heuristik kann den Graphen mit $k = 2$ Farben färben. Abb. 7.15b) zeigt eine gültige Färbung. Die dargestellte Lösung bedeutet, dass sich t2, t3 und t4 Register R0 teilen können, weil sich ihre Lebenszeiten nicht überlappen. t1 wird an Register R1 gebunden.

7.5.3 Globale Registervergabe

Eine globale Strategie der Registervergabe nutzt die Erfahrungsregel aus, dass Programme die größte Ausführungszeit in inneren Schleifen verbringen. Eine im Folgenden beschriebene einfache und in [9] vorgestellte Heuristik definiert sog. *Verwendungszähler* für Namen innerhalb einer Schleife und weist die verfügbaren Register den „aktivsten" Namen der Schleife zu.

Definition 7.5.3 (Schleife). *Eine* Schleife eines Grundblockgraphen $G(V,E)$ *bezeichnet einen stark zusammenhängenden Teilgraphen $G'(V',E')$ von G mit einem eindeutigen sog.* Eingang(-sknoten) $v^* \in V'$, *für den gilt, dass jeder Pfad von einem Knoten $v \in V \setminus V'$ zu einem Knoten $v' \in V'$ über v^* verläuft. Eine Schleife, die keine andere Schleife als Teilgraphen enthält, heißt* innere Schleife.

Beispiel 7.5.4. Man betrachte den Grundblockgraphen $G(V,E)$ in Abb. 7.10c). Die Knoten $v_i \in V$, $i = 1, \cdots, 7$ bezeichnen jeweils die Knoten der Grundblöcke B_1, B_2, $\cdots$, B_7. Der durch den $V' = \{v_3, v_4, v_5, v_6\}$ induzierte Teilgraph stellt eine innere Schleife dar. Der durch $V' = \{v_3, v_5, v_6\}$ induzierte Teilgraph ist keine Schleife, da dieser Teilgraph zwei Eingänge (v_3 und v_6) besitzt. Der durch $V' = \{v_2, v_3, v_4, v_5, v_6, v_7\}$ induzierte Teilgraph stellt eine Schleife dar, allerdings keine innere Schleife.

Betrachtet sei im Folgenden der Grundblockgraph einer inneren Schleife. Unter der Annahme, dass man für jede Verwendung von x eine Kosteneinheit einspart, falls sich x bereits in einem Register befindet, erhält man durch geeignete Codegenerierung eine zweite Art der Kosteneinsparung, wenn man auf ein Abspeichern von x am Ende eines Grundblocks verzichten kann: Falls x an ein Register gebunden ist, werden zwei Einheiten für jeden Block in der Schleife gespart, für den x am Ende aktiv ist und in dem x gesetzt wurde.

Mit diesen Annahmen haben Aho et al. [9] folgende Näherungsformel für die Einsparung bei Vergabe eines Registers an x innerhalb einer Schleife $G'(V',E')$ formuliert, wobei im Folgenden der Knoten $v_i \in V'$ der Schleife den Grundblock B_i repräsentiert:

$$\Delta_c(\mathrm{x}) = \sum_{v_i \in V'} \left(verwendet(\mathrm{x}, B_i) + 2 \cdot aktiv(\mathrm{x}, B_i) \right)$$

Dabei bezeichnet $verwendet(\mathrm{x}, B_i)$ die Anzahl der Verwendungen von x im Grundblock B_i, die vor der ersten Setzung von x erscheinen.[9] $aktiv(\mathrm{x}, B_i) = 1$, falls x am Ausgang von B_i aktiv ist und in B_i einen Wert zugewiesen bekam, sonst $aktiv(\mathrm{x}, B_i) = 0$. Es werden zwei Einheiten gezählt, wenn ein Abspeichern von x am Ende eines Blocks vermieden werden kann. Es handelt sich hier um eine Näherungsformel, da nicht alle Blöcke innerhalb einer Schleife mit der gleichen Häufigkeit ausgeführt werden und angenommen wird, dass die Schleife oft durchlaufen wird. Die Näherungsformel ist von Zielmaschine zu Zielmaschine verschieden.

Beispiel 7.5.5. Es stehen uns drei Register R_0, R_1 und R_2 für die Aufnahme von Werten innerhalb des in Abb. 7.16 dargestellten Grundblockgraphen einer inneren Schleife zur Verfügung. Das Beispiel stammt aus [9]. Bedingte und unbedingte Sprunganweisungen sind der Einfachheit halber nicht dargestellt. Ferner sind

---

[9] Es werden nur die Verwendungen von x im Block B_i gezählt, die vor der ersten Zuweisung an x erscheinen, da angenommen wird, dass x nach der Zuweisung weiterhin in einem Register gehalten werden kann, was dann keine weitere Einsparungen liefert. Diese Annahme gilt natürlich nur für eine damit implizierte Art der Codegenerierung.

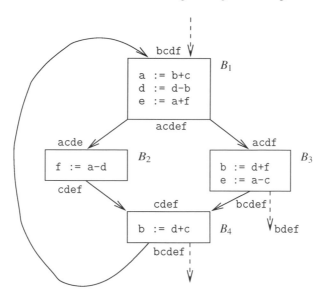

Abb. 7.16. Grundblockgraph. Das Beispiel stammt aus [9].

Schleifeneingangs- und Ausgangskanten gestrichelt angedeutet. Die Menge der aktiven Namen zu Beginn und am Ende eines Blocks sind oberhalb bzw. unterhalb des jeweiligen Grundblocks dargestellt. Die Menge aktiver Namen an Schleifenausgängen sei gegeben. Im Allgemeinen erhält man die aktiven Namen am Ende eines Blocks durch Vereinigung der am Anfang seiner Nachfolgerblöcke aktiven Namen.

- a ist am Ausgang von B_1 aktiv und hat dort einen Wert erhalten; dagegen ist a am Ausgang von B_2, B_3 und B_4 nicht aktiv:

$$\sum_{v_i \in V'} 2 \cdot aktiv(a, B_i) = 2$$

- $verwendet(a, B_1) = 0$, $verwendet(a, B_2) = verwendet(a, B_3) = 1$, $verwendet(a, B_4) = 0$:

$$\sum_{v_i \in V'} verwendet(a, B_i) = 2$$

- Damit würden vier Kosteneinheiten eingespart, wenn man für a ein Register vergibt. Als Kosteneinsparungswerte erhält man $\Delta_c(b) = \Delta_c(d) = 6$, $\Delta_c(c) = 3$ und $\Delta_c(e) = \Delta_c(f) = 4$. Damit werden für a, b, d die Register R_0, R_1 und R_2 gewählt.

- Registerbindung: a wird das Register R_0, b das Register R_1 und d das Register R_2 zugewiesen.

Mit obiger Registerbindung könnte der resultierende Zielcode in unserer Assemblernotation wie folgt aussehen:

```
/* B1 */      /* B2 */      /* B3 */      /* B4 */
MOV R1,R0     MOV R0,R3     MOV R2,R1     MOV R2,R1
ADD c,R0      SUB R2,R3     ADD f,R1      ADD c,R1
SUB R1,R2     MOV R3,f      MOV R0,R3
MOV R0,R3                   SUB c,R3
ADD f,R3                    MOV R3,e
MOV R3,e
```

7.6 Optimale Registerbindung mit ILP-Techniken $\otimes$

Betrachtet wird das Problem der optimalen Registerbindung für eindimensionale Schleifenprogramme. Hier werden die folgenden Probleme durch Formulierung von ganzzahligen linearen Programmen (engl. *integer linear programs* (ILPs)) exakt gelöst: Bestimmung der minimalen Anzahl von benötigten Registern sowie optimaler Registerabwurf bei der Bindung mit k gegebenen Registern. Es wird ein Optimierungsmodell angegeben, in dem nicht nur die Auswahl einer minimalen Anzahl von Namen bestimmt wird, für die ein Registerabwurf erfolgen soll, sondern gleichzeitig für jeden dieser Namen der optimale Abwurfzeitpunkt ermittelt wird. Die vorgestellten ILP-Formulierungen erlauben flexible Formulierungen der Abwurfkosten. Anschließend erfolgt eine Erweiterung, die ebenfalls die Alternative Registerabwurf und *Register-Register-Umspeicherung* (engl. *register float*) im ILP-Modell darzustellen vermag. Schließlich erfolgt eine Erweiterung der Techniken auf heterogene Registersätze. Die Ergebnisse machen deutlich, dass eine exakte Lösung von Registerbindungsproblemen mit ILP-Techniken in akzeptabler Laufzeit möglich ist.

7.6.1 Existierende Ansätze

Ein erster Ansatz, der das Problem der optimalen Registerbindung als Färbungsproblem formuliert, stammt von Chaitin [63]: Chaitin erzeugt aus den Lebensspannen der Namen einen (Register-)Konfliktgraphen, siehe z. B. in Abb. 7.17b). Zur Färbung des Konfliktgraphen stellt er eine Heuristik vor, die durch sukzessives Löschen des Knotens mit kleinstem Eingangsgrad und anschließender Färbung der Knoten in umgekehrter Reihenfolge eine Färbung bestimmt. Nachteil dieses Verfahrens ist, dass die Heuristik selbst in einfachen Fällen keine optimale Lösung findet (siehe z. B. in Abb. 7.17b) und c), wo nur zwei Farben benötigt werden). Im Falle der Nichtfärbbarkeit mit k Farben wird ein abzuwerfender Name heuristisch bestimmt, dessen Knoten aus dem Konfliktgraphen gelöscht wird, daraus ein neuer Konfliktgraph bestimmt und das Verfahren so lange wiederholt, bis alle Namen mit k Farben gefärbt sind. Der Ansatz von Chaitin nutzt auch nicht die Tatsache aus, dass Schleifenvariablen über die Grenze einer Schleifeniteration hinweg aktiv sein können.

Falls der Konfliktgraph ein Intervallgraph ist (Definition siehe Kapitel 5), kann man mit Hashimotos LEFTEDGE-Algorithmus [160] eine optimale Färbung in Zeit $\mathcal{O}(|V| \log |V|)$ bestimmen.

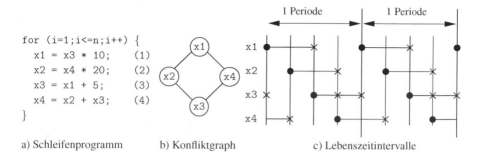

a) Schleifenprogramm   b) Konfliktgraph   c) Lebenszeitintervalle

Abb. 7.17. Schleifenprogramm, Konfliktgraph und Intervalldarstellung

Es werden nun iterative Bindungsprobleme für eindimensionale Schleifenprogramme mit konstanten Datenabhängigkeiten und zunächst ohne Verzweigungen betrachtet, siehe z. B. in Abb. 7.17a). Ein Schleifenrumpf bestehe zunächst ferner aus nur einem einzigen Grundblock. Die Lebensspannen von Namen sind hier Intervalle, die allerdings über die Grenze einer Schleifeniteration hinausgehen dürfen. In diesem Fall ist der Konfliktgraph ein Graph mit zirkularen Kanten (Definition siehe Kapitel 5). Betrachtet werden insbesondere folgende Problemstellungen:

Definition 7.6.1 (Min. Färbung: Graph mit zirkularen Kanten). *Gegeben sei eine Menge von Lebenszeitintervallen von Namen, die durch einen Graphen G mit zirkularen Kanten (siehe z. B. in Abb. 7.17b) für das in Abb. 7.17a) eingeführte Problem) darstellbar sind. Gesucht ist eine Registerbindung (Färbung) der Intervalle von G mit minimaler Anzahl von Farben, so dass zwei Intervalle eine unterschiedliche Farbe (Register) erhalten, wenn sie sich überlappen.*

Definition 7.6.2 (k-Färbung mit minimalen Registerabwurfkosten). *Gegeben sei eine Menge von Lebenszeitintervallen von Namen, die durch einen Graphen mit zirkularen Kanten G dargestellt werden können, und eine Menge von k (allgemein verwendbaren) Registern. Gesucht ist eine Bindung der Intervalle von G an k Register, so dass Registerabwürfe eingeführt werden, falls es notwendig ist. Dabei sollen die Abwurfkosten, z. B. die Anzahl erforderlicher Registerabwürfe, minimiert werden.*

Das Problem der minimalen Färbung von Graphen mit zirkularen Kanten ist $\mathcal{NP}$-schwer, siehe Garey, Johnson, Miller und Papadimitriou [126].

Theorem 7.6.1 (Garey et al. [126]). *Die Komplexität der Bestimmung, ob ein Graph mit n zirkularen Kanten mit k Farben färbbar ist, ist $\mathcal{O}(n\,k!\,k\log k)$.*

Zur Färbung von Graphen mit zirkularen Kanten hat Tucker [415] eine Heuristik vorgestellt (siehe Algorithmus SORT&MATCH in Kapitel 5), die einen Konfliktgraphen mit einer Anzahl von Farben färbt, die im schlechtesten Fall um den Faktor zwei vom Minimum abweicht. Da zahlreiche Färbungsprobleme von Intervallen statt von zu färbenden Knoten ausgehen, werden im Folgenden die Bezeichnungen Intervalle und Knoten (eines Graphen mit zirkularen Kanten) synonym verwendet.

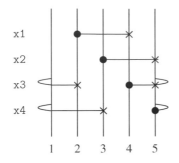

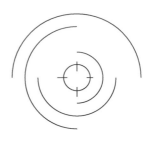

a) zyklische Lebenszeitintervalle   b) Lebenszeitintervalle
                                                        auf einem Kreis

Abb. 7.18. Darstellung zyklischer Lebenszeitintervalle a) und Darstellung solcher Lebenszeitintervalle auf einem Kreis b)

Definition 7.6.3 (Breite). *Die* Breite $width(G,t)$ *eines Graphen mit zirkularen Kanten G zu einem (Zeit-)Punkt t bezeichnet die Anzahl sich schneidender Intervalle zum
(Zeit-)Punkt t.*

Definition 7.6.4 (Maximale Breite). *Die* maximale Breite $W_{max}(G)$ *eines Graphen
mit zirkularen Kanten ist*

$$W_{max}(G) := \max_t\ width(G,t).$$

Entsprechend gilt für die minimale Breite $W_{min}(G)$*:*

$$W_{min}(G) := \min_t\ width(G,t).$$

Theorem 7.6.2 (Tucker [415]). *Sei G ein Graph mit zirkularen Kanten. G ist optimal
färbbar mit*

$$W_{max}(G) \leq k \leq W_{max}(G) + W_{min}(G)$$

Beweisidee: Offensichtlich kann G nicht mit weniger als $W_{max}(G)$ Farben gefärbt
werden. Die obere Schranke lässt sich wie folgt begründen: Man schneide die Intervalle von G auseinander an dem Punkt t, bei dem G die minimale Breite $W_{min}(G)$
besitzt, weise jedem der $W_{min}(G)$ Intervalle eine unterschiedliche Farbe zu und
lösche dann diese Intervalle aus dem Graphen, wodurch man einen Restgraphen ohne sog. *zyklische Intervalle* erhält. Dieser ist ein Intervallgraph und kann mit dem
LEFTEDGE-Algorithmus mit nicht mehr als $W_{max}(G)$ Farben gefärbt werden. Die
in der Beweisidee vorgestellte Färbungsheuristik stellt das Prinzip von Tuckers Algorithmus SORT&MATCH [415] zur Färbung von Graphen mit zirkularen Kanten
dar (siehe Kapitel 5). Es gibt zwei Hauptgründe, warum ein Graph mit zirkularen
Kanten nicht notwendigerweise mit k Farben gefärbt werden kann:

1. $\exists t : width(G,t) \geq k$.
2. Der zweite, weniger offensichtliche Grund hängt mit zyklischen Intervallen zusammen und wird in Abb. 7.19c) verdeutlicht. Der entsprechende Konfliktgraph ist nicht 2-färbbar, obwohl $W_{max}(G) = 2$.

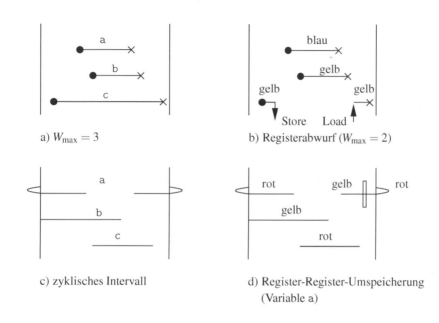

a) $W_{max} = 3$ b) Registerabwurf ($W_{max} = 2$)

c) zyklisches Intervall   d) Register-Register-Umspeicherung
(Variable a)

Abb. 7.19. Registerabwurf und Register-Register-Umspeicherung

Aus dem Bereich des Compilerbaus stammen zahlreiche Erweiterungen und Anpassungen, u. a. von Hendren et al. [169], die verschiedene Heuristiken vergleichen und neben der Informationen des Konfliktgraphen (Konflikt: ja, nein?) zusätzliche Informationen, z. B. die Länge der zu färbenden Intervalle, die Anzahl bereits gefärbter, überlappender Intervalle, die Anzahl von Verwendungen etc. aufnehmen. Eine von Hendren et al. stammende Heuristik heißt FATCOVER. Diese wird im Folgenden vorstellt:

Definition 7.6.5 (Fette Punkte [169]). *Die* Menge der fetten Punkte *(engl.* fat spots) *$fatspots(G)$ eines Graphen mit zirkularen Kanten G ist die Menge alle (Zeit-)Punkte t, bei denen $width(G,t) = W_{max}(G)$ gilt.*

Definition 7.6.6 (Überdeckung der fetten Punkte). *Die* Überdeckung der fetten Punkte *(engl.* fat cover) *eines Graphen mit zirkularen Kanten $G(V,E)$ relativ zu einem Intervall I_i, das durch den Knoten $v_i \in V$ repräsentiert ist, ist eine Teilmenge F von Knoten (Intervallen) von G, die folgende Eigenschaften besitzt: 1) $v_i \in F$, 2) die Intervalle von F überlappen sich nicht und 3) $\forall t \in fatspots(G)$ gibt es ein Intervall in F, das t enthält.*

Basierend auf diesen Definitionen, definierten Hendren et al. eine Heuristik, die einen Graphen G mit m zyklischen Intervallen in zwei Phasen färbt: In der ersten Phase wird versucht, relativ zu jedem zyklischen Intervall eine Überdeckung der fetten Punkte zu bestimmen. Man weist jeder dieser Überdeckung genau eine eindeutige Farbe zu. In der zweiten Phase wird der Restgraph mit dem LEFTEDGE-Algorithmus zu Ende gefärbt. Falls die erste Phase in jedem Schritt erfolgreich war, dann hat der Graph in der zweiten Phase nur noch eine maximale Breite von $W_{max}(G) - m$ und kann deshalb mit insgesamt $W_{max}(G)$ Farben gefärbt werden. Falls nicht, dann kommt man mit höchstens $W_{max}(G) + W_{min}(G)$ Farben aus.

Beispiel 7.6.1. Betrachtet man die Menge der in Abb. 7.20a) dargestellten Intervalle, so besitzt der zugehörige Graph G eine maximale Breite von drei und zwei zyklische Intervalle. Die fetten Punkte sind in Abb. 7.20a) mit Pfeilen angedeutet. Das Ziel des Algorithmus ist es, eine Menge nichtüberlappender Intervalle zu finden, die ein zyklisches Intervall enthalten und die fetten Punkte überdecken. Eine solche Menge ist in Abb. 7.20a) durch gestrichelte Intervalle dargestellt (Intervalle I_a und I_d). Diese Menge heißt auch „Überdeckung der fetten Punkte relativ zu I_a". Wenn man nun die Intervalle dieser Überdeckung mit der gleichen Farbe färbt, dann reduziert sich das ursprüngliche Problem darauf, eine 2-Färbung für den Graphen mit den in Abb. 7.20b) dargestellten Intervallen zu finden. Dort erhält man mit $\{I_b, I_f, I_g\}$ eine Überdeckung der fetten Punkte relativ zu I_b. Damit reduziert sich das Problem auf 1-Färbung des Graphen mit den in Abb. 7.20c) dargestellten Lebenszeitintervallen. Dieser ist offensichtlich 1-färbbar. Nach Elimination der zyklischen Intervalle durch Färbung erhält man i. Allg. die Färbung des verbleibenden Intervallgraphen durch Anwendung des LEFTEDGE-Algorithmus.

7.6.2 Exakte minimale Färbung mit ILP-Modell

Nun wird ein Ansatz zur Registerbindung mit einem ILP-Modell vorgestellt.

Gegeben sei ein Graph $G(V, E)$ mit zirkularen Kanten, der die Konflikte einer Menge von Lebenszeitintervallen darstellt. Sei k eine obere Schranke der minimalen Registerzahl. k kann mit einer Heuristik berechnet werden, $k = W_{max}(G) + W_{min}(G)$ ist auf jeden Fall eine obere Schranke. Wir führen binäre Variablen $b_{i,j}$ für alle $i = 1, \cdots, |V|$, $j = 1, \cdots, k$ ein, die genau dann 1 sind, falls der zu einem Knoten $v_i \in V$ gehörige Name (während seiner gesamten Lebenszeit) in Register R_j lebt. Die Bedingungen für eine gültige Bindung lassen sich dann wie folgt formulieren:

$$\sum_{j=1}^{k} b_{i,j} = 1 \quad \forall i = 1, \cdots, |V| \tag{7.1}$$

Offensichtlich gibt es $k \cdot |V|$ solcher binären Variablen.

Nun extrahiert man aus dem Konfliktgraphen $G(V, E)$ Bedingungen der Unverträglichkeit der Bindung zweier Namen an dasselbe Register:

$$b_{i_1,j} + b_{i_2,j} \leq 1 \quad \forall j = 1, \cdots, k, \forall i_1, i_2 : \{v_{i_1}, v_{i_2}\} \in E \tag{7.2}$$

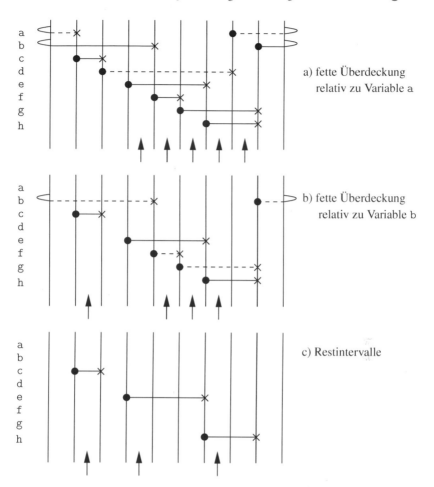

Abb. 7.20. Beispiel der Anwendung des FATCOVER-Algorithmus

E stellt die Menge der Kanten des Konfliktgraphen (Graph mit zirkularen Kanten) dar. Die Verwendung eines Registers R_j wird durch eine Variable $x_j \in \{0,1\}$ ausgedrückt. $x_j = 1$ bedeutet, dass mindestens ein Name an Register R_j gebunden wird. Dazu formuliert man die Bedingungen

$$x_j \cdot |V| \geq \sum_{i=1}^{|V|} b_{i,j} \quad \forall j = 1, \cdots, k \tag{7.3}$$

Schließlich möchte man eine Bindung mit minimaler Registerzahl erhalten, was sich durch folgende Wahl der Zielfunktion des ILP ausdrücken lässt:

$$\text{Minimiere} \sum_{j=1}^{k} x_j \tag{7.4}$$

Die Summe ist dann minimal, wenn möglichst wenige Register R_j zur Bindung von Namen benutzt werden.

Beispiel 7.6.2. Betrachtet wird der Konfliktgraph $G(V, E)$ mit den in Abb. 7.19a) dargestellten Lebenszeitintervallen. In diesem Beispiel ist der Konfliktgraph ein Intervallgraph. $k = 4$ Register werden zunächst als Registerallokation vorgegeben. Die Lösung des obigen ILP-Modells liefert 3 als Wert der Zielfunktion und die durch $b_{1,3} = 1$, $b_{2,1} = 1$ und $b_{3,2} = 1$ beschriebene optimale Lösung. Alle anderen Optimierungsvariablen sind 0. v_1 (Name a) wird an Register R_3, v_2 (Name b) an Register R_1 und v_3 (Name c) an Register R_2 gebunden. Register R_4 wurde nicht eingesetzt.

Man erkennt an der Formulierung des ILP, dass die Wiederverwendung von Registern erlaubt wird, falls sich die Lebenszeiten der an sie gebundenen Namen nicht überlappen.

Komplexität

Das ILP, bestehend aus den Beschränkungen in den Gln. (7.1)–(7.3) und der Zielfunktion in Gl. (7.4), besitzt $\mathcal{O}(k\,|V|)$ binäre Variablen und besteht aus $\mathcal{O}(|V| + k\,(|E| + 1))$ Beschränkungen.

7.6.3 k-Färbung und Registerabwurf

Die Heuristik von Chaitin [63] zur k-Färbung eines Konfliktgraphen verläuft in mehreren Stufen. Pro Stufe wird ein Name abgeworfen, ein neuer Konfliktgraph erzeugt und von vorn wiederholt. Wieviele solcher Phasen notwendig sind, ist nicht von vornherein zu sagen.

Hendren et al. beschreiben in [169] eine Heuristik, die immer in zwei Phasen erfolgreich ist. In der ersten Phase wird der gegebene Graph G unter Einführung von Registerabwürfen in einen Graphen G' mit $W_{\max}(G') = k$ transformiert, der dann mit Sicherheit mit $W_{\max}(G)$ Farben färbbar ist, ohne neue Abwurfphasen einzuführen, wenn sogenannte *Register-Register-Umspeicherungen* (engl. *register floats*) eingeführt werden dürfen.

Definition 7.6.7 (Register-Register-Umspeicherung). *Im Gegensatz zu einem Registerabwurf, bei dem ein Registerwert in den Speicher abgeworfen wird (siehe z. B. in Abb. 7.19b) mit einem Store-Befehl), wird bei einer* Register-Register-Umspeicherung *ein Registerinhalt von einem Register in ein anderes Register transportiert (siehe z. B. in Abb. 7.19d)).*

Der vorgestellte FATCOVER-Algorithmus besitzt die Eigenschaft, dass wenn ein Graph mit $W_{\max}(G) = k$ nicht sofort mit k Farben färbbar ist, dann ist er es durch Einführung von Register-Register-Umspeicherungen (eine pro zyklischem Intervall, relativ zu dem es keine Überdeckung der fetten Punkte gibt; das sind maximal $W_{\min}(G)$). Im Falle von Registerabwürfen wird die Auswahl eines abzuwerfenden Namens wie folgt gesteuert: Die Zeitachse wird von links nach rechts bis zum ersten

Zeitpunkt t durchlaufen, an dem $width(G,t) = k' > k$ gilt. Die Idee des Auswahlkriteriums von $k' - k$ abzuwerfenden Namen lässt sich so beschreiben: 1) Diejenigen Namen werden bevorzugt abgeworfen, deren früheste nächste Verwendungszeitpunkte maximal sind, da diese zur Reduktion der maximalen Breite von nachfolgenden Zeitpunkten den größten Erfolg versprechen. 2) Diejenigen Namen werden bevorzugt abgeworfen, für die nur entweder ein Ladebefehl (Load) oder ein Speicherbefehl (Store) notwendig ist, aber nicht beide Operationen. Wenn ein Speicherbefehl notwendig ist, soll außerdem eine Zwischenspeicherung außerhalb der Schleife eine Präferenz haben.

7.6.4 Optimale k-Färbung mit ILP-Modell

Wie kann man nun die Entscheidung, ob ein Name abgeworfen wird oder nicht, in einem ILP-Modell beschreiben? Um den Einfluss von Registerabwurftechniken formal zu erfassen, werden dazu zunächst folgende Annahmen getroffen:

1. Wenn ein Name abgeworfen wird, dann wird er nur einmal abgeworfen, und der Zeitpunkt, an dem er über einen Ladebefehl wieder in ein Register geladen wird, sei der dem Abwurfzeitpunkt folgende nächste Zeitpunkt einer Wiederverwendung. Dieser Zeitpunkt gelte als statisch bekannt.
2. Wenn ein Name abgeworfen wird, dann erfolgt der Abwurf zu einem Zeitpunkt, der zur Übersetzungszeit bekannt ist. Diese beiden Restriktionen werden allerdings später zu Lasten eines etwas komplizierteren Optimierungsmodells aufgehoben.
3. Ob ein Name abgeworfen wird oder nicht, hat keinen Einfluss auf die Lebenszeiten anderer Namen, d. h. die Ablaufplanung sei unabhängig von der Bindung. Diese Annahme wird auch von anderen Autoren getroffen.

Unter diesen Annahmen kann man einen erweiterten Konfliktgraphen definieren.

Definition 7.6.8 (Erweiterter Konfliktgraph). *Gegeben sei eine Menge V von Knoten und für jedes Element $v_i \in V$ eine Menge von Lebenszeiten T_i, die die (Zeit-)Punkte enthält, an denen ein durch v_i repräsentierter Name lebendig ist. Der erweiterte Konfliktgraph ist ein ungerichteter Graph $G_K(V_K, E_K)$ mit*

- *Knotenmenge $V_K = V \cup V_{SP}$, wobei V Knotenmenge und V_{SP} Spillknotenmenge heißt und $|V| = |V_{SP}|$ gilt. Mit jedem Knoten $v_i \in V$ ist ein eindeutiger Spillknoten $v_j \in V_{SP}$ assoziiert und umgekehrt.*
- *Jedem Knoten $v_i \in V$ ist die Menge $T_{v_i} = T_i$ von Lebenszeitpunkten zugeordnet. Jedem Spillknoten $v_j \in V_{SP}$ ist die Menge $T_{v_j} = T_i \setminus T_i^{sp}$ zugeordnet. Dies ist die um die Zeitpunkte $t \in T_i^{sp}$, zu denen v_i im Falle eines Registerabwurfs abgeworfen wäre, reduzierte Menge von Lebenszeitpunkten. Dabei ist $v_i \in V$ der mit $v_j \in V_{SP}$ assoziierte Knoten.*
- *Eine (Konflikt-)Kante $e = \{v_i, v_j\} \in E_K$ zwischen zwei Knoten $v_i, v_j \in V_K$ existiert genau dann, wenn $T_{v_i} \cap T_{v_j} \neq \emptyset$.*

Beispiel 7.6.3. Abbildung 7.21c) zeigt den erweiterten Konfliktgraphen für die in Abb. 7.21a) dargestellte Menge von Lebenszeitintervallen. Für jeden Knoten $v_i \in V$ gibt es einen entsprechenden Spillknoten $v_j \in V_{\mathrm{SP}}$ (gekennzeichnet im Folgenden mit v_i^{sp} in Abb. 7.21c)). In Abb. 7.21a) sind die Mengen der Lebenszeitpunkte der Knoten durch $T_1 = \{3,4,5,6\}$ (für a), $T_2 = \{4,5,6,7\}$ (für b) und $T_3 = \{1,2,3,4,5,6,7,8,9\}$ (für c) gegeben. Unter der folgenden Annahme, dass ein Ladebefehl (Load) und ein Speicherbefehl (Store) jeweils einen Zeitschritt benötigen (siehe Abb. 7.21b)), erhält man die Lebenszeitenmengen der Spillknoten zu $\{3,6\}$ (Name a), $\{4,7\}$ (Name b) und $\{1,9\}$ (Name c). Es wurde dabei vorausgesetzt, dass alle Verwendungen eines Namens in Abb. 7.21 durch das Symbol $\times$ gekennzeichnet sind und dass Load- und Store-Befehle nebenläufig zu anderen Berechnungen ablaufen können, was z. B. realistisch bei vielen RISC-Architekturen ist. Im Weiteren wurde angenommen, dass (im Falle eines Registerabwurfs) der Store-Befehl simultan mit der Definition der entsprechenden Namen und der Load-Befehl einen Zeitschritt vor der ersten Wiederverwendung des Namens erfolgt.

Konfliktkanten zwischen zwei Knoten des Konfliktgraphen existieren nun, wenn die Schnittmenge zweier Mengen von Lebenszeitpunkten nicht leer ist.

Eine legale Instanz eines Färbungsproblems eines Konfliktgraphen $G_{\mathrm{F}}(V_{\mathrm{F}}, E_{\mathrm{F}})$ erhält man nun als induzierten Teilgraphen des erweiterten Konfliktgraphen $G_{\mathrm{K}}(V_{\mathrm{K}}, E_{\mathrm{K}})$ mit folgenden Eigenschaften: 1) $|V_{\mathrm{F}}| = |V|$. 2) Für jeden Knoten $v_i \in V$ ist entweder v_i oder der assoziierte Spillknoten v_i^{sp} in V_{F}, aber niemals beide gleichzeitig.

Beispiel 7.6.4. Betrachtet wird der durch die Knotenmenge $V_{\mathrm{F}} = \{v_1, v_2, v_3\}$ induzierte Teilgraph von G_{K} als Färbungsinstanz. Offensichtlich benötigt man mindestens drei Farben. Der durch die Knotenmenge $V_{\mathrm{F}} = \{v_1, v_1^{\mathrm{sp}}\}$ induzierte Konfliktgraph stellt keine legale Färbungsinstanz dar, da a) $|V_{\mathrm{F}}| \neq |V| = 3$ und da b) sowohl v_1 als auch der assoziierte Spillknoten v_1^{sp} in V_{F} enthalten sind. Die Menge $V_{\mathrm{F}} = \{v_1, v_2, v_3^{\mathrm{sp}}\}$ induziert einen Teilgraphen von G_{K}, der eine legale Färbungsinstanz darstellt mit der einzigen Konfliktkante $\{v_1, v_2\} \in E_{\mathrm{F}}$. Eine Färbung dieses Graphen $G_{\mathrm{F}}(V_{\mathrm{F}}, E_{\mathrm{F}})$ mit zwei Farben entspricht der in Abb. 7.21b) dargestellten Lösung.

Die Modellierung von Registerabwürfen durch Definition eines erweiterten Konfliktgraphen liefert im Prinzip schon die Darstellungsmöglichkeit im ILP-Modell: Pro binäre Variable $b_{i,j}$ führt man eine zweite binäre Variable $b_{i,j}^{\mathrm{sp}}$ ein, die, wenn gleich eins, bedeutet, dass v_i aus dem Register R_j heraus in den Speicher abgeworfen wird. Daraus erhält man folgende ILP-Modellierung:

$$\sum_{j=1}^{k} (b_{i,j} + b_{i,j}^{\mathrm{sp}}) = 1 \quad \forall i = 1, \cdots, |V| \tag{7.5}$$

Diese Bedingung verlangt, dass v_i entweder a) abgeworfen wird, wobei das Register R_j, aus dem v_i abgeworfen wird, eindeutig ist, und während seiner um das Abwurfintervall reduzierten Lebenszeit in genau diesem Register R_j lebt, oder b) seine ganze Lebenszeit an ein Register R_j gebunden wird. Als Konfliktbedingungen erhalten wir

$$b_{i_1,j} + b_{i_2,j} \leq 1 \quad \forall j = 1, \cdots, k, \quad \forall i_1, i_2 : \{v_{i_1}, v_{i_2}\} \in E_{\mathrm{K}} \tag{7.6}$$

wobei E_K die Kantenmenge des erweiterten Konfliktgraphen darstellt. Schließlich wird die Zielfunktion so gewählt, dass die Anzahl der abzuwerfenden Namen minimiert wird:

$$\text{Minimiere} \sum_{i=1}^{|V|} \sum_{j=1}^{k} b_{i,j}^{\text{sp}} \qquad (7.7)$$

Die Begründung, dass diese Zielfunktion die Anzahl der abzuwerfenden Namen minimiert, wird wie folgt ersichtlich: $\sum_{j=1}^{k} b_{i,j}^{\text{sp}}$ kann aufgrund von Gl. (7.5) nur entweder 0 sein, nämlich genau dann, wenn v_i nicht abgeworfen wird, bzw. 1 genau dann, wenn v_i abgeworfen wird. Die Summe über alle Knoten $v_i, i = 1, \cdots, |V|$, entspricht damit der Anzahl von Registerabwürfen.

Beispiel 7.6.5. Generiert wird das ILP für das Beispiel in Abb. 7.21a) unter der Vorgabe von $k = 2$ zur Verfügung stehenden Registern. Die Konfliktbedingungen werden aus dem erweiterten Konfliktgraphen in Abb. 7.21c) extrahiert. Man erhält eine optimale Lösung ($i = 1$ entspricht dem Namen a, $i = 2$ entspricht b und $i = 3$ entspricht c) mit einem abzuwerfenden Namen und $b_{1,2} = 1$, $b_{2,1} = 1$ und $b_{3,1}^{\text{sp}} = 1$. Alle anderen Optimierungsvariablen sind 0. Nur c wird abgeworfen. Dieses Ergebnis steht im Gegensatz zu Heuristiken, die im Falle der Auswahl von v_1 oder v_2 als ersten Spillknoten nicht mit einer minimalen Anzahl abzuwerfender Namen auskommen.

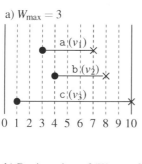

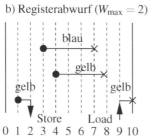

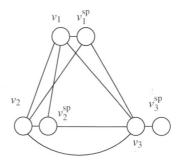

c) erweiterter Konfliktgraph mit Spillknoten

Abb. 7.21. Darstellung von Konflikten und Registerabwurf in einem erweiterten Konfliktgraphen

Komplexität

Das ILP, bestehend aus den Beschränkungen in Gl. (7.5) und Gl. (7.6) und der Zielfunktion in Gl. (7.7), besitzt $\mathcal{O}(k\,|V|)$ binäre Variablen und $\mathcal{O}(|V| + k\,|E_K|)$ Beschränkungen.

7.6.5 Modellierung von Register-Register-Umspeicherungen

Im Falle von Register-Register-Umspeicherungen kann ein Intervall seine Farbe, wie z. B. in Abb. 7.19d) dargestellt, ändern. Anschaulich kann man sich die Verwendung von Register-Register-Umspeicherungen als *zeitvariante Färbung* vergegenwärtigen.[10] Zunächst wird gezeigt, wie man Register-Register-Umspeicherungen im ILP-Modell modellieren kann. Eine sog. *temporäre Registerbindung* kann man durch Hinzufügen eines weiteren (Zeit-)Indizes t zu den binären Bindungsvariablen $b_{i,j}$ ($b_{i,j,t}$) ausdrücken. Die Bedeutung von $b_{i,j,t}$ ist wie folgt: $b_{i,j,t} = 1$, falls v_i zum Zeitpunkt t an Register R_j gebunden ist, und 0 sonst. Betrachtet man nur Register-Register-Umspeicherungen (kein Registerabwurf als Alternative), so erhält man die Kostenfunktion

$$\text{Minimiere} \sum_{i=1}^{|V|} \sum_{j=1}^{k} b_{i,j} \tag{7.8}$$

Die binäre Variable $b_{i,j}$ sei genau dann eins, wenn es mindestens einen Zeitpunkt in der *Menge der Lebenszeitpunkte* $T_i^{\text{life}} = T_i$ von Knoten v_i gibt, zu dem der Wert des korrespondierenden Namens in Register R_j gespeichert ist. Sei $d_i = |T_i^{\text{life}}|$ die Anzahl der Zeitpunkte, zu denen v_i lebendig ist, dann lässt sich dieser Zusammenhang durch Nebenbedingungen der Form

$$b_{i,j} \cdot d_i \geq \sum_{t \in T_i^{\text{life}}} b_{i,j,t} \quad \forall i = 1, \cdots, |V|, \; \forall j = 1, \cdots, k \tag{7.9}$$

ausdrücken. Die Summe über alle Variablen $b_{i,j}$ minimiert damit die gesamte Anzahl von Registerwechseln. Man erhält aus dem Wert der Zielfunktion exakt die Anzahl von Register-Register-Umspeicherungen durch Subtraktion von $|V|$. Ferner gilt:

$$\sum_{t \in T_i^{\text{life}}} \sum_{j=1}^{k} b_{i,j,t} = d_i \quad \forall i = 1, \cdots, |V| \tag{7.10}$$

Diese Bedingung spiegelt wider, dass v_i zu jedem Zeitpunkt seines Lebenszeitintervalls an genau ein Register gebunden werden muss. Schließlich modelliert folgende Bedingung die Tatsache, dass zu jedem Zeitpunkt maximal ein Name ein Register belegen darf:

$$\sum_{i=1}^{|V|} b_{i,j,t} \leq 1 \quad \forall j = 1, \cdots, k, \; \forall t = 1, \cdots, P \tag{7.11}$$

---

[10] Auch hier wird angenommen, dass ein eingefügter Befehl für eine Register-Register-Umspeicherung den gegebenen Ablaufplan unverändert lässt.

Dabei stellt P die Anzahl der Ausführungszeitpunkte einer Schleifeniteration (Iterationsintervall) dar. Alle Variablen sind $\{0,1\}$-Variablen.

Beispiel 7.6.6. Für die in Abb. 7.22a) dargestellten Intervalle erhält man mit $k = 2$ allozierten Registern folgende Lebenszeitintervalle: Name a (v_1): $T_1^{\text{life}} = \{1,2,5,6\}$. Name b ($v_2$): $T_2^{\text{life}} = \{1,2,3\}$ und Name c (v_3): $T_3^{\text{life}} = \{3,4,5\}$. Als Lösung des ILP erhält man den Wert 4 der Zielfunktion einer optimalen Lösung: Mit $b_{1,1} = 0$, $b_{1,2} = 1$, $b_{2,1} = 1$, $b_{2,2} = 0$, $b_{3,1} = 1$, $b_{3,2} = 1$ lebt c (v_3) in zwei Registern, a (v_1) nur in Register R_2, b (v_2) nur in Register R_1. In dieser Lösung findet also genau eine Register-Register-Umspeicherung statt. Mit den Variablenwerten $b_{3,1,3} = 0$, $b_{3,1,4} = 1$, $b_{3,1,5} = 1$, $b_{3,2,3} = 1$, $b_{3,2,4} = 0$ und $b_{3,2,5} = 0$ betrifft dies c (v_3). c lebt im Zeitschritt 3 in Register R_2 und ab Zeitschritt 4 in Register R_1. Abbildung 7.22 zeigt das Resultat der Färbung graphisch.

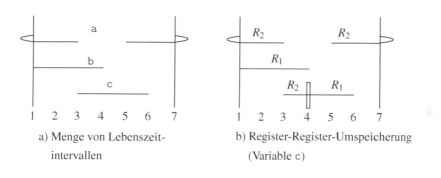

a) Menge von Lebenszeit-
   intervallen

b) Register-Register-Umspeicherung
   (Variable c)

Abb. 7.22. Minimierung von Register-Register-Umspeicherungen im ILP-Modell

Abwägung zwischen Registerabwürfen und Register-Register-Umspeicherungen

Schließlich wird ein Modell hergeleitet, das es erlaubt, Namen entweder in Registern zu behalten, abzuwerfen oder durch Register-Register-Umspeicherungen in andere Register umzuspeichern. Eine sinnvolle Zielfunktion ist beispielsweise die gewichtete Minimierung von Abwurfkosten und Registerumspeicherkosten. Ferner sei — ebenso wie in den Überlegungen zuvor — im Falle eines Abwurfs der Abwurfzeitpunkt, im Folgenden mit t_i^{store} bezeichnet, als Konstante gegeben, genauso die Dauer d_i^{spill} des Abwurfs und der Zeitpunkt t_i^{load} eines Load-Befehls. Sei T_i^{spill} die Menge von Zeitpunkten, zu denen v_i abgeworfen ist, dann gilt: $d_i^{\text{spill}} = |T_i^{\text{spill}}|$. Man erhält folgendes Modell:

$$\text{Minimiere} \left(c_1 \cdot \sum_{i=1}^{|V|} \sum_{j=1}^{k} b_{i,j} + c_2 \cdot \sum_{i=1}^{|V|} b_i^{\text{sp}} \right) \qquad (7.12)$$

mit den Nebenbedingungen:

$$\sum_{t \in T_i^{\text{life}} \setminus T_i^{\text{spill}}} \sum_{j=1}^{k} b_{i,j,t} \geq (d_i - d_i^{\text{spill}}) \cdot b_i^{\text{sp}} \quad \forall i = 1, \cdots, |V| \tag{7.13}$$

$$\sum_{t \in T_i^{\text{life}}} \sum_{j=1}^{k} b_{i,j,t} \geq d_i \cdot (1 - b_i^{\text{sp}}) \quad \forall i = 1, \cdots, |V| \tag{7.14}$$

Von diesen beiden Beschränkungen ist genau eine aktiv: Falls der zu v_i gehörige Name abgeworfen wird ($b_i^{\text{sp}} = 1$), ist die Beschränkung in Gl. (7.13) aktiv und bedeutet, dass der Name zu allen Zeitpunkten seines Lebensintervalls außer den Zeitpunkten des Abwurfintervalls an ein Register gebunden werden muss. Im anderen Fall ($b_i^{\text{sp}} = 0$) ist die Beschränkung in Gl. (7.14) aktiv und bedeutet, dass der zu v_i gehörige Name zu allen Zeitpunkten seines Lebensintervalls an ein Register gebunden werden muss. Ob nun ein Registerabwurf erfolgt oder nicht, das entscheiden letztlich die Konstanten c_1 und c_2 in der Zielfunktion. Die Konstanten c_1 und c_2 wägen die Kosten von Register-Register-Umspeicherungen und Registerabwürfen ab. Um die Anzahl der Register-Register-Umspeicherungen bestimmen zu können, braucht man eine Bedingung der Form:

$$b_{i,j} \cdot d_i \geq \sum_{t \in T_i^{\text{life}}} b_{i,j,t} \quad \forall i = 1, \cdots, |V|, \forall j = 1, \cdots, k \tag{7.15}$$

Schließlich formuliert man die Beschränkung, dass maximal ein Name gleichzeitig an ein Register gebunden werden kann:

$$\sum_{i=1}^{|V|} b_{i,j,t} \leq 1 \quad \forall j = 1, \cdots, k, \forall t = 1, \cdots, P \tag{7.16}$$

Komplexität

Das ILP-Modell zur Abwägung zwischen Register-Register-Umspeicherungen und Registerabwürfen mit den Beschränkungen in Gln. (7.13)–(7.16) und der Zielfunktion in Gl. (7.12) besitzt $\mathcal{O}(k\,P\,|V|)$ binäre Variablen und $\mathcal{O}(k\,(P + |V|) + |V|)$ Beschränkungen.

Beispiel 7.6.7. Man betrachte die Intervalle in Abb. 7.22a). Es soll eine Registerbindung mit $k = 2$ Registern bestimmt werden. Mit den Namen a (v_1), b (v_2) und c (v_3) erhält man: $T_1^{\text{life}} = \{1,2,5,6\}$, $T_2^{\text{life}} = \{1,2,3\}$, $T_3^{\text{life}} = \{3,4,5\}$. Es gilt damit: $d_1 = 4$, $d_2 = d_3 = 3$. Seien nun die Abwurfzeitpunkte so gewählt, dass ein Name gleich nach einer Setzung abgeworfen wird, so erhält man: $T_1^{\text{spill}} = \{6,1\}$, $T_2^{\text{spill}} = \{2\}$, $T_3^{\text{spill}} = \{4\}$ und damit $d_1^{\text{spill}} = 2$, $d_2^{\text{spill}} = d_3^{\text{spill}} = 1$. Gelöst wird nun das ILP, bestehend aus den Beschränkungen in Gln. (7.12)–(7.16), für folgende Zielfunktionen: a) $c_1 = c_2 = 1$, b) $c_1 = 3, c_2 = 1$ und c) $c_1 = 1, c_2 = 2$. Die Ergebnisse sind in Abb. 7.23a), b) bzw. c) graphisch dargestellt.

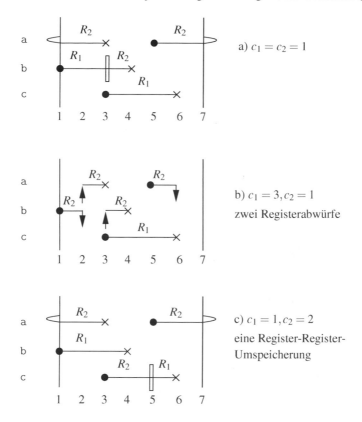

Abb. 7.23. Abwägung zwischen Register-Register-Umspeicherungen und Registerabwürfen. Dargestellt sind die Ergebnisse für die drei Fälle a) $c_1 = c_2 = 1$, b) $c_1 = 3, c_2 = 1$ und c) $c_1 = 1, c_2 = 2$.

7.6.6 Bestimmung optimaler Registerabwurfzeitpunkte

In der bisherigen Darstellung, beginnend mit Abschnitt 7.6.4, wurde davon ausgegangen, dass im Falle eines Registerabwurfs die Zeitpunkte t_i^{store} und t_i^{load} und damit die Menge der Zeitpunkte T_i^{spill} als bekannt gelten. Diese Annahme hat es ermöglicht, einen erweiterten Konfliktgraphen zur Beschreibung des k-Färbungsproblems zu formulieren und ein ILP-Modell zu erhalten, dessen Komplexität unabhängig von der Periode P ist (das aus der Zielfunktion in Gl. (7.7) und den Beschränkungen in Gln. (7.5)–(7.6) bestehende ILP). Das Einbeziehen von Register-Register-Umspeicherungen war nicht ohne Einführung von zeitbehafteten binären Variablen möglich. Zuletzt soll auch der optimale Abwurfzeitpunkt im Falle eines Registerabwurfs durch Lösen eines ILP gefunden werden.

Modellierung von Abwurfzeitpunkten

Um die Anzahl von Optimierungsvariablen möglichst klein zu halten, sollen nur solche Abwurfzeitpunkte erlaubt sein, die optimale Lösungen darstellen können. Die bisherige Modellierung mit einem eindeutigen Abwurfintervall soll nun auf den in Abb. 7.24 dargestellten allgemeinen Fall erweitert werden.

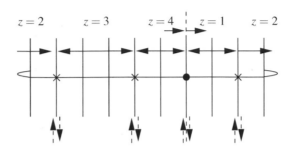

Abb. 7.24. Zyklisches Lebenszeitintervall eines mehrfach verwendeten Namens

Als sinnvolle Zeitpunkte von Registerabwürfen kommen nur solche Zeitpunkte in Frage, an denen ein Name gerade gesetzt bzw. gerade verwendet worden ist. Das gleiche gilt für die Zeitpunkte des Ladens: Es besteht kein Grund, einen Ladebefehl früher als zum Zeitpunkt der nächsten Verwendung dieses Namens durchzuführen. Damit lässt sich die Menge der Lebenszeiten eines Namens (Knoten v_i) in Z_i Teilmengen $T_{i,z}, z = 1, \cdots, Z_i$, wie in Abb. 7.24 dargestellt, partitionieren.

ILP-Modell mit optimaler Bestimmung von Abwurfzeitpunkten

Zur Formulierung eines ILP-Modells erweitert man nun die binäre Spillvariable b_i^{sp} um den Index $z, 1 \leq z \leq Z_i$: $b_{i,z}^{\mathrm{sp}}$. Schließlich ersetzt man die Beschränkungen in Gl. (7.13) durch folgende Beschränkungen:

$$\sum_{t \in T_i^{\mathrm{life}} \setminus T_{i,z}} \sum_{j=1}^{k} b_{i,j,t} \geq (d_i - d_{i,z}^{\mathrm{spill}}) \cdot b_{i,z}^{\mathrm{sp}} \quad \forall i = 1, \cdots, |V|, \, \forall z = 1, \cdots, Z_i \quad (7.17)$$

und fügt zum Schluss noch folgende Beschränkungen hinzu:

$$b_i^{\mathrm{sp}} = \sum_{z=1}^{Z_i} b_{i,z}^{\mathrm{sp}} \quad \forall i = 1, \cdots, |V| \quad (7.18)$$

Eine solche Beschränkung zwingt die Variable b_i^{sp} auf eins, wenn v_i in irgendeinem der möglichen Abwurfintervalle abgeworfen werden sollte. Mit $b_i^{\mathrm{sp}} \in \{0,1\}$ kann ferner nur maximal ein Abwurf erfolgen. Bemerkung: Die bisherige Einschränkung, dass ein Name nur maximal einmal abgeworfen werden kann, entfällt durch die simple Erweiterung der Definition von $b_i^{sp} \in \mathbb{N}_0^+$. In diesem Fall ist ein mehrfaches Abwerfen einer Variablen möglich.

Beispiel 7.6.8. Als Beispiel betrachte man folgenden Quellcode:

```
while (i < n) {
    sum = b[i] * a[i] + c + sum;
    i++;
}
```

Der Drei-Adress-Code für das gegebene Programm könnte folgendermaßen aussehen:

```
L: t1  := c + sum
   t2  := a[i]
   t3  := b[i]
   t4  := t3 * t2
   sum := t4 + t1
   i   := i + 4
   if i < n goto L
```

In Abb. 7.25a) sind die Lebenszeitintervalle der einzelnen Namen dieses Drei-Adress-Codes dargestellt. Abbildung 7.25b) zeigt schließlich das Ergebnis der Optimierung unter einer Allokation von $k = 3$ allgemein verwendbaren Registern unter Ausschluss von Register-Register-Umspeicherungen ($c_1 \gg 1, c_2 = 1$). Registerabwürfe erfolgen für t1, a, b, c und n. Die Lösungszeit dieses ILP beträgt 50 ms auf einer SUN4-20 unter Verwendung des ILP-Lösers CPLEX [190]. Der resultierende Drei-Adress-Code mit Load- und Store-Befehlen sieht wie folgt aus:

```
L: LOAD c
   t1  := c + sum
   STORE t1
   LOAD a
   t2  := a[i]
   LOAD b
   t3  := b[i]
   t4  := t3 * t2
   LOAD t1
   sum := t4 + t1
   i   := i + 4
   LOAD n
   if i < n goto L
```

Komplexität

Das ILP-Modell zur Abwägung zwischen Register-Register-Umspeicherungen und Registerabwürfen mit gleichzeitiger optimaler Bestimmung von Abwurfzeitpunkten, bestehend aus den Beschränkungen in den Gln. (7.13)–(7.18) und der Zielfunktion in Gl. (7.12), besitzt $\mathcal{O}((Z_{max} + k\,P)\,|V|)$ binäre Variablen und $\mathcal{O}(k\,(P + |V|) + Z_{max}\,|V|)$ Beschränkungen mit $Z_{max} = \max_{i=1}^{|V|}\{Z_i\}$.

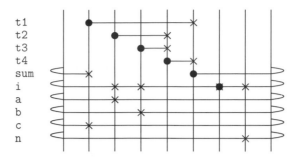

a) Problem mit zyklischen Intervallen

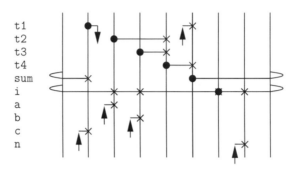

b) optimaler Registerabwurf mit ILP ($k=3$ Register)

Abb. 7.25. Beispiel der Bestimmung optimaler Abwurfzeitpunkte

7.6.7 Modellierung heterogener Registerstrukturen

Die Flexibilität des bisherigen Modells kann zur Betrachtung heterogener Registersätze erweitert werden. Solche Register können beispielsweise Spezialregister sein in einer Rechnerarchitektur mit anwendungsspezifischem Instruktionssatz wie z. B. bei einem Digitalen Signalprozessor (DSP).

Gegeben sei eine Menge S von Registern mit spezieller Funktion und ein Name (Knoten v_i), der an ein solches Spezialregister gebunden werden muss. Dann lässt sich die Bindungsbeschränkung in Gl. (7.1) wie folgt umformulieren:

$$\sum_{j:R_j \in S} b_{i,j} = 1 \tag{7.19}$$

Auch lassen sich komplizierte Bedingungen an Registerverwendungen leicht formulieren. Zum Beispiel kann es erforderlich sein, dass in einem dedizierten Datenpfad die Bindung eines Namens (Knoten v_{i_1}) an ein Register R_{j_1} die Bindung eines Namens (oder mehrerer Namen) (Knoten v_{i_2}) an ein spezielles Register R_{j_2} bedingt. Dies erreicht man durch eine Bedingung der Form:

$$b_{i_2,j_2} \geq b_{i_1,j_1} \tag{7.20}$$

Falls v_{i_1} nicht an Register R_{j_1} gebunden wird ($b_{i_1,j_1} = 0$), kann die Variable b_{i_2,j_2} entweder 0 oder 1 sein. Falls v_{i_1} an Register R_{j_1} gebunden wird ($b_{i_1,j_1} = 1$), muss die Variable b_{i_2,j_2} 1 sein. Schließlich lassen sich ähnliche Formulierungen auch für ganze Klassen von Registern formulieren. Zum Beispiel kann die Forderung, dass ein Name (Knoten v_{i_2}) an irgendein Spezialregister $R_{j_2} \in S$ gebunden werden muss, falls ein anderer Name (Knoten v_{i_1}) an ein Spezialregister $R_{j_1} \in S$ gebunden wird, wie folgt ausgedrückt werden:

$$\sum_{j_2 : R_{j_2} \in S} b_{i_2,j_2} \geq \sum_{j_1 : R_{j_1} \in S} b_{i_1,j_1} \tag{7.21}$$

Solche Modellierungsoptionen sind auch erforderlich, wenn man die vorgestellte Methodik auf genestete Schleifenprogramme und Schleifenprogramme mit Verzweigungen (alternative Grundblöcke) erweitern will. Bei alternativen Blöcken innerhalb einer Schleife kann die Registerbindung prinzipiell für jeden Grundblock unabhängig erfolgen. Jedoch können bestimmte Namen zu Beginn und am Ende mehrerer Blöcke aktiv sein. Diese müssen sich dann in den gleichen Registern befinden, was man durch die hier angedeuteten Bindungsbeschränkungen erzwingen kann. Ähnliche Beschränkungen sind notwendig, wenn man genestete Schleifenprogramme betrachtet. Die Ausarbeitung eines hierarchischen Verfahrens zur Registerbindung mit ILP-Modellen sei dem Leser als Übung überlassen.

7.6.8 Ausblicke

Zur Lösung ganzzahliger linearer Programme wurde das Programmpaket CPLEX [190] eingesetzt. Die Lösungszeiten der Optimierungsprobleme lagen im Bereich von einigen Millisekunden für registeroptimale Färbungen von Graphen mit azyklischen als auch zyklischen Intervallen. Kostenoptimale k-Färbungen mit statischer Vorgabe von Abwurfzeitpunkten konnten ebenfalls in Bruchteilen von Sekunden für typische Beispiele berechnet werden. Dabei wurde eine RISC-Architektur mit 16 allgemein verwendbaren Registern betrachtet. Die exakte Bestimmung von optimalen Abwurfzeitpunkten führte zu Rechenzeiten im Bereich von einigen Sekunden bis zu Minuten. Für spezielle Anwendungen kann diese Rechenzeit tolerierbar sein, insbesondere für ASIPs. In diesem Zusammenhang wurde die Möglichkeit der Modellierung von heterogenen Registerstrukturen beschrieben.

Bisherige Ergebnisse schließen die minimale Färbung von Graphen mit zirkularen Kanten durch Formulierung eines ILP-Modells ein. Dabei wurde gezeigt, dass die folgenden Probleme exakt lösbar sind: a) kostenoptimale k-Färbung von Graphen mit zirkularen Kanten (Abwurfkosten) bei statisch bekannten Abwurfzeitpunkten, b) Modellierung von Register-Register-Umspeicherungen, c) Abwägung zwischen Registerabwürfen und Register-Register-Umspeicherungen und d) kostenminimale k-Färbung von Graphen mit zirkularen Kanten mit gleichzeitiger Auswahl von Registerabwürfen und Abwurfzeitpunkten. Die Ergebnisse zeigen akzeptable

Laufzeiten, die sich insbesondere im Falle von spezialisierten Rechnerarchitekturen wie ASIPs bewähren könnten. Schließlich zeichnet sich der Ansatz durch große Flexibilität im Bereich der Formulierung der Zielfunktion aus, so dass je nach Anwendungsbereich unterschiedliche Zielfunktionen gewählt werden können. In diesem Zusammenhang wurden Bedingungen formuliert, die es ermöglichen, heterogene Registersätze und Beschränkungen der Bindungen einer bzw. mehrerer Namen an Spezialregister darzustellen. Erweiterungsmöglichkeiten der Methodik zur Handhabung genesteter Schleifenprogramme und Schleifenrümpfe mit komplexerem Kontrollfluss wurden angedeutet.

Ein nicht berücksichtigter Einfluss der kostenoptimalen k-Färbung bleibt der Einfluss der Ablaufplanung auf die Bindung. Hier wurde davon ausgegangen, dass die Ablaufplanung und damit die Lebenszeiten der Namen vor der Bindung gegeben sind. Man muss also die Exaktheit der vorgestellten Optimierung unter dem Aspekt einer gegebenen Ablaufplanung sehen, die aus dem erzeugten Drei-Adress-Code generiert wird (siehe Beispiel 7.6.8). Andere Ablaufpläne, die aus anderen äquivalenten Drei-Adress-Codes entstehen könnten, werden nicht berücksichtigt. Diese Einschränkung eines gegebenen Ablaufplans tritt auch im Zusammenhang mit Entscheidungen bzgl. Registerabwürfen und Registerumspeicherungen auf. Ansätze zur *Phasenkopplung* mit ILP-Modellen verfolgen beispielsweise Wilson et al. [436] sowie Kästner [207].

7.7 Codeselektion: Mustererkennung und Baumtransformation

Tatsache ist, dass selbst bei gegebenem Ablaufplan und fester Registerbindung die Auswahl geeigneter Befehle sehr schwierig sein kann (insbesondere bei Maschinen mit zahlreichen Adressierungsarten, z. B. bei CISC-Maschinen (engl. *complex instruction set computer*)). Die Aufgabe der Codeselektion löst man auch mit sog. *Baumübersetzungstechniken*, die wir hier vorstellen wollen.

Die Problematik der Codeselektion lässt sich am einfachsten an einem konkreten Beispiel (aus [172]) veranschaulichen.

Beispiel 7.7.1. Man betrachte folgende Anweisung:

```
a[i] := b + 1
```

Dabei seien a und i (lokale) Bezeichner, die hier relative Adressen (Konstanten) repräsentieren und deren absolute Adressen sich durch Addition des Inhalts eines Registers SP (Stackregister) ergeben. b sei der Name einer globalen Variablen im Speicher und stehe stellvertretend für deren Speicheradresse. Abbildung 7.26 stellt den Syntaxbaum der Anweisung dar. Der ind-Operator behandelt sein Argument als Speicheradresse.

Ein Verfahren der Codegenerierung für einen gegebenen Baum kann nun wie folgt beschrieben werden:

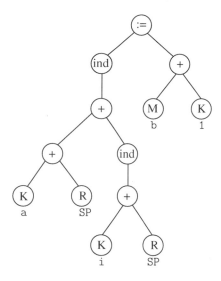

Abb. 7.26. Syntaxbaum für die Anweisung a[i] := b + 1

- Der Zielcode wird während eines Prozesses erzeugt, bei dem der gegebene Baum durch Anwendung einer Folge von sog. *Baumtransformationsregeln* auf einen Knoten reduziert wird. Man spricht in diesem Zusammenhang auch von einer *Baumüberdeckung*.
- Als Baumtransformationsregeln werden Regeln der Form

$$E \leftarrow T \quad \{A\} \tag{7.22}$$

betrachtet. Darin stellt E (für *Ersetzung*) einen Baum mit einem einzelnen Knoten dar.[11] Das *Muster T* stellt einen Baum dar, der die (syntaktische) Anwendbarkeitsbedingung für die Regel beschreibt. Die Bedingung, dass ein Muster auf einen gegebenen (Teil-)Baum *passt* oder synonym diesen Baum *trifft*, heißt intuitiv, dass das Muster mit dem Baum bezüglich Markierung der Knoten, Kinderanzahl und Ordnung der Teilbäume übereinstimmen muss. A stellt eine sog. *Aktion* dar, die bei der Anwendung der Regel ausgeführt wird. In unserem Fall besteht eine Aktion aus der Ausgabe eines Codemusters (Instruktion) des Zielprogramms.

Definition 7.7.1 (Baumübersetzungsschema [9]). *Ein* Baumübersetzungsschema *ist eine Menge von Regeln der Form in Gl. (7.22).*

Beispiel 7.7.2. Betrachtet wird eine Additionsinstruktion mit zwei Registeroperanden, deren Baumtransformationsregel in Abb. 7.27 dargestellt ist. Die Regel be-

---

[11] Im verallgemeinerten Fall kann E auch ein Baum sein. E als auch T werden häufig durch Terme mit Variablen an den Blättern beschrieben [435].

schreibt die „Bedeutung" der Instruktion. Innere Knoten sind hier mit Terminal-symbolen markiert, die für (Teil-)Operationen stehen, die die Instruktion ausführt. Nichtterminale bezeichnen *Ressourcenklassen* der Zielmaschine wie z. B. a) Spei-cherzellen für Variablen (M) und Konstanten (K) und b) Registerklassen (R). Das Nichtterminal in der Ersetzung einer Regel gibt an, wo (bzw. in welcher Ressourcen-klasse) das Ergebnis der Instruktion abgelegt wird.

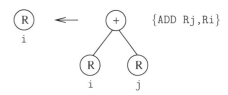

Abb. 7.27. Baumtransformationsregel für einen Addierbefehl mit zwei Registeroperanden

Bedeutung: Falls ein gegebener Syntaxbaum einen Teilbaum enthält, der auf dieses Muster *passt*, d. h. auf einen Teilbaum, dessen Wurzel mit dem Operator + markiert ist und dessen linker und rechter Nachfolger mit dem Symbol R markiert sind, kann die Regel angewendet werden: Der Teilbaum wird durch einen einzigen Knoten vom Typ R mit Attribut i ersetzt und unter der Annahme, dass linker und rechter Nach-folger mit dem Index i bzw. j markiert waren (für Register Ri bzw. Rj), die Aktion ADD Rj,Ri als Ausgabe erzeugt.

Ein Baumübersetzungsschema stellt offensichtlich eine Beschreibungsmöglich-keit des Instruktionssatzes eines Zielprozessors dar. Dieser beschreibt die Schnitt-stelle eines Softwareentwicklers zur Prozessorhardware. Häufig spricht man in die-sem Zusammenhang auch von einer *Maschinengrammatik*. Mit dieser Interpretation kann das Problem der Codegenerierung auch als ein *Parse-Problem für kontextfreie Grammatiken* (siehe z. B. Glanville und Graham [133]) aufgefasst werden.

Nachfolgend wird angenommen, dass die Registerbindung vor der Codeselektion erfolgt ist oder während des folgenden Verfahrens benutzergesteuert erfolgt. Der Vorgang der Codegenerierung kann damit als Prozess der Anwendung von Regeln aufgefasst werden: Für einen gegebenen Baum wird die Anwendbarkeit von Regeln auf Teilbäume durch Mustererkennung überprüft. Falls ein Muster passt, so wird der entsprechende Teilbaum im gegebenen Baum durch den Ersetzungsknoten der Re-gel ausgetauscht und die an die Regel geknüpfte Aktion ausgeführt. Das Verfahren terminiert, wenn der Baum auf einen einzigen Knoten reduziert ist oder kein Muster mehr passt.

Beispiel 7.7.3. Gegeben sei die in Abb. 7.28 dargestellte Menge von Baumtransfor-mationsregeln. Abbildung 7.29 zeigt die Anwendung dieser Regeln auf den Baum in Abb. 7.26. Zuerst wird Regel (1), dann Regel (8) (dargestellt in Abb. 7.29a)) ange-wendet, danach Regel (7) (Abb. 7.29b)), dann Regel (2) und schließlich die Regeln

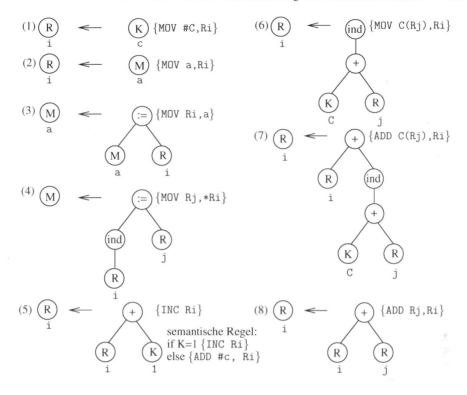

Abb. 7.28. Baumübersetzungsschema

(5) und (4) (Abb. 7.29d)). Bei Anwendung jeder Regel wird die entsprechende Aktion durchgeführt, die den Code generiert.

Die Reihenfolge der Anwendung der Regeln entspricht der Sequenz des generierten Codes, der dann wie folgt aussieht:

```
MOV #a,R0
ADD SP,R0
ADD i(SP),R0
MOV b,R1
INC R1
MOV R1,*R0
```

Zusätzliche Einschränkungen an die Anwendbarkeit von Baumtransformationsregeln lassen sich durch Dekoration des Baums mit semantischen Prädikaten formulieren, die zusätzlich zum Passen des Musters erfüllt sein müssen.

Beispiel 7.7.4. In Regel (5) in Abb. 7.28 muss der Wert einer Konstanten in einem bestimmten Bereich liegen, damit die Regel angewendet werden kann: Wenn die Konstante c den Wert 1 besitzt, wird der Befehl INC Ri selektiert, ansonsten der Befehl ADD #c,Ri.

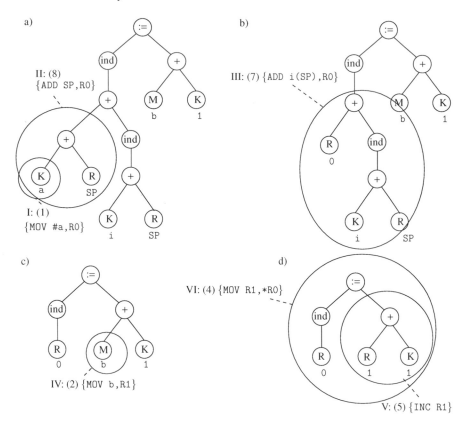

Abb. 7.29. Anwendung eines Baumübersetzungsschemas

Weitere Parameter und Fragen zu diesem Verfahren:

- Wie überprüft man, ob Regeln passen (engl. *matching*)?
  Das Problem der Überprüfung, ob eine Regel passt, ist offensichtlich ein Muster-erkennungsproblem. Zur Mustererkennung auf Bäumen können *endliche Automaten* eingesetzt werden. Beispielsweise kann man jedes gegebene Muster durch eine Menge von Zeichenketten darstellen, wobei jede Zeichenkette einen Pfad von der Wurzel zu einem Blatt des Musters kodiert. Aus der Menge der Zeichen-ketten wird ein endlicher Automat konstruiert, bei dem ausgezeichnete Zustände kennzeichnen, ob eine bestimmte Zeichenkette erkannt worden ist. Dabei beginnt der Automat in einem Startzustand und liest eine Zeichenkette von „links nach rechts", wobei bei jedem gelesenen Zeichen ein Zustandsübergang erfolgt. In einem Verfahren der Tiefensuche (engl. *depth-first search*) können alle passen-den Muster eines Baums bestimmt werden. Eine gute Übersicht über die Kon-struktion sog. *endlicher Baumautomaten* und eine formale automatentheoreti-

sche Beschreibung des Mustererkennungsproblems auf Bäumen geben Wilhelm und Maurer in [435].

- Was tut man, wenn mehrere Muster gleichzeitig passen?

Beispiel 7.7.5. Die Reduktion eines Baums durch Anwendung von Ersetzungsregeln ist offensichtlich häufig mehrdeutig. In Abb. 7.29 ist nach Anwendung von Regel (8) entweder Regel (6) oder Regel (7) anwendbar. Im Beispiel wurde heuristisch die Entscheidung getroffen, diejenige Anweisung zu selektieren, die den größeren Teilbaum reduziert.

Zunächst kann man den Regeln Kosten (z. B. die Anzahl der Maschinenzyklen der zugehörigen Instruktion) zuweisen. Mit diesen Kosten kann man sich vorstellen, dass immer dann, wenn zur Reduktion eines (Teil-)Baums mehrere Regeln anwendbar sind, durch Kombination des Codeselektionsverfahrens mit einem im Folgenden beschriebenen dynamischen Programm, siehe z. B. [6], eine Auswahl der optimalen Regel erfolgen kann. In einem solchen Verfahren wird die Codeausgabe auf einen Zeitpunkt verschoben, zu dem die Kosten aller Alternativen bekannt sind. Neben der Auswahl einer Regel wird mit diesem Verfahren auch die (lokal) optimale Reihenfolge der Reduktion von Teilbäumen (Ablaufplanung) bestimmt.

- Wie verhindert man unendliche Folgen von Umwandlungen, und wie garantiert man, dass es für eine aktuelle Reduktion immer eine Vervollständigung gibt, die zu einer Überdeckung führt?

Bei einem Baumübersetzungsschema werden Teilbäume immer durch einen einzelnen Knoten ersetzt. Damit kann die Anzahl der Knoten durch Anwendung der Regeln nicht wachsen, und das Verfahren terminiert immer entweder mit einer Überdeckung oder in einem Zustand, in dem keine Regel mehr anwendbar ist. Ob letzteres der Fall sein kann, hängt von der Spezifikation des Befehlssatzes ab.

Heutzutage gibt es Systeme, die aus einem gegebenen Instruktionssatz, spezifiziert durch ein Baumübersetzungsschema, ein Codeselektionsverfahren automatisch generieren. Solche Systeme heißen auch *Codeselektorgeneratoren* [435].

7.8 Dynamische Programmierung

Von Aho und Johnson [7] stammt ein Verfahren, mit dem man für Ausdrucksbäume optimalen Code erzeugen kann bei kombinierter Befehlsauswahl, Registervergabe und -bindung und Ablaufplanung. Das Verfahren basiert auf dem Optimierungsverfahren der *dynamischen Programmierung*, das im Folgenden im Zusammenhang mit der Codegenerierung vorgestellt wird.

Dabei betrachteten Aho und Johnson eine Erweiterung des bisherigen Maschinenmodells:

Definition 7.8.1 (Zielmaschine [7]). *Gegeben sei eine Maschine mit k universellen Registern $R_0, R_1, \cdots, R_{k-1}$. Die Instruktionsformate der Zielmaschine sind wie folgt beschrieben:*

- *Berechnung:* `Ri := A`, *A sei ein beliebiger aus Operatoren, Registern und Speicherplätzen bestehender Ausdruck, wobei* `Ri` *Register R_i bezeichnet. Falls in A ein oder mehrere Register als Operanden vorkommen, so wird der Einfachheit der Registervergabe halber angenommen, dass R_i eines dieser Register sei.*
- *Ladebefehl:* `Ri := M`,
- *Speicherbefehl:* `M := Ri`.

M stellt eine Variable bzw. deren Speicheradresse dar. Mit jedem Befehl seien ferner feste Kosten verbunden, die sich beispielsweise aus dem Speicherplatzbedarf oder der Ausführungszeit der Instruktion ergeben können.

7.8.1 Prinzip der dynamischen Programmierung

Die optimale Codegenerierung für einen Ausdruck wird in Teilprobleme zur optimalen Codegenerierung für Teilausdrücke aufgespalten.

Beispiel 7.8.1. Gegeben sei ein Ausdruck A, der wie folgt aus zwei Teilausdrücken A_1 und A_2 gebildet wird:

$$A = A_1 \text{ op } A_2$$

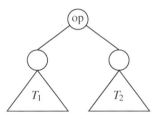

Abb. 7.30. Syntaxbaum für den Ausdruck $A = A_1 \text{ op } A_2$

Abbildung 7.30 zeigt den Baum für $A = A_1 \text{ op } A_2$. Ein optimales Programm zur Berechnung von A wird als Folge von optimalen Instruktionsfolgen zur Berechnung von A_1 und A_2 gebildet (in der Ablaufreihenfolge zuerst A_1, dann A_2 oder umgekehrt), gefolgt von Code zur Auswertung des Operators op. Die Teilprobleme der optimalen Codegenerierung für A_1 und A_2 werden ebenso gelöst. Die Eigenschaft eines so erzeugten Programms ist, dass es den Ausdrucksbaum für A *benachbart* (engl. *contiguous*) auswertet.

Definition 7.8.2 (Benachbarte Auswertung [7]). *Ein Programm wertet einen Ausdrucksbaum T für einen Ausdruck A benachbart aus, falls zuerst die Teilbäume von T* *berechnet werden, deren Werte im Speicher abgelegt werden.*[12] *Dann wird der Rest von T, zuerst T_1, dann T_2 (oder umgekehrt), und anschließend die Wurzel berechnet.*

Für die oben definierte Registermaschine kann man beweisen, dass für ein gegebenes Maschinenprogramm P, das aus einer Instruktionsfolge zur Berechnung eines Ausdrucksbaums T besteht, ein äquivalentes Programm P^* existiert, für das gilt, dass a) P^* höchstens die Kosten von P besitzt, b) dass P^* nicht mehr Register als P verwendet und c) dass P^* den Baum T benachbart auswertet. Das heißt, dass jede Berechnung eines Ausdrucksbaums optimal von einem Programm mit der Eigenschaft der benachbarten Auswertung berechnet werden kann. Die Eigenschaft der benachbarten Auswertung besagt, dass es für jeden Ausdrucksbaum T eine optimale Instruktionsfolge gibt, die sich aus einer Folge von optimalen Instruktionsfolgen für die Berechnung der Teilbäume der Wurzel, gefolgt von der Instruktion(sfolge) zur Berechnung der Wurzel, zusammensetzt. Diese Eigenschaft erlaubt es, das Prinzip der dynamischen Programmierung (DP) anzuwenden.

Die Struktur dieses Optimierungsalgorithmus wird an folgendem Beispiel (aus [9]) gezeigt:

Beispiel 7.8.2. Abbildung 7.31 zeigt einen Baum, der der Erläuterung des DP-Algorithmus dienen soll. Der Baum stellt den Ausdruck $(a-b)+c*(d/e)$ dar. Die Zielmaschine besitze ausschließlich folgende Menge von Maschinenbefehlen:

```
Ri := M
Ri := Ri op Rj
Ri := Ri op M
Ri := Rj
M  := Ri
```

Aus diesen soll ein Programm zur Auswertung des Baums bei k frei verfügbaren Registern bestimmt werden.

7.8.2 Codegenerierung mit dynamischer Programmierung

Das Verfahren ist ein Bottom-up-Verfahren, das in zwei Durchläufen optimalen Code generiert: Im ersten Durchlauf werden die optimalen Kosten und optimalen Codesequenzen für alle vorkommenden Teilbäume bestimmt. Nach diesem Durchlauf sind bereits alle Informationen zur Generierung einer kostengünstigsten Instruktionsfolge vermerkt: Dies sind für jeden Teilbaum a) die auszuwählende Instruktion zur Berechnung der Wurzel des Teilbaums, b) die Reihenfolge der Auswertung der Kinder und c) die Information, mit wie vielen Registern jedes der Kinder auszuwerten ist. In einem zweiten Durchlauf wird dann aus diesen Informationen die billigste Codesequenz konstruiert.

---

[12] Eine vorgezogene Berechnung eines Teilausdrucks, dessen Ergebnis zwischengespeichert wird, hat den Vorteil, dass sowohl vor als auch nach der Berechnung der gesamte Registersatz zur Verfügung steht.

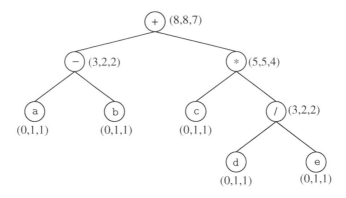

Abb. 7.31. Baum für den Ausdruck $(a-b) + c * (d/e)$ und optimale Kostenvektoren

- *1. Durchlauf: Kostenvektorenberechnung:*
  Für jeden Knoten i des Ausdrucksbaums T wird ein Kostenvektor $c = (c_0, c_1, \cdots, c_k)$ berechnet, wobei $c_j, j = 1, \cdots, k$ die optimalen Kosten einer Codesequenz zur Berechnung des Teilbaums S mit Wurzel i darstellen, wenn das Ergebnis in einem Register abgelegt wird. Dabei wird angenommen, dass bei der Berechnung j Register frei zur Verfügung stehen. In den Kosten sind Kosten für evtl. notwendige Lade- und Speicherbefehle eingeschlossen. Das Element c_0 stellt die minimalen Kosten einer Codesequenz zur Berechnung von S dar, wenn das Ergebnis im Speicher abgelegt wird.
  Um c_j für Knoten i zu berechnen, werden alle Maschinenbefehle untersucht, die den mit S assoziierten Teilausdruck A berechnen können (Codeselektion). Für jeden dieser möglichen Befehle gilt: Besitzt der Befehl Registeroperanden, so werden alle möglichen Reihenfolgen (Ablaufpläne) betrachtet, in denen die entsprechenden Teilbäume von S in Register ausgewertet werden können: Für den ersten Teilbaum stehen j Register zur Verfügung, für den zweiten $j - 1$. Die Kosten des Befehls zur Berechnung von i werden den minimalen Kosten zur Berechnung der Teilbäume (bei entsprechender Registerzahl) hinzu gezählt. Unter all diesen Möglichkeiten bekommt c_j dann den Wert der minimalen Kosten aller möglichen Befehle und Reihenfolgen der Auswertung zugewiesen.
  Aufgrund des Satzes der benachbarten Auswertung muss diese Prozedur der Kostenberechnung nicht rekursiv erfolgen, sondern liefert als Bottom-up-Verfahren die minimalen Kosten in linearer Laufzeit der Größe des Ausdrucksbaums.
- *2. Durchlauf:*
  Auswahl von Kostenvektorelementen und Emittieren von Code.

Beispiel 7.8.3. Zuerst wird gezeigt, wie man die den Knoten assoziierten Kosten berechnet. In diesem Beispiel wird angenommen, dass alle Befehle Einheitskosten besitzen und die Zielmaschine über zwei Register verfügt. Man betrachte das Blatt mit Markierung e des Baums in Abb. 7.31. Die Kosten c_0 zum Transport von e in den Speicher betragen 0, da sich der Wert von e bereits dort befindet. Die Kosten c_1

zur Berechnung von e in ein Register bei einem verfügbaren Register sind 1, da e mit Hilfe des Befehls `Ri := e` in ein Register geladen werden kann. $c_2 = 1$ stellt die Kosten zur Berechnung von e in eines von zwei verfügbaren Registern dar. Man erhält den Kostenvektor $c = (0, 1, 1)$ für das Blatt e.

Nun wird die Wurzel betrachtet. Zuerst werden die minimalen Kosten zur Berechnung der Wurzel bei einem verfügbaren Register bestimmt. Der zur Wurzel passende Maschinenbefehl ist:

- `R0 := R0 + M`
  Hier entsprechen die minimalen Kosten zur Berechnung der Wurzel mit einem Register den minimalen Kosten zur Berechnung seines rechten Teilbaums, wobei das Ergebnis zwischengespeichert wird (5), plus die minimalen Kosten der Berechnung seines linken Teilbaums in das Register (2) plus 1 für den Befehl selbst. Eine andere Möglichkeit existiert nicht. Die minimalen Kosten sind 8.

Bei der Berechnung der minimalen Kosten zur Berechnung der Wurzel bei zwei verfügbaren Registern gibt es zwei mögliche Befehle:

- `R0 := R0 + R1`
  Berechnet man zuerst den linken Teilbaum mit zwei verfügbaren Registern in R_0, dann den rechten Teilbaum mit einem verfügbaren Register in R_1, dann summieren sich die Kosten zu 2 + 5 + 1 =8. Berechnet man zuerst den rechten Teilbaum mit zwei verfügbaren Registern, dann den linken mit einem verfügbaren Register, dann belaufen sich die Kosten zu 4 + 2 + 1 = 7.
- `R0 := R0 + M`
  Berechnet man den rechten Teilbaum bei Speicherung des Ergebnisses in M, dann den linken Teilbaum mit zwei verfügbaren Registern und dem Ergebnis in Register R_0, so summieren sich die Kosten auf 5 + 2 + 1 = 8.

Damit entstehen die geringsten Kosten bei der Lösung mit Kosten 7. Die minimalen Kosten c_0 bei Zwischenspeicherung des Ergebnisses erhält man durch Addition von 1 zu den minimalen Kosten zur Berechnung der Wurzel bei allen verfügbaren Registern. Daher ist der Kostenvektor $c = (8, 8, 7)$.

Als Ergebnis des ersten Durchlaufs werden für jeden Knoten und jedes Element des Kostenvektors folgende Informationen festgehalten: a) der Befehl, der die minimalen Kosten erzeugt, b) die Reihenfolge der Berechnung der Kinder und c) die Information, mit wie vielen Registern jedes der Kinder auszuwerten ist.

Für den in Abb. 7.31 dargestellten Baum ist im Fall zweier verfügbarer Register zur Berechnung der Wurzel eine optimale Kostenvektorauswahl in Abb. 7.32 dargestellt.

Mit diesen Informationen und unter der Voraussetzung, dass zuerst immer diejenigen Kinder berechnet werden, deren Ergebnis zwischengespeichert wird, konstruiert man im zweiten Durchlauf die folgende optimale Codesequenz:

```
R0 := d
R0 := R0 / e
R1 := c
R1 := R1 * R0
```

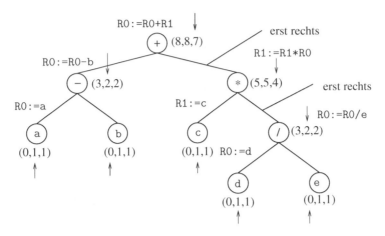

Abb. 7.32. Dynamische Programmierung zur optimalen Codeselektion, Ablaufplanung und Registervergabe

```
R0 := a
R0 := R0 - b
R0 := R0 + R1
```

Diese von Aho und Johnson 1976 [7] entwickelte Technik wird heute in einer Vielzahl von Compilern eingesetzt. Die Laufzeit des Algorithmus ist linear in der Größe des Baums.

7.9 Maschinenunabhängige Optimierung

Eine Codegenerierungsstrategie, die einen Befehl nach dem anderen abarbeitet, erzeugt oft Zielcode mit überflüssigen Anweisungen und suboptimalen Konstrukten. Die Qualität des Codes kann durch Anwendungen von „optimierenden" Transformationen auf das Zielprogramm verbessert werden.

Zur Verbesserung von Codequalität (insbesondere Laufzeit oder Speicheranforderungen) wendet man also Transformationen an. Diese Transformationen können *lokal* oder *global* sein.

Definition 7.9.1 (Programmtransformation).
Eine Transformation eines Programms heiße lokal, *falls zu ihrer Durchführung nur die Anweisungen eines Grundblocks betrachtet werden müssen, sonst* global.

Im Allgemeinen werden lokale Transformationen zuerst durchgeführt. Transformationen müssen die Eigenschaft der Äquivalenz gewährleisten, die hier nichtformal wie folgt definiert wird:

Definition 7.9.2 (Äquivalenz von Grundblöcken [9]). *In einem Grundblock wird eine Menge von Ausdrücken berechnet. Die Ergebnisse dieser Berechnungen erscheinen am Ausgang des Blocks als Werte aktiver Namen. Zwei Grundblöcke heißen* äquivalent, *wenn sie die gleiche Menge von Ausdrücken berechnen.*

Im Folgenden werden einige wichtige Transformationen vorgestellt, die Transformationen auf der Ebene von Grundblöcken durchführen.

7.9.1 Transformationen auf Grundblöcken

Eine gewisse Anzahl von Transformationen kann auf Ausdrücke bzw. auf Grundblöcke angewendet werden, ohne dass sich die Menge der von dem Block berechneten Ausdrücke dadurch verändert. Man unterscheidet zwei Klassen solcher lokalen Transformationen: sog. *strukturerhaltende Transformationen* und *algebraische Transformationen*.

Strukturerhaltende Transformationen

- *Elimination gemeinsamer Teilausdrücke* (engl. *common subexpression elimination*):

    Beispiel 7.9.1. Betrachtet werden folgende Anweisungen (in a)) eines Grundblocks zur Berechnung von

$$y = \sqrt{\sin x \cdot \sin x + \cos x \cdot \cos x}$$

```
a)                          b)
t1 := sin x                 t1 := sin x
t2 := sin x                 t2 := t1 * t1
t3 := t1 * t2               t3 := cos x
t4 := cos x                 t4 := t3 * t3
t5 := cos x                 t5 := t2 + t4
t6 := t4 * t5               t6 := sqrt t5
t7 := t3 + t6
t8 := sqrt t7
```

Offensichtlich berechnet t2 den gleichen Teilausdruck wie t1 und t5 den gleichen Teilausdruck wie t4. Der vereinfachte Code nach Elimination gemeinsamer Teilausdrücke ist in b) dargestellt. Bei der Erstellung eines DAG für einen Grundblock werden solche gemeinsamen Teilausdrücke automatisch erkannt.

- *Entfernung „toten" Codes* (engl. *dead code elimination*): Eine x setzende Anweisung kann entfernt werden, ohne dass sich der Wert des Grundblocks ändert, wenn x an diesem Punkt des Grundblocks nicht aktiv ist. Zu weiteren Transformationen gehören die

- *Umbenennung von Hilfsvariablen* (engl. *variable renaming*) sowie

Algebraische Transformationen

Es gibt unzählige algebraische Transformationen, die Code verbessern können. Unter diesen Transformationen sind solche interessant, die Ausdrücke vereinfachen oder kostspielige Operationen durch effizientere Operationen ersetzen. Dazu folgen einige Beispiele.

Beispiel 7.9.2. Offensichtlich können Anweisungen der Form der Form x := x + 0, x := x * 1, x := x / 1 und x := x - 0 eliminiert werden. Ein Beispiel, eine kostspielige Operation durch eine kostengünstigere zu ersetzen, ist beispielsweise die Ersetzung einer Anweisung der Form x := sqr y zur Berechnung des Quadrates einer Zahl durch die kostengünstigere Anweisung x := y * y, da bei zahlreichen Rechnern komplexe Operatoren durch Funktionsaufrufe realisiert sind.

Diese Art der Optimierung nennt man auch *Operator strength reduction*. Eine weitere Optimierung ist die *Propagation von Konstanten*: Offensichtlich kann eine Variable, der eine Konstante zugewiesen wird, selbst in eine Konstante transformiert werden.

Beispiel 7.9.3. Man betrachte die Anweisungen

```
x := 4
y := x * x
```

Diese Anweisungen können offensichtlich vereinfacht werden zu

```
x := 4
y := 16
```

Schließlich wird noch eine Klasse von Transformationen auf Ausdrucksbäumen vorgestellt, die als *Tree height reduction* bekannt ist. Man betrachte z. B. folgende Zuweisung in C bzw. C++: x = a + b * c + d;. Der Ausdruck $a + b * c + d$ kann unter Ausnutzung von Kommutativität der Addition in den äquivalenten Ausdruck $a + d + b * c$ transformiert werden. Unter Ausnutzung der Assoziativität erhält man damit die äquivalente Zuweisung x = (a + d) + b * c;. Abb. 7.33a) zeigt den Ausdrucksbaum für den ursprünglichen Ausdruck, Abb. 7.33b) für den transformierten Ausdruck. Das Ziel ist die Transformation eines Baums in einen *ausgeglichenen Baum* , dessen Tiefe bei n Operationen im besten Fall $\mathcal{O}(\log n)$ beträgt. Bei paralleler Auswertung ist die Tiefe des Baums proportional zur Berechnungszeit des Ausdrucks.[13]

---

[13] Die hier vorgestellten Transformationen finden deshalb genauso oder gerade bei Werkzeugen zur Hardwaresynthese Anwendung.

a)   b)

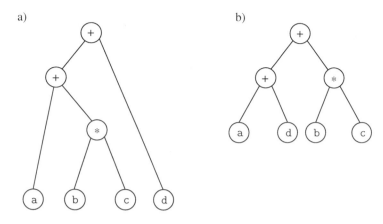

Abb. 7.33. Reduktion der Tiefe von Ausdrucksbäumen

7.9.2 Globale Optimierung

Zur globalen Codeoptimierung (auf der Ebene von Schleifen, Prozeduren und Programmen) benötigt man i. Allg. eine vollständige Datenflussanalyse (siehe z. B. [9]). Beispiele globaler Optimierungen sind Transformationen wie z. B. die globale Elimination gemeinsamer Teilausdrücke, die Expansion von Makros (bzw. Unterprogrammen) oder die *Verschiebung von schleifeninvarianten Codesegmenten* aus einem Schleifenrumpf (engl. *loop invariant code motion*):

Beispiel 7.9.4. Man betrachte das C++-Programm

```
for (i = 1; i <= a*b; i++)
        { ... }
```

wobei die Variablen a und b in der Schleife nicht gesetzt werden. Dieses Programm kann transformiert werden in das äquivalente Programm

```
t = a * b;
for (i = 1; i <= t; i++)
        { ... }
```

Offensichtlich besteht das Ziel darin, das wiederholte Berechnen gleicher Ausdrücke zu vermeiden.

Transformationen wie *Operator strength reduction* lassen sich auch bei Schleifenprogrammen einsetzen, wie folgendes Beispiel zeigt:

Beispiel 7.9.5. In vielen Architekturen ist eine Multiplikation teurer als eine Addition. Man betrachte die Anweisungen innerhalb der for-Schleife des folgenden C++-Programms:

```
for (i = 0; i <= N; i++) {
        x[i] = i * 4;
}
```

Das Programm kann durch Hinzufügen einer Hilfsvariablen und einer zusätzlichen Anweisung in folgendes äquivalentes Programm transformiert werden:

```
t = 0;
for (i = 0; i <= N; i++) {
        x[i] = t;
        t = t + 4;
}
```

Zum Abschluss dieses Abschnitts wird eine Optimierung auf der Ebene von Schleifenprogrammen beschrieben, nämlich die sog. *Expansion von Schleifenrümpfen* (engl. *loop expansion, unrolling, unfolding*):

Beispiel 7.9.6. Betrachtet wird folgendes Segment eines C++-Programms:

```
for (i = 0; i < 100; i++) {
        a[i] += b[i];
}
```

Die Schleife kann ersetzt werden durch das äquivalente Programm

```
for (i = 0; i < 100; i += 2) {
        a[i]    += b[i];
        a[i+1] += b[i+1];
}
```

Zum einen reduziert diese Transformation die Anzahl der Schleifeniterationen um die Hälfte, zum anderen könnte beispielsweise bei einer Architektur mit zwei funktionalen Einheiten die Ausführungszeit auf die Hälfte gesenkt werden.[14]

Bei Schleifen mit datenunabhängigen Abbruchbedingungen kann die Schleife durch so viele Instanzen des Schleifenrumpfs ersetzt werden, wie die Anzahl der Iterationen beträgt. Der Gewinn liegt dabei auch in der durch diese Transformation häufig resultierenden Anwendbarkeit anderer optimierender Transformationen.

7.10 Maschinenabhängige Optimierung

Eine simple, aber effektive Technik, Verbesserungen im generierten Zielcode zu erzielen, ist die sog. *Gucklochoptimierung* (engl. *peephole optimization*).

Definition 7.10.1 (Gucklochoptimierung [9]). *Bei der* Gucklochoptimierung *(engl. peephole optimization) handelt es sich um eine Methode, die versucht, durch Betrachten von kurzen Ausschnitten des Zielcodes (genannt* Gucklöcher*) Leistungsverbesserungen im Zielprogramm durch Transformationen zu erreichen, die Anweisungen in diesem Ausschnitt durch kleinere oder schnellere ersetzen. Das* Guckloch *ist ein kleines Fenster von Anweisungen, das sich über das Zielprogramm hinweg bewegt.*

---

[14] Solche globalen Transformationen sind ebenfalls bei Werkzeugen zur Hardwaresynthese verbreitet.

Zu typischen Transformationen zählen hier die

- *Entfernung überflüssiger Anweisungen*:

Beispiel 7.10.1. Lade- und Speicheranweisungen sind häufig überflüssig, wenn sich Operanden bereits in Registern befinden. In der Befehlsfolge

```
(1) MOV R0,x
(2) MOV x,R0
```

kann Anweisung (2) entfernt werden, wenn (2) kein Sprungziel ist, da jedes mal, wenn (2) ausgeführt wird, sichergestellt ist, dass sich der Wert von x bereits im Register R0 befindet.

- *Kontrollflussoptimierungen* Hierzu gehört z. B. die Ersetzung von Sprüngen auf Sprünge durch einen direkten Sprung.

Beispiel 7.10.2. Ein Beispiel einer Kontrollflussoptimierung ist die Elimination von Sprüngen auf Sprünge. Gegeben sei beispielsweise die Sprungsequenz

```
        goto (i)
        ...
(i)     goto (j)
```

Diese Sequenz kann durch die Sequenz

```
        goto (j)
        ...
(i)     goto (j)
```

ersetzt werden. Falls es nun keine Sprünge mehr mit Sprungziel (i) gibt und der Anweisung (i) ein unbedingter Sprung vorausgeht, so kann auch (i) eliminiert werden.

- *Algebraische Vereinfachungen* (siehe bereits im vorangegangenen Abschnitt);
- *Ausnutzung von Eigenschaften der Zielmaschine*:

Beispiel 7.10.3. Die Zielmaschine bietet häufig spezielle Hardware-unterstützte Anweisungen zur effizienteren Implementierung bestimmter Operationen an. Ein für DSP-Architekturen charakteristischer Befehl ist eine Multiplizier-Addier-Operation (MULADD), die diese Architekturen in einem einzigen Maschinenzyklus berechnen können.

Die Anwendung von Gucklochoptimierung ist nicht nur beschränkt auf die Verbesserung des Zielcodes, sondern kann auch direkt nach der Generierung von Zwischencode eingesetzt werden. Eine typische Eigenschaft der Gucklochoptimierung ist, dass jede Transformation neue Verbesserungsmöglichkeiten schaffen kann. Deshalb wird Gucklochoptimierung i. Allg. in mehreren Läufen angewendet.

7.11 Softwaresynthese für eingebettete Prozessoren

Bisher wurden ausschließlich Probleme der Codegenerierung für Standardprozessoren betrachtet. Es wurde gezeigt, dass die Hauptaufgaben hier die Bindungsprobleme Codeselektion und Registerbindung sind (insbesondere für CISC-Prozessoren) bzw. die Ablaufplanung (insbesondere bei RISC-Prozessoren (engl. *reduced instruction set computer*)). Die Allokation von Ressourcen spielte aufgrund einer festen Architektur keine Rolle. Bei der Codegenerierung war (neben der Effizienz des generierten Codes) vor allem die effiziente Generierung des Codes, d. h. eine schnelle Übersetzung, entscheidend.

Der Erfolg von ASIPs in den kommenden Jahren wird davon abhängen, wie teuer Hersteller ASIPs anbieten können und wie flexibel die Architekturen den Anwenderwünschen angepasst sind. Das Hauptproblem liegt unserer Meinung nach allerdings nicht in der Technologie, sondern in den Compilerwerkzeugen für solche Architekturen. Offensichtlich will man nicht für jede Architekturvariante einen eigenen Compiler schreiben müssen.

7.11.1 Anpassbarkeit von Compilern

Mit der *Anpassbarkeit* von Compilern für neue Zielarchitekturen beschäftigt sich das Gebiet sog. *Retargetierbarer Compiler*. Den zur Zeit aktuellsten Stand zu diesem Thema stellt das Buch von Leupers und Marwedel [249] dar sowie das von Ienne und Leupers editierte Buch [189]. Bezüglich des Grades der Anpassbarkeit unterscheidet man

- *Portable Compiler* (engl. auch *developer-retargetable compiler*):
  Von portablen Compilern spricht man, falls ein existierender Compiler umgeschrieben werden muss. Dies betrifft insbesondere die architekturspezifischen Teile der Codegenerierung und Codeoptimierung. Typischerweise bedeutet eine solche Anpassung einen Zeitaufwand in der Größenordnung von Monaten.
- *Compiler-Compiler* (engl. auch *user-retargetable compiler*):
  Hier wird ein Compiler aus einer gegebenen Maschinenbeschreibung durch einen Compiler generiert. Diese kann entweder eine Verhaltensbeschreibung (z. B. ein Instruktionssatz), eine strukturelle Beschreibung (siehe z. B. in [271, 250]) oder eine gemischte Form aus Verhaltens- und struktureller Beschreibung sein (siehe z. B. in den Systemen FLEXWARE [254] oder die Sprache nML [103] in CHESS [325]). Im Allgemeinen sind strukturelle Beschreibungen (z. B. in VHDL oder Mimola [271]) von Operations- und Steuerwerk auf Register-Transferebene komplexer, aber dafür taktzyklentreu simulierbar. Verhaltensmodelle sind einfacher, haben aber oft Probleme bei der Modellierung des exakten zeitlichen Verhaltens einer Maschine (z. B. Befehlsfließband). Prinzipiell ist bei Compiler-Compilern nur die Beschreibung der Maschine abzuändern. Die Codeoptimierungen solcher Ansätze sind allerdings häufig auf die Codeselektion beschränkt.

- *Maschinenunabhängige Compiler* (engl. auch *automatically retargetable compiler*):
  Diese Klasse kennzeichnet Compiler, die bereits für mehrere Zielarchitekturen (sog. Targets) Code generieren können und bei denen die Anpassung weder das Neuschreiben von Code, noch die Neuübersetzung eines existierenden Compilers verlangt.

7.11.2 Unterschiede der Codegenerierung

Im folgenden Abschnitt werden die wesentlichen Unterschiede und Problematiken der Codegenerierung für ASIPs erörtert.

Die Anforderungen der Codegenerierung lassen sich bei ASIPs wie folgt beschreiben:

- *Generierung extrem effizienten Codes*:
  Dies gilt insbesondere für Ein-Chip-Mikrocontroller, bei denen der Speicher auf dem Chip realisiert und damit extrem kompakter Code wichtig ist. Das gleiche Argument gilt für Performanzanforderungen beim Einsatz von DSPs. Die Dauer der Codegenerierung und damit die Effizienz der Übersetzungsverfahren spielt hier eine untergeordnete Rolle.
- *Ausnutzung von heterogenen Registersätzen und speziellen Architektureigenschaften*:
  ASIPs besitzen häufig heterogene Registersätze, siehe z. B. in Abb. 7.4. Damit sind die Probleme der Codeselektion und der Registervergabe und -bindung eng miteinander gekoppelt.

  Beispiel 7.11.1. Während bei einem Vielzweckprozessor i. Allg. jedes Register als Quelle bzw. Ziel eines Befehls fungieren kann, sind bei ASIPs die Phasen Codeselektion, Registervergabe und -bindung eng miteinander gekoppelt. Betrachtet man beispielsweise die Architektur in Abb. 7.4, so bedingt die Auswahl eines Multiplizier-Addier-Befehls die Bindung des Ergebnisses an das Spezialregister am Ausgang der Multiplizier-Addier-Einheit.

  Die Ausnutzung von Spezialregistern sowie von dedizierten Verbindungen und Bussen führte zu Formulierungen des Problems der Codegenerierung, z. B. als Verdrahtungsproblem [345, 232]. Eine Erweiterung des Algorithmus der dynamischen Programmierung [7] zur Codegenerierung auf Architekturen mit heterogenen Registersätzen stammt von Wess [431]: Jede Maschinenoperation wird durch ein *Trellis-Diagramm* dargestellt. Jeder Ausdruck eines Ausdrucksbaums wird dann in einen *Trellis-Baum*, einen aus Trellis-Diagrammen bestehenden Baum, transformiert. Das Problem der optimalen Codegenerierung ist dann ein Pfadminimierungsproblem, das auch optimal mit dynamischer Programmierung gelöst werden kann.
- *Enge Phasenkopplung*:
  Neben der Kopplung der Phasen Codeselektion und Registervergabe versucht

man auch die Phase der Ablaufplanung in ein Optimierungsverfahren zu integrieren. Dazu gehören beispielsweise ILP-basierte Ansätze [436] oder das Verfahren *Mutation scheduling* [298], das später näher beschrieben wird.

- *Anpassbarkeit*:
  Das Problem der Anpassbarkeit von Übersetzern äußert sich hauptsächlich in drei Problemstellungen:

  1. *Formulierung von Zielarchitekturen*:
     Hier unterscheidet man strukturelle Spezifikationen (siehe z. B. [271]), Verhaltensspezifikationen (siehe z. B. [23] oder [434], die das Verhalten der Maschine durch ein erweitertes FSM-Modell beschreiben, das aus der Register-Transfer-Beschreibung des Operationswerks der Maschine generiert wird) und gemischte Spezifikationsformen, (siehe z. B. FLEXWARE [254], oder die Sprachen nML [103], LISA [451] und MAML (engl. *machine markup language*) [111]).

  2. *Formulierung von Anwendungsbereichen*:
     Um eine optimale Codegenerierung für einen ganzen Anwendungsbereich, z. B. für eine Klasse von Algorithmen der Signalverarbeitung, zu ermöglichen bzw. um verschiedene Codegenerierungstechniken vergleichen zu können, muss man zunächst die Charakteristika von Anwendungsbereichen darstellen. Huang und Despain [182] beschreiben einen Anwendungsbereich durch eine Menge von *Benchmarks*, die jeweils durch eine Menge von gewichteten Grundblöcken dargestellt sind. Das Gewicht stellt dabei die Ausführungshäufigkeit des Grundblocks in einem Benchmark dar.

  3. *Allokation: Bestimmung einer für einen Anwendungsbereich optimalen Zielarchitektur*: Ziel ist es hier, für einen gegebenen Anwendungsbereich eine optimale Architektur zu bestimmen. Im Gegensatz zu konventionellen Codegenerierungstechniken ist hier die Allokation der Architekturkomponenten ebenfalls noch unbekannt. Huang und Despain betrachten dieses Problem als ein modifiziertes Ablaufplanungsproblem [182].

Im Folgenden werden einige Ansätze von anpassbaren Compilern vorgestellt und deren Merkmale beschrieben. Dabei ist eine Beschränkung auf eine exemplarische Auswahl bekannter Systeme nötig. Eine sehr gute Übersicht gibt das Buch von Leupers und Marwedel [249]. Wir unterscheiden dabei im Folgenden die Ansätze nach der Klasse der betrachteten Prozessoren.

7.11.3 Retargetierbare Compiler für RISC/CISC

GCC

GCC (GNU C/C++-Compiler) [120] ist der wohl am meisten bekannte retargetierbare Compiler, der übrigens auch Front-Ends für Fortran und Java besitzt. Er wurde entwickelt als GNU Softwareprojekt, ist frei (sogar als Quellcode) verfügbar und fällt unter die *GNU public license*. Letzteres bedeutet, dass die Software zwar frei benutzt, modifiziert und verteilt werden kann. Aber die entstehenden Modifikationen und

Erweiterungen müssen ebenfalls wieder frei verfügbar gemacht werden. GCC besitzt zahlreiche Back-Ends für Vielzweckprozessoren vom Typ CISC und RISC, beispielsweise für Sparc-, MIPS-, Intel x86- und bestimmte Motorola-Prozessortypen. Die Beschreibung eines Prozessors besteht aus einer Maschinenbeschreibungsdatei, einer C-Kopfdatei zur Definition von Makros sowie einer C-Quelldatei mit prozessorspezifischen Routinen. Diese drei Komponenten benutzt GCC, um damit den Quellcode für ein neues Target zu generieren. Dieser Code wird dann übersetzt, und man erhält den neuen Compiler.

Nachteilig an GCC ist, dass die Maschinenbeschreibungen sehr umfangreich sind und daher viel Zeit der Einarbeitung erfordern. Weiterhin unterstützt GCC keine Architekturen mit heterogenen Registerbänken, komplexen Speicherbänken oder parallelen Funktionseinheiten (Instruktionsparallelität).

Vorteile von GCC sind jedoch, dass die Compilerentwicklungsumgebung bereits eine Menge von nützlichen Werkzeugen, u. a. Assembler, Linker sowie wichtige C/C++-Bibliotheken mitbringt.

LCC

Der *Little C Compiler* (LCC) [118] wurde an der Universität Princeton entwickelt. Mit gerade einmal 13.000 Zeilen Quellcode ist er erheblich schlanker als der GCC. Dennoch wird der volle ANSI C-Standard unterstützt.

Ein Vorteil von LCC gegenüber GCC ist die klare und kompakte Beschreibung der Zwischendarstellung, die in einem Buch [118] ausführlich dokumentiert ist inklusive einer Anleitung zur Erzeugung neuer Back-Ends. In der ebenfalls im Quellcode für Forschungszwecke frei verfügbaren Distribution sind ebenfalls bereits Back-Ends für einige bekannte Prozessorarchitekturen, u. a. für Sparc-, Intel x86- und MIPS-Architekturen, enthalten. Im Gegensatz zu GCC muss hier der neu entstehende Quellcode nicht publiziert werden.

Nachteil an LCC ist jedoch, dass nur wenige und nur lokale Optimierungen, aber keine globalen Optimierungen im System enthalten sind. Die Zwischendarstellung besteht aus einer verketteten Liste von Datenflussgraphen. Die Maschinenbeschreibung erfolgt übersichtlich in einer einzigen Maschinenbeschreibungsdatei. Diese enthält neben der Angabe, wie viele Register beispielsweise zur Verfügung stehen, Baumübersetzungsregeln, mit denen für das Back-End ein Befehlsauswahlverfahren generiert werden kann mit Hilfe von BURG [329] durch Baumübersetzung. Bei der Codegenerierung erfolgt nach der Baumübersetzung eine einfache Ablaufplanung durch Linearisierung der mit den Maschineninstruktionen annotierten Knoten in den Datenflussgraphen sowie zuletzt eine lokale Registervergabe und -bindung.

Genauso wie beim GCC gilt jedoch, dass vornehmlich nur CISC- und RISC-Architekturen unterstützt werden. Für Prozessoren mit mehreren Funktionseinheiten müsste ein geeignetes Ablaufplanungsverfahren zur Ausnutzung der Parallelität beispielsweise als Nachoptimierungsverfahren implementiert werden.

LANCE

LANCE [248] ist ein an der Universität Dortmund entstandener retargetierbarer Compiler mit ANSI C-Front-End und einem C++-Programmierinterface für den Zugriff und die Manipulation der Zwischendarstellung, die aus Drei-Adress-Anweisungen in C-Syntax besteht. LANCE bietet zahlreiche auf der Zwischendarstellung anwendbare Standardoptimierungsverfahren an sowie ein Interface zur Spezifikation und Implementierung neuer Back-Ends.

Obwohl LANCE nicht so einfach retargetiert werden kann wie GCC und LCC, die ein Modul zur Generierung eines Back-Ends besitzen, hat LANCE zahlreiche Vorteile: Der Compiler ist nahezu maschinenunabhängig und kann daher eingesetzt werden zur Back-End-Entwicklung sehr unterschiedlicher Targets. Da die Drei-Adress-Anweisungen der Zwischendarstellung C-Syntax besitzen, kann der Zwischencode sogar jederzeit übersetzt und eigene Programmtransformationen somit simulativ validiert werden.

LANCE wurde bereits erfolgreich für die Entwicklung einiger eingebetteter Prozessoren, u. a. für einen ARM7 RISC-Prozessor erfolgreich eingesetzt.

7.11.4 Retargetierbare Compiler für DSPs

FLEXWARE

Das Entwurfssystem FLEXWARE [254, 312, 253], entwickelt bei der Firma STMicroelectronics, erlaubt die semiautomatische Generierung verschiedener Entwicklungswerkzeuge, insbesondere von Compiler, Debugger, Simulator und Profiler basierend auf der Maschinenbeschreibung eines Prozessors.

Im ersten Stadium der Entwicklung von FLEXWARE bestand das System aus zwei Hauptkomponenten, das sind INSULIN, ein VHDL-basierter Simulator eines benutzerdefinierten Instruktionssatzes und der Codegenerator CODESYN. Abbildung 7.34 zeigt den Aufbau und die Einbettung des Systems FLEXWARE. INSULIN basiert auf einem rekonfigurierbaren VHDL-Modell eines generischen Instruktionssatzprozessors.

Die Simulation von benutzerspezifischem Code erfolgt durch *Crossassemblierung* auf den generischen VHDL-Code. Diese Darstellung ermöglicht die taktzyklentreue Simulation der Codeausführung.

Der Codegenerator CODESYN lässt sich stichwortartig wie folgt beschreiben:

* Architekturdarstellung: gemischt Verhalten/Struktur,
* Codeselektion: Baumübersetzung und Baumüberdeckung,
* Registerbindung: Benutzt wird u. a. ein auf heterogene Registersätze modifizierter LEFTEDGE-Algorithmus. Register-Register-Umspeicherungen werden auch betrachtet,
* Ablaufplanung: Listscheduling.

Die Codegenerierung erfolgt in der Reihenfolge der Auflistung.

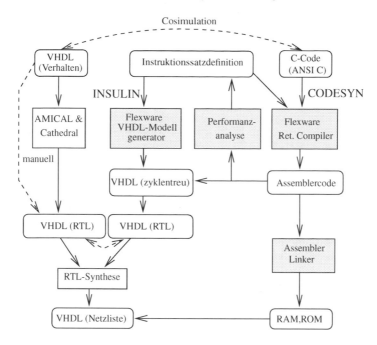

Abb. 7.34. Aufbau und Einbettung des Systems FLEXWARE (aus [310])

Um die Klasse der Zielarchitekturen zu erweitern, wurde eine neue Generation von retargetierbaren Compilern unter dem Namen FlexCC vorgestellt. Dieser CO-DESYN ersetzende retargetierbare Compiler arbeitet regelbasiert: Der Prozess der Codegenerierung erfolgt hier durch Ausführung einer Sequenz von Transformations-regeln. FLEXWARE zeichnet sich dadurch durch seine große Flexibilität aus. Das Werkzeug wird allerdings nur intern für Prozessorentwicklungen der Firma STMi-croelectronics eingesetzt.

CHESS

CHESS [325] bezeichnet ein bei IMEC in Leuven im Rahmen eines EU-Projektes entwickeltes Entwurfssystem. Es besteht aus einem retargetierbaren C-Compiler sowie retargetierbaren Assembler- und Linker-Werkzeugen. Weiterhin gestattet es die Generierung von VHDL-Code zur Synthese eines Targets. Die Zielarchitektu-ren von CHESS lassen sich als Digitale Signalprozessoren mit Festpunktarithme-tik, Einzyklenmaschinenbefehlen und heterogenen Registersätzen charakterisieren. Die Architekturbeschreibung erfolgt in nML [103], die Darstellung einer Anwen-dung in der Datenflusssprache DFL. Die interne Darstellung besteht aus Kontroll-Datenflussgraphen (CDFGs) und einem sog. *Instruction set graph* (ISG), der die Register und eine kompakte Darstellung des Instruktionssatzes beinhaltet (siehe

Abb. 7.35). Die Codegenerierung verläuft in sechs Phasen, die in folgender Reihenfolge durchlaufen werden:

- Optimierende Transformationen und Verfeinerung des CDFGs auf Mikrooperationen, die die Zielarchitektur implementieren kann.
- Codeselektion und Registervergabe: Bei ASIPs besitzen Verfahren, die auf einem Baumübersetzungsschema, gekoppelt mit dynamischer Programmierung, beruhen (z. B. [6]), folgende Nachteile: a) Die Verfahren setzen voraus, dass sowohl die Produktionsregeln als auch das gegebene Programm durch einen Baum beschrieben werden. b) Es wird angenommen, dass prinzipiell jedes Register zur Speicherung von Werten eingesetzt werden kann (homogener Registersatz). In CHESS [325] werden die Phasen der Codeselektion und Registerbindung gekoppelt betrachtet. Bei der Registervergabe werden zahlreiche Möglichkeiten betrachtet, Werte zwischen funktionalen Einheiten zu transportieren (engl. *routen*) [232]. Eine Kopplung mit der Ablaufplanung ist ebenfalls möglich durch Einsatz von heuristischen Schätzungsverfahren zur Ablaufplanung während des Vorgangs der Registervergabe.
- Anpassung der Wortbreiten der Daten an die Architektur (engl. *bit alignment*).
- (Globale) Ablaufplanung: Listscheduling, gekoppelt mit Kontrollflussoptimierungen wie z. B. *Software pipelining* [231, 139] und *Code hoisting* [324, 346, 427]. Zu letzteren Optimierungen gehört beispielsweise das Vereinfachen von Ausdrücken in Verzweigungsabfragen und das Verschieben schleifeninvarianten Codes etc.
- Emittieren des Zielcodes.

Abbildung 7.35 (aus [233]) gibt eine Übersicht über CHESS und dessen Kopplung mit einem Instruktionssatzsimulator mit dem Namen CHECKERS. In CHESS sind die Phasen der Codeselektion, Registervergabe, Wortbreitenanpassung und Ablaufplanung gekoppelt.

CHESS wird mittlerweile durch die Firma *Target Compiler Technologies* [385] kommerziell vertrieben.

CBC/SIGH/SIM

Von Fauth et al. (siehe z. B. [103]) an der TU Berlin wurde die Sprache nML (engl. *not a Machine Language*) entwickelt. In nML liegt eine Maschinenbeschreibung als Attributgrammatik vor: Produktionsregeln strukturieren die Beschreibung, Attribute definieren die Eigenschaften der Assemblersprache, insbesondere die Mnemonik der Assemblerbefehle. Das Ausführungsmodell von nML ist eine Maschine, die ein Programm mit einem einzigen Programmfluss (engl. *single thread*) ausführt. Dabei liegt das Programm im Speicher (RAM oder ROM) und wird über einen Befehlszähler (PC, engl. *program counter*) adressiert. Eine geladene Instruktion wird in einem Instruktionsregister gehalten, decodiert und ausgeführt. Als strukturelle Objekte werden hauptsächlich Speicher (RAM, Register) dargestellt, die entweder statisch oder dynamisch sein können. In jedem Zyklus ist nur ein Zugriff auf den Speicher erlaubt. Um zeitliches Verhalten, insbesondere Fließbandverarbeitung, beschreiben zu

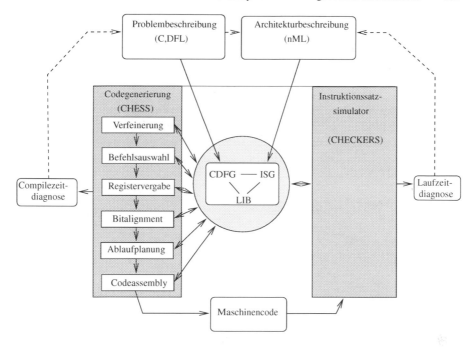

Abb. 7.35. Übersicht über das Entwurfssystem CHESS (aus [233])

können, werden Ausführungszeiten hier den Speichern zugewiesen, die Vorgänger von funktionalen Einheiten sind. Funktionale Einheiten besitzen keine Ausführungszeit.

In Abb. 7.36 (aus [102]) ist eine Übersicht über ein Entwurfsytem mit retargetierbarem Compiler und Simulator dargestellt, der auf der nML-Beschreibung des Instruktionssatzes basiert. Das System besitzt einen anpassbaren Codegenerator (CBC) und einen Instruktionssatzsimulator (SIGH/SIM).

7.11.5 Retargetierbare Compiler für VLIW-artige Architekturen

Bei Architekturen mit mehreren funktionalen Einheiten ist die Ablaufplanung enorm wichtig, um eine kurze Programmausführungszeit zu erzielen und um die Ressourcen gut auszulasten. Liegt genügend Parallelismus in der betrachteten Anwendung vor, so hat die Ablaufplanung großen Einfluss auf die Registervergabe- und bindung. Umgekehrt genauso: Müssen Variablen abgeworfen werden durch Generierung von Spillcode, so wird der Ablaufplan gestört. Eine gute Lösung dieses Phasenkopplungsproblems ist daher von enormer Wichtigkeit.

Zunächst ein kurzer Überblick über Ansätze zur Lösung des Phasenkopplungsproblems: Zu Ansätzen, die die Phasen der Ablaufplanung, Registervergabe und Registerbindung koppeln, zählen beispielsweise [136, 48, 282, 294]. Die in [282, 294] beschriebenen Techniken beginnen mit einer anfänglichen Registervergabe und bin-

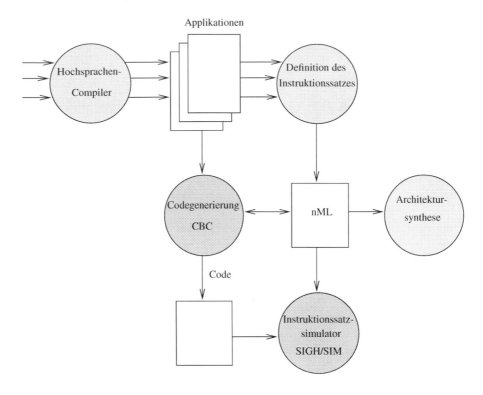

Abb. 7.36. Entwurfssystem CBC/SIGH/SIM (aus [102])

den Namen an ungebrauchte Register während der Ablaufplanung, ohne diese für andere Namen freizugeben (Registerabwurf). Im Gegensatz dazu stehen die Verfahren [136, 48], die die volle Registervergabe (mit Registerabwürfen) und Ablaufplanung in einem Durchlauf während des Ablaufs des Verfahrens entscheiden. Codeselektion und Ablaufplanung werden teilweise integriert durch Transformationen, die die Struktur von Ausdrücken durch Ausnutzung von Assoziativitäts- und Distributivitätseigenschaften arithmetischer und logischer Operationen ändern (z. B. *Tree height reduction* [293]). Zur Kopplung der drei Phasen Codeselektion, Registervergabe, -bindung und Ablaufplanung wurde auch ein ILP-Modell vorgeschlagen [436], das allerdings in der Anwendbarkeit auf kleinere Grundblöcke beschränkt ist.

EXPRESS

EXPRESS bezeichnet den Namen eines Projekts auf dem Gebiet retargetierbarer Compiler der UC Irvine [154]. Die mit EXPRESS generierbaren Werkzeuge umfassen die Eingabe, Simulation und Optimierung von Speicherhierarchien moderner VLIW-artiger und superskalarer Prozessorarchitekturen.

Als Beschreibungssprache der Architektur wurde die Sprache EXPRESSION entwickelt. In Erweiterung zu nML werden hier auch Einheiten mit Fließbandverarbeitung und komplexe Speicherarchitekturen detailgetreu modelliert. EXPRESS verwendet GCC als Front-End. Das Back-End baut auf folgendem, von Novack, Nicolau und Dutt stammenden heuristischen Verfahren mit Namen *Mutation scheduling* (MS) [298] auf: Mutation scheduling integriert die Phasen der Codeselektion, Registervergabe, -bindung und Ablaufplanung in einem Optimierungsverfahren: Beginnend mit einer anfänglichen Registervergabe, werden Abwägungen zwischen funktionalen Einheiten, Registern, Verbindungs- und Speicherbandbreiten der Zielarchitektur während des Verfahrens als Antwort auf sich ändernde Verfügbarkeiten von Ressourcen getroffen. Der Kern des Verfahrens basiert auf einem Algorithmus zur konstruktiven Erzeugung eines Ablaufplans: MS assoziiert jedem zu berechnenden Ausdruck A eine Menge $M(A)$ äquivalenter Ausdrücke, wobei jeder dieser Ausdrücke andere Ressourcen der Zielarchitektur benutzt. Falls die Ressourcen für eine aktuelle Instanz des Problems nicht verfügbar sind, wird für A ein anderer Ausdruck aus $M(A)$ benutzt. Man sagt dann: *A wurde mutiert*. Eine genaue Beschreibung des Ablaufs des Verfahrens und eine Diskussion der Kriterien für Mutationsentscheidungen befindet sich in [298]. EXPRESS unterstützt auch dynamische Phasenordnungen.

BUILDABONG

Das ASIP-Entwurfssystem BUILDABONG (engl. **build***ing special computer* **a***rchitectures* **based on** *architecture and compiler co-generation*) [109, 110, 111] wurde an der Universität Paderborn und später an der Universität Erlangen-Nürnberg mit dem Ziel der semiautomatischen Exploration optimaler Architektur/Compiler-Co-Designs entworfen. Abbildung 7.37 aus [110] gibt eine Übersicht über den Aufbau dieses Entwurfssystems.

Im ersten Schritt wird der Kontroll- und Datenpfad eines Prozessors auf der Basis einer Bibliothek von vorhandenen, parametrisierten Modulen graphisch eingegeben. Dazu gehören Register- und Speicherbänke, arithmetisch-logische Einheiten (ALUs), Busse etc. Der Editor mit Namen *ArchitectureComposer* ist in der Lage, basierend auf dieser Beschreibung ein zyklenakkurates und bitgenaues Modell der Register-Transfer-Architektur zu generieren und benutzt dabei den Formalismus sog. *Abstrakter Zustandsmaschinen* (engl. *abstract state machines, ASM*) nach Gurevich [151]. Insbesondere wird dabei die XML-Notation XASM [11] verwendet.

Basierend auf dieser ASM wird eine graphische Debugging- und Simulationsumgebung automatisch generiert. Als Eingabe erhält der generierte Prozessorsimulator ein Anwendungsprogramm, das vorher durch den zu retargetierbaren ASIP-Compiler in Assemblercode übersetzt wurde. Der Übersetzer wird dabei durch eine Skriptdatei (`rules.opt`) gesteuert, die die Anzahl und Häufigkeit von Compileroptimierungsläufen und -transformationen beschreibt. Diese Strategieskripte werden vom retargetierbaren Compiler lediglich interpretiert. Damit können verschiedene Optimierungsläufe während einer anschließenden Exploration automatisch generiert werden, siehe [109].

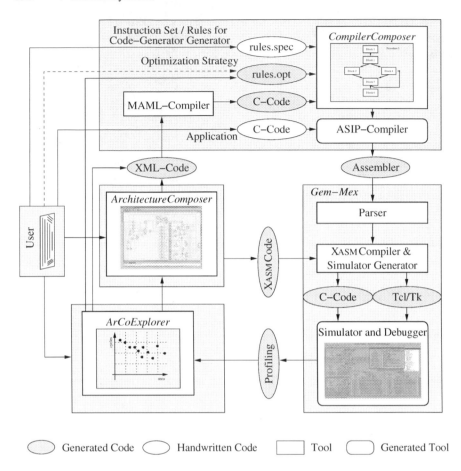

Abb. 7.37. Entwurfssystem BUILDABONG zur Architektur/Compiler-Co-Exploration (aus [110])

Der ASIP-Compiler selbst wird ebenfalls automatisch generiert basierend auf den Parametern der Prozessorarchitektur durch das Werkzeug *CompilerComposer*. Dazu muss der Entwerfer zunächst den Instruktionssatz festlegen und Grammatikregeln für die Befehlsauswahlphase in einer Datei spezifizieren mit Namen `rules.spec`. Für den Compiler wichtige Prozessorparameter werden automatisch aus der graphischen Eingabe extrahiert. Als Austauschformat zwischen Architektureingabewerkzeug *ArchitectureComposer* und dem Compilerwerkzeug *Compiler-Composer* wurde eine XML-basierte Notation mit Namen *MAML (MAchine Markup Language)* definiert, siehe [109].

Der Simulator dient nicht nur zum Debuggen, sondern kann auch zur Evaluierung von Programmeigenschaften eingesetzt werden. So lassen sich beispielsweise auch Häufigkeiten der Ausführung bestimmter Befehle, Ressourcenauslastungen oder die

Gesamtausführungszeit (in Takten) eines Programms festhalten und protokollieren. Dies wird in der Explorationsphase ausgenutzt, um die Effekte von Architekturänderungen und Compilerstrategien zu evaluieren. Das Explorationswerkzeug *ArCoExplorer* dient dabei der Exploration des von Architektur- und Compilerparametern aufgespannten Entwurfsraums.

Die beiden Werkzeuge *CompilerComposer* und *ArCoExplorer* [110] werden im Folgenden noch etwas näher beschrieben.

CompilerComposer ist ein retargetierbarer ANSI C-Compiler für ASIPs. Das Back-End dieses retargetierbaren Compilers ist auf Prozessoren mit Parallelismus in der Instruktionsausführung, insbesondere VLIW-artige Architekturen, spezialisiert. Abbildung 7.38 aus [109] illustriert Front-End und Back-End sowie die einzelnen Phasen des Compilers.

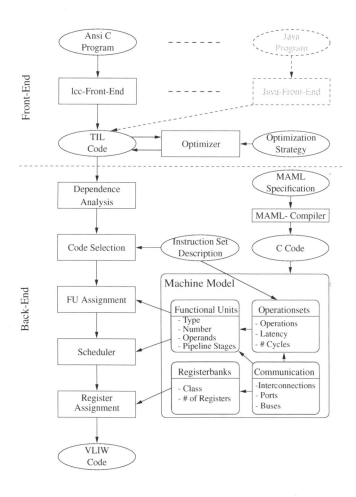

Abb. 7.38. Werkzeug *CompilerComposer*

Das Werkzeug basiert auf einer an der Universität Paderborn entwickelten Compilerentwicklungsumgebung [433, 376], mit der voll funktionsfähige Back-Ends für reale Prozessoren, beispielsweise SPARC- und PowerPC-Architekturen erfolgreich implementiert wurden. Als Front-End wird dabei der anfangs beschriebene Compiler LCC [118] verwendet (lexikalische und Syntaxanalyse). Aus der Zwischenbeschreibung von LCC wird aber nicht gleich Code für die Zielmaschine generiert, sondern ein für die Anwendung von maschinenunabhängigen Programmtransformationen zugängliches Format der Sprache TIL [433] (engl. *The Intermediate Language*). Basierend auf TIL sind beispielsweise alle in Abschnitt 7.9 aufgeführten Programmtransformationen und viele mehr implementiert. Der Aufruf solcher optimierenden Transformationen kann dabei entweder benutzergesteuert auf Kommandozeilenebene erfolgen oder mittels einer Skriptsprache beschrieben werden. Die Skriptsprache wird vom Compiler interpretiert. Auch sind, wie folgendes Beispiel zeigt, Sequenzen und Schleifen wiederholter Anwendung von optimierenden Programmtransformationen zulässig.

Ein Beispiel eines solchen Skripts ist in Abb. 7.39 aus [109] dargestellt. Die

```
STRATEGY
  FOR_EACH_PROC
    DO
      tail_rec_elimination;
      DO
        constant_propagation;
        constant_folding;
      UNTIL(stable);
      conditional_pruning;
      DO
        loop_merging;
      UNTIL(stable OR more_iter(2));
      block_fusion;
      unreach_code_elim;
    UNTIL(stable);
    END
END
```

Abb. 7.39. Beispiel eines Strategieskriptes im retargetierbaren Compiler *CompilerComposer* von BUILDABONG [109]

Programmtransformationen werden im Skript aufgerufen und dabei der Zwischencode transformiert. In Abbildung 7.39 wird die innere Optimierungsschleife iterativ aufgerufen, bis sich die Zwischendarstellung auf der Basis von Kontrollflussgraphen und Datenabhängigkeitsgraphen nicht mehr verändert (DO..UNTIL(stable)).

In der ersten Phase des retargetierbaren Back-Ends wird das optimierte *TIL*-Programm eingelesen und syntaktisch analysiert. Daraus wird für jede Funktion ein Grundblockgraph generiert. Weiterhin wird für jeden Basisblock ein gerichteter, azyklischer Datenabhängigkeitsgraph (engl. *operation dependence graph* (ODG)) erzeugt.

Bei der anschließenden Codegenerierung erfolgt zunächst die Befehlsauswahl. *CompilerComposer* verwendet hier den Codegenerator-Generator BURG [329], der aus der manuellen Beschreibung des Instruktionssatzes und den Befehlskosten einen Baumparser automatisch erzeugt. Bei der Befehlsauswahl werden die Operationen im ODG mit Assemblerinstruktionen annotiert. Anschließend erfolgt die Bindung der Operationen an funktionale Einheiten. Dabei werden die Anzahl, die Typen und die Fähigkeiten der Einheiten aus der vorhandenen Maschinenbeschreibung in MAML (*MAchine Markup Language*) extrahiert. Diese Informationen sind wichtig für die nachfolgende Ablaufplanungsphase. Die Ablaufplanung findet auf der Ebene einzelner Basisblöcke statt. Verschiedene Algorithmen können hier ausgewählt werden, unter anderem Listscheduling und Software pipelining. In der letzten Phase erfolgt dann die Registerallokation und -bindung. Damit hat die Ablaufplanung große Freiräume, was aber dazu führen kann, dass aufgrund von Registereinschränkungen zusätzlicher Spillcode erzeugt werden muss.

Abbildung. 7.40 zeigt ein Beispiel einer mit dem Werkzeug *ArchitectureComposer* eingegebenen Prozessorarchitektur. In diesem Editor können vorhandene parametrisierte Bibliothekseinheiten, z. B. Registerbänke, arithmetisch-logische Einheiten, Busse, Speicherkomponenten und Caches sowie zahlreiche Peripherieeinheiten, z. B. Ein/Ausgabe-Einheiten und Timer-Bausteine instantiiert werden. In einem Dialogfenster können die Parameter der einzelnen Einheiten, beispielsweise Wortbreiten, Anzahl Ein- und Ausgänge etc. dann angepasst werden. Nach Eingabe der Architektur kann eine Ausgabe von MAML erfolgen. Die MAML-Notation ist ein XML-Format, aus der dann ein Simulator generiert wird. Die MAML-Beschreibung des Prozessors dient auch dazu, dem retargetierbaren Compiler die notwendigen Informationen zur Zuweisung von Befehlen an funktionale Einheiten, zur Ablaufplanung und zur Registerbindung zur Verfügung zu stellen.

In [110] wird schließlich das Werkzeug *ArCoexplorer* zur Co-exploration von Compileroptimierungsstrategien und Prozessorarchitektur beschrieben. Der zu explorierende Entwurfsraum des Prozessors ist durch die Anzahl und Typen funktionaler Einheiten, Anzahl und Typen von Registerbänken sowie die Anzahl von Bussen begrenzt. Der Entwurfsraum des Compilers wird durch in obiger Skriptsprache (Abb. 7.39) beschriebene Optimierungsstrategien aufgespannt. Die Exploration basiert auf einem Mehrzieloptimierungsverfahren, das in einer innersten Schleife den Compilerentwurfsraum exploriert. In den nächsten drei äußeren Schleifen wird der Entwurfsraum der Prozessorarchitektur exploriert. In der äußersten Schleife werden schließlich einzelne Programme eines Benchmarks nacheinander analysiert. Zur Evaluierung eines Entwurfspunktes ist der Compiler zu retargetieren, die Programme des Benchmarks mit dem generierten Skript zu optimieren, Zielcode zu generieren und schließlich zur Evaluierung der Ausführungszeit dieser Code zu übersetzen und laufen zu lassen. Neben der Ausführungszeit werden monetäre Kosten und die Größe des generierten Codes (Programmspeicheraufwand), siehe auch [111], berücksichtigt und hinsichtlich dieser drei Kriterien Pareto-optimale Entwurfspunkte gesucht. Durch geeignete Verfahren zur Reduktion des Suchraums wurden für VLIW-artige

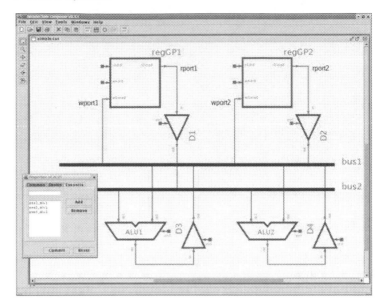

Abb. 7.40. *ArchitectureComposer* zur Eingabe und Parametrierung von Prozessorbeschreibungen

Architekturen und reale Benchmarks, u.a. DSPstone [452], passable Optimierungszeiten in der Größenordnung von einigen Stunden erzielt.

7.11.6 Kommerzielle retargetierbare Compiler

CoSy

CoSy ist eine Entwicklungsumgebung für retargetierbare Compiler, die durch die Firma ACE (*Associated Compiler Experts*) [17] vertrieben wird. Die Entwicklungsumgebung besitzt Front-Ends für C, C++, Fortran und Java und zeichnet sich durch seine übersichtliche und einheitliche Zwischendarstellung aus. CoSy wird ausgeliefert mit zahlreichen maschinenunabhängigen Transformationen zur Zwischencodeoptimierung, kann aber durch neue Transformationsphasen und Transformationen leicht erweitert werden. Erstaunlich unterschiedliche Back-Ends wurden erfolgreich basierend auf CoSy entworfen, z. B. sogar für die Synthese von dedizierten Hardwareschaltungen aus C-Beschreibungen.

Target Compiler Technologies

Das zuvor beschriebene Entwicklungssystem CHESS wird mittlerweile durch die Firma *Target Compiler Technologies* [385] kommerziell vertrieben.

Auf andere kommerzielle Ansätze auf dem Gebiet retargetierbarer Compiler wird noch in der Zusammenfassung in Abschnitt 7.13 eingegangen.

7.12 Softwaresynthese auf Modulebene

Bisher wurden Verfahren vorgestellt, die im Bereich der Softwaresynthese auf Block-ebene eingesetzt werden. Beginnend mit einem Hochsprachenprogramm, wird ein Assemblerprogramm für den ausgewählten Zielprozessor generiert.

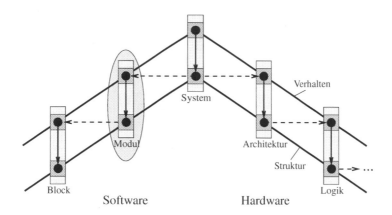

Abb. 7.41. Softwaresynthese auf Modulebene

Nun wird die *Modulebene* betrachtet, siehe Abb. 7.41. Die zu planenden Aufga-ben sind hier Tasks oder Prozesse, die in vielen Fällen *nichtdeterministische Berech-nungszeiten* aufweisen. Diese sind verursacht durch a) externe (asynchrone, nicht-voraussagbare) Ereignisse, b) durch Ausnahmebehandlungen und c) nicht exakt vor-aussagbare Berechnungszeiten, z. B. aufgrund datenabhängiger Verzweigungen etc. Daher stellt sich auf dieser Abstraktionsebene die Frage, welche Aufgaben zur Über-setzungszeit und welche Aufgaben zur Laufzeit gelöst werden können bzw. sollen. Laufzeitbehandlungen lassen sich allgemein besser in Software realisieren, da die Auslastung von Hardware in solchen Fällen i. Allg. schlecht wäre.

Für die Planung von Aufgaben zur Laufzeit wird häufig ein *Betriebssystem* einge-setzt. Deshalb wird zunächst auf die Rolle von Betriebssystemen zur Ablaufplanung von Tasks, insbesondere auf Echtzeitbetriebssysteme, eingegangen. Die wesentli-chen Algorithmen zur Ablaufplanung wurden bereits in Kapitel 4 vorgestellt. Ba-sierend auf diesen Grundlagen wird gezeigt, welche Syntheseverfahren und Codeop-timierungen speziell für datenflussdominante Systeme sowie kontrollflussdominante Systeme nützlich sind und welche Aufgaben für solche Systeme sinnvollerweise zur Übersetzungszeit bzw. zur Laufzeit durchgeführt werden sollten.

7.12.1 Betriebssysteme

Ein *Betriebssystem* (engl. *operating system*) dient der dynamischen Verwaltung der Ressourcen eines Rechners. Zu den Hauptaufgaben eines Betriebssystems zählen:

- *Speicherverwaltung*: Hierzu gehört die Vergabe und Freigabe von Speichern auf verschiedenen Ebenen, z. B. Cache, Hauptspeicher, Sekundärspeicher und Dateisysteme.
- *Prozessverwaltung*: In der Betriebssystemwelt bezeichnet ein Prozess ein Programm. Neben dem eigentlichen Programmcode enthält ein Prozess auch Informationen über den aktuellen Inhalt des Befehlszählers und der Prozessorregister, über lokale Daten etc. [361]. Zu den Aufgaben der Prozessverwaltung gehört das Kreieren und Löschen von Prozessen, die Bereitstellung von Mechanismen zur Prozesssynchronisation und Prozesskommunikation sowie das Verwalten von Ein- und Ausgaberessourcen und die Ablaufplanung von Prozessen auf der CPU-Ressource.
- *Sicherheits- und Schutzfunktionen*: Diese Funktionen betreffen die Regelung von Zugriffsrechten auf gemeinsam genutzte Ressourcen, insbesondere Dateisysteme, Speichersegmente etc.

Im Folgenden wollen wir uns auf den Teil des Betriebssystems konzentrieren, der sich mit der Verwaltung von Prozessen, insbesondere mit der Ablaufplanung auf der CPU-Ressource, beschäftigt. Allgemeine Aspekte von Betriebssystemen behandeln zahlreiche Lehrbücher, z. B. [361, 368, 383].

Ein Prozess besitzt i. Allg. mehrere Zustände. Typische Zustände und Zustandsübergänge von Prozessen sind in Abb. 7.42 dargestellt. Das Betriebssystem verwaltet für jeden Prozesszustand die Menge der sich in diesem Zustand befindlichen Prozesse. Ein neuer Prozess wird z. B. über einen Befehl *create* in den Zustand *ready* überführt. Dieser Zustand charakterisiert die Menge der laufbereiten Prozesse.

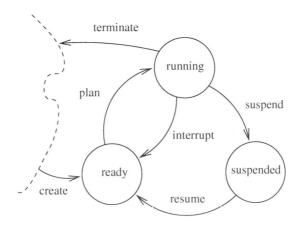

Abb. 7.42. Typische Zustände und Zustandsübergänge von Prozessen in einem Betriebssystem

Da auf einer CPU immer nur ein Prozess laufen kann (Prozesszustand *running*), wählt der sog. *CPU-Scheduler* einen Prozess im Zustand *ready* aus und plant diesen Prozess auf der CPU. Der jeweils laufende Prozess kann i. Allg. durch verschiedene

Mechanismen in andere Zustände versetzt werden: a) Der Prozess ist fertig abgearbeitet. Dann wird der Prozess terminiert (Befehl *terminate*). b) Der Prozess wird z. B. durch einen laufbereiten Prozess höherer Priorität oder durch das Ablaufen eines maximalen Zeitquantums (vgl. bei der Round-robin-Ablaufplanung) unterbrochen (engl. *interrupted*). c) Falls ein Prozess auf eine Eingabe oder ein Ereignis zur Synchronisation mit einem anderen Prozess warten muss, wäre die CPU schlecht ausgelastet. Folglich wird ein solcher Prozess *suspendiert* in einen Zustand *suspended*, siehe auch in Abb. 7.42. Bei Beendigung der Eingabe bzw. bei Eintreten des Ereignisses, auf das der Prozess gewartet hat, wird der Prozess wieder laufbereit (Zustandsübergang *resume*).

7.12.2 Echtzeitbetriebssysteme

Da bei eingebetteten Systemen häufig Echtzeitbedingungen zu erfüllen sind, spielen hier sog. *Echtzeitbetriebssysteme* (engl. *real-time operating systems* (RTOS)) eine wichtige Rolle. Ein wichtiges Kriterium für ein solches System ist die Voraussagbarkeit (engl. *predictability*) des zeitlichen Verhaltens, z. B. der Erfüllbarkeit von Deadlines einer gegebenen Menge von Tasks. Diese hängt stark von den Ausführungszeiten der elementaren Funktionen des Betriebssystems ab. Insbesondere müssen die Ausführungszeiten der Primitive zur Prozessverwaltung, Speicherverwaltung und Interprozesskommunikation klein und beschränkt sein.

Grundsätzlich lassen sich drei Klassen von Echtzeitbetriebssystemen unterscheiden:

- *Echtzeitbetriebssystemkerne* (engl. *real-time kernels*), z. B. VRTX [337], VxWorks von Wind River Systems [437] oder QNX Neutrino [173]. Diese Betriebssysteme zeichnen sich durch einen kleinen Umfang elementarer Funktionen aus (den Kern) und sind auf minimale Kontextwechselzeiten und schnelle Interruptverarbeitung optimiert. Gerätetreiber, Protokollstack und ein Dateisystem gehören hier meist nicht dem Kern an genauso wenig wie Anwendungen. VxWorks erweiterte VRTX (engl. *versatile real-time executive*) um Dateiverwaltungsdienste und eine Entwicklungsumgebung. VRTX gibt es für verschiedene Prozessorplattformen, aber auch für System-on-a-Chip-Technologie. VRTX gehört zum Hause Mentor Graphics, VxWorks wird von der Firma Wind River Systems entwickelt und vertrieben. Systeme, die unter VxWorks laufen, sind beispielsweise der Marsrover Spirit sowie voraussichtlich die Boeing 787 Dreamliner. Die meisten der beschriebenen Systeme unterstützen die Entwicklung von Echtzeitanwendungen durch präemptive, prioritätsbasierte Ablaufplanung der CPU-Ressource. Eine Übersicht über Ablaufplanungsverfahren bei Vorhandensein von Echtzeitanforderungen erfolgte in Kapitel 4. Einige Systeme, unter anderem QNX, unterstützen auch Mehrprozessoranwendungen. Die Voraussagbarkeit bei den genannten Systemen ist hoch, da die verwendeten Funktionen häufig durch Primitive unterstützt werden, die nachweislich eine beschränkte Ausführungszeit haben. Speziell für System-on-a-Chip-Technologie sind solche kleinen Betriebssysteme sehr effizient, portabel für verschiedene Prozessorarchitekturen und erweiterbar bzw. anpassbar, da oft in Quellcode vorliegend. Hierzu gehört beispielsweise auch das kostengünstige Betriebssystem MicroC/OS-II [227], das es für viele Prozessortypen gibt.

- *Standard-Betriebssysteme mit Echtzeiterweiterungen*: Hierzu gehören Erweiterungen von UNIX, z. B. RTLinux. RTLinux ist eine Erweiterung von Linux zu einem Echtzeitbetriebssystem, die ursprünglich an der Universität von New Mexico entwickelt wurde. RTLinux wird heute in einer freien und kommerziellen Version von der Firma FSMLabs vertrieben. Solche Erweiterungen haben den Vorteil, dass man Tasks, die nicht echtzeitfähig laufen müssen, in gewohnter Manier behandeln kann. Zur Realisierung und Garantie von Echtzeitfähigkeit gibt es einen echtzeitfähigen Kern, wobei das Standard-Betriebssystem dann als eine normale Task ausgeführt wird. Fehler in Funktionen des normalen Betriebssystems stören so nicht den sicherheits- und echtzeitkritischen Teil solcher hybriden Lösungen. Im Allgemeinen sind solche Erweiterungen aber deutlich langsamer in den Reaktionszeiten als Echtzeitbetriebssystemkerne und weniger vorhersagbar. Außerdem besitzen sie unter Umständen einen viel zu großen Speicherbedarf. Probleme bereiten schließlich auch Gerätetreiber, die möglicherweise in beiden Teilen auf gleiche Ressourcen zugreifen können.

- *Systeme aus der Forschung*: Solche Systeme besitzen neben den Vorteilen von Echtzeitbetriebssystemkernen auch häufig den Vorteil, dass sie eine umfangreiche Unterstützung zur Implementierung und Evaluierung von Applikationen liefern. Häufig sind sie leider auf sehr spezielle Anwendungsbereiche oder Zielarchitekturen festgelegt.

Im Folgenden beschäftigt uns die Frage, welche Aufgaben der Synthese vom Betriebssystem und damit zur Laufzeit gelöst werden sollen und welche Aufgaben man zur Übersetzungszeit lösen kann bzw. sollte. Dabei wird auf zwei ganz unterschiedliche Anwendungsbereiche eingegangen, nämlich auf datenflussdominante Systeme, deren Verhalten auf Modulebene häufig durch Datenflussgraphen und ähnliche Modelle beschrieben wird, und auf kontrollflussdominante Systeme. Während bei ersteren häufig periodische Probleme mit festen Datenraten betrachtet werden, treten bei letzteren häufig nicht voraussagbare externe Ereignisse und nichtdeterministische Berechnungszeiten auf. Weiterhin wird kurz auf sog. *Ablaufplanungsanomalien* eingegangen, die bei prioritätsbasierter Ablaufplanung durch Zugriffe auf geschützte Ressourcen, z.B. geteilte Variablen- und Speicherbereiche, auftreten können.

7.12.3 Codegenerierung für datenflussdominante Systeme

Betrachtet wird das Problem der Codegenerierung für datenflussdominante Systeme auf Modulebene. Zur Beschreibung der folgenden Sachverhalte wird der Einfachheit halber davon ausgegangen, dass eine Spezifikation in Form eines konsistenten SDF-Graphen $G(V, E, cons, prod, d)$ vorliegt, bei dem die Knoten (oder Aktoren) die Granularität von komplexen Operationen besitzen, die beispielsweise durch einzelne C-Funktionen, C++-Klassen oder Module in SystemC spezifiziert sind, z. B. Filter, Modulatoren, FFT-Blöcke etc.

Gesucht ist eine Softwareimplementierung des Graphen G, möglicherweise auf einer Architektur mit mehreren Prozessoren. Von Lee et al. [240] stammt folgende Klassifikation, die Verfahren zur Ablaufplanung und Bindung danach charakterisiert, ob diese Probleme zur Übersetzungszeit oder zur Laufzeit gelöst werden. Neben der Bindung und der Ablaufplanung, die den absoluten Zeitpunkt der Ablaufplanung eines Aktors bestimmt, wird unterschieden, wann für jede Prozessorressource die Reihenfolge der Ablaufplanung der an sie gebundenen Aktoren bestimmt wird:

- *Volldynamische Verfahren*: Bei volldynamischen Verfahren wird die Bindung von Aktoren, die Ablaufreihenfolge und die Ablaufplanung zur Laufzeit bestimmt. Betrachtet man einen Aktor als Prozess, so ist er laufbereit, wenn alle seine Eingangskanten genügend Daten besitzen.
- *Statische Bindung*: In diesem Fall wird ein Knoten zur Übersetzungszeit an eine Prozessorressource gebunden. Jedoch werden die Ablaufreihenfolge und die Ablaufplanung zur Laufzeit von einem auf jeder Ressource lokalen CPU-Scheduler bestimmt.
- *Selbsttaktende Realisierung*: Hier werden die Bindung und die Ablaufreihenfolge zur Übersetzungszeit bestimmt. Ein lokaler CPU-Scheduler fällt hier sehr primitiv aus, da er nur die Laufbereitschaft der an den Prozessor gebundenen Prozesse überprüfen muss.
- *Vollstatische Verfahren*: Bei vollstatischen Verfahren werden Bindung und Ablaufplanung zur Übersetzungszeit bestimmt.

Zu oben genannten Unterscheidungen folgt jeweils ein Beispiel.

Beispiel 7.12.1. Man betrachte den in Abb. 7.43a) dargestellten SDF-Graphen $G(V, E, cons, prod, d)$ mit drei Knoten $v_x, v_y, v_z \in V$, zwei Kanten $a = (v_x, v_y) \in E$ und $b = (v_y, v_z) \in E$, den Werten der auf den Kanten produzierten bzw. konsumierten Daten $prod(a) = 4$, $cons(a) = 1$, $prod(b) = 3$ und $cons(b) = 1$ und dem Vektor der anfänglichen Daten $d = (d(a), d(b))^T = (0, 0)^T$. Der Graph soll auf der in 7.43b) dargestellten Zielarchitektur mit zwei Universalprozessoren P_A und P_B implementiert werden. Die beiden Prozessoren können über einen bidirektionalen Bus miteinander Daten austauschen.

Im Falle einer volldynamischen Ablaufplanung könnte die Implementierung eines CPU-Schedulers mit folgender Prozedur beschrieben werden:

```
VOLLDYNAMISCH(G(V, E, prod, cons, d)) {
REPEAT {
        FOR (i = 1) TO |V| {
                Bestimme Feuerbereitschaft von v_i;
        }
        FOREACH (feuerbereiten Knoten v_i) {
                IF (∃ freier Prozessor P_j) {
                        β(v_i) := P_j;
                        Plane v_i auf Prozessor P_j;
                }
```

a)

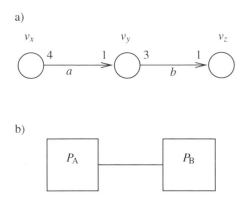

b)

Abb. 7.43. SDF-Graph a) und Zielarchitektur mit zwei Universalprozessoren P_A und P_B b)

```
    }
UNTIL (false);
}
```

Der Algorithmus bestimmt in jedem Durchlauf der REPEAT-Schleife die Menge von feuerbereiten Knoten. Dies sind diejenigen Knoten, die auf jeder Kante $e \in E$, deren direkter Nachfolger sie sind, mindestens $cons(e)$ Daten besitzen. Falls es für diese Menge von Knoten Prozessoren gibt, an die die Knoten gebunden werden können und die nicht gerade belegt sind, erfolgt die Bindung und Planung auf einem dieser freien Prozessoren. Es gelte die Annahme, dass es einen globalen Controller gibt, auf dem die obige Prozedur läuft und dem von jedem Prozessor der Abschluss der Berechnung eines Knotens gemeldet wird.

Das primitive Verfahren VOLLDYNAMISCH() sollte zumindest um Heuristiken zur intelligenten Auswahl von zu planenden Knoten erweitert werden, so dass beispielsweise möglichst wenig Daten entlang der Kanten anfallen, die dann auf den Prozessoren (entweder Sender oder Empfänger) gespeichert werden müssen. Um beispielsweise auch die Größe von Programmspeichern auf den Prozessoren klein zu halten, könnte die Bindung so erfolgen, dass bestimmte Aktoren nur an bestimmte bzw. immer an den gleichen Prozessor gebunden werden können.

Beispiel 7.12.2. Zur Berechnung eines iterativen Ablaufplans mit beschränktem Speicher bestimmt man den minimalen Repetitionsvektor des Graphen G. Die Topologiematrix C ergibt sich als

$$C = \begin{pmatrix} -4 & 0 \\ 1 & -3 \\ 0 & 1 \end{pmatrix}$$

Den minimalen Repetitionsvektor γ^* erhält man durch Bestimmung des kleinsten, von 0 verschiedenen, positiven Vektors im ganzzahligen Nullraum von C^T

$(C^T \gamma^* = 0)$ zu $\gamma^* = (1, 4, 12)^T$. Das heißt, dass in jedem periodischen Ablauf Knoten v_x genau einmal, Knoten v_y genau viermal und Knoten v_z genau zwölf mal feuert, um die anfängliche Tokenverteilung wieder zu erreichen.

Im folgenden Beispiel soll gezeigt werden, wie eine selbsttaktende Realisierung eines SDF-Graphen aussehen könnte.

Beispiel 7.12.3. Bei einer selbsttaktenden Realisierung erfolgt die Bindung statisch, d. h. zur Übersetzungszeit. Eine mögliche Bindung für den in Beispiel 7.12.1 eingeführten SDF-Graphen G wäre die Bindung $\beta(v_x) = P_A$, $\beta(v_y) = \beta(v_z) = P_B$.[15]

Im Weiteren wird hier die Reihenfolge der Ablaufplanung zur Übersetzungszeit festgelegt. Zur Beschreibung einer Ablaufplanungsreihenfolge auf einem Prozessor wurden bereits in Kapitel 4 Folgen von Knoten benutzt. Einen periodischen Ablaufplan kann man beispielsweise durch eine Folge von Knoten beschreiben, in der eine Feuerung von Knoten v_x auf Prozessor P_A, vier Feuerungen von Knoten v_y auf Prozessor P_B und zwölf Feuerungen von Knoten v_z auf Prozessor P_B vorkommen und der sich dann zyklisch wiederholt. Im Beispiel ist die Bestimmung der Ablauffreihenfolge auf P_A trivial. Jedoch gibt es offensichtlich für P_B zahlreiche Alternativen. Eine mit Aktor v_z beginnende Folge der Form $(v_z, \cdots)$ wäre sicherlich ungültig, da Knoten v_z erst dann feuern kann, wenn Knoten v_y mindestens einmal gefeuert hat. Die Reihenfolge $(v_y, v_y, v_y, v_y, v_z, v_z, v_z, v_z, v_z, v_z, v_z, v_z, v_z, v_z, v_z, v_z)$ wäre gemäß der Bedingung der Feuerbereitschaft eines Knotens eine gültige Reihenfolge, die sich nach Ablauf dann periodisch wiederholt. Obige Reihenfolgen lassen sich in einer kompakteren Schreibweise darstellen, indem man geklammerte und geschachtelte Terme zulässt wie z. B. $((4v_y), (12v_z))$ für obige Reihenfolge oder $(4(v_y, (3v_z)))$. Im letzten Ablaufplan wird viermal ein Ablaufplan wiederholt, in dem Knoten v_y und dann dreimal Knoten v_z geplant wird. Solche Terme heißen auch *Looped schedules* [38], [39].

Nun wird angenommen, dass die Abarbeitung eines Knotens auf einem Prozessor nicht nur von der lokalen Ablaufplanungsreihenfolge abhängt, sondern auch davon, ob Daten von anderen Prozessoren verfügbar sind, die für die Feuerbereitschaft eines Knotens notwendig sind. So kann Prozessor P_B die erste Knotenfeuerung von v_y erst dann beginnen, wenn v_x auf Prozessor P_A gefeuert hat und die Daten gemäß Kante $a \in E$ über den Bus von P_A zu P_B, z. B. mittels eines Handshake-Protokolls, transportiert worden sind. Mit diesen Vorstellungen könnte ein selbsttaktendes Verfahren für obige Bindung und für den Ablaufplan $((4v_y), (12v_z))$ folgenden Code ausgegeben:

Prozessor P_A:

```
REPEAT {
      Codesegment für v_x;
      SendData(a,4);
```

---

[15] Eine zyklostatische Bindung, die unterschiedliche Iterationen eines Aktors an unterschiedliche Prozessoren bindet, wäre hier auch denkbar, solange sie zur Übersetzungszeit bestimmt wird.

```
}
UNTIL (false);
```

Prozessor P_B:

```
REPEAT {
      FOR (i = 1) TO 4 {
              ReceiveData(a,1);
              Codesegment für vy;
              WriteData(b,3);
      }
      FOR (i = 1) TO 12 {
              ReadData(b,1);
              Codesegment für vz;
      }
}
UNTIL (false);
```

Dabei stellt „Codesegment" den Programmcode für einen Aktor dar. Die Funktionen ReadData(e,n) und WriteData(e,n) stellen Lese- bzw. Schreiboperationen auf lokalen Speicherbereichen zur Speicherung der Daten einer Kante $e \in E$ dar. Solche Speicher sind als Ringpuffer (FIFO) implementiert. n gibt die Anzahl zu lesender bzw. zu schreibender Daten an. SendData(e,n) ist ein nichtblockierender Schreibzugriff auf Daten, die zwischen Prozessoren ausgetauscht werden. ReceiveData(e,n) stellt einen blockierenden Lesezugriff dar. Implementierungsdetails sind an dieser Stelle mit Absicht vernachlässigt.

Zuletzt werden die Probleme vollstatischer Verfahren zur Implementierung von SDF-Graphen bei Ein-Prozessor-Systemen betrachtet.

Beispiel 7.12.4. Betrachtet wird der in Beispiel 7.12.1 eingeführte SDF-Graph $G(V, E, cons, prod, d)$. Eine Implementierung der Ablaufplanungsreihenfolge ($v_x, v_y, v_y, v_y, v_y, v_z, v_z, v_z, v_z, v_z, v_z, v_z, v_z, v_z, v_z, v_z, v_z$) könnte hier wie folgt aussehen:

```
REPEAT {
        Codesegment für vx;
        WriteData(a,4);
        ReadData(a,1);
        Codesegment für vy;
        WriteData(b,3);
        ReadData(a,1);
        Codesegment für vy;
        WriteData(b,3);
        ReadData(a,1);
        Codesegment für vy;
        WriteData(b,3);
        ReadData(a,1);
```

```
        Codesegment für v_y;
        WriteData(b,3);
        ReadData(b,1);
        Codesegment für v_z;
            ⋮
            ⋮
        ReadData(b,1);
        Codesegment für v_z;
}
UNTIL (false);
```

Inlining

Ein nach obigem Schema bestimmter Code, der für jede Aktorfeuerung das entsprechende Codesegment in den Quellcode des Zielprogramms kopiert, heißt *Inlining* und ist weit verbreitet bei Architekturen, bei denen Unterprogrammaufrufe teurer sind als Programmspeicher. Inlining wird auch häufig als *Makroexpansion* bezeichnet, z. B. bei der Assemblerprogrammierung.

Minimierung des Programmspeicheraufwands

Unter der Voraussetzung, dass im Weiteren für den Zielprozessor Code durch Inlining generiert wird, ist man nun an Ablaufplanungsreihenfolgen interessiert, die den Programmspeicheraufwand minimieren. Für die Minimierung des Programmspeicheraufwands sind hier die erwähnten *Looped schedules* interessant.

Beispiel 7.12.5. Für den gültigen Looped schedule $(v_x, (4v_y), (12v_z))$ für den SDF-Graphen in Abb. 7.43a) wird Code durch Inlining generiert:

```
REPEAT {
        Codesegment für v_x;
        WriteData(a,4);
        FOR (i = 1) TO 4 {
                ReadData(a,1);
                Codesegment für v_y;
                WriteData(b,3);
        }
        FOR (i = 1) TO 12 {
                ReadData(b,1);
                Codesegment für v_z;
        }
}
UNTIL (false);
```

Bei Inlining wird für obiges Codegenerierungsschema häufig ein sehr einfaches Modell zur Abschätzung des benötigten Speicheraufwands hergenommen, nämlich

die Anzahl der Vorkommen von Knotenbezeichnern in einem Looped schedule oder
eine mit den Codegrößen der Aktoren gewichtete Summe der Anzahl dieser Vorkommen, siehe z. B. [38]. In obigem Beispiel taucht im Quellcode offensichtlich
jedes Codesegment nur einmal auf, was der Anzahl der Vorkommen von Knotenbezeichnern in dem Looped schedule $(v_x, (4v_y), (12v_z))$ entspricht. Für einen gege-
benen SDF-Graphen $G(V, E, prod, cons, d)$ mit $|V|$ Knoten ist $|V|$ damit eine unte-
re Schranke für den benötigten Speicherbedarf. Gültige Looped schedules, bei denen jeder Knotenbezeichner nur genau einmal vorkommt, heißen *Single appearance
schedules* (SAS) [38].

Man kann allerdings leicht zeigen, dass es nicht für jeden SDF-Graphen einen
SAS gibt (siehe z. B. in Übungsaufgabe 7.11). Das Problem der Codegenerierung
mit minimalem Programmspeicheraufwand lässt sich mit der Definition von Looped
schedules als ein *Clusteringproblem* ausdrücken. Dabei muss als Nebenbedingung
die Gültigkeit von Ablaufplänen gewährleistet und unter Umständen eine Beschränkung des maximal verfügbaren Datenspeicherbereiches eingehalten werden. In [38]
haben Bhattacharyya und Lee Algorithmen zu dieser Problematik vorgestellt, insbesondere ein hierarchisches Clusteringverfahren, das iterativ Paare benachbarter
Knoten im Graphen zu Clustern zusammenfasst, was einer Generierung genesteter
Schleifen im Ablaufplan entspricht. Für Spezialfälle haben Murthy et al. [288] effiziente Algorithmen vorgeschlagen. Clustering kann auch im Falle großer Systeme
nützlich sein, die Komplexität des Ablaufplanungsproblems zu reduzieren. Zum Beispiel beschreiben Kianzad et al. in [211] einen zweistufigen Ansatz zur Bindung und
Ablaufplanung von Taskgraphen für Multiprozessorsysteme. Zuerst wird ein gegebener Graph in Cluster aufgeteilt und anschließend eine Ablaufplanung der Cluster
optimiert.

Minimierung des Datenspeicheraufwands

Die benötigte Größe eines Datenspeichers kann z. B. als Summe der maximalen
Anzahl von Daten, die während der Ablaufplanung auf den Kanten des Graphen
akkumulieren, approximiert werden:

$$D = \max_k \left\{ \sum_{e \in E} d(e, k) \right\}$$

Dabei sei $d(e, k)$ die Anzahl der Daten auf Kante $e \in E$ nach k Feuerungen von
Knoten, $k = 1, \cdots, \sum_{i=1}^{|V|} \gamma_i^*$. Dabei stellt k den Zeitpunkt dar, nachdem insgesamt k
Knoten gefeuert haben.

Für einen gegebenen Looped schedule kann die Anzahl der akkumulierten Daten
entlang der Kanten in einem Speicherprofil angegeben werden, wie z. B. für den Ablaufplan $(v_x, (4v_y), (12v_z))$ in Abb. 7.44 dargestellt. Der maximale Speicheraufwand
tritt nach $k = 5$ Knotenfeuerungen auf und beträgt 12 Daten.

Offensichtlich muss ein Single appearance schedule nicht notwendigerweise
auch den maximalen Datenspeicheraufwand minimieren, wie das Speicherprofil der
Kanten für den Ablaufplan $(v_x, (4(v_y, (3v_z))))$ in Abb. 7.45 zeigt.

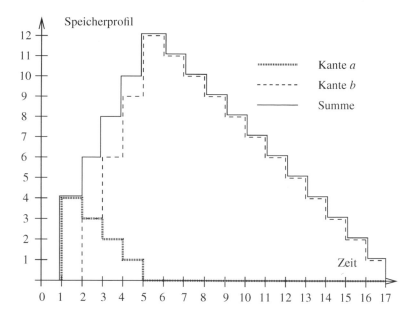

Abb. 7.44. Profil der akkumulierten Daten für den Looped schedule $(v_x, (4v_y), (12v_z))$

Bei statischer Allokation eines Ringpuffers pro Kante eines SDF-Graphen könnte man den maximalen Speicherbedarf beispielsweise approximieren durch die Funktion

$$D = \sum_{e \in E} \left(\max_k \{d(e,k)\} \right)$$

Beispiel 7.12.6. Für den Ablaufplan $(v_x, (4v_y), (12v_z))$ in Abb. 7.44 beläuft sich nach dieser Formel der Speicherbedarf auf $D = 4 + 12 = 16$ Einheiten, für den Ablaufplan $(v_x, (4(v_y, (3v_z))))$ in Abb. 7.45 beträgt der Datenspeicheraufwand $D = 4 + 3 = 7$ Einheiten.

In [288] fließt das Problem der Datenspeicherminimierung als zweites Optimierungskriterium ein: Unter allen programmspeicherminimalen Ablaufplänen sucht man diejenigen, die den Datenspeicherbedarf minimieren. Das Buch von Murthy et al. [287] beschreibt Techniken zum Speichermanagement bei der Softwaresynthese von DSP-Software. Ein Austauschformat für die Analyse von Speicher- und Lebendigkeitseigenschaften von Datenflussmodellen wird in [181] beschrieben. Die Synthese von Software aus Datenflussmodellen heraus wird in [39] und [37] ausgiebig behandelt. Neben der Minimierung von Programmspeicheraufwand und Datenspeicheraufwand ist auch beispielsweise die Ausführungszeit einer periodischen Abarbeitung der Aktoren ein drittes Optimierungsziel in [396, 447]. Dort werden mit Hilfe evolutionärer Mehrzieloptimierungsverfahren Pareto-optimale Ablaufpläne generiert, bei denen für jeden Aktor gleichzeitig bestimmt wird, ob der zugehörige

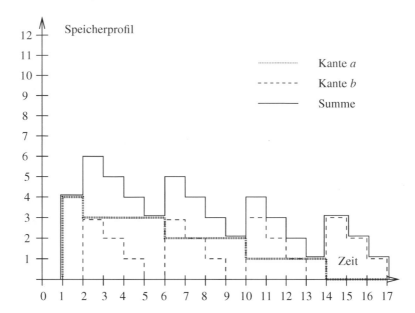

Abb. 7.45. Profil der akkumulierten Daten für den Looped schedule $(v_x, (4(v_y, (3v_z))))$

Code-Block bei jeder Aktivierung repliziert wird (sog. Makromodell) oder als Unterprogramm aufgerufen wird. In [22] wird eine Kombination von lokalen Suchverfahren mit evolutionären Algorithmen zur globalen Suche vorgestellt.

Erste Ansätze und Erweiterungen von Datenflussmodellen in Richtung Parametrisierung von Aktoren und Modellierung von zeitlich veränderlichem Aktorverhalten findet man schließlich in [36].

7.12.4 Externe Ereignisse ⊗

Datenabhängige Berechnungszeiten tauchen insbesondere bei kontrollflussdominanten Systemen auf. Beispiele sind nicht voraussagbare externe Ereignisse wie z. B. das Drücken einer Taste oder das Auslösen eines Alarmsignals durch einen Sensor.

Beispiel 7.12.7. Man betrachte folgende Spezifikation (aus [75]). Ein Filter soll nach Drücken einer Taste `key1` gestartet werden und solange aktiv sein, bis eine zweite Taste `key2` gedrückt (`key2.posedge_event()`) und wieder losgelassen wird (`key2.negedge_event()`). Folgender Ausschnitt der Spezifikation in SystemC beschreibt das erwartete Verhalten mit drei nebenläufigen, jedoch in sich sequentiellen SystemC-Prozessen vom Typ `SC_THREAD`.

```
void init_proc()
{
  while(true) {
    wait(key1.posedge_event());
```

```
      stop = false;
      init_filter();
      go = true;
    }
  }

  void filter_proc()
  {
    while(true) {
      if (go == false) {
        wait(go.posedge_event());
      }
      while(stop == false) {
        filter_body();
      }
    }
  }

  void stop_proc()
  {
    while(true) {
      wait(key2.posedge_event());
      wait(key2.negedge_event());
      stop = true;
      go = false;
    }
  }
```

Der Prozess init_proc wartet auf das Ereignis key1.posedge_event(). Dann wird eine Variable stop auf false gesetzt, eine Prozedur init_filter() aufgerufen und durch Setzen der Variablen go auf true der Prozess filter_proc aktiviert. Dieser führt in einer Schleife solange die Filterfunktion filter_body() aus, bis stop true wird. Dies erfolgt durch Drücken und anschließendes Loslassen der Taste key2 in Prozess stop_proc.

Offensichtlich lassen sich die Berechnungszeiten dieser nebenläufigen Prozesse mit wait()-Anweisungen nicht vorhersagen. Um eine Analyse des Zeitverhaltens solcher Spezifikationen zu ermöglichen, hat Gupta die Aufteilung solcher Prozesse in einzelne *Program threads* [146] vorgeschlagen, bei denen maximal eine wait()-Anweisung und diese nur am Anfang eines Program threads auftauchen darf.

Beispiel 7.12.8. Man betrachte erneut die Spezifikation in Beispiel 7.12.7. Lediglich Prozess stop_proc besitzt zwei wait()-Anweisungen. Während die Prozesse init_proc und filter_proc einzelnen Threads entsprechen, kann man den Prozess stop_proc in zwei Threads aufteilen, wobei der erste nur die wait()-Anweisung wait(key2.posedge_event()); enthält und bei Auftreten dieses Ereignisses einen zweiten Thread aktiviert, der die wait(key2.negedge_event())-Anweisung als erste Anweisung enthält.

Alternative Ausführungszweige können in unterschiedliche Threads gruppiert werden, die durch das Ereignis, für den der Zweig durchlaufen wird, aktiviert werden.

Nun werden Threads, die durch die gleiche Operation mit nichtdeterministischer Berechnungszeit aktiviert werden, in einen sog. *Thread frame* gruppiert. Für jeden dieser Thread frames wird schließlich mit einem statischen Ablaufplanungsverfahren eine Ablaufplanungsreihenfolge der Threads innerhalb eines Thread frames bestimmt. Dazu und zur zeitlichen Analyse solcher Spezifikationen mit Aufgaben mit nichtdeterministischen Berechnungszeiten haben Ku und De Micheli [225] eine Theorie ausgearbeitet, die man als *Relative scheduling* bezeichnet: Datenabhängigkeiten und zeitliche Beschränkungen zwischen Threads können, wie bereits in Kapitel 4 beschrieben, in einem Beschränkungsgraphen festgehalten werden, bei dem jeder Knoten einer Thread und jede Kante einer Datenabhängigkeit bzw. relativen Zeitbeschränkung entspricht. Pro wait()-Anweisung existiert ein weiterer Knoten, der als Anker (engl. *anchor*) bezeichnet wird. Basierend auf solchen erweiterten Beschränkungsgraphen lässt sich die Analyse des Zeitverhaltens, insbesondere die Erfüllbarkeit der zeitlichen Beschränkungen, mit Hilfe von Längsten-Pfad-Analysen durchführen.

Nach obiger Konstruktionsvorschrift besitzt jeder Thread frame nur einen Anker, der Vorgänger aller in ihm enthaltenen Threads wird. Folglich lässt sich die Latenz eines Thread frames relativ zu dem Endzeitpunkt des Ankerknotens definieren, der der einzige Knoten mit nichtdeterministischer Berechnungszeit ist. Es verbleibt daher nur noch die Aufgabe der Bestimmung des Startzeitpunktes eines Thread frames, was zur Laufzeit durch einen On-line-scheduler erfolgen kann. Dieser ist sehr einfach, da die statische bestimmte Ablaufplanungsreihenfolge der Threads innerhalb eines Thread frames nicht mehr geändert wird. Der On-line-scheduler nutzt die gegebene Ablaufplanungsreihenfolge der Threads innerhalb eines Thread frames aus, um zur Laufzeit die Ablaufplanung der einzelnen Thread frames gemäß der zeitlichen Entwicklung des Systems und den zeitlichen Beschränkungen zu koordinieren. Erweiterungen dieser Methodik stammen von Cornero, Thoen, Goossens und Curatelli [75] und betreffen das Zulassen von präemptiven Ablaufplänen der Threads zur Laufzeit. Sie beschreiben das Problem der optimalen Konstruktion von Thread frames als ein Clusteringproblem. Details zur Methodik und zur Implementierung eines On-line-schedulers werden in [75] beschrieben.

Zur Implementierung eingebetteter Systeme in Software auf Modulebene gelten folgende Schlussbemerkungen: *Dynamische Verfahren* sind am allgemeinsten und am flexibelsten, besitzen aber den größten Aufwand zur Laufzeit. *Selbsttaktende Verfahren* können bereits besser mit flexiblen Berechnungszeiten der Knoten umgehen, die zum einen durch datenabhängige Ausführungszeiten komplexer Module oder durch datenabhängige Aktoren entstehen, bei denen die Feuerbereitschaft von den Werten von Daten abhängen kann. Dabei sollte soviel Optimierung wie möglich zur Übersetzungszeit erfolgen. Da die Annahme von Worst-case-Berechnungszeiten für datenabhängige Aufgaben häufig zu pessimistisch ist, zeichnen sich realistische Anwendungen durch Ansätze mit einer Mischung bzw. einer Kombination statischer und dynamischer Verfahren aus.

7.12.5 Ressourcenzugriffsprotokolle und Ablaufplanungsanomalien ⊗

In realen Betriebssystemen muss garantiert werden, dass Prozesse nicht gleichzeitig auf gemeinsam genutzte Ressourcen, z. B. globale Variablen bzw. Speicherbereiche, zugreifen. In Multiprozessorsystemen mit gemeinsamem Speichermodell (engl. *shared memory*) erfolgt z. B. auch die Kommunikation zwischen Prozessen über solche geteilten Ressourcen. Um einen zeitlich exklusiven Zugriff zu gewährleisten, verwenden Betriebssysteme sog. *Ressourcenzugriffsprotokolle*. Programmabschnitte bezeichnet man als *kritischen Abschnitt* (engl. *critical section*), wenn deren nebenläufige Ausführung zu Fehlern führen (könnte). Solche Abschnitte sollten zu jedem Zeitpunkt nur exklusiv von einem Prozess ausführbar sein. Durch das Betriebssystem ist sicherzustellen, dass jeder Prozess, der einen kritischen Abschnitt betritt, warten muss, bis die entsprechende Ressource frei wird. Ist sie zu diesem Zeitpunkt belegt, wird der Prozess blockiert, ansonsten betritt er den Abschnitt und belegt damit die Ressource. Beim Verlassen des kritischen Abschnitts gibt er sie schließlich wieder frei. Als Pförtner eines kritischen Abschnitts stellen Betriebssysteme beispielsweise sog. *Semaphore* (griech. Leuchtfeuer) [91] zur Verfügung. Ein Semaphor S besitzt zwei Zugriffsfunktionen. Mit der Zugriffsfunktion P(S) zu Beginn eines kritischen Abschnitts fordert ein Prozess den exklusiven Zugriff auf eine Ressource an, die durch das Semaphor S geschützt wird. Die Funktion P(S) wartet, bis die entsprechende Ressource verfügbar ist. Die zweite Zugriffsfunktion V(S) ist die umgekehrte Funktion, die die Ressource wieder verfügbar macht, nachdem sie vom Prozess nicht mehr verwendet wird. Die Funktionen P() und V() müssen *atomar* sein, d. h. kein anderer Prozess kann auf das Semaphor während deren Ausführung zugreifen.

Im Zusammenhang mit Ablaufplanungsverfahren, insbesondere bei Echtzeitbetriebssystemen, kann dies zu sehr unangenehmen Effekten führen, sogenannten *Anomalien*, beispielsweise der im Folgenden beschriebenen *Prioritätsinversion*.

Beispiel 7.12.9. Betrachtet werden im Folgenden drei Prozesse v_1, v_2 und v_3, wobei v_1 die höchste und v_3 die niedrigste statische Priorität besitze (siehe Abb. 7.46). Zum Zeitpunkt t_0 betritt der laufende Prozess v_3 mit P(S) einen kritischen Abschnitt. Zum Zeitpunkt t_1 wird v_1 lauffähig, v_3 wird suspendiert während des Durchlaufens des kritischen Abschnitts. Zum Zeitpunkt t_2 verlangt nun v_1 ebenfalls exklusiven Zugriff auf die gleiche Ressource und ruft P(S) auf. Da die Ressource aber blockiert ist, gibt v_1 wieder die CPU ab. Der nieder priore Prozess v_3 wird wieder lauffähig. Zur Prioritätsinversion kommt es zum Zeitpunkt t_3. Prozess v_2 wird lauffähig und verdrängt v_3 aufgrund seiner höheren Priorität. Zu diesem Zeitpunkt besitzt v_3 immer noch exklusiven Zugriff auf die Ressource und blockiert somit den höchst prioren Prozess v_1. Erst nach Beendigung von v_2 (Zeitpunkt t_4) erlangt Prozess v_3 die Kontrolle zurück und kann den kritischen Abschnitt verlassen (Zeitpunkt t_5). Anschließend kann v_1 den kritischen Abschnitt betreten.

Allgemein bezeichnet *Prioritätsinversion* das Phänomen, dass ein nieder priorer Prozess v_j die Ausführung eines höher prioren Prozesses v_i verhindert ohne dass v_j exklusiven Zugriff auf eine Ressource besitzt, die von v_1 benötigt wird. Man kann

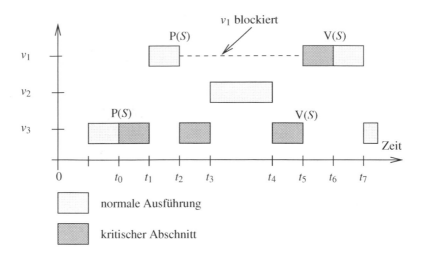

Abb. 7.46. Prioritätsinversion: Der Prozess v_2 blockiert den höchst prioren Prozess v_1, weil der niedrigst priore Prozess v_3 eine gemeinsame Ressource, die durch das Semaphor S geschützt wird, blockiert und von v_2 unterbrochen wurde.

dabei zeigen, dass die Dauer der Blockierung eines höher prioren Prozesses ohne geeignete Gegenmaßnahmen nicht nach oben beschränkt sein muss. Ein Beispiel für eine Gegenmaßnahme wäre, Unterbrechungen zu verbieten, solange sich mindestens ein Prozess in einem kritischen Abschnitt befindet. Dies führt aber außer im Fall sehr kurzer kritischer Abschnitte zu nicht tolerierbaren und unnötigen Blockierungen von Prozessen. Im Folgenden werden deshalb zwei sog. *Ressourcenzugriffsprotokolle* beschrieben, die das Problem der Prioritätsinversion für Ablaufplanungsprobleme mit statischen Prioritäten lösen.

Prioritätsvererbung

Das sog. *Prioritätsvererbungsprotokoll* (engl. *priority inheritance protocol*) [357] von Sha, Rajkumar und Lehoczky verhindert das Problem unbegrenzter Blockierung höher priorer Tasks. Das Grundprinzip ist einfach: Die Priorität des blockierenden Prozesses v_i wird temporär auf die Priorität des höchst prioren blockierten Prozesses angehoben, erbt damit dessen Priorität. Damit kann ein Prozess zur Laufzeit eine neue, sog. *aktive Priorität* erhalten. Laufbereite Prozesse werden gemäß ihrer aktiven Priorität geplant, Prozesse gleicher Priorität in First-come-first-served-Reihenfolge. Wenn die Ressource durch v_i freigegeben wird, wird derjenige Prozess mit höchster aktiven Priorität laufbereit, und v_i erhält die höchste Priorität anderer von ihm blockierten Prozesse, anderenfalls seine normale Priorität zurück. Für periodische Prozesse mit der Eigenschaft, dass Deadlines gleich den Perioden sind, konnte in [357] gezeigt werden, dass ein Prozess während der Dauer von maximal $\min\{m, n\}$ kritischen Abschnitten blockiert werden kann, wobei n die Anzahl der Prozesse niedriger statischer Priorität ist, die den Prozess blockieren können und m die Zahl der Semaphore, mit denen er blockiert werden kann.

Prioritätsgrenze

Obwohl das Prioritätsvererbungsprotokoll die Blockierungsdauer erheblich reduzieren kann, beseitigt es nicht ein weiteres Problem, nämlich das von Deadlocks.

Beispiel 7.12.10. In Abb. 7.47 sind zwei Prozesse v_1 und v_2 dargestellt, die auf zwei exklusive Ressourcen in jeweils umgekehrter Reihenfolge zugreifen. Zum Zeitpunkt t_2 unterbreche v_1 die Ausführung von v_2, bevor dieser Prozess die Ressource a belegen kann. Zum Zeitpunkt t_3 belegt dann v_1 die Ressource a, wird aber dann blockiert durch S_b zum Zeitpunkt t_4. Zu diesem Zeitpunkt wird v_2 erneut laufbereit mit vererbter Priorität von v_1. Das Prioritätsvererbungsprotokoll verhindert nun aber nicht den zum Zeitpunkt t_5 auftretenden Deadlock, wenn v_2 mit $P(S_a)$ versucht, Zugriff auf Ressource a zu erhalten.

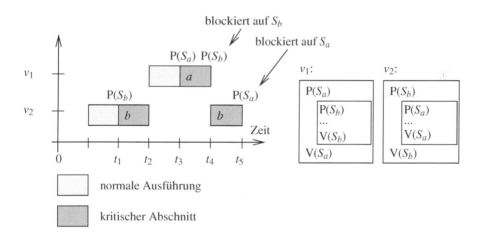

Abb. 7.47. Deadlock bei Prioritätsvererbungsprotokoll

Die Idee des *Prioritätsgrenzenprotokolls* (engl. *priority ceiling protocol*) [357] ist, konstruktiv zu verhindern, dass ein Prozess v_i einen kritischen Abschnitt betreten kann, wenn zu diesem Zeitpunkt bereits ein anderes Semaphor belegt ist, von dem v_i blockiert werden kann. Wenn dies gilt, dann weiß man, dass ein Prozess nach erstem Betreten eines kritischen Abschnitts nie durch Prozesse niedriger Priorität blockiert wird. Man erreicht dies dadurch, dass man jedem Semaphor S eine sog. *Prioritätsgrenze* (engl. *priority ceiling*) $C(S)$ zuweist. Die Prioritätsgrenze bezeichnet dabei die Priorität des höchst prioren Prozesses, welcher die Ressource belegen kann. Dieser Wert kann für jede Ressource Off-line bestimmt werden.

Sei nun v_i zu einem gegebenen Zeitpunkt derjenige laufbereite Prozess mit höchster Priorität und S_x dasjenige Semaphor mit größtem Wert $C(S_x)$ unter allen Semaphoren, die gerade von anderen Prozessen belegt werden. v_i kann dann einen kritischen Bereich, der durch Semaphor S_k geschützt wird, betreten, wenn seine Priorität größer als $C(S_x)$ ist. Andernfalls wird v_i durch den Prozess v_x, der S_x belegt, blockiert. v_x erbt in diesem Fall die Priorität von v_i und wird laufbereit (Prioritätsvererbung). Wenn dann v_x einen kritischen Abschnitt verlässt, wird derjenige Prozess laufbereit, der unter allen auf S_x blockierten Prozessen die höchste Priorität besitzt und die aktive Priorität von v_x wie im Prioritätsvererbungsprotokoll aktualisiert.

7.13 Literaturhinweise und Zusammenfassung

Abbildung 7.48 (aus [138]) zeigt eine historische Übersicht über die Entwicklungen und Synergien verschiedener Bereiche der Softwaresynthese. Das Gebiet des Compilerbaus geht bereits auf die 50er Jahre zurück. Dort betrachtete man die Übersetzung von Hochsprachen auf CISC-Architekturen mit homogenen Registersätzen. Als Hauptprobleme der Softwaresynthese wurden die Bindung (Codeselektion, Registervergabe und Registerbindung) und die Ablaufplanung definiert. Das Verfahren der dynamischen Programmierung zur optimalen Codegenerierung für Ausdrucksbäume stammt von Aho und Johnson [7] und stellte einen Meilenstein für die Softwareentwicklung dar. Dieses Verfahren wurde von Keutzer und Wolf auch auf das Problem der Technologieabbildung in der Logiksynthese angewendet [209]. Für DAGs ist das Problem der optimalen Codegenerierung $\mathcal{NP}$-schwer [8].

Es wurde gezeigt, dass die einzelnen Phasen bei verschiedenen Prozessorarchitekturen eng miteinander verwoben sind. In vielen Compilern werden Codeselektion, Ablaufplanung und Registerbindung nacheinander optimiert. Die gleichzeitige Behandlung mehrerer Aufgaben wird als *Phase coupling* [423] bezeichnet.

Bei CISC-Architekturen liegt das Hauptproblem der Softwaresynthese eindeutig in der Codeselektion. Die meisten Ansätze zur Codeselektion basieren auf den vorgestellten Baumübersetzungstechniken [9, 119]. Eine Kombination des Prinzips der dynamischen Programmierung zur Codeselektion gekoppelt mit einem Baumübersetzungsverfahren wurde von Aho, Ganapathi und Tjiang [6] vorgeschlagen.

Die Formulierung des Problems der Registervergabe und Registerbindung als Färbungsproblem stammt von Chaitin [63]. Von Chaitin stammen auch Heuristiken zur Auswahl von abzuwerfenden Variablen (engl. *spilling*).

Parallel zu diesen Arbeiten für CISC-Rechner existieren Arbeiten zur Codeoptimierung aus dem Bereich der Mikroprogrammierung. Die Zielarchitekturen sind hier VLIW- und superskalare Architekturen. Bei diesen Architekturen (wie auch im Folgenden bei RISC) ist das Hauptproblem der Softwaresynthese ein Ablaufplanungsproblem. Zur Ausnutzung mehrerer funktionaler Einheiten ist man bestrebt, unabhängige Codesequenzen zu komplexeren, parallelen Instruktionen zu *kompaktieren* [112, 77, 423, 96]. Bei RISC-Architekturen steht die Ablaufplanung als Hauptproblem ebenfalls im Vordergrund, denn die Ausnutzung von Fließbandverarbeitung

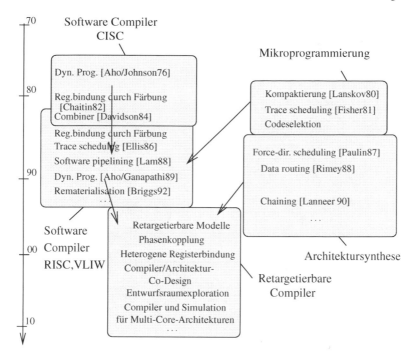

Abb. 7.48. Synergien und Entwicklungen verschiedener Bereiche der Softwaresynthese (aus [138])

bei dieser Klasse von Architekturen hängt stark von der gewählten Befehlsreihenfolge ab. Von Lam [231] stammt das Verfahren *Software pipelining*. Dabei geht es um die nebenläufige Ablaufplanung von Iterationen einer bestimmten Klasse von Schleifenprogrammen durch Fließbandverarbeitung. Auf dem Prinzip des Verfahrens Software pipelining, besonders interessant für Anwendungen im Bereich der Digitalen Signalverarbeitung, bauen zahlreiche Arbeiten auf, z. B. [139],[282].

Erweiterungen der Verfahren zur Registervergabe und Registerbindung betreffen die Betrachtung von Alternativen zu Registerabwürfen wie z. B. die *Wiederberechnung von Werten* (engl. sog. *rematerialization* [51]) und die Auswahl von Register-Register-Umspeicherungen (siehe z. B. [169]). Es wurde ein Verfahren vorgestellt, das eine optimale Registervergabe und Registerbindung für Maschinen mit heterogenen Registersätzen unter Auswahl von Registerabwürfen und Register-Register-Umspeicherungen in einem ILP-Modell darstellt. Dabei können die Zeitpunkte von Registerabwürfen explizit bestimmt und unterschiedliche Kostenfunktionen formuliert werden.

Die Kopplung der Phasen Ablaufplanung, Codeselektion sowie Registervergabe und Registerbindung wurde erstmalig in [136] untersucht. Ebenfalls wurden auch Verfahren vorgeschlagen, Ablaufplanung und Registerbindung in einem ILP-Modell zu beschreiben [436]. Das Verfahren ist nach Aussagen der Autoren jedoch nur auf kleinere Grundblöcke anwendbar und bedarf zahlreicher Vorentscheidungen. Eine Heuristik mit dem Namen *Mutation scheduling* zielt ebenfalls auf die Integration der Phasen in einem Optimierungsverfahren [298]. Der Kern dieses Verfahrens ist die Ablaufplanung. Die Zielarchitekturen sind VLIW- und superskalare Architekturen. Das Verfahren startet mit einer anfänglichen Registerbindung, die während der Ablaufplanung modifiziert wird (siehe z. B. auch [294, 282]). Codeselektion und Ablaufplanung werden teilweise integriert durch inkrementelles Anwenden der Transformation *Tree height reduction* [293].

Mit dem Aufkommen von ASIP-Architekturen ist die Nachfrage nach anpassbaren Compilern stark gewachsen. Hierzu sind zahlreiche Systeme entstanden: Für Vielzweckprozessoren, insbesondere CISC- und RISC-Architekturen wurden GCC [120], LCC [118] und LANCE [248] vorgestellt. Für DSP-artige Architekturen wurden u. a. FLEXWARE [254, 312, 253], CHESS [325] und CBC [103] beschrieben. Nach dem Maschinenmodell unterscheiden sich auch die Beschreibungen und Sprachen, mit denen die Prozessoreigenschaften beschrieben werden. In den Entwurfssystemen MSSV und MSSQ von Marwedel et al. [271] und dem Nachfolger RECORD [247] werden Digitale Signalprozessoren betrachtet. Die Beschreibung der Zielmaschine erfolgt hier vollständig in einer Hardwarebeschreibungssprache mit Namen MIMOLA. Andere Ansätze bauen auf gemischten Verhaltens- und Strukturbeschreibungen auf, u.a. nML [102], LISA [451] und MAML (engl. *MAchine Markup Language*) [109]. Die Sprache LISA wurde an der RWTH Aachen entwickelt. Sie erlaubt die Generierung von Debugger-, Simulator- und anderen Werkzeugen. Diese Werkzeugkette wurde kommerzialisiert durch die Firma LISATek, mittlerweile weiterentwickelt durch und gehörend zum Entwicklungshaus CoWare. Für Prozessoren mit paralleler Instruktionsverarbeitung, insbesondere VLIW-artige Prozessoren, wurden EXPRESS [154] und BUILDABONG [111] vorgestellt. Eine erweiterte Klasse solcher Prozessoren betrachtet z. B. auch das bekannte Compilerprojekt Trimaran des HP-Forschungslabors [411].

Themen aktueller und zukünftiger Forschung sind die Gebiete der Entwurfsraumexploration von Architekturen und Compilern, siehe z. B. die Ansätze EXPRESS [154] und BUILDABONG [111]. Man spricht hier auch von *Compiler/Architektur-Co-Design* bzw. *Co-Exploration*. Weiterhin fokussieren sich zahlreiche Arbeiten auf die Betrachtung von Codegenerierung und -optimierung im Zusammenhang mit Architekturen mit mehreren Prozessorkernen. Hier stehen beispielsweise die Betrachtung und Optimierung von Speicherhierarchien [154] sowie von Kommunikationsstrukturen im Vordergrund.

Dem aufmerksamen Leser ist sicherlich aufgefallen, dass im Rahmen der Softwaresynthese zunächst nur statische Verfahren der Übersetzung auf Blockebene behandelt wurden. Es folgte allerdings auch ein kleiner Exkurs auf einige Probleme im Zusammenhang mit der Codegenerierung auf Modulebene, bei der Aufgaben der Granularität von Prozeduren, Tasks oder Prozessen zur Laufzeit geplant werden, insbesondere bei Echtzeitsystemen. Die Ablaufplanung wird hier häufig von einem Betriebssystem durchgeführt. Als Beispiele solcher Betriebssysteme sind u. a. die Systeme VRTX [337], VxWorks von Wind River Systems [437] oder QNX Neutrino [173] bekannt. Für viele bekannte Prozessortypen, insbesondere im Zusammenhang mit System-on-a-Chip-Technologie, ist das in Quellcode vorliegende und recht kostengünstige Betriebssystem MicroC/OS-II [227] empfehlenswert.

Für verschiedene Ablaufplanungsmodelle und Optimierungskriterien wurden in Kapitel 4 Algorithmen zur Ablaufplanung behandelt. Weiterhin wurde zu zeigen versucht, dass — insbesondere bei eingebetteten Systemen — eine Kombination aus statischen und dynamischen Verfahren sinnvoll ist.

7.14 Übungen

Übung 7.1 (Zwischencode) Übersetzen sie den Ausdruck

$$(a+d)+(a-c)*(-(b+e))$$

in

- einen Syntaxbaum und
- Drei-Adress-Code.

Übung 7.2 (Grundblöcke) Geben Sie einen Algorithmus an, der aus einer Folge von Drei-Adress-Befehlen eine Liste von Grundblöcken extrahiert, die die Zugehörigkeit eines Befehls zu einem Grundblock widerspiegelt.

Übung 7.3 (Zwischencodegenerierung) Ein digitales Filter mit unendlicher Impulsantwort (IIR-Filter) sei gegeben durch die Differenzengleichungen

$$w[n] = \sum_{k=1}^{N} a[k] \cdot w[n-k] + x[n] \qquad \forall n \geq 0$$

mit

$$y[n] = \sum_{k=0}^{M} b[k] \cdot w[n-k] \qquad \forall n \geq 0$$

- Schreiben Sie ein C++-Programm, das ein solches Filter über 100 Iterationen simuliert. Hinweis: Alle Daten seien vom Typ int.
- Generieren Sie Drei-Adress-Code für das erstellte C++-Programm.
- Bestimmen Sie daraus die Grundblöcke.
- Konstruieren Sie den Kontrollflussgraphen und den Grundblockgraphen.
- Übersetzen Sie die ausführbaren Anweisungen des C++-Programms in jeweils einen Syntaxbaum.

Übung 7.4 (Zwischencode) Geben Sie ein C++-Programm an zur Berechnung des Skalarproduktes zweier Vektoren gemäß der Gleichung

$$y = \sum_{i=1}^{N} a[i] * b[i]$$

- Generieren Sie Drei-Adress-Code und
- bestimmen Sie den Kontrollflussgraphen.
- Stellen Sie jeden Grundblock durch einen DAG dar.

Übung 7.5 (DAGs und Ablaufplanung) Konstruieren Sie einen DAG (gerichteten azyklischen Graphen), der die Datenabhängigkeiten in folgendem Grundblock darstellt:

```
a  :=  c * b
d  :=  e + c
c  :=  c * b
e  :=  d - a
```

Was sind legale Berechnungsreihenfolgen, wenn

- b, c und e am Ausgang des Programms aktiv sind,
- nur e am Ende des Programms aktiv ist?

Welche Ausführungsreihenfolge wäre für den zweiten Fall am besten unter Annahme einer Maschine, die nur ein Register besitzt? Warum?

Übung 7.6 (Registervergabe)
Gegeben sei folgender Ausschnitt eines C++-Programms:

```
int main(int argc, char *argv[]) {
  int a, b, c, d, i;
  ...
  i = 1;
  while (i <= 10) {
    a = 3 * b;
    c = b + 2;
    d = 10 - a;
    i = i + 1;
    b = c * d;
  }
  ...
}
```

- Konstruieren Sie den Registerkonfliktgraphen für den dargestellten Grundblock innerhalb der while-Schleife unter der Annahme, dass am Ausgang der Schleife nur b und i aktiv sind. Hinweis: Denken Sie sich die while-Schleife weg.
- Ist der Konfliktgraph ein Intervallgraph?
- Was ist die minimale Anzahl von Registern zur Speicherung der Werte von a, b, c, d und i?
- Bestimmen Sie eine Registervergabe und Registerbindung mit Hilfe von Graphfärbung bei $k = 3$ verfügbaren Registern.
- Wann benötigt man einen Registerabwurf?

Übung 7.7 (Registervergabe bei Schleifenprogrammen)
Betrachtet wird erneut die Spezifikation in Übung 7.6. Bestimmen Sie nun für das gesamte Schleifenprogramm einen Registerkonfliktgraphen.

- Welche Eigenschaften hat dieser Konfliktgraph?
- Bestimmen Sie eine Graphfärbung mit Hilfe von
  - Chaitins Heuristik,
  - dem FATCOVER-Algorithmus und

– durch Lösen eines ILP-Modells, das die Anzahl in den Speicher abzuwerfender Namen minimiert

für den Fall $k = 3$ verfügbarer Register.

- Gibt es eine Lösung, die mit $k = 2$ Registern auskommt unter Zulassung von Registerabwürfen und Register-Register-Umspeicherungen?
- Wie kann man die Nützlichkeit der Vergabe eines Registers für einen Namen in einer Schleife in einer Formel festhalten?
- Geben Sie eine Heuristik an, welche Namen im Falle eines Registerabwurfs ausgewählt werden sollen.

Übung 7.8 (Codegenerierung) Gegeben sei folgende Maschine mit k allgemeinen Registern $R_0, R_1, \cdots, R_{k-1}$ und Zwei-Adress-Befehlen der Form

$$O \quad Q, Z$$

O sei der Operationscode, Q und Z seien die Operandenfelder für Quelle Q und Ziel Z. Die Maschine besitze die folgenden Befehle:

- MOV (Transportiere Daten von Quelle nach Ziel),
- ADD (Addiere Daten von Quelle und Ziel und speichere das Ergebnis in Ziel) und
- SUB (Daten von Ziel werden von Daten von Quelle subtrahiert und das Ergebnis in Ziel gespeichert).

Die Adressierungsarten mit der zugehörigen Assemblernotation sowie die Kosten (Befehlswörter pro Instruktion) der Operationen sind in Tabelle 7.4 zusammengefasst.

Tabelle 7.4. Adressierungsarten

ADRESSIERUNG	FORM	ADRESSE	KOSTEN
direkte	M	M	1
Register-	R_i	R_i	0
indizierte	$C(R_i)$	$C + \text{Inhalt}(R_i)$	1
registerindirekte	$*R_i$	$\text{Inhalt}(R_i)$	0
indirekt indizierte	$*C(R_i)$	$\text{Inhalt}(C + \text{Inhalt}(R_i))$	1
unmittelbare	$\#D$	-	1

Generieren Sie Code für die folgenden C++-Anweisungen unter der Annahme, dass drei Register zur Verfügung stehen.

- y = a;,
- y = b - 1;,
- y = a * b + c;,
- y = (b + c) * a + (e - f) * d;.

Übung 7.9 (Codegenerierung)
Lösen Sie nun die gleichen Probleme wie in Übung 7.8 unter Anwendung des Verfahrens zur Codegenerierung mit dynamischer Programmierung.

Übung 7.10 (Codegenerierung) Übersetzen Sie die ausführbaren Anweisungen des C++-Programms in Übung 7.3 unter Annahme des Maschinenmodells in Übung 7.8.

Übung 7.11 (Codegenerierung für SDF-Graphen)
Betrachtet wird der SDF-Graph in Abb. 7.49 und das Problem der optimalen Codegenerierung für ein Ein-Prozessor-System.

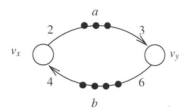

Abb. 7.49. SDF-Graph

- Bestimmen Sie einen sog. *Single appearance schedule*, falls es einen gibt.
- Bestimmen Sie einen gültigen Ablaufplan, der optimal bezüglich der Programmgröße ist (Annahmen: Code für Aktoren wird über *Inlining* bestimmt. Ferner seien die Codesegmente der beiden Aktoren gleich groß).
- Geben Sie das Speicheraktivitätsprofil des Datenspeichers an für den gefundenen Ablaufplan und berechnen Sie den maximalen Datenspeicherbedarf (Hinweis: Maximum der Summe der Daten der Kanten des SDF-Graphen).
- Bestimmen Sie einen Ablaufplan, der den maximalen Datenspeicherbedarf unter allen gültigen Ablaufplänen minimiert.

8

Systemsynthese

Der enorme Fortschritt von VLSI-Technologie und CAD-Werkzeugen zur automatisierten Logik- und Architektursynthese hat es ermöglicht, die Entwurfszeiten (engl. *time-to-market*) neuer Produkte drastisch zu reduzieren. Folglich können komplexere Produkte in kürzerer Zeit auf den Markt gebracht werden. Gleichermaßen lässt sich eine Verschiebung der Forschungsschwerpunkte bei der Entwurfsautomatisierung dahingehend feststellen, dass man versucht, in der Automatisierung einen Schritt höher zu beginnen, nämlich auf der *Systemebene* (engl. *ESL - electronic system level*, Abb. 8.1).

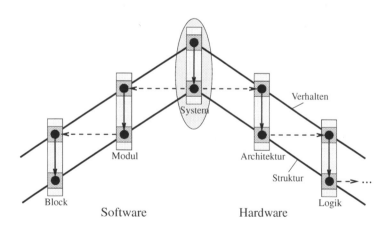

Abb. 8.1. Systemsynthese im Doppeldachmodell

Obwohl es keine allgemein gültige Definition des Begriffs *Systemsynthese* gibt, könnte doch folgende Charakterisierung passen: Systemsynthese ist die Abbildung einer Verhaltensbeschreibung auf einer Ebene, auf der die funktionalen Objekte die Granularität von Algorithmen, Tasks, Prozeduren oder Prozessen besitzen, auf eine strukturelle Beschreibung, auf der die Objekte Prozessoren, ASICs, FPGAs, Busse und Speicherbausteine darstellen. Ein weiteres charakteristisches Merkmal der Verfahren auf Systemebene ist die explizite Modellierung und Optimierung der Kommunikation an den Hardware-/Software-Schnittstellen.

Um ausgehend von einer funktionalen Systemspezifikation zu einer Implementierung zu gelangen, müssen mehrere Probleme gelöst werden. Zum einen müssen Systemkomponenten ausgewählt werden (*Allokation*). Zum anderen muss die Funktionalität unter diesen Komponenten verteilt werden (*Bindung*) unter Einhaltung von Entwurfsbeschränkungen (z. B. Zeit- und Kostenbeschränkungen) bzw. der gleichzeitigen Optimierung mehrerer Zielgrößen. Ein wichtiges Ziel ist oftmals die Optimierung des zeitlichen Verhaltens der Implementierung bzgl. des Durchsatzes oder der Antwortzeit (Latenz) bzw. die Einhaltung von zeitlichen Beschränkungen. Insbesondere bei datenflussdominanten Systemen steht die Bestimmung eines *Ablaufplans* im Vordergrund. Bei Echtzeitsystemen hingegen werden die zeitlichen Eigenschaften als Entwurfsbeschränkungen angesehen und durch Analysemethoden (vgl. Kapitel 4) die Einhaltung dieser Beschränkungen überprüft.

Nachdem die Systemarchitektur bekannt ist und die Information vorliegt, welche Komponenten in Software und welche Komponenten in Hardware verfeinert werden sollen, werden die Hardwarekomponenten mit Hilfe der Architektursynthese (vgl. Kapitel 6) und der Logiksynthese, die Softwarekomponenten mit Hilfe von Softwaresynthesetools (vgl. Kapitel 7) verfeinert. Neben den funktionalen Komponenten sind hier gleichsam Interfacekomponenten zu synthetisieren (z. B. Softwaretreiber und Interfacelogik etc.) und zu verfeinern. Eine grobe Übersicht über einen möglichen Ablauf der Synthese auf Systemebene ist in Abb. 8.2 dargestellt.

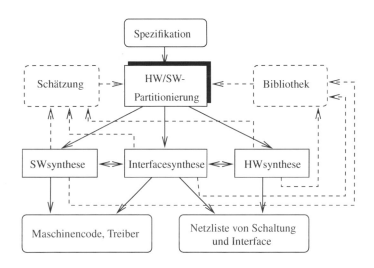

Abb. 8.2. Grobe Darstellung eines möglichen Entwurfsablaufs auf Systemebene

Man kann sich vorstellen, dass auf Systemebene nicht nur gute Syntheseverfahren gefragt sind, sondern auch gute Schätzungsverfahren, um die Entwurfsqualität von Implementierungen zu beurteilen. Die Güte eines Schätzungsverfahrens, die beispielsweise besagt, wie akkurat eine Schätzung die Eigenschaften einer Implementierung beschreibt, und die Laufzeit zur Bestimmung einer Schätzung sind häufig gegensätzliche Forderungen, die gegeneinander abgewogen werden müssen. Was die Verfahren zur Schätzung von Entwurfseigenschaften auf Systemebene angeht, haben sich zwei unterschiedliche Ansätze herauskristallisiert: Zum einen verfolgen viele Ansätze einen *bibliotheksbasierten Ansatz*. Hier nimmt man an, dass alle betrachteten Systemkomponenten (z. B. Prozessoren, ASICs, FPGAs, Speicher, Register, Busse) in voroptimierten Bibliotheksmodulen existieren, die Informationen über Kosten, Ausführungszeiten und andere Eigenschaften der Systemkomponenten enthalten. Dieser Ansatz wird vornehmlich bei datenflussdominanten Systemen verfolgt, weil dort der maßgebliche Aufwand eines Systems für Steuerung und Verdrahtung zu vernachlässigen ist gegenüber dem Kostenaufwand für funktionale Berechnungskomponenten. Beim Entwurf kontrollflussdominanter Systeme hingegen werden häufig Verfahren eingesetzt, die einen Entwurf schnell prototypisieren (engl. *rapid prototyping*) und die die Entwurfseigenschaften durch Messung, z. B. durch *Profiling* übersetzter Programme oder aus den Ergebnissen einer Architektursynthese, gewinnen.

Da heutzutage eingebettete Systeme oftmals aus interagierenden daten- und kontrollflussdominanten Teilsystemen bestehen, unterstützen heutige Entwurfssysteme eine Kombination aus bibliotheksbasierten Ansätzen und Rapid prototyping. Die Güte der Schätzungsverfahren auf Systemebene hängt somit stark von den Informationen in den Bibliotheken als auch von den Syntheseverfahren beim Rapid prototyping ab. Unabhängig von der Art, wie Informationen über Kosten, Laufzeiten etc. von Teilsystemen erlangt werden, gibt es für die Schätzung der Entwurfsqualität prinzipiell drei unterschiedliche Ansätze [143, 161]: *Analytische Schätzungsverfahren* basieren auf mathematischen Modellen und erlauben oftmals eine schnelle Abschätzung von Randfällen (engl. *corner cases*). Zweitens werden *simulative Schätzungsverfahren* häufig eingesetzt, um für eine gegebene Menge an Szenarien, die die Hauptanwendungsfälle (engl. *average case*) widerspiegeln, spezifische Schätzwerte zu erhalten. Im Allgemeinen liefern simulative Schätzungsverfahren deutlich akkuratere Ergebnisse als analytische Verfahren. Dies geschieht aber auf Kosten der deutlich gesteigerten Laufzeit. Schließlich können diese Schätzungsverfahren auch *kombiniert* werden.

Der in Abb. 8.2 dargestellte Entwurfsablauf ist übrigens oft kein reiner *Topdown-Prozess*, sondern vollzieht sich iterativ. Zum Beispiel werden durch Synthese Schätzungen verbessert oder neue Bibliotheksmodule gewonnen, die als Alternativen für weitere Partitionierungsentscheidungen hinzugefügt werden können. Auch kann es sein, dass sich dieser iterative Prozess nicht notwendigerweise auf nur eine Abstraktionsebene beschränkt (wie in Abb. 8.2 vereinfacht dargestellt).

Die Frage liegt nahe, was Syntheseverfahren auf der Systemebene von Verfahren zur Ablaufplanung und Bindung unterscheidet, die bereits im Zusammenhang mit der Hardwaresynthese (Kapitel 6) und der Softwaresynthese (Kapitel 7) vorgestellt wurden. Die Antwort lautet, dass auf der Systemebene die Anzahl der zu betrachtenden Objekte viel größer ist (im Falle einer nichthierarchischen Betrachtung) und die zu implementierenden Systeme häufig heterogener Natur sind, d. h. die resultierenden eingebetteten Systeme enthalten sowohl daten- als auch kontrollflussdominante Teile. Darüber hinaus spielt aufgrund der Heterogenität, hervorgerufen durch die Aufteilung in Hardware und Software, die Abbildung der Kommunikation auf der Systemebene eine zentrale Rolle. Die wichtigste Eigenschaft von Syntheseverfahren auf der Systemebene liegt in der starken Betonung der *Exploration des Entwurfsraums*. Unter dem Begriff *Entwurfsraumexploration* versteht man das Finden und Abwägen unterschiedlicher Implementierungen eines Systems. Da die wichtigsten Entscheidungen bereits auf der Systemebene getroffen werden und später auf tieferen Abstraktionsebenen nicht mehr korrigierbar sind, spielt die Entwurfsraumexploration eine zentrale Rolle bei der Systemsynthese [214].

Es folgt eine Übersicht über den Inhalt dieses Kapitels: Zunächst wird ein auf Graphen basierendes Modell zur Spezifikation von Systemsyntheseproblemen eingeführt, anhand dessen sich die Aufgaben der Systemsynthese formal definieren lassen. Ein Optimierungsproblem zur optimalen Systemsynthese zusammen mit den Aufgaben der Entwurfsraumexploration wird in Abschnitt 8.2 formuliert. Das Optimierungsproblem ist im Allgemeinen mehrdimensional, d. h. es müssen mehrere meist konkurrierende Zielgrößen gleichzeitig optimiert werden. Die Grundlage für diese Art von Optimierung wird im Anhang beschrieben.

Kern dieses Kapitels bildet ein Verfahren zur Entwurfsraumexploration basierend auf mehrzieloptimierenden evolutionären Algorithmen. Evolutionäre Algorithmen arbeiten auf *Populationen* von Entwurfspunkten und sind so in der Lage, ganze Mengen Pareto-optimaler Lösungen zu approximieren. In Abschnitt 8.4 werden Erweiterungen des Modells zur Systemsynthese vorgestellt. Zum einen wird das Modell auf mehrere Abbildungsstufen erweitert, was eine weitere Abstraktion auf Chip- oder sogar Multi-Chip-Systeme erlaubt. Zum anderen wird eine hierarchische Erweiterung vorgestellt, die eine Änderung der Semantik des Modells mit sich bringt. Diese semantische Änderung erlaubt es, sog. *Funktionsalternativen* und *dynamisch rekonfigurierbare Hardware* zu modellieren.

Verbesserte Strategien zur Entwurfsraumüberdeckung werden in Abschnitt 8.5 vorgestellt. Hier wird zum einen die Integration symbolischer Techniken in evolutionäre Algorithmen sowie zum anderen die Generierung von Startpopulationen durch die sog. *Pareto-Front-Arithmetik* vorgestellt. Beide Verfahren haben die Eigenschaft, dass sie in vielen Fällen eine beschleunigte Konvergenz zur Pareto-Front bewirken. Schließlich folgt eine Übersicht über eine exemplarische Auswahl existierender Entwurfssysteme zur Systemsynthese.

8.1 Modell der Systemsynthese

Zunächst wird ein Modell zur Beschreibung der Aufgaben der Systemsynthese eingeführt. Dazu gehört ein Problemgraph zur Beschreibung der zu realisierenden Aufgaben, ein Architekturmodell, das ebenfalls durch einen Graphen beschrieben wird, die Spezifikation von Abbildungsmöglichkeiten zwischen Knoten des Problemgraphen und Architekturkomponenten und die Spezifikation von Entwurfsbeschränkungen. Basierend auf diesem Graphenmodell werden die Grundaufgaben der Systemsynthese definiert.

Die Spezifikation eines Systemsyntheseproblems besteht hier aus drei Teilen (siehe auch [388, 389, 43]):

- Die zu implementierenden funktionalen Objekte (Aufgaben) sowie die Menge der möglichen Zielarchitekturen werden jeweils durch einen gerichteten Graphen beschrieben (*Problem-* bzw. *Architekturgraph*).
- Benutzerdefinierte Abbildungsbeschränkungen zwischen den Knoten des Problemgraphen (Tasks) und den Knoten des Architekturgraphen (Systemkomponenten) werden in einem *Spezifikationsgraphen* $G_S(V_S, E_S)$ ausgedrückt. Zusätzliche Parameter, die zur Formulierung der Zielfunktion und sonstiger Beschränkungen notwendig sind, werden den Knoten und Kanten des Spezifikationsgraphen zugewiesen.
- Jedem Knoten und jeder Kante des Spezifikationsgraphen wird ein binäres, sog. *Aktivierungsattribut* zugeordnet. Dieses Attribut dient, wie gezeigt wird, der Charakterisierung einer Allokation und Bindung.

Zunächst werden der Problemgraph und der Architekturgraph jeweils durch einen gerichteten Graphen beschrieben.

8.1.1 Spezifikation eines Problems

Der Graph des zu implementierenden Problems heiße im Folgenden *Problemgraph* $G_P(V_P, E_P)$. Für ihn gilt, dass die Knotenmenge V_P sowohl *funktionale Aufgaben* (z. B. Tasks, Prozeduren, Prozesse) als auch *Kommunikationsaufgaben* enthalten kann. Die Kantenmenge E_P stellt eine Partialordnung der Operationen dar. Jede Kante $e \in E_P$ repräsentiert eine Datenabhängigkeit.

Beispiel 8.1.1. Abbildung 8.3a) zeigt einen Datenflussgraphen mit vier Knoten und den zugehörigen Problemgraphen. Man kann sich vorstellen, dass man den Problemgraphen dadurch erhält, dass man in jeder Kante des Datenflussgraphen einen Kommunikationsknoten einfügt (siehe Abb. 8.3b)).

8.1.2 Spezifikation von Zielarchitekturen

Nun wird ein Architekturmodell beschrieben: Eine Architekturspezifikation beinhaltet eine Anzahl *potentiell allozierbarer* Komponenten, wobei Komponenten *funktionale Ressourcen* (Prozessoren, vordefinierte Hardwaremodule oder ASICs), *Busressourcen* (*Shared buses* und Punkt-zu-Punkt-Busse) und Speicherkomponenten sein können.

Funktionale Ressourcen und Busressourcen werden ebenfalls in einem gerichteten Graphen $G_A(V_A, E_A)$ dargestellt, der im Folgenden *Architekturgraph* heißt und der wie folgt interpretiert werden kann: Die Knotenmenge V_A besteht aus *funktionalen Ressourcen* (z. B. Addierer, Multiplizierer, RISC-Prozessoren, ASICs etc.) und *Busressourcen*. Zu Letzteren zählen z. B. Punkt-zu-Punkt-Verbindungen und sog.

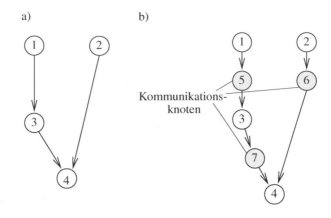

Abb. 8.3. Datenflussgraph a) und Problemgraph b)

Shared buses. Eine Kante $e \in E_A$ modelliert eine gerichtete Kommunikationsverbindung. Für alle Ressourcen gilt, dass sie *potentiell allozierbare* Komponenten einer Implementierung sind, aber nicht notwendigerweise alloziert werden müssen.

Beispiel 8.1.2. Abbildung 8.4a) zeigt eine Architektur mit drei funktionalen Ressourcen (RISC, Hardwaremodul HWM1 und Hardwaremodul HWM2) und zwei Busressourcen (einen Shared bus und einen unidirektionalen Punkt-zu-Punkt-Bus). Abbildung 8.4b) zeigt den entsprechenden Architekturgraphen G_A.

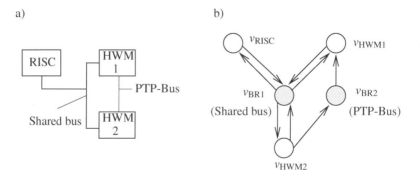

Abb. 8.4. Beispiel einer Zielarchitektur a) und korrespondierender Architekturgraph G_A b)

8.1.3 Spezifikation von Abbildungen

Zwei Hauptaufgaben der Systemsynthese sind nun die Abbildung von funktionalen Knoten des Problemgraphen auf funktionale Ressourcen, und die Abbildung von Kommunikationsknoten auf Busressourcen.

Damit erhält man als Definition eines *Spezifikationsgraphen*:

Definition 8.1.1 (Spezifikationsgraph).
Ein Spezifikationsgraph *ist ein Graph* $G_S(V_S, E_S)$, *bestehend aus einem Problem-graphen* $G_P(V_P, E_P)$, *einem Architekturgraphen* $G_A(V_A, E_A)$ *und einer Menge von Abbildungskanten* E_M. *Insbesondere gilt* $V_S = V_P \cup V_A$, $E_S = E_P \cup E_A \cup E_M$ *wobei* $E_M \subseteq V_P \times V_A$ *ist.*

Folglich besteht der Spezifikationsgraph aus zwei Graphen, und die Abbildungs-kanten beschreiben Abbildungen von Knoten im Problemgraphen auf Knoten im Architekturgraphen. Die Abbildungskanten definieren eine benutzerdefinierte Ab-bildungsrelation der Form: „... kann implementiert werden auf ...".

Beispiel 8.1.3. Abbildung 8.5 zeigt ein Beispiel eines Spezifikationsgraphen mit dem Problemgraphen aus Abb. 8.3b) (links) und dem Architekturgraphen aus Abb. 8.4b) (rechts). Die Kanten zwischen den Teilgraphen sind die Abbildungskanten E_M, die alle möglichen Abbildungen beschreiben. Zum Beispiel kann Knoten v_1 nur auf der Ressource v_{RISC} ausgeführt werden. Knoten v_2 kann auf Ressource v_{RISC} oder v_{HWM2} ausgeführt werden.
Bemerkung: Wie folgendes Beispiel zeigt, kann es sinnvoll sein, Kommunikations-knoten auf funktionale Ressourcen abbilden zu können. Im Falle, dass Vor- und Nachfolgerknoten eines Problemgraphen auf dieselbe funktionale Ressource abge-bildet werden, ist offensichtlich keine Kommunikation über eine Busressource not-wendig, sondern nur *interne* Kommunikation. Dies kann man auch dadurch aus-drücken, dass man die Kommunikation auf der funktionalen Ressource ausführt. Im Weiteren sieht man, dass Kommunikationsknoten v_7 nur auf v_{BR1} oder innerhalb von v_{RISC} oder v_{HWM1} ausgeführt werden kann.

Das Modell des Spezifikationsgraphen erlaubt damit eine flexible Darstellung des Wissens über die Auswahl von Systemkomponenten und Abbildungsmöglichkeiten von Funktionalität auf Systemkomponenten.

Um eine konkrete Abbildung, eine sog. *Implementierung*, zu beschreiben, defi-niert man eine sog. *Aktivierung* von Knoten und Kanten eines Spezifikationsgraphen.

Definition 8.1.2 (Aktivierung). *Gegeben sei ein Spezifikationsgraph* $G_S(V_S, E_S)$. *Die* Aktivierung von Knoten und Kanten eines Spezifikationsgraphen *ist eine Funk-tion* $a : V_S \cup E_S \rightarrow \{0,1\}$, *die jeder Kante* $e \in E_S$ *und jedem Knoten* $v \in V_S$ *den Wert* aktiviert *(1)* oder nicht aktiviert *(0)* *zuweist.*

Die Aktivierung eines Knotens bzw. einer Kante beschreibt eine Verwendung in einer Implementierung. Üblicherweise sind alle Knoten und Kanten des Problemgra-phen notwendig und damit aktiviert. Die Aufgabe der Bestimmung einer Implemen-tierung kann nun aber als Aufgabe verstanden werden, Aktivitätswerte an die Knoten

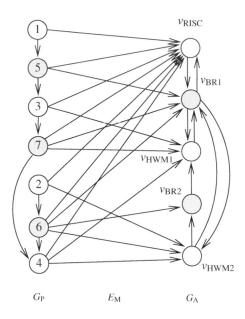

Abb. 8.5. Beispiel eines Spezifikationsgraphen G_S

und Kanten des Spezifikationsgraphen zu vergeben, so dass bestimmte Optimalitätskriterien erfüllt werden.

8.1.4 Implementierung

Nun wird der Ausdruck *Implementierung* formal definiert und die Hauptaufgaben der Synthese vorgestellt. Dies sind *Allokation*, *Bindung* und *Ablaufplanung*.

Definition 8.1.3 (Allokation). *Eine* Allokation α *ist die Teilmenge aller aktivierten Knoten und Kanten des Spezifikationsgraphen, d. h.*

$$\alpha = \alpha_V \cup \alpha_E$$

$$\alpha_V = \{v \in V_S \mid a(v) = 1\}$$

$$\alpha_E = \{e \in E_P \cup E_A \mid a(e) = 1\}$$

Definition 8.1.4 (Bindung). *Eine* Bindung β *ist die Teilmenge aller aktivierten Abbildungskanten, d. h.*

$$\beta = \{e \in E_M \mid a(e) = 1\}$$

Im Gegensatz zu den in Kapitel 5 betrachteten Bindungsproblemen ist es auf der Systemebene üblich, die Kommunikation zwischen Operationen zu berücksichtigen, d. h. die Datenabhängigkeiten können nicht vernachlässigt werden.

Definition 8.1.5 (Gültige Bindung). *Gegeben sei ein Spezifikationsgraph G_S und eine Allokation α. Eine* gültige Bindung β *ist eine Bindung, die folgende Bedingungen erfüllt:*

1. *Jede aktivierte Kante $e \in \beta$ beginnt und endet in einem aktivierten Knoten, d. h.*

$$\forall e = (v, \tilde{v}) \in \beta \; : \; v, \tilde{v} \in \alpha$$

2. *Für jeden aktivierten Knoten $v \in \alpha_V \cap V_P$ im Problemgraphen G_P ist genau eine Ausgangskante $e \in E_M$ aktiviert, d. h.*

$$|\{e \in \beta \mid e = (v, \tilde{v}), v \in V_P\}| = 1$$

3. *Für jede aktivierte Kante $e = (v_i, v_j) \in \alpha_E \cap E_P$ im Problemgraphen G_P gilt:*
   - *Entweder werden Anfangs- und Endknoten von e auf dem gleichen Knoten implementiert, d. h.*

$$\tilde{v}_i = \tilde{v}_j \quad mit \quad (v_i, \tilde{v}_i), (v_j, \tilde{v}_j) \in \beta$$

   - *oder es existiert eine aktivierte Kante $\tilde{e} = (\tilde{v}_i, \tilde{v}_j) \in \alpha_E$ mit $\tilde{e} \in E_A$ zur Abwicklung der zu e gehörenden Kommunikation, d. h.*

$$(\tilde{v}_i, \tilde{v}_j) \in \alpha_E \quad mit \quad (v_i, \tilde{v}_i), (v_j, \tilde{v}_j) \in \beta$$

Mit dieser Definition lässt sich eine gültige Allokation indirekt definieren:

Definition 8.1.6 (Gültige Allokation). *Eine* gültige Allokation α *ist eine Allokation, für die es mindestens eine gültige Bindung β gibt.*

Der folgende Satz ist entscheidend für die Komplexität der Systemsynthese. Der Beweis kann allerdings überlesen werden.

Theorem 8.1.1 (Teich, Thiele, Blickle [42]). *Gegeben sei ein Spezifikationsgraph G_S. Das Entscheidungsproblem GÜLTIGE BINDUNG, d. h. die Frage, ob eine gültige Bindung existiert, ist $\mathcal{NP}$-vollständig.*

Beweis: Nach Definition 8.1.5 gilt offensichtlich, dass für eine gegebene Bindung β in polynomieller Zeit überprüft werden kann, ob sie gültig ist oder nicht. Folglich liegt das Problem GÜLTIGE BINDUNG in $\mathcal{NP}$. Zur Vervollständigung des Beweises wird eine polynomielle Transformation des bekannten Erfüllbarkeitsproblems SATISFIABILITY (siehe z. B. [125]) auf das Problem GÜLTIGE BINDUNG angegeben.

Das Problem SATISFIABILITY lässt sich wie folgt beschreiben: Gegeben sei eine Menge $U = \{u_1, u_2, \cdots, u_n\}$ von Booleschen Variablen, denen eine Funktion $t : U \to \{0, 1\}$ den *Wahrheitswert* wahr (1) oder falsch (0) zuweist. Eine solche Zuweisung heißt auch *Belegung* der Variablen. Für jede Variable $u \in U$ heißen u und $\bar{u}$ *Literale* über U. In einer Belegung besitzt das Literal u den gleichen Wahrheitswert wie die Variable u. Das Literal $\bar{u}$ besitzt den Wahrheitswert wahr (1) genau dann, wenn u den Wahrheitswert falsch (0) besitzt, und sonst den Wahrheitswert falsch. Ein *disjunktiver Term T* über U ist eine Disjunktion von Literalen aus U, z. B. $(u_1 \lor \overline{u_3})$. Eine Belegung *erfüllt* einen disjunktiven Term, wenn *mindestens ein* Literal der Belegung den Wahrheitswert wahr (1) besitzt. Entsprechend ist ein *konjunktiver Term* über U eine Konjunktion von Literalen aus U, z. B. $(\overline{u_3} \land u_2)$. Eine Belegung *erfüllt* einen konjunktiven Term, wenn *alle* Literale den Wahrheitswert wahr (1) besitzen. Belegungen, die Terme erfüllen, sind damit Lösungen von $T = 1$.

Das Erfüllbarkeitsproblem basiert nun auf einer gegebenen Menge $C = \{T_1, T_2, \cdots, T_m\}$ von disjunktiven Termen über U und sucht eine Antwort auf die Frage, ob es eine Belegung der Literale gibt, die alle Terme (also die Konjunktion der Terme) erfüllt: $T = T_1 \land T_2 \cdots \land T_m = 1$.

Zu zeigen bleibt, wie man für eine beliebige Konjunktion T disjunktiver Terme $T_1, \cdots, T_m$ über einer Menge U Boolescher Variablen einen Spezifikationsgraphen so konstruieren kann, dass eine gültige Bindung eine Belegung der Literale liefert, für die $T = 1$ gilt. Ferner gilt: Falls keine gültige Bindung existiert, dann gibt es auch keine Belegung der Variablen, für die $T = 1$ gilt (Äquivalenz).

Dazu nimmt man an, dass mit jeder Abbildungskante $e \in E_M$ eines Spezifikationsgraphen eine Boolesche Variable aus U assoziiert ist. Falls $e \in \beta$, dann besitze die Variable den Wahrheitswert wahr (1). Entsprechend gilt: Falls $e \notin \beta$, dann besitzt die Variable den Wahrheitswert falsch (0).

Statt nun für einen Term T_i die Erfüllbarkeit von $T_i = 1$ zu beweisen, wird im Folgenden eine Konstruktionsvorschrift für die negierten (konjunktiven) Terme $T_i' = \overline{T_i}$ gezeigt und Belegungen für $T_i' = 0$ gesucht. Damit ist ein Term T erfüllbar, wenn es eine Belegung der Literale gibt, für die alle Terme $T_i' = \overline{T_i}$, $i = 1, \cdots, m$ den Wahrheitswert falsch besitzen.

Der Spezifikationsgraph besteht aus zwei Graphen G_P und G_A, und alle Knoten und Kanten von G_P und G_A sind alloziert. Die zur Konstruktion des Spezifikationsgraphen notwendigen Komponenten sind in Abb. 8.6 dargestellt. Die Konstruktionsvorschrift lautet wie folgt:

1. Für jede Boolesche Variable aus U gibt es eine wie in Abb. 8.6a) dargestellte Struktur.
2. Für die Terme T_i' mit n Literalen verwendet man $(n-1)$-mal die Struktur in Abb. 8.6d), die man mit den in Schritt 1 konstruierten Strukturen der Variablen durch wie in Abb. 8.6b) dargestellte Strukturen verbindet.
3. Die in Abb. 8.6c) dargestellte Struktur dient zur Konstruktion der Bedingung, dass alle Terme T_i' 0 sein müssen in einer gültigen Bindung.

Man erkennt, dass es eine Eins-zu-Eins-Korrespondenz zwischen der Lösung des Problems SATISFIABILITY und GÜLTIGE BINDUNG in dem so konstruierten Spezifikationsgraphen gibt.   □

Schließlich muss noch ein Ablaufplan definiert werden. Die Ablaufplanung bei der Systemsynthese kann entweder statisch oder dynamisch erfolgen. Welches Ablaufplanungsverfahren eingesetzt wird bzw. eingesetzt werden kann, hängt stark von dem verwendeten Modell des Problemgraphen ab. Im einfachsten Fall handelt es

a) Darstellung einer Variablen

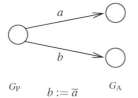

G_P $b := \overline{a}$ G_A

b) Kopieren einer Variablen

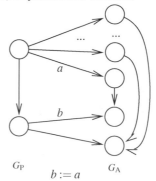

G_P $b := a$ G_A

c) Zuweisung an eine Variable

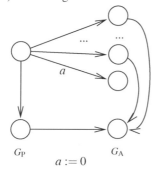

G_P $a := 0$ G_A

d) UND-Operation

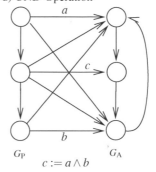

G_P $c := a \wedge b$ G_A

Abb. 8.6. Komponenten zur Transformation des Erfüllbarkeitsproblems auf ein Bindungsproblem in einem Spezifikationsgraphen

sich bei dem Problemgraphen um einen aus einem Signalflussgraphen, Datenflussgraphen oder markierten Graphen generierten Graphen. In diesem Fall ist es möglich, einen statischen Ablaufplan zu berechnen. Dabei wird die Bezeichnung $delay(v, \beta)$ benutzt, um die Ausführungszeit der Operation v des Problemgraphen G_P zu bezeichnen. Diese hängt i. Allg. von der Bindung β ab.

Definition 8.1.7 (Ablaufplan). *Gegeben sei eine Spezifikation G_S, die einen Problemgraphen G_P enthält, eine gültige Bindung β sowie eine Funktion delay, die die Berechnungszeit $delay(v, \beta) \in \mathbb{Z}^+$ eines Knotens $v \in V_P$ angibt. Ein Ablaufplan ist eine Funktion $\tau : V_P \to \mathbb{Z}_0^+$, die für jede Kante $e = (v_i, v_j) \in E_P$ die folgende Bedingung erfüllt:*

$$\tau(v_j) \geq \tau(v_i) + delay(v_i, \beta)$$

$\tau(v_i)$ kann als Startzeit der Berechnung des Knotens $v_i \in V_P$ aufgefasst werden. In vielen Fällen werden weitere Bedingungen an einen Ablaufplan gestellt, wie z. B. die Einhaltung von Ressourcenbeschränkungen, die Erfüllung von Deadlines etc. Die

Berechnungszeit eines Kommunikationsknotens kann als Anzahl von Zeitschritten aufgefasst werden, um die von seinem Vorgänger berechneten Daten auf der entsprechenden Busressource zu übertragen. Offensichtlich hängen diese Werte nicht nur von der Menge der zu transferierenden Daten ab, sondern auch von der Kapazität der Ressource, insbesondere von Busbreite und Bustransferrate. Für den Spezialfall interner Kommunikation nimmt man üblicherweise die Berechnungszeit 0 an (siehe nächstes Beispiel).

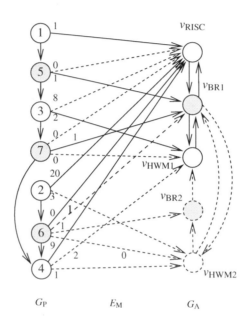

Abb. 8.7. Beispiel einer gültigen Implementierung der Spezifikation aus Abb. 8.5

Beispiel 8.1.4. Betrachtet wird der Fall, dass die Berechnungszeiten eines Knotens $v_i \in V_P$ allein von dessen Bindung abhängen. Dann können die Berechnungszeiten den Kanten E_M zugewiesen werden (siehe Abb. 8.7, wo alle Berechnungszeiten der Operationen auf unterschiedlichen Ressourcen dargestellt sind). Zum Beispiel beträgt die Berechnungszeit von v_3 acht Zeitschritte auf dem RISC-Prozessor (v_{RISC}) und zwei Zeitschritte, falls er auf dem Hardwaremodul HWM1 implementiert wird. Man beachte, dass hier interne Kommunikationen (z. B. v_5 auf v_{RISC}) keine Zeit beanspruchen.

Definition 8.1.8 (Gültige Implementierung). *Gegeben sei ein Spezifikationsgraph G_S. Eine gültige Implementierung ist ein Tripel (α, β, τ), wobei α eine gültige Allokation, β eine gültige Bindung und τ einen Ablaufplan darstellt.*

Beispiel 8.1.5. Abbildung 8.7 zeigt eine Implementierung des Spezifikationsgraphen aus Abb. 8.5. Nicht allozierte Ressourcen sind gestrichelt dargestellt. Das gleiche gilt für die Kanten $e \in E_M$, die nicht aktiviert sind. Damit gilt für die Allokation $\alpha_V = V_P \cup \{v_{RISC}, v_{HWM1}, v_{BR1}\}$ und $\beta = \{(v_1, v_{RISC}), (v_2, v_{RISC}), (v_3, v_{HWM1}), (v_4, v_{RISC}), (v_5, v_{BR1}), (v_6, v_{RISC}), (v_7, v_{BR1})\}$ für die Bindung.

Man beachte, dass die durch Knoten v_6 modellierte Kommunikation durch die funktionale Ressource v_{RISC} abgewickelt wird, da Vorgängerknoten (v_2) und Nachfolgerknoten (v_4) auf Ressource v_{RISC} abgebildet sind. Ein Ablaufplan ist gegeben durch $\tau(v_1) = 0$, $\tau(v_2) = 1$, $\tau(v_3) = 2$, $\tau(v_4) = 21$, $\tau(v_5) = 1$, $\tau(v_6) = 21$, $\tau(v_7) = 4$. Die Allokation, Bindung und Ablaufplanung ist in dem *Gantt-Chart* in Abb. 8.8 dargestellt.

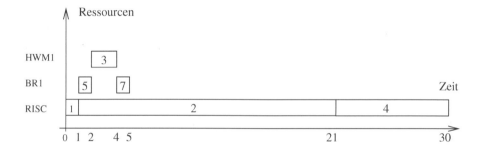

Abb. 8.8. Allokation, Bindung und Ablaufplan für die in Abb. 8.7 dargestellte Implementierung

8.2 Entwurfsraumexploration

Mit dem eingeführten Spezifikationsmodell und den definierten Aufgaben der Systemsynthese kann man nun ein Optimierungsmodell definieren.

Definition 8.2.1 (Systemoptimierung). *Das* Optimierungsproblem der Systemsynthese *bezeichne das Problem*

Minimiere $f(\alpha, \beta, \tau)$
so dass

  α eine gültige Allokation,
  β eine gültige Bindung,
  τ ein Ablaufplan,
  $g(\alpha, \beta, \tau) \geq 0$

Die Beschränkungen an α, β und τ definieren die Menge gültiger Implementierungen als Nebenbedingungen. Zusätzlich gibt es Funktionen $g = (g_1, \ldots, g_q)$, die zusammen mit der Zielfunktion $f = (f_1, \ldots, f_m)$ das Optimierungsziel beschreiben.

Diese zusätzlichen Beschränkungen g_i können dazu eingesetzt werden, die Anzahl potentieller Lösungen (Implementierungen) einzuschränken.

Beispiel 8.2.1. Betrachtet wird exemplarisch das Problem der Latenzminimierung mit Ressourcenbeschränkungen für einen Spezifikationsgraphen G_S, der einen Problemgraphen G_P und einen Architekturgraphen G_A enthält. Gesucht ist folglich eine Implementierung mit minimaler Latenz, die eine gegebene Kostenschranke $\bar{c}$ nicht überschreitet, wobei die Kosten einzelner Ressourcen durch eine Funktion $c : V_A \to \mathbb{Z}_0^+$ gegeben seien. Insbesondere stelle $c(\tilde{v})$ die Kosten dar, falls Knoten $\tilde{v} \in V_A$ realisiert wird, d. h. wenn $\tilde{v} \in \alpha$. Als Zielfunktion wählt man beispielsweise $f(\alpha, \beta, \tau) = \max\{\tau(v) + delay(v, \tilde{v}) \mid v \in V_P\}$. Die maximalen Kosten werden durch eine zusätzliche Beschränkung $g_1(\alpha, \beta, \tau) = \bar{c} - \sum_{\tilde{v} \in \alpha} c(\tilde{v})$ dargestellt.

Das Optimierungsproblem der Systemsynthese ist im Allg. ein sog. *Mehrzieloptimierungsproblem*, d. h. $m > 1$ Ziele sollen gleichzeitig optimiert werden. Im Gegensatz zu Einzieloptimierungsproblemen gibt es bei der Mehrzieloptimierung im Allgemeinen mehrere optimale Zielfunktionswerte. Man spricht von sog. *Paretooptimalen Lösungen* oder *Pareto-Punkten* [304]. Im Zusammenhang mit der Systemsynthese heißen solche Lösungen auch *Pareto-Entwurfspunkte*. Ein Pareto-Punkt besitzt die Eigenschaft, dass keine seiner Zielgrößen verbessert werden kann ohne dabei eine der verbleibenden Zielgrößen zu verschlechtern. Die Zielgrößen der Pareto-Punkte bilden schließlich die sog. *Pareto-Front* (siehe Anhang).

Beispiel 8.2.2. Für das Beispiel aus Abb. 8.9a) zeigt Abb. 8.9b) die Pareto-Front. Die beiden zu optimierenden Zielgrößen sind nun sowohl die Latenz als auch die Kosten der Implementierung ($m = 2$). Zusätzlich zu den Verzögerungszeiten, welche an die Abbildungskanten annotiert sind, sind die mit den Ressourcen assoziierten Kostenwerte dargestellt. Diese Kosten fallen an, sobald die zugehörige Ressource alloziert wird. Man sieht, dass es drei Pareto-optimale Lösungen gibt. Die Zielgrößen dieser Entwurfspunkte bilden die Pareto-Front. Die Lösung mit den Kosten von 100 und Latenz 38 entspricht beispielsweise der Implementierung, bei der lediglich der RISC-Prozessor alloziert wird und alle Knoten des Problemgraphen auf diesen Prozessor gebunden sind.

Das Finden aller Pareto-Punkte (oder guter Näherungen) im Entwurfsraum wird als *Entwurfsraumexploration* bezeichnet. Als Ergebnis der Entwurfsraumexploration erhält man eine Menge von Lösungen, aus denen der Entwickler/die Entwicklerin eine oder mehrere zur Implementierung auswählen kann. Man spricht hierbei davon, dass die *Entscheidungsfindung* (engl. *decision making*) nach der Exploration erfolgt. Im Gegensatz dazu gibt es auch Ansätze, die die Entscheidungsfindung in die Exploration integrieren bzw. die Entscheidungsfindung interaktiv gestalten, also durch Einbeziehung des Entwicklers/der Entwicklerin in die Exploration.

Die Entwurfsraumexploration ist ein zweiteiliges Problem [143]: Erstens muss für jede gefundene Lösung die *Entwurfsqualität* geschätzt werden. Die *Schätzung* der Entwurfsqualität einer einzelnen Lösung kann entweder simulationsbasiert, analytisch oder als Kombination von beiden erfolgen. Die Schätzung kann hierbei auf

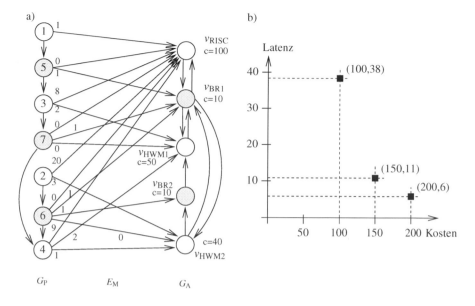

Abb. 8.9. Erweiterung des Beispiels aus Abb. 8.5 a) und zugehörige Pareto-Front b)

unterschiedlichen Abstraktionsebenen durchgeführt werden, z. B. auf der System-ebene, durch Instruktionssatzsimulatoren, durch zyklenakkurate Simulatoren oder auf Register-Transferebene etc. Zweitens müssen gute Strategien für die *Überde-ckung des Entwurfsraums* entwickelt werden. Dies garantiert, dass tatsächlich die besten Entwurfspunkte gefunden werden.

Damit die Überdeckung des Entwurfsraums unabhängig von den Schätzungsver-fahren durchgeführt und somit automatisiert werden kann, bietet sich eine abstrakte Repräsentation des Entwurfsraums an. Eine solche abstrakte Repräsentation ist z. B. der zuvor eingeführte Spezifikationsgraph. Allgemein wird heutzutage das sog. *Y-Diagramm* [213, 212] verwendet, um Ansätze zur automatisierten Entwurfsraumex-ploration zu beschreiben. Wie im Doppeldachmodell unterscheidet das Y-Diagramm zwischen *Verhalten* und *Struktur* (siehe Abb. 8.10). Im Y-Diagramm wird eine ge-gebene Menge an Anwendungen (das Verhalten) auf eine Architekturvielfalt (die Struktur) abgebildet. Um die Aufgaben der Allokation und Bindung durchführen zu können, ist es notwendig, dass alle Bindungsmöglichkeiten vorgegeben werden. Dies entspricht den Abbildungskanten E_M des Spezifikationsgraphen G_S. Nachdem eine Allokation und Bindung bestimmt ist, kann in der Regel eine Schätzung der Entwurfsqualität durchgeführt werden. Das Ergebnis dieser Schätzung wird bei der Überdeckung des Entwurfsraums berücksichtigt.

Der Vorteil einer automatisierten Entwurfsraumexploration ist somit nicht oh-ne den Aufwand zu erreichen, eine abstrakte Repräsentation des Entwurfsraums auf Basis des Spezifikationsgraphen zu erstellen. Hierbei liegt der größte Aufwand in der Bestimmung der Abbildungsmöglichkeiten und der zugehörigen Parameter wie

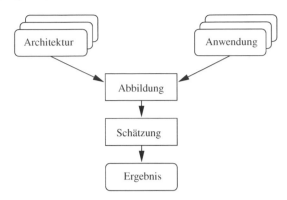

Abb. 8.10. Viele Ansätze zur Entwurfsraumexploration auf Systemebene entsprechen dem Y-Diagramm

Ausführungszeiten, Kosten etc. Der wesentliche Vorteil eines Ansatzes auf Basis des Y-Diagramms liegt in der Möglichkeit, unterschiedliche Entwurfsziele gleichzeitig zu optimieren. Im Folgenden werden die wichtigsten Themen im Bezug auf die automatische Entwurfsraumexploration diskutiert. Hierzu gehören *Zielgrößen*, *Schätzungsverfahren* und Strategien zur *Überdeckung des Entwurfsraums*.

8.2.1 Optimierungsstrategien und Zielfunktionen

Das Ziel beim Entwurf eingebetteter Systeme auf der Systemebene ist das Finden von Pareto-Punkten. Der Entwickler/die Entwicklerin ist dann mit der Frage konfrontiert, welcher dieser möglichen Entwürfe anschließend tatsächlich implementiert wird. Dieser Prozess wird auch als *Entscheidungsfindung* bezeichnet. Die Entscheidungsfindung kann *a priori*, *progressiv*, oder *a posteriori* zur Exploration erfolgen.

Erfolgt die Entscheidungsfindung a priori, so muss der Entwickler/die Entwicklerin zu Beginn die Wichtigkeit der Zielgrößen festlegen. Dies kann z. B. durch eine gewichtete Summe der Zielgrößen erfolgen oder dadurch, dass alle bis auf eine Zielgröße als Entwurfsbeschränkungen behandelt werden. In beiden Fällen kann eine eindimensionale Optimierung durchgeführt werden. Dies führt aber zu folgenden Problemen: Erstens muss der Entwickler/die Entwicklerin ein sehr gutes Wissen über den Entwurfsraum besitzen, um die Abhängigkeiten der Zielgrößen und deren Bedeutung richtig einschätzen zu können. Zweitens zerstören diese Ansätze die grundlegende Idee der Entwurfsraumexploration, d. h. man möchte eine unvoreingenommene Suche durchführen, um ein großes Spektrum an Lösungsmöglichkeiten zu erhalten. Aus diesen Gründen ist eine a posteriori durchgeführte Entscheidungsfindung vorzuziehen. Hierbei wird eine Mehrzieloptimierung durchgeführt mit dem Ergebnis, dass der Entwickler/die Entwicklerin aus einer Menge von Lösungen auswählen kann, idealerweise den Pareto-Punkten. Schließlich werden bei der sog. *progressiven* Entscheidungsfindung dem Entwickler während der Exploration Ergebnisse präsentiert, mit dem Ziel, dass er das weitere Vorgehen, z. B. durch stärkere Gewichtung einzelner Zielgrößen, vorgibt.

Die Entscheidungsfindung wird durch die geschätzten Entwurfsqualitäten (engl. *performance numbers*) beeinflusst, welche auch als *Zielgrößen* bezeichnet werden bzw. in einer mehrdimensionalen Zielfunktion zusammengeführt werden.

Im Folgenden sollen die wichtigsten Zielgrößen beim Entwurf eingebetteter Systeme näher betrachtet werden. Hierbei unterscheidet man zwischen *primären* und *sekundären Zielgrößen* [143]. *Primäre Zielgrößen* werden direkt in der Exploration verwendet und spiegeln Eigenschaften von Implementierungen direkt wider. Zu den wichtigsten primären Zielgrößen beim Entwurf eingebetteter Systeme gehören:

- *Monetäre Kosten*: Ein wesentliches Ziel beim Entwurf eingebetteter Systeme ist die Minimierung der Kosten einer Implementierung. Diese können die Kosten der einzelnen Ressourcen umfassen, welche in einer Implementierung verwendet werden, oder aber auf den *Entwicklungskosten* basieren. Darüber hinaus können auch *Fixkosten*, z. B. für die Erstellung von Maskensätzen, berücksichtigt werden.

- *Leistungsverbrauch*: Getrieben durch den Markt an mobilen Geräten kommt dem Leistungsverbrauch eines Systems eine immer größere Bedeutung zu. Daneben kann durch die Minimierung des Energieverbrauchs die Zeit zwischen zwei Ladevorgängen einer Batterie signifikant erhöht werden. Schließlich ist der Leistungsverbrauch ebenfalls ein kritisches Thema bei Hochleistungsrechnern, wo zu hohe Verlustleistung die Lebenserwartung der Prozessoren drastisch verkürzt (siehe hierzu auch Kapitel 6).

- *Verarbeitungsgeschwindigkeit*: Die Verarbeitungsgeschwindigkeit wird durch unterschiedliche Eigenschaften, wie z. B. die Taktrate, die Latenz/Antwortzeit einer Implementierung, die Periode eines Ablaufplans oder den Datendurchsatz eines Systems beschrieben. Die tatsächliche Ausprägung der Verarbeitungsgeschwindigkeit ist oft domänenspezifisch. So ist in der Signalverarbeitung oftmals der Durchsatz von Interesse, wo hingegen in Steuerungssystemen die Antwortzeit im Vordergrund steht.

Beispiel 8.2.3. Abbildung 8.11 zeigt eine mögliche Implementierung für den Spezifikationsgraphen aus Abb. 8.5 und wie die primären Zielgrößen *monetäre Kosten*, *Leistungsverbrauch*, und *Latenz* im Spezifikationsgraphen modelliert werden können. Der Parameter für die monetären Kosten wird mit c bezeichnet und ist den Ressourcen zugeordnet. Die Gesamtkosten *cost* der Implementierung berechnen sich zu:

$$cost(\alpha) = \sum_{\tilde{v} \in V_A \cap \alpha} c(\tilde{v})$$

Man beachte, dass die monetären Kosten lediglich von der Allokation α der Ressourcen abhängen. Für die Berechnung der Latenz benötigt man die Ausführungszeiten d der einzelnen Prozesse, welche von der Bindung abhängen. Aus diesem Grund sind die Ausführungszeiten den Abbildungskanten zugeordnet. Für die Berechnung der Latenz können die Verfahren aus Kapitel 4 herangezogen werden. Der Leistungsverbrauch wird über den Parameter p dargestellt. Zu beachten ist, dass die monetären

Kosten nur von der Allokation der Ressourcen abhängen, während der Leistungs-verbrauch aus einem den Ressourcen zugeordneten Anteil und einem an den Abbil-dungskanten annotierten Anteil besteht. Die Gesamtleistungsaufnahme könnte dann wie folgt approximiert werden:

$$power(\alpha, \beta) = \sum_{\tilde{v} \in V_A \cap \alpha} p(\tilde{v}) + \sum_{\tilde{e} \in \beta} p(\tilde{e})$$

Die primären Zielgrößen der in Abb. 8.11 dargestellten Implementierung ergeben sich zu $(160, 171, 24)$ für monetäre Kosten, Leistungsverbrauch und Latenz.

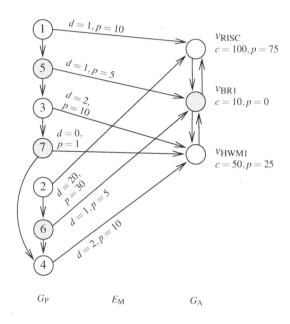

Abb. 8.11. Beispielhafte Modellierung der primären Zielgrößen monetäre Kosten, Leistungs-verbrauch und Latenz im Spezifikationsgraphmodell

Sekundäre Zielgrößen sind oftmals nur auf einem Teil des Systems definiert, wie z. B. die Ressourcenauslastung (siehe auch Definition 4.7.2), und dienen zur Berech-nung von primären Zielgrößen. So kann z. B. die physikalische Größe eines Sys-tems (z. B. die Chipfläche) herangezogen werden, um die monetären Kosten einer Implementierung zu schätzen. Sekundäre Zielgrößen werden nicht so häufig direkt in der Entwurfsraumexploration verwendet. Wichtigste sekundäre Zielgrößen beim Entwurf eingebetteter Systeme sind Ressourcenauslastung, Cache-Hit/Miss-Verhält-nis, physikalische Größe, Zuverlässigkeit, Testbarkeit, Kompatibilität etc.

8.2.2 Schätzung der Entwurfsqualität

Eine der wichtigsten Aufgaben in der automatischen Entwurfsraumexploration ist die Schätzung der Entwurfsqualität. Bei der Schätzung ist es wichtig, dass die Schätzungsverfahren sowohl eine gewisse *Güte*, d. h. die geschätzten Werte liegen nah bei den tatsächlichen, aber vor allem eine hohe *Treue*, d. h., dass Fehler in der Schätzung systematisch sind, um Entwurfspunkte miteinander vergleichen zu können, besitzen.

Definition 8.2.2 (Güte eines Schätzungsverfahrens). *Sei $e(\alpha, \beta, \tau)$ die abgeschätzte und $f(\alpha, \beta, \tau)$ die exakte (gemessene) m-dimensionale Zielfunktion einer Implementierung (α, β, τ). Die Güte $\mathcal{G}$ des Schätzungsverfahrens ist gegeben durch:*

$$\mathcal{G}_i(\alpha, \beta, \tau) = 1 - \frac{|e_i(\alpha, \beta, \tau) - f_i(\alpha, \beta, \tau)|}{f_i(\alpha, \beta, \gamma)} \quad \text{für } i = 1, \ldots, m$$

Man beachte, dass die Güte $\mathcal{G}$ ein m-dimensionaler Vektor ist.

Definition 8.2.3 (Treue eines Schätzungsverfahrens). *Sei $\Psi = \{\psi_1, \ldots, \psi_n\}$ eine Menge von Implementierungen mit $\psi_i = (\alpha_i, \beta_i, \tau_i)$. Die Treue $\mathcal{F}$ eines Schätzungsverfahrens ist die Prozentzahl der korrekten Dominanzabschätzungen (siehe Anhang):*

$$\mathcal{F} = 100 \cdot \frac{2}{n(n-1)} \sum_{k=1}^{n-1} \sum_{l=i+1}^{n} \delta_{k,l}$$

mit

$$
\delta_{k,l} = \begin{cases}
1 \text{ falls} & \begin{aligned}
&\forall i: & (e_i(\psi_k) \leq e_i(\psi_l) \wedge f_i(\psi_k) \leq f_i(\psi_l)) \vee \\
&\exists i_1, i_2, j_1, j_2: & (e_{i_1}(\psi_k) > e_{i_1}(\psi_l) \wedge e_{j_1}(\psi_k) < e_{j_1}(\psi_l) \wedge \\
& & f_{i_2}(\psi_k) > f_{i_2}(\psi_l) \wedge f_{j_2}(\psi_k) < f_{j_2}(\psi_l)) \vee \\
&\forall i: & (e_i(\psi_k) \geq e_i(\psi_l) \wedge f_i(\psi_k) \geq f_i(\psi_l)) \vee
\end{aligned} \\
0 \text{ sonst}
\end{cases}
$$

Beispiel 8.2.4. In Abb. 8.12 sind die Begriffe *Schätzgüte* und *Schätztreue* noch einmal verdeutlicht. Der Entwurfsraum enthält vier Pareto-optimale Punkte ($p_1, \ldots, p_4$). Es wurden zwei Schätzverfahren e_1 und e_2 verwendet, um die Eigenschaften der Lösungen abzuschätzen. Während das erste Verfahren eine hohe Güte und eine hohe Treue aufweist, besitzt das zweite Verfahren keine dieser Eigenschaften. Insbesondere würde Punkt p_3 fälschlicherweise als dominiert durch p_2 betrachtet werden.

Oft besteht aber zwischen der Güte und dem Aufwand für eine Schätzung ein direkter Zusammenhang, d. h. mit einem größeren Schätzungsaufwand kann man eine höhere Genauigkeit erwarten. Auf der anderen Seite ist die Treue eines Schätzungsverfahrens besonders wichtig, da eine ungenügende Schätztreue die Entscheidungsfindung unmöglich macht.

Im Allgemeinen können zwei Arten von Schätzungstechniken unterschieden werden: *simulationsbasierte* und *analytische Schätzungsverfahren*. Simulative Schätzungsverfahren werden häufig angewendet, wenn das durchschnittliche Verhalten einer Implementierung bewertet werden soll, wo hingegen analytische Methoden zur

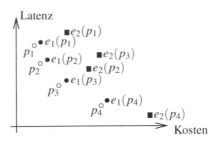

Abb. 8.12. Entwurfsraum mit vier Pareto-optimalen Lösungen. Zwei unterschiedliche Schätzverfahren liefern unterschiedliche Abschätzungen.

Bewertung des Verhaltens im *schlimmsten Fall* (engl. *worst case*) oder *besten Fall* (engl. *best case*) eingesetzt werden. Beide Verfahren haben ihre Vor- und Nachteile: Bei den simulativen Schätzungsverfahren ist die Identifikation von geeigneten Eingangsdaten zur Anregung des Systems, den sog. *Stimuli*, eine große Herausforderung. Oftmals ist es auch nicht möglich, in den frühen Entwurfsphasen bereits ein ausführbares Modell zu entwerfen. Auf der anderen Seite liefern analytische Schätzungsverfahren in vielen Fällen pessimistische Ergebnisse. Im Folgenden sollen kurz die beiden Ansätze in Bezug auf die Schätzung der Verarbeitungsgeschwindigkeit diskutiert werden.

Eine analytische Schätzung kann entweder durch ein sog. *statisches Profiling*, *Real-time calculus* [400] (siehe auch Kapitel 4) oder durch *High-Level Synthese* (siehe auch Kapitel 6) erreicht werden. Statisches Profiling beschreibt das Zählen von Instruktionen in einem gegebenen Pseudo-Code. Dieses kann durch Analyse von Datenabhängigkeits- und Kontrollflussinformationen verbessert werden. Die Komplexitätsanalyse von Algorithmen sowie die Bestimmung von sog. *Worst Case Execution Times* (*WCET-Analyse* [262]), welche bereits die Zielarchitektur berücksichtigt, zählen ebenfalls zu den Verfahren des statischen Profilings. Beim Real-time calculus ist die zentrale Idee, dass die Last eines Systems durch sog. *Ankunftskurven* (engl. *arrival curves*) modelliert wird, die darstellen, wie viele Ereignisse minimal und maximal in einem Zeitintervall auftreten können. Es lassen sich hierdurch Eigenschaften, wie Periodizität, Jitter etc. darstellen. Auf der anderen Seite wird die maximal bzw. minimal verfügbare Rechenzeit durch sog. *Belegungskurven* beschrieben.

Zu *simulativen Schätzungsverfahren* gehören unter anderem die *Systemebenensimulation* und die *zyklenakkurate Simulation*. Systemebenensimulation zielt auf die Simulation der zu implementierenden Anwendung auf Taskebene ab. Hierbei sind im Wesentlichen die Lastverteilung und die benötigten Puffergrößen von Interesse. Bei der zyklenakkuraten Simulation wird eine Architektur mit einer gegebenen Last (Stimuli) Zyklus für Zyklus simuliert. Zyklenakkurate Simulation kann mit Hilfe eines Prozessorsimulators, einem sog. *Instruktionssatzsimulator* für die Software, eines Hardware-Simulators oder einer Kombination aus beiden erfolgen.

Um die Laufzeit der Schätzungsverfahren zu verringern, werden oftmals Kombinationen aus analytischen und simulativen Verfahren vorgeschlagen [226]. Hierbei werden Daten, die während der Simulation aufgezeichnet werden, in einer späteren Analyse wiederverwendet bzw. aus analytischen Ergebnissen Eingangsdaten für die Simulation bestimmt. Die Verwendung von Simulationsdaten in analytischen Modellen wurde erstmals zur Bewertung von Speicherzugriffen und Busarbitrierung verwendet. Hierbei werden die Daten zunächst ohne Ressourcenbeschränkungen aufgezeichnet. Hierdurch entstehen sog. *Traces*. Anschließend werden die Traces verwendet, um unterschiedliche Allokationen und Bindungen zu bewerten. Man spricht auch von der sog. *Trace-Driven-Simulation* [230, 319].

8.2.3 Strategien zur Überdeckung und zum Beschneiden des Entwurfsraums

Die *Überdeckung des Entwurfsraums* wird durch bekannte Optimierungsverfahren (siehe Anhang) bewerkstelligt. Diese Verfahren können entweder *konstruktiv* oder *iterativ verbessernd* sein. Iterativ verbessernde Verfahren können wiederum unterschieden werden in *mengenbasierte Suchverfahren* und Suchverfahren, die auf einzelnen Lösungen arbeiten. Hier werden zunächst die grundlegenden Verfahren vorgestellt.

Eine einfache Idee, den Entwurfsraum zu überdecken, besteht darin, jede einzelne Lösung im Entwurfsraum, d. h. jeden Entwurfspunkt, bezüglich seiner Entwurfsqualität zu evaluieren. Diese *erschöpfende Suche* ist aber offensichtlich nicht bei großen Entwurfsräumen, wie sie typischerweise in heutigen Entwurfsprozessen auftreten, anwendbar. Der Aufwand kann durch *Begrenzung* oder *Quantisierung* der Entwurfsparameter und BRANCH&BOUND-Techniken (siehe Anhang) reduziert werden [355]. Bei der Begrenzung der Entwurfsparameter können diese lediglich Werte aus zusammenhängenden Teilbereichen des ursprünglichen Parameterraums zugewiesen bekommen. Hingegen bewirkt die Quantisierung, dass bestimmte Parameterwerte, die nicht zwingend in zusammenhängenden Bereichen liegen müssen, aus dem Parameterraum ausgeblendet werden. Eine andere Möglichkeit bieten rein stochastische Suchverfahren, wie z. B. die *Monte-Carlo-Suche*. Diese Verfahren liefern aber oftmals schlechte Ergebnisse, weshalb sie im Allgemeinen mit Metaheuristiken wie *Simulated annealing* oder *Tabusuche* kombiniert werden [170].

Eine Verbesserung der Verfahren wird häufig dadurch erzielt, dass Information über den Entwurfsraum in die Überdeckungsstrategie integriert wird. Man erhält somit einen problemspezifischen Suchalgorithmus mit dem Ziel, möglichst schnell und nah an die Pareto-Front zu konvergieren. Eine einfache Strategie, um Information über den Entwurfsraum in die Suche zu integrieren, erfolgt durch die Evaluierung der Nachbarschaft guter Lösungen. Im Extremfall erhält man somit sog. *Hill-Climbing-Verfahren*, also Verfahren, die jeder Verbesserung in der Nachbarschaft folgen. Leider können diese Methoden frühzeitig zu lokalen Optima konvergieren und somit nur suboptimale Ergebnisse erzielen [229, 364]. Eine deutliche Verbesserung kann man bei der Verwendung von evolutionären Algorithmen erkennen. Evolutionäre Algorithmen eignen sich besonders gut zur Entwurfsraumexploration. Hierfür gibt es drei Gründe [41]:

1. Evolutionäre Algorithmen arbeiten mengenbasiert und können somit eine Menge von Lösungen verbessern, um somit die gesamte Pareto-Front zu approximieren und nicht, wie in der klassischen Einzieloptimierung, nur eine Lösung.
2. Es werden keine Einschränkungen an die Zielfunktionen gemacht, d. h. die Zielfunktionen müssen weder monoton noch differenzierbar sein.
3. Auch in großen und *nichtkonvexen* Entwurfsräumen können evolutionäre Algorithmen noch befriedigende Ergebnisse erzielen.

Diese Methodik wird in Abschnitt 8.3 näher betrachtet.

Alle hier vorgestellten Verfahren zur Entwurfsraumexploration haben das Ziel, möglichst gut die Pareto-Front zu approximieren. Neben der *Konvergenz* spielt bei der Mehrzieloptimierung ein zweites Kriterium eine wichtige Rolle, die sog. *Diversität* (engl. *diversity*) unterschiedlicher Lösungen (siehe Anhang). Intuitiv versteht man unter einer hohen Diversität der Lösungen, dass diese möglichst gleichmäßig über die Front verteilt sind. Präzise formuliert lauten die Ziele bei der Exploration des Entwurfsraums somit erstens, Entwurfspunkte möglichst nah an der Pareto-Front zu finden und zweitens, dass sich diese Lösungen möglichst gut entlang der Front verteilen. Beide Kriterien, Konvergenz und Diversität, sind dabei von Bedeutung, da ein mehrzieloptimierender Algorithmus, der nicht in der Lage ist, diversitäre Lösungen zu finden, auch nicht besser als ein einzieloptimierender Algorithmus [81] ist. Dennoch ist die Diversität meist ein der *Konvergenz* untergeordnetes Kriterium. Allerdings ist bis heute kein allgemein akzeptiertes Maß für die Diversität gefunden worden. Ein auf der Entropie basierender Ansatz ist in [145] beschrieben.

Beispiel 8.2.5. Das Beispiel in Abb. 8.13 aus [81] zeigt die Problematik der Konvergenz und Diversität bei der Entwurfsraumexploration. Zwei unterschiedliche Op-

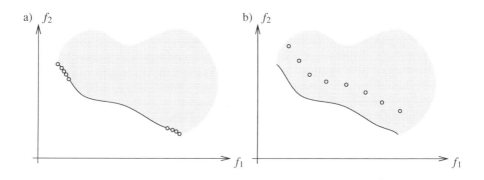

Abb. 8.13. Die Konvergenz zur Pareto-Front ist gut, die Diversität der Lösungen allerdings nicht a), die gefundenen Lösungen sind diversitär, liegen aber weit entfernt von der Pareto-Front b) [81].

timierungsalgorithmen wurden verwendet, um einen gegebenen zweidimensionalen Entwurfsraum mit den zu minimierenden Zielgrößen f_1 und f_2 zu explorieren. Die gefundenen Approximationsmengen sind in Abb. 8.13a) und b) zu sehen. Der erste Algorithmus weist eine gute Konvergenz zur Pareto-Front auf, versagt allerdings beim Finden diversitärer Lösungen. Auf der anderen Seite findet der zweite Algorithmus in Abb. 8.13b) hoch diversitäre Lösungen, die allerdings weit entfernt von der Pareto-Front liegen.

Die bisher vorgestellten Methoden zur Überdeckung des Entwurfsraums können noch um Verfahren zur *Reduktion der Komplexität* des Entwurfsraums erweitert werden. Man unterscheidet dabei die *hierarchische Abstraktion* und das *Beschneiden des Entwurfsraums*.

Bei der *hierarchischen Abstraktion* wird ein detailliertes Modell in ein grobgranulares Modell transformiert und somit die Komplexität des Entwurfsraums reduziert. In [335] zeigen Rao und Kurdahi beispielsweise, wie die hierarchische Abstraktion in der Architektursynthese eingesetzt werden kann, wobei zunächst ein Datenflussgraph analysiert und identische Operationen identifiziert werden. Diese werden als *Templates* bezeichnet. Für jedes Template werden unterschiedliche Implementierungen erzeugt, so dass ein Tradeoff bzgl. Fläche und Latenz entsteht. Nun wird für das Template, welches am häufigsten auf dem kritischen Pfad auftritt, eine geeignete Implementierung gewählt und dann iterativ für alle weiteren Templates Implementierungen ausgewählt.

In einem anderen Ansatz mit dem Namen *Subsampling* werden nur Stichproben aus dem gesamten Entwurfsraum bewertet. Dies geschieht dadurch, dass die Parameter quantisiert werden, also nur noch eine echte Teilmenge an Parameterkombinationen möglich ist [364]. Ein weiterer Ansatz beruht auf der *Unterteilung des Entwurfsraums*. In [2] wird z. B. die Unterteilung durch *Dekomposition* des Entwurfsraums erreicht. In diesem Ansatz werden die Teilsysteme unabhängig voneinander exploriert. Hierbei nennen Abraham et al. [2] drei wesentliche Aspekte, warum der Entwurfsraum unterteilt wird: Erstens ist *die Größe* jedes Entwurfsraums eines Teilsystems kleiner als der Gesamtentwurfsraum. Zweitens ist der Aufwand für die *Schätzung der Entwurfsqualität* eines Teilsystems geringer. Schließlich stellt die *Anzahl* der zu bewertenden Entwurfspunkte einen geringen Anteil aller Entwurfspunkte im Gesamtentwurfsraum dar. Für ihre Methodik definieren Abraham et al. eine *stark* und eine *schwach monotone Zerlegung* des Entwurfsraums. Eine schwach monotone Zerlegung erlaubt die Bestimmung der Zielfunktionen des Gesamtsystems durch Auswertung einer monotonen nichtfallenden Funktion auf den Zielfunktionen der Teilsysteme. Eine stark monotone Zerlegung erlaubt die Verwendung einer monoton steigenden Funktion. Nur wenn ein Entwurfsraum eine schwache oder starke Zerlegung erlaubt, kann aus den optimalen Teilsystemen das optimale Gesamtsystem konstruiert werden. Ähnliche Ideen wurden auch in [200] und [382] vorgestellt. Ein Ansatz basierend auf dem Modell des Spezifikationsgraphen mit dem Namen *Pareto-Front-Arithmetik* wird in Abschnitt 8.5 vorgestellt.

Da einige Parameter einen größeren Einfluss auf das Ergebnis der Exploration haben als andere, wird oftmals eine *Sensitivitätsanalyse* der Parameter vor der Exploration durchgeführt. Hierdurch kann man erkennen, welche Parameter von einander abhängen, und man kann einige Parameter unabhängig von anderen optimieren. Ein solcher Ansatz zur Exploration von SoC-Architekturen ist in [132] präsentiert. Hierbei werden zunächst die Parameter für Speichergröße, Cachegröße, Anzahl an Register und I/O-Ports etc. analysiert und entsprechend ihrer Abhängigkeiten exploriert. In [300] wird eine Erweiterung dieses Ansatzes mit Hilfe von evolutionären Algorithmen vorgestellt, welcher gestartet wird, sobald der Entwurfsraum eine gewisse Größe überschreitet. Hierbei wird das System in Teilsysteme unterteilt. Zunächst werden nur abhängige Parameter zusammen exploriert und später kombiniert, um den evolutionären Algorithmus zu initialisieren. Ein ähnlicher Ansatz wird in [13, 14] beschrieben, wobei zunächst der Einfluss der Parameter auf das Ergebnis analysiert wird. Dies geschieht dadurch, dass alle Parameter bis auf den zu analysierenden auf ihrem Erwartungswert fest gehalten werden.

Schließlich kann durch eine *Beschneidung des Entwurfsraums* der Explorationsaufwand signifikant reduziert werden. In [291] verwendet Neema OBDDs (geordnete Binäre Entscheidungsdiagramme, engl. *ordered binary decision diagrams*), um den Entwurfsraum zu repräsentieren und durch Hinzufügen von Beschränkungen, welche ebenfalls durch OBDDs beschrieben sind, zu beschneiden. Auf diese Art wird die Anzahl potentieller Lösungen *progressiv reduziert*.

8.3 Entwurfsraumexploration mit evolutionären Algorithmen

Unter Systemsynthese wird das Problem verstanden, eine Spezifikation auf Systemebene auf eine heterogene Hardware/Software-Architektur abzubilden. Dieses Problem verlangt a) die *Selektion der optimalen Architektur (=Allokation)* (Auswahl von Prozessoren, ASICs, Bussen und Speichern), b) die Abbildung des Algorithmus auf die ausgewählte Architektur in Raum (Bindung) und c) Zeit (Ablaufplanung). Da im Allgemeinen viele mögliche Implementierungen existieren, ist es das Ziel der *Entwurfsraumexploration*, optimale Implementierungen zu finden, die eine Anzahl von Nebenbedingungen an Kosten und Performanz erfüllen. Existierende Ansätze zur Systemsynthese betrachten die Zielarchitektur meist als fest, konzentrieren sich nur auf das Bindungsproblem (dies gilt für die meisten Partitionierungsalgorithmen, siehe Kapitel 5), vernachlässigen das Problem der Kommunikation oder benötigen hohe Rechenzeiten, so dass eine Exploration des Entwurfsraums oft nicht möglich ist.

Hier wird die Anwendung eines *mehrzieloptimierenden evolutionären Algorithmus* zur Lösung dieses Optimierungsproblems und zur automatischen Entwurfsraumexploration beschrieben.

Abbildung 8.14 gibt einen Überblick über diese in [389] und [43] beschriebene Entwurfsmethodik. Die Spezifikation besteht aus einem *Problemgraphen* (siehe Abb. 8.14a)), einem *Architekturgraphen* und einer Menge von Abbildungsbedingungen (siehe Abb. 8.14b) und c)). Diese zusammen werden durch einen *Spezifikationsgraphen* dargestellt. Die Optimierungsprozedur verwendet einen mehrzieloptimierenden evolutionären Algorithmus (siehe Abb. 8.14d)).

Ein evolutionärer Algorithmus arbeitet auf *Populationen P_k von Individuen $J_i, i = 1, \cdots, N$*, wobei N im Folgenden *Größe der Population* heißt. Jedes Individuum co-

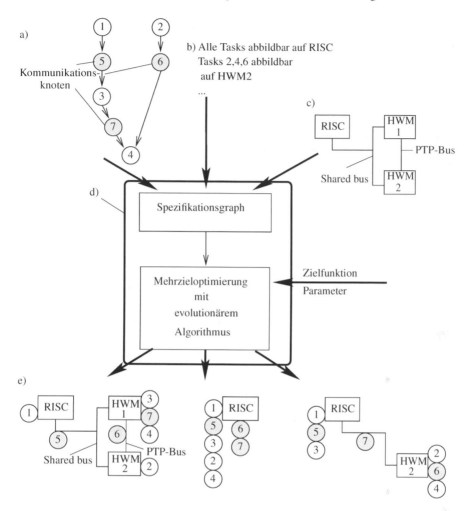

Abb. 8.14. Überblick: a) graphenbasierte Problemspezifikation, b) Spezifikation der Abbildungsmöglichkeiten, c) CCD der Architektur, d) Optimierungsprozedur basierend auf einem Graphenmodell, das a),b) und c) in einem sog. *Spezifikationsgraphen* ausdrückt, und e) Optimierung (Architekturauswahl, Bindung und Ablaufplanung) mit evolutionären Algorithmen

diert eine Implementierung und beinhaltet eine Architektur und eine Abbildung von Knoten des Problemgraphen in Raum (Bindung) und Zeit (Ablaufplanung) auf diese Architektur (siehe z. B. Abb. 8.14e)). Im Zusammenhang mit der Systemsynthese sind die Vorteile von evolutionären Algorithmen, dass sie a) iterativ eine *Population* (Menge) von Implementierungen verbessern, dass sie b) nicht verlangen, dass die *Kostenfunktion* linear oder differenzierbar ist und dass sie c) gute Laufzeiten aufweisen, falls die Fitnessfunktion (engl. *fitness function*) effizient berechenbar ist.

Beispiel 8.3.1. Abbildung 8.14e) zeigt eine Population P_k von drei Implementierungen des Problemgraphen in Abb. 8.14a) inklusive Bindung der Berechnungsknoten an funktionale Ressourcen (RISC, ASICs), Bindung von Kommunikationsknoten (schattierte Knoten) an Busressourcen und Ablaufplanung der Knoten auf den Ressourcen. Jedes Individuum kann eine andere Implementierung darstellen.

Das Ziel des im Folgenden vorgestellten Verfahrens ist es, iterativ bessere Populationen zu finden: Jedes Individuum in einer aktuellen Population P_k wird durch Berechnung einer Fitnessfunktion (engl. *fitness function*) bewertet. Diese Zahl spiegelt ein Maß wider, wie gut eine Implementierung ist. d. h. wie stark sie von anderen Lösungen dominiert wird oder diese dominiert bzw. wie hoch ihr Beitrag zur Diversität der Lösungen ist. Der evolutionäre Algorithmus terminiert nach einer festen Anzahl k_{max} von generierten Populationen oder wenn die Suche stagniert. Er gibt als Ergebnis diejenigen Implementierungen zurück, die die besten Fitnesswerte erzielt haben.

Im nächsten Abschnitt werden die Eigenschaften eines evolutionären Algorithmus vorgestellt. Die Codierung und Decodierungsalgorithmen zur Beschreibung von Implementierungen und die Beschreibung der genetischen Operatoren im Zusammenhang mit der Systemsynthese erfolgt in Abschnitt 8.3.2. In Abschnitt 8.3.3 werden für die Mehrzieloptimierung nützliche Fitnessfunktionen sowie Möglichkeiten zur Behandlung von Verletzungen von Nebenbedingungen diskutiert. Anschließend werden die Parametereinstellungen des evolutionären Algorithmus zur Systemsynthese erläutert. Abschnitt 8.3.5 behandelt schließlich das Beispiel eines Video-Codec nach der H.264 Norm der ITU als Fallstudie der Entwurfsmethodik mit evolutionären Algorithmen. Die Entwurfsraumexploration erfolgt dabei mit dem Werkzeug SystemCoDesigner [162] der Universität Erlangen-Nürnberg.

8.3.1 Optimierung mit evolutionären Algorithmen

In diesem Abschnitt wird die Anwendung eines evolutionären Algorithmus (EA) zur Lösung des Problems der Systemsynthese nach Definition 8.2.1 beschrieben. Der evolutionäre Algorithmus dient dazu, Allokationen und Bindungen zu bestimmen. Ein Ablaufplan wird für eine gegebene Allokation und Bindung durch eine Heuristik bestimmt. Diese Aufteilung der Syntheseaufgaben ist in Abb. 8.15 dargestellt. Sie ist dadurch begründet, dass der Suchraum der Lösungen riesig und diskreter Natur ist. Außerdem wurde gezeigt, dass bereits das Problem der Bestimmung einer gültigen Bindung $\mathcal{NP}$-vollständig ist (siehe Theorem 8.1.1). Folglich sind exakte Verfahren für realistische Problemgrößen nicht einsetzbar. Hingegen sind evolutionäre Algorithmen bekannter weise sehr gut auf solche Problemklassen anwendbar. Für die Ablaufplanung wird eine Heuristik eingesetzt (z. B. Listscheduling), da diese sich als besonders effektiv bei gegebener Allokation und Bindung erweisen. Folglich wird der evolutionäre Algorithmus von dieser Aufgabe entlastet. Das Ergebnis der Ablaufplanung geht jedoch, wie aus Abb. 8.15 ersichtlich, in die Evaluierung der

Güte einer Implementierung ein und steuert damit ebenfalls die Suche nach optimalen Implementierungen.[1]

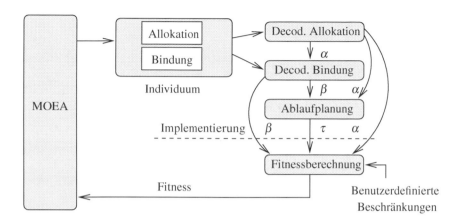

Abb. 8.15. Die Decodierung eines Individuums (Allokation α und Bindung β mit anschließender Ablaufplanung τ entspricht einer Implementierung (α, β, τ)). Daraus wird die Fitnessfunktion berechnet.

Im Verlauf dieses Abschnitts werden die Grundprinzipien (mehrzieloptimierender) evolutionärer Algorithmen erläutert (siehe auch Anhang).

Prinzip von evolutionären Algorithmen

Mehrzieloptimierende evolutionäre Algorithmen (MOEA) bezeichnen eine Klasse
probabilistischer Optimierungsverfahren, die auf dem Modell natürlicher Evolution
basieren. Diese Verfahren sind dadurch charakterisiert, dass der Suchraum eines Optimierungsproblems gleichzeitig mit N möglichen Lösungen (sog. *Individuen $J_i \in$ **J***,
wobei **J** den Raum möglicher Individuen darstellt) abgetastet wird. Diese *Population $P = \{J_1, J_2, ..., J_N\}$* wird im Verlaufe des Verfahrens durch einen evolutionären
Prozess verändert: Nach der Initialisierung einer Anfangspopulation werden Selekti-
onsverfahren und Rekombination innerhalb einer Schleife für eine feste Anzahl von
Iterationen angewendet. Jede Iteration innerhalb der Schleife heißt *Generation*. P_k
bezeichnet die Population der Generation k. Die Grundzüge dieser Verfahren sind
im Anhang beschrieben.

Der Selektionsoperator dient dazu, die mittlere Qualität einer Population zu verbessern. Dies erreicht man beispielsweise dadurch, dass man Individuen mit einer

---

[1] Der berechnete, statische Ablaufplan muss nicht notwendigerweise exakt im Betrieb eingehalten werden. Er dient aber der Steuerung des Suchraums in Richtung von Implementierungen, die z. B. unter Annahme von Worst-case-Berechnungszeiten immer die gestellten
Performanzanforderungen im Betrieb erfüllen.

höheren Qualität (bzgl. Konvergenz und Diversität) eine höhere Wahrscheinlichkeit, in die nächste Generation kopiert zu werden, zuordnet. Selektion betont damit die Suche in erfolgversprechenden Regionen des Suchraums. Die Qualität eines Individuums misst man mit einer sog. *Fitnessfunktion* $\varphi : \mathbf{J} \to \mathbb{R}$. Es gibt viele unterschiedliche Selektionsmethoden (siehe z. B. [44]).

Rekombination ändert das genetische Material in einer Population entweder durch *Kreuzung* (engl. *crossover*) oder durch *Mutation*. Diese Operatoren dienen in erster Linie dazu, neue (noch nicht untersuchte) Punkte im Entwurfsraum zu finden. Abhängig vom zu lösenden Problem gibt es zahlreiche Codierungen für MOEA. Zum Beispiel können Individuen Zeichenketten, Vektoren von ganzen Zahlen, Fließpunktzahlen, aber auch Bäume und Graphen sein. Die Wahl der Codierung bestimmt ebenfalls den Rekombinationsoperator.

8.3.2 Codierung von Implementierungen

Um ein sinnvolles Codierungsschema für Allokationen und Bindungen zu erhalten, muss man sich zunächst die Frage stellen, wie man (vom evolutionären Algorithmus vorgeschlagene) ungültige Allokationen und Bindungen behandeln kann. Man kann sich vorstellen, dass ein Verfahren, das die Allokation und Bindung zufällig bestimmt, eine hohe Prozentzahl von ungültigen Lösungen erzeugt.

Bei der Anwendung evolutionärer Algorithmen sind zwei Möglichkeiten bekannt, ungültige Individuen zu behandeln.

- *Bestrafung*: Zum einen kann man „schlechte" Individuen durch einen Bestrafungsterm „bestrafen". Das führt dazu, dass diese Individuen in nachfolgenden Selektionsphasen verschwinden. Abhängig von der Spezifikation kann es allerdings sein, dass der Algorithmus fast nur schlechte Individuen vorschlägt (sog. Suche nach der Nadel im Heuhaufen). Dann ist das Verfahren nicht besser als ein zufallsgesteuertes Suchverfahren.
- *Reparatur*: Die andere Möglichkeit besteht darin, ungültige Allokationen und Bindungen durch einen „Reparaturmechanismus" zu korrigieren und dabei Expertenwissen einfließen zu lassen. Bezüglich der Anwendbarkeit dieser Lösung ergibt sich in unserem Fall jedoch das Problem, dass ein $\mathcal{NP}$-vollständiges Problem gelöst werden müsste, um eine ungültige Allokation und Bindung in eine gültige Lösung zu transformieren.

Deshalb wird der folgende Kompromiss gewählt: Die vom evolutionären Algorithmus generierten ungültigen Allokationen werden durch eine Heuristik (teilweise) repariert. Falls es anschließend bei der Konstruktion einer Bindung Komplikationen gibt, wird ein Bestrafungsterm eingeführt.

Im Folgenden werden die Codierung von Allokation und Bindung sowie die angewendeten Reparaturmechanismen für ein Individuum J beschrieben: Ein gegebener Spezifikationsgraph G_S bestehe aus einem Problemgraphen G_P, einem Architekturgraphen G_A und der Menge der Abbildungskanten E_M. Die Allokation und Bindung wird dabei sequentiell (siehe folgender Algorithmus DECODE) durchgeführt. Es werden hierbei drei Schritte durchgeführt:

- Zunächst wird die Allokation der Knoten aus V_A decodiert und mit einer einfachen Heuristik (Algorithmus ALLOCATION) repariert.
- Danach wird die Bindung durch Auswahl der Kanten $e \in E_M$ durchgeführt (Algorithmus BINDING).
- Schließlich wird die Allokation aktualisiert durch Eliminierung nicht benötigter Knoten $v \in V_A$ und Hinzufügen aller notwendigen Kanten $e \in E_A$ zur Allokation (Algorithmus UPDATE_ALLOCATION).

Der Algorithmus liefert eine Allokation und Bindung der Knoten und Kanten des Problemgraphen G_P auf Knoten und Kanten des Architekturgraphen G_A. Falls keine gültige Bindung gefunden werden konnte, wird der Vorgang für das betrachtete Individuum abgebrochen.

```
DECODE(J) {
    α := V_P ∪ E_P;
    β := { };
    ᾱ := ALLOCATION(alloc(J), L_R(J));
    β̄ := BINDING(L_B(J), L_O(J), ᾱ);
    IF (β̄ = { })
        RETURN({ }, { });
    β := β ∪ β̄;
    α := α ∪ UPDATE_ALLOCATION(ᾱ, β̄);
    RETURN(α, β);
}
```

Die weiteren verwendeten Prozeduren, Funktionen und deren Parameter werden in den folgenden Abschnitten beschrieben.

Allokation

Die Allokation wird direkt im genetischen Material, dem *Chromosom*, codiert, d. h. für jeden Knoten $v \in V_A$ gibt es ein Element in einem Vektor $alloc[v]$, das die Aktivierung von v beschreibt, d. h. $a(v) = alloc[v]$. Da diese einfache Form der Codierung oft zu vielen ungültigen Allokationen führt (z. B. 77% von zufällig generierten Allokationen für die Spezifikation in Beispiel 8.1.3), wird eine einfache Reparaturheuristik angewendet, die der gegebenen Allokation nur neue Knoten $v \in V_A$ hinzufügt, aber keine entfernt. Auch werden nur solche Fälle von Ungültigkeit repariert, bei denen es Knoten im Problemgraphen V_P gibt, die auf keiner bisher allozierten Einheit ablaufen können: Sei $V_B \subseteq V_P$ diese Menge von Knoten mit $V_B = \{v \in V_P \mid \forall \tilde{v} \in V_A : (v, \tilde{v}) \in E_M \wedge a(\tilde{v}) = 0\}$. Dann wird pro Knoten $v \in V_B$ maximal ein Knoten $\tilde{v} \in V_A$ hinzugefügt, bis Gültigkeit der Allokation (in diesem Sinne) erreicht ist. Mit dieser Methode konnte die Anzahl ungültiger Allokation für die Spezifikation in Beispiel 8.1.3 auf $6,5\%$ gesenkt werden.

Offensichtlich hat die Art, in der neue Ressourcen alloziert werden, einen großen Einfluss auf die Kosten der resultierenden Allokation. Man könnte sich z. B. vorstellen, dass die hinzugefügte Allokation einen minimalen Kostenzuwachs oder einen maximalen Performanzgewinn erzeugen soll. Da diese Optimierungsziele von der mehrdimensionalen Zielfunktion f abhängen, sollte die Art der Reparatur automatisch adaptierbar sein. Dazu wird für jedes Individuum J eine sog. *Allokationsreparaturprioritätsliste* $L_R(J)$ eingeführt. In dieser Liste, siehe z. B. in Abb. 8.16, sind alle Knoten $v \in V_A$ enthalten, und unsere Heuristik besteht nun darin, eine neue Ressource zu allozieren in der Reihenfolge dieser Listenelemente. Diese Liste unterliegt ebenfalls den genetischen Operatoren und kann also auch durch den evolutionären Algorithmus optimiert werden.

Zusammenfassend erhält man folgenden Algorithmus zur Decodierung einer Allokation α aus einer Codierung *alloc* und einer Allokationsreparaturprioritätsliste L_R:

```
ALLOCATION(alloc, L_R) {
    α := { };
    FOREACH (ṽ ∈ V_A) {
        IF (alloc[ṽ] = 1)
            α := α ∪ {ṽ};
    }
    V_B := not_bindable_nodes(α);
    ṽ_r := first(L_R);
    WHILE (V_B ≠ { }) {
        IF (V_B ≠ not_bindable_nodes(α ∪ {ṽ_r})) {
            α := α ∪ {ṽ_r};
            V_B := not_bindable_nodes(α);
        }
        ṽ_r := next(L_R);
    }
    RETURN(α);
}
```

Die Funktion not_bindable_nodes bestimmt die Menge nicht bindbarer Knoten, die Funktionen first und next bestimmen das erste bzw. das nächste Listenelement der Liste L_R.

Beispiel 8.3.2. Betrachtet wird die Spezifikation aus Beispiel 8.1.3. In Abb. 8.16 ist gezeigt, wie die Information der Allokation in einem Individuum gespeichert ist (links). Die direkte Decodierung der Zeichenkette ergibt die Allokation $\alpha = \{v_{BR1}, v_{HWM1}\}$. Diese Allokation ist ungültig, da sie keine Ressource enthält, an die die Knoten $v_1, v_2 \in V_P$ gebunden werden können. Diese Allokation wird mit dem Algorithmus ALLOCATION unter Benutzung der ebenfalls in Abb. 8.16 dargestellten Allokationsreparaturprioritätsliste L_R wie folgt repariert: v_{HWM1} und v_{BR1} gehören bereits zur Allokation. Die Hinzunahme von v_{RISC} löst schließlich den Konflikt für v_1 auf und wird deshalb alloziert. Da dann kein weiterer nicht bindbarer Knoten existiert (v_2 kann auch an die hinzugefügte Ressource v_{RISC} gebunden werden), terminiert der Algorithmus.

Offensichtlich führen unterschiedliche Listen auch zu unterschiedlichen Allokationen: Falls die Einträge v_{RISC} und v_{HWM2} in der Liste vertauscht werden, würden

v_{HWM2} und v_{RISC} alloziert werden, da v_{HWM2} nur den Konflikt von v_2, nicht aber von v_1 löst.

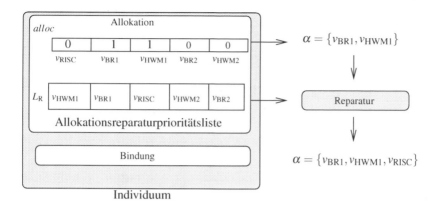

Abb. 8.16. Decodierung einer Allokation

Bindung

Eine Bindung erhält man dadurch, dass man für jeden Knoten $v \in V_P$ genau eine Kante $e \in E_M$ mit Anfangsknoten v aktiviert. Das Problem der Codierung der Bindung liegt in der starken gegenseitigen Abhängigkeit der Allokation und der Bindung. Da die Operatoren der Kreuzung und der Mutation die Allokation ändern können, kann eine direkte Codierung der Bindung bedeutungslos für die geänderte Allokation sein. Folglich besteht die Anforderung, dass die Codierung der Bindung unabhängig von der Allokation interpretiert werden kann. Das erreicht man wie folgt:

Für jeden Knoten $v \in V_P$ wird eine Liste gebildet, die alle Nachfolgerknoten $\tilde{v} \in V_A$ von v, insbesondere $(v, \tilde{v}) \in E_M$, enthält. Diese wird hier ebenfalls als Prioritätsliste (sog. *Bindungsprioritätsliste* L_B) aufgefasst und eine Bindung von v dadurch bestimmt, dass man den ersten Knoten $\tilde{v}$ mit $e_k = (v, \tilde{v})$ dieser Liste aktiviert ($a(e_k) = 1$), die eine gültige Bindung (Funktion IS_VALID_BINDING) ermöglicht. Zusätzlich zu dieser Liste wird die Reihenfolge, in der Knoten $v \in V_P$ gebunden werden, ebenfalls in einer Liste L_O, der *Bindungsreihenfolgeliste*, bestimmt. Der Bindungsalgorithmus, der die Bindung β bzw. { } im Falle einer ungültigen Bindung zurück liefert, lässt sich damit wie folgt beschreiben:

```
BINDING(L_B, L_O, α) {
      β := { };
      FOREACH (u ∈ L_O ∩ α) {
            e' := nil;
            FOREACH (ũ ∈ L_B(u) ∩ α) {
```

```
                    IF (IS_VALID_BINDING((u,ũ),β,α))
                          e' := (u,ũ);
                          BREAK;
                    }
              }
              IF (e' = nil)
                    RETURN({ });
              ELSE
                    β := β ∪ {e'};
        }
        RETURN(β);
}
```

Zum Test IS_VALID_BINDING sind die in Definition 8.1.5 genannten Kriterien zu überprüfen und im folgenden Algorithmus noch einmal dargestellt (der Algorithmus bekommt eine Kante $e = (v,\tilde{v}) \in E_M$, die bisher berechnete Bindung β und Allokation α übergeben und liefert den Wahrheitswert true zurück, falls e in die Bindung aufgenommen werden kann, und false sonst):

```
IS_VALID_BINDING((v,ṽ),β,α) {
        FOREACH (ê = (w,v) ∈ Eₚ ∩ α) {
              FOREACH (w̃ : (w,w̃) ∈ β) {
                    IF (ṽ ≠ w̃ ∧ (w̃,ṽ) ∉ E_A)
                          RETURN(false);
              }
        }
        FOREACH (ê = (v,w) ∈ Eₚ ∩ α) {
              FOREACH (w̃ : (w,w̃) ∈ β) {
                    IF (ṽ ≠ w̃ ∧ (ṽ,w̃) ∉ E_A)
                          RETURN(false);
              }
        }
        RETURN(true);
}
```

Beispiel 8.3.3. Abbildung 8.17 zeigt ein Beispiel der Codierung der Bindung für die Spezifikation aus Beispiel 8.1.3. Die durch die Liste L_O spezifizierte Reihenfolge der Bindung der Variablen ist $v_1, v_4, v_2, v_3, v_6, v_5, v_7$. Die Listen der Bindungsprioritäten sind für alle Knoten ebenfalls dargestellt. Zum Beispiel impliziert die Prioritätsliste von Knoten v_6 die Bindung an die Busressource BR2 (Punkt-zu-Punkt-Bus). Falls dies nicht möglich sein sollte, wird v_6 an Ressource HWM2 gebunden. Falls dies auch nicht möglich ist, dann erfolgt die Bindung an den RISC-Prozessor (RISC) usw. Da die Allokation aus Beispiel 8.3.2 weder BR2 noch HWM2 enthält, wird v_6 schließlich an die Ressource RISC gebunden, da RISC die erste Ressource ist, die bereits zur Allokation gehört.

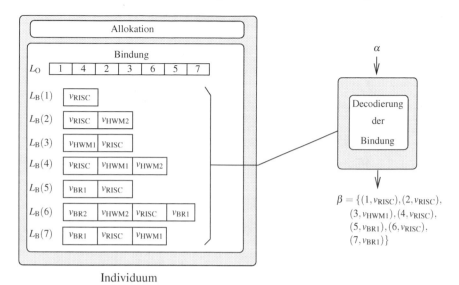

Abb. 8.17. Beispiel der Codierung einer Bindung und resultierende Bindung für das Beispiel in Abb. 8.16. Die ausgewählte Architektur ist in Abb. 8.7 dargestellt.

Schließlich wird noch die Funktion UPDATE_ALLOCATION beschrieben, die aus einer bestimmten Allokation diejenigen Knoten eliminiert, an die kein Knoten gebunden wurde. Außerdem werden alle Kanten $e \in E_A$ im Architekturgraphen zur Allokation hinzugefügt, die zum Erlangen einer gültigen Allokation notwendig sind.

UPDATE_ALLOCATION(α, β) {
    FOREACH $(\tilde{v} \in V_A \cap \alpha)$ {
        IF $(\not\exists v \in V_P : (v, \tilde{v}) \in \beta)$
            $\alpha := \alpha \setminus \{\tilde{v}\};$
    }
    FOREACH $(e = (u, v) \in E_P \cap \alpha)$ {
        $\tilde{e} := (\tilde{u}, \tilde{v})$ mit $(v, \tilde{v}), (u, \tilde{u}) \in \beta;$
        $\alpha := \alpha \cup \{\tilde{e}\};$
    }
    RETURN$(\alpha);$
}

Beispiel 8.3.4. Betrachtet wird die Allokation und Bindung aus Beispiel 8.3.2 und 8.3.3. Kein Knoten $\tilde{v} \in V_A$ wird aus der Allokation entfernt, es werden jedoch folgende Kanten zur Allokation α_E hinzugefügt: $\{(v_{RISC}, v_{BR1}), (v_{BR1}, v_{RISC}), (v_{HWM1}, v_{BR1}), (v_{BR1}, v_{HWM1})\}$. Zum Beispiel resultiert die Kante $e = (v_3, v_7) \in E_P$ in der Allokation der Kante $(v_{HWM1}, v_{BR1}) \in E_A$, da Knoten v_3 an Ressource v_{HWM1} und Knoten v_7 an Ressource v_{BR1} gebunden wurde.

Ablaufplanung

Es fehlt nun lediglich noch die Beschreibung der Berechnung der Ablaufplanung. Zur Ablaufplanung können prinzipiell beliebige Verfahren zur ressourcenbeschränkten Ablaufplanung eingesetzt werden, z. B. der Algorithmus Listscheduling (siehe Kapitel 4), der für eine gegebene Bindung einen Ablaufplan der Knoten $v \in V_P$ berechnet. Auch iterative Verfahren der Ablaufplanung lassen sich ohne Einschränkung der Allgemeinheit einsetzen. Ist das Ziel eine Ablaufplanung zur Laufzeit, so kann während der Entwurfsraumexploration auch beispielsweise alternativ eine Echtzeitanalyse durchgeführt werden, um die Einhaltbarkeit von Echtzeiteigenschaften zu überprüfen.

Beispiel 8.3.5. Betrachtet wird der Tradeoff zwischen den Kosten (*cost*) und der Latenz (*latency*) einer Implementierung. Abbildung 8.18 zeigt den Entwurfsraum von Beispiel 8.1.3. Implementierungen sind durch Punkte gekennzeichnet. Neben den drei Pareto-Punkten (als Kreuze dargestellt) enthält die Population noch weitere Individuen, die allerdings alle von den Pareto-Punkten dominiert werden.

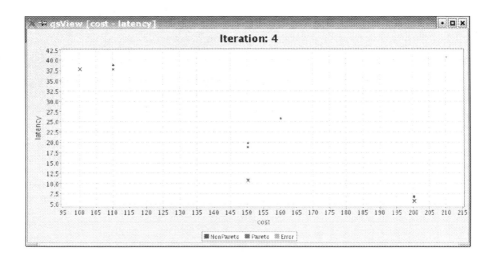

Abb. 8.18. Beispiel eines zweidimensionalen Entwurfsraums für das Problem aus Beispiel 8.1.3. Gefundene Pareto-Punkte sind durch Kreuze dargestellt.

8.3.3 Fitnessfunktionen und Beschränkungen

Im vorangegangenen Abschnitt wurde erklärt, wie man eine Implementierung codieren kann. Es wurden jedoch bisher noch keine Aussagen gemacht über die Qualität einer Implementierung und die zu optimierenden Eigenschaften. Dies wird im

Folgenden durch Definition geeigneter Fitnessfunktionen nachgeholt. Die Fitnessberechnung bei mehrzieloptimierenden evolutionären Algorithmen erfolgt heute nahezu ausschließlich auf der Basis von Dominanzkriterien. Prominente Verfahren sind das *Pareto-Ranking*, das *Nichtdominierte Sortieren* und die sog. *Strength-Pareto-Berechnung* (siehe Anhang).

In [134] wurde eine Fitnessfunktion mit dem Namen *Pareto-Ranking* eingeführt. Dabei wird die Fitness eines Individuums J als Anzahl der Individuen J_i der Population bestimmt, die J dominieren ($J_i \succ J$, vgl. auch Definition B.4.1):

$$\varphi(J) = \sum_{i=1,...,N,\, J \neq J_i} \begin{cases} 1 & : \quad J_i \succ J \\ 0 & : \quad \text{sonst} \end{cases} \tag{8.1}$$

Gemäß dieser Definition haben alle Pareto-Punkte einer Population die (optimale) Fitness 0. Man beachte, dass die Fitness eines Individuums allerdings von der Population abhängig ist.

Beim *Nichtdominierten Sortieren* [82] wird zunächst die Menge A_0 bestimmt, die alle nichtdominierten Lösungen enthält, also diejenigen Individuen J, die nach Gleichung (8.1) den Fitnesswert $\varphi(J) = 0$ besitzen. Somit gilt $A_0 = \{J \mid \varphi(J) = 0\}$. Anschließend werden die nichtdominierten Lösungen aus der Population P entfernt, d. h. $P' = P \setminus A_0$. Mit Hilfe von Gleichung (8.1) können nun in der verbleibenden Population wieder die nichtdominierten Lösungen bestimmt werden. Diese Lösungen werden in der Menge $A_1 = \{J \in P' \mid \varphi(J) = 0\}$ gespeichert. Man beachte, dass diese Lösungen eine zweite Front ausprägen, und die Lösungen in dieser Front werden lediglich von Lösungen aus A_0 dominiert. Die Individuen aus A_1 werden wiederum aus der Population P' entfernt. Die obigen Schritte werden so oft wiederholt, bis die Population leer ist, d. h. jedes Individuum J einer Front zugeordnet ist. Die Fitnesszuweisung erfolgt dann entsprechend der Front, zu der ein Individuum zugeordnet wurde. Abbildung 8.19 zeigt hierfür ein Beispiel.

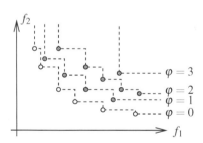

Abb. 8.19. Nichtdominiertes Sortieren mit vier Fronten

Ein weiteres Verfahren, Individuen Fitnesswerte zuzuordnen, ist das des sog. *Strength-Pareto-Verfahrens* [446], welches im Anhang beschrieben ist.

Neben der Berechnung der Fitnesswerte spielt die Bestrafung von ungültigen Lösungen eine wichtige Rolle. Obwohl die bisher vorgestellten Heuristiken zur Reparatur viele ungültige Allokationen und Bindungen reparieren können, muss man die verbleibenden ungültigen Implementierungen durch Bestrafungsterme handhaben. In Definition 8.2.1 wurde die Aufgabe der Systemsynthese als ein Mehrzieloptimierungsproblem beschrieben. Um die Bestrafungsterme unabhängig von den Zielgrößen definieren zu können, bietet es sich an, die Verletzung von Nebenbedingungen als zusätzliche Zielgröße zu behandeln [71]. Die Möglichkeit ist besonders effizient, wenn der Grad der Verletzung einer Nebenbedingung quantifizierbar ist.

Beispiel 8.3.6. Als Beispiel diene hier die Gültigkeit einer Bindung. Da die Bestimmung einer gültigen Bindung bereits ein $\mathcal{NP}$-vollständiges Problem ist, lassen sich im Allgemeinen gültige Bindungen nicht konstruieren. Aus diesem Grund versucht der mehrzieloptimierende evolutionäre Algorithmus, Lösungen zu verbessern und gültige Lösungen von den Chromosomen zu decodieren (siehe Funktion DECODE). Ist der evolutionäre Algorithmus nicht in der Lage, eine gültige Bindung zu decodieren, gibt es zwei Möglichkeiten:

1. Das Individuum als ungültig kennzeichnen und alle Zielgrößen auf einen maximalen Wert setzen. Im diesem Fall kann nicht unterschieden werden, ob eine Lösung nur einen ungebundenen Knoten besitzt oder viele.

2. Zählen, wie viele Knoten des Problemgraphen nicht gültig gebunden werden konnten. In diesem Fall könnte die Funktion BINDING wie folgt aussehen:

```
BINDING(L_B,L_O, α) {
    β := { };
    error := 0;
    FOREACH (u ∈ L_O ∩ α) {
        e' := nil;
        FOREACH (ũ ∈ L_B(u) ∩ α) {
            IF (IS_VALID_BINDING((u,ũ),β,α))
                e' := (u,ũ);
                BREAK;
        }
    }
    IF (e' = nil)
        error++;
    ELSE
        β := β ∪ {e'};
    }
    RETURN(β, error);
}
```

Diese Funktion ist identisch mit der ursprünglichen Funktionen BINDING mit dem Unterschied, dass wenn für einen Prozess $u \in L_O \cap \alpha$ keine Abbildungskante gefunden wurde, die die bisherige Bindung erfüllt, ein Zähler *error* inkrementiert wird. Der Wert des Zählers gibt an, wie viele Prozesse nicht gebunden werden konnten und wird von der Funktion BINDING zusammen mit der Bindung zurückgegeben. Auch in diesem Fall werden alle Zielgrößen auf einen maximal möglichen Wert gesetzt.

Wird nun der Zähler *error*, der die Anzahl nicht bindbarer Knoten darstellt, als Minimierungsziel verwendet, so wird der MOEA Lösungen mit weniger ungebundenen Knoten bevorzugen. Der Nutzen besteht darin, dass eine Lösung mit wenigen nicht gebundenen Knoten auf Grund der Evolution in Folgegenerationen mit einer höheren Wahrscheinlichkeit gültige Lösungen als Nachfolger liefern wird als Lösungen mit vielen nicht gebundenen Knoten. Diese Aussage kann selbstverständlich nicht verallgemeinert werden.

8.3.4 Parameter des evolutionären Algorithmus

Um einen evolutionären Algorithmus erfolgreich auf ein Optimierungsproblem anwenden zu können, müssen mehrere Parameter angepasst werden. Am wichtigsten sind dabei der Codierungsmechanismus und die Fitnessfunktion. Im Weiteren sind die Operatoren der Selektion und der Rekombination geeignet zu wählen. Für die gewünschte Exploration des Entwurfsraums gültiger Implementierungen ist es erforderlich, neben der Konvergenz eine hohe *Diversität* (engl. *diversity*) unterschiedlicher Individuen in der Population zu wahren. Heutige mehrzieloptimierende evolutionäre Algorithmen integrieren das Maß der Diversität daher mit in die Fitnessfunktion (siehe Anhang).

Die spezielle Codierung der Chromosomen bedarf auch der Verwendung spezieller Kreuzungs- und Mutationsoperatoren (siehe Anhang zum gleichen Thema). Für die Allokation α wird als Kreuzungsoperator *uniforme Kreuzung* (engl. *uniform crossover*) [380] verwendet, bei der mit einer Wahrscheinlichkeit von 50 % ein zufällig bestimmtes Bit beider Elternteile ausgetauscht wird. Für die Listen L_R, L_O und $L_B(v)$ wurde eine *positionsbasierte Kreuzung* (engl. *position-based crossover*) (siehe z. B. [117],[381]) verwendet. Dieses Verfahren garantiert, dass nur Permutationen der Elemente der Chromosomen generiert werden. Eine Mutation einer Allokation α besteht darin, ein Bit der Allokation zu negieren. Der Mutationsoperator der Listen kreiert eine neue Permutation einer Liste durch Vertauschen zweier zufällig bestimmter Elemente der Liste.

Als Parameter des MOEA muss man angeben, wie viele Individuen verwendet werden sollen, um durch Kreuzung neue Lösungen zu kreieren. Diese neuen Lösungen werden anschließend mutiert. Die Mutationswahrscheinlichkeit sollte immer auf $\frac{1}{\#dv}$ gesetzt werden, wobei $\#dv$ die Anzahl der Entscheidungsvariablen angibt.

8.3.5 Fallstudie

Die gesamte Entwurfsmethodik soll am Beispiel eines Video-Codec zur Bilddatenkompression demonstriert werden.

Video-Codec: Problemspezifikation

Abbildung 8.20 zeigt den Problemgraphen für einen Videocodierer und den zugehörigen Decodierer nach dem Standard H.264. Der Codierer besteht aus 37 Knoten, der Decodierer aus 28 Knoten. Funktionale Knoten sind durch Quadrate, Kommunikationsknoten durch Kreise dargestellt.

Codierer:

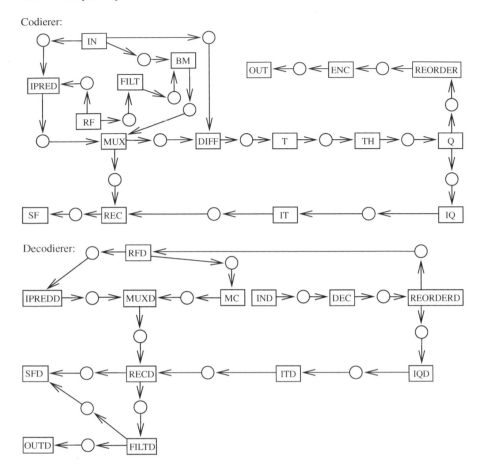

Abb. 8.20. Problemgraph Video-Codec (Codierer und Decodierer) nach dem H.264-Standard. Funktionale Knoten sind durch Quadrate, Kommunikationsknoten durch Kreise dargestellt.

Die Bewegungsschätzung wird durch den Knoten Block Matching (BM) darge-stellt, der Block Subtraktion heißt DIFF (für engl. *difference*), der Block Addition REC (für engl. *recover*). RF (*read frame*) und SF (*store frame*) stellen Speicher-operationen dar. Die Quantisierung ist aufgespalten in einen Knoten Schwellwert-berechnung TH (engl. *threshold calculation*) und Quantisierung (Q). Die Operatio-nen in Abb. 8.20 werden auf Makroblöcken durchgeführt. Bevor die Daten in ENC komprimiert werden, erfolgt ein Umsortieren dieser (REORDER). Der Decodierer besteht im Wesentlichen aus dem unteren Teil der Schleife des Codierungsalgorith-mus. Einen detaillierten Überblick über den Algorithmus findet man in [342].

Beide Graphen zusammen werden auf die in Abb. 8.21 beschriebene Architek-turvielfalt abgebildet. Die Architektur besteht aus drei Bussen mit unterschiedlichen Übertragungsbandbreiten, zwei Speichermodulen (ein Ein- und ein Zweitorspeicher (engl. *dual port memory*)), zwei programmierbaren RISC-Prozessoren, einem Signalprozessor (DSP), mehreren spezifischen Hardwaremodulen (u. a. ein Modul zur Berechnung von Fouriertransformationen (TM) und ein Filtermodul (FILTM)). Ferner gibt es ein Subtrahier-Addiermodul (SAM), einen *Huffman*-Codierer (HC) und jeweils ein Ein- und ein Ausgabemodul (INM und OUTM).

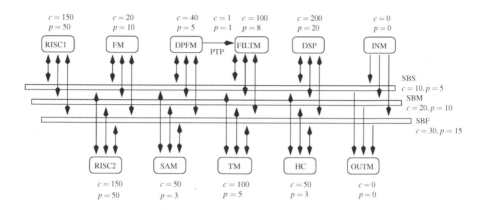

Abb. 8.21. Architekturvielfalt zur Implementierung des Video-Codec. Der Parameter c gibt die monetären Kosten, der Parameter p den mittleren Leistungsverbrauch einer Ressourcen an.

Die dargestellte Architekturvielfalt wurde bewusst so komplex gewählt, um ein großes Spektrum an Implementierungsmöglichkeiten zu untersuchen. Die RISC-Prozessoren (RISC1 und RISC2) sowie der Signalprozessor (DSP) sind in der Lage, die Funktionalität jedes Knotens des Problemgraphen zu implementieren. Jedoch ist der DSP schneller und teurer. Die restlichen Hardwaremodule sind für bestimmte Gruppen von Operationen dediziert. Die Abbildungsmöglichkeiten und die Berechnungszeiten der funktionalen Knoten auf den entsprechenden Modulen sind in Tabelle 8.1 dargestellt. Kommunikationen können entweder intern auf einer Ressource oder extern durch Kommunikationsressourcen abgewickelt werden. Die Abbildungsmöglichkeiten von Kommunikationsknoten sind in Tabelle 8.2 dargestellt. Man beachte dabei, dass mehrere Kommunikationen intern auf funktionalen Ressourcen ausgeführt werden können. Die Namen der Kommunikationen sind dabei wie folgt gebildet: {*NamederQuelle*}_{*NamederSenke*}.

Die Anzahl möglicher Bindungen beträgt in diesem Beispiel $1.66 \cdot 10^{37}$. Diese Zahl zeigt, dass enumerative Suchmethoden oder exakte Verfahren nicht zur Entwurfsraumexploration anwendbar sind.

Video-Codec: Ergebnisse

Betrachtet sei nun das Problem der Entwurfsraumexploration. Die zu minimierenden Zielgrößen sind die *monetären Kosten* (*cost*), die sich aus der Summe der Kosten der

Tabelle 8.1. Abbildungsmöglichkeiten von funktionalen Knoten auf Ressourcen für einen Video-Codec nach dem H.264-Standard

Operation	Ressource/ latency/ power	Ressource/ latency/ power	Ressource/ latency/ power	Ressource/ latency/ power
IN	INM/0/0			
IND	INM/0/0			
OUT	OUTM/0/0			
OUTD	OUTM/0/0			
BM	DSP/60/10	RISC1/88/50	RISC2/88/50	
FILT	DSP/3/3	RISC1/9/10	RISC2/9/10	FILTM/2/2
IPRED	DSP/30/5	RISC1/50/25	RISC2/50/25	
MUX	DSP/1/1	RISC1/1/1	RISC2/1/1	SAM/2/2
DIFF	DSP/2/1	RISC1/2/1	RISC2/2/1	SAM/1/1
T	DSP/4/8	RISC1/8/30	RISC2/8/30	TM/2/6
TH	DSP/8/4	RISC1/8/10	RISC2/8/10	HC/2/2
IT	DSP/4/8	RISC1/8/30	RISC2/8/30	TM/2/6
Q	DSP/2/2	RISC1/2/3	RISC2/2/3	HC/1/1
IQ	DSP/2/2	RISC1/2/3	RISC2/2/3	HC/1/1
REC	DSP/2/2	RISC1/2/3	RISC2/2/3	SAM/1/1
REORDER	DSP/3/2	RISC1/4/5	RISC2/4/5	HC/1/1
ENC	DSP/8/3	RISC1/8/10	RISC2/8/10	HC/2/2
DEC	DSP/6/2	RISC1/6/7	RISC2/6/7	HC/1/1
REORDERD	DSP/3/2	RISC1/4/5	RISC2/4/5	HC/1/1
IQD	DSP/2/2	RISC1/2/3	RISC2/2/3	HC/1/1
ITD	DSP/4/8	RISC1/8/30	RISC2/8/30	TM/2/6
IPREDD	DSP/20/3	RISC1/35/17	RISC2/35/17	
MC	DSP/30/5	RISC1/44/25	RISC2/44/25	
MUXD	DSP/1/1	RISC1/1/1	RISC2/1/1	SAM/2/2
RECD	DSP/2/2	RISC1/2/3	RISC2/2/3	SAM/1/1
FILTD	DSP/3/3	RISC1/9/10	RISC2/9/10	FILTM/2/2
RF	FM/0/0	DPFM/0/0		
RFD	FM/0/0	DPFM/0/0		
SF	FM/0/0	DPFM/0/0		
SFD	FM/0/0	DPFM/0/0		

allozierten Ressourcen ergeben, der *Leistungsverbrauch* (*power*), der sich aus der Summe des Leistungsverbrauchs der Ressourcen und des Leistungsverbrauchs bei der Ausführung der Prozesse ergibt, sowie die *Latenz* (*latency*), die mit Hilfe eines Listscheduling-Verfahrens bestimmt wird. Um möglichst viele Pareto-Punkte zu explorieren, wird als Populationsgröße $N = 200$ gewählt, und in jeder Generation werden $\mu = 100$ Individuen ausgewählt, um $\lambda = 50$ neue Individuen durch Kreuzung und Mutation zu erzeugen. Die Mutationswahrscheinlichkeit wurde auf $\frac{1}{\#dv}$ gesetzt, wobei $\#dv$ der Anzahl der Entscheidungsvariablen entspricht. Hieraus ergibt sich in diesem Fall eine Mutationswahrscheinlichkeit von $\frac{1}{37+28+15+1+1} \approx 0,00775$ (37

Tabelle 8.2. Abbildungsmöglichkeiten von Kommunikationsknoten auf Ressourcen für einen Video-Codec nach dem H.264-Standard

Komm. Knoten	Res./ latency power	Res./ latency power	Res./ latency power	Res./ latency power	Res./ latency power	Res./ latency power	Res./ latency power
IN_BM	SBF/1/8	SBM/2/4	SBS/3/3				
IN_IPRED	SBF/1/8	SBM/2/4	SBS/3/3				
IN_DIFF	SBF/1/8	SBM/2/4	SBS/3/3				
RF_IPRED	SBF/1/8	SBM/2/4	SBS/3/3				
RF_FILT	SBF/1/8	SBM/2/4	SBS/3/3	PTP/1/8			
FILT_BM	SBF/3/10	SBM/6/8	SBS/9/5	RISC1/0/0	RISC2/0/0	DSP/0/0	
BM_MUX	SBF/1/8	SBM/2/4	SBS/3/3	RISC1/0/0	RISC2/0/0	DSP/0/0	
IPRED_MUX	SBF/1/8	SBM/2/4	SBS/3/3	RISC1/0/0	RISC2/0/0	DSP/0/0	
MUX_DIFF	SBF/1/8	SBM/2/4	SBS/3/3	RISC1/0/0	RISC2/0/0	DSP/0/0	SAM/0/0
MUX_REC	SBF/1/8	SBM/2/4	SBS/3/3	RISC1/0/0	RISC2/0/0	DSP/0/0	SAM/0/0
DIFF_T	SBF/1/8	SBM/2/4	SBS/3/3	RISC1/0/0	RISC2/0/0	DSP/0/0	
REC_SF	SBF/1/8	SBM/2/4	SBS/3/3				
T_TH	SBF/1/8	SBM/2/4	SBS/3/3	RISC1/0/0	RISC2/0/0	DSP/0/0	
TH_Q	SBF/1/8	SBM/2/4	SBS/3/3	RISC1/0/0	RISC2/0/0	DSP/0/0	HC/0/0
Q_IQ	SBF/1/8	SBM/2/4	SBS/3/3	RISC1/0/0	RISC2/0/0	DSP/0/0	HC/0/0·
IQ_IT	SBF/1/8	SBM/2/4	SBS/3/3	RISC1/0/0	RISC2/0/0	DSP/0/0	
IT_REC	SBF/1/8	SBM/2/4	SBS/3/3	RISC1/0/0	RISC2/0/0	DSP/0/0	
Q_REORDER	SBF/1/8	SBM/2/4	SBS/3/3	RISC1/0/0	RISC2/0/0	DSP/0/0	HC/0/0
REORDER_ENC	SBF/1/8	SBM/2/4	SBS/3/3	RISC1/0/0	RISC2/0/0	DSP/0/0	HC/0/0
ENC_OUT	SBF/1/8	SBM/2/4	SBS/3/3				
IND_DEC	SBF/1/8	SBM/2/4	SBS/3/3				
DEC_REORDERD	SBF/1/8	SBM/2/4	SBS/3/3	RISC1/0/0	RISC2/0/0	DSP/0/0	HC/0/0
REORDERD_RFD	SBF/1/8	SBM/2/4	SBS/3/3				
REORDERD_IQD	SBF/1/8	SBM/2/4	SBS/3/3	RISC1/0/0	RISC2/0/0	DSP/0/0	HC/0/0
RFD_IPREDD	SBF/1/8	SBM/2/4	SBS/3/3				
RFD_MC	SBF/3/10	SBM/6/8	SBS/9/5				
IPREDD_MUXD	SBF/1/8	SBM/2/4	SBS/3/3	RISC1/0/0	RISC2/0/0	DSP/0/0	
MC_MUXD	SBF/1/8	SBM/2/4	SBS/3/3	RISC1/0/0	RISC2/0/0	DSP/0/0	
MUXD_RECD	SBF/1/8	SBM/2/4	SBS/3/3	RISC1/0/0	RISC2/0/0	DSP/0/0	SAM/0/0
IQD_ITD	SBF/1/8	SBM/2/4	SBS/3/3	RISC1/0/0	RISC2/0/0	DSP/0/0	
ITD_RECD	SBF/1/8	SBM/2/4	SBS/3/3	RISC1/0/0	RISC2/0/0	DSP/0/0	
RECD_SFD	SBF/1/8	SBM/2/4	SBS/3/3				
RECD_FILTD	SBF/1/8	SBM/2/4	SBS/3/3	RISC1/0/0	RISC2/0/0	DSP/0/0	
FILTD_OUTD	SBF/1/8	SBM/2/4	SBS/3/3				

Knoten im Codierer, 28 Knoten im Decodierer, 15 Ressourcen im Architekturgraphen, 1 Allokationsreparaturprioritätsliste und 1 Bindungsprioritätsliste). Die nach 25 Generationen eines Optimierungslaufs gefundene Menge an Pareto-Punkten ist in Tabelle 8.3 aufgelistet und in Abb. 8.22 dargestellt. Die Visualisierung mehrdimensionaler Entwurfsräume erfolgt im Werkzeug SystemCoDesigner [162] durch die Projektion auf mehrere zweidimensionale Darstellungen. In Abb. 8.22 sind die

Projektionen für *cost − latency* und *cost − power* zu sehen. Da in den zweidimensionalen Projektionen die Pareto-Punkte nicht mehr eine zweidimensionale Front ergeben, sind die Pareto-Punkte als Kreuze dargestellt. Man erkennt, dass der Ent-

Tabelle 8.3. Pareto-Punkte, die mit dem evolutionären Algorithmus in einem Optimierungslauf gefunden wurden.

Individuum	cost	power	latency	Individuum	cost	power	latency
J_1	180	408	325	J_{31}	320	276	185
J_2	190	428	318	J_{32}	320	281	180
J_3	190	432	316	J_{33}	340	264	187
J_4	190	436	314	J_{34}	350	318	173
J_5	200	415	324	J_{35}	360	233	188
J_6	200	537	309	J_{36}	370	195	196
J_7	200	555	308	J_{37}	370	215	187
J_8	210	435	314	J_{38}	370	301	177
J_9	210	526	311	J_{39}	390	222	186
J_{10}	220	503	309	J_{40}	390	261	176
J_{11}	220	517	307	J_{41}	400	368	168
J_{12}	230	175	219	J_{42}	400	442	159
J_{13}	240	207	216	J_{43}	420	303	173
J_{14}	240	219	214	J_{44}	420	417	156
J_{15}	240	223	213	J_{45}	430	230	185
J_{16}	250	209	207	J_{46}	440	266	175
J_{17}	250	288	206	J_{47}	440	481	154
J_{18}	270	275	206	J_{48}	450	367	170
J_{19}	280	187	218	J_{49}	460	396	153
J_{20}	280	188	212	J_{50}	470	228	183
J_{21}	280	238	206	J_{51}	490	363	170
J_{22}	280	268	203	J_{52}	520	284	174
J_{23}	290	216	192	J_{53}	520	472	145
J_{24}	300	172	208	J_{54}	550	389	152
J_{25}	300	174	201	J_{55}	600	333	158
J_{26}	300	310	176	J_{56}	620	451	150
J_{27}	300	324	173	J_{57}	620	467	143
J_{28}	310	204	192	J_{58}	620	300	171
J_{29}	310	207	189	J_{59}	700	476	140
J_{30}	310	291	187				

wurfsraum großflächig abgedeckt ist und mehrere Pareto-Punkte gefunden wurden.

Im Allgemeinen besteht jedoch keine Gewähr, dass die so bestimmten Pareto-Punkte auch wirklich Pareto-Punkte des Problems sind. Zusätzlich zeigen Experimente in Abschnitt 8.5, dass es weitere Pareto-Punkte gibt bzw. manche der hier gefundenen Lösungen dominiert werden.

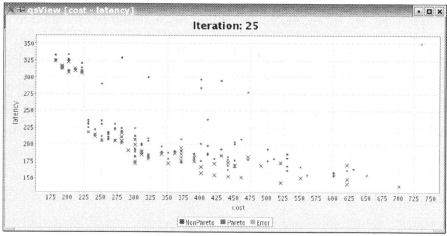

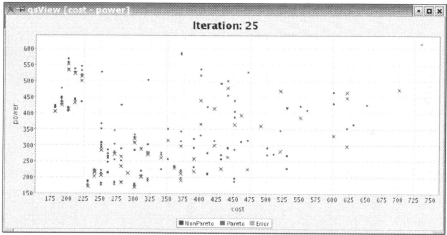

Abb. 8.22. Explorierter Entwurfsraum mit den in Tabelle 8.3 dargestellten Pareto-Punkten für den Video-Codec nach dem H.264-Standard. Die Punkte markieren Implementierungen, die in der letzten Population existierten. Der dreidimensionale Zielfunktionsraum wird in zwei zweidimensionalen Projektionen dargestellt. Die Pareto-Punkte sind als Kreuze dargestellt.

Abbildung 8.23 zeigt Teile der Ablaufpläne für a) die gefundene Lösung mit den geringsten Kosten, b) die gefundene Lösung mit der geringsten Latenz und c) die gefundene Lösung mit dem geringsten Leistungsverbrauch.

In diesem Abschnitt wurde ein realistisches Beispiel zur Systemsynthese beschrieben, nämlich das der Synthese einer Architektur für einen H.264-Video-Codec. Die Komplexität des Problems ist realistisch und typisch auf der Systemebene. Die vorgestellte Methodik ermöglicht es, gleichzeitig die Probleme der Architekturselektion (Allokation), Bindung (Zuweisung von Operationen an Module) und Ablaufplanung zu betrachten. Bemerkenswert ist die Fähigkeit des verwendeten evo-

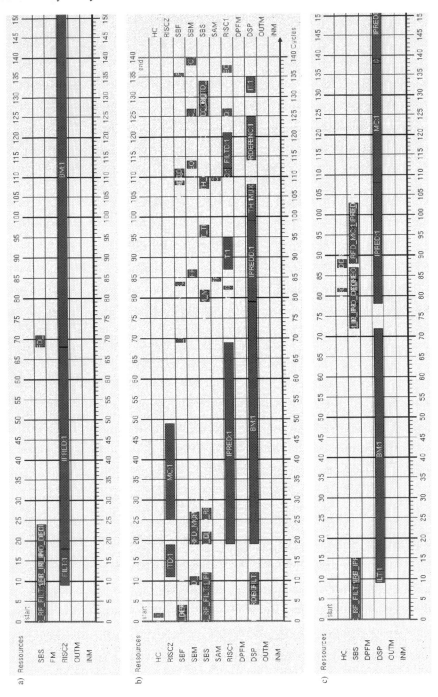

Abb. 8.23. Explorierte Lösungen aus Tabelle 8.3 für den Video-Codec mit den geringsten Kosten a), der kürzesten Latenz b) und der geringsten Leistungsverbrauch c)

lutionären Algorithmus zur Identifizierung von Pareto-Punkten in einem einzigen Optimierungslauf. Die Rechenzeit für die Entwurfsraumexploration betrug für den Video-Codec für 25 Generationen von $N = 200$ Individuen weniger als 4 Minuten auf einem Intel Pentium 4 mit 2.53GHz und 1 GByte Arbeitsspeicher.

8.4 Modellerweiterungen

In diesem Abschnitt sollen Erweiterungen des Modells des Spezifikationsgraphen vorgestellt werden. Diese Erweiterungen erlauben die Modellierung weiterer Aspekte, die im Originalmodell nicht möglich waren.

8.4.1 Mehrstufiger Spezifikationsgraph

Will man auch die Zugehörigkeit von Prozessoren und Hardwaremodulen zu integrierten Schaltungen (ICs) darstellen, so kann man im Sinne der Definition des Spezifikationsgraphen einer weiteren (höheren) Abstraktionsebene einen Graphen *Chipgraph* $G_C(V_C, E_C)$ definieren, der ICs und Busverbindungen zwischen Chips als Ressourcen enthält.

Beispiel 8.4.1. Abbildung 8.24a) zeigt eine Multi-Chip-Architektur, die aus zwei integrierten Schaltungen CHIP1 und CHIP2 und einer bidirektionalen Punkt-zu-Punkt-Verbindung besteht. Abbildung 8.24b) zeigt den entsprechenden Chipgraphen.

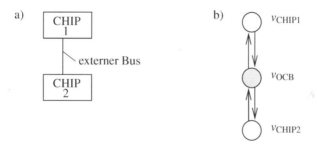

Abb. 8.24. Beispiel einer Multi-Chip-Architektur a) und korrespondierender Chipgraph G_C b)

Der Chipgraph wie auch der Architekturgraph sind nur exemplarisch für eine Hierarchieaufteilung auf Systemebene zu sehen. Allgemein kann ein Spezifikationsgraph aus mehreren Ebenen von Abbildungen bestehen.

Definition 8.4.1 (Mehrstufiger Spezifikationsgraph). *Ein* mehrstufiger Spezifikationsgraph *ist ein Graph* $G_S(V_S, E_S)$, *bestehend aus D Graphen* $G_i(V_i, E_i)$ *für alle* $1 \le i \le D$ *und einer Menge von* Abbildungskanten E_M. *Insbesondere gilt* $V_S = \bigcup_{i=1}^{D} V_i$, $E_S = \bigcup_{i=1}^{D} E_i \cup E_M$ *und* $E_M = \bigcup_{i=1}^{D-1} E_{Mi}$, *wobei* $E_{Mi} \subseteq V_i \times V_{i+1}$ *für alle* $1 \le i < D$.

Folglich besteht der Spezifikationsgraph aus mehreren Ebenen von Graphen, in denen die Abbildungskanten jeweils die Abbildungen zwischen zwei Ebenen beschreiben. Dabei stellen die einzelnen Ebenen unterschiedliche Abstraktionsebenen dar. Die Abbildungskanten definieren eine benutzerdefinierte Abbildungsrelation der Form: „... kann implementiert werden auf ...".

Beispiel 8.4.2. Abbildung 8.25 zeigt ein Beispiel eines mehrstufigen Spezifikationsgraphen mit dem Problemgraphen aus Abb. 8.3b) (links), dem Architekturgraphen aus Abb. 8.4b) (Mitte) und dem Chipgraphen aus Abb. 8.24b) (rechts). Die Kanten zwischen den Teilgraphen sind die Abbildungskanten E_{M1} und E_{M2}, die alle möglichen Abbildungen beschreiben. Zum Beispiel kann Knoten v_1 nur auf der Ressource v_{RISC} ausgeführt werden. Knoten v_2 kann auf Ressource v_{RISC} oder v_{HWM2} ausgeführt werden.

Man sieht, dass der RISC-Prozessor, die Hardwaremodule HWM1, HWM2 und die Kommunikationsmodule BR1 und BR2 auf der integrierten Schaltung CHIP1 implementiert werden können. Das Kommunikationsmodul BR1 kann entweder auf CHIP1 oder durch den externen Bus OCB implementiert werden.

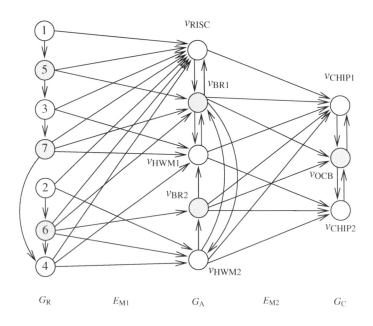

Abb. 8.25. Beispiel eines mehrstufigen Spezifikationsgraphen G_S

Die Definition der Systemsyntheseaufgaben bleiben bei dem mehrstufigen Spezifikationsgraphen identisch. Die Gültigkeit einer Allokation und Bindung muss nun lediglich auf jeder Abbildungsstufe geprüft werden [43].

8.4.2 Hierarchische Spezifikationsgraphen ⊗

Moderne eingebettete Systeme sind typischerweise *multi-funktional*, d. h. sie verfügen über eine gewisse Grundfunktionalität und zusätzlich über anwendungsspezifische Funktionen. Dieses anwendungsspezifische Verhalten dient oftmals dazu, das System an seine Umgebung anzupassen. Daneben müssen z. B. moderne Signalverarbeitungssysteme eine Auswahl an Funktionen zur Verfügung stellen [256]. Richter et al. [344] führen den Begriff *Funktionsvarianten* ein, um ein alternatives Verhalten eines Systems zu beschreiben. Die Auswahl einer Funktionsvariante dient der Adaption des Systems an z. B. unterschiedliche Standards in Kommunikationssystemen (Übertragung und Codierung von digitalen Nachrichten), unterschiedliche Abgasnormen im Automobilbereich etc. Eine mögliche Klassifikation von Funktionsvarianten bezieht sich auf den Zeitpunkt, wann eine Variante ausgewählt wird. Somit können Funktionsvarianten *statisch* (Auswahl zur Entwurfszeit oder beim Systemstart) oder *dynamisch* (Auswahl zur Laufzeit) sein. Es wäre wünschenswert, dass Systemsynthesewerkzeuge ebenfalls Funktionsvarianten unterstützen. Erste Ansätze hierzu wurden in [203], [215], [291] und [397] präsentiert.

Der Spezifikationsgraph nach Definition 8.1.1 und ebenfalls der mehrstufige Spezifikationsgraph nach Definition 8.4.1 ist nicht direkt in der Lage, Funktionsvarianten zu modellieren. Um dieses Problem zu lösen, wurde in [168, 167] das Modell des *hierarchischen Spezifikationsgraphen* vorgeschlagen. Der hierarchische Spezifikationsgraph basiert hierbei auf dem Konzept hierarchischer Graphen, in denen sog. *hierarchische Knoten* wiederum durch Graphen verfeinert werden können. Im hierarchischen Spezifikationsgraphen ist diese Idee erweitert in dem Sinne, dass es möglich ist, einen hierarchischen Knoten durch eine Menge von Graphen zu verfeinern, die somit Funktionsvarianten modellieren können. Im Folgenden werden hierarchische Knoten als *Interfaces* und die verfeinernden Graphen als *Cluster* bezeichnet.

Definition 8.4.2 (Cluster).
Ein Cluster $\gamma(I, O, V, E, \Psi)$ enthält einen gerichteten Graphen $G = (V_G, E_G)$, wobei V und Ψ eine Bipartition über die Menge der Knoten V_G definieren. E ist die Menge der Kanten E_G. Weiterhin gilt:

- *I ist die Menge der Eingangsports,*
- *O ist die Menge der Ausgangsports,*
- *V ist die Menge der nichthierarchischen Knoten, auch als* Blätter *bezeichnet,*
- *$E \subseteq (I \times \{I_V \cup I_\Psi\}) \cup (O_V \times \{I_V \cup I_\Psi\}) \cup (O_\Psi \times \{I_V \cup O\}) \cup (O_V \times O)$ ist die Menge der Kanten, wobei I_V, O_V, I_Ψ und O_Ψ die Mengen der Eingangsports und Ausgangsports der Knoten V bzw. Interfaces Ψ beschreiben (siehe Definition 8.4.3), und*
- *Ψ ist die Menge der hierarchischen Knoten (*Interfaces*) gemäß Definition 8.4.3.*

Während Blätter nicht weiter verfeinert werden, stellen Interfaces lediglich Platzhalter dar. Da der Eingangs- und Ausgangsgrad der Interfaces nicht beschränkt ist, benötigt man bei hierarchischen Spezifikationsgraphen das Konzept von *Ports*. Ports

dienen dazu, Interfaces mit Blättern oder anderen Interfaces zu verbinden. Schließ-
lich werden die Ports ebenfalls benötigt, um bei einer Verfeinerung Cluster in ein
Interface einzubetten. Im Folgenden wird der Begriff *Ports* für die Vereinigung von
Ein- und Ausgangsports verwendet ($I \cup O$).

Definition 8.4.3 (Interface). *Ein Interface* $\psi(I, O, \Gamma, \Phi)$ *ist ein 4-Tupel* (I, O, Γ, Φ),
mit

- *I ist die Menge der Eingangsports,*
- *O ist die Menge der Ausgangsports,*
- *Γ Ist die Menge der zu ψ assoziierten Cluster und*
- *$\Phi : I_\Gamma \cup O_\Gamma \to I \cup O$ ist eine Funktion, welche die Ports der assoziierten Cluster
$\gamma \in \Gamma$ auf die Ports des Interfaces ψ abbildet, wobei I_Γ und O_Γ die Vereinigung
aller Eingangs- und Ausgangsports der assoziierten Cluster beschreibt. Φ wird
auch als* Portmapping *bezeichnet.*

Ein nichthierarchischer Knoten (Blatt) ist ein Interface, bei dem die Menge der assoziierten Cluster leer ist, d. h. $\Gamma = \emptyset$. Mit den Definitionen 8.4.2 und 8.4.3 kann ein
hierarchischer Graph definiert werden.

Definition 8.4.4 (Hierarchischer Graph). *Ein* hierarchischer Graph *ist ein Cluster
mit der Eigenschaft, dass seine Ein- und Ausgangsportmenge leer ist, d. h. $I = O = \emptyset$.*

Modellierung von Funktionsalternativen

Zur Modellierung von Funktionsalternativen wird nun der Problemgraph durch einen
hierarchischen Problemgraphen dargestellt.

Beispiel 8.4.3. Als Beispiel wird das Modell einer Set-Top Box aus [161] in Abb. 8.26
betrachtet, dargestellt durch einen Problemgraphen, der ein hierarchischer Graph
nach Definition 8.4.4 ist. Das Ziel ist es, eine Architektur-Plattform zu entwickeln, die mehrere Anwendungen unterstützt. Die möglichen Anwendungen sind in
Abb. 8.26 zu sehen:

1. Ein Internet-Browser (γ_I), bestehend aus einem Controller-Prozess v_c, einem
   Parser v_p und einem Formatierungsprozess v_f.
2. Eine Spielekonsole (γ_G), modelliert durch einen Controller-Prozess v_c, ein Spiele-Interface ψ_g und einem Graphikbeschleuniger v_d. Das Spiele-Interface kann
   verfeinert werden durch Spiele, welche in drei unterschiedliche Klassen γ_{g1}, γ_{g2}
   und γ_{g3} fallen. Jede Klasse wird durch einen einzelnen Knoten modelliert.
3. Ein digitaler TV-Decodierer (γ_D), der durch vier Knoten modelliert wird: v_a modelliert den Prozess zur Authentifizierung, v_c kontrolliert die Kanalauswahl, Fre-
   quenz Feineinstellung etc., ψ_d repräsentiert den Entschlüsselungsprozess, und
   ψ_u dient zur Dekomprimierung. Hierbei erhält die Dekomprimierung ihre Daten von dem Entschlüsselungsprozess. Der Unterschied der verschiedenen TV-
   Decodierer entsteht durch die möglichen Kombinationen von Entschlüsselungs-
   und Dekomprimierungsverfahren.

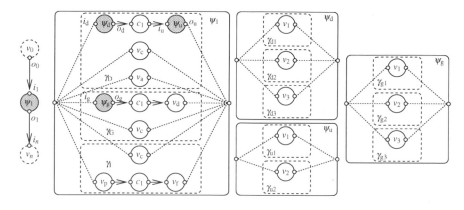

Abb. 8.26. Beispiel einer Set-Top-Box aus [161], welche mit einem variablen Funktionsumfang implementiert werden kann, modelliert als hierarchischer Graph

Wie in diesem Beispiel zu sehen ist, stellen Cluster, die das selbe Interface verfeinern, alternative Funktionen dar. In diesem Fall gibt es drei Entschlüsselungs- und zwei Dekomprimierungsverfahren zur Auswahl. Die Verwendung eines hierarchischen Problemgraphen erlaubt somit Formulierung von Funktionsalternativen. Bevor ebenfalls der Architekturgraph als hierarchischer Graph definiert wird, gehen wir zunächst davon aus, dass der Architekturgraph G_A nichthierarchisch sei. Neben dem Problem- und Architekturgraphen werden weiterhin die Abbildungskanten benötigt. Diese sind nur definiert zwischen den Blättern des Problemgraphen und den Knoten des Architekturgraphen. Für die Systemsynthese ist es nun notwendig, den Begriff der Aktivierung in Definition 8.1.2 auf hierarchische Problemgraphen zu erweitern. Neben der Aktivierung von Knoten und Kanten, müssen auch Interfaces und Cluster aktiviert werden. Die Aktivierungsregeln sind im Folgenden dargestellt:

- Alle Knoten $v \in V_P$ und Interfaces $\psi \in \Psi_P$ im Problemgraphen G_P sind aktiviert, d. h. $\forall v \in V_P \cup \Psi_P : a(v) = 1$.
- Für jedes aktivierte Interface ψ ($a(\psi) = 1$) existiert mindestens ein aktivierter zugehöriger Cluster $\gamma \in \psi.\Gamma$, d. h. $a(\psi) \Rightarrow \sum_{\gamma \in \psi.\Gamma} a(\gamma) \geq 1$.
- Schließlich sind alle Knoten $v \in \gamma.V$ und Interfaces $\psi \in \gamma.\Psi$ in einem aktivierten Cluster γ ebenfalls aktiviert, d. h. $a(\gamma) \Rightarrow \forall v \in \gamma.V \cup \gamma.\Psi : a(v) = 1$.

Mit dem Konzept von Funktionsalternativen und hierarchischen Problemgraphen ist es möglich, ein Maß für die sog. *Flexibilität* eines Systems anzugeben [168, 167]. Die grundlegende Idee besteht darin, dass alle möglichen Kombinationen von aktivierten Clustern gezählt werden als Varianten, ein System auszulegen. Zum Beispiel erhöht sich die Flexibilität eines einfachen Systems mit einem einzelnen hierarchischen Knoten direkt mit der Anzahl aktivierter Cluster. Die grundlegenden Annahmen bei der Berechnung der *Flexibilität* sind die Folgenden:

- Da jeder Cluster eine Funktionsalternative darstellt, erhöht sich die Flexibilität mit der Anzahl der aktivierten Cluster pro Interface. Hierbei ist die Annahme getroffen worden, dass zwischen diesen Funktionsalternativen zur Laufzeit umgeschaltet werden kann.

- Ein Cluster selbst kann wiederum hierarchische Knoten enthalten, welche ebenfalls mit einem unterschiedlichen Grad an Flexibilität implementiert werden können.

- Obwohl der Grad der Flexibilität von den allozierten Ressourcen abhängt (sowohl die Allokation als auch die Bindung müssen gültig sein), spielt es keine Rolle, wie diese Flexibilität erreicht wurde, entweder durch programmierbare Prozessoren, rekonfigurierbare Hardware oder redundante ASICs.

Mit diesen Annahmen kann die Flexibilität formal definiert werden:

Definition 8.4.5 (Flexibilität). *Die* Flexibilität flexibility(G_P, α, β) *für eine gegebene Allokation* α*, eine gegebene Bindung* β *und zugehörigen hierarchischen Problemgraphen* G_P *ist gegeben durch die folgende Rekursion:*

$$\text{flexibility}(\gamma, \alpha, \beta) = a(\gamma) \cdot \begin{cases} 1 & \text{falls } \gamma.\Psi = \emptyset \\ \prod_{\psi \in \gamma.\Psi} \sum_{\widetilde{\gamma} \in \psi.\Gamma} \text{flexibility}(\widetilde{\gamma}, \alpha, \beta) & \text{sonst} \end{cases}$$

wobei der Term $a(\gamma) \in \{0,1\}$ *die Aktivierung eines Clusters* γ *angibt.*

Mit anderen Worten ist die Flexibilität eines Clusters γ *gegeben durch das Produkt aller Flexibilitäten seiner Interfaces* $\psi \in \gamma.\Psi$ *bzw. ist diese gleich 1, falls* γ *keine Interfaces enthält. Die Flexibilität eines Interfaces* ψ *ist wiederum gegeben durch die Summe aller Flexibilitäten der der in ihm enthaltenen Cluster* $\gamma \in \psi.\Gamma$*. Die Flexibilität eines nichtaktivierten Clusters ist 0.*

Die Gültigkeit der Bindung β wird hier über Hierarchieebenen hinweg geprüft.

Beispiel 8.4.4. Als Beispiel wird noch einmal der Problemgraph aus Abb. 8.26 betrachtet. Das Ziel ist, eine Set-Top-Box zu entwickeln, welche mehrere Anwendungen unterstützt. Mit Definition 8.4.5 ergibt sich die Flexibilität flexibility(G_P, α, β) zu:

$$\begin{aligned} \text{flexibility}(G_p, \alpha, \beta) &= \text{flexibility}(\psi_1, \alpha, \beta) \\ &= \text{flexibility}(\gamma_1, \alpha, \beta) + \text{flexibility}(\gamma_G, \alpha, \beta) + \\ &\quad \text{flexibility}(\gamma_D, \alpha, \beta) \\ &= a(\gamma_1) + a(\gamma_G) \cdot [a(\gamma_{g1}) + a(\gamma_{g2}) + a(\gamma_{g3})] + a(\gamma_D) \cdot \\ &\quad [[a(\gamma_{d1}) + a(\gamma_{d2}) + a(\gamma_{d3})] \cdot [a(\gamma_{u1}) + a(\gamma_{u2})]] \end{aligned}$$

Unter der Annahme, dass alle Cluster aktiviert sind, ergibt sich eine maximale Flexibilität von flexibility$(G_P, \alpha, \beta) = 10$. Wenn z. B. der Cluster γ_G in zukünftigen Implementierungen keine Verwendung findet, reduziert sich die Flexibilität zu flexibility$(G_P, \alpha, \beta) = 7$.

Modellierung von dynamischer Hardwarerekonfiguration

Neben der Modellierung von Funktionsalternativen durch Cluster im Problemgraphen, kann man die hierarchische Modellierung auch dazu einsetzen, dynamisch rekonfigurierbare Hardware zu modellieren durch Hierarchisierung des Architekturgraphen. Heutige FPGAs erlauben die dynamische und partielle Konfiguration, d. h.

die Schaltung, die durch das FPGA realisiert wird, kann zur Laufzeit teilweise re-
konfiguriert werden. Die Modellierung solcher Architektureigenschaften kann man
dadurch erreichen, dass solche Bausteine als Interfaces und einzelne Konfigurationen
als zugehörige Cluster eines hierarchischen Architekturgraphen modelliert werden.
Da sich die Verwendung von Clustern, die mit dem selben Interface assoziiert werden, zeitlich gegenseitig ausschließen, hat man so ein Modell, welches nicht direkt
mit dem Spezifikationsgraph nach Definition 8.1.1 oder Definition 8.4.1 modellierbar wäre.

Beispiel 8.4.5. Abbildung 8.27 aus [164] stellt die grundlegende Idee hierarchischer
Architekturgraphen dar. Abbildung 8.27a) zeigt ein FPGA mit drei assoziierten Kon-

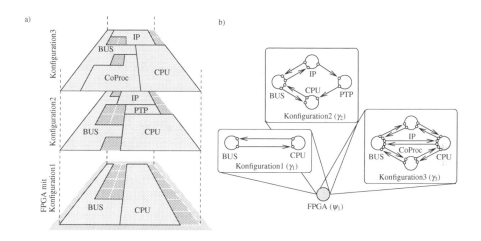

Abb. 8.27. FPGA mit drei unterschiedlichen Konfigurationen a) und der zugehörige hierarchische Architekturgraph b) aus [164]

figurationen der zu realisierenden Schaltungen. Die erste Konfiguration besteht aus
einer CPU und einem Bus. Die zweite Konfiguration enthält zusätzlich einen IP-Core
und eine Punkt-zu-Punkt-Verbindung (PTP). Die dritte Konfiguration enthält statt der
PTP-Ressource einen Co-Prozessor (CoProc). Der zugehörige Architekturgraph ist
in Abb. 8.27b) zu sehen. Das FPGA ist hierbei als Interface (ψ_1), die Konfigurationen
sind als Cluster γ_1, γ_2 und γ_3 modelliert.

Für die Systemsynthese wird wie zuvor ein Problemgraph G_P auf den hierarchischen
Architekturgraphen G_A abgebildet. Obwohl es möglich ist, einen hierarchischen Problemgraphen auf einen hierarchischen Architekturgraphen abzubilden, soll hier nur
der Fall eines nichthierarchischen Problemgraphen betrachtet werden. Die Abbildungskanten E_M müssen hierbei auf nichthierarchischen Knoten des Architekturgraphen enden. Abbildungskanten von oder zu Interfaces sind nicht gestattet.

Wie im Fall der Funktionsalternativen kann auch bei der dynamischen Hardwarerekonfiguration das Problem der Systemsynthese wie folgt formuliert werden:

Bestimme eine gültige Allokation α der Knoten V, Interfaces Ψ und Cluster Γ im Architekturgraphen G_A und eine zugehörige gültige Bindung β. Die Aktivierungsregeln sind hierbei identisch zu denen der Funktionsalternativen, mit dem Unterschied, dass Knoten und Interfaces im Architekturgraphen alloziert werden können. Ansonsten gilt, dass jedes aktivierte Interface mindestens einen zugehörigen aktivierten Cluster besitzt und dass in einem aktivierten Cluster alle Knoten und Interfaces aktiviert sind.

Da ein FPGA zu jedem Zeitpunkt nur mit einer Konfiguration konfiguriert sein kann, schließen sich die Konfigurationen gegenseitig aus. Dies heißt ebenfalls, dass in einer Implementierung nur ein Cluster pro Interface zur Ausführung von Prozessen verwendet werden kann. Dies führt zu einem besonderen Problem bei der Gültigkeit einer Bindung. Diese sollen anhand eines kurzen Beispiels veranschaulicht werden.

Beispiel 8.4.6. Ein Beispiel aus [161] eines Spezifikationsgraphen mit hierarchischem Architekturgraphen sieht man in Abb. 8.28a). Geht man davon aus, dass

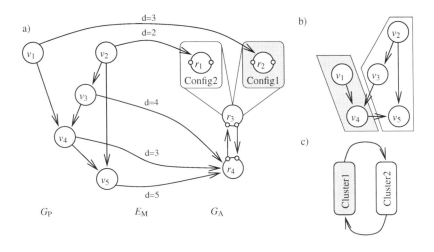

Abb. 8.28. Spezifikationsgraph mit hierarchischem Problemgraphen a), zugehöriger Clustergraph b) und zyklische Abhängigkeit c)

in diesem Spezifikationsgraphen die Allokation und Bindung dargestellt ist, so kann man versuchen, einen Ablaufplan zu finden. Startet man beispielsweise mit Knoten v_1, so muss Konfiguration Config1 geladen werden. Um Knoten v_4 planen zu können, muss aber zunächst v_3 und v_2 ausgeführt sein. Für die Ausführung von v_2 wird Konfiguration Config2 benötigt. Das Laden von Config2 auf der gleichen Ressource r_3 könnte aber das Ergebnis von v_1 zerstören, falls es nicht extern zwischengespeichert wird. Somit ist ein Ablaufplan, der mit v_1 beginnt, nicht gültig.

Eine andere Möglichkeit ist es, mit Knoten v_2 zu beginnen. Hierzu muss zunächst Konfiguration Config2 geladen sein. Nach Knoten v_2 kann Knoten v_3 und durch Laden von Konfiguration Config1 auch v_1 und v_4 ausgeführt werden. Allerdings ist die Ausführung von v_5 nicht mehr möglich, da durch die Rekonfiguration von Config2 nach Config1 das Ergebnis von v_2 zerstört würde. Somit kann für dieses Beispiel kein einziger gültiger Ablaufplan gefunden werden.

In [164] wird eine Methode angegeben, mit der die Gültigkeit einer Bindung bei Verwendung eines hierarchischen Architekturgraphen überprüft werden kann. Die Lösung basiert auf der Idee eines sog. *Clustergraphen*, den man erhält, wenn man alle Knoten des Problemgraphen, die auf einen Cluster abgebildet werden und deren direkte Nachfolger zusammenfasst. In Abb. 8.28b) ist dies für obiges Beispiel gezeigt. Anschließend werden alle Cluster, die in einem gegenseitigen Ausschluss stehen, auf gerichtete Zyklen analysiert. Gibt es zwischen solchen Clustern zyklische Datenabhängigkeiten, so gibt es keinen gültigen Ablaufplan für dieses Problem, siehe z. B. Abb. 8.28c).

8.5 Verbesserte Überdeckung des Entwurfsraums ⊗

Die Entwurfsraumexploration basierend auf mehrzieloptimierenden evolutionären Algorithmen, wie sie in Abschnitt 8.3 vorgestellt wurde, liefert in vielen Fällen den Schlüssel zum Erfolg. Sie stößt allerdings an ihre Grenzen, sobald die Entwurfsräume sehr groß werden und zusätzlich nur sehr wenige gültige Entwurfspunkte enthalten sind. In diesem Kapitel sollen daher zwei Erweiterungen vorgestellt werden, die in der Entwurfsraumexploration eingesetzt werden, um diese Problemklassen handhaben zu können. Der erste Ansatz basiert auf der Integration von *symbolischen Techniken*, die überwiegend in der formalen Hardwareverifikation eingesetzt werden. Hierbei wird das Problem der gültigen Bindung in eine Probleminstanz des Erfüllbarkeitsproblems übersetzt und partielle Lösungen, die vom evolutionären Algorithmus vorgeschlagen werden, auf eine gültige Vervollständigung geprüft. Die zweite Methode basiert auf der Dekomposition des Entwurfsraums und einer anschließenden Kombination von (Teil-)Lösungen. Das Verfahren wird als *Pareto-Front-Arithmetik* bezeichnet, weil es die explorierten Fronten der Teillösungen arithmetisch verknüpft.

8.5.1 Symbolische Techniken in der Entwurfsraumexploration

Die Lösungsstrategie von evolutionären Algorithmen basiert auf einer zufälligen Suche. Bei sehr großen Entwurfsräumen, die nur wenige gültige Lösungen besitzen, verkommt diese zufällige Suche zu einem Stochern. Der evolutionäre Algorithmus bekommt dabei auch keine wertvollen Informationen, wo ein Weitersuchen sinnvoll wäre. Dieses Problem kann teilweise dadurch umgangen werden, in dem Lösungen mit vielen ungebundenen Knoten stärker bestraft werden als jene, bei denen nur noch wenige Bindungen fehlen. Diese Lösungsstrategie hilft allerdings nur bedingt, da diese ebenso gut in die Irre führen kann. Was in diesem Fall benötigt wird, ist eine gezielte Suche nach gültigen Vervollständigungen. Ein solcher Ansatz basierend auf *symbolischen Techniken* soll im Folgenden beschrieben werden.

Ausgangspunkt für die Integration der symbolischen Techniken ist die Definition 8.1.5 für gültige Bindungen. Insbesondere ist die zweite und dritte Eigenschaft von Interesse.

Beispiel 8.5.1. Abbildung 8.29 visualisiert die zweite und dritte Eigenschaft der Definition einer gültigen Bindung. Um eine gültige Bindung zu erhalten, muss der Knoten v_0 in Abb. 8.29a) auf genau eine der allozierten Ressourcen $r_0, \ldots, r_n$ abgebildet werden. Die dritte Eigenschaft fordert, dass wenn Knoten v_0 auf Ressource r_0 abgebildet ist, der von v_0 abhängige Knoten v_1 entweder auf die selbe Ressource r_0 oder auf eine adjazente Ressource $r_1, \ldots, r_n$ gebunden wird. Dies ist in Abb. 8.29b) zu sehen.

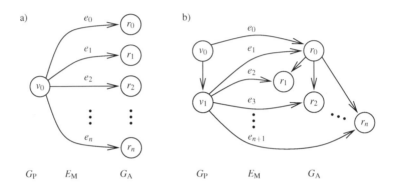

Abb. 8.29. Für jeden Knoten $v \in V_p$ muss genau eine Abbildungskante $e_i \in \{e_0, e_1, \ldots, e_n\}$ ausgewählt werden a). Um die geforderte Kommunikation $(v_0, v_1) \in E_p$ zu ermöglichen, müssen v_0 und v_1 auf die selbe (r_0) oder adjazente Ressourcen $r_1, \ldots, r_n$ gebunden werden b).

Da die Bestimmung einer gültigen Bindung ein $\mathcal{NP}$-vollständiges Problem ist, kann es passieren, dass die Entwurfsraumexploration basierend auf den mehrzieloptimierenden evolutionären Algorithmen gar keine gültige Lösung findet. Da jedes $\mathcal{NP}$-vollständige Problem in polynomieller Zeit auf das Problem SATISFIABILITY reduzierbar ist, ist es möglich, symbolische Techniken zur Lösung einzusetzen. Hierbei gibt es zwei Vorteile:

1. Die Entwurfsraumexploration kann von durchdachten Heuristiken zur Lösung des Problems SATISFIABILITY profitieren.
2. Es können während der Decodierungsphase im MOEA mehr als nur die bisher gebundenen und die momentan betrachtete Abbildungskante berücksichtigt werden.

Der zweite Vorteil soll nochmals etwas genauer betrachtet werden: Die Auswahl einer Abbildungskante $e \in E_M$ für die Bindung β entspricht der Aktivierung dieser Kante, d. h. $a(e) = 1$. Während die vorgestellte Decodierung nur alle bisher aktivierten Abbildungskanten $e \in \beta$ sowie die momentan ausgewählte Abbildungskante $\tilde{e}$

betrachtet und überprüft, ob $\widetilde{e}$ nicht zu einer Invalidierung der bisherigen Lösung führt, können symbolische Techniken zur Prüfung auf Existenz mindestens einer gültigen Vervollständigung der Bindung herangezogen werden.

Bevor dieser Ansatz im Detail vorgestellt wird, soll zunächst noch einmal die *sequentielle Decodierung* mit Hilfe der Funktion BINDING aus Abschnitt 8.3 wiederholt werden. Anschließend wird gezeigt, wie sich das Problem GÜLTIGE BINDUNG auf das Problem SATISFIABILITY reduzieren lässt. Basierend auf diesem Ansatz können schließlich symbolische Techniken durch Einsatz von Binären Entscheidungsdiagrammen (engl. *binary decision diagrams*, BDD) und SAT-Lösern zur Verbesserung der Decodierung dienen.

Sequentielle Decodierung

Die *sequentielle Decodierung* wurde bereits im Abschnitt 8.3 als Funktion BINDING eingeführt und soll hier noch einmal kurz wiederholt werden. Alle Knoten $v \in V_P$ im Problemgraphen G_P werden in der Reihenfolge gebunden, wie diese in der *Bindungsreihenfolgeliste* L_O auftreten. Bei der Bindung eines Knotens v werden seine ausgehenden Abbildungskanten $e \in \{\widetilde{e} \in E_M \mid \widetilde{e} = (v, v_a) \wedge v_a \in V_A\}$ in der Reihenfolge überprüft, wie diese in der *Bindungsprioritätsliste* L_B auftreten. Bei der Überprüfung wird mit Hilfe der Funktion IS_VALID_BINDING getestet, ob das Einfügen der Abbildungskante e in die Bindung β die Gültigkeit der bisher bestimmt Bindung verletzt. Ist dies nicht der Fall, so wird e für die Bindung ausgewählt, d. h. $\beta = \beta \cup \{e\}$. Durch dieses Vorgehen werden die Abbildungskanten $e \in E_M$ sequentiell überprüft, und die sequentielle Decodierung ist stark von der Bindungsreihenfolgeliste L_O und der Bindungsprioritätsliste L_B abhängig. Da nur die bisher gebundenen Knoten Berücksichtigung finden, kann es passieren, dass diese Decodierung nicht zum Ziel führt und dies, obwohl die Allokation gültig ist und eine zugehörige gültige Bindung möglicherweise existieren würde.

Beispiel 8.5.2. Ein Beispiel für diesen Fall ist in Abb. 8.30 dargestellt. Unter Ver-

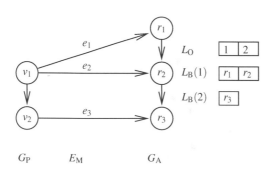

Abb. 8.30. Beispiel, bei dem die sequentielle Decodierung fehlschlägt

wendung der gegeben Bindungsreihenfolgeliste L_O und der Bindungsprioritätsliste

L_B würde die sequentielle Decodierung die ungültige Bindung $\beta = \{(v_1, r_1), (v_2, r_3)\}$ bestimmen. Dies folgt daraus, dass v_1 als erstes auf r_1 gebunden wird, was nicht mit den bis dahin gebundenen Knoten in Konflikt steht. Nichtsdestotrotz verhindert diese Bindung eine gültige Vervollständigung durch das Binden von v_2. Die gültige Bindung $\beta = \{(v_1, r_2), (v_2, r_3)\}$ würde nicht bestimmt werden.

Symbolische Repräsentation des Entwurfsraums

Bevor symbolische Techniken eingesetzt werden können, ist es notwendig, eine symbolische Repräsentation des Entwurfsraums zu finden [165]. Diese basiert auf der Aktivierung von Knoten und Kanten im Spezifikationsgraphen, siehe Definition 8.1.2. Als Repräsentation wird eine Boolesche Formel verwendet, welche die drei Eigenschaften einer gültigen Bindung nach Definition 8.1.5 codiert. Diese Formel ist genau dann erfüllbar, d. h. es existiert eine Belegung der Variablen, so dass die Formel zu wahr (1) evaluiert, wenn mindestens eine gültige Bindung im repräsentierten Lösungsraum existiert. In den folgenden Gleichungen stellen die Aktivierungsattribute $a(e)$ und $a(r)$ der Abbildungskanten $e \in E_M$ und der Ressourcen $r \in V_A$ die binären Variablen der Booleschen Formel dar.

Die erste Eigenschaft einer gültigen Bindung bedeutet, dass jede aktivierte Abbildungskante $e \in E_M$ eine aktivierte Ressource $r \in V_A$ als Endknoten besitzen muss. Dies kann als Formel wie folgt ausgedrückt werden:

$$b_1(a(e), a(r)) = \bigwedge_{e=(v,r) \in E_M} \overline{a(e)} \vee a(r) \tag{8.2}$$

Die zweite Eigenschaft drückt aus, dass genau eine Abbildungskante für jeden Knoten $v \in V_P$ aktiviert sein muss. Dies kann durch zwei konjunktive Ausdrücke beschrieben werden, wobei die erste Formel ausdrückt, dass für jeden Knoten $v \in V_P$ mindestens eine ausgehende Abbildungskante aktiviert werden muss:

$$b_2(a(e)) = \bigwedge_{v \in V_P} \bigvee_{e=(v,r) \in E_M} a(e) \tag{8.3}$$

Die zweite Formel erzwingt hingegen, dass kein Paar von Abbildungskanten, die einen Knoten verlassen, aktiviert werden können:

$$b_3(a(e)) = \bigwedge_{v \in V_P} \bigwedge_{e_i=(v,r_i), e_j=(v,r_j) \in E_M : r_i \neq r_j} \overline{a(e_i)} \vee \overline{a(e_j)} \tag{8.4}$$

Die letzte Bedingung an eine gültige Bindung fordert, dass Paare von Knoten im Problemgraphen G_P, zwischen denen es eine Datenabhangigkeit gibt, auf die selbe oder adjazente Knoten im Architekturgraphen G_A gebunden werden müssen. Dies kann durch die folgende Formel ausgedrückt werden:

$$b_4(a(e)) = \bigwedge_{(v_i,v_j) \in E_P} \bigwedge_{e_i=(v_i,r_i) \in E_M} \left[\overline{a(e_i)} \bigvee_{\substack{e_j=(v_j,r_j) \in E_M: \\ r_i=r_j \vee (r_i,r_j) \in E_A}} a(e_j) \right] \tag{8.5}$$

Es existiert mindestens eine gültige Bindung für den repräsentierten Entwurfsraum, sofern eine Belegung zur Erfüllung der Konjunktion der Gln. (8.2) - (8.5) existiert:

$$\exists a(e), a(r) : b_1(a(e), a(r)) \wedge b_2(a(e)) \wedge b_3(a(e)) \wedge b_4(a(e)) \qquad (8.6)$$

Ist der existentiell quantifizierte Boolesche Ausdruck in Gl. (8.6) bei einer Belegung aller Variablen $a(e)$ und $a(r)$ wahr, so drücken die Werte dieser gleichermaßen die Aktivierung der Kante $e \in E_M$ bzw. der Ressource $r \in V_A$ in einer gefundenen gültigen Bindung aus.

BDD-basierte Decodierung

Um die Nachteile der sequentiellen Decodierung zu überwinden, müsste beim Aktivieren einer Abbildungskante während der Decodierung überprüft werden, ob es anschließend noch eine gültige Vervollständigung noch nicht gebundener Knoten zu einer gültigen Bindung gibt. Nur wenn solche Abbildungskanten aktiviert werden, wird die Decodierung stets eine gültige Bindung finden, sofern eine solche existiert. Dies bedeutet aber, das Problem in Gl. (8.6) zu lösen. Eine Möglichkeit basiert auf der Idee, Gl. (8.6) in einem einzigen binären Entscheidungsdiagramm (BDD) [52] zu codieren. Ein BDD ist ein Baum, der dazu dient, Boolesche Funktionen zu repräsentieren. Den Blättern des Baums sind die binären Werte 0 und 1 zugewiesen. Die Nichtblattknoten repräsentieren die Variablen. Jeden dieser Knoten verlassen genau zwei Kanten, eine, die die Zuweisung 0 und eine, die die Zuweisung 1 an die Variable darstellt. Jedem Pfad von der Wurzel des Baums zu dem 1-Blatt entspricht eine Variablenbelegung, die die repräsentierte Boolesche Formel erfüllt. Im Kontext der Entwurfsraumexploration bedeutet dies, dass jeder dieser Pfade eine gültige Bindung darstellt.

Die Vorteile eines solchen Verfahrens sind, dass das BDD für Gl. (8.6) die gesamte Region gültiger Entwurfspunkte symbolisch repräsentiert. Hierbei wird das BDD ein einziges Mal aufgebaut und alle Lösungen werden so dargestellt. In der Decodierung kann somit überprüft werden, ob das Aktivieren einer Abbildungskante eine Vervollständigung zu einer gültigen Bindung verhindern könnte. Dies erreicht man, in dem das BDD mit der Aktivierung $a(e)$ der Abbildungskante e mit einem logischen Und verknüpft wird. Dieser Test besitzt eine Komplexität von $\mathcal{O}(|E_M| + |V_A|)$, sofern das BDD einmal aufgebaut wurde [352]. Leider ist es für übliche Problemgrößen nicht möglich, den BDD zu konstruieren, da dieser im schlimmsten Fall eine exponentielle Größe erreicht. Als Kompromiss könnten statt eines großen BDD mehrere kleine BDDs konstruiert werden. In diesen BDDs wird überprüft, ob die Auswahl einer Abbildungskante $e = (v, r)$ eine eventuell erst in der Zukunft stattfindende Bindung der direkten Vorgänger und direkten Nachfolger von v verhindern würde.

Dieser Ansatz würde das in Abb. 8.30 dargestellte Problem lösen. Bei größeren Probleminstanzen stößt man jedoch schnell wiederum an die Grenzen dieses Verfahrens [165].

SAT-Löser-basierte Decodierung

Um die Nachteile der BDD-basierten Decodierung zu umgehen, bietet es sich an, sog. *SAT-Löser* zu verwenden. SAT-Löser werden speziell dafür entwickelt, Belegungen zur Erfüllung einer Booleschen Formel zu bestimmen. Hierfür verwenden moderne SAT-Löser den Davis-Putnam-Algorithmus [79]. Dieser entscheidet, welche Variable auf 1 und welche auf 0 gesetzt werden soll. Falls eine Variablenbelegung nicht zum Ziel führt, so führt der SAT-Löser ein sog. *Backtracking* durch. Hierbei geht der SAT-Löser in der Variablenbelegung bis zu derjenigen Variablen zurück, die die gültige Vervollständigung verhindert hat. Bei der Entwicklung einer *SAT-Löser-basierten Decodierung* ist ein wesentlicher Schritt, den SAT-Löser dazu zu bewegen, die Information, die in den Individuen codiert ist, zu berücksichtigen. Hierzu wird in [351] eine problemspezifische Heuristik vorgestellt. Ausgehend von der Information, die in einem Individuum codiert vorliegt, kann diese Strategie in drei Schritten verfolgt werden.

1. Für jede allozierte Ressource $r \in V_A$ wird die zugehörige Variable $a(r)$ auf 1 gesetzt. Hierbei spielt die Reihenfolge keine Rolle, da die Aktivierung einer Ressource keine gültige Bindung verhindern kann.

2. In umgekehrter Reihenfolge der *Allokationsreparaturprioritätsliste* L_R werden die Aktivierungsvariablen $a(r)$ nichtallozierter Ressourcen auf 0 gesetzt. Falls eine Ressource für die gültige Vervollständigung zwingend erforderlich ist, so wird diese aufgrund des Backtracking in der Reihenfolge der Allokationsreparaturprioritätsliste alloziert.

3. In der Reihenfolge der Bindungsreihenfolgeliste L_O und der Bindungsprioritätsliste L_B wird versucht, die Variablen $a(e)$, die mit den Abbildungskanten $e \in E_M$ assoziiert werden, auf 1 zu setzen. Falls eine solche Zuweisung eine gültige Vervollständigung verhindert, so wird die nächste Abbildungskante überprüft. Falls das Ende der Bindungsprioritätsliste erreicht wird ohne eine Abbildungskante zu aktivieren, wird automatisch zu Schritt 2 zurückgegangen und versucht, weitere Ressourcen zu allozieren.

Die Vorteile der SAT-Löser-basierten Decodierung liegen auf der Hand: Es ist möglich, während der Decodierung die gültige Vervollständigung einer partiellen Bindung zu überprüfen. Da SAT-Löser kein BDD im Speicher aufbauen, besitzen sie auch nicht deren Speicherproblem. Das Hauptproblem ist aber, dass SAT-Löser zur Bestimmung einer Lösung im Worst-case eine exponentielle Laufzeit benötigen.

Beispiel 8.5.3. Abbildung 8.31 zeigt die Verbesserung, die durch die SAT-Löser-basierte Decodierung erreicht werden kann. Zu diesem Zweck wurden 30 verschiedene Spezifikationsgraphen mit 150 Problemgraphknoten, 75 Architekturgraphknoten und fünf bis neun Abbildungskanten pro Problemgraphknoten erzeugt. Je zehn der Spezifikationsgraphen wurden für leichte (Feasibility 45 %), mittelschwere (Feasibility 25 %) und schwere Probleme (Feasibility 15 %) erzeugt. Jeder Spezifikationsgraph wurde zehn Mal mit Hilfe der sequentiellen Decodierung und zehn Mal mit Hilfe der SAT-Löser-basierten Decodierung für 1000 Generationen optimiert, wobei

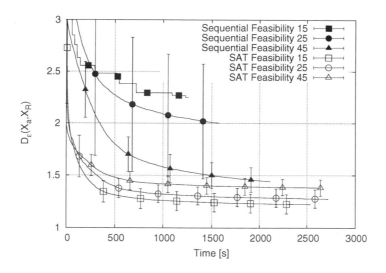

Abb. 8.31. Vergleich der Qualität der Lösungen unter Verwendung der sequentiellen und der SAT-Löser-basierten Decodierung auf Vergleichsbasis der ε-Dominanz (siehe Anhang) [351]

die Populationgröße auf 100 eingestellt war. In Abb. 8.31 sieht man die mittlere ε-Dominanz (siehe Anhang) der Menge gefundener Lösungen X_a zur Menge der besten bekannten Lösungen (Referenzmenge X_R) sowie die Standardabweichung über die Zeit aufgetragen. Je näher der Wert der ε-Dominanz am minimalen Wert 1, desto besser ist das Verfahren. Man sieht klar, dass für die gewählten Probleme die SAT-Löser-basierte Decodierung schneller zu besseren Lösungen führt. Dies gilt insbesondere für die schweren Probleme (Feasibility 15 %), bei denen die sequentielle Decodierung so gut wie keine Lösungen finden kann.

8.5.2 Pareto-Front-Arithmetik

Eine andere Möglichkeit, die Konvergenz der Entwurfsraumexploration zu beschleunigen, liegt in der Generierung guter Anfangslösungen. Dies gilt insbesondere bei sehr großen Entwurfsräumen mit wenigen gültigen Lösungen. Hier soll nun ein Verfahren mit dem Namen *Pareto-Front-Arithmetik* vorgestellt werden, welches auf der Dekomposition des Entwurfsraums und der anschließenden Kombination der Pareto-Mengen dieser Teillösungen basiert. Obwohl bekannt ist, dass die Pareto-Front-Arithmetik suboptimale oder gar ungültige Entwurfpunkte erzeugen kann, hat sie sich in der Praxis als äußerst nützlich erwiesen.

Die grundlegende Idee der Pareto-Front-Arithmetik [166, 163] ist die Folgende: Zunächst wird der Entwurfsraum in kleinere Entwurfsräume zerteilt. Diese Teilentwurfsräume werden unabhängig voneinander exploriert. Hierbei kann eine beliebige Optimierungsstrategie verwendet werden. Anschließend werden die approximierten Pareto-Fronten der einzelnen Entwurfsräume in einem Schritt arithmetisch zu einer Approximation der Pareto-Front des Gesamtentwurfsraums kombiniert.

Die Idee der Pareto-Front-Arithmetik basiert auf Erweiterungen anfänglicher Ideen von Abraham et al. [2], in denen sog. *Gültigkeitsfilter* und *Optimalitätsfilter* eingesetzt werden, um die Pareto-Front eines komplexen Optimierungsproblems zu finden. Nach der Partitionierung des Suchraums eines Mehrzieloptimierungsproblems *MOP* in mehrere Subprobleme $\Theta(MOP) = \{MOP_1,\ldots,MOP_l\}$, werden die einzelnen Teilentwurfsräume X_i mit $1 \leq i \leq l$, welche den Subproblemen MOP_i entsprechen, bzgl. ihrer Gültigkeit und Optimalität gefiltert. Als Ergebnis erhält man die bezüglich der Teilprobleme MOP_i Pareto-optimalen Lösungen. In einem zweiten Schritt werden die nicht heraus gefilterten Lösungen kombiniert und bilden den Entwurfsraum auf der nächst höheren Abstraktionsebene. Dieser Entwurfsraum wird wiederum gefiltert. Da nicht alle Gültigkeitsbedingungen separiert werden können, ist ebenfalls ein globaler Gültigkeitstest nötig. Abraham et al. [2] haben bewiesen, dass sie auf diese Art die Pareto-optimalen Lösungen finden, sofern das Optimierungsproblem *separierbar* ist. Ein Problem ist separierbar, wenn die Kompositionsfunktion der Zielgrößen eine *monotone Funktion* ist. Leider besitzen viele Zielgrößen, die beim Entwurf von eingebetteten Hardware/Software-Systemen von Interesse sind, diese Eigenschaft nicht, wie später gezeigt wird. Dennoch lässt sich diese Methodik zur Generierung von Initiallösungen verwenden. Die Motivation für die Dekomposition der Entwurfsräume ist vielfältig:

1. Die Größe jedes Teilentwurfsraums ist kleiner der Größe des Gesamtentwurfsraums

$$\forall_{MOP_i \in \Theta(MOP)} : |X(MOP_i)| \leq |X(MOP)|.$$

2. Die Exploration der Teilentwurfsräume ist effizienter möglich, da die Komplexität mit der Größe abnimmt. Dies ist besonders beim Einsatz von Schätzungsverfahren interessant.

3. Die Anzahl $|X_f(MOP)|$ der gültigen Lösungen im Gesamtentwurfsraum ist nur ein kleiner Teil aller gültigen Lösungen ($\prod |X_f(MOP_i)|$) der Teilentwurfsräume.

$$|X_f(MOP)| \leq \prod_{MOP_i \in \Theta(MOP)} |X_f(MOP_i)|.$$

Die letzte Aussage ist besonders wichtig, denn sie enthält die Aussage, dass jede gültige Lösung im Gesamtentwurfsraum nur aus gültigen Lösungen der Teilentwurfsräume zusammengesetzt werden kann. Dies kann zu einer drastischen Reduktion der Anzahl zu evaluierender Entwurfspunkte führen.

Pareto-Front-Arithmetik (*PFA*) hat viele Übereinstimmungen mit dem oben beschrieben Ansatz, trifft aber keinerlei Annahmen über die Monotonie der Komposition von Zielgrößen. Für PFA wird zunächst das Optimierungsproblem MOP in l Subprobleme zerlegt $\Theta(MOP) = \{MOP_1, MOP_2, \ldots, MOP_l\}$ [166]. Dies erfolgt durch die Aufteilung des Spezifikationsgraphen in Teilspezifikationsgraphen, indem die Knotenmenge V_P des Problemgraphen G_P partitioniert wird. Als nächstes erfolgt die Exploration der Teilentwurfsräume. Dies kann z. B. mit mehrzieloptimierenden evolutionären Algorithmen, wie in Abschnitt 8.3 beschrieben, erfolgen. Die resultierenden Lösungen sollten wenigstens gültig sein im Sinne einer gültigen Allokation und Bindung für die Teilprobleme MOP_i. Die Kombination der Lösungen erfolgt nach der Struktur der Dekomposition des Gesamtentwurfsraums wie in Abb. 8.32 dargestellt.

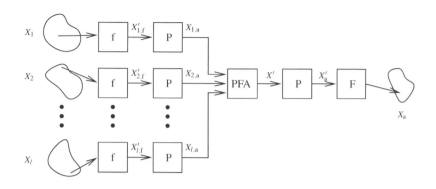

Abb. 8.32. Konzept der Pareto-Front-Arithmetik (PFA) aus [161]

Die Operationen f stellen die Gültigkeitsfilter für die Teilentwurfsräume X_i dar und bilden die Mengen $X'_{i,\mathrm{f}}$, die nur gültige Teillösungen enthalten. Die Operationen P filtern aus diesen Mengen die Pareto-optimalen Lösungen heraus und speichern diese in den Mengen $X_{i,\mathrm{a}}$. Die arithmetische Verknüpfung der einzelnen Pareto-Fronten erfolgt in der Operation PFA und wird später beschrieben. Das Ergebnis ist die Menge X', die schließlich noch einmal bezüglich Optimalität (P) und Gültigkeit (F) gefiltert wird. Das Ergebnis ist die Approximationsmenge X_{a}.

Beispiel 8.5.4. Das Vorgehen bei der Pareto-Front-Arithmetik (PFA) soll anhand eines Beispiels verdeutlicht werden. Abbildung 8.33a) zeigt den Spezifikationsgraphen aus Abb. 8.9. Um nicht den gesamten Entwurfsraum explorieren zu müssen, wird der Entwurfsraum anhand des Problemgraphen G_{P} partitioniert. Es entstehen somit zwei Teilspezifikationsgraphen $G_{\mathrm{S,I}}$ und $G_{\mathrm{S,II}}$, wobei jeder Teilspezifikationsgraph den gesamten Architekturgraphen, den jeweiligen Teilproblemgraphen mit $V_{\mathrm{P,I}} = \{v_1, v_3, v_5\}$ und $V_{\mathrm{P,II}} = \{v_2, v_4, v_6, v_7\}$ sowie die entsprechenden Abbildungskanten enthält. In Abb. 8.33b) und c) sind die approximierten Pareto-Mengen $X_{\mathrm{I,a}}$ und $X_{\mathrm{II,a}}$ als Lösungen der Entwurfsraumexploration, wie sie z. B. mit Hilfe von evolutionären Algorithmen gefunden werden können, für die beiden Teilentwurfsräume dargestellt. Bei der Lösung mit den Funktionswerten $(100, 9)$ wird lediglich der RISC-Prozessor v_{RISC} verwendet. In der Lösung mit den Werten $(160, 4)$ ist die Allokation der Ressourcegraphknoten $\alpha_V = \{v_{\mathrm{RISC}}, v_{\mathrm{BR1}}, v_{\mathrm{HWM1}}\}$. Für das zweite Teilsystem II ist die einzige Pareto-optimale Lösung die mit Allokation $\alpha_V = \{v_{\mathrm{BR1}}, v_{\mathrm{HWM2}}\}$ und den Eigenschaften $(50, 4)$. In der Pareto-Front-Arithmetik werden nun die Pareto-optimalen Lösungen aus jedem Teilentwurfsraum paarweise ausgewählt und die Zielgrößen jeder Kombination von Teillösungen geschätzt. Dies kann entweder eine *pessimistische Abschätzung*, beispielsweise durch Addition der Zielgrößen (Abb. 8.33d)), oder eine *optimistische Abschätzung* durch Maximumsbil-

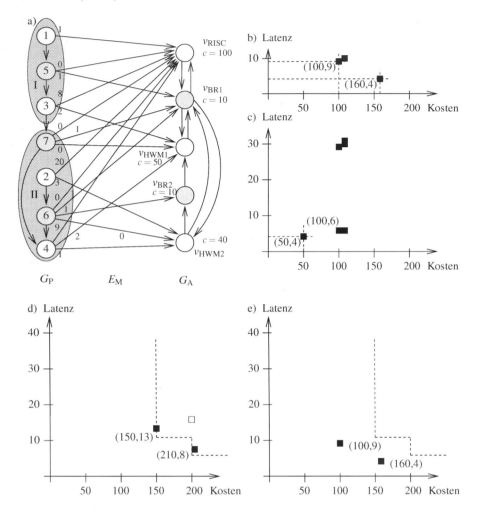

Abb. 8.33. Beispiel zur Pareto-Front-Arithmetik. a) Spezifikationsgraph und Zerlegung des Entwurfsraums. b+c) Menge gültiger Lösungen für Teilsystem I und II. d+e) pessimistische und optimistische Abschätzung der Pareto-Front für kombinierte Lösungen.

dung (Abb. 8.33e)) sein. Zum Vergleich ist die tatsächliche Pareto-Front eingezeichnet. Die pessimistische Abschätzung liegt hinter der tatsächlichen Front, während die optimistische Abschätzung davor liegt.

Im Allgemeinen müssen die so konstruierten Lösungen weder *gültig* noch *optimal* sein. Ein Beispiel für eine ungültige Lösung ist in Abb. 8.33d) als nicht ausgefülltes Quadrat mit pessimistisch geschätzten Zielgrößen $(200, 159)$ zu sehen. Diese Lösung würde durch Kombination der Lösungen $(100, 9)$ aus dem ersten Teilsystem und $(100, 6)$ aus dem zweiten Teilsystem entstehen. Während die Lösung aus dem ersten Teilsystem nur aus dem einzelnen RISC-Prozessor v_{RISC} besteht, ist die

Allokation für die Lösung aus dem zweiten Teilsystem $\alpha_V = \{v_{HWM1}, v_{BR2}, v_{HWM2}\}$. Hierbei gilt, dass $(v_7, v_{HWM1}), (v_3, v_{RISC}) \in \beta$. Somit sind v_3 und v_7 nicht auf adjazente Ressourcen gebunden, was die Gültigkeit der kombinierten Lösung verhindert. Zum Abschluss sei noch kurz gezeigt, dass die resultierenden Lösungen im Allgemeinen auch nicht optimal sind.

Beispiel 8.5.5. Abbildung 8.34 zeigt ein einfaches Beispiel, in dem die Zielfunktion nicht monoton ist, und somit das globale Optimum nicht durch die Bestimmung der Optima der Teilsysteme gefunden werden kann. Hierbei wird lediglich eine Zielgröße, die der Kosten optimiert.

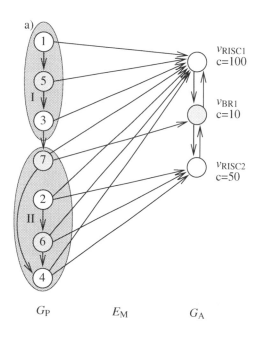

Abb. 8.34. Zielfunktionen sind im Allgemeinen nicht monoton

Wird Teilsystem I unabhängig von Teilsystem II optimiert, so lautet die optimale Lösung, dass nur der Prozessor RISC1 Verwendung findet und alle Operationen dieses Teilsystems hierauf gebunden werden. Die Kosten betragen $c = 100$ Kosteneinheiten. Optimiert man Teilsystem II unabhängig von Teilsystem I, so lautet die optimale Lösung, dass v_{BR1} und v_{RISC2} alloziert werden und die Operationen v_2, v_4, v_6 auf den Prozessor RISC2 und v_7 auf den Bus (v_{BR1}) abgebildet werden. Die Kosten für diese Teillösung belaufen sich auf $c = 60$. Kombiniert man nun beide Lösungen, so ist die resultierende Gesamtlösung gültig mit Kosten $c = 160$. Wie man aber sehen kann, ist die kostenoptimale Lösung diejenige, die nur den Prozessor RISC1 alloziert und alle Operationen auf diesem Prozessor ausführt (Kosten $c = 100$).

Obwohl Pareto-Front-Arithmetik im Allgemeinen nicht garantieren kann, optimale oder auch nur gültige Lösungen zu produzieren, hilft sie, die Komplexität großer Entwurfsräume in den Griff zu bekommen. Zum Beispiel können die generierten Lösungen als Startpopulation für eine anschließende Gesamtoptimierung dienen.

8.6 Entwurfssysteme zur Systemsynthese

Im Folgenden werden einige Systeme zur Entwurfsraumexploration auf Systemebene vorgestellt. Alle Verfahren verfolgen dabei einen Ansatz nach dem Y-Diagramm.

CORDS

CORDS ist ein Explorationswerkzeug basierend auf evolutionären Algorithmen [88]. Hierbei kann CORDS rekonfigurierbare Hardware sowie zugehörige Rekonfigurationszeiten berücksichtigen. Die Zielarchitektur besteht dabei aus CPUs, FPGAs und Bussen. Die Kommunikation von Tasks erfolgt über Puffer. Falls eine Verbindung keinen Puffer besitzt, muss die Kommunikation zusätzlich auf der CPU oder dem FPGA geplant werden. Die präemptive Ablaufplanung basiert auf einem statischen Verfahren mit dynamischer Taskumordnung. Die Initialprioritäten der Tasks sind dabei durch deren Mobilität gegeben. Jedes Mal, wenn ein Task ausführungsbereit wird, werden die notwendigen Rekonfigurationszeiten berechnet und die Prioritäten neu bewertet. Präemption ist nur auf der CPU erlaubt. Die Optimierungsstrategie basiert auf *evolutionären Algorithmen* [89], wobei Individuen mit der selben Ressourcenallokation zu einer Gruppe zugehörig gezählt werden. Die Kreuzung der Bindung wird dann nur innerhalb einer Gruppe durchgeführt und somit die Gültigkeit der Implementierung garantiert. Bei der Fitnessbewertung werden ebenfalls diese Gruppen berücksichtigt. Gruppen mit einem niedrigen Rang werden mit einer größeren Wahrscheinlichkeit gelöscht. Um lokalen Minima zu entkommen, schlagen Dick and Jha *Simulated annealing* vor [88]. In [90] erweitern Dick and Jha CORDS um IP-Core-Unterstützung: Hierbei umfasst die Entwurfsraumexploration auch *Auswahl der Taktfrequenz* für jeden Core, die *Allokation*, die *Bindung* und *Ablaufplanung* sowie eine *Priorisierung der Kommunikationsverbindungen* und das *Floorplanning*.

MILAN

MILAN (Model-based Integrated simuLAtioN) ist ein Werkzeug zur Entwurfsraumexploration auf verschiedenen Abstraktionsebenen [280]. Die Anwendung in MILAN wird als hierarchischer Datenflussgraph mit Funktionsalternativen modelliert. Das Architekturtemplate kann auf unterschiedlichen Abstraktionsebenen modelliert werden. Für die Exploration verwendet MILAN binäre Entscheidungsdiagramme und schnelle, aber ungenaue Schätzungsverfahren auf der Systemebene. Die Schätzungsverfahren bedienen sich hierbei der Hierarchie im Datenflussmodell, wobei eine Performanzanalyse nur für die Blätter der Hierarchie durchgeführt bzw. benutzerspezifizierte Werte verwendet werden. Nachdem durch die Exploration auf Systemebene der Entwurfsraum eingeschränkt ist, wird eine feinere Schätzung der Entwurfsgrößen durchgeführt, wodurch der Entwurfsraum weiter beschränkt wird. Zuletzt werden maximal zehn Entwurfspunkte mit Hilfe eines zyklenakkuraten Simulators evaluiert. Hierbei benötigt MILAN stets ein Feedback von dem Entwickler/der Entwicklerin während der Exploration.

Mescal

Mescal (Modern Embedded Systems, Compilers, Architectures, and Languages) ist ein Werkzeug zur Architekturexploration von Netzwerkprozessoren [278]. Die Anwendung wird in PtolemyII spezifiziert und kann einem heterogenen Berechnungsmodell unterliegen. Die Architektur wird durch eine Architekturbeschreibungssprache (engl. *Architecture Description Language*, ADL) beschrieben. Die einzelnen Prozessorelemente werden mit einer Hardwarebeschreibungssprache spezifiziert. Die Leistungsbewertung erfolgt mit Hilfe eines retargetierbaren Compilers, welcher in der Lage ist, Parallelität auf Prozess-, Instruktions- und Bitebene auszunutzen.

Artemis

Artemis (Architectures and Methods for Embedded Media Systems) ist ein Explorationswerkzeug, welches einen Ansatz nach dem Y-Diagramm umsetzt [320]. Die Anwendung wird mit Hilfe von Kahn-process-netwerk (KPN) auf der Basis der C++-Klassenbibliothek YAPI [219] modelliert. Artemis verwendet SPADE (System level Performance Analysis and Design space Exploration) [255, 256] für die Performanzbewertung. Die Architektur wird mit Hilfe von Bibliothekselementen aufgebaut. Die Performanzanalyse erfolgt mit Hilfe eines zyklenakkuraten Simulators oder durch eine sog. *Trace-Driven-Simulation*. Hierfür wird zunächst die Ausführungsreihenfolge der Kahn-Prozesse als Trace aufgezeichnet. Dies geschieht durch Aufzeichnung der Zugriffe der Prozesse auf Kanäle. In einem nachfolgenden Schritt werden die Traces auf die Architektur abgebildet und das Zeitverhalten simuliert. Der Nachfolger von SPADE heißt Sesame (Simulation of Embedded System Architectures for Multilevel Exploration) [319]. Sesame verwendet sog. *virtuelle Prozessoren*, um das Zeitverhalten zu simulieren.

EXPO

Thiele et al. stellen in [397, 398] ein Entwurfsraumexplorationswerkzeug mit dem Namen EXPO für Paketverarbeitungsanwendungen vor. Die Anwendung wird dabei mit Hilfe eines Taskgraphen modelliert, wobei Tasks mit unterschiedlichen *Flüssen* assoziiert werden können. Ein Fluss beschreibt hierbei die Verarbeitungskette für Pakete des zugehörigen Datentyps. Mit jedem Fluss werden Ankunftskurven assoziiert, die die minimale und maximale Aktivierung dieses Flusses modellieren. Eine Architektur wird auf Basis eines Architekturgraphen modelliert. Mit den Knoten im Architekturgraphen werden Belegungskurven assoziiert. Die Leistungsbewertung der Implementierungen erfolgt dann auf Basis des sog. *Real-time calculus* [399] (siehe auch Kapitel 4). Die Entwurfsraumexploration bestimmt die Allokation der Ressourceninstanzen sowie die Bindung, wobei die Exploration für verschiedene *Szenarien*, also Auswahl von Flüssen, erfolgen kann. Die Optimierungsstrategie basiert auf mehrzieloptimierenden evolutionären Algorithmen.

Metropolis

In [21] stellen Balarin et al. ein Entwurfsraumexplorationswerkzeug mit dem Namen Metropolis vor, welches Werkzeuge zur Simulation, Verifikation und Synthese integrieren kann. Metropolis setzt die Idee der Modellierung auf verschiedenen Abstraktionsebenen und der Verfeinerung ein, um Entwicklern/Entwicklerinnen beim Entwurf großer und komplexer Systeme zu unterstützen. Die Anwendung wird in Metropolis auf Basis von Prozessgraphen modelliert, die aus Prozessen bestehen, welche über sog. *Medien* kommunizieren. Die Architektur ist durch ein abstraktes Modell repräsentiert, welches die Struktur der Architektur widerspiegelt. Hierbei werden die Komponenten der Architektur mit sog. *Services* annotiert. Durch benutzerdefinierte Beschränkungen wird die Anwendung auf die Architektur abgebildet. Anschließend werden sog. *Quantitätsmanager* (engl. *quantity manager*) verwendet, um die Entwurfspunkte zu bewerten.

CHARMED

Ein Ansatz zur Entwurfsraumexploration mit dem Namen CHARMED (Co-synthesis of HARdware-software Multi-mode EmbeddeD systems) wird in [210] vorgestellt. Mehrere Taskgraphen modellieren die Anwendung, wobei jeder Taskgraph mit einem *Modus* assoziiert wird. Weiterhin ist für jeden Taskgraphen eine Periode angegeben. Aus diesen Perioden wird die sog. *Hyperperiode* berechnet. Mit Knoten und Kanten in den Taskgraphen werden Attribute wie Speicherbedarf und WCETs annotiert. In diesem Ansatz wird ebenfalls zwischen Rechen- und Kommunikationsressourcen unterschieden, wobei auch hier Attribute mit diesen Ressourcen assoziiert werden. Die Exploration bestimmt die Allokation und Bindung unter Berücksichtigung mehrerer Zielgrößen. Hierbei wird SPEA2 [446] als Optimierungsstrategie verwendet. Um mit der Größe des Suchraums umgehen zu können, schlagen Kianzad and Bhattacharyya in [210] ein a priori Clustering der Tasks vor. Anschließend wird für jeden Cluster eine Rechenressource verwendet, und Interclusterkommunikation erfolgt über eine dedizierte Kommunikationsressource.

Koski

Ein Ansatz mit dem Namen Koski wird in [205] präsentiert. Koski verfolgt das Ziel, automatisch System-on-Chip-Entwürfe optimieren und synthetisieren zu können.

Die Anwendung wird durch ein Kahn-process-network beschrieben. Die Prozesse selbst werden in Statecharts als endliche Automaten modelliert. Das Architekturtemplate enthält nicht nur Prozessoren, Busse, Speicher und IP Cores, sondern interessanterweise auch Betriebssystemfunktionen. Die Kommunikation ist auf einen Bustyp beschränkt. An diesem Bus müssen alle Prozessoren und alle weiteren Ressourcen angeschlossen werden. Die Entwurfsraumexploration basiert auf Simulated annealing und kann nur eine Zielgröße optimieren. Die Leistungsbewertung der Lösungen erfolgt simulationsbasiert.

Auf andere Ansätze und entsprechende Literaturangaben wird in der folgenden Zusammenfassung hingewiesen.

8.7 Zusammenfassung und Literaturhinweise

Das Gebiet der Systemsynthese und Entwurfsraumexploration auf Systemebene hat sich in den letzten Jahren rasant entwickelt. Viele Ansätze zur Entwurfsraumexploration basieren hierbei auf dem Y-Diagramm-Ansatz [213, 212]. Darüber hinaus existiert immer noch kein Konsens über eine einheitliche Definition der Aufgaben der Systemsynthese, wobei es oftmals Übereinstimmungen mit dem hier beschriebenen Ansatz gibt. Hier sollen noch einmal die wichtigsten Aspekte unterschiedlicher Ansätze nach einigen Kriterien gruppiert werden. Die Kriterien betreffen die Klasse der zu lösenden Probleme, also das zugrunde liegende Berechnungsmodell des Problemgraphen, die Klasse der Performanzmodelle, die verwendeten Schätzungsverfahren und die Klassifikation unterschiedlicher algorithmischer Lösungsansätze.

Zunächst kann man existierende Ansätze zur Systemsynthese nach ihrer Klasse von Eingabespezifikationen klassifizieren:

* *kontrollflussdominante Systeme:* Ansätze dieser Klasse betrachten steuerungsdominante Systeme und spezifizieren beispielsweise in kommunizierenden, sequentiellen Prozessen [53],[402], in der Programmiersprache C (z. B. [158]) und Erweiterungen von C (z. B. [98]) oder basierend auf Automatenmodellen (z. B. [193]). In der Abbildungsphase können statische Abbildungsverfahren (zur Übersetzungszeit) nur im begrenzten Umfang eingesetzt werden wegen nicht voraussagbarer Eigenschaften der Umgebung. Hier spielen Schätzungsverfahren, die auf Simulation und Profiling basieren, eine wichtige Rolle. Ein neuerer Ansatz ist die Entwurfsumgebung POLIS [20]. Die Bindung wird bei POLIS allerdings per Hand vorgegeben. POLIS bietet einen Feedbackmechanismus für den Entwickler/die Entwicklerin zur Schätzung der Entwurfspunkte. Das verwendete Berechnungsmodell sind sog. *Codesign Finite State Machines* [69]. Das Virtual Component Co-Design (VCC) Framework der Firma Cadence basiert auf POLIS [450]. Es dient im Wesentlichen dazu, einzelne Bindungen zu simulieren, also eine simulationsbasierte Schätzung der Latenzen und des Durchsatzes vorzunehmen.
* *datenflussdominante Systeme:* Ansätze in dieser Klasse betrachten häufig Datenflussmodelle, z. B. Datenflussgraphen. Vertreter hiervon sind z. B. in [280, 320, 210] zu finden und wurden bereits in Abschnitt 8.6 diskutiert.

Bezüglich der betrachteten Performanzmodelle lassen sich folgende Ansätze unterscheiden [143]:

- *Abstrakte instruktionsakkurate Performanzmodelle:* In diesem Fall wird mit den Ressourcen eine endliche Anzahl an symbolischen Instruktionen assoziiert. Wiederum mit jeder Instruktion wird ein bestimmtes Zeitverhalten in Beziehung gesetzt. Um eine Leistungsbewertung durchführen zu können, ist es notwendig, dass zunächst die Anwendung auf die Instruktionen abgebildet und anschließend eine *Trace-Driven-Simulation* durchgeführt wird. Beispiele von *abstrakten instruktionsakkuraten Performanzmodellen* kann man in [255, 256, 355] finden.
- *Abstrakte taskakkurate Performanzmodelle:* Der Unterschied zu den abstrakten instruktionsakkuraten Performanzmodellen liegt in dem Grad der Detaillierung. Zeiten werden im taskakkuraten Modell mit Tasks und nicht mit Instruktionen assoziiert. Aufgrund des höheren Abstraktionsgrads, sind *abstrakte taskakkurate Performanzmodelle* besser in der Entwurfsraumexploration einsetzbar. Beispiele hierfür kann man in [43, 88, 95, 322, 441] finden.
- *Abstrakte akkumulative Servicebeschreibungen:* In diesen Ansätzen werden Ressourcen durch sog. *Servicekurven* modelliert, welche ein nichtlineare Worst-case-Einhüllende für die Berechnungs- bzw. Kommunikationsreserven der Ressource darstellen. Dieses Modell eignet sich besonders zur Modellierung von Paketverarbeitungssystemen auf der Systemebene. Tasks werden in diesem Modell durch Ankunftskurven abstrahiert, welche den Berechnungsbedarf einer Task darstellen. *Abstrakte akkumulative Servicebeschreibungen* werden in den Arbeiten [399, 397] verwendet.
- *Mikroarchitektur-Templates: Mikroarchitektur-Templates* limitieren die Entwürfe auf eine bestimmte Klasse von Architekturen bzw. eine Plattform und erlauben somit ein präzisere Leistungsbewertung. Ein Beispiel ist das PICO Framework [1, 364], wo die Mikroarchitektur aus einem VLIW-Prozessor, einem systolischen Coprozessor und einem Speichersubsystem besteht. In [229] beschreiben Lahiri et al. ein Verbindungsnetzwerk für die SoC-Kommunikation. Daneben eröffnen IP-Cores weitere Möglichkeiten, Templates mit einigen wenigen Parametern zu spezifizieren [315, 13, 14].
- *Hardwarebeschreibungssprachen* (engl. *hardware description languages*, HDL) erlauben die Modellierung von Ressourcen auf verschiedenen Abstraktionsebenen. SystemC [144] unterstützt z. B. die sog. *Transaktionsebene*, die Architekturebene und die Logikebene, wohingegen VHDL und Verilog am besten für die Logikebene geeignet sind. Ein großer Nachteil von Hardwarebeschreibungssprachen liegt darin begründet, dass diese keine klare Trennung zwischen Verhalten und Struktur erlauben.
- *Architekturbeschreibungssprachen:* Architekturbeschreibungssprachen (engl. *architecture description languages*, ADL) werden üblicherweise verwendet, um Architekturen auf Instruktionsebene zu beschreiben. Sie erlauben die Generierung von zyklenakkuraten Simulatoren und von synthetisierbaren Hardwarebeschreibungen. Ein weiteres Ziel von Hardwarebeschreibungssprachen ist die effiziente Generierung von retargetierbaren Compilern (siehe auch Kapitel 7).

Die Schätzung eines Entwurfspunktes kann entweder analytisch, simulativ oder in einer Kombination von beiden erfolgen.

- *Analytische Verfahren:* Viele Ansätze zur Entwurfsraumexploration verwenden analytische Schätzungsverfahren. Zum Beispiel wird in [210] ein statisches Ablaufplanungsverfahren verwendet, um die Periode des Systems zu bestimmen. In [399, 397, 398] werden Ankunfts- und Servicekurven verwendet, um Aussagen über das Echtzeitverhalten der Implementierung zu treffen.

- *Simulative Schätzungsverfahren:* Artemis (Architectures and Methods for Embedded Media Systems) [320] verwendet Sesame (Simulation of Embedded System Architectures for Multi-level Exploration) [321] zur Bestimmung einer simulationsbasierten Performanzschätzung, genauso wie das Virtual Component Co-Design (VCC) der Firma Cadence [450].

- *Kombinierte Verfahren:* Als Beispiel sei hier wiederum Artemis genannt, welches SPADE (System level Performance Analysis and Design space Exploration) [255, 256] bzw. Sesame (Simulation of Embedded System Architectures for Multilevel Exploration) [319] für eine *Trace-Driven-Simulation* einsetzt.

Schließlich können die Verfahren bezüglich ihres Optimierungsansatzes unterschieden werden. Eine Klassifikation der Optimierungsstrategien kann wiederum in exakte und iterativ verbessernde Verfahren erfolgen.

- *Exakte Verfahren:* Zu den exakten Verfahren gehören enumerative Verfahren sowie BRANCH&BOUND-Strategien. Verfahren basierend auf ILPs sind in [355, 296] zu finden. Auf Grund der Größe heutiger Entwurfsräume finden exakte Verfahren kaum noch Anwendung.

- Stattdessen werden *iterativ verbessernde Verfahren* auf stochastischen Optimierungsverfahren vorgeschlagen. Ein Ansatz basierend auf Simulated annealing ist in [170] zu finden. Ein Großteil heutiger Ansätze zur Entwurfsraumexploration basiert auf mehrzieloptimierenden evolutionären Algorithmen [43, 89, 90, 13, 14, 300, 398]. Eine Erweiterung der evolutionären Algorithmen mit Hilfe von symbolischen Verfahren zur besseren Konvergenz der Algorithmen in der Entwurfsraumexploration kann in [165, 351, 350] gefunden werden. Die zugrunde liegende symbolische Repräsentation des Entwurfsraums wurde an unterschiedlichen Stelle [104, 291] vorgeschlagen. Verfahren zum Initialisieren von MOEAs wurden in [124, 163] vorgestellt.

Zum Abschluss dieses Kapitels soll nochmals das Entwurfswerkzeug System-CoDesigner [162] näher beleuchtet werden. SystemCoDesigner ist ein an der Universität Erlangen-Nürnberg entwickeltes Entwurfssystem zur Entwurfsraumexploration und Systemsynthese. Als Eingabe für die Anwendung wird entweder der Problemgraph graphisch eingegeben oder aus einer SysteMoC-Beschreibung (siehe Kapitel 2) automatisch extrahiert. Der Architekturgraph sowie die Abbildungskanten werden graphisch spezifiziert sowie die entsprechenden Parameter annotiert. Die graphische Benutzerschnittstelle von SystemCoDesigner ist in Abb. 8.35 zu sehen. Das Performanzmodell der Architektur wird hierbei als abstraktes taskakkurates Performanzmodell angenommen. Neben nichthierarchischen Modellen erlaubt SystemCo-

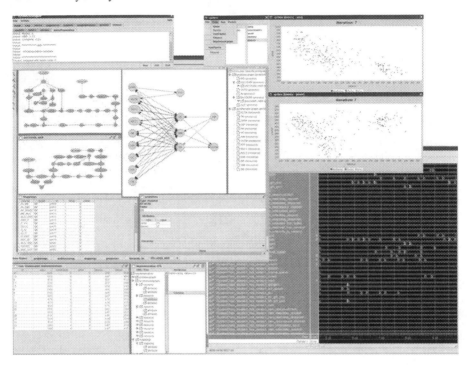

Abb. 8.35. Bildschirmauszug des Entwurfssystems SystemCoDesigner [162]

Designer sowohl hierarchische Problem- und Architekturgraphen zur Modellierung von Funktionsalternativen und rekonfigurierbarer Hardware.

Die Entwurfsraumexploration basiert auf mehrzieloptimierenden evolutionären Algorithmen und verwendet zum leichten Austausch das Optimierungsframework PISA [40], welches an der ETH Zürich entwickelt wurde. Für eine schnellere Konvergenz können Initiallösungen mit der Pareto-Front-Arithmetik automatisch generiert oder eine SAT-Löser-basierte Decodierungstrategie gewählt werden. Die Leistungsbewertung erfolgt entweder analytisch durch statische Ablaufplanungsverfahren oder simulativ mit Hilfe des SystemC-Simulators. Für letzteres bietet SystemCo-Designer die Möglichkeit, automatisch Simulationsmodelle zu generieren (sofern die Eingabe der Anwendung auf SysteMoC basiert). Hierfür wird die Architektur ebenfalls in SystemC als abstraktes taskakkurates Performanzmodell modelliert [375]. Allozierte Ressourcen werden durch SystemC-Module dargestellt. Mit diesen Modulen kann eine Ablaufplanungsstrategie (nichtpräemptiv oder präemptiv) assoziiert werden.

Weitere Schätzungsmethoden können dynamisch dem Werkzeug SystemCoDesigner dazu gelinkt werden. Hierfür stellt SystemCoDesigner eine entsprechende Schnittstelle zur Verfügung, so dass ein erneuter Übersetzungsvorgang überflüssig ist. Weiterhin kann der Entwurfsraum durch Nebenbedingungen beschränkt werden. Hierfür ist es ebenfalls möglich, eigene sog. *Constraint-Checker* zu entwickeln.

Nach der Entscheidungsfindung kann sich der Entwickler/die Entwicklerin das Ergebnis in Form einer XML-Beschreibung ausgeben lassen. War die Eingabe jedoch ein SysteMoC-Modell, so kann ebenfalls ein entsprechendes Simulationsmodell generiert werden. SystemCoDesigner ist ein in der Entwicklung befindliches System, in dem gegenwärtig Fragen zur automatischen Synthese von Hardware/Software-Systemen untersucht werden [162].

8.8 Übungen

Übung 8.1 (Systemarchitekturen) Überlegen Sie sich Kriterien, die die Entscheidung der Realisierung einer Spezifikation in Hardware oder Software begünstigen.

- Was sind die wichtigsten Kriterien im Falle folgender Zielarchitekturen:
  - Steuerung einer Ampel,
  - Mobiltelephon,
  - System zur Bildverarbeitung,
  - Kraftwerksüberwachung?
- Welche unterschiedlichen Optimierungskriterien machen die Entscheidung Hardware/Software aus im Falle einer
  - Ein-Chip-HW/SW-Lösung,
  - Ein-Platinen-Lösung,
  - Mehr-Platinen-Lösung?

  Geben Sie an, für welchen Anwendungs- bzw. Aufgabenbereich die eine bzw. die andere Lösungsvariante Vorteile bzw. Nachteile hat.
- Für welche Anwendungsbereiche erscheinen Ihnen ASIPs (Prozessoren mit anwendungsspezifischem Instruktionssatz) sinnvoll? Versuchen Sie, für diese Anwendungsbereiche Charakteristika einer optimalen Architektur zu formulieren und vergleichen Sie diese Anforderungen mit Realisierungen Ihnen bekannter ASIP-Architekturen (z. B. DSPs).

Übung 8.2 (Treue von Schätzungsverfahren)
In folgender Tabelle sind für vier Entwurfspunkte Metriken der Entwurfsqualität dargestellt, und zwar geschätzte Werte $e(D)$ sowie gemessene Werte $f(D)$. Bestimmen Sie die Treue des Schätzungsverfahrens.

Entwurfspunkt D	$e(D)$	$f(D)$
W	112	109
X	128	137
Y	139	121
Z	205	132

Übung 8.3 (Systemsynthese) Gegeben sei der in Abb. 8.36a) dargestellte Taskgraph $G(V, E)$ mit drei Tasks v_1, v_2, v_3 und die in Abb. 8.36b) dargestellte Zielarchitektur mit einem Universalprozessor, einem ASIC und einem bidirektionalen Bus.

Alle drei Tasks können an den Prozessor gebunden werden mit den Berechnungszeiten $d_1^{SW} = 10$, $d_2^{SW} = 20$ und $d_3^{SW} = 100$ Zeiteinheiten. Zur Realisierung der beiden Tasks v_2 und v_3 stehen jedoch ebenfalls Hardwarerealisierungen zur Verfügung. v_2 und v_3 können somit auf dem ASIC realisiert werden. Die Berechnungszeiten betragen in diesem Fall $d_2^{HW} = 15$ und $d_3^{HW} = 50$ Zeiteinheiten.

Eine Kommunikation zwischen dem Prozessor und dem ASIC über den Bus dauere $d_c = 30$ Zeiteinheiten.

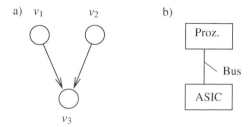

Abb. 8.36. Taskgraph und Zielarchitektur

- Geben Sie einen Problemgraphen G_P an, der ebenfalls die Kommunikation zwischen Tasks modelliert. Hinweis: Fügen Sie zur Modellierung der Kommunikation in jeder Kante des Taskgraphen einen zusätzlichen Kommunikationsknoten ein.
- Geben Sie den Architekturgraphen G_A an.
- Geben Sie den Spezifikationsgraphen G_S an.
- Gibt es eine gültige Bindung, wenn entweder nur der Prozessor oder nur der ASIC alloziert ist?
- Wie sieht eine kostenminimale Implementierung (α, β, τ) aus, wenn ASIC und Prozessor gleich viel kosten und die Kosten für den Bus vernachlässigt werden können? Berechnen Sie in diesem Fall einen latenzminimalen Ablaufplan τ. Hinweis: Nehmen Sie an, dass sowohl Prozessor als auch ASIC die an sie gebundenen Aufgaben sequentiell abarbeiten müssen.
- Wie sieht eine latenzminimale Implementierung aus? Zeichnen Sie für Ihre Lösung ein Gantt-Chart.

Übung 8.4 (Exploration des Entwurfsraums)
Gegeben sei der Sequenzgraph aus Abbildung 8.37. Nehmen Sie an, dass es nur einen Ressourcetyp gibt, der sämtliche Operationen $(+, -, <, *)$ berechnen kann und die Fläche 1 besitze. Für die Berechnungszeiten der Operationen gelte: $D_* = D_- = D_< = D_+ = 1$. Gesucht seien die Pareto-Punkte des Entwurfsraums, der durch die Parameter Kosten und Latenz gegeben ist. Die Anzahl der allozierten Ressourcen sei also zunächst noch nicht festgelegt.

a) Berechnen sie eine untere und eine obere Schranke an die Latenz von allen möglichen Pareto-Punkten.
b) Berechnen sie eine untere und eine obere Schranke an die Kosten der benötigten Ressourcen von allen möglichen Pareto-Punkten.
c) Ermitteln Sie alle Pareto-Punkte und tragen Sie diese in einem Diagramm auf.

Übung 8.5 (Pareto-Ranking) Wenden Sie für die Liste von Entwurfspunkten in Tabelle 8.4 a) das Verfahren Pareto-Ranking und b) des Nichtdominierten Sortierens an. Gehen Sie davon aus, dass die beiden Zielgrößen Kosten und Ausführungszeit zu minimieren sind.

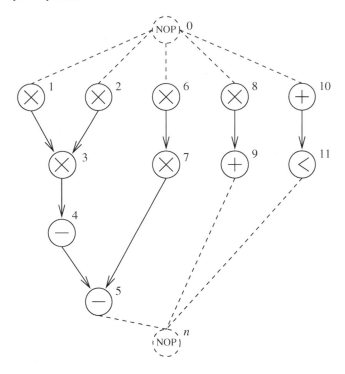

Abb. 8.37. Sequenzgraph der Spezifikation zur Lösung von Differentialgleichungen

Tabelle 8.4. Liste von Entwurfspunkten

Kosten [€]	Ausführungszeit [μs]	Kosten [€]	Ausführungszeit [μs]
1080	31,05	3105	33,75
1305	35,55	3555	40,05
1755	40,05	3645	45,90
2430	42,30	3015	48,60
2880	44,55	2295	47,25
2160	39,15	1710	44,10
1845	33,75	1395	39,60
2340	33,75	990	36,00
2925	33,30	2835	28,80
2880	36,90	3735	31,95
3105	40,50	3735	38,25
3285	45,00	4230	47,25
2160	29,25	4140	40,95
1665	29,70	3510	35,10
2790	29,70	3465	28,80

A

Notation

Zunächst werden die benutzten mathematischen Symbole definiert und die zugrunde liegende Terminologie eingeführt. Die Definitionen betreffen die Grundbegriffe der Graphentheorie, der Polyedertheorie sowie der ganzzahligen linearen Algebra.

Danach folgt eine Einführung in die kombinatorische Optimierung. Dazu werden die Grundbegriffe von Entscheidungs- und Optimierungsproblemen definiert und die wichtigsten komplexitätstheoretischen Grundbegriffe, wie sie zur Definition algorithmischer Komplexität erforderlich sind, erläutert.

Schließlich folgen zwei Kapitel über Algorithmen, auf die im gesamten Buch Bezug genommen wird. Die wichtigsten vorkommenden Optimierungsprobleme werden erläutert und die wichtigsten Algorithmen zu deren Lösung vorgestellt. Dabei werden fundamentale Algorithmen zur Lösung kombinatorischer Optimierungsprobleme und Graphenalgorithmen unterschieden. Zur ersten Gruppe zählen lineare und ganzzahlige lineare Programme sowie evolutionäre Algorithmen und Simulated annealing. Insbesondere die evolutionären Algorithmen stellen eine mächtige Methode zur Lösung sog. *Mehrzieloptimierungsprobleme* dar. Zu den Graphenalgorithmen gehören Algorithmen zur Berechnung von Kürzesten- und Längsten-Pfad-Problemen sowie Algorithmen zur Graphfärbung und Cliquepartitionierung.

Die folgenden Notationen, Definitionen und Algorithmen befinden sich in ähnlicher Form in den Büchern [84], [303], [292], [353], [386] und [125].

A.1 Logik

Das Symbol $\forall$ bezeichne den *universellen Quantor* (für alle...), das Symbol $\exists$ den *existentiellen Quantor* (es gibt...). Ferner bezeichnen die Symbole $\neg$, $\vee$, $\wedge$, $\Rightarrow$ und $\Longleftrightarrow$ die logischen Verknüpfungen Negation, Oder, Und, Implikation und Beidseitige Implikation (genau dann, wenn...). Das Symbol : bedeute „so dass (für die, den) gilt".

A.2 Mengen

Mengen werden mit Großbuchstaben, deren Elemente mit Kleinbuchstaben bezeichnet. $\{x \mid \mathcal{P}(x)\}$ bezeichne die Menge von Elementen, die die Bedingung $\mathcal{P}(x)$ erfüllen. Das Symbol $\in$ bezeichne die *Mitgliedschaft* eines Elementes in einer Menge. Die Menge von Elementen, deren Elemente genau die Objekte der Liste $x_1, x_2, \cdots, x_m$ sind, wird mit $\{x_1, x_2, \cdots, x_m\}$ bezeichnet. Die leere Menge werde mit $\emptyset$ (oder $\{\ \}$) bezeichnet. Zwei Mengen heißen *disjunkt*, wenn sie kein Element gemeinsam haben. Die Anzahl der Elemente einer Menge S heißt *Mächtigkeit* von S und werde mit $|S|$ bezeichnet. Seien A und B Mengen. Man sagt A ist *Teilmenge* von B, bezeichnet mit $A \subseteq B$ (oder A ist in B vollständig enthalten) genau dann, wenn jedes Element von A auch Element von B ist. Wenn $A \subseteq B$ und $A \neq B$, dann heißt A *echte Teilmenge* von B (Schreibweise $A \subset B$). Das *relative Komplement* von B in A, bezeichnet mit $A \setminus B$, ist die Menge $\{x \mid x \in A \wedge x \notin B\}$. Sei A eine Teilmenge einer Menge S. Dann ist das *Komplement* von A in S die Menge $\{x \mid x \in S \setminus A\}$. Schließlich werde die *Vereinigungsmenge* mit $\cup$ und die *Schnittmenge* mit $\cap$ bezeichnet.

Die *Überdeckung* einer Menge S ist eine Menge von Teilmengen von S mit der Eigenschaft, dass ihre Vereinigung gleich S ist. Eine *Partition* einer Menge S ist eine Überdeckung in disjunkte Teilmengen, sog. Partitions-*Blöcke*.

Die Menge von reellen Zahlen wird mit $\mathbb{R}$, die Menge der rationalen Zahlen mit $\mathbb{Q}$, die Menge der ganzen Zahlen mit $\mathbb{Z}$ und die Menge der natürlichen Zahlen mit $\mathbb{N}$ bezeichnet. Sei S entweder $\mathbb{Z}$, $\mathbb{Q}$ oder $\mathbb{R}$. S^+ bezeichne die positive Teilmenge, S_0^+ oder $S_{\geq 0}$ die nichtnegative Teilmenge (insbesondere $S^+ \cup \{0\}$) und S^n das n-fache *kartesische Produkt* von S. Das *kartesische Produkt* zweier Mengen A und B, bezeichnet mit $A \times B$, ist die Menge von Paaren (a, b), wobei $a \in A$ und $b \in B$ gilt.

A.3 Relationen und Funktionen

Eine *Relation* R zwischen zwei Mengen A und B ist eine Teilmenge von $A \times B$. Es gelte die Schreibweise aRb, wenn $a \in A$ und $b \in B$ und $(a, b) \in R$. Eine Relation heißt *Äquivalenzrelation*, wenn sie *reflexiv* (insbesondere $(a, a) \in R$), *symmetrisch* (insbesondere $(a, b) \in R \Rightarrow (b, a) \in R$) und *transitiv* (insbesondere $(a, b) \in R \wedge (b, c) \in R \Rightarrow (a, c) \in R$) ist. Eine *Partialordnung* ist eine reflexive, transitive und *antisymmetrische* (insbesondere $(a, b) \in R \wedge (b, a) \in R \Rightarrow a = b$) Relation.

Eine *Funktion* (oder Abbildung) f zwischen zwei Mengen A und B ist eine Relation mit der Eigenschaft, dass jedes Element von A immer als erstes Element und immer in genau einem Paar der Relation erscheint. A wird als *Definitionsmenge*, B als *Zielmenge* der Funktion f bezeichnet. Man schreibt $f : A \rightarrow B$. Die Funktion F weist jedem $x \in A$ eindeutig ein Element $f(x) \in B$ zu. Die Menge $f(A) = \{f(x) \mid x \in A\}$ heißt *Wertemenge* oder *Bildmenge* der Funktion. Eine Funktion heißt *surjektiv*, falls $f(A) = B$, *injektiv* (oder Eins-zu-Eins-Abbildung), falls $\forall a, b \in A : f(a) = f(b) \Rightarrow a = b$. In diesem Falle hat die Funktion eine *Inverse* $f^{-1} : f(A) \rightarrow A$. Eine Funktion heißt *bijektiv*, wenn sie surjektiv und injektiv ist. Gegeben sei eine Funktion $f : A \rightarrow B$ und eine Teilmenge X von A. Dann heißt $f(X) = \{f(a) \mid a \in X\}$ *Bild* von X unter f.

A.4 Lineare Algebra

Vektoren werden mit kleinen Buchstaben, Matrizen mit Großbuchstaben geschrieben. Die Unterscheidung zu Elementen von Mengen bzw. Mengen gehe aus dem Kontext hervor. Falls nicht anders definiert, sei ein Vektor ein Spaltenvektor. Sei A eine Matrix. Dann bezeichne A_i die i-te Zeile von A. Sei x ein Vektor. Dann bezeichne x_i das i-te Element des Vektors. Die Notation A^T bzw. x^T bezeichne die *Transponierte* einer Matrix A bzw. eines Vektors x. Ein Vektor x, dessen größter gemeinsamer Teiler aller Elemente den Absolutwert 1 besitzt, heiße *teilerfremd* (engl. *coprime*). Sei V ein Vektorraum über dem Körper F. Die Vektoren $x_1, x_2, \cdots, x_n$ in V heißen *linear abhängig*, wenn es Koeffizienten $\lambda_1, \lambda_2, \cdots, \lambda_n$ in F gibt, die nicht alle 0 sind, so dass $\sum_{i=1}^{n} \lambda_i x_i = 0$. Sonst heißen die Vektoren *linear abhängig*. Eine Menge B von Vektoren in V heißt *Basis* eines Unterraums L von V, wenn B eine maximale linear unabhängige Teilmenge von L ist. Jeder lineare Unterraum L besitzt eine Basis, und alle Basen von L besitzen die gleiche Anzahl von Elementen. Diese Größe heißt Dimension von L (Notation: $\dim(L)$). Der Vektorraum, der durch Vektoren $x_1, x_2, \cdots, x_n$ in V aufgespannt wird, bezeichnet man mit $\text{range}(x_1, x_2, \cdots, x_n)$ und ist definiert als $\text{range}(x_1, x_2, \cdots, x_n) = \{\sum_{i=1}^{n} \lambda_i x_i \mid \forall i = 1, \cdots, n : \lambda_i \in F\}$. Bei gegebener Matrix $A \in \mathbb{Z}^{m \times n}$ und mit $A = (x_1, x_2, \cdots, x_n)$ bezeichne $\mathbf{R}(A)$ $\text{range}(A)$ über dem Ring $\mathbb{Z}$. Für eine $m \times n$ Matrix A über dem Körper F sei $\text{null}(A) = \{x \in V \mid Ax = 0\}$ der Vektorraum, der als *Nullraum* von A bezeichnet wird. Der *Rang* einer Matrix A, bezeichnet mit $\text{rang}(A)$, ist die maximale Anzahl linear unabhängiger Spalten- oder Zeilenvektoren von A.

A.5 Ganzzahlige Algebra

Sei $x \in \mathbb{R}$. $\lfloor x \rfloor$ bezeichne die *nächst kleinere ganze Zahl* von x, das ist die größte ganze Zahl, die kleiner gleich x ist. Genauso bezeichne $\lceil x \rceil$ die *nächst größere ganze Zahl* von x, das ist die kleinste ganze Zahl, die größer gleich x ist. Die Notation $|x|$ für $x \in \mathbb{R}$ bezeichne den *Absolutwert* von x. Der Operator div bezeichne eine ganzzahlige Division, der Operator mod bezeichne die Modulooperation. Sei $x_1, \cdots, x_n$ eine Liste von n natürlichen Zahlen. Der Operator ggT stelle den *größten gemeinsamen Teiler*, insbesondere $\text{ggT}(x_1, \cdots, x_n) = \max \{x \in \mathbb{N} \mid \forall i = 1, \cdots, n : x_i \bmod x = 0\}$, der Operator kgV das *kleinste gemeinsame Vielfache*, insbesondere $\text{kgV}(x_1, \cdots, x_n) = \Pi_{i=1}^{n} x_i / \text{ggT}(x_1, \cdots, x_n)$ von $x_1, \cdots, x_n$, dar.

Eine Matrix $A \in \mathbb{Z}^{n \times n}$ heißt *unimodular*, wenn ihre *Determinante*, bezeichnet mit $\det(A)$, die Bedingung $|\det(A)| = 1$ erfüllt. Eine ganzzahlige Matrix A heißt *total unimodular* (TU), wenn jede quadratische, nichtsinguläre Teilmatrix von A unimodular ist.

A.6 Graphen

Ein Graph $G(V, E)$ ist ein Paar (V, E), wobei V eine Menge und $E \subseteq V \times V$ eine binäre Relation zwischen Elementen aus V darstellt. Die Elemente von V heißen

Knoten und die Elemente der Menge E *Kanten*. In einem *gerichteten Graphen* sind die Kanten geordnete Knotenpaare, in einem *ungerichteten Graphen* ungeordnete Paare. Eine gerichtete Kante von einem Knoten $v_i \in V$ zu einem Knoten $v_j \in V$ werde mit (v_i, v_j) und eine ungerichtete Kante zwischen v_i und v_j mit $\{v_i, v_j\}$ bezeichnet. Für eine Kante $e = \{v_i, v_j\}$ heißen v_i und v_j *Endpunkte* von e. Man sagt, dass v_i und v_j mit Kante e *inzident* sind und dass v_i und v_j *adjazent* sind. Der *Grad* $\deg(v_i)$ eines Knotens v_i ist die Zahl der mit ihm inzidenten Kanten. Ein *Hypergraph* stellt eine Erweiterung von Graphen dar, in dem Kanten mit mehr als zwei Knoten inzident sein können (siehe Abb. A.1).

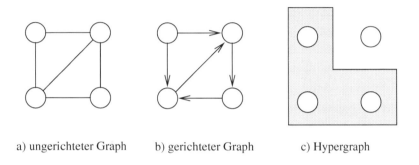

a) ungerichteter Graph   b) gerichteter Graph   c) Hypergraph

Abb. A.1. Ungerichteter Graph a), gerichteter Graph b) und Hypergraph c)

A.6.1 Ungerichtete Graphen

Eine Kante mit gleichen Endpunkten heißt *Schleife*. Ein Graph ohne Schleifen und mit der Eigenschaft, dass zwischen jedem Knotenpaar nur maximal eine Kante verläuft, heißt *einfach*, sonst *Multigraph*. Bezeichne $(e_1, e_2, \cdots, e_n)$ eine Folge von Kanten eines Graphen $G(V, E)$. Wenn es Knoten $v_0, v_1, \cdots, v_n$ mit $e_i = \{v_{i-1}, v_i\}$ für alle $i = 1, \cdots, n$ gibt, dann heißt die Folge ein *Kantenzug* (engl. *walk*). Im Fall $v_0 = v_n$ spricht man von einem *geschlossenen Kantenzug*. Wenn die e_i paarweise verschieden sind, liegt ein *Weg* (engl. *trail*) bzw. im geschlossenen Fall ein *Kreis* (oder *Zyklus*, engl. *cycle*) vor. Falls auch die v_j paarweise verschieden sind, heißt der Weg *einfacher Weg* oder *Pfad*. Ein Graph heißt *zusammenhängend*, wenn es für je zwei Knoten $v_i, v_j \in V$ jeweils einen Pfad von v_i nach v_j gibt.

Beispiel A.6.1. Betrachtet wird der ungerichtete Graph in Abb. A.2. Es handelt sich um einen Multigraphen, da es Paare von Knoten gibt, zwischen denen mehr als eine Kante verläuft. Die Folge von Kanten (a, b, e) ist ein Kantenzug, die Folge (a, g) ist kein Kantenzug. (a, a) ist ein geschlossener Kantenzug, (a, b, e) stellt einen Weg dar. Der Kantenzug (f, g, i, h) stellt einen Zyklus dar, allerdings keinen einfachen Zyklus, denn der Kantenzug ist kein Pfad. (f, h) ist ein einfacher Zyklus. Der Graph ist zusammenhängend.

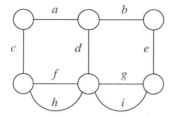

Abb. A.2. Ungerichteter Graph

Ein Graph ohne Zyklen heißt *azyklisch* oder *kreisfrei* oder *Wald* (engl. *forest*). Ein *Baum* ist ein zusammenhängender, azyklischer Graph. Ein *Spannbaum* (engl. *spanning tree*) eines Graphen $G(V,E)$ bezeichnet einen Baum $T(V,E')$ mit $E' \subseteq E$. Ein *vollständiger Graph* besitzt die Eigenschaft, dass zwischen jedem Paar von Knoten eine Kante verläuft. Das *Komplement* eines Graphen $G(V,E)$ bezeichnet einen Graphen mit Knotenmenge V, in dem zwei Knoten genau dann adjazent sind, wenn sie in G nicht adjazent sind. Ein Graph heißt *bipartit*, falls die Knotenmenge in zwei Teilmengen partitioniert werden kann, so dass jede Kante zwischen Knoten unterschiedlicher Partitionsblöcke verläuft. Abbildung A.3 zeigt einen Graphen und sein Komplement.

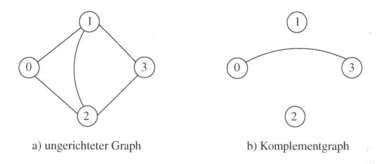

a) ungerichteter Graph   b) Komplementgraph

Abb. A.3. Graph a) und Komplement b)

Ein *Teilgraph* (oder *Untergraph*) eines Graphen $G(V,E)$ bezeichnet einen Graphen, dessen Knoten- und Kantenmenge in der Knoten- bzw. Kantenmenge von G enthalten sind. Gegeben seien ein Graph $G(V,E)$ und eine Teilmenge $U \subseteq V$, dann bezeichnet der *von U induzierte Untergraph* den Teilgraphen von $G(V,E)$ mit Knotenmenge U und denjenigen Kanten aus E, deren beide Endpunkte in U sind. Eine *Clique* bezeichnet einen vollständigen Teilgraphen. Eine Clique heißt *maximal*, wenn sie in keiner anderen Clique enthalten ist. Eine *Cliquematrix* eines Graphen $G(V,E)$ ist eine $\{0,1\}$-Matrix K, deren Spalten den Knoten von G und deren Zeilen den maximalen Cliquen entsprechen, wobei die Zeileneinträge alle 0 sind bis auf diejenigen Spalten, deren Knoten in der Clique enthalten sind.

A.6.2 Gerichtete Graphen

Die Definitionen für ungerichtete Graphen lassen sich direkt auf gerichtete Graphen erweitern. Gegeben sei eine gerichtete Kante $e = (v_i, v_j)$. Dann heißt v_i *Anfang* bzw. *Anfangsknoten* der Kante oder *direkter Vorgänger* von v_j und v_j *Ende* bzw. *Endknoten* der Kante oder *direkter Nachfolger* von v_i. Man sagt auch: *e verlässt* v_i und *betritt* v_j. Für eine Kante $e \in E$ bezeichne pred(e) den Anfang der Kante und succ(e) das Ende der Kante. Der *Eingangsgrad* indeg(v) eines Knotens v ist gleich der Anzahl von Kanten, für die er der Endknoten ist, der *Ausgangsgrad* outdeg(v) eines Knotens v ist gleich der Anzahl von Kanten, für die er den Anfangsknoten darstellt. Die Definition eines *Kantenzugs* lässt sich analog zur Definition bei ungerichteten Graphen formulieren, wenn man ungerichteten Kanten eine Orientierung verleiht. Genauso lassen sich Wege, Pfade und Zyklen definieren. Der *zugehörige ungerichtete Graph* (engl. *underlying graph*) eines gerichteten Graphen bezeichnet den ungerichteten Graphen, den man erhält, indem man die gerichteten Kanten durch ungerichtete Kanten ersetzt. Ein gerichteter Graph heißt *zusammenhängend*, wenn sein zugehöriger ungerichteter Graph zusammenhängend ist. Ein gerichteter Graph heißt *stark zusammenhängend*, wenn es einen gerichteten Pfad von jedem Knoten zu jedem anderen Knoten gibt. Gegeben sei ein ungerichteter Graph. Dann bezeichnet eine *Orientierung* einen gerichteten Graphen, den man dadurch erhält, dass man den Kanten eine Richtung verleiht (siehe z. B. in Abb. A.1). Gerichtete, azyklische Graphen (engl. *directed acyclic graphs*, DAGs) stellen partiell geordnete Mengen dar. In einem DAG heißt ein Knoten v_j *Nachfolger* eines Knotens v_i, falls v_i Anfang eines Pfades ist, dessen Ende v_j darstellt. Man sagt auch, dass v_j *erreichbar* von v_i aus ist. Entsprechend heißt ein Knoten v_j *Vorgänger* eines Knotens v_i, falls v_j Anfang eines Pfades ist, der in v_i endet. Ein DAG heißt *polar*, falls er zwei ausgezeichnete Knoten besitzt, einen sog. *Quellknoten* und einen sog. *Senkeknoten*, und zusätzlich die Eigenschaften, dass alle Knoten vom Quellknoten aus erreichbar und der Senkeknoten von allen Knoten aus erreichbar ist.

Ein gerichteter Graph kann auch durch seine *Inzidenzmatrix* $C \in \{-1, 0, 1\}^{|V| \times |E|}$ dargestellt werden, die wie folgt definiert ist:

$$c_k = e_j - e_i$$

$c_k, 1 \leq k \leq |E|$, bezeichnet dabei die k-te Spalte von C und stellt die Kante $(v_i, v_j) \in E$ dar. Ferner bezeichne $e_i \in \mathbb{Z}^{|V| \times 1}$ den i-ten Einheitsvektor, $1 \leq i \leq |V|$. Abbildung A.4 zeigt einen polaren Graphen und dessen Inzidenzmatrix.

Gerichtete und ungerichtete Graphen können *gewichtet* sein. Dabei können Gewichte den Knoten, Kanten oder Knoten und Kanten zugeordnet sein. Ein Paar (G, w), bestehend aus einem Graphen $G(V, E)$ und einer Funktion $w : E \to \mathbb{R}$, heißt *Netzwerk*. Häufig benutzt man auch die Notation $G(V, E, w)$ zur Bezeichnung eines Netzwerks. In Zusammenhang mit Netzwerken bezeichnet man als *Pfadgewicht* die Summe der Gewichte der Kanten eines Pfades.

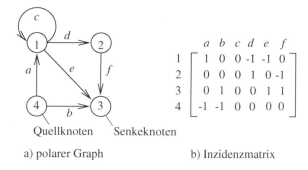

$$\begin{array}{c|cccccc} & a & b & c & d & e & f \\ 1 & 1 & 0 & 0 & -1 & -1 & 0 \\ 2 & 0 & 0 & 0 & 1 & 0 & -1 \\ 3 & 0 & 1 & 0 & 0 & 1 & 1 \\ 4 & -1 & -1 & 0 & 0 & 0 & 0 \end{array}$$

Quellknoten   Senkeknoten

a) polarer Graph   b) Inzidenzmatrix

Abb. A.4. Polarer Graph a) und Inzidenzmatrix C b)

A.6.3 Perfekte Graphen

Betrachtet werden hier ungerichtete Graphen. Jeder Graph kann durch vier Zahlen charakterisiert werden. Zum ersten ist dies die Zahl $\omega(G)$, die als Mächtigkeit der größten Clique in G definiert ist.

Ein Graph heißt *partitioniert in Cliquen*, falls seine Knotenmenge in Blöcke partitioniert ist, bei dem jeder Block eine Clique induziert. Die Mächtigkeit einer Cliquepartition mit minimaler Anzahl von Cliquen heißt *Zusammenhangszahl* $\kappa(G)$. Eine *unabhängige (Knoten-)Menge* (engl. *independent set*) ist eine Teilmenge von Knoten mit der Eigenschaft, dass kein Knotenpaar aus Knoten dieser Menge adjazent ist. Die *Unabhängigkeitszahl* $\alpha(G)$ bezeichnet die Mächtigkeit der größten unabhängigen Menge von G. Eine *Färbung* eines Graphen ist eine Partition der Knoten in Teilmengen, so dass jede Teilmenge eine unabhängige Menge ist. Die *chromatische Zahl* $\chi(G)$ bezeichnet die kleinstmögliche Zahl von Blöcken einer solchen Partition.

Nun liefert die Größe einer maximalen Clique eine untere Schranke für die chromatische Zahl, da jeder Knoten in einer Clique mit einer unterschiedlichen Farbe gefärbt werden muss:

$$\omega(G) \le \chi(G)$$

Auch gilt, dass die Unabhängigkeitszahl eine untere Schranke für die Zusammenhangszahl bildet, da jeder Knoten einer unabhängigen Menge in einem unterschiedlichen Block einer Überdeckung sein muss. Deshalb gilt:

$$\alpha(G) \le \kappa(G)$$

Ein Graph heißt *perfekt*, falls beide Ungleichungen durch Gleichheit erfüllt sind.

Spezielle perfekte Graphen spielen bei der Synthese von digitalen Systemen eine wichtige Rolle: Ein Graph heißt *trianguliert* (engl. *chordal*), falls es für jeden Zyklus mit mehr als drei Kanten im Graphen eine sog. *Sehne* (engl. *chord*) gibt, das ist eine Kante, die zwei nicht aufeinander folgende Knoten im Zyklus verbindet. Ein Graph $G(V,E)$ heißt *Vergleichbarkeitsgraph* (engl. *comparability graph*), falls er die Eigenschaft besitzt, *transitiv orientierbar* zu sein. Diese Eigenschaft wiederum bedeutet, dass G eine Orientierung besitzt, so dass in dem resultierenden gerichteten Graphen $G(V,F)$ gilt:

$$((v_i, v_j) \in F \ \wedge \ (v_j, v_k) \in F) \ \Rightarrow \ (v_i, v_k) \in F$$

Man kann zeigen, dass ein ungerichteter Graph ein *Intervallgraph* ist, falls er trianguliert ist und falls sein Komplement ein Vergleichbarkeitsgraph ist. Abbildung A.5 illustriert die Eigenschaft einer transitiven Orientierbarkeit. Der Graph in Abb. A.5a) ist ein triangulierter Graph.

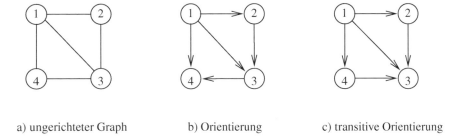

a) ungerichteter Graph   b) Orientierung   c) transitive Orientierung

Abb. A.5. Ungerichteter Graph a), Orientierung b) und transitive Orientierung c)

A.7 Polyedertheorie

Falls $S \subset \mathbb{R}^n$ und $x \in \mathbb{R}^n$ gilt, dann heißt die Menge $x + S = \{x + y \mid y \in S\}$ *Translation* von S. Für zwei Mengen A und B gelte $A + B = \{a + b \mid a \in A \ \wedge \ b \in B\}$. Eine Translation eines Untervektorraums von $\mathbb{R}^n$ heißt *affine Menge*. Zwei affine Mengen heißen *parallel*, wenn eine eine Translation der anderen ist. Alle nichtleeren parallelen, affinen Mengen besitzen einen eindeutigen Untervektorraum. Die *Dimension* einer affinen Menge S ist die Dimension des kleinsten Unterraums, der S enthält, und wird mit $\dim(S)$ bezeichnet. Per definitionem gelte $\dim(\emptyset) = -1$. Eine Menge $S \subset \mathbb{R}^n$ heißt *voll-dimensional*, falls $\dim(S) = n$. Eine affine Menge der Dimension 1 ist eine *Gerade*. Eine affine Menge der Dimension $n - 1$ heißt *Hyperebene*. Sei $\{x \mid \pi x = \delta\}$ eine Hyperebene, wobei $\pi \in \mathbb{R}^{1 \times n} \setminus \{0\}$, $x \in \mathbb{R}^n$ und $\delta \in \mathbb{R}$. Die Mengen $\{x \mid \pi x \leq \delta\}$ und $\{x \mid \pi x \geq \delta\}$ heißen *geschlossene Halbräume*. Die Mengen $\{x \mid \pi x < \delta\}$ und $\{x \mid \pi x > \delta\}$ heißen *offene Halbräume*.

Die *affine Hülle* einer Menge S ist die Schnittmenge aller affinen Mengen, die S enthalten. Sie wird mit $\mathrm{aff}(S)$ bezeichnet. Eine Menge $S \subset \mathbb{R}^n$ heißt *konvexe Menge*, wenn $(1 - \lambda)x + \lambda y \in S$ für jedes beliebige $x \in S$, $y \in S$ und $0 < \lambda < 1$. Die *konvexe Hülle* einer Menge S ist der Schnitt aller konvexen Mengen, die S enthalten. Sie wird mit $\mathrm{conv}(S)$ bezeichnet.

Die Hyperebene $\{x \mid \pi x = \delta\}$ *beschränkt* eine Menge S, wenn entweder $\forall x \in S : \pi x \leq \delta$ oder $\forall x \in S : \pi x \geq \delta$. Eine Hyperebene H *stützt* (engl. *supports*) eine

Menge S in einem Punkt $x \in S$, falls $x \in H$ und falls H S beschränkt. Ein *stützender Halbraum* von S bezeichnet einen Halbraum, der S enthält und beschränkt wird durch eine Hyperebene, die S stützt.

Seien A und B zwei nichtleere Mengen in $\mathbb{R}^n$. Man sagt Hyperebene H *separiere* A und B, falls a) A in einem geschlossenen Halbraum und B im entgegen liegenden geschlossenen Halbraum liegt und b) H nicht gleichzeitig A und B stützt.

Ein *konvexes Polyeder* ist der Schnitt von endlich vielen geschlossenen Halbräumen. Ein *Polytop* (oder *konvexes Polytop*) ist die konvexe Hülle von endlich vielen Punkten, insbesondere ein beschränktes, konvexes Polyeder. Sei S ein konvexes Polyeder in $\mathbb{R}^n$. Eine Teilmenge F von S heiße *Rand (menge)* von S, wenn entweder $F = \emptyset$ oder $F = S$ oder wenn es eine stützende Hyperebene H von S gibt, so dass $F = S \cap H$. Die Randmengen $\emptyset$ und S heißen *uneigentlich*, alle anderen Randmengen *eigentlich*. Ist k die Dimension einer Randmenge. Dann heißt F auch k−dimensionale Randmenge von S. Es ist üblich, die 0−Ränder von S als *Eckpunkte*, die 1−dimensionalen Ränder als *Kanten* und die $(n-1)$−dimensionalen Ränder als *Facetten* (engl. *facets*) zu bezeichnen.

Eine Menge $S \subset \mathbb{R}^n$ heißt *Kegel* (engl. *cone*), wenn sie unter der Multiplikation abgeschlossen ist, insbesondere wenn $\lambda x \in S$ für alle $x \in S$ und $\lambda \in \mathbb{R}^+$. Ein *konvexer Kegel* ist ein Kegel, der eine konvexe Menge ist. Einige Definitionen zur Polyedertheorie sind in Abb. A.6 graphisch veranschaulicht.

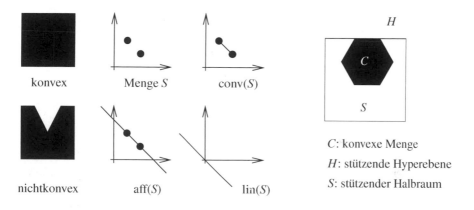

Abb. A.6. Illustration einiger Definitionen der Polyedertheorie in $\mathbb{R}^2$

Sei A eine reellwertige Matrix der Dimension $m \times n$ und $a \in \mathbb{R}^m$. Die Funktion von $\mathbb{R}^n$ auf $\mathbb{R}^m$, die jedes Element $x \in \mathbb{R}^n$ auf ein Element $Ax \in \mathbb{R}^m$ abbildet, heißt *lineare Transformation*. Die Funktion von $\mathbb{R}^n$ auf $\mathbb{R}^m$, die jedes Element $x \in \mathbb{R}^n$ auf ein Element $Ax + a \in \mathbb{R}^m$ abbildet, heißt *affine Transformation*.

Alle bisher für $\mathbb{R}^n$ vorgestellten Konzepte haben Parallelen in $\mathbb{Q}^n$ ($\mathbb{Z}^n$). Sei $S = \{x \mid \mathcal{P}(x)\}$ irgendeine der in diesem Abschnitt betrachteten und in $\mathbb{R}^n$ definierten Mengen, so bezeichnen die *korrespondierenden Mengen* in $\mathbb{Q}^n$ ($\mathbb{Z}^n$) die Mengen der rationalen (ganzzahligen) Punkte in S. Diese sind gegeben durch $\{x \mid \mathcal{P}(x) \wedge x \in \mathbb{Q}\}$

($\{x \mid \mathcal{P}(x) \land x \in \mathbb{Z}\}$). Oft wird die Bezeichnung $\{x \in \mathbb{Q} \mid \mathcal{P}(x)\}$ ($\{x \in \mathbb{Z} \mid \mathcal{P}(x)\}$) synonym gewählt. Zum Beispiel ist ein konvexes Polyeder in $\mathbb{Z}^n$ (oder ganzzahliges, konvexes Polyeder) die Menge aller ganzzahligen Punkte im Schnitt von endlich vielen Halbräumen.

A.8 Kombinatorische Optimierungsprobleme

A.8.1 Entscheidungsprobleme und Optimierungsprobleme

Ein *Entscheidungsproblem* zeichnet sich dadurch aus, dass seine Lösung binärwertig ist, also mit den Wahrheitswerten wahr oder falsch beschrieben werden kann. Die Lösungen von *Optimierungsproblemen* können durch eine (evtl. mehrdimensionale) *Kostenfunktion* (engl. *objective function*) gemessen werden und zeichnen sich dadurch aus, dass diese Kostenfunktion einen minimalen bzw. maximalen Wert erlangt.

Bei der Untersuchung der Komplexität von Algorithmen betrachtet man i. Allg. nur Entscheidungsprobleme, da das Lösen von Optimierungsproblemen auf das Lösen einer Sequenz von Entscheidungsproblemen reduziert werden kann. Deshalb sind Optimierungsprobleme mindestens so schwierig zu lösen wie die entsprechenden Entscheidungsprobleme, die eine untere Schranke der Komplexität korrespondierender Optimierungsprobleme liefern. Das bedeutet allerdings nicht notwendigerweise, dass man in der Realität ein Optimierungsproblem durch Lösen einer Sequenz von Entscheidungsproblemen löst.

A.8.2 Algorithmen

Ein *Algorithmus* bezeichnet eine Berechnungsvorschrift, die aus einer Menge von Eingaben, Ausgaben und einer *endlichen* Anzahl von *eindeutigen* Berechnungsschritten besteht und die in einer endlichen Anzahl von Schritten *terminiert*. Probleme, die durch Algorithmen gelöst werden können, heißen auch *entscheidbar*. Algorithmen kann man nun klassifizieren nach a) Qualität der Lösung und b) Berechnungsaufwand. Um diese Faktoren näher zu quantifizieren, bedarf es einiger weiterer Definitionen. Ein Algorithmus heißt *exakt*, wenn er für alle Instanzen eines Entscheidungs- bzw. Optimierungsproblems eine exakte Lösung findet. Offensichtlich lassen sich für alle entscheidbaren Probleme exakte Algorithmen finden. Jedoch ist der Berechnungsaufwand von exakten Algorithmen oft zu hoch, um in *vertretbarer Zeit* auf einem Computer gelöst zu werden. Folglich braucht man sogenannte *Approximationsalgorithmen*, die nicht das Finden einer exakten Lösung garantieren, aber die in den meisten Fällen exakte Lösungen gut approximieren. Approximationsalgorithmen heißen oft *Heuristiken*, da sie Strategien verwenden, die auf Vermutungen, plausiblen Annahmen und Erfahrungen beruhen.

Der Berechnungsaufwand eines Algorithmus wird gemessen in Zeit- und Speicherbedarf im *schlimmsten Fall* (engl. *worst case complexity*) und im *Mittel* (engl.

average case complexity). Im Weiteren werden nur Komplexitäten für den schlimmsten Fall betrachtet. Um den zeitlichen Berechnungsaufwand eines Algorithmus unabhängig vom Rechnertyp zu beurteilen, definiert man die Anzahl der elementaren Operationen des Algorithmus als Maß des Rechenaufwands. Da diese Zahl aber von der Problemgröße (die als Eingabeparameter des Algorithmus verstanden werden kann) abhängt, stellt man als Maß der Zeitkomplexität das Wachstum an elementaren Operationen als Funktion der Problemgröße dar. Bezeichnet man beispielsweise die Problemgröße mit n (z. B. in „Sortiere eine Liste von n ganzen Zahlen in aufsteigender Reihenfolge"), dann besitzt die Zeitkomplexität *die Ordnung von* $f(n)$, wenn es eine Konstante c gibt, so dass $cf(n)$ eine obere Schranke der Anzahl elementarer Operationen darstellt. Die Bezeichnung der Zeitkomplexität ist $\mathcal{O}(f(n))$. Oft sagt man, dass Algorithmen, bei denen $f(n)$ ein Polynom in n ist (= *polynomielle Algorithmen*, z. B. $\mathcal{O}(n^3 + 1/2n)$), *effizient* sind. Im Gegensatz dazu sind *exponentielle Algorithmen* (z. B. $\mathcal{O}(2^n)$ oder $\mathcal{O}(n^{n/2})$) *ineffizient*. Vorsicht ist bei der Bewertung der Konstanten c geboten!

Die *Effizienz* eines exakten Algorithmus bewertet man durch Vergleich seiner Komplexität mit der dem Problem *inhärenten Komplexität*. Diese bildet eine untere Schranke für die Anzahl benötigter Operationen. Zum Beispiel ist die inhärente Komplexität des Problems, unter n ganzen Zahlen die maximale Zahl zu bestimmen, $\mathcal{O}(n)$, da auf jeden Fall $n - 1$ Vergleiche notwendig sind. Ein Algorithmus heißt *optimal*, wenn seine Komplexität gleich der inhärenten Komplexität des Problems ist. Folglich ist ein Suchalgorithmus mit Komplexität $\mathcal{O}(n)$ optimal. Algorithmenoptimalität ist strikt von der Optimalität einer Lösung zu unterscheiden.

A.8.3 Klassifikation von Problemen

Manche Entscheidungsprobleme lassen sich mit polynomiellen Algorithmen lösen. Diese Klasse von Problemen wird i. Allg. mit dem Symbol $\mathcal{P}$ bezeichnet. Leider umfasst diese Klasse nur wenige für die Synthese und Optimierung von Systemen relevante Probleme. Andere Probleme lassen sich mit polynomiellen Algorithmen auf *nichtdeterministischen Maschinen* lösen. Dies sind hypothetische Computer, die die Möglichkeit besitzen, Lösungen zu erraten und diese dann in polynomieller Zeit zu verifizieren. Diese Klasse von Problemen heißt $\mathcal{NP}$. Offensichtlich gilt $\mathcal{P} \subseteq \mathcal{NP}$. Die Frage, ob jedoch $\mathcal{P} = \mathcal{NP}$ gilt, ist ein immer noch ungelöstes Problem der Theoretischen Informatik. Es wurde jedoch gezeigt, dass es eine Klasse von Problemen mit der Eigenschaft gibt, dass wenn es irgendein Problem unter ihnen gibt, das in polynomieller Zeit gelöst werden kann, dann alle Probleme dieser Klasse in polynomieller Zeit lösbar sind. Die Klasse dieser Probleme heißt $\mathcal{NP}$-*schwer* und deren Teilklasse, die in der Menge der Probleme $\mathcal{NP}$ enthalten ist, heißt $\mathcal{NP}$-*vollständig*. Abbildung A.7 zeigt die Beziehung zwischen $\mathcal{P}$ und $\mathcal{NP}$. Oft gibt es für Probleme in $\mathcal{NP}$ Algorithmen mit exponentieller (oder höherer) Komplexität. Für manche Problemgrößen mögen diese Algorithmen in ihrer Laufzeit tolerierbar sein, für gewisse Problemgrößen ist man hingegen auf Heuristiken mit polynomieller Laufzeit angewiesen.

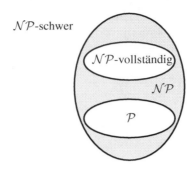

Abb. A.7. Beziehungen zwischen $\mathcal{P}$ und $\mathcal{NP}$

B

Fundamentale Optimierungsalgorithmen

Optimierungsprobleme lassen sich nach verschiedenen Gesichtspunkten unterscheiden. Hierbei wird im Folgenden ohne Beschränkung der Allgemeinheit davon ausgegangen, dass es sich bei den Optimierungsproblemen um Minimierungsprobleme handelt.

Definition B.0.1. *Ein* allgemeines kontinuierliches Optimierungsproblem *habe die Form*

$$
\begin{array}{ll}
\text{Minimiere} & f(x) \\
\text{so dass} & h(x) = 0 \\
& g(x) \leq 0
\end{array}
\tag{B.1}
$$

Dabei seien $f : \mathbb{R}^n \to \mathbb{R}^m$, $h : \mathbb{R}^n \to \mathbb{R}^k$ *sowie* $g : \mathbb{R}^n \to \mathbb{R}^l$ *Vektorfunktionen. f heißt Zielfunktion (engl.* objective function*) und ist im Allgemeinen $m-$dimensional. Für* ganzzahlige Probleme *gilt die zusätzliche Einschränkung: $x \in \mathbb{Z}^n$.*

Im Bereich der Optimierung digitaler Systeme tauchen fast ausschließlich diskrete Optimierungsprobleme auf. Diskrete Optimierungsprobleme schließen zwar ganzzahlige Optimierungsprobleme ein, sind allerdings normalerweise allgemeiner dahingehend, dass zulässige Lösungen nicht unbedingt Teilmengen euklidischer Räume sein müssen, sondern allgemeinerer Natur sein können.

Definition B.0.2 (Konfigurationsraum). *Eine Instanz eines diskreten Optimierungsproblems ist ein Paar* $(\mathcal{R}, f)$*, wobei* $\mathcal{R}$ *eine abzählbare Menge*[1] *von* Konfigurationen *(auch* Konfigurationsraum *oder* Explorationsraum *genannt) ist und* $f : \mathcal{R} \to \mathbb{R}^m$ *eine* Kostenfunktion*, die jeder Konfiguration einen reellen Vektor zuordnet. Ein diskretes Optimierungsproblem lautet damit:*

$$
\begin{array}{ll}
\text{Minimiere} & f(i) \\
\text{so dass} & i \in \mathcal{R}
\end{array}
\tag{B.2}
$$

---

[1] Eine Menge M heißt abzählbar, wenn sie endlich ist oder eine bijektive Funktion von $\mathbb{Z}_0^+$ nach M existiert.

Obwohl viele Optimierungsprobleme mehrdimensional sind ($m > 1$), wurde die Entwicklung von Optimierungsalgorithmen vorwiegend im Bereich der eindimensionalen Optimierung vorangetrieben. Deshalb werden zunächst Optimierungsprobleme betrachtet, bei denen die Zielfunktion eindimensional ($m = 1$) ist, d. h. $f(i) \in \mathbb{R}$. Zu Beginn werden lineare (bzw. ganzzahlige lineare) Programme betrachtet, die Optimierungsmodelle für Probleme darstellen, die die Eigenschaft besitzen, dass die Vektorfunktionen f, g, und h lineare Funktionen sind und kontinuierliche (bzw. ganzzahlige) Lösungen haben. Dann werden Algorithmen zur Lösung von linearen und ganzzahligen linearen Programmen genannt. Anschließend werden zwei transformatorische Verfahren vorgestellt, mit deren Hilfe Lösungen für allgemeinere Optimierungsprobleme gefunden werden können, nämlich Simulated annealing und evolutionäre Algorithmen (nichtkonvexe Optimierung sowohl kontinuierlicher als auch diskreter Probleme). Insbesondere die evolutionären Algorithmen haben sich als mächtiges Werkzeug zur Lösung mehrdimensionaler Optimierungsprobleme herausgestellt. Mehrdimensionale Optimierungsprobleme, auch als *Mehrzieloptimierungsprobleme* (engl. *multi-objective optimization problems*, MOP) bezeichnet, werden im Anschluss behandelt. Da Mehrzieloptimierungsprobleme im Allgemeinen mehr als eine optimale Lösung besitzen, wird auch auf die sog. *Dominanz* sowie sog. *Qualitätsindikatoren* zur Bewertung von Lösungsmengen eingegangen. Zum Anschluss werden spezielle evolutionäre Algorithmen, sog. *MOEAs* (engl. *multi-objective evolutionary algorithms*) vorgestellt, welche sich als besonders geeignet zur Lösung von MOPs herausgestellt haben.

B.1 Lineare und ganzzahlige lineare Programmierung

Unter linearer Programmierung (im Folgenden abgekürzt mit LP) versteht man die Ermittlung des Minimums oder Maximums einer linearen Funktion, wobei die Variablen endlich vielen linearen Nebenbedingungen (Restriktionen) genügen müssen. Die Nebenbedingungen sind dabei in Form linearer Gleichungen und Ungleichungen gegeben.

Definition B.1.1. *Ein* lineares Programm *ist ein Optimierungsmodell der Form*

$$\begin{array}{ll} \text{Minimiere} & c^{\mathrm{T}}x \\ \text{so dass} & Ax \geq b; \\ & x \geq 0 \end{array} \qquad (\text{B.3})$$

Dabei sei $c \in \mathbb{Z}^n$, $A \in \mathbb{Z}^{l \times n}$, $b \in \mathbb{Z}^l$ *und* $x \in \mathbb{R}^n$. *Ferner gilt:*

- *Die Funktion* $f : \mathbb{R}^n \to \mathbb{R}$ *mit* $f(x) = c^{\mathrm{T}}x$ *heißt* Zielfunktion *des linearen Programms.*
- *Die Menge* $S := \{x \in \mathbb{R}^n \mid Ax \geq b, x \geq 0\}$ *heißt* zulässiges Gebiet.
- *Falls* $S = \emptyset$, *dann heißt das lineare Programm* unzulässig, *sonst* zulässig.
- *Jedes* $x \in S$ *heißt* zulässige Lösung.

- *Falls x^* zulässige Lösung ist und $c^T x^* = \min\{c^T x \mid x \in S\}$, dann heißt x^* optimale Lösung, und $c^T x$ heißt* Wert der optimalen Lösung. *Das lineare Programm heißt in diesem Fall* beschränkt.

Zur Bezeichnung eines linearen Programmierungsproblems findet auch die folgende Schreibweise Verwendung:

$$\min\{c^T x \mid Ax \geq b, x \geq 0\} \qquad (B.4)$$

Das zulässige Gebiet eines LP ist ein konvexes Polyeder, im Falle der Beschränktheit ein konvexes Polytop.

Definition B.1.2. *Ein* ganzzahliges lineares Programm (ILP) *ist ein Optimierungsmodell der Form*

$$
\begin{aligned}
\text{Minimiere} \quad & c^T x \\
\text{so dass} \quad & Ax \geq b; \\
& x \geq 0; \\
& x \in \mathbb{Z}^n
\end{aligned}
\qquad (B.5)
$$

Dabei sei $c \in \mathbb{Z}^n$, $A \in \mathbb{Z}^{l \times n}$ und $b \in \mathbb{Z}^l$. Damit ist ein ILP ein LP mit der Beschränkung der Ganzzahligkeit des Lösungsvektors. Zur Bezeichnung eines ganzzahligen linearen Programmierungsproblems findet auch die folgende Schreibweise Verwendung:

$$\min\{c^T x \mid Ax \geq b, \ x \geq 0, \ x \in \mathbb{Z}^n\} \qquad (B.6)$$

Ein ILP mit der Beschränkung $x \in \{0,1\}^n$ heißt $\{0,1\}$–*ILP* oder *ZOLP* oder *binäres lineares Programm*. Ein LP, das nur für einen Teilvektor des Lösungsvektors Ganzzahligkeit vorschreibt, heißt *gemischt ganzzahliges lineares Programm* (engl. *mixed integer linear program* oder MILP).

B.1.1 Umformungen linearer Programme

Statt eine Funktion $f(x) = c^T x$ zu minimieren, kann man äquivalenterweise $f'(x) = -c^T x$ maximieren. Das Multiplizieren einer Ungleichung der Form $a^T x \geq b$ von beiden Seiten mit -1 führt zu einer äquivalenten Ungleichung der Form $-a^T x \leq -b$. Eine Gleichung der Form $a^T x = b$ lässt sich in das äquivalente System $a^T x \geq b$; $-a^T x \geq -b$ von zwei Ungleichungen transformieren.

Im Folgenden werden Algorithmen zur Lösung von LPs und ILPs angegeben.

B.1.2 Algorithmen zur Lösung von LPs

Lineare Programme besitzen die schöne Eigenschaft, dass im Falle von Beschränktheit eine optimale Lösung immer in einem Eckpunkt des Lösungspolytops liegen muss. Lineare Programme können effizient mit dem *Simplex-Algorithmus* (siehe z. B. [303]) gelöst werden. Das Simplex-Verfahren besteht im Wesentlichen aus zwei Schritten, wobei im ersten Schritt ein Eckpunkt des zulässigen Gebiets bestimmt und im zweiten Schritt iteriert wird, um von einem aktuellen Eckpunkt über eine Kante einen neuen Eckpunkt des zulässigen Gebiets zu erreichen. Dabei wird eine Kante auswählt, entlang der die Zielfunktion am stärksten abfällt. Aufgrund der konvexen Natur des Modells erlangt man so immer das globale Optimum, da es keine lokalen Optima gibt. Da es allerdings exponentiell viele Eckpunkte geben kann in Abhängigkeit der Anzahl l von Beschränkungen, ist die Zeitkomplexität des Simplex-Algorithmus exponentiell. Es zeigt sich jedoch, dass die mittlere Laufzeit wesentlich geringer ist, was den Algorithmus zu dem am meisten verwendeten Algorithmus zur Lösung linearer Programme macht. Es gibt aber auch polynomielle Algorithmen zur Lösung von LPs. Dazu zählen die sog. *Ellipsoid*-Methode ebenso wie der Algorithmus von Karmakar (beschrieben in [292]). Allerdings erweisen sich Implementierungen der Ellipsoid-Methode als wenig effizient. Erfahrungen mit der Methode von Karmakar zeigen, dass der Algorithmus nur in Kombination mit dem Simplex-Algorithmus eingesetzt werden sollte, nämlich dann, wenn der Simplex-Algorithmus nach einer bestimmten Zeit nicht terminiert.

B.1.3 Algorithmen zur Lösung von ILPs

ILPs sind aufgrund ihrer diskreten Natur keine konvexen Probleme und damit wesentlich schwerer zu lösen. Man kann zeigen, dass bereits das Entscheidungsproblem, zu testen, ob ein beliebiges ILP einen zulässigen Punkt besitzt, $\mathcal{NP}$−vollständig ist [125].

Definition B.1.3. *Gegeben sei ein ILP der Form in Gl. (B.6). Seine* LP-Relaxation *ist das LP in Gl. (B.4). Das ILP unterscheidet sich damit von seiner LP-Relaxation dadurch, dass die Ganzzahligkeitsbeschränkungen des Lösungsvektors fehlen.*

Folgende Zusammenhänge lassen sich zwischen einem ILP und seiner LP-Relaxation formulieren: Ist das LP unzulässig, so ist es auch das ILP. Ist das LP beschränkt, so ist das ILP entweder beschränkt oder unzulässig. Ist das LP unbeschränkt, so ist das ILP unbeschränkt oder unzulässig. Ist das ILP beschränkt, so ist das LP auch beschränkt.

Ein ILP kann nun durch Lösen einer Reihe von LP-Relaxationen gelöst werden. Ein solcher Algorithmus heißt BRANCH&BOUND. Zuerst löst man die Relaxation des ILP. Dabei können zwei Fälle auftreten: a) Das LP ist unzulässig. Dann ist es auch das ILP. b) Es gibt eine endliche optimale Lösung x^*. Der Wert $c^{\mathrm{T}}x^*$ ist dann eine untere Schranke für den Wert der optimalen Lösung des ILP. Der wesentliche Schritt, der dem Algorithmus seinen Namen gegeben hat, besteht nun darin, im Falle einer nichtganzzahligen Lösung x^* in zwei lineare Programme mit je einer zusätzlichen Beschränkung (engl. *bound*) zu verzweigen (engl. *branch*). Sei beispielsweise x_i^* eine gefundene, nichtganzzahlige Variable und Element des Lösungsvektors x^*, so teilt man das Problem ILP auf in das äquivalente Problem

$$\min \left\{ \begin{array}{l} \min\{c^{\mathrm{T}}x \mid Ax \geq b,\ x_i \leq \lfloor x_i^* \rfloor, x \in \mathbb{Z}^n\}, \\ \min\{c^{\mathrm{T}}x \mid Ax \geq b,\ x_i \geq \lceil x_i^* \rceil, x \in \mathbb{Z}^n\} \end{array} \right.$$

Durch diese Aufteilung wird gewährleistet, dass die zulässigen Gebiete der beiden neu entstandenen ILPs disjunkt sind und zusammen keine zulässige ganzzahlige Lösung ausschließen. Dann löst man die Relaxationen der neuen Probleme. Dieser Vorgang wird so lange wiederholt, bis ein unzulässiges lineares Programm entsteht oder eine ganzzahlige Lösung gefunden wird.

Zur Beschreibung von BRANCH&BOUND wird angenommen, dass es eine Prozedur SIMPLEX(A, b, c) gibt, die ein LP der Form in Gl. (B.4), parametrisiert mit (A, b, c), nach der Simplex-Methode löst und ein Paar (sol, min), bestehend aus optimalem Lösungsvektor sol und dem Wert der optimalen Lösung min, zurückliefert. Dann lässt sich der Algorithmus wie folgt beschreiben:[2]

```
BRANCH&BOUND (A, b, c) {
    global_min :=∞;
    global_sol := undefiniert;
    (sol, min) :=BAB(A, b, c);
}

FUNCTION BAB (A, b, c) {
    (x, min) :=SIMPLEX(A, b, c);
    IF (min < global_min) {
        IF (x ∈ ℤⁿ) {
            global_min := min;
            global_sol := x;
            RETURN (global_min);
        }
        ELSE {
            Wähle ein xᵢ : xᵢ ∉ ℤ;
            s₁ :=BAB(A', b', c);
            s₂ :=BAB(A'', b'', c);
            RETURN (min(s₁, s₂));
        }
    }
    ELSE RETURN(∞);
}
```

Dabei gelte $A' = (A^\mathrm{T}, e_i)^\mathrm{T}$, $A'' = (A^\mathrm{T}, -e_i)^\mathrm{T}$, $b' = (b^\mathrm{T}, \lceil x_i \rceil)^\mathrm{T}$, $b'' = (b^\mathrm{T}, -\lfloor x_i \rfloor)^\mathrm{T}$, und e_i stelle den i-ten Einheitsvektor des $\mathbb{Z}^n$ dar. Die Rekursion des Algorithmus bricht ab, wenn a) eine ganzzahlige Lösung gefunden wird oder wenn b) die Lösung eines linearen Programms schlechter als die bisher beste gefundene ganzzahlige Lösung ist, da eine weitere Verfolgung des Berechnungszweiges nur schlechtere Lösungen liefern kann. Durch die Verzweigungen entsteht ein baumartiger Zusammenhang der zu lösenden linearen Programme. Diese Struktur ist in Abb. B.1 ver-

---

[2] Der hier beschriebene Algorithmus stellt eine einfache, rekursive Implementierung und damit nur eine von vielen möglichen Implementierungsvarianten eines BRANCH&BOUND-Verfahrens dar. Im Allgemeinen wird man z. B. sehr viel Wert auf eine benutzergesteuerte Verzweigungsstrategie legen.

anschaulicht. Jedes LP entspricht einem Knoten. Für die Laufzeit des Algorithmus sind zwei Faktoren relevant: a) die Auswahl der Variable x_i, nach der geteilt wird (engl. *bounding function*), und b) die Strategie der Abarbeitung der Teilbäume (engl. *branching selection*). Die Abfrage der Bedingung IF (*min < global_min*) kann damit Vorteile in der Laufzeit bringen, da dann Berechnungsbäume *gestutzt* (engl. *pruned, fathomed*) werden können (siehe z. B. in Abb. B.1b)): Lineare Programme, deren Lösungen schlechter sind als die bisher ermittelte beste ganzzahlige Lösung, führen zu keiner weiteren Verzweigung. Man beachte, dass die heuristischen Parameter der Variablenauswahl und Verzweigungsstrategie nur die Laufzeit beeinflussen, nicht aber die Exaktheit des Verfahrens. Das folgende Beispiel stammt aus [84].

a) Berechnungsbaum des BRANCH&BOUND-Verfahrens

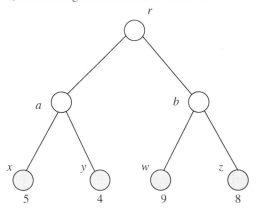

b) gestutzter Baum

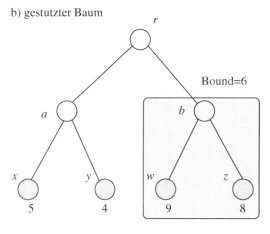

Abb. B.1. Entscheidungsbaum bei der Ausführung des BRANCH&BOUND-Algorithmus a) und Stutzen von Teilbäumen b)

Beispiel B.1.1. Betrachtet wird ein ILP mit vier möglichen Lösungen. Der entsprechende Entscheidungsbaum ist in Abb. B.1a) dargestellt. Jedes Blatt stellt eine ganzzahlige Lösung dar. Ferner sei jedem Blattknoten der Wert der Zielfunktion zugewiesen. Es gelte die Annahme, dass der BRANCH&BOUND-Algorithmus zuerst den Teilbaum, der in Knoten a beginnt, hinabsteigt und die LP-Relaxationen x und y bestimmt. Dabei findet er als beste Lösung die Lösung y. Berechnet er dann den Teilbaum, der in Knoten b beginnt, dem eine nichtganzzahlige Relaxation mit optimalem Wert 6 entspricht, so kann der ganze Teilbaum gestutzt werden, da der Wert 6 eine untere Schranke sämtlicher ganzzahligen Lösungen von Problemen dieses Teilbaums darstellt.

B.2 Simulated annealing

Simulated annealing (deutsch: simuliertes Abkühlen), im Folgenden mit SA abgekürzt, ist ein Verfahren, das seinen Namen der Simulation des Vorgangs des Erstarrens einer Schmelze verdankt. Dabei wird die simulierte Temperatur so langsam gesenkt, dass sich bei jeder Temperatur ein thermisches Gleichgewicht bilden kann. SA ist ein wesentliches Verfahren zur Lösung von Problemen, die nichtkonvexer Natur sind und/oder keine linearen Eigenschaften besitzen. In der Regel wird SA für Problemklassen eingesetzt, für die effiziente Algorithmen nicht bekannt sind. Das Verfahren wird beispielsweise im Bereich der Platzierung und Verdrahtung, Logikminimierung, Dimensionierung von Gatterschaltungen sowie im Bereich der Testmustererzeugung eingesetzt.

Der entscheidende Vorteil von SA gegenüber zahlreichen Optimierungsverfahren ist das Zulassen schlechterer Konfigurationen. Simulated annealing ist ein Verfahren der statistischen iterativen Verbesserung und kann damit lokalen Optima entweichen. Das Akzeptieren schlechterer Konfigurationen erfolgt jedoch nur mit einer gewissen Wahrscheinlichkeit, die von zwei Faktoren abhängt: a) von der Differenz der Kosten der alten und neuen Konfiguration und b) von der bisherigen „Laufzeit" des Verfahrens. Der Anstieg beider Größen verringert die Wahrscheinlichkeit, mit der schlechtere Konfigurationen akzeptiert werden. Bessere Konfigurationen werden stets akzeptiert.

Nun wird Simulated annealing durch Angabe eines Algorithmus beschrieben. Gegeben sei ein Konfigurationsraum $\mathcal{R}$, eine Kostenfunktion $f : \mathcal{R} \to \mathbb{R}$, eine Nachbarschaftsrelation $n \subseteq \mathcal{R} \times 2^{\mathcal{R}}$, eine Startkonfiguration $i_0 \in \mathcal{R}$, eine Starttemperatur T_0, eine Temperaturerniedrigungsfunktion $c : \mathbb{R} \to \mathbb{R}$ sowie eine Funktion random, die eine Zufallszahl zwischen 0 und 1 generiert und diese Zahl zurückliefert. Gesucht ist eine optimale Konfiguration.

```
SIMULATED_ANNEALING (R,c,n,i₀,T₀) {
    T := T₀;
    i := i₀;
    REPEAT {
        REPEAT {
```

Generiere Nachbarzustand $j \in n(i)$;

$\Delta f := f(j) - f(i)$;

IF $((\Delta f \leq 0)$ OR $(e^{-\frac{\Delta f}{T}} > \text{random}()))$

$\quad i := j$;

UNTIL (thermisches Gleichgewicht erreicht);

}

$T := c(T)$;

UNTIL (Abbruchkriterium erfüllt);

}

}

Man kann zeigen, dass SA unter gewissen Bedingungen, nämlich wenn die Abkühlung der Temperatur unendlich langsam erfolgt und wenn bei jeder Temperatur ein thermisches Gleichgewicht erreicht wird, ein exaktes Verfahren ist [348, 244]. Das heißt, dass unter bestimmten Voraussetzungen die Wahrscheinlichkeit, dass das globale Optimum gefunden wird, gegen 1 konvergiert, wenn außerdem die Anzahl der äußeren Schleifendurchläufe unbeschränkt ist. Die Bedingungen „thermisches Gleichgewicht", „Abbruchkriterium" und die Abkühlungsfunktion c sind im Wesentlichen für die Laufzeit des Algorithmus verantwortlich. Sie werden aber i. Allg. so gewählt, dass der Algorithmus eine polynomielle Laufzeit besitzt. Eine eingehende theoretische Betrachtung des Verfahrens erfordert weitergehende mathematische und wahrscheinlichkeitstheoretische Kenntnisse.

B.3 Evolutionäre Algorithmen

Dass die Natur als Vorbild für Algorithmen dienen kann, wurde im Abschnitt über Simulated annealing dargestellt. Zur Lösung von Optimierungsproblemen wurden ebenfalls Mechanismen aus der Biologie umgesetzt. Dazu gehören auch die sog. *evolutionären Algorithmen*. Die wesentlichen Merkmale evolutionärer Algorithmen [134, 176, 78] sind: a) Außer der Zielfunktion werden keinerlei weitergehende Informationen (z. B. Ableitungen von Funktionen, Eigenschaften der Beschränkungen) verlangt. b) Ferner wird mit Codierungen von Konfigurationen, nicht mit Konfigurationen selbst, gearbeitet. Dies erleichtert eine einheitliche Formulierung des Verfahrens beträchtlich, da das Arbeiten mit Codierungen unabhängig von der durch sie repräsentierten Information, also problemunabhängig erfolgen kann. c) Außerdem findet keine Verbesserung von Punkt zu Punkt, sondern von Population zu Population statt, d. h. es wird stets aus einer Menge (*Population*) von Konfigurationen (sog. *Individuen*) eine neue Population (sog. *Generation*) erzeugt. d) Schließlich sind die Übergangsregeln probabilistisch und damit nichtdeterministisch.

Der Übergang von einer Population zur nächsten, d. h. die Erzeugung einer neuen Generation, erfolgt dabei mit Hilfe von Operatoren. Die Veränderungen finden dabei stets anhand der Codierungen (vgl. Erbanlagen) statt. Drei der wichtigsten Operatoren zur Generierung neuer Populationen werden hier vorgestellt. Es handelt sich im Einzelnen um:

- *Reproduktion* (auch *Selektion*, bezeichnet die ungeschlechtliche Fortpflanzung): Hierbei werden identische Nachkommen (Clone) gebildet. Je besser die Zielfunktion (engl. *fitness*) eines Individuums, um so häufiger kann es seine Erbmasse, d. h. sich selbst reproduzieren. Dies entspricht dem Prinzip des Überlebens des Besten (engl. *survival of the fittest*).

- *Kreuzung* (geschlechtliche Fortpflanzung): Zwei Individuen vermischen ihre Erbanlagen und „zeugen" zwei Nachkommen, die die Position ihrer Eltern in der Population übernehmen, d. h. Nachkommen ersetzen ihre Vorfahren.

- *Mutation*: Hierbei handelt es sich um zufällige Änderungen der Erbmasse. Dieser Operator ist von untergeordneter Bedeutung, kann bei bestimmten Problemen jedoch zur Überwindung lokaler Optima hilfreich sein.

Zur Beschreibung der Grundstruktur evolutionärer Algorithmen bedarf es einiger einführender Definitionen: Eine *Codierung* ist eine Funktion $\text{code} : \mathcal{R} \to \Sigma^*$, wobei $\Sigma = \{\sigma_1, \cdots, \sigma_q\}$ eine endliche Menge von Zeichen (ein sog. *Alphabet*) ist und Σ^* die Menge aller *Wörter* (das sind Folgen von Zeichen oder Zeichenketten) *über diesem Alphabet* darstellt. Das *leere Wort* bezeichnet man mit ε. Ein häufig verwendetes Alphabet ist $\Sigma = \{0, 1\}$ für eine binäre Codierung.[3] Eine *Population P* sei eine Menge von (nicht notwendigerweise unterschiedlichen) Codierungen, wobei jede Codierung ein *Individuum J* darstellt, und $|P|$ die Größe der Population sei. Sei ferner $f : \mathcal{R} \to \mathbb{R}$ die zu optimierende Funktion. Dann heißt $\varphi : \Sigma^* \to \mathbb{R}$ mit $\varphi(J) := f(\text{code}^{-1}(J))$ *Fitnessfunktion*. Das Optimierungsproblem besteht also darin, die Codierung mit dem besten Fitnesswert zu finden. Schließlich gibt es eine Konstante *Kreuzungswahrscheinlichkeit* p_c, eine Konstante *Mutationswahrscheinlichkeit* p_m und eine Anfangspopulation P_0, die üblicherweise zufällig bestimmt wird. Gesucht ist eine „optimale" bzw. „bessere" Population. Eine optimale Population enthält eine Codierung mit der besten Fitness.

EVOLUTIONAERER_ALGORITHMUS $(P_0, \varphi, f, \text{code}, p_c, p_m)$ {
    $k := 0$;
    REPEAT {
        Bestimme $\varphi(J)$ für alle $J \in P_k$;
        $P_k' := \text{REPRODUKTION}(P_k)$;
        $P_k'' := \text{KREUZUNG}(P_k', p_c)$;
        $P_{k+1} := \text{MUTATION}(P_k'', p_m)$;
        $k := k+1$;
    }
    UNTIL (Abbruchkriterium erfüllt);
}

Parameter von evolutionären Algorithmen unterscheiden sich in den Funktionen REPRODUKTION (oft auch *Selektion* genannt), KREUZUNG und MUTATION.

---

[3] Evolutionäre Algorithmen, die mit einer solchen Codierung arbeiten, heißen auch (geschichtlich bedingt) *genetische Algorithmen*. Liegen Codierungen in Form von Bäumen vor, so spricht man häufig von *genetischer Programmierung*.

Zum Beispiel werden bei der Kreuzung mit Wahrscheinlichkeit p_c folgende Schritte durchgeführt: a) Bilde zufällig $|P'_k|/2$ Paare und b) führe für jedes dieser Paare die Kreuzung mit der Wahrscheinlichkeit p_c an einer Position p (gleichverteilte Zufallsvariable) (Kreuzungspunkt) der Codierungen durch. Dies geschieht durch Zerschneiden beider Codierungen an Position p und Zusammensetzen der zerschnittenen Codierungen zu zwei neuen Codierungen. Ein Mutationsschritt mutiert jedes Zeichen mit der Wahrscheinlichkeit p_m.

B.4 Mehrzieloptimierung

Bei mehrdimensionalen Optimierungsproblemen, auch Mehrzieloptimierungsprobleme genannt, ist die Zielfunktion $f : \mathcal{R} \to \mathbb{R}^m$ $m-$dimensional. Bei der Einzieloptimierung ist die Menge der zulässigen Lösungen $\mathcal{R}$ total geordnet, wo hingegen bei der Mehrzieloptimierung $\mathcal{R}$ lediglich partiell geordnet ist. Dies bedeutet, dass es bei Mehrzieloptimierungsproblemen im Allgemeinen mehr als einen einzelnen optimalen Funktionswert gibt. Vielmehr gibt es eine Menge von optimalen Lösungen, die sog. *Pareto-Menge* [304]. Ein Element der Pareto-Menge wird als *Pareto-optimale Lösung* oder *Pareto-Punkt* bezeichnet. Ein Pareto-Punkt ist eine Lösung, welche nicht von irgend einer anderen Lösung aus dem Explorationsraum $\mathcal{R}$ *dominiert* wird. Dies ist in Abb. B.2a) für den Fall der Minimierung einer zweidimensionalen Zielfunktion zu sehen.

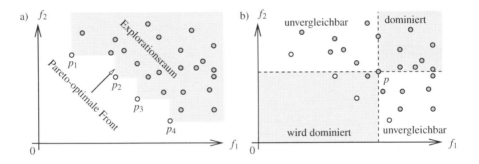

Abb. B.2. Explorationsraum mit zwei Zielgrößen f_1, f_2 ($m = 2$) a), Dominanz bei Mehrzieloptimierung b)

Im Folgenden werden die wichtigsten Definitionen für Mehrzieloptimierungsprobleme angegeben (siehe auch [444, 234]). Wir nehmen im Folgenden ohne Einschränkung der Allgemeinheit an, dass alle Zielfunktionen f_i, $i = 1, \dots, m$, zu minimieren sind.

Definition B.4.1 (Pareto-Dominanz). *Für zwei Lösungen $a, b \in \mathcal{R}$ gilt*

$$a \succ\succ b \qquad (a \ dominiert \ b \ stark) \ falls \ \forall i: f_i(a) < f_i(b)$$
$$a \succ b \qquad (a \ dominiert \ b) \ falls \ \forall i: f_i(a) \leq f_i(b) \wedge \exists i: f_i(a) < f_i(b)$$
$$a \succeq b \qquad (a \ dominiert \ b \ schwach) \ falls \ \forall i: f_i(a) \leq f_i(b)$$
$$a \sim b \qquad (a \ ist \ indifferent \ zu \ b) \ falls \ \forall i: f_i(a) = f_i(b)$$
$$a \parallel b \ (a \ ist \ nichtvergleichbar \ mit \ b) \ falls \ \exists i,j: f_i(a) > f_i(b) \wedge f_j(a) < f_j(b).$$

Beispiel B.4.1. Abbildung B.2b) zeigt die möglichen Beziehungen zwischen je zwei Lösungen. Alle Punkte innerhalb bzw. auf dem gestrichelten Rand des Rechtecks mit der unteren linken Ecke im Ursprung und der oberen rechten Ecke im Punkt p sind Lösungen, welche p dominieren bzw. schwach dominieren. Das Rechteck mit dem Punkt p in der unteren linken Ecke beschreibt den Bereich, welcher Lösungen enthält, welche von p dominiert bzw. schwach dominiert (gestrichelter Rand) werden. Alle Lösungen außerhalb dieser beiden Rechtecke sind nichtvergleichbar mit p.

Definition B.4.2 (Pareto-Optimalität). *Eine Lösung $x \in \mathcal{R}$ wird als* nichtdominiert *bezüglich einer Menge $A \subseteq \mathcal{R}$ bezeichnet, falls*

$$\nexists a \in A : a \succ x.$$

Eine Lösung $x \in \mathcal{R}$ wird als Pareto-optimal *bezeichnet, falls x nichtdominiert wird bezüglich $\mathcal{R}$.*

Die Menge der Pareto-optimalen Lösungen wird als *Pareto-Menge $X_p \subseteq \mathcal{R}$* bezeichnet. Eine Approximation der Pareto-Menge heißt *Approximationsmenge X_a*. Die sog. *Pareto-Front* ist gegeben durch $Y_p = f(X_p) = \{f(x) \mid x \in X_p\}$.

Beispiel B.4.2. Abbildung B.2a) zeigt ein Beispiel eines zweidimensionalen Explorationsraumes. Unter der Annahme, dass beide Zielgrößen f_1 und f_2 zu minimieren sind, gibt es insgesamt vier Pareto-optimale Lösungen p_1, p_2, p_3, und p_4. Alle Pareto-optimalen Lösungen sind nichtvergleichbar. Die Pareto-Front ist gegeben durch $Y_p = \{f(p_1), f(p_2), f(p_3), f(p_4)\}$. Jede der übrigen Lösungen wird mindestens von einer Pareto-optimalen Lösung dominiert.

B.4.1 Leistungsbewertung von Optimierungsalgorithmen

Bei der Entwicklung unterschiedlicher Optimierungsalgorithmen zur Mehrzieloptimierung stößt man immer wieder auf das Problem, wie diese zu bewerten sind. Bei eindimensionalen Optimierungsproblemen gibt es einen optimalen Wert, den die Zielfunktion annehmen kann. Somit kann der Optimierungsalgorithmus anhand der Zeit bewertet werden, die er benötigt, dieses Optimum zu finden. Bei der Mehrzieloptimierung gibt es im Allgemeinen mehr als eine optimale Lösung und zwei unterschiedliche Ziele bei der Bewertung [81]: Das erste Ziel ist die *Konvergenz* zur Pareto-Front und entspricht in etwa dem Ziel bei der Optimierung von eindimensionalen Problemen. Das zweite Ziel ist speziell für die Mehrzieloptimierung und bewertet die *Diversität* von nichtdominierten Lösungen. Abbildung B.3a) zeigt diese beiden Ziele. Eine ideale Lösungsmenge bezüglich Konvergenz und Diversität ist in Abb. B.3b) zu sehen.

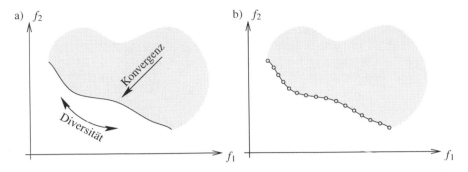

Abb. B.3. Die zwei Ziele bei der Mehrzieloptimierung: Konvergenz und Diversität a), ideale Menge nichtdominierter Lösungen b) [81]

Beispiel B.4.3. Das Beispiel in Abb. B.4 aus [81] zeigt den Konflikt zwischen Konvergenz und Diversität bei der Mehrzieloptimierung. Zwei unterschiedliche Optimierungsalgorithmen wurden verwendet, um ein gegebenes zweidimensionales Minimierungsproblem zu lösen. Die gefundenen Approximationsmengen sind in Abb. B.4a) und b) zu sehen. Der erste Algorithmus weist eine gute Konvergenz zur Pareto-Front auf, versagt allerdings beim Finden diversitärer Lösungen. Auf der anderen Seite findet der zweite Algorithmus hoch diversitäre Lösungen, die allerdings weit hinter der Pareto-Front liegen.

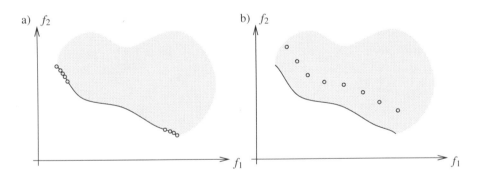

Abb. B.4. Die Konvergenz zur Pareto-Front ist gut, die Diversität der Lösungen allerdings nicht a), die gefundenen Lösungen sind diversitär, liegen aber weit hinter der Pareto-Front b) [81].

Zusammenfassend kann man sagen, dass es einen inhärenten Konflikt zwischen Konvergenz und Diversität von Lösungen gibt [47, 331]. Im Allgemeinen ist es nicht weiter schwierig, diversitäre Lösungen zu finden. Aber das wirkliche Ziel bei der Mehrzieloptimierung ist es, hoch diversitäre Lösungen so nah wie möglich an der

Pareto-Front zu finden. Somit ist das Ziel der Konvergenz höher zu bewerten als das der Diversität.

Zitzler et al. schlagen in [449] eine allgemeine Vorgehensweise für die Bewertung von Optimierungsalgorithmen bei der Mehrzieloptimierung vor. Hierzu wird zunächst der Begriff der Dominanz auf Mengen erweitert. Ziel dieser Vorgehensweise ist es, zwei Approximationsmengen auf Basis einer ▶-Relation zu vergleichen, wobei ▶ eine der in Tabelle B.1 dargestellten Dominanzrelationen ist. Das Problem beim Vergleich von zwei Approximationsmengen ist in Abb. B.5a) und b) zu sehen. Der Vergleich beruht auf einer sog. *Vergleichsmethode*, die eine Kombination aus mehreren sog. *Qualitätsindikatoren* (engl. *quality indicators*) ist, wobei die Qualitätsindikatoren bekannte Bewertungsmethoden, wie *Überdeckung*, ε-*Dominanz* etc. sein können, welche später eingeführt werden.

Tabelle B.1. Dominanzrelationen für einzelne Lösungen und Approximationsmengen, wie diese in [449] definiert sind.

▶-Relation	Zielfunktionen		Approximationsmenge	
dominiert stark	$a \succ\succ b$	a ist besser als b in allen Dimensionen	$A \succ\succ B$	jedes $b \in B$ wird von wenigstens einem $a \in A$ stark dominiert
dominiert	$a \succ b$	a ist nicht schlechter als b in allen Dimensionen und in wenigstens einer Dimension besser	$A \succ B$	jedes $b \in B$ wird von wenigstens einem $a \in A$ dominiert
besser			$A \rhd B$	jedes $b \in B$ wird von wenigstens einem $a \in A$ schwach dominiert und $A \neq B$
dominiert schwach	$a \succeq b$	a ist nicht schlechter als b in allen Dimensionen	$A \succeq B$	jedes $b \in B$ wird von wenigstens einem $a \in A$ schwach dominiert
nichtvergleichbar	$a \parallel b$	weder a dominiert b schwach noch b dominiert a schwach	$A \parallel B$	weder A dominiert B schwach noch B dominiert A schwach

Basierend auf diesen Ideen, führen Zitzler et al. die Begriffe ▶-*Kompatibilität* und ▶-*Vollständigkeit* für Vergleichsmethoden ein. Eine Vergleichsmethode ist ▶-kompatibel, sofern die Anwendung der Vergleichsmethode auf zwei Approximationsmengen für diese eine ▶-Relation impliziert. Eine Vergleichsmethode ist ▶-vollständig, sofern eine ▶-Relation zwischen zwei Approximationsmengen auch bei der Anwendung der Vergleichsmethode auf diese beiden Mengen zu wahr evaluiert.

Ein zentrales Ergebnis in [449] ist, dass eine Vergleichsmethode, die ausschließlich auf (auch unendlich vielen) *unären Qualitätsindikatoren* basiert, nicht entscheiden kann, ob eine Approximationsmenge besser als eine andere ist. Unäre Qua-

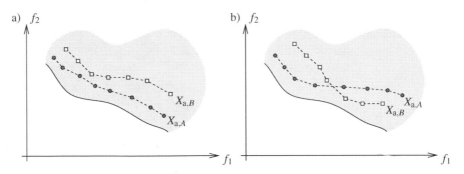

Abb. B.5. Die von Algorithmus A gefundene Approximationsmenge $X_{a.A}$ ist besser als die von B gefundene Approximationsmenge $X_{a.B}$ a). In b) sind beide Approximationsmengen schwer zu vergleichen [81].

litätsindikatoren erhalten nur eine Approximationsmenge als Argument. Im besten Fall kann eine solche Vergleichsmethode nur dazu dienen, zu zeigen, dass eine Approximationsmenge nicht schlechter ist als eine andere. Um dieses Problem zu umgehen, müssen *binäre Qualitätsindikatoren* verwendet werden, welche auf geordneten Paaren von Approximationsmengen arbeiten.

Die bisher besten bekannten binären Qualitätsindikatoren sind die *Überdeckung* [448] und die *ε-Dominanz* [235], wobei der letztere den Vorteil hat, zusätzlich einen Faktor zu liefern, der angibt, um wie viel schlechter eine Approximationsmenge im Vergleich zu einer anderen ist. Der Qualitätsindikator ε-Dominanz ist vollständig und kompatibel bezüglich der $\succ\succ$-, $\rhd$-, $\succeq$-, $=$-, und $\|$-Relation.

Im Folgenden werden diese wichtigen Qualitätsindikatoren vorgestellt. Zitzler und Thiele haben in [448, 444] den binären Qualitätsindikator *Überdeckung* (engl. *coverage*) vorgeschlagen. Die Berechnung der Überdeckung $\mathcal{C}$ für zwei gegebene Approximationsmengen A und B erfolgt wie folgt:

Definition B.4.3 (Überdeckung). *Die Überdeckung $\mathcal{C}(A,B)$ von zwei Mengen A und B ist eine Funktion, die das geordnete Paar (A,B) auf das Intervall $[0,1]$ abbildet:*

$$\mathcal{C}(A,B) = \frac{|\{b \in B \mid \exists a \in A : a \succeq b\}|}{|B|}$$

Die Überdeckung ist als der Bruchteil der Lösungen in der Approximationsmenge B definiert, die von Lösungen aus der Approximationsmenge A schwach dominiert werden. Eine Überdeckung von $\mathcal{C}(A,B) = 1$ entspricht somit dem Fall, dass alle Lösungen in B durch wenigstens eine Lösung in A schwach dominiert werden. Auf der anderen Seite zeigt eine Überdeckung von $\mathcal{C}(A,B) = 0$ an, dass keine Lösung in B von einer Lösung in A schwach dominiert wird. Im Allgemeinen gilt, dass $\mathcal{C}(A,B) \neq \mathcal{C}(B,A)$.

Laumanns et al. führen in [235] das Konzept der *ε-Dominanz* ein. Man sagt, dass eine Lösung a in einem Minimierungsproblem Lösung b schwach ε-dominiert

$(a \succeq_\varepsilon b)$ falls $\forall i = 1, \ldots, m : f_i(a) \leq \varepsilon \cdot f_i(b)$. D. h. durch Skalierung der Zielfunktion der Lösung b um einen Faktor ε wird die Lösung a der Lösung b überlegen. Mit der Definition der ε-Dominanz lässt sich ein binärer *Qualitätsindikator* $\mathcal{D}_\varepsilon$ definieren.

$$\mathcal{D}_\varepsilon(A,B) = \inf_{\varepsilon \in \mathbb{R}} \{\forall b \in B, \exists a \in A : a \succeq_\varepsilon b\} \tag{B.7}$$

Somit stellt $\mathcal{D}_\varepsilon(A,B)$ das minimale ε dar, so dass jedes $b \in B$, nachdem seine Zielfunktionen mit ε skaliert wurden, von mindestens einem $a \in A$ schwach dominiert wird. In der Praxis lässt sich $\mathcal{D}_\varepsilon(A,B)$ in Zeit $\mathcal{O}(m \cdot |A| \cdot |B|)$ berechnen, wobei m die Anzahl der Zielfunktionen ist und $|A|$ und $|B|$ die Kardinalitäten von A und B bezeichnen [449]:

$$\mathcal{D}_\varepsilon(A,B) = \max_{b \in B} \min_{a \in A} \max_{1 \leq i \leq m} \frac{f_i(a)}{f_i(b)}$$

Somit bedeutet ein Ergebnis $\mathcal{D}_\varepsilon(B,A) > 1$ und $\mathcal{D}_\varepsilon(A,B) \leq 1$, dass $A \rhd B$, d. h. jedes $b \in B$ ist wenigstens durch ein $a \in A$ schwach dominiert und $A \neq B$. Hingegen bedeutet $\mathcal{D}_\varepsilon(A,B) = \mathcal{D}_\varepsilon(B,A) = 1$, dass $A = B$.

Weitere wichtige Qualitätsindikatoren sind die *Generational Distance* [424], das *Hypervolumen* [448, 444], die *Entropie-Methode* [145] und die σ-Methode [284].

B.4.2 Evolutionäre Algorithmen für die Mehrzieloptimierung

Evolutionäre Algorithmen eignen sich besonders zur Lösung von Mehrzieloptimierungsproblemen. Dies liegt im Wesentlichen daran, dass evolutionäre Algorithmen mengenbasiert arbeiten, d. h. es wird stets eine Menge von Lösungen zu verbessern versucht. Evolutionäre Algorithmen, die speziell zum Lösen von Mehrzieloptimierungsproblemen entwickelt wurden, werden als *mehrzieloptimierende evolutionäre Algorithmen* (engl. *Multi-Objective Evolutionary Algorithms*, MOEAs) bezeichnet. MOEAs lassen sich in zwei Gruppen einteilen, sog. *elitäre MOEAs* und sog. *nichtelitäre MOEAs* [81]. Bei elitären MOEAs werden die bisher besten gefundenen Lösungen in einem sog. *Archiv* gespeichert. Somit wird verhindert, dass diese Lösungen verloren gehen. Nichtelitäre Verfahren spielen heutzutage kaum noch eine Rolle. Einer der bekanntesten Vertreter elitärer MOEAs ist SPEA2 (engl. *Strength Pareto Evolutionary Algorithm*) [446]. Dieser wird im Folgenden näher beschrieben.

SPEA2 verwendet eine Selektionsstrategie, die auf der Pareto-Dominanz basiert [134] sowie Elitismus. Der SPEA2-Algorithmus kann wie folgt skizziert werden:

```
SPEA2 (P₀, N̄, φ, f, code, pc, pm) {
        k := 0;
        P̄₀ := ∅;
        REPEAT {
                Bestimme φ(J) für alle J ∈ Pk;
                P̄k+1 := NICHTDOMINERT(Pk ∪ P̄k);
                FALLS |P̄k+1| > N̄ DANN
                        TRUNCATE(P̄k+1);
                SONST
```

$$\text{FILL}(\overline{P}_{k+1}, (\overline{P}_k \cup P_k)\backslash\overline{P}_{k+1});$$
$$P_k' := \text{REPRODUKTION}(\overline{P}_{k+1});$$
$$P_k'' := \text{KREUZUNG}(P_k', p_\text{c});$$
$$P_{k+1} := \text{MUTATION}(P_k'', p_\text{m});$$
$$k := k+1;$$

    }
    UNTIL (Abbruchkriterium erfüllt);
    RETURN $\overline{P}_k$;
}

Die Änderungen gegenüber dem generischen evolutionären Algorithmus aus Abschnitt B.3 liegen im Wesentlichen in der Verwendung des Archivs $\overline{P}$ und darin, dass nicht eine einzelne Lösung, sondern eine Menge von Lösungen zurück gegeben wird. Das Hauptproblem elitärer MOEAs ist, dass die Archivgröße (hier $\overline{N}$) aus Laufzeitgründen beschränkt wird. Es können nun bei der Ausführung von SPEA2 drei Fälle eintreten: 1) es gibt genau $\overline{N}$ nichtdominierte Lösungen, dann werden diese im Archiv gespeichert. 2) Es gibt weniger als $\overline{N}$ nichtdominierte Lösungen. In diesem Fall muss das Archiv aufgefüllt werden. Dies kann entweder durch Duplizieren von nichtdominierten Lösungen oder durch Hinzunahme dominierter Lösungen erfolgen. 3) Es gibt mehr als $\overline{N}$ nichtdominierte Lösungen. In diesem Fall müssen Lösungen aus dem Archiv entfernt werden. Die Fälle 2) und 3) sind kritisch, da in beiden Fällen das Archiv so aufgefüllt werden sollte, dass die $\overline{N}$ besten Lösungen im Archiv enthalten sind, und dies bedeutet, dass das Archiv sowohl eine hohe Konvergenz als auch eine hohe Diversität aufweist. In dem SPEA2-Algorithmus wird dies durch die Funktionen TRUNCATE und FILL garantiert, wobei FILL das Archiv mit dominierten Lösungen auffüllt. Um eine hohe Konvergenz und Diversität zu erreichen, implementiert der SPEA2-Algorithmus eine spezielle Fitnessfunktion, die auf dem Prinzip der *Pareto-Dominanz* basiert und somit unabhängig von den Zielfunktionen ist.

SPEA2 [446] verwendet sowohl dominierte als auch nichtdominierte Lösungen zur Berechnung der Fitnesswerte $\varphi(J)$ eines jeden Individuums J. Dies hilft zu vermeiden, dass dominierte Lösungen den selben Fitnesswert erhalten. Zur Berechnung der Fitnesswerte wird zunächst jedem Individuum J im Archiv $\overline{P}$ und der Population P eine sog. *Stärke* $s(J)$ zugewiesen. Dieser Wert gibt die Anzahl der von J dominierten Lösungen an:

$$s(J) = \left| \left\{ \widetilde{J} \mid \widetilde{J} \in P \cup \overline{P} \wedge J \succ \widetilde{J} \right\} \right| \tag{B.8}$$

Auf der Basis dieser wird für jedes Individuum J eine vorläufige Fitness $r(J)$ ermittelt:

$$r(J) = \sum_{\widetilde{J} \in P \cup \overline{P}, \widetilde{J} \succ J} s(\widetilde{J}) \tag{B.9}$$

Als Beispiel zeigt Abb. B.6 die vorläufigen Fitnesswerte für eine gegebene Population. Um Lösungen mit der gleichen vorläufigen Fitness zu unterscheiden, wird zur Ermittlung der Fitnesswerte noch Information über die Dichte von Lösungen um

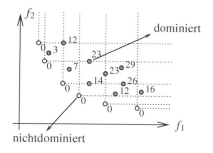

Abb. B.6. Vorläufige Fitnesswerte $r(J)$ für eine gegebene Population bei SPEA2

eine Lösung herum einbezogen. In SPEA2 erfolgt dies auf Basis der normierten euklidischen Distanz $d(J)$ ($0 \le d(J) \le 1$) im Zielfunktionsraum von einem Individuum J zu seinem nächsten Nachbarn:

$$d(J) = \min_{\tilde{J} \in P \cup \overline{P} \setminus \{J\}} \frac{1}{m} \cdot \left[\sum_{i=1}^{m} \left(\frac{f_i(\text{code}^{-1}(J)) - f_i(\text{code}^{-1}(\tilde{J}))}{f_{i,\max} - f_{i,\min}} \right)^2 \right]^{1/2} \qquad (\text{B}.10)$$

$f_{i,\max}$ und $f_{i,\min}$ sind die maximalen bzw. minimalen Zielfunktionswerte innerhalb der Population P und dem Archiv $\overline{P}$ in der i-ten Dimension. Sollte dieser Wert nicht eindeutig sein, so wird ebenfalls die Entfernung zum zweit nächsten Nachbarn berücksichtigt. Die Fitness eines Individuum J ergibt sich schließlich zu $\varphi(J) = r(J) + s(J)$. In diesem Fall ergibt sich ein Fitnesswert zwischen 0 und 1 für nichtdominierte Lösungen.

Mit der Berechnung der Fitnesswerte wird die Funktionsweise der TRUNCATE- und FILL-Funktionen offensichtlich. Zunächst werden alle Lösungen mit einem Fitnesswert $\varphi(J) < 1$ in das Archiv kopiert.

$$\overline{P}_{k+1} = \left| \left\{ J \mid J \in P_k \cup \overline{P}_k \wedge \varphi(J) < 1 \right\} \right| \qquad (\text{B}.11)$$

Falls $|\overline{P}_{k+1}| = \overline{N}$ ist, ist das Archiv vollständig gefüllt. Ist hingegen das Archiv noch nicht gefüllt, d. h. $|\overline{P}_{k+1}| < \overline{N}$, so werden die Lösungen mit den kleinsten Fitnesswerten aus der Menge $(P_k \cup \overline{P}_k) \setminus \overline{P}_{k+1}$ in das Archiv kopiert. Ist hingegen das Archiv zu voll, d. h. $|\overline{P}_{k+1}| > \overline{N}$, so werden die $|\overline{P}_{k+1}| - \overline{N}$ Individuen mit den schlechtesten Fitnesswerten aus dem Archiv entfernt.

Weitere bekannte Repräsentanten mehrzieloptimierender evolutionärer Algorithmen sind: NSGA-II (Non-dominated Sorting Genetic Algorithm) [82], CNSGA-II (Clustered NSGA-II) [83] und IBEA (Indicator Based Evolutionary Algorithm) [445].

C

Graphenalgorithmen

In diesem Abschnitt werden die für die Synthese digitaler Systeme wichtigsten Graphenoptimierungsprobleme eingeführt und einige Algorithmen zu deren Lösung vorgestellt.

C.1 Kürzeste- und Längste-Pfad-Probleme

Zunächst wird das *Kürzeste-Pfad-Problem* betrachtet. Damit kann man auf die Lösung des *Längsten-Pfad-Problems* schließen.

Definition C.1.1 (Kürzester (längster) Pfad). *Gegeben sei ein zusammenhängender, gerichteter Graph $G(V,E)$ und eine Gewichtsfunktion $w : E \to \mathbb{R}$, die jeder Kante $e \in E$ das Kantengewicht $w(e)$ zuweist. Im* Kürzesten-(Längsten-)Pfad-Problem *mit einem Quellknoten gibt es einen ausgezeichneten Quellknoten $v_0 \in V$ mit Eingangsgrad $\mathrm{indeg}(v_0) = 0$. Gesucht ist ein Pfad vom Quellknoten zu jedem anderen Knoten mit minimalem (maximalem) Pfadgewicht.*

Im Folgenden wird die Abkürzung LPP für das Längste-Pfad-Problem und KPP für das Kürzeste-Pfad-Problem benutzt. Dabei wird zuerst das Kürzeste-Pfad-Problem betrachtet. Gegeben sei ein zusammenhängender, gerichteter, azyklischer Graph $G(V,E)$ nach Definition C.1.1 mit $|V|$ Knoten und einem ausgezeichneten Quellknoten $v_0 \in V$ mit Eingangsgrad $\mathrm{indeg}(v_0) = 0$. Es wird angenommen, dass für die Gewichte $w(v_i, v_j) = \infty$ gelte für alle Knotenpaare, zwischen denen keine gerichtete Kante verläuft. Dann lässt sich das KPP durch die sog. *Bellman-Gleichungen* [237] charakterisieren, die das minimale Pfadgewicht $\tau(v_i)$ von Knoten v_0 zu einem Knoten v_i mit Hilfe von Pfadgewichten zu direkten Vorgängerknoten von v_i beschreiben:

$$\tau(v_i) = \min_{k \neq i} \left\{ \tau(v_k) + w(v_k, v_i) \right\} \quad \forall i = 1, 2, \cdots, |V| - 1 \tag{C.1}$$

$$= \min_{k:(v_k, v_i) \in E} \left\{ \tau(v_k) + w(v_k, v_i) \right\} \quad \forall i = 1, 2, \cdots, |V| - 1 \tag{C.2}$$

C.1.1 KPP auf azyklischen Graphen: Topologische Sortierung

Zuerst wird das Kürzeste-Pfad-Problem auf azyklischen Graphen betrachtet. Dann lassen sich die Knoten in einer Reihenfolge sortieren, die konsistent mit der durch den Graphen G definierten Partialordnung ist. Anschließend löst man die Bellman-Gleichungen in dieser Reihenfolge. Eine solche Knotensortierung, die konsistent mit der Partialordnung des Graphen ist, heißt *topologische Sortierung* und kann in Zeit $\mathcal{O}(|V| + |E|) \leq \mathcal{O}(|V|^2)$ bestimmt werden (siehe [74]). Folgender Algorithmus berechnet für einen gegebenen azyklischen Graphen eine topologische Sortierung:

```
TOPSORT(G(V,E)) {
    i := 1;
    REPEAT {
        Bestimme einen Knoten v_j ∈ V : indeg(v_j) = 0;
        ord(v_j) := i;
        i := i + 1;
        E := E \ {e ∈ E : e = (v_j, v_k)};
        V := V \ {v_j};
    }
    UNTIL (V = ∅);
    RETURN (ord);
}
```

C.1.2 KPP auf zyklischen Graphen

Wenn ein Graph Zyklen besitzt, dann sind die Bellman-Gleichungen rückgekoppelt. Im Folgenden heiße ein KPP auf einem Graphen *konsistent*, wenn der Graph keine Zyklen mit negativen Zyklengewichten besitzt, ansonsten *inkonsistent*. Für den Spezialfall, dass alle Kantengewichte positiv sind, kann das KPP mit folgendem Algorithmus berechnet werden, der nach seinem Erfinder Dijkstra benannt ist:

```
DIJKSTRA(G(V,E),w) {
    τ(v_0) := 0;
    M := {v_0};
    FOR (i = 1) TO (|V| - 1)
        τ(v_i) := w(v_0, v_i);
    REPEAT {
        Wähle ein v_j ∈ V \ M : τ(v_j) = min_{v∈V\M}{τ(v)};
        M := M ∪ {v_j};
        FOREACH (v_i ∈ V \ M : (v_j, v_i) ∈ E)
            τ(v_i) := min {τ(v_i), τ(v_j) + w(v_j, v_i)};
    }
    UNTIL (M = V);
}
```

Der Algorithmus verwaltet eine Liste von möglichen kürzesten Pfaden, die iterativ verfeinert werden: Am Anfang werden alle Gewichte und eine Menge M sog. markierter Knoten initialisiert. Dann wählt der Algorithmus in jedem Schritt einen Knoten v_j aus, der die Eigenschaft besitzt, dass er der Anfang eines Pfads vom Quellknoten v_0 ist, der unter allen Pfaden, deren Anfänge noch nicht markiert sind, ein minimales Potential $\tau(v_j)$ besitzt. Der ausgewählte Knoten wird markiert ($M := M \cup \{v_j\}$). Anschließend werden die Pfadgewichte aller nichtmarkierten direkten Nachfolgerknoten von v_j aktualisiert. Dieser Schritt wird so lange wiederholt, bis alle Knoten markiert sind ($M = |V|$). Der Algorithmus besitzt eine Komplexität von $\mathcal{O}(|E| + |V| \log |V|) \leq \mathcal{O}(|V|^2)$. Die Korrektheit des Algorithmus kann durch Induktion gezeigt werden.

Beispiel C.1.1. Der DIJKSTRA-Algorithmus wird auf den Graphen in Abb. C.1a) angewendet. Zuerst werden die Potentiale initialisiert zu $\tau(v_0) = 0$, $\tau(v_1) = 2$,

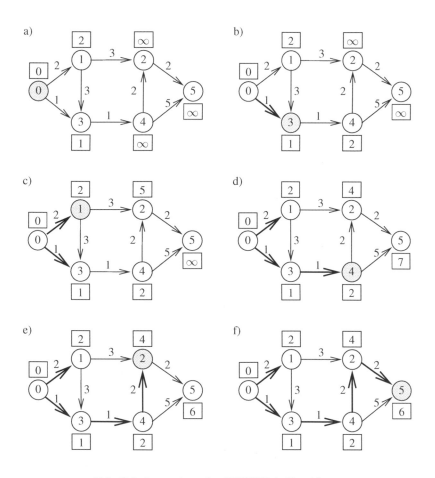

Abb. C.1. Anwendung des DIJKSTRA-Algorithmus

$\tau(v_2) = \infty$, $\tau(v_3) = 1$, $\tau(v_4) = \tau(v_5) = \infty$, siehe Abb. C.1a). Es gilt: $M = \{v_0\}$. Im ersten Schritt hat v_3 minimales Potential unter allen nichtmarkierten Knoten ($M = \{v_0, v_3\}$), und die Potentiale der direkten Nachfolgerknoten von v_3 werden aktualisiert (siehe Abb. C.1b)). In den nächsten Schritten werden nacheinander die Knoten v_1, v_4, v_2 und v_5 markiert (siehe Abb. C.1c)–f)). Die Kanten der kürzesten Pfade vom Quellknoten zu allen anderen Knoten sind verstärkt dargestellt.

Im Falle von Graphen ohne Beschränkung der Vorzeichen der Kantengewichte findet der Bellman-Ford-Algorithmus häufig Anwendung, der die Bellman-Gleichungen durch Relaxation löst.

```
BELLMAN-FORD(G(V,E),w) {
    τ(v₀)¹ := 0;
    FOR (i = 1) TO (|V| − 1)
        τ(vᵢ)¹ := w(v₀,vᵢ);
    FOR (j = 1) TO (|V| − 1) {
        FOR (i = 0) TO (|V| − 1) {
            τ(vᵢ)ʲ⁺¹ := minₖ≠ᵢ:∃(vₖ.vᵢ)∈E {τ(vᵢ)ʲ,(τ(vₖ)ʲ + w(vₖ,vᵢ))};
        }
        IF (τ(vᵢ)ʲ⁺¹ = τ(vᵢ)ʲ ∀i) RETURN(true);
    }
    RETURN(false);
}
```

Der Bellman-Ford-Algorithmus initialisiert die kürzesten Pfade zu Knoten v_i mit oberen Schranken. Dann werden alle Werte iterativ verfeinert. Wenn das Problem konsistent ist, dann konvergieren die iterativ bestimmten Werte (Superskript j) auf einen konstanten Wert. Die Invariante des Bellman-Ford-Algorithmus im j-ten Schritt ist, dass $\tau(v_i)^j$ die Gewichte der kürzesten Pfade vom Quellknoten v_0 zu allen Knoten v_i enthält, die höchstens j Kanten benutzen. Wenn keine Konvergenz in $|V| - 1$ Schritten erzielt wird, muss das Problem inkonsistent sein. Der Algorithmus liefert diese Information zurück. Die Komplexität des Algorithmus ist $\mathcal{O}(|V|\,|E|) \leq \mathcal{O}(|V|^3)$.

Beispiel C.1.2. Der Bellman-Ford-Algorithmus wird auf den Graphen in Abb. C.2a) angewendet. Zunächst werden die Variablen $\tau(v_i)^1$ initialisiert zu $\tau(v_0)^1 = 0$, $\tau(v_1)^1 = 2$, $\tau(v_2)^1 = \infty$ und $\tau(v_3)^1 = -3$. In der ersten Iteration ($j = 1$) werden die Pfadgewichte wie folgt berechnet:

$$\tau(v_0)^2 = \min\{\tau(v_0)^1, \tau(v_2)^1 + w(v_2,v_0), \tau(v_3)^1 + w(v_3,v_0)\}$$
$$= \min\{0, \infty + 3, -3 + 5\} = 0$$
$$\tau(v_1)^2 = \min\{\tau(v_1)^1, \tau(v_0)^1 + w(v_0,v_1)\} = \min\{2, 0+2\} = 2$$
$$\tau(v_2)^2 = \min\{\tau(v_2)^1, \tau(v_3)^1 + w(v_3,v_2)\} = \min\{\infty, -3+2\} = -1$$
$$\tau(v_3)^2 = \min\{\tau(v_3)^1, \tau(v_0)^1 + w(v_0,v_3), \tau(v_1)^1 + w(v_1,v_3)\}$$
$$= \min\{-3, 0-3, 2-6\} = -4$$

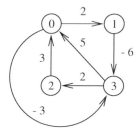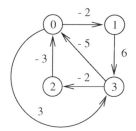

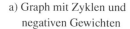

a) Graph mit Zyklen und   b) Graph mit Gewichten
   negativen Gewichten   entgegengesetzten Vorzeichens

Abb. C.2. Zyklischer Graph a), Berechnung des LPP durch Multiplikation der Kantengewichte mit -1 b)

In der zweiten Iteration erhält man:

$$\tau(v_0)^3 = \min\{\tau(v_0)^2, \tau(v_2)^2 + w(v_2, v_0), \tau(v_3)^2 + w(v_3, v_0)\}$$
$$= \min\{0, -1 + 3, -4 + 5\} = 0$$
$$\tau(v_1)^3 = \min\{\tau(v_1)^2, \tau(v_0)^2 + w(v_0, v_1)\} = \min\{2, 0 + 2\} = 2$$
$$\tau(v_2)^3 = \min\{\tau(v_2)^2, \tau(v_3)^2 + w(v_3, v_2)\} = \min\{-1, -4 + 2\} = -2$$
$$\tau(v_3)^3 = \min\{\tau(v_3)^2, \tau(v_0)^2 + w(v_0, v_3), \tau(v_1)^2 + w(v_1, v_3)\}$$
$$= \min\{-4, 0 - 3, 2 - 6\} = -4$$

In der dritten Iteration erhält man:

$$\tau(v_0)^4 = \min\{\tau(v_0)^3, \tau(v_2)^3 + w(v_2, v_0), \tau(v_3)^3 + w(v_3, v_0)\}$$
$$= \min\{0, -2 + 3, -4 + 5\} = 0$$
$$\tau(v_1)^4 = \min\{\tau(v_1)^3, \tau(v_0)^3 + w(v_0, v_1)\} = \min\{2, 0 + 2\} = 2$$
$$\tau(v_2)^4 = \min\{\tau(v_2)^3, \tau(v_3)^3 + w(v_3, v_2)\} = \min\{-2, -4 + 2\} = -2$$
$$\tau(v_3)^4 = \min\{\tau(v_3)^3, \tau(v_0)^3 + w(v_0, v_3), \tau(v_1)^3 + w(v_1, v_3)\}$$
$$= \min\{-3, 0 - 3, 2 - 6\} = -4$$

Für den Fall, dass man das KPP zwischen allen Knotenpaaren lösen will, sei schließlich der Floyd-Warshall-Algorithmus [74] mit Laufzeit $\mathcal{O}(|V|^3)$ angegeben. Ebenso wie der Bellman-Ford-Algorithmus kann auch der Floyd-Warshall-Algorithmus negative Zyklen korrekt behandeln. Die Idee des Algorithmus ist relativ einfach: Zunächst werden die Pfadgewichte aller kürzesten Pfade mit nur einer Kante bestimmt. Dies sind natürlich gerade die Gewichte der entsprechenden Kanten (Initialisierung). Danach wird für jeden Knoten der Einfluss auf alle bisher gefundenen Pfade untersucht, indem man feststellt, ob ein Umweg über ihn die bisher gefundene Pfadlänge zwischen zwei Knoten erniedrigt. Im k-ten Iterationsschritt wird somit der Einfluss des k-ten Knotens auf alle kürzesten Pfade berücksichtigt. Nach $|V|$ Iterationen bricht der Algorithmus ab.

Der Floyd-Warshall-Algorithmus bekommt den Graphen $G(V,E)$ und die Gewichte der Kanten w übergeben (genauso wie der Bellman-Ford-Algorithmus). Zum Festhalten der kürzesten Pfade zwischen allen Knotenpaaren wird dann eine Matrix $D \in \mathbb{R}^{|V| \times |V|}$ definiert und jedes Element $d_{i,j}$ zur Darstellung des kürzesten Pfades $\tau(v_i, v_j)$ zwischen Knoten v_i und v_j initialisiert mit $d_{i,j} = w(v_i, v_j)$, falls $(v_i, v_j) \in E$, und mit ∞ sonst.

```
FLOYD-WARSHALL(G(V,E),w) {
     FOR (i = 1) TO |V| {
          FOR (j = 1) TO |V| {
               IF ((v_i, v_j) ∈ E)
                    d^0_{i,j} := w(v_i, v_j);
               ELSE
                    d^0_{i,j} := ∞;
          }
     }
     FOR (k = 1) TO |V| {
          FOR (i = 1) TO |V| {
               FOR (j = 1) TO |V| {
                    d^k_{i,j} := min{d^{k-1}_{i,j}, d^{k-1}_{i,k} + d^{k-1}_{k,j}};
               }
          }
     }
}
```

Der Floyd-Warshall-Algorithmus besteht damit aus einer wiederholten Durchführung sogenannter *Dreiecksoperationen* (siehe Abb. C.3).

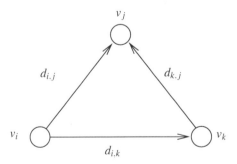

Abb. C.3. Dreiecksoperationen des Floyd-Warshall-Algorithmus

Bei der Existenz negativer Zyklen ist nach Durchführung des Algorithmus mindestens ein Diagonalelement der Matrix D negativ. Andernfalls geben die Werte $d^{|V|}_{i,j}$ jeweils das Gewicht des kürzesten Pfads von v_i nach v_j an.

Zum Beweis der Korrektheit des Algorithmus nutzt man die Tatsache aus, dass sich kürzeste Pfade aus kürzesten Pfaden mit weniger Kanten zusammensetzen. Ein Korrektheitsbeweis nutzt die Invariante aus, dass nach dem k-ten Iterationsschritt $d_{i,j}^k$ das Gewicht des kürzesten aller Pfade von v_i nach v_j darstellt, die — abgesehen von v_i und v_j selbst — nur die Knoten $v_1, v_2, \cdots, v_k$ besuchen.[1]

C.1.3 LPP

Ein LPP kann in ein KPP transformiert werden, indem man das Vorzeichen der Kantengewichte vertauscht (siehe Abb. C.2b)). Deshalb kann ein LPP mit den Algorithmen für das KPP gelöst werden. Alternativ kann man die vorgestellten Algorithmen so modifizieren, dass man den min-Operator durch den max-Operator vertauscht. Wie beim KPP gilt damit, dass azyklische Graphen mit topologischer Sortierung am effizientesten gelöst werden und zyklische Graphen mit der Eigenschaft, dass alle Gewichte negativ sind, mit dem Dijkstra-Algorithmus. Bei allgemeinen Gewichten benutzt man entweder den Bellman-Ford- oder den Floyd-Warshall-Algorithmus.

C.1.4 Lösung von LPP (KPP) durch lineare Programmierung

Ein KPP kann auch in Form des folgenden linearen Programmierungsproblems dargestellt werden::

$$\min\{\tau^\mathsf{T} d \mid \tau^\mathsf{T} C \geq w\}$$

mit dem Vektor der Potentiale $\tau \in \mathbb{Z}^{|V| \times 1}$, der Inzidenzmatrix $C \in \{-1, 0, 1\}^{|V| \times |E|}$, dem Vektor $w \in \mathbb{R}^{1 \times |E|}$ der Kantengewichte und dem $|V|$−dimensionalen Spaltenvektor d, der aus lauter Einsen besteht. Um eine eindeutige Lösung zu erhalten, wählt man das Potential τ eines Knotens zu 0 (Quellknoten). Der Fall einer inkonsistenten Beschreibung entspricht einem unzulässigen linearen Programm. Ein KPP kann man durch das folgende lineare Programmierungsproblem darstellen:

$$\max\{\tau^\mathsf{T} d \mid \tau^\mathsf{T} C \geq w\}$$

Bei den in diesem Abschnitt vorgestellten Algorithmen handelt es sich um exakte Algorithmen. Alle hier vorgestellten Algorithmen besitzen die Eigenschaft, dass eigentlich keine Pfade bestimmt werden, sondern die Gewichte der kürzesten (bzw. längsten) Pfade zwischen Knoten. Aus diesen lassen sich allerdings die korrespondierenden Pfade leicht ermitteln. Für Probleme mit einem Quellknoten lassen sich z. B. die kürzesten bzw. längsten Pfade wie folgt bestimmen: Eine Kante $e = (v_i, v_j) \in E$ eines Graphen $G(V, E)$ gehört offensichtlich zu einem von $v_0 \in V$ ausgehenden kürzesten (bzw. längsten) Pfad, wenn für die ermittelte Potentialdifferenz $\tau(v_j) - \tau(v_i) = w(v_i, v_j)$ gilt. Diese Kanten bezeichnet man auch als *Anschlagskanten*, die z. B. in Abb. C.1 verstärkt dargestellt sind.

---

[1] Man beachte, dass der Algorithmus die kürzesten Pfade zwischen allen Knotenpaaren bestimmt. Deshalb existiert hier kein ausgezeichneter Quellknoten v_0. Um dies auszudrücken, wurde bei der Knotennummerierung mit v_1 begonnen.

C.2 Graphfärbung

Definition C.2.1 (Graphfärbung). *Die* Graphfärbung *eines ungerichteten Graphen $G(V,E)$ ist eine Funktion $c : V \to \mathbb{N}$, die jedem Knoten $v \in V$ eine Farbe $c(v)$ zuweist, so dass keine Kante $e \in E$ zwei Endpunkte gleicher Farbe besitzt:*

$$\forall \{v_1, v_2\} \in E : c(v_1) \neq c(v_2)$$

Eine einfache Heuristik zur Färbung eines ungerichteten Graphen $G(V,E)$ erhält man durch sequentielles Durchlaufen der Knotenmenge V und Vergabe der Farbe mit kleinstem Index, die noch nicht an adjazente Knoten vergeben worden ist:

```
VERTEXCOLOR(G(V,E)) {
    FOR (i = 1) TO |V| {
        j := 1;
        WHILE (∃v ∈ V : {v, v_i} ∈ E ∧ c(v) = j) {
            j := j + 1;
        }
        c(v_i) := j;
    }
    RETURN(c);
}
```

Der Algorithmus ist eine Heuristik, die empfindlich gegenüber der Reihenfolge der Knotennummerierung ist.

Beispiel C.2.1. Abbildung C.4a) zeigt eine Graphfärbung, die mit dem Algorithmus VERTEXCOLOR erzielt worden ist.

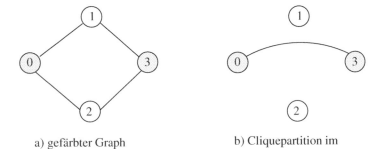

a) gefärbter Graph   b) Cliquepartition im
                                   Komplementgraphen

Abb. C.4. Graphfärbung a) und Cliquepartition b)

Betrachtet werden folgende Graphfärbungsprobleme: Als Optimierungsproblem ist die Suche einer Färbung c mit einer minimalen Anzahl von Farben (diese entspricht der chromatischen Zahl $\chi(G)$) relevant. Als Entscheidungsproblem formuliert man das Problem der *k-Färbbarkeit* (dies ist die Frage, ob $\chi(G) \leq k$). Es wurde gezeigt, dass dieses Problem $\mathcal{NP}$−vollständig ist (siehe Garey und Johnson [125]). Von Garey und Johnson ist ferner folgendes Resultat bekannt: Wenn es eine Heuristik mit polynomieller Laufzeit gibt, die einen Graphen G mit höchstens $a\chi(G) + b$ Farben färbt und $a < 2$, dann gibt es auch eine Heuristik mit polynomieller Laufzeit, die G mit $\chi(G)$ Farben färbt. Als Erweiterung zeigten Linial und Vazirini [257], dass es keine Heuristik mit polynomieller Laufzeit gibt, die einen beliebigen Graphen G mit $a\chi(G) + b$ Farben färbt für beliebige, feste Werte für a und b. Das heißt, dass keine polynomielle Graphfärbungsheuristik existiert, die beweisbar für jeden beliebigen Graphen eine Färbung bestimmt, die nur einen konstanten Faktor von der chromatischen Zahl $\chi(G)$ abweicht. Es gibt jedoch Graphen mit speziellen Eigenschaften, für die es exakte Algorithmen mit polynomieller Laufzeit gibt. Diese werden nun vorgestellt.

C.2.1 Färbung triangulierter Graphen

Das Graphfärbungsproblem ist exakt lösbar in polynomieller Zeit für triangulierte Graphen, eine Teilklasse *perfekter Graphen* [135]. Diese besitzen ein *perfektes Knoteneliminationsschema*, das ist eine lineare Ordnung der Knoten, bezeichnet mit σ, so dass gilt: Für alle Knoten $v_i \in V$ sind die Knotenmengen $\{v_j \in V : \{v_i, v_j\} \in E \wedge \sigma(v_j) > \sigma(v_i)\}$ Cliquen. Die Färbung triangulierter Graphen kann nun durch sequentielle Knotenfärbung gemäß einem perfekten Knoteneliminationsschema erfolgen, ohne dass ein sog. *Backtracking*, ein erneutes Betrachten von bereits gefärbten Knoten, nötig ist.

Beispiel C.2.2. Man betrachte den Graphen in Abb. A.5a). Die Sequenz (v_4, v_3, v_2, v_1) ist perfekt. Hingegen ist die Sequenz (v_1, v_2, v_3, v_4) nicht perfekt.

Die Erkennung, ob ein Graph trianguliert ist, die Berechnung eines perfekten Eliminationsschemas sowie die Berechnung einer Färbung kann in Zeit $\mathcal{O}(|V| + |E|)$ durchgeführt werden [135].

Eine vielfach vorkommende Teilklasse triangulierter Graphen sind Intervallgraphen:

Definition C.2.2 (Intervallgraph). *Ein ungerichteter Graph $G(V, E)$ heißt Intervallgraph, falls man jedem Knoten $v_i \in V$ ein Intervall $[l_i, r_i)$ zuordnen kann, $l_i, r_i \in \mathbb{Z}$ und $l_i < r_i$, so dass die Kante $\{v_i, v_j\}$ genau dann existiert, wenn sich die Intervalle $[l_i, r_i)$ und $[l_j, r_j)$ überlappen.*

Beispiel C.2.3. Abbildung C.5a) zeigt eine Menge von Intervallen und den korrespondierenden Intervallgraphen (Abb. C.5b)).

Folgender Algorithmus liefert eine minimale Färbung von Intervallgraphen mit $\chi(G)$ Farben. Er stammt von Hashimoto und Stevens [160] und besitzt eine Laufzeit von $\mathcal{O}(|V| \log |V|)$. Der Algorithmus wird auf der Basis einer gegebenen Menge I von Intervallen mit $I_i = [l_i, r_i) \; \forall i = 1, \cdots, |V|$ beschrieben.

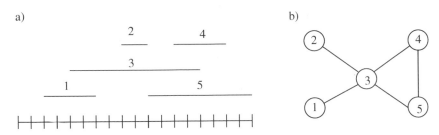

Abb. C.5. Menge von Intervallen a), korrespondierender Intervallgraph b)

```
LEFTEDGE(I) {
    Sortiere Elemente von I in Liste L in aufsteigender Reihenfolge von l_i;
    j := 0;
    WHILE (L ≠ { }) {
        S := { };
        r := 0; /* init. größte rechte Grenze von Elementen in S */
        WHILE (∃ Element I_i in L : l_i ≥ r) {
            i := Element in L mit kleinstem l_i und l_i ≥ r;
            S := S ∪ {I_i};
            r := r_i;
            L := L \ {I_i};
        }
        j := j + 1;
        FOREACH (I_i ∈ S) {
            c(I_i) := j;
        }
    }
    RETURN (c(I));
}
```

Der Algorithmus heißt LEFTEDGE, da er die Intervalle zunächst in der Reihenfolge steigender linker Intervallgrenzen sortiert und in dieser Reihenfolge die korrespondierenden Knoten färbt unter Zuweisung der Farbe mit kleinstem Index, die nicht bereits anderen überlappenden Intervallen zugewiesen worden sind. Der Algorithmus ist exakt für Intervallgraphen.

Beispiel C.2.4. Betrachtet wird der Intervallgraph in Abb. C.5b). Für die Intervalle $I_1, \cdots, I_5$ der Knoten $v_1, \cdots, v_5$ gilt mit $I_i = [l_i, r_i) \; \forall i = 1, \cdots, 5$: $l_1 = 2, r_1 = 6, l_2 = 8$, $r_2 = 10, l_3 = 4, r_3 = 14, l_4 = 12, r_4 = 16, l_5 = 10$ und $r_5 = 18$. Der Algorithmus weist den Knoten v_1, v_2 und v_5 die erste Farbe ($c(I_1) = c(I_2) = c(I_5) = 1$) zu. Knoten v_3 bekommt die Farbe $c(I_3) = 2$ und Knoten v_4 die Farbe $c(I_4) = 3$ zugewiesen. Zur Färbung werden also insgesamt drei Farben benötigt.

C.2.2 Periodische Färbungsprobleme

Bei periodischen Bindungsproblemen treten periodische Intervalle auf, die zu Färbungsproblemen auf speziellen Klassen von Graphen führen.

Definition C.2.3 (Periodisches Intervall). *Sei ein Intervall beschrieben durch $[r, r + e)$ mit $r, e \in \mathbb{N}$, wobei e die Dauer des Intervalls bezeichnet. Ein periodisches Intervall (p, e, r) mit $0 < e, r \leq p$ und $p \in \mathbb{N}$ bezeichnet eine sich periodisch mit der Periode $p \in \mathbb{N}$ fortsetzende Menge von Zeitintervallen, die alle Zeitintervalle $[r + np, r + np + e)$ mit $n \in \mathbb{N}_0$ enthält.*

Graphen mit zirkularen Kanten

Für eine Klasse von periodischen Problemen haben alle sich periodisch fortsetzenden Intervalle die gleiche Periode p. Dies führte zur Definition von sog. Graphen mit zirkularen Kanten (engl. *circular arc graphs*).

Definition C.2.4 (Graph mit zirkularen Kanten). *Ein Graph $G(V, E)$ heißt Graph mit zirkularen Kanten, wenn man mit ihm einen Kreis assoziieren kann, der im Uhrzeigersinn in Segmente $1, \cdots, n$ unterteilt ist, so dass mit jedem Knoten $v_i \in V$ eine zirkulare Kante $I_i = [l_i, r_i)$ mit $l_i, r_i \in \{1, \cdots, n\}$ assoziierbar ist. Dabei ist eine zirkulare Kante ein Kreissegment, das sich im Uhrzeigersinn von Segment l_i zum Segment r_i erstreckt. Ferner gilt, dass $\{v_i, v_j\} \in E$ genau dann, wenn sich die Kanten $[l_i, r_i)$ und $[l_j, r_j)$ überlappen.*

Beispiel C.2.5. Abbildung C.6 zeigt eine Menge von periodischen Intervallen mit identischer Periode $p = 5$. In Abb. C.6b) ist die assoziierte Menge zirkularer Kanten dargestellt, Abb. C.6c) zeigt den korrespondierenden Graphen mit zirkularen Kanten. Man beachte, dass dieser Graph kein Intervallgraph ist.

Garey et al. [126] zeigten, dass das Problem der minimalen Färbung von Graphen mit zirkularen Kanten $\mathcal{NP}$-schwer ist. Sie zeigten ferner, dass das korrespondierende Entscheidungsproblem einer k-Färbbarkeit in Zeit $\mathcal{O}(|V| \, k! \, k \log k)$, d. h. in polynomieller Zeit für festes k, bestimmt werden kann. Es gibt allerdings von Orlin et al. [299] einen Algorithmus mit Laufzeit $\mathcal{O}(|V|^2 \log |V|)$, der für eine Teilklasse von Graphen mit zirkularen Kanten, die die Eigenschaft besitzen, dass kein Intervall vollständig in einem anderen Intervall enthalten ist, exakt ist. Für allgemeine Graphen mit zirkularen Kanten gibt es folgende Ergebnisse: Sei die *Breite eines Graphen G mit zirkularen Kanten am Punkt t* $b(G, t)$ gleich der Anzahl sich am Punkt t überlappender Intervalle und sei $b_{\max}(G)$ ($b_{\min}(G)$) die maximale (minimale) Breite von G über alle Punkte, so gilt: G ist optimal färbbar mit

$$b_{\max}(G) \leq k \leq b_{\max}(G) + b_{\min}(G)$$

Farben. Als Beweis der oberen Schranke wird eine Färbungsheuristik von Tucker [415] mit polynomieller Laufzeit angegeben, die einen Graphen G mit zirkularen Kanten mit maximal $b_{\max}(G) + b_{\min}(G)$ Farben färbt.

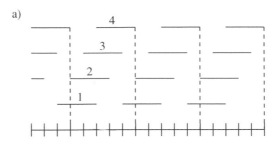

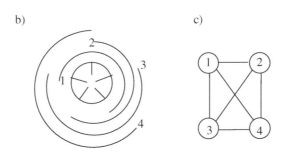

Abb. C.6. Menge von periodischen Intervallen mit identischer Periode a), entsprechende Menge zirkularer Kanten b) und korrespondierender Graph mit zirkularen Kanten c)

```
SORT&MATCH (G(V,E)) {
    Suche t : b(G,t) = b_min(G);
    Partitioniere V in V = V_A ∪ V_B:
        |V_A| = b_min(G) ∧ ∀v_i ∈ V_A : t ∈ [l_i, r_i);
    Färbe die Knoten v ∈ V_B mit LEFTEDGE;
    /* Dieser braucht höchstens b_max(G) Farben */
    /* Für Knoten v ∈ V_A braucht man max. b_min(G) zusätzliche Farben. */
    Bestimme eine maximale Teilmenge V'_A ⊆ V_A,
        die mit den bisher vergebenen Farben gefärbt werden kann;
    Gebe jedem Knoten v ∈ V_A \ V'_A eine noch nicht allozierte Farbe;
}
```

Der Algorithmus heißt SORT&MATCH, da er im ersten Schritt die Knotenmenge V sortiert und die Knoten ($v \in V_B$) separiert, deren Intervalle einen Intervallgraphen bilden, der mit dem LEFTEDGE-Algorithmus mit $b_{max}(G)$ Farben exakt gefärbt werden kann. Weist man den restlichen Knoten in V_A mit $|V_A| - b_{min}(G)$ eine neue Farbe zu, so kommt man auf die obere Schranke von insgesamt $b_{max}(G) + b_{min}(G) \leq 2b_{max}(G)$ Farben. Zunächst wird allerdings versucht, möglichst vielen Knoten $v \in V_A$ eine bereits allozierte Farbe zuzuweisen. Diese zweite Phase heißt MATCH, weil das entsprechende zu lösende Problem ein Mustererkennungsproblem ist, das hier nicht näher betrachtet werden soll.

Für den allgemeneren Fall von Intervallen mit unterschiedlicher Periode definiert man schließlich sog. *periodische Intervallgraphen.*

Periodische Intervallgraphen

Definition C.2.5 (Periodischer Intervallgraph). *Ein Graph $G(V,E)$ heißt periodischer Intervallgraph, wenn man mit jedem Knoten $v_i \in V$ ein periodisches Intervall (p_i, e_i, r_i) mit $p_i, e_i, r_i \in \mathbb{N}$ und $0 < e_i, r_i \leq p_i$ assoziieren kann, so dass $\{v_i, v_j\} \in E$ genau dann, wenn die korrespondierenden periodischen Intervalle (p_i, e_i, r_i) und (p_j, e_j, r_j) überlappen, das heißt genau dann, wenn es zwei Zahlen $n, m \in \mathbb{Z}$ gibt, so dass*

$$[r_i + np_i, r_i + np_i + e_i) \cap [r_j + mp_j, r_j + mp_j + e_j) \neq \{\}$$

Beispiel C.2.6. Abbildung C.7a) zeigt eine Menge von periodischen Intervallen unterschiedlicher Periode. Der korrespondierende periodische Intervallgraph ist in Abb. C.7b) dargestellt.

Da Graphen mit zirkularen Kanten eine Teilklasse von periodischen Intervallgraphen sind, ist das Problem der minimalen Färbung von periodischen Intervallgraphen ebenfalls $\mathcal{NP}$-schwer. Den Autoren sind keine Spezialalgorithmen zur Färbung periodischer Intervallgraphen bekannt.

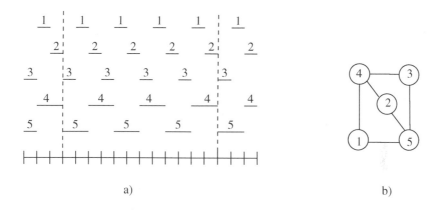

a)   b)

Abb. C.7. Menge periodischer Intervalle unterschiedlicher Periode a) und korrespondierender periodischer Intervallgraph b)

Zu Färbungsproblemen gelten folgende Schlussbemerkungen: Sei S_{IG} die Menge der Intervallgraphen, S_{GZK} die Menge der Graphen mit zirkularen Kanten und S_{PIG} die Menge der periodischen Intervallgraphen, so gilt offensichtlich die Beziehung

$$S_{IG} \subset S_{GZK} \subset S_{PIG}$$

Alle drei Graphklassen können als sog. *Intersektionsgraphen* aufgefasst werden, d. h., dass man bei jedem dieser Graphen den Knoten Intervalle assoziiert und Kanten genau denn zwischen zwei Knoten existieren, wenn sich die entsprechenden Intervalle überlappen. Die Frage, ob ein Graph G Intervallgraph ist, lässt sich mit einem Algorithmus der Komplexität $\mathcal{O}(|V| + |E|)$ entscheiden. Tucker [416] zeigte ferner, dass es auch für Graphen mit zirkularen Kanten polynomielle Erkennungsalgorithmen gibt. Schließlich zeigten Koorts et al. [221], dass jeder Graph ein periodischer Intervallgraph ist. Die in [221] beschriebene Transformation eines Graphen auf periodische Intervalle ist allerdings nicht polynomiell. Bisher ungelöst sind die Fragen, ob es polynomielle Algorithmen gibt, die einen Graphen auf eine Menge periodischer Intervalle transformieren, und ob es polynomielle Heuristiken gibt, die beliebige periodische Intervallgraphen mit einer Anzahl von Farben färben, die sich vom Optimum nur um einen konstanten Faktor unterscheidet.

C.3 Cliquepartitionierung

Die Probleme der Bestimmung einer Cliquepartition und einer Cliqueüberdeckung sind eng verwandt. Da eine Cliquepartition eine disjunkte Cliqueüberdeckung ist, kann man eine Cliquepartition aus einer Cliqueüberdeckung erhalten durch Auswahl einer Menge disjunkter Cliquen, wobei jede Clique in einer Clique der Cliqueüberdeckung enthalten ist. Das Entscheidungsproblem der Existenz einer Cliqueüberdeckung bzw. Cliquepartition mit beschränkter Mächtigkeit ist $\mathcal{NP}$-vollständig (siehe auch [125]).

Prinzipiell kann man eine Cliquepartition eines Graphen G erhalten durch Färbung des Komplements von G: Jede Clique entspricht einer Menge von paarweise adjazenten Knoten, die im Komplement nicht adjazent sind und damit mit ein und derselben Farbe gefärbt werden können.

Beispiel C.3.1. Abbildung C.4a) zeigt die Färbung eines Graphen mit zwei Farben, Abb. C.4b) zeigt eine Cliquepartition des Komplements bestehend aus zwei Cliquen. Die Zusammenhangszahl ist gleich der chromatischen Zahl des Komplements. Aus diesem Grund können die vorgestellten Verfahren zur Färbung von Graphen gleichsam für die Probleme Cliquepartition und Cliqueüberdeckung verwendet werden.

Bei der direkten Bestimmung einer Cliquepartition kann man beispielsweise eine maximale Clique bestimmen, diese dann aus dem Graphen löschen und diesen Schritt so lange wiederholen, bis kein Knoten mehr übrig bleibt. Damit reduziert man das Problem der Cliquepartition auf das Problem der Suche einer maximalen Clique, dessen Entscheidungsproblem ebenfalls $\mathcal{NP}$-vollständig ist. Eine maximale Clique entspricht einer maximalen unabhängigen Menge von Knoten im Komplement.

Der folgende Algorithmus aus [84] stellt eine einfache Heuristik zur Bestimmung einer maximalen Clique dar.

```
MAXCLIQUE(G(V,E)) {
      C := { Knoten mit größtem Grad };
      REPEAT {
            U := {v ∈ V : v ∉ C ∧ v adjazent zu allen Knoten in C};
            IF (U = ∅)
                  RETURN (C);
            ELSE {
                  Wähle Knoten v ∈ U;
                  C := C ∪ {v};
            }
      }
}
```

Das Problem Cliquepartition kann für triangulierte Graphen exakt in Zeit $\mathcal{O}(|V| + |E|)$ bestimmt werden und damit auch für Intervallgraphen.

Literatur

1. ABRAHAM, S. G. und B. R. RAU: *Efficient Design Space Exploration in PICO*. In: *Proc. of the International Conference on Compilers, Architectures, and Synthesis for Embedded Systems*, Seiten 71–79, San Jose, U.S.A., November 2000.

2. ABRAHAM, S. G., B. R. RAU und R. SCHREIBER: *Fast Design Space Exploration Through Validity and Quality Filtering of Subsystem Designs*. Technischer Bericht, Hewlett Packard, Compiler and Architecture Research, HP Laboratories Palo Alto, Juli 2000.

3. ACHATZ, H.: *Extended 0/1 LP Formulation for the Scheduling Problem in High-Level Synthesis*. In: *Proc. EURODAC*, 1993.

4. ADAM, T. L., K. M. CHANDY und J. R. DICKSON: *A Comparison of List Schedules for Parallel Processing Systems*. Communication of the ACM, 17(12):685–690, Dezember 1974.

5. AG, TTTECH: *TTP - Time-Triggered Protocol*. http://www.tttech.com/.

6. AHO, A. V., M. GANAPATHI und S. W. TJIANG: *Code Generation Using Tree Matching and Dynamic Programming*. ACM Trans. Prog. Lang. and Systems, 11(4):491–516, Oktober 1989.

7. AHO, A. V. und S. C. JOHNSON: *Optimal Code Generation for Expression Trees*. Journal of the ACM, 23(3):488–501, Juli 1976.

8. AHO, A. V., S. C. JOHNSON und J. D. ULLMAN: *Code Generation for Expressions with Common Subexpressions*. Journal of the ACM, 24(1):146–160, Januar 1977.

9. AHO, A. V., R. SETHI und J. D. ULLMAN: *Principles of Compiler Design*. Addison-Wesley, Reading, MA, 2006. 2. Auflage.

10. AMBLER, S. W.: *The Elements of UML(TM) 2.0 Style*. Cambridge University Press, New York, NY, U.S.A., 2005.

11. ANLAUFF, M.: *XASM - An Extensible, Component-Based Abstract State Machines Language*. In: GUREVICH, Y., P. KUTTER, M. ODERSKY und L. THIELE (Herausgeber): *International Workshop on Abstract State Machines*, Lecture Notes on Computer Science (LNCS), Seiten 69–90. Springer, 2000.

12. APPEL, A. W.: *Modern Compiler Implementation in Java*. Morgan Kaufmann Publishers, San Mateo, California, 2002.

13. ASCIA, G., V. CATANIA und M. PALESI: *A Framework for Design Space Exploration of Parameterized VLSI Systems*. In: *Proc. of the 15th International Conference on VLSI Design*, Seiten 245–250, Bangalore, India, Januar 2002.

14. ASCIA, G., V. CATANIA und M. PALESI: *Design Space Exploration Methodologies for IP-Based System-on-a-Chip.* In: *IEEE International Symposium on Circuits and Systems*, Seiten 364–367, Scottsdale, Arizona, Mai 2002.

15. ASHCROFT, E. A.: *Proving Assertions about Parallel Programs.* Journal of Computer and Systems Science, 10(1):110–135, 1975.

16. ASHENDEN, P. J.: *The Designer's Guide to VHDL.* Morgan Kaufmann Publishers, San Francisco, 1991.

17. http://www.ace.nl.

18. AUDSLEY, N. C., A. BURNS, M. F. RICHARDSON, K. TINDELL und A. J. WELLINGS: *Applying new Scheduling Theory to Static Priority Preemptive Scheduling.* Journal of Real-Time Systems, 8(5):284–292, 1993.

19. BACHMANN, A., M. SCHÖBINGER und L. THIELE: *Synthesis of Domain Specific Multiprocessor Systems Including Memory Design.* In: *VLSI Signal Processing VI*, Seiten 417–425, IEEE Press, New York, 1993.

20. BALARIN, F., M. CHIODO, P. GIUSTO, H. HSIEH, A. JURECSKA, L. LAVAGNO, C. PASSERONE, A. SANGIOVANNI-VINCENTELLI, E. SENTOVICH, K. SUZUKI und B. TABBARA: *Hardware-Software Co-Design of Embedded Systems: The Polis Approach.* Kluwer Academic Publishers, Boston, MA, Juni 1997.

21. BALARIN, F., Y. WATANABE, H. HSIEH, L. LAVAGNO, C. PASSERONE und A. SANGIOVANNI-VINCENTELLI: *Metropolis: An Integrated Electronic System Design Environment.* IEEE Computer, 36(4):45–52, April 2003.

22. BAMBHA, N. K., S. S. BHATTACHARYYA, J. TEICH und E. ZITZLER: *Systematic Integration of Parameterized Local Search in Evolutionary Algorithms.* IEEE Trans. on Evolutionary Computation, 8(2):137–155, April 2004.

23. BARBACCI, M. R.: *Instruction Set Processor Specifications (ISPS): The Notation and its Applications.* IEEE Trans. Computers, C-30(1):24–40, Januar 1981.

24. BAUMGARTEN, B.: *Petri-Netze Grundlagen und Anwendungen.* Spektrum Akademischer Verlag, Mannheim, 1996. 2. Auflage.

25. (BCC), BUSINESS COMMUNICATIONS COMPANY: *Future of Embedded Systems Technology, Research Report G-229R.* http://bccresearch.com/comm/G229R.html, Juni 2005.

26. BECKER, B., R. DRECHSLER und P. MOLITOR: *Technische Informatik – Eine Einführung.* Pearson Studium, Deutschland, 2005.

27. BECKER, B. und S. HENNIG: *GAFAP: A Linear Time Scheduling Approach for High-Level Synthesis.* In: *Proc. GI/ITG Workshop Anwendung formaler Methoden beim Entwurf von Hardwaresystemen*, Seiten 51–60, Passau, Deutschland, 1995.

28. BELLAOUAR, A. und M. I. ELMASRY: *Low-Power Digital VLSI Design Circuits and Systems.* Kluwer Academic Publishers, Norwell, MA, U.S.A., 1995. Herausgeber: Jonathan Allen.

29. BENINI, L., A. BOGLIOLO, M. FAVALLI und G. DE MICHELI: *Regression Models for Behavioral Power Estimation.* In: *Proc. Workshop on Power and Timing Modeling, Optimization and Simulation*, Seiten 179–187, Bologna, Italien, September 1996.

30. BENVENISTE, A. und P. LEGUERNIC: *Hybrid Dynamical Systems Theory and the SIGNAL Language.* IEEE Trans. on Automatic Control, 35(5):535–546, Mai 1990.

31. BERGERON, J., E. CERNY, A. HUNTER und A. NIGHTINGALE: *Verification Methodology Manual for SystemVerilog.* Springer, New York, Berlin, Heidelberg, 2005.

32. BERRY, G.: *Programming a Digital Watch in ESTEREL.* Technischer Bericht 08–91, Centre de Mathematiques Appliquées, Ecole des Mines de Paris, Sophia-Antipolis, 1991.

33. BERRY, G.: *The Foundations of Esterel.* MIT Press, 2000. Herausgeber: G. Plotkin, C. Stirling and M. Tofte.

34. BERRY, G. und G. GONTHIER: *The ESTEREL Synchronous Programming Language: Design, Semantics, Implementation.* Science of Computer Programming, 19(2):87–152, November 1992.

35. BHASKER, J.: *A SystemC Primer.* Star Galaxy Publishing, Allentown, Pennsylvania, 2004. 2. Auflage.

36. BHATTACHARYA, B. und S. S. BHATTACHARYYA: *Parameterized Dataflow Modeling for DSP Systems.* IEEE Trans. on Signal Processing, 49(10):2408–2421, Oktober 2001.

37. BHATTACHARYYA, S. S., E. DEPRETTERE und J. TEICH (Herausgeber): *Domain-Specific Processors: Systems, Architectures, Modeling, and Simulation.* Marcel Dekker, Inc., New York, U.S.A., 2003.

38. BHATTACHARYYA, S. S. und E. A. LEE: *Scheduling Synchronous Data Flow Graphs for Efficient Looping.* Journal of VLSI Signal Processing, 6:271–288, 1993.

39. BHATTACHARYYA, S. S., P. K. MURTHY und E. A. LEE: *Software Synthesis from Dataflow Graphs.* Kluwer Academic Publishers, Boston, MA, 1996.

40. BLEULER, S., M. LAUMANNS, L. THIELE und E. ZITZLER: *PISA - A Platform and Programming Language Independent Interface for Search Algorithms.* In: *Lecture Notes in Computer Science (LNCS),* Band 2632, Seiten 494–508, Faro, Protugal, April 2003.

41. BLICKLE, T.: *Theory of Evolutionary Algorithms and Application to System Synthesis.* Doktorarbeit, Swiss Federal Institute of Technology Zurich, November 1996.

42. BLICKLE, T., J. TEICH und L. THIELE: *System-Level Synthesis Using Evolutionary Algorithms.* Technischer Bericht 16, Computer Engineering and Communication Networks Lab (TIK), Swiss Federal Institute of Technology (ETH) Zurich, Gloriastrasse 35, CH-8092 Zurich, März 1996. Präsentiert beim Dagstuhl-Seminar Nr. 9613, Evolutionary Algorithms and their Application, Schloss Dagstuhl, Deutschland, März 1996.

43. BLICKLE, T., J. TEICH und L. THIELE: *System-Level Synthesis Using Evolutionary Algorithms.* J. Design Automation for Embedded Systems, 3(1):23–62, Januar 1998.

44. BLICKLE, T. und L. THIELE: *A Comparison of Selection Schemes used in Genetic Algorithms (2. Edition).* Technischer Bericht 11, Computer Engineering and Communication Networks Lab (TIK), Swiss Federal Institute of Technology (ETH) Zurich, Gloriastrasse 35, CH-8092 Zurich, Dezember 1995.

45. BODE, A. (Herausgeber): *RISC-Architekturen.* BI Wissenschaftsverlag, Mannheim, 1990. 2. Auflage.

46. BOGLIOLO, A., L. BENINI und G. DE MICHELI: *Regression-Based RTL Power Modeling.* ACM Trans. Des. Autom. Electron. Syst., 5(3):337–372, 2000.

47. BOSMAN, P. A. N. und D. THIERENS: *The Balance Between Proximity and Diversity in Multiobjective Evolutionary Algorithms.* IEEE Trans. on Evolutionary Computation, 7(2):174—188, April 2003.

48. BRADLEE, D. G., S. J. EGGERS und R. R. HENRY: *Integrating Register Allocation and Instruction Scheduling for RISCs.* In: *Int. Conf. Archit. Support for Prog. Lang. and Operating Systems,* Seiten 122–131, April 1991.

49. BRATLEY, P., M. FLORIAN und P. ROBILLARD: *Scheduling with Earliest Start and Due Date Constraints.* Naval Res. Logist. Quart., 18:511–517, 1971.

50. BRAYTON, R. und R. SPENCE: *Sensitivity and Optimization.* Elsevier, Amsterdam, 1980.

51. BRIGGS, P., K. D. COOPER und L. TORCZON: *Rematerilization.* In: *Proc. ACM SIGPLAN Conf. Prog. Lang. Design and Implement.,* Seiten 311–321, 1992.

52. BRYANT, R. E.: *Graph-Based Algorithms for Boolean Function Manipulation.* IEEE Trans. on Computers, C-35(8):677–691, August 1986.

550   Literatur

53. BUCHENRIEDER, K., A. SEDLMEIER und C. VEITH: *CODES: A Framework for Modeling Heterogeneous Systems.* In: BUCHENRIEDER, K. und J. ROZENBLIT (Herausgeber): *Codesign: Computer-Aided Software/Hardware Engineering.* IEEE, 1995.

54. BUCK, J., S. HA, E. A. LEE und D. G. MESSERSCHMITT: *Ptolemy: A Framework for Simulating and Prototyping Heterogeneous Systems.* International Journal on Computer Simulation, 4(2):155–182, 1994.

55. BUCK, J. T.: *Scheduling Dynamic Dataflow Graphs with Bounded Memory Using the Token Flow Model.* Doktorarbeit, Dept. of EECS, UC Berkeley, Berkeley, CA 94720, U.S.A., 1993.

56. BURD, T. D. und R. W. BRODERSEN: *Design Issues for Dynamic Voltage Scaling.* In: *Proc. ISLPED,* Seiten 9–14, 2000.

57. BUTTAZZO, G.: *Rate Monotonic vs. EDF: Judgment Day.* In: *Proc. of the 3rd Workshop on Embedded Software (EMSOFT),* Philadelphia (PA), U.S.A., Oktober 2003.

58. BUTTAZZO, G.: *Hard Real-Time Computing Systems: Predictable Scheduling Algorithms and Applications.* Springer, New York, 2004.

59. CAMPOSANO, R.: *Path-Based Scheduling for Synthesis.* IEEE Trans. on CAD/ICAS, CAD-10(1):85–93, Januar 1990.

60. CAMPOSANO, R. und R. K. BRAYTON: *Partitioning before Logic Synthesis.* In: *Proc. ICCAD,* Seiten 324–326, San Jose, CA, 1987.

61. CAMPOSANO, R. und W. ROSENSTIEL: *Synthesizing Circuits from Behavioral Descriptions.* IEEE Trans. on CAD, 8(2):171–180, Februar 1989.

62. CAMPOSANO, R. und W. WOLF: *High Level VLSI Synthesis.* Kluwer Academic Publishers, Boston, MA, 1991.

63. CHAITIN, G. J.: *Register Allocation and Spilling via Graph Coloring.* In: *Proc. ACM SIGPLAN'82 Conf. Prog. Lang. Design and Implement.,* Seiten 98–105, 1982.

64. CHANDRAKASAN, A. P. und R. W. BRODERSEN: *Low Power Digital CMOS Design.* Kluwer Academic Publishers, Norwell, MA, U.S.A., 1995.

65. CHAO, L.-F. und E. H.-M. SHA: *Rate-Optimal Static Scheduling for DSP Dataflow Programs.* In: *Proc. 93 Great Lake Symposium on VLSI Design,* Kalamazoo, 1993.

66. CHAUDHURI, S., S. A. BLYTHE und R. A. WALKER: *An Exact Methododology for Scheduling in a 3D Design Space.* In: *Proc. of the 8th International Conference on System Synthesis,* Seiten 78–83, 1986.

67. CHAUDHURI, S., R. A. WALKER und J. E. MITCHELL: *Analyzing and Exploiting the Structure of the Constraints in the ILP Approach to the Scheduling Problem.* IEEE Trans. on VLSI Systems, 2(4):456–471, Dezember 1994.

68. CHETTO, H., M. SILLY und T. BOUCHENTOUF: *Dynamic Scheduling of Real-Time Tasks under Precedence Constraints.* Journal of Real-Time Systems, 2:325–346, 1990.

69. CHIODO, M., P. GIUSTO, H. HSIEH, A. JURECSKA, L. LAVAGNO und A. SANGIOVANNI-VINCENTELLI: *Hardware-Software Codesign of Embedded Systems.* IEEE Micro, 14(4):26–36, August 1994.

70. CIA – CAN IN AUTOMATION: *TTCAN - Time-Triggered Controller Area Network.* http://www.can cia.de/can/ttcan/.

71. COELLO, C. A. COELLO und E. MEZURA-MONTES: *Handling Constraints in Genetic Algorithms Using Dominance-Based Tournaments.* In: *Proc. of the Fifth International Conference on Adaptive Computing in Design and Manufacture (ACDM'2002),* Band 5, Seiten 273–284, Devon, UK, April 2002.

72. COFFMAN, E. G.: *Computer and Job-Scheduling Theory.* John Wiley and Sons, New York, 1976.

73. COMMONER, F. und A. W. HOLT: *Marked Directed Graphs.* Journal of Computer and System Sciences, 5:511–523, 1971.

74. CORMEN, T., C. LEISERSON, R. RIVEST und C. STEIN: *Introduction to Algorithms*. MIT Press, Cambridge, MA, 2001. 2. Auflage.

75. CORNERO, M., F. THOEN, G. GOOSSENS und F. CURATELLI: *Software Synthesis for Real-Time Information Processing Systems*. In: MARWEDEL, P. und G. GOOSSENS (Herausgeber): *Code generation for embedded processors*, Kapitel 15, Seiten 260–296. Kluwer Academic Publishers, Norwell, MA, 1995.

76. http://www.coware.com/products/signalprocessingSPW.php.

77. DAVIDSON, S., D. LANDSKOV, B. D. SHRIVER und P. W. MALLETT: *Some Experiments in Local Microcode Compaction for Horizontal Machines*. IEEE Trans. on Computers, C-30(7):460–477, 1981.

78. DAVIS, L.: *Handbook of Genetic Algorithms*. Van Nostrand Reinhold, 115 Fifth Avenue, New York, 1991.

79. DAVIS, M. und H. PUTNAM: *A Computing Procedure for Quantification Theory*. J. Assoc. Comput. Mach., 7:201–215, 1960.

80. DAVIS, W. R., N. ZHANG, K. CAMERA, F. CHEN, D. MARKOVIC, N. CHAN, B. NIKOLIC und R. W. BRODERSEN: *A Design Environment for High Throughput, Low Power Dedicated Signal Processing Systems*. In: *Proc. of the IEEE Custom Integrated Circuits Conference*, Seiten 545–548, San Diego, CA, 2001.

81. DEB, K.: *Multi-Objective Optimization using Evolutionary Algorithms*. John Wiley & Sons, Ltd., Chichester, New York, Weinheim, Brisbane, Singapore, Toronto, 2001.

82. DEB, K., S. AGRAWAL, A. PRATAP und T. MEYARIVAN: *A Fast Elitist Non-Dominated Sorting Genetic Algorithm for Multi-Objective Optimization: NSGA-II*. In: *Proc. of the 6th International Conference on Parallel Problem Solving from Nature*, Seiten 849–858, Paris, France, September 2000.

83. DEB, K., M. MOHAN und S. MISHRA: *Towards a Quick Computation of Well-Spread Pareto-Optimal Solutions*. In: *Evolutionary Multi-Criterion Optimization*, Band 2632 der Reihe *Lecture Notes in Computer Science (LNCS)*, Seiten 222–236. Springer, April 2003.

84. DE MICHELI, G.: *Synthesis and Optimization of Digital Circuits*. Mc Graw Hill, New York, NY, U.S.A., 1994.

85. DESEL, J. und J. ESPARZA: *Free choice Petri nets*. Cambridge University Press, New York, NY, U.S.A., 1995.

86. DEVADAS, S., A. GOSH und K. KEUTZER: *Logic Synthesis*. Mc Graw Hill, New York, 1994.

87. DEVADAS, S. und S. MALIK: *A Survey of Optimization Techniques Targeting Low Power VLSI Circuits*. In: *DAC'95: Proc. of the 32nd ACM/IEEE conference on Design automation*, Seiten 242–247, New York, NY, U.S.A., 1995. ACM Press.

88. DICK, R. P. und N. K. JHA: *CORDS: Hardware-Software Co-Synthesis of Reconfigurable Real-Time Distributed Embedded Systems*. In: *Proc. of the International Conference on Computer Aided Design*, Seiten 62–67, San Jose, California, U.S.A., November 1998.

89. DICK, R. P. und N. K. JHA: *MOGAC: A Multiobjective Genetic Algorithm for Hardware-Software Co-Synthesis of Distributed Embedded Systems*. IEEE Trans. on Computer-Aided Design of Integrated Circuits and Systems, 17(10):920–935, Oktober 1998.

90. DICK, R. P. und N. K. JHA: *MOCSYN: Multiobjective Core-Based Single-Chip System Synthesis*. In: *Proc. of Design, Automation and Test in Europe*, Seiten 263–270, Munich, Germany, März 1999.

91. DIJKSTRA, E. W.: *Cooperating Sequential Processes*. Programming Languages, Seiten 43–112, 1968.

92. DÖMER, R., B. LANDWEHR und P. MARWEDEL: *OSCAR: Optimum Simultaneous Scheduling, Allocation and Resource Binding Based on Integer Programming*. In: *Proc. EURODAC*, Seiten 90–95, Grenoble, France, 1994.

93. ECKER, K.: *Algorithmic Models for Real-Time Scheduling*. In: HALANG, WOLF-GANG A. und ALEXANDER D. STOYENKO (Herausgeber): *Real Time Computing, Nato ASI Series F: Computer and Systems Sciences, Vol. 127*, Seiten 9–29. Springer, Berlin, 1994.

94. ELES, P., K. KUCHCINSKI und Z. PENG: *System Synthesis with VHDL*. Kluwer Academic Publishers, Boston, MA, 1997.

95. ELES, P., K. KUCHCINSKI, Z. PENG, A. DOBOLI und P. POP: *Scheduling of Conditional Process Graphs for the Synthesisof Embedded Systems*. In: *Proc. of Design, Automation and Test in Europe*, Seiten 132–138, Paris, France, Februar 1998.

96. ELLIS, J. R.: *BULLDOG - A compiler for VLIW architectures*. MIT Press, Cambridge, MA, 1986.

97. ENGELS, M., G. BILSEN, R. LAUWEREINS und J. PEPERSTRAETE: *Cyclo-Static Data Flow: Model and Implementation*. In: *Proc. 28th Asilomar Conf. on Signals, Systems, and Computers*, Seiten 503–507, Pacific Grove, CA, 1994.

98. ERNST, R., J. HENKEL und T. BENNER: *Hardware-Software Cosynthesis for Microcontrollers*. IEEE Design & Test of Computers, 10(4):64–75, Dezember 1994.

99. ETAS: *ERCOSek, OSEK based Real-Time Operating System*. http://www.etas.de/html/en/products/ec/ercosek/en_products_ec_ercosek_index.htm.

100. ETAS: *Real-Time Architect*. http://www.livedevices.co.uk/realtime.shtml.

101. FALK, J., C. HAUBELT und J. TEICH: *Efficient Representation and Simulation of Model-Based Designs in SystemC*. In: *Proc. FDL'06, Forum on Design Languages 2006*, Seiten 129–134, Darmstadt, Germany, September 2006.

102. FAUTH, A.: *Beyond Tool-Specific Machine Description Languages*. In: MARWEDEL, P. und G. GOOSSENS (Herausgeber): *Code Generation for Embedded Processors*, Seiten 138–152. Kluwer Academic Publishers, Boston, MA, 1995.

103. FAUTH, A., J. VANPRAET und M. FREERICKS: *Describing Instruction Set Processors Using nML*. In: *Proc. Europ. Design and Test Conf.*, Seiten 503–507, Paris (France), März 1995.

104. FELDMANN, R., C. HAUBELT, B. MONIEN und J. TEICH: *Fault Tolerance Analysis of Distributed Reconfigurable Systems Using SAT-Based Techniques*. In: CHEUNG, PETER Y. K., GEORGE A. CONSTANTINIDES und JOSE T. DE SOUSA (Herausgeber): *Field-Programmable Logic and Applications, Lecture Notes in Computer Science (LNCS)*, Band 2778, Seiten 478–487, Berlin, Heidelberg, September 2003. Springer.

105. FETTWEIS, A.: *Realizability of Digital Filter Networks*. Archiv Elek. Übertragung, 30(2):90–96, 1976.

106. FIDUCCIA, C. M. und R. M. MATTHEYSES: *A Linear-Time Heuristic for Improving Network Partitions*. In: *Proc. of the Design Automation Conference*, Seiten 175–181, Washington, U.S.A., 1982.

107. FIERZ, H.: *Spezifizieren und Entwickeln mit graphischen Modellen*. Bulletin d. Schweiz. Elektrotechnischen Vereins, 21:33–39, 1995.

108. FIERZ, H., H. MÜLLER und S. NETOS: *CIP- Communicating Interacting Processes*. In: *Proc. SAFECOMP'93*, Poznan-Kiekrz, Poland, 1993.

109. FISCHER, D., U. KASTENS, J. TEICH, M. THIES und R. WEPER: *Design Space Characterization for Architecture/Compiler Co-Exploration*. In: *ACM SIG Proc. International Conference on Compilers, Architectures and Synthesis for Embedded Systems (CASES 2001)*, Seiten 108–115, Atlanta, Georgia, U.S.A., November 2001.

110. FISCHER, D., J. TEICH, M. THIES und R. WEPER: *Efficient Architecture/Compiler Co-Exploration for ASIPs*. In: *ACM SIG Proc. International Conference on Compilers, Architectures and Synthesis for Embedded Systems (CASES 2002)*, Seiten 27–34, Grenoble, France, Oktober 2002. Best Paper Award.

111. FISCHER, D., J. TEICH, M. THIES und R. WEPER: *BUILDABONG: A Framework for Architecture/Compiler Co-Exploration for ASIPs*. Journal for Circuits, Systems, and Computers, Special Issue: Application Specific Hardware Design, Seiten 353–375, 2003. World Publishing Company.

112. FISHER, J.: *Trace Scheduling: A Technique for Global Microcode Compaction*. IEEE Trans. on Computers, C-30(7):478–490, Juli 1981.

113. FLEXRAY-GROUP: *FlexRay*. http://www.flexray.com.

114. FLIK, T.: *Mikroprozessortechnik und Rechnerstrukturen*. Springer, Berlin, 2005. 7. Auflage.

115. http://www.forteds.com.

116. FOWLER, M. und K. SCOTT: *UML Distilled: Applying the Standard Object Modeling Language*. Addison-Wesley, Reading, MA, U.S.A., 1997.

117. FOX, B. R. und M. B. MCMAHON: *Genetic Operators for Sequencing Problems*. In: RAWLINS, GREGORY J. E. (Herausgeber): *Foundations of Genetic Algorithms*, Seiten 284–300, San Francisco, 1991. Morgan Kaufmann Publishers.

118. FRASER, C. und D. HANSON: *A Retargetable C Compiler: Design and Implementation*. Addison-Wesley, Reading, MA, U.S.A., 1995.

119. FRASER, C. W. und R. R. HENRY: *BURG - Fast Optimal Instruction Selection and Tree Parsing*. ACM SIGPLAN Notices, 27(4):68–76, April 1992.

120. FREE SOFTWARE FOUNDATION: *GNU GCC Compiler*. http://gcc.gnu.org.

121. GAJSKI, D., N. DUTT, A. WU und S. LIN: *High Level Synthesis: Introduction to Chip and System Design*. Kluwer, Norwell, Massachusetts, 1992.

122. GAJSKI, D., F. VAHID, S. NARANYAN und J. GONG: *Specification and Design of Embedded Systems*. Prentice Hall, Englewood Cliffs, NJ, 1994.

123. GAJSKI, D. D., F. VAHID und S. NARAYAN: *A System-Level Design Methodology: Executable-Specification Refinement*. In: *Proc. of the European Conference on Design Automation (EDAC)*, Seiten 458–463, Paris, France, 1994.

124. GANDIBLEUX, X., H. MORITA und N. KATOH: *The Supported Solutions Used as a Genetic Information in a Population Heuristic*. In: *Proc. of the First International Conference on Evolutionary Multi-Criterion Optimization, Lecture Notes in Computer Science (LNCS)*, Band 1993, Seiten 429–442, Zurich, Switzerland, März 2001.

125. GAREY, M. R. und D. S. JOHNSON: *Computers and Intractability: A Guide to the Theory of NP-Completeness*. Freeman, New York, 1979.

126. GAREY, M. R., D. S. JOHNSON, G. L. MILLER und C. H. PAPADIMITRIOU: *The Complexity of Coloring Circular Arcs and Chords*. SIAM Journal on Algebraic and Discrete Methods, 1(2):216–227, Juni 1980.

127. GEBOTYS, C. und M. I. ELMASRY: *Optimal VLSI Architectural Synthesis*. Kluwer Academic Publishers, Boston, MA, 1992.

128. GEBOTYS, C. und M. I. ELMASRY: *Global optimization Approach for Architectural Synthesis*. IEEE Journal on CAD, 12(9):1266–1278, September 1993.

129. GEBOTYS, C. H.: *Optimal Synthesis of Multichip Architectures*. In: *Proc. of the International Conference on Computer-Aided Design*, Seiten 238–241, 1992.

130. GILOI, W. K.: *Rechnerarchitektur*. Springer, Berlin, 1997. 2. Auflage.

131. GIRCZYC, E.: *Loop Winding- A Data Flow Approach to Functional Pipelining*. In: *Proc. ISCAS*, Seiten 382–285, Philadelphia, PA, 1987.

554   Literatur

132. GIVARGIS, T., F. VAHID und J. HENKEL: *System-Level Exploration for Pareto-Optimal Configurations in Parameterized Systems-on-a-Chip*. In: *Proc. of the 2001 IEEE/ACM International Conference on Computer-Aided Design*, Seiten 25–30, San Jose, California, November 2001.

133. GLANVILLE, R. S. und S. L. GRAHAM: *A New Method for Compiler Code Generation*. In: *Proc. Fifth ACM Symposium on Principles of Programming Languages*, Seiten 231–240, 1978.

134. GOLDBERG, D. E.: *Genetic Algorithms in Search, Optimization and Machine Learning*. Addison-Wesley Publishing Company, Inc., Reading, MA, 1989.

135. GOLUMBIC, M.: *Algorithmic Graph Theory and Perfect Graphs*. Academic Press, San Diego, CA, 1980.

136. GOODMAN, J. R. und W. HSU: *Code Scheduling and Register Allocation in Large Basic Blocks*. In: *Proc. Int. Conf. Supercomputing*, Seiten 442–452, St. Malo, France, Juli 1988.

137. GOOSSENS, G., D. LANNEER, M. PAUWELS, F. DEPUYDT, K. SCHOOFS, A. KIFLI, M. CORNERO, P. PETRONI, F. CATTHOOR und H. DE MAN: *Integration of Medium-Throughput Signal Processing Algorithms on Flexible Instruction-Set Architectures*. Journal of VLSI Signal Processing, 9(1):49–65, 1995.

138. GOOSSENS, G., P. G. PAULIN, J. VAN PRAET, D. LANNEER, W. GEURTS, A. KIFLI und C. LIEM: *Embedded Software in Real-Time Signal Processing Systems: Design Technologies*. Proc. of the IEEE (special issue on hardware/software co-design), 85(3):436–452, 1997.

139. GOOSSENS, G., J. RABAEY, J. VANDEWALLE und H. DEMAN: *An Efficient Microcode Compiler for Application Specific DSP Processors*. IEEE Trans. on CAD, 9(9):925–937, September 1990.

140. GOOSSENS, G., J. RABAEY, J. VANDEWALLE und H. DE MAN: *An Efficient Microcode Compiler for Custom Microprocessor DSP Systems*. In: *Proc. of the Int. Conf. on CAD*, Seiten 24–27, San Jose, CA, 1987.

141. GOSSENS, G., J. VANDEWALLE und H. DEMAN: *Loop Optimization in Register-Transfer Scheduling for DSP-Systems*. In: *Proc. IEEE 26th Design Automation Conference*, Seiten 826–831, Las Vegas, NV, U.S.A., 1989.

142. GRAHAM, R. L.: *Bounds for Certain Multiprocessing Anomalies*. Bell System Tech. Journal, 45:1563–1581, 1966.

143. GRIES, M.: *Methods for Evaluating and Covering the Design Space during Early Design Development*. INTEGRATION, The VLSI Journal, 38(2):131–183, 2004.

144. GRÖTKER, T., S. LIAO, G. MARTIN und S. SWAN: *System Design with SystemC*. Kluwer Academic Publishers, Norwell, Massachusetts, Dordrecht, 2002.

145. GUNAWAN, S., A. FARHANG-MEHR und S. AZARM: *Multi-Level Multi-Objective Genetic Algorithm Using Entropy to Preserve Diversity*. In: *Evolutionary Multi-Criterion Optimization*, Band 2632 der Reihe *Lecture Notes in Computer Science (LNCS)*, Seiten 148–161, April 2003.

146. GUPTA, R.: *Co-Synthesis of Hardware and Software for Digital Embedded Systems*. Doktorarbeit, Stanford University, Department of Electrical Engineering, Dezember 1992.

147. GUPTA, R. und G. DE MICHELI: *Partitioning of Functional Models of Synchronous Digital Systems*. In: *Proc. of the International Conference on Computer-Aided Design (ICCAD)*, Seiten 216–219, 1990.

148. GUPTA, R. und G. DE MICHELI: *System-Level Synthesis Using Re-Programmable Components*. In: *Proc. of the European Conference on Design Automation (EDAC)*, Seiten 2–7, 1992.

149. GUPTA, R. und G. DE MICHELI: *Hardware-Software Cosynthesis for Digital Systems.* IEEE Design & Test of Computers, 10(3):29–41, Oktober 1993.

150. GUPTA, S., N. D. DUTT, R. GUPTA und A. NICOLAU: *SPARK: A Parallelizing Approach to the High-Level Synthesis of Digital Circuits.* Kluwer Academic Publishers, Norwell, MA, 2004.

151. GUREVICH, Y.: *Evolving Algebras 1993: Lipari Guide.* In: BÖRGER, E. (Herausgeber): *Specification and Validation Methods,* Seiten 9–36, Oxford University Press, 1995.

152. HAFER, L. und A. C. PARKER: *Automated Synthesis of Digital Hardware.* IEEE Trans. on Computers, C-31(2), Februar 1982.

153. HAFER, L. und A. C. PARKER: *A Formal Method for the Specification, Analysis and Design of Register-Transfer Digital Logic.* IEEE Trans. on Computer-Aided Design, CAD-2:4–18, 1983.

154. HALAMBI, A., P. GRUN, V. GANESH, A. KHARE, N. DUTT und A. NICOLAU: *EXPRESSION: A Language for Architecture Exploration through Compiler/Simulator Retargetability.* In: *Proc. DATE,* Seiten 485–490, 1999.

155. HALBWACHS, N.: *Synchronous Programming of Reactive Systems.* Kluwer Academic Publishers, Boston, MA, 1993.

156. HALBWACHS, N., P. CASPI, P. RAYMOND und D. PILAUD: *The Synchronous Data Flow Programming Language LUSTRE.* Proc. of the IEEE, 79(9):1305–1320, September 1989.

157. HANSEN, C. und O. BRINGMANN: *Spezifikation von VHDL-Verhaltensbeschreibungen für das High-Level Synthesesystem CADDY-II.* Technischer Bericht, FZI Forschungsbericht Nr. 5-13-10/98, Karlsruhe, Deutschland, 1998.

158. HARDT, W. und R. CAMPOSANO: *Specification Analysis for HW/SW-Partitioning.* In: *Proc. GI/ITG Workshop Application of Formal Methods during the Design of Hardware Systems,* Seiten 1–10, Passau, Germany, März 1995.

159. HAREL, D.: *Statecharts: A Visual Formalism for Complex Systems.* Science of Computer Programming, 8(3):231–274, Juni 1987.

160. HASHIMOTO, A. und J. STEVENS: *Wire Routing by Optimizing Channel Assignment within Large Apertures.* In: *Proc. of the 8th Design Automation Workshop,* Seiten 155–163, Atlantic City, NJ, 1971.

161. HAUBELT, C.: *Automatic Model-Based Design Space Exploration for Embedded Systems – A System Level Approach.* Doktorarbeit, Friedrich-Alexander-Universität Erlangen-Nürnberg, Deutschland, Juli 2005.

162. HAUBELT, C., J. FALK, J. KEINERT, T. SCHLICHTER, M. STREUBÜHR, A. DEYHLE, A. HADERT und J. TEICH: *A SystemC-based Design Methodology for Digital Signal Processing Systems.* EURASIP Journal on Embedded Systems, Special Issue on Embedded Digital Signal Processing Systems, 2007.

163. HAUBELT, C., J. GAMENIK und J. TEICH: *Initial Population Construction for Convergence Improvement of MOEAs.* In: COELLO COELLO, CARLOS A., ARTURO HERNÁNDEZ AGUIRRE und ECKART ZITZLER (Herausgeber): *Evolutionary Multi-Criterion Optimization,* Band 3410 der Reihe *Lecture Notes in Computer Science (LNCS),* Seiten 191–205, Berlin, Heidelberg, New York, März 2005. Springer.

164. HAUBELT, C., S. OTTO, C. GRABBE und J. TEICH: *A System-Level Approach to Hardware Reconfigurable Systems.* In: *Proc. of Asia and South Pacific Design, Automation and Test Conference,* Seiten 298–301, Shanghai, China, Januar 2005.

165. HAUBELT, C., T. SCHLICHTER und J. TEICH: *Improving Automatic Design Space Exploration by Integrating Symbolic Techniques into Multi-Objective Evolutionary Algorithms.* International Journal of Computational Intelligence Research (IJCIR), Special Issue on Multiobjective Optimization and Applications, 2(3):239–254, 2006.

166. HAUBELT, C. und J. TEICH: *Accelerating Design Space Exploration Using Pareto-Front Arithmetics*. In: *Proc. of Asia and South Pacific Design, Automation and Test Conference*, Seiten 525–531, Kitakyushu, Japan, Januar 2003.

167. HAUBELT, C., J. TEICH, K. RICHTER und R. ERNST: *Flexibility/Cost-Tradeoffs in Platform-Based Design*. In: DEPRETTERE, ED F., JÜRGEN TEICH und STAMATIS VASSILIADIS (Herausgeber): *Embedded Processor Design Challenges*, Band 2268 der Reihe *Lecture Notes in Computer Science (LNCS)*, Seiten 38–56, Berlin, Heidelberg, März 2002. Springer.

168. HAUBELT, C., J. TEICH, K. RICHTER und R. ERNST: *System Design for Flexibility*. In: *Proc. of Design, Automation and Test in Europe*, Seiten 854–861, Paris, France, März 2002.

169. HENDREN, L. J., G. R. GAO, E. R. ALTMAN und C. MUKERJI: *A Register Allocation Framework Based on Hierarchical Cyclic Interval Graphs*. In: *Proc. ACM Int. Conf. on Compiler Construction*, Seiten 176–191, Paderborn, Germany, 1992.

170. HENKEL, J. und R. ERNST: *An Approach to Automated Hardware/Software Partitioning Using a Flexible Granularity that is Driven by High-Level Estimation Techniques*. IEEE Trans. on Very Large Scale Integration (VLSI) Systems, 9(2):273–289, April 2001.

171. HENNESSY, J. L. und D. A. PATTERSON: *Computer Architecture: A Quantitative Approach*. Morgan Kaufmann Publishers, San Mateo, California, 2006. 4. Auflage.

172. HENRY, R. R.: *Graham-Glanville Code Generators*. Doktorarbeit, Univ. of California, Berkeley, CA, U.S.A., 1984.

173. HILDEBRAND, D.: *An Architectural Overview of QNX*. In: *Proc. of the Workshop on Micro-kernels and Other Kernel Architectures*, Seiten 113–126, Berkeley, CA, U.S.A., 1992. USENIX Association.

174. HILLIER, F. S. und G. J. LIEBERMAN: *An Introduction to Operations Research*. Holden Day, San Francisco, 2005. 8. Auflage.

175. HOARE, C. A. R.: *Communicating Sequential Processes*. Prentice Hall, Englewood Cliffs, NJ, 1985.

176. HOLLAND, J. H.: *Adaption in Natural and Artificial Systems*. Bradford Book, MIT Press, Cambridge, Massachusetts, 1992.

177. HOLTMANN, U. und R. ERNST: *Experiments with Low-Level Speculative Computation based on Multiple Branch Prediction*. IEEE Trans. on VLSI, 1(3):262–267, September 1993.

178. HORN, W. A.: *Some Simple Scheduling Algorithms*. Naval Research Logistics Quarterly, 21:177–185, 1974.

179. HOROWITZ, J.: *Critical Path Scheduling, Management Control Through CPM and PERT*. R. E. Krieger, Huntington, New York, 1980.

180. HOROWITZ, M., T. INDERMAUR und R. GONZALEZ: *Low Power Digital Design*. In: *Proc. IEEE Symposium on Low Power Electronics*, Seiten 8–11, San Diego, CA, 1994.

181. HSU, C., M. KO und S. S. BHATTACHARYYA: *Software Synthesis from the Dataflow Interchange Format*. In: *Proc. of the International Workshop on Software and Compilers for Embedded Systems*, Seiten 37–49, Dallas, Texas, September 2005.

182. HUANG, I.-J. und A. DESPAIN: *Generating Instruction Sets and Microarchitectures from Applications*. In: *Proc. IEEE/ACM Int. Conf. Comp.-Aided Design*, Seiten 391–396, San Jose (Calif., U.S.A.), November 1994.

183. HU, T. C.: *Parallel Sequencing and Assembly Line Problems*. Operations Research, 9(6):841–848, 1961.

184. HWANG, C. T., J. H. LEE und Y. C. HSU: *A Formal Approach to the Scheduling Problem in High Level Synthesis*. IEEE Trans. on Computer-Aided Design, CAD-10(4):464–475, April 1991.

185. http://www.ilogix.com.

186. IEEE: *IEEE Standard VHDL Language Reference Manual*. IEEE, IEEE Std. 1076-1987, 1987.

187. IEEE: *IEEE Standard VHDL Language Reference Manual*. IEEE, IEEE Std. 1076-1993, 1993.

188. IEEE: *IEEE 1666 Standard SystemC Language Reference Manual*, März 2006. http://standards.ieee.org/getieee/1666/index.html.

189. IENNE, P. und R. LEUPERS (Herausgeber): *Customizable Embedded Processors*. Morgan Kaufmann, San Francisco, 2006.

190. ILOG: *CPLEX*, 2006. http://www.ilog.com/products/cplex.

191. INFINIBAND TRADE ASSOCIATION: *InfiniBand Architecture Specifications Volume 1 Release 1.2*, Oktober 2004.

192. INMOS: *OCCAM Reference Manual*. Prentice Hall, Englewood Cliffs, NJ, 1988.

193. ISMAIL, T. B., K. O'BRIEN und A. A. JERRAYA: *Interactive System-Level Partitioning with PARTIF*. In: *Proc. of the European Conference on Design Automation (EDAC)*, Seiten 464–473, Paris, France, 1994.

194. IYER, A. und D. MARCULESCU: *Power and Performance Evaluation of Globally Asynchronous Locally Synchronous Processors*. In: *ISCA'02: Proc. of the 29th Annual International Symposium on Computer Architecture*, Seiten 158–168, Washington DC, U.S.A., 2002. IEEE Computer Society.

195. JACKSON, J. R.: *Scheduling a Production Line to Minimize Maximum Tardiness*. Technischer Bericht 43, Management Science Project, Univ. of Cal., Los Angeles, 1955.

196. JAIN, R., M. MLINAR und A. PARKER: *Area-Time Model for Synthesis of Non-Pipelined Designs*. In: *Proc. of the International Conference on Computer-Aided Design*, Seiten 48–51, 1988.

197. JENSEN, K.: *Coloured Petri Nets: Basic Concepts, Analysis Methods and Practical Use*, Band 1. Springer-Verlag, London, UK, 1996. 2. Auflage.

198. JOHNSON, S. C.: *Hierarchical Clustering Schemes*. Psychometrika, Seiten 241–254, September 1967.

199. JOSEPH, M. und P. PANDYA: *Finding Response Times in a Real-Time System*. The Computer Journal, 29(5):390–395, 1986.

200. JOSEPHSON, J. R., B. CHANDRASEKARAN, M. CARROLL, N. IYER, B. WASACZ, G. RIZZONI, Q. LI und D. A. ERB: *An Architecture for Exploring Large Design Spaces*. In: *Proc. of the fifteenth national Conference on Artificial intelligence/Innovative applications of artificial intelligence (AI)*, Seiten 143–150, Madison, U.S.A., 1998.

201. JÜNGER, M., G. REINELT und S. THIENEL: *Provably Good Solutions for the Traveling Salesman Problem*. Technischer Bericht 92-31, Interdisziplinäres Zentrum für wissenschaftliches Rechnen, Universität Heidelberg, Germany, 1992.

202. KAHN, G.: *The Semantics of a Simple Language for Parallel Programming*. In: *Proc. of the IFIP Congress 74*, Seiten 471–475, Stockholm, Sweden, 1974.

203. KALAVADE, A. und P. A. SUBRAHMANYAM: *Hardware/Software Partitioning for Multi-Function Systems*. In: *Proc. of the 1997 IEEE/ACM International Conference on Computer-Aided Design*, Seiten 516–521, San Jose, CA, November 1997.

204. KANESHIRO, R., K. KONSTANTINIDES und J. TANI: *Task Allocation and Scheduling Models for Multiprocessor Digital Signal Processing*. IEEE Trans. on Accoustics, Speech and Signal Processing, 38(12):2151–2161, Dezember 1990.

205. KANGAS, T., P. KUKKALA, H. ORSILA, E. SALMINEN, M. HÄNNIKÄINEN, T. D. HÄMÄLÄINEN, J. RIIHIMÄKI und K. KUUSILINNA: *UML-Based Multiprocessor SoC Design Framework*. ACM Trans. on Embedded Computing Systems, 5(2):281–320, Mai 2006.

206. KARP, R. M. und R. E. MILLER: *Properties of a Model for Parallel Computations.* SIAM Journal Appl. Math., 14:1390–1411, 1966.

207. KÄSTNER, D.: *Retargetable Postpass Optimization by Integer Linear Programming.* Doktorarbeit, Universität des Saarlandes, Saarbrücken, 2000.

208. KERNIGHAN, B. W. und S. LIN: *An Efficient Heuristic Procedure for Partitioning Graphs.* Bell System Technical Journal, 49(2):291–307, Februar 1970.

209. KEUTZER, K. und W. WOLF: *Anatomy of a Hardware Compiler.* In: *Proc. ACM SIGPLAN Conf. Prog. Lang. Design and Implement.*, Seiten 95–104, Atlanta, GA, U.S.A., 1988.

210. KIANZAD, V. und S. S. BHATTACHARYYA: *CHARMED: A Multi-Objective Co-Synthesis Framework for Multi-Mode Embedded Systems.* In: *Proc. of the 15th IEEE International Conference on Application-Specific Systems, Architectures and Processors (ASAP'04)*, Seiten 28–40, Galveston, U.S.A., September 2004.

211. KIANZAD, V. und S. S. BHATTACHARYYA: *Efficient Techniques for Clustering and Scheduling onto Embedded Multiprocessors.* IEEE Trans. on Parallel and Distributed Systems, 17(7):667–680, Juli 2006.

212. KIENHUIS, A. C. J.: *Design Space Exploration of Stream-Based Dataflow Architectures – Methods and Tools.* Doktorarbeit, Delft University of Technology, Januar 1999.

213. KIENHUIS, B., E. DEPRETTERE, K. VISSERS und P. VAN DER WOLF: *An Approach for Quantitative Analysis of Application-Specific Dataflow Architectures.* In: *Proc. of the IEEE International Conference on Application-Specific Systems, Architectures and Processors*, Seiten 338–349, Zurich, Switzerland, Juli 1997.

214. KIENHUIS, B., E. F. DEPRETTERE, P. VAN DER WOLF und K. VISSERS: *A Methodology to Design Programmable Embedded Systems.* In: *Proc. of Systems, Architectures, Modeling, and Simulation (SAMOS)*, Seiten 18–37, Samos, Greece, 2002.

215. KIM, K., R. KARRI und M. POTKONJAK: *Synthesis of Application Specific Programmable Processors.* In: *Proc. of the 34th Design Automation Conference*, Seiten 353–358, Anaheim, CA, Juni 1997.

216. KIRKPATRICK, S., C. D. GELATT und M. P. VECCHI: *Optimization by Simulated Annealing.* Science, 220(4598):671–680, 1983.

217. KIRKPATRICK, Y. C. und C. K. CHENG: *Ratio Cut Partitioning for Hierarchical Designs.* IEEE Trans. on CAD, 10(7):911–921, Juli 1991.

218. KLEIN, M.: *A Practitioner's Handbook for Real-Time Analysis.* Kluwer Academic Publishers, Boston, Massachusetts, U.S.A., 1993.

219. KOCK, E. A. DE, G. ESSINK, W. J. M. SMITS, P. VAN DER WOLF, J.-Y. BRUNEL, W. M. KRUIJTZER, P. LIEVERSE und K. A. VISSERS: *YAPI: Application Modeling for Signal Processing Systems.* In: *Proc. of the 37th Conference on Design Automation*, Seiten 402–405, Los Angeles, U.S.A., Juni 2000.

220. KOPETZ, H.: *Real-Time Systems – Design Principles for Distributed Embedded Applications.* Kluwer Academic Publishers, Boston, Massachusetts, 1997.

221. KORST, J., E. AARTS, J. K. LENSTRA und J. WESSELS: *Periodic Assignment and Graph Coloring.* Discrete Applied Mathematics, 51(3):291–305, Juli 1992.

222. KRISHNA, C. M. und Y. H. LEE: *Special Issue on Real-Time Systems.* Proc. of the IEEE, Januar 1994.

223. KRISHNAMURTHY, B.: *An Improved Min-Cut Algorithm for Partitioning VLSI Networks.* IEEE Trans. on Computers, 33(5):438–446, Mai 1984.

224. KÜÇÜKÇAKAR, K. und A. C. PARKER: *A Methodology and Design Tools to Support System-Level VLSI Design.* IEEE Trans. on VLSI systems, 3(3):355–369, September 1995.

225. KU, D. C. und G. DE MICHELI: *High Level Synthesis of ASICS under Timing and Synchronization Constraints*. Kluwer Academic Publishers, Boston, MA, 1992.

226. KÜNZLI, S., F. POLETTI, L. BENINI und L. THIELE: *Combining Simulation and Formal Methods for System-Level Performance Analysis*. In: *Proc. of Design, Automation and Test in Europe*, Seiten 236–241, Munich, Germany, März 2006. IEEE Computer Society.

227. LABROSSE, J. J.: *MicroC/OS-II - The Real-Time Kernel*. CMB Books, San Francisco, CA, 2002.

228. LAGNESE, E. D. und D. E. THOMAS: *Architectural Partitioning for System Level Synthesis of Integrated Circuits*. IEEE Trans. on CAD, 10(7):847–860, Juli 1991.

229. LAHIRI, K., A. RAGHUNATHAN und S. DEY: *Efficient Exploration of the SoC Communication Architecture Design Space*. In: *Proc. of the 2000 International Conference on Computer-Aided Design*, Seiten 424–430, San Jose, U.S.A., November 2000.

230. LAHIRI, K., A. RAGHUNATHAN und S. DEY: *System-Level Performance Analysis for Designing On-Chip Communication Architectures*. IEEE Trans. on Computer Aided Design of Integrated Circuits and Systems, 20(6):768–783, Juni 2001.

231. LAM, M.: *Software Pipelining: An Effective Scheduling Technique for VLIW Machines*. In: *Proc. of the SIGPLAN'88 Conference on Programming Language Design and Implementation*, Seiten 318–328. ACM, 1988.

232. LANNEER, D., M. CORNERO, G. GOOSSENS und H. DEMAN: *Data Routing: A Paradigm for Efficient Data-Path Synthesis and Code Generation*. In: *Proc. 7th ACM/IEEE Int. Symp. on High-Level Synthesis*, Seiten 17–22, Niagara-on-the-Lake (Ont., Canada), Mai 1994.

233. LANNEER, D., J. VAN PRAET, A. KIFLI, K. SCHOOFS, W. GEURTS, F. THOEN und G. GOOSSENS: *Chess: Retargetable Code Generation for Embedded DSP Processors*. In: MARWEDEL, P. und G. GOOSSENS (Herausgeber): *Code Generation for Embedded Processors*, Seiten 85–102. Kluwer Academic Publishers, Boston, MA, 1995.

234. LAUMANNS, M.: *Analysis and Applications of Evolutionary Multiobjective Optimization Algorithms*. Doktorarbeit, Eidgenössische Technische Hochschule Zürich, August 2003.

235. LAUMANNS, M., L. THIELE, K. DEB und E. ZITZLER: *Combining Convergence and Diversity in Evolutionary Multi-Objective Optimization*. Evolutionary Computation, 10(3):263–282, 2002.

236. LAWLER, E. L.: *Optimal Sequencing of a Single Machine Subject to Precedence Constraints*. Management Science, 19:544–546, 1973.

237. LAWLER, E. L.: *Combinatorial Optimization: Networks and Matroids*. Holt, Rinehardt, and Winston, New York, U.S.A., 1976.

238. LEE, E. A.: *A Coupled Hardware and Software Architecture for Programmable Digital Signal Processors*. Doktorarbeit, Dept. of EECS, UC Berkeley, Berkeley, CA 94720, U.S.A., 1986.

239. LEE, E. A.: *Dataflow Process Networks*. Technischer Bericht UCB/ERL 94/53, Dept. of EECS, UC Berkeley, Berkeley, CA 94720, U.S.A., 1993.

240. LEE, E. A. und S. HA: *Scheduling Strategies for Multiprocessor Real-Time DSP*. In: *Proc. IEEE Global Telecommunications Conf. (Globecom)*, Dallas, Texas, 1989.

241. LEE, E. A. und D. G. MESSERSCHMITT: *Synchronous Dataflow*. Proc. of the IEEE, 75(9):1235–1245, 1987.

242. LEHOCZKY, J.: *Fixed Priority Scheduling of Periodic Task Sets with Arbitrary Deadlines*. In: *Proc. of the 11th IEEE Real-Time Systems Symposium*, Seiten 201–209, 1990.

243. LEISERSON, C. E., F. M. ROSE und J. B. SAXE: *Optimizing Synchronous Circuitry by Retiming*. In: *Proc. Third Caltech Conf. on VLSI*, Seiten 87–116, Rockville, MD, 1983.

244. LENGAUER, T.: *Combinatorial Algorithms for Integrated Circuit Layout*. John Wiley, New York, 1990.

245. LENSTRA, J. K., A. H. G. RINNOY KAN und P. BRUCKNER: *Complexity of Machine Scheduling Problems*. Ann. Discrete Math., 1:343–362, 1977.

246. LEUNG, J. und J. WHITEHEAD: *On the Complexity of Fixed Priority Scheduling of Periodic, Real-Time Tasks*. Performance Evaluation, 2(4):237–250, 1982.

247. LEUPERS, R.: *Retargetable Code Generation for Digital Signal Processors*. Kluwer Academic Publishers, Boston, MA, 1997.

248. LEUPERS, R.: *Code Optimization Techniques for Embedded Processors – Methods, Algorithms, and Tools*. Kluwer Academic Publishers, Boston, MA, 2000.

249. LEUPERS, R. und P. MARWEDEL: *Retargetable Compiler Technology for Embedded Processors - Tools and Applications*. Kluwer Academic Publishers, Boston, Massachusetts, U.S.A., 2001.

250. LEUPERS, R., W. SCHENK und P. MARWEDEL: *Retargetable Code Generation by Boot Strapping*. In: *Proc. 7th ACM/IEEE Int. Symp. on High-Level Synthesis*, Seiten 88–93, Niagara-on-the-Lake (Ont., Canada), Mai 1994.

251. LIDSKY, D. und J. RABAEY: *Low-Power Design of Memory Intensive Functions*. In: *Proc. Symposium on Low Power Electronics*, Seiten 16–17, San Diego, CA, Oktober 1994.

252. LIEBIG, H.: *Rechnerorganisation, Die Prinzipien*. Springer, Berlin, 2003. 3. Auflage.

253. LIEM, C.: *Retargetable Compilers for Embedded Core Processors*. Kluwer Academic Publishers, Boston, MA, 1997.

254. LIEM, C., T. MAY und P. PAULIN: *Instruction-Set Matching and Selection for DSP and ASIP Code Generation*. In: *Proc. Europ. Design and Test Conf.*, Seiten 31–37, Paris, France, Februar 1994.

255. LIEVERSE, P., P. VAN DER WOLF und E. DEPRETTERE: *A Trace Transformation Technique for Communication Refinement*. In: *Proc. 9th International Symposium on Hardware/Software Codesign (CODES'2001)*, Seiten 134–139, Copenhagen, Denmark, April 2001.

256. LIEVERSE, P., P. VAN DER WOLF, E. DEPRETTERE und K. VISSERS: *A Methodology for Architecture Exploration of Heterogeneous Signal Processing Systems*. Journal of VLSI Signal Processing for Signal, Image and Video Technology, 29(3):197–207, November 2001.

257. LINIAL, L. und U. VAZIRANI: *Graph Products and Chromatic Numbers*. In: *Proc. of the 30th Annual IEEE Symposium on Foundation of Computer Science*, Seiten 124–128, 1989.

258. LIPP, H. M. und J. BECKER: *Grundlagen der Digitaltechnik*. Oldenbourg Wissenschaftsverlag, München, Wien, 2005. 5. Auflage.

259. LIU, C. L. und J. W. LAYLAND: *Scheduling Algorithms for Multiprogramming in a Hard-Real-Time Environment*. JACM, 20(1):46–61, 1973.

260. LIU, D. und C. SVENSSON: *Power Consumption Estimation in CMOS VLSI Chips*. IEEE Journal of Solid-State Circuits, 29(6):663–660, Juni 1994.

261. LIU, J.: *Real-Time Systems*. Prentice-Hall, Boston, Massachusetts, U.S.A., 2000.

262. LI, Y. S. und S. MALIK: *Performance Analysis of Embedded Software Using Implicit Path Enumeration*. IEEE Trans. on Computer-Aided Design of Integrated Circuits and Systems, 16(12):1477–1487, Dezember 1997.

263. LUCKE, L. F. und K. K. PARHI: *Generalized ILP Scheduling and Allocation for High-Level DSP Synthesis*. In: *Proc. IEEE Custom Integr. Circuits Conference*, Seiten 11–20, 1993.

264. LY, T. und J. T. MOWCHENKO: *Applying Simulated Evolution to High Level Synthesis.* IEEE Trans. on CAD, CAD-12(3):389–409, März 1993.

265. MACIEL, F., Y. MIYANAGA und K. TOCHINAI: *Optimizing and Scheduling DSP Programs for High Throughput VLSI Designs.* IEICE Transactions – Japan, E75-A(10):1191–1202, Oktober 1992.

266. MADISETTI, V. K.: *Digital Signal Processors - An Introduction to Rapid Prototyping and Design Synthesis.* John Wiley and Sons, New York, 1992.

267. MALIK, S., W. WOLF, A. WOLFE, Y.-T. LI und T.-Y. YEN: *Performance Analysis of Embedded Processors.* In: *Lecture notes NATO Workshop on Hardware/Software Codesign.* NATO Advanced Study Institute, Tremezzo, Italy, 1995.

268. MAN, H. DE: *Keynote Session at DATE'02*, 2002.

269. MAN, H. DE, J. RABAEY, P. SIX und L. J. M. CLAESEN: *Cathedral–II: A Silicon Compiler for Digital Signal Processing.* IEEE Design & Test of Computers, 3(6):13–25, 1986.

270. MARWEDEL, P.: *A New Synthesis Algorithm for the Mimola Software System.* In: *Proc. of the 23rd Design Automation Conference*, Seiten 271–277, Las Vegas, NV, 1986.

271. MARWEDEL, P.: *MSSV: Tree-Based Mapping of Algorithms to Predefined Structures.* In: *Proc. IEEE/ACM Int. Conf. Comp.-Aided Design*, Seiten 586–593, Santa Clara (Calif., U.S.A.), November 1993.

272. MARWEDEL, P.: *Embedded System Design.* Springer-Verlag New York, Inc., Secaucus, NJ, U.S.A., 2006.

273. MCFARLAND, M. C.: *Using Bottom-Up Design Techniques in the Synthesis of Hardware from Abstract Behavioral Descriptions.* In: *Proc. 23rd Design Automation Conference*, Seiten 474–480, Las Vegas, NV, Juni 1986.

274. MCFARLAND, M. C. und T. J. KOWALSKI: *Incorporating Bottom-Up Design into Hardware Synthesis.* IEEE Trans. on CAD, 9(9):938–950, September 1990.

275. MCFARLAND, M. C., A. C. PARKER und R. CAMPOSANO: *The High-Level Synthesis of Digital Systems.* Proc. of the IEEE, 78(2):301–318, Februar 1990.

276. MCNAUGHTON, R.: *Scheduling with Deadlines and Loss Functions.* Management Sci., 6:1–12, 1959.

277. http://www.mentor.com/products/c-based_design.

278. MIHAL, A., C. KULKARNI, M. MOSKEWICZ, M. TSAI, N. SHAH, S. WEBER, Y. JIN, K. KEUTZER, C. SAUER, K. VISSERS und S. MALIK: *Developing Architectural Platforms: A Disciplined Approach.* IEEE Design & Test of Computers, 19(6):6–16, November 2002.

279. MILNER, R.: *A Calculus of Communicating Systems*, Band 92 der Reihe *Lecture Notes in Computer Science (LNCS)*. Springer-Verlag New York, Inc, New York, NY, 1980.

280. MOHANTY, S., V. K. PRASANNA, S. NEEMA und J. DAVIS: *Rapid Design Space Exploration of Heterogeneous Embedded Systems Using Symbolic Search and Multi-Granular Simulation.* In: *Proc. of the joint Conference on Languages, Compilers and Tools for Embedded Systems: Software and Compilers for Embedded Systems*, Seiten 18–27, Berlin, Germany, Juni 2002.

281. MONTEIRO, J. und S. DEVADAS: *Computer-Aided Design Techniques for Low Power Sequential Logic Circuits.* Kluwer Academic Publishers, Norwell, MA, U.S.A., 1996.

282. MOON, S. und K. EBCIOGLU: *An Efficient Resource Constrained Global Scheduling Technique for Superscalar and VLIW Processors.* In: *Proc. 25th Annual Int. Symp. Microarchitecture*, Seiten 55–71, Portland (Oregon, U.S.A.), Dezember 1992.

283. MOORE, J. M.: *An n Job, One Machine Sequencing Algorithm for Minimizing the Number of Late Jobs.* Management Sci., 15:102–109, 1968.

284. MOSTAGHIM, S. und J. TEICH: *The Role of ε-Dominance in Multi-Objective Particle Swarm Optimization*. In: *Proc. Congress on Evolutionary Computation*, Seiten 1764–1771, Canberra, Australia, Dezember 2003.

285. MUCHNIK, S. S.: *Advanced Compiler Design & Implementation*. Morgan Kaufmann Publishers, San Mateo, California, 1997.

286. MURATA, T.: *Petri Nets: Properties, Analysis, and Applications*. Proc. of the IEEE, 77(4):541–580, 1989.

287. MURTHY, P. K. und S. S. BHATTACHARYYA: *Memory Management for Synthesis of DSP Software*. CRC Press, Boca Raton, FL, U.S.A., 2006.

288. MURTHY, P. K., S. S. BHATTACHARYYA und E. A. LEE: *Minimizing Memory Requirements for Chain-Structured Synchronous Dataflow Programs*. In: *Proc. ICASSP-94*, Seiten II–453–II–456, Adelaide, Australia, 1994.

289. NAJM, F. N.: *A Survey of Power Estimation Techniques in VLSI Circuits*. IEEE Trans. on Very Large Scale Integration (VLSI) Systems, 2(4):446–455, 1994.

290. NARAYAN, S. und D. D. GAJSKI: *System Clock Estimation Based on Clock Slack Minimization*. In: *Proc. of the European Design Automation Conference (EuroDAC)*, Seiten 66–71, Hamburg, Germany, 1992.

291. NEEMA, S.: *System Level Synthesis of Adaptive Computing Systems*. Doktorarbeit, Vanderbilt University, Nashville, Tennessee, Mai 2001.

292. NEMHAUSER, G. L. und L. A. WOLSEY: *Integer and Combinatorial Optimization*. John Wiley and Sons, New York, 1988.

293. NICOLAU, A. und R. POTASMAN: *Incremental Tree Height Reduction for High Level Synthesis*. In: *Proc. 28th ACM/IEEE Design Automation Conf.*, Seiten 770–774, San Francisco (Calif., U.S.A.), Juni 1991.

294. NICOLAU, A., R. POTASMAN und W. WANG: *Register Allocation, Renaming and Their Impact on Parallelism*. In: *Proc. 4th Int. Workshop on Lang. and Compilers for Paral. Proc.*, Seiten 218–235, Santa Clara, CA, 1991.

295. NIELSON, F., H. R. NIELSON und C. HANKIN: *Principles of Program Analysis*. Springer, Heidelberg, Berlin, New York, 2005. 2. Auflage.

296. NIEMANN, R. und P. MARWEDEL: *An Algorithm for Hardware/Software Partitioning Using Mixed Integer Linear Programming*. Design Automation for Embedded Systems, 2(2):165–193, März 1997.

297. NIKOLOV, H., T. STEFANOV und E. DEPRETTERE: *Multi-Processor System Design with ESPAM*. In: *4th IEEE/ACM/IFIP Int. Conf. on HW/SW Codesign and System Synthesis (CODES-ISSS'06)*, Seiten 211–216, Seoul, Korea, 2006.

298. NOVACK, S., A. NICOLAU und N. DUTT: *A Unified Code Generation Approach Using Mutation Scheduling*. Technischer Bericht, No. UCI-ICS-94-35, Dept. of Inform. and Comp. Sci., UC Irvine, (Calif., U.S.A.), 1994.

299. ORLIN, J. B., M. BONUCCELLI und D. BOVET: *An $O(n^2)$ Algorithm for Coloring Proper Circular Arcs*. SIAM Journal on Algebraic and Discrete Methods, 2:88–93, 1981.

300. PALESI, M. und T. GIVARGIS: *Multi-Objective Design Space Exploration Using Genetic Algorithms*. In: *Proc. of the 10th international symposium on Hardware/Software Codesign*, Seiten 67–72, Estes Park, U.S.A., Mai 2002.

301. PANDA, P. und N. DUTT: *Behavioral Array Mapping into Multiport Memories Targeting Low Power*. In: *Proc. of the 10th International Conference on VLSI Design*, Seiten 268–272, Hyderabad, India, Januar 1997.

302. PANGRLE, B. und D. GAJSKI: *Design Tools for Intelligent Silicon Compilation*. IEEE Trans. on CAD, CAD-6(6):1098–1112, November 1987.

303. PAPADIMITRIOU, C. H. und K. STEIGLITZ: *Combinatorial Optimization (Algorithms and Complexity)*. Prentice-Hall, Reading, MA, 1982.

304. PARETO, V.: *Cours d'Économie Politique*, Band 1. F. Rouge & Cie., Lausanne, Switzerland, 1896.

305. PARHI, K. K. und D. G. MESSERSCHMITT: *Static Rate-Optimal Scheduling of Iterative Data-Flow Programs via Optimum Unfolding*. IEEE Trans. on Computers, 40(2):178–194, Februar 1991.

306. PARKER, A. C., J. PIZARRO und M. MLINAR: *Maha: A Program for Datapath Synthesis*. In: *Proc. IEEE 2nd Design Automation Conference*, Seiten 461–466, New York, NY, 1986.

307. PARK, N. und A. C. PARKER: *Sehwa: A Software Package for Synthesis of Pipelines from Behavioral Specifications*. IEEE Trans. on CAD/ICAS, CAD-7(3):356–370, 1988.

308. PATTERSON, D. A. und J. L. HENNESSY: *Computer Organization & Design: The Hardware/Software Interface*. Morgan Kaufmann Publishers, San Mateo, California, 2004. 3. Auflage.

309. PATTERSON, D. A. und J. L. HENNESSY: *Rechnerorganisation und -entwurf: Die Hardware/Software-Schnittstelle*. Elsevier, Heidelberg, 2005. 3. Auflage.

310. PAULIN, P.: *Trends in Embedded Systems Technology: An Industrial Perspective*. In: *Handouts Workshop on Hardware/Software Co-Design*, NATO Advanced Study Institute, Tremezzo, Italy, 1995.

311. PAULIN, P. G. und J. P. KNIGHT: *Force-Directed Scheduling for the Behavioral Synthesis*. IEEE Trans. on Computer-Aided Design, CAD-8(6):661–679, Juli 1989.

312. PAULIN, P. G., C. LIEM, T. C. MAY und S. SUTURWALA: *CodeSyn: A Retargetable Code Synthesis System*. In: *Proc. 7th ACM/IEEE Int. Symp. on High-Level Synthesis*, Seite 94, Niagara-on-the-Lake (Ont., Canada), Mai 1994.

313. PEDRAM, M.: *Power Minimization in IC Design: Principles and Applications*. ACM Trans. on Design Automation of Electronic Systems., 1(1):3–56, 1996.

314. PEDRAM, M.: *Power Simulation and Estimation in VLSI Circuits*. The VLSI handbook. CRC Press, Inc., Boca Raton, FL, USA, 2000.

315. PEIXOTO, H. P., M. F. JACOME, A. ROYO und J. C. LOPEZ: *The Design Space Layer: Supporting Early Design Space Exploration for Core-Based Designs*. In: *Proc. of the Conference on Design, Automation and Test in Europe*, Seiten 676–683, Munich, Germany, März 1999.

316. PETERSON, J. L.: *Petri Net Theory and Modeling of Systems*. Prentice-Hall, Reading, MA, 1981.

317. PETRI, C. A.: *Interpretations of a Net Theory*. Technischer Bericht 75–07, GMD, Bonn, Germany, 1975.

318. PHILIPS SEMICONDUCTORS: *Controller Area Network CAN*. http://www.semiconductors.philips.com/can/.

319. PIMENTEL, A. D., C. ERBAS und S. POLSTRA: *A Systematic Approach to Exploring Embedded System Architectures at Multiple Abstraction Levels*. IEEE Trans. on Computers, 55(2):99–112, 2006.

320. PIMENTEL, A. D., L. O. HERTZBERGER, P. LIEVERSE, P. VAN DER WOLF und E. F. DEPRETTERE: *Exploring Embedded-Systems Architectures with Artemis*. IEEE Computer, 34(11):57–63, November 2001.

321. PIMENTEL, A. D., S. POLSTRA, F. TERPSTRA, A. W. VAN HALDEREN, J. E. COFFLAND und L. O. HERTZBERGER: *Towards Efficient Design Space Exploration of Heterogeneous Embedded Media Systems*. In: DEPRETTERE, E. F., J. TEICH und S. VASSILIADIS (Herausgeber): *Embedded Processor Design Challenges*, Band 2268 der Reihe

564   Literatur

Lecture Notes in Computer Science (LNCS), Seiten 57–73, Berlin, Heidelberg, März 2002. Springer.

322. POP, P., P. ELES und Z. PENG: *Performance Estimation for Embedded Systems with Data and Control Dependencies*. In: *Proc. of the 8th International Workshop on Hardware/Software Codesign (CODES'00)*, Seiten 62–66, San Diego, U.S.A., Mai 2000.

323. POP, T., P. ELES und Z. PENG: *Holistic Scheduling and Analysis of Mixed Time/Event-Triggered Distributed Embedded Systems*. In: *Proc. of the International Symposium on Hardware/Software Codesign*, Seiten 187–192, Estes Park, U.S.A., 2002.

324. POTASMAN, R.: *Percolation-Based Compiling for Evaluation of Parallelism and Hardware Design Trade-Offs*. Doktorarbeit, U. C. Irvine (Calif., U.S.A.), 1991.

325. PRAET, J. VAN, G. GOOSSENS, D. LANNEER und H. DE MAN: *Instruction Set Definition and Instruction Selection for ASIPs*. In: *Proc. of the 7th International Symposium on High-Level Synthesis*, Seiten 11–16, Niagara-on-the-Lake (Ontario, Canada), Mai 1994.

326. PRAKASH, S.: *Synthesis of Application-Specific Multiprocessor Systems*. Doktorarbeit, University of Southern California, Los Angeles, 1993.

327. PRAKASH, S. und A. C. PARKER: *Synthesis of Application-Specific Multiprocessor Architectures*. In: *Proc. of the Design Automation Conference*, Seiten 8–13, San Francisco, CA, 1991.

328. PRAKASH, S. und A. C. PARKER: *SOS: Synthesis of Application-Specific Heterogeneous Multiprocessor Systems*. Journal Parallel and Distributed Computing, 16:338–351, 1992.

329. PROEBSTING, T. A.: *BURS Automata Generation*. ACM Trans. on Programming Languages and Systems, 17(3):461–486, Mai 1995.

330. http://ptolemy.berkeley.edu/ptolemyII/.

331. PURSHOUSE, R. C. und P. J. FLEMING: *Evolutionary Many-Objective Optimisation: An Exploratory Analysis*. In: *Proc. Congress on Evolutionary Computation (CEC'03)*, Seiten 2066–2073, Canberra, Australia, Dezember 2003.

332. RABAEY, J. und M. POTKONJAK: *A Scheduling and Ressource Allocation Environment for Hierarchical Signal Flow Graphs*. In: *Proc. IEEE Workshop on VLSI Signal Processing*, IEEE Press, New York, 1990.

333. RAGHUNATHAN, A., N. JHA und S. DEY: *High-Level Power Analysis and Optimization*. Kluwer Academic Publishers, Norwell, MA, U.S.A., November 1997.

334. RAMAMRITHAN, M.: *Allocation and Scheduling of Precedence-Related Periodic Tasks*. IEEE Trans. on Parallel and Distributed Systems, 6(4):412–420, April 1995.

335. RAO, D. S. und F. J. KURDAHI: *Hierarchical Design Space Exploration for a Class of Digital Systems*. IEEE Trans. on Very Large Scale Integration (VLSI) Systems, 1(3):282–295, September 1993.

336. RAO, S. K.: *Regular Iterative Algorithms and Their Implementations on Processor Arrays*. Doktorarbeit, Stanford University, CA, 1985.

337. READY, J. F.: *VRTX: A Real-Time Operating System for Embedded Microprocessor Applications*. IEEE Micro, 6(4):8–17, 1986.

338. REISIG, W.: *A Primer in Petri Net Design*. Springer Compass International, Berlin, Heidelberg, New York, Tokyo, 1992.

339. REISIG, W.: *Elements of Distributed Algorithms: Modeling and Analysis with Petri Nets*. Springer-Verlag, Berlin, September 1998.

340. REITER, R.: *Scheduling Parallel Computations*. Journal of the ACM, 15:590–599, 1968.

341. RENFORS, M. und Y. NEUVO: *The Maximum Sampling Rate of Digital Filters Under Hardware Speed Constraints*. IEEE Trans. on Circuits and Systems, 28(3):196–202, März 1981.

342. RICHARDSON, I. E. G.: *Overview of H.264*. vcodex, Oktober 2002. http://www.vcodex.com/h264.html.

343. RICHTER, K.: *Compositional Scheduling Analysis Using Standard Event Models*. Doktorarbeit, Technische Universität Braunschweig, Deutschland, 2004.

344. RICHTER, K., D. ZIEGENBEIN, R. ERNST, L. THIELE und J. TEICH: *Representation of Function Variants for Embedded System Optimization and Synthesis*. In: *Proc. 36th Design Automation Conference (DAC'99)*, Seiten 517–522, New Orleans, U.S.A., Juni 1999.

345. RIMEY, K. und P. N. HILFINGER: *A Compiler for Application-Specific Signal Processors*. In: *VLSI Signal Processing III*, Seiten 341–351, IEEE Press, New York, (New York, U.S.A.), 1988.

346. RIM, M. und R. JAIN: *Representing Conditional Branches for High-Level Synthesis Applications*. In: *Proc. 29th ACM/IEEE Design Automation Conf.*, Seiten 106–111, Anaheim (Calif., U.S.A.), Juni 1992.

347. RITZ, S., M. PANKERT und H. MEYR: *High Level Software Synthesis for Signal Processing Systems*. In: *Proc. Int. Conf. on Application-Specific Array Processors*, Seiten 679–693, Berkeley, CA, 1992.

348. ROMEO, F. und A. SANGIOVANNI-VINCENTELLI: *Probabilistic Hill-Climbing algorithms*. In: *Proc. of the 1985 Chapel Hill Conference on VLSI*, Seiten 393–417, 1985.

349. SARACCO, R., R. REED und J. R. W. SMITH: *Telecommunications Systems Engineering using SDL*. North-Holland, Elsevier Science Publishers, Amsterdam, 1989.

350. SCHLICHTER, T., C. HAUBELT, F. HANNIG und J. TEICH: *Using Symbolic Feasibility Tests during Design Space Exploration of Heterogeneous Multi-Processor Systems*. In: *Proc. of Application-specific Systems, Architectures and Processors (ASAP)*, Seiten 9–14, Samos, Greece, Juli 2005.

351. SCHLICHTER, T., M. LUKASIEWYCZ, C. HAUBELT und J. TEICH: *Improving System Level Design Space Exploration by Incorporating SAT-Solvers into Multi-Objective Evolutionary Algorithms*. In: *Proc. of Annual Symposium on VLSI*, Seiten 309–314, Karlsruhe, Germany, März 2006. IEEE Computer Society.

352. SCHOLL, C., R. DRECHSLER und B. BECKER: *Functional Simulation Using Binary Decision Diagrams*. In: *Proc. of the 1997 IEEE/ACM Int. Conference on Computer-Aided Design*, Seiten 8–12, San Jose, U.S.A., November 1997.

353. SCHRIJVER, A.: *Theory of Linear and Integer Programming*. John Wiley & Sons Ltd., West Sussex, England, 1986.

354. SCHWARTZ, D. A. und III T. P. BARNWELL: *Cyclo-Static Solutions: Optimal Multiprocessor Realizations of Recursive Algorithms*. In: *VLSI Signal Processing II*, Seiten 117–128, IEEE Press, 1986.

355. SCHWIEGERSHAUSEN, M. und P. PIRSCH: *A System Level Design Methodology for the Optimization of Heterogeneous Multiprocessors*. In: *Proc. of 8th International Symposium on System Synthesis*, Seiten 162–167, Cannes, France, Januar 1995.

356. SEN, M. und S. S. BHATTACHARYYA: *Systematic Exploitation of Data Parallelism in Hardware Synthesis of DSP Applications*. In: *Proc. of the International Conference on Acoustics, Speech, and Signal Processing*, Seiten V–229–V–232, Montreal, Canada, Mai 2004.

357. SHA, L., R. RAJKUMAR und J. P. LEHOCZKY: *Priority Inheritance Protocols: An Approach to Real-Time Synchronization*. IEEE Trans. on Computers, 39(9):1175–1185, 1990.

358. SHANLEY, T.: *InfiniBand Network Architecture*. PC System Architecture Series. Addison-Wesley, 2002.

359. SHUKLA, S. B. und D. P. AGRAWAL: *A Framework for Mapping Periodic Real-Time Applications on Multicomputers.* IEEE Trans. on Parallel and Distributed Systems, 5(7):778–784, Juli 1994.

360. SIH, G. C.: *Multiprocessor Scheduling to Account for Interprocessor Communication.* Doktorarbeit, Dept. of EECS, UC Berkeley, Berkeley, CA 94720, U.S.A., April 1991.

361. SILBERSCHATZ, A. und P. B. GALVIN: *Operating System Concepts.* Addison-Wesley, Reading, MA, 2005. 7. Auflage.

362. SMALL, C.: *Shrinking Devices Put the Squeeze on System Packaging.* Electronic Design News, 39(4):41–46, 1994.

363. SMITH, W. E.: *Various Optimizers for Single-Stage Production.* Naval Res. Logist. Quart., 3:59–66, 1956.

364. SNIDER, G.: *Spacewalker: Automated Design Space Exploration for Embedded Computer Systems.* Technischer Bericht, Hewlett Packard, HP Laboratories Palo Alto, September 2001.

365. SPURI, M.: *Earliest Deadline Scheduled in Real-Time Systems.* Doktorarbeit, INRIA, Le Chesnay, Cedex, France, 1995.

366. SPURI, M.: *Analysis of Deadline Scheduled Real-Time Tasks.* Technischer Bericht, INRIA, Le Chesnay, Cedex, France, 1996.

367. STALLINGS, W.: *Computer Organization & Architecture.* Prentice Hall, Upper Saddle River, New Jersey, 2000. 5. Auflage.

368. STALLINGS, W.: *Operating Systems - Internals and Design Principles.* Prentice Hall, Upper Saddle River, New Jersey, 2001. 4. Auflage.

369. STANKOVIC, J., M. SPURI, K. RAMAMRITHAM und G. BUTTAZZO: *Deadline Scheduling for Real-Time Systems – EDF and Related Algorithms.* Kluwer Academic Publishers, Boston, Massachusetts, U.S.A., 1998.

370. STANKOVIC, J. A., M. SPURI, M. DINATALE und G. C. BUTTAZZO: *Implications of Classical Scheduling Results for Real-Time Systems.* IEEE Computer, 28(6):16–25, Juni 1995.

371. STARKE, P. H.: *Analyse von Petri-Netz-Modellen.* Teubner, Stuttgart, 1990.

372. STEFANOV, T., C. ZISSULESCU, A. TURJAN, B. KIENHUIS und E. DEPRETTERE: *System Design using Kahn Process Networks: The Compaan/Laura Approach.* In: *Design, Automation and Test in Europe Conference and Exposition (DATE 2004)*, Seite 10340. IEEE Computer Society, 2004.

373. STREHL, K.: *Symbolic Methods Applied to Formal Verification and Synthesis in Embedded Systems Design.* Doktorarbeit, Swiss Federal Institute of Technology Zurich, Switzerland, Februar 2000.

374. STREHL, K., L. THIELE, M. GRIES, D. ZIEGENBEIN, R. ERNST und J. TEICH: *FunState - An Internal Design Representation for Codesign.* IEEE Trans. on Very Large Scale Integration (VLSI) Systems, 9(4):524–544, August 2001.

375. STREUBÜHR, M., J. FALK, C. HAUBELT, J. TEICH, R. DORSCH und T. SCHLIPF: *Task-Accurate Performance Modeling in SystemC for Real-Time Multi-Processor Architectures.* In: *Proceedings of Design, Automation and Test in Europe*, Seiten 480–481, Munich, Germany, März 2006.

376. STÜMPEL, E., M. THIES und U. KASTENS: *VLIW Compilation Techniques for Superscalar Architectures.* In: KOSKIMIES, KAI (Herausgeber): *Proc. 7th International Conference on Compiler Construction CC'98*, Band 1383 der Reihe *Lecture Notes in Computer Science*, Seiten 234–248. Springer, März 1998.

377. SUTHERLAND, S., S. DAVIDMANN, P. FLAKE und P. MOORBY: *SystemVerilog for Design: A Guide to Using SystemVerilog for Hardware Design and Modeling.* Kluwer Academic Publishers, Norwell, MA, U.S.A., 2006. 2. Auflage.

378. SYMTAVISION: *SymTA/S Tool Suite*, 2006. http://www.symtavision.com/downloads/ System_Level_Performance_Analysis-the_SymTA-S_Approach.pdf.

379. http://www.synopsys.com/products/cocentric_studio/cocentric_studio.html.

380. SYSWERDA, G.: *Uniform Crossover in Genetic Algorithms*. In: SCHAFFER, J. D. (Herausgeber): *Proc. of the Third International Conference on Genetic Algorithms*, Seiten 2–9, San Mateo, CA, 1989. Morgan Kaufmann Publishers.

381. SYSWERDA, G. und J. PALMUCCI: *The Application of Genetic Algorithms to Resource Scheduling*. In: BELEW, R. K. und L. B. BOOKER (Herausgeber): *Proc. of the Fourth International Conference on Genetic Algorithms*, Seiten 502–508, San Mateo, CA, 1991. Morgan Kaufmann Publishers.

382. SZYMANEK, R., F. CATTHOOR und K. KUCHCINSKI: *Time-Energy Design Space Exploration for Multi-Layer Memory Architectures*. In: *Proc. of the Design, Automation and Test in Europe Conference*, Seiten 10318–10323, Paris, France, Februar 2004.

383. TANENBAUM, A. S.: *Modern Operating Systems*. Prentice Hall, Upper Saddle River, New Jersey, 2001. 2. Auflage.

384. TANENBAUM, A. S.: *Structured Computer Organisation*. Prentice Hall, Englewood Cliffs, NJ, 2005. 5. Auflage.

385. http://www.retarget.com.

386. TEICH, J.: *A Compiler for Application-Specific Processor Arrays*. Shaker (Reihe Elektrotechnik). Zugl. Saarbrücken, Univ. Diss, ISBN 3-86111-701-0, Aachen, Germany, 1993.

387. TEICH, J.: *Synthesis and Optimization of Digital Hardware/Software Systems*. Habilitationsschrift, Computer Engineering and Communication Networks Lab (TIK), ETH Zürich, Switzerland, April 1996.

388. TEICH, J., T. BLICKLE und L. THIELE: *An Evolutionary Approach to System-Level Synthesis*. In: *Proc. of WSC1, the 1st Online Workshop on Soft Computing*, Seiten 251–256, Nagoya, Japan, August 1996.

389. TEICH, J., T. BLICKLE und L. THIELE: *An Evolutionary Approach to System-Level Synthesis*. In: *Proc. of Codes/CASHE'97 - the 5th International Workshop on Hardware/Software Codesign*, Seiten 167–171, Braunschweig, Germany, März 1997.

390. TEICH, J., E. A. LEE und L. THIELE: *Modeling and Simulation of Heterogeneous Real-Time Systems Based on a Deterministic Discrete Event Model*. In: *8th Int. Symposium on System Synthesis*, Seiten 156–161, Cannes, France, September 1995.

391. TEICH, J. und L. THIELE: *Control Generation in the Design of Processor Arrays*. Int. Journal on VLSI and Signal Processing, 3(2):77–92, 1991.

392. TEICH, J. und L. THIELE: *Partitioning of Processor Arrays: A Piecewise Regular Approach*. INTEGRATION: The VLSI Journal, 14(3):297–332, 1993.

393. TEICH, J. und L. THIELE: *A New Approach to Solving Resource-Constrained Scheduling Problems based on a Flow- Model*. Technischer Bericht 17, Computer Engineering and Communication Networks Lab (TIK), Swiss Federal Institute of Technology (ETH) Zurich, Gloriastrasse 35, CH-8092 Zurich, März 1996. Präsentiert beim Dagstuhl-Seminar Nr. 9617, Design Automation for Embedded Systems, Schloss Dagstuhl, Deutschland, April 1996.

394. TEICH, J., L. THIELE, S. SRIRAM und M. MARTIN: *Performance Analysis and Optimization of Mixed Asynchronous Synchronous Systems*. IEEE Trans. on CAD of Integrated Circuits and Systems, 16(5):473–484, 1997.

395. TEICH, J., L. THIELE und L. ZHANG: *Scheduling of Partitioned Regular Algorithms on Processor Arrays with Constrained Resources*. In: *ASAP96- Proc. Int. Conf. on Application-Specific Systems, Architectures, and Processors*, Seiten 131–144, Chicago, U.S.A., August 1996.

396. TEICH, J., E. ZITZLER und S. S. BHATTACHARYYA: *3D Exploration of Software Schedules for DSP Algorithms*. In: *Proc. CODES'99, the 7th Int. Workshop on Hardware/Software Codesign*, Seiten 168–173, Rome, Italy, Mai 1999.

397. THIELE, L., S. CHAKRABORTY, M. GRIES und S. KÜNZLI: *A Framework for Evaluating Design Tradeoffs in Packet Processing Architectures*. In: *Proc. of the 39th Design Automation Conference (DAC 2002)*, Seiten 880–885, New Orleans, LA, U.S.A., Juni 2002.

398. THIELE, L., S. CHAKRABORTY, M. GRIES und S. KÜNZLI: *Design Space Exploration of Network Processor Architectures*. Network Processor Design: Issues and Practices, 1:55–89, Oktober 2002.

399. THIELE, L., S. CHAKRABORTY, M. GRIES, A. MAXIAGUINE und J. GREUTERT: *Embedded Software in Network Processors – Models and Algorithms*. In: *Proc. Workshop on Embedded Software (EMSOFT)*, Band 2211 der Reihe *Lecture Notes in Computer Science*, Seiten 416–434. Springer, 2001.

400. THIELE, L., S. CHAKRABORTY und M. NAEDELE: *Real-Time Calculus for Scheduling Hard Real-Time Systems*. In: *Proc. International Symposium on Circuits and Systems*, Seiten 101–104, Geneva, Switzerland, 2000.

401. THIELE, L., K. STREHL, D. ZIEGENBEIN, R. ERNST und J. TEICH: *FunState - An Internal Design Representation for Codesign*. In: *Proc. of the IEEE/ACM International Conference on Computer-Aided Design (ICCAD'99)*, Seiten 558–565, San Jose, California, November 1999.

402. THOMAS, D. E., J. K. ADAMS und H. SCHMIT: *A Model and Methodology for Hardware-Software Codesign*. IEEE Design and Test of Computers, 10(3):6–15, 1993.

403. THOMAS, D. E., E. D. LAGNESE, J. A. NESTOR, J. V. RAJAN, R. L. BLACKBURN und R. A. WALKER: *Algorithmic and Register-Transfer Level Synthesis: The System Architect's Workbench*. Kluwer Academic Publishers, Boston, MA, 1990.

404. THOMAS, D. R. und P. MOORBY: *The Verilog Hardware Description Language*. Kluwer Academic Publishers, Boston, MA, 2002. 5. Auflage.

405. TINDELL, K.: *Adding Time-Offsets to Schedulability Analysis*. Technischer Bericht, Department of Computer Science, University of York, UK, 1994.

406. TINDELL, K., A. BURNS und A. WELLINGS: *An Extendible Approach for Analysing Fixed Priority Hard Real-Time Systems*. Journal of Real-Time Systems, 6(2):133–152, 1994.

407. TINDELL, K. und J. CLARK: *Holistic Schedulability Analysis for Distributed Realtime Systems*. Microprocessing and Microprogramming - Euromicro Journal (Special Issue on Parallel Embedded Real-Time Systems), 40:117–134, 1994.

408. TINDELL, K., J. CLARK und A. WELLINGS: *Analysing Real-Time Communications: Controller Area Network*. In: *Proc. of the International Real-Time Systems Symposium*, Seiten 259–263, San Juan, Puerto Rico, 1994.

409. TIWARI, V., S. MALIK, A. WOLFE und M. LEE: *Instruction Level Power Analysis and Optimization of Software*. J. of VLSI Signal Processing, 13(2-3):223–238, 1996.

410. TRICKEY, H.: *Flamel: A High Level Hardware Compiler*. IEEE Trans. on CAD, 6(2):259–269, 1987.

411. http://www.trimaran.org.

412. TRI-PACIFIC SOFTWARE, INC.: *RAPID RMA*.
http://www.tripac.com/html/prod-fact-rrm.html.

413. TSENG, C. und D. P. SIEWIOREK: *Automated Synthesis of Datapaths in Digital Systems*. IEEE Trans. on CAD, 5(3):274–277, Juli 1986.

414. TTTECH AG: *TTP Software Development Suite*.
http://www.tttech.com/products/software/ttptools/overview.htm.

415. TUCKER, A.: *Coloring a Family of Circular Arcs.* SIAM Journal of Applied Mathematics, 29(3):493–502, 1975.

416. TUCKER, A.: *An Efficient Test for Circular Arc Graphs.* SIAM Journal on Computing, 9:1–24, 1980.

417. TURLEY, J.: *Embedded Processors by the Numbers.* Embedded Systems Programming, 12(5):13–14, Mai 1999.

418. UNGERER, T.: *Innovative Rechnerarchitekturen – Bestandsaufnahme, Trends, Möglichkeiten.* McGraw-Hill, Hamburg, 1989.

419. http://www.uml.org.

420. USAMI, K. und M. HOROWITZ: *Clustered Voltage Scaling Technique for Low-Power Design.* In: *Proc. ISLPED,* Seiten 3–8, Dana Point, CA, 1995.

421. VAST SYSTEMS TECHNOLOGY CORPORATION: *CoMET – Electronic System-level Design Environment.* http://www.vastsystems.com/products_comet.html.

422. VECTOR INFORMATIK GMBH: *CANAlyzer – The Tool for Comprehensive Network Analysis.* http://www.canalyzer.com.

423. VEGDAHL, S. R.: *Phase Coupling and Constant Generation in an Optimizing Microcode Compiler.* In: *Proc. 15th Workshop on Microprogramming,* Seiten 125–133, Palo Alto, CA, 1982.

424. VELDHUIZEN, D. A. VAN: *Multiobjective Evolutionary Algorithms: Classifications, Analyses, and New Innovations.* Doktorarbeit, Graduate School of Engineering, Air Force Institute of Technology, Wright-Patterson Air Force Base, Ohio, U.S.A., Juni 1999.

425. VERHAEGH, W. F., P. E. LIPPENS, E. H. AARTS, J. H. KORST und J. L. VANMEERBERGEN: *Improved Force-Directed Scheduling in High-Throughput Digital Signal Processing.* IEEE Trans. on CAD, 14(8):945–960, August 1995.

426. VOLCANO COMMUNICATIONS TECHNOLOGIES AB: *Volcano Network Architect for CAN.* http://www.volcanoautomotive.com/products/can.htm.

427. WAKABAYASHI, K. und H. TANAKA: *Global Scheduling Independent of Control Dependencies Based on Condition Vectors.* In: *Proc. 29th ACM/IEEE Design Automation Conf.,* Seiten 112–115, Anaheim (Calif., U.S.A.), Juni 1992.

428. WALKER, R. A. und R. CAMPOSANO: *A Survey of High-Level Synthesis Systems.* Kluwer Academic Publishers, Norwell, MA, 1991.

429. WANG, C.-Y. und K. K. PARHI: *High Level DSP Synthesis using Concurrent Transformations, Scheduling, and Allocation.* IEEE Trans. on CAD, 14(3):274–295, März 1995.

430. WEISSEL, A. und F. BELLOSA: *Process Cruise Control-Event-Driven Clock Scaling for Dynamic Power Management.* In: *Proc. of the International Conference on Compilers, Architecture and Synthesis for Embedded Systems (CASES 2002),* Seiten 238–246, Grenoble, France, Oktober 2002.

431. WESS, B.: *Automatic Instruction Code Generation Based on Trellis Diagrams.* In: *Proc. Int. Symp. Circuits and Systems,* Seiten 645–648, San Diego (Calif., U.S.A.), Mai 1992.

432. WHITEHOUSE, H. J., S. Y. KUNG und T. KAILATH: *VLSI and Modern Signal Processing.* Prentice Hall, Englewood Cliffs, NJ, 1985.

433. WICHMANN, F. und P. PFAHLER: *Compilation for Fine-Grained Parallelism: A code Generator for the Intel i860.* Technischer Bericht, University of Paderborn, Oktober 1992. Internal Report tr-ri-92-105.

434. WILBERG, J., R. CAMPOSANO, M. LANGEVIN, P. PLÖGER und H. T. VIERHAUS: *Tools for Generating a VHDL Processor Description and a Compiler Back-End from a single Schematic.* In: *Proc. IFIP Int. Workshop Logic and Archit. Synth.,* Grenoble, France, 1994.

435. WILHELM, R. und D. MAURER: *Übersetzerbau*. Springer, Berlin, 1996. 2. Auflage.
436. WILSON, T., G. GREWAL, B. HALLEY und D. BANERJI: *An Integrated Approach to Retargetable Code Generation*. In: *Proc. of the 7th International Symposium on High-Level Synthesis*, Seiten 70–75, Niagara-on-the-Lake (Ontario, Canada), Mai 1994.
437. WIND RIVER SYSTEMS: *VxWorks Programmer's Guide*. http://www.windriver.com.
438. WOLINSKI, K. und M. BELHADJ: *Vers la Synthèse Automatique de Programmes Signal*. Technischer Bericht 746, IRISA, Rennes, France, 1993.
439. WUYTACK, S., F. CATTHOOR, F. FRANSSEN, L. NACHTERGAELE und H. DE MAN: *Global Communication and Memory Optimizing Transformations for Low Power Systems*. In: *Proc. IEEE Int. Symp. on Low Power Design*, Seiten 178–187, Napa, CA, April 1994.
440. WUYTACK, S., F. CATTHOOR, L. NACHTERGAELE und H. DE MAN: *Power Exploration for Data Dominated Video Applications*. In: *Proc. IEEE Int. Symp. on Low Power Design*, Seiten 359–364, Monterey CA, August 1996.
441. XIE, Y. und W. WOLF: *Allocation and Scheduling of Conditional Task Graph in Hardware/Software Co-Synthesis*. In: *Proc. of the Conference on Design, Automation and Test in Europe*, Seiten 620–625, Munich, Germany, März 2001.
442. XU, J. und D. L. PARNAS: *Priority Scheduling versus Pre-Run-Time Scheduling*. Real-Time Systems, 18(1):7–24, 2000.
443. ZEPTER, P. W.: *Programmgestützter Entwurf integrierter Schaltungen für die digitale Nachrichtenübertragung aus Datenflussbeschreibungen*. Doktorarbeit, Lehrstuhl für Integrierte Systeme der Signalverarbeitung, RWTH Aachen, Germany, 1995.
444. ZITZLER, E.: *Evolutionary Algorithms for Multiobjective Optimization: Methods and Applications*. Doktorarbeit, Eidgenössische Technische Hochschule Zürich, November 1999.
445. ZITZLER, E. und S. KÜNZLI: *Indicator-Based Selection in Multiobjective Search*. In: YAO, XIN und OTHERS (Herausgeber): *Proc. Parallel Problem Solving from Nature (PPSN VIII)*, Seiten 832–842, Berlin, Germany, 2004. Springer-Verlag.
446. ZITZLER, E., M. LAUMANNS und L. THIELE: *SPEA2: Improving the Strength Pareto Evolutionary Algorithm for Multiobjective Optimization*. In: *Evolutionary Methods for Design, Optimisation, and Control*, Seiten 19–26, Barcelona, Spain, 2002.
447. ZITZLER, E., J. TEICH und S. S. BHATTACHARYYA: *Multidimensional Exploration of Software Implementations for DSP Algorithms*. Journal of VLSI Signal Processing Systems, 24:83–98, 2000.
448. ZITZLER, E. und L. THIELE: *Multiobjective Optimization Using Evolutionary Algorithms – A Comparative Case Study*. In: *Proc. Parallel Problem Solving from Nature (PPSN V)*, Seiten 292–301, Amsterdam, The Netherlands, September 1998.
449. ZITZLER, E., L. THIELE, M. LAUMANNS, C. M. FONSECA und V. GRUNERT DA FONSECA: *Performance Assessment of Multiobjective Optimizers: An Analysis and Review*. IEEE Trans. on Evolutionary Computation, 7(2):117—132, April 2003.
450. ŽIVKOVIĆ, V. D. und P. LIEVERSE: *An Overview of Methodologies and Tools in the Field of System-Level Design*. In: DEPRETTERE, ED F., JÜRGEN TEICH und STAMATIS VASSILIADIS (Herausgeber): *Embedded Processor Design Challenges*, Band 2268 der Reihe *Lecture Notes in Computer Science (LNCS)*, Seiten 74–88. Springer, März 2002.
451. ZIVOJNOVIC, V., S. PEES und H. MEYR: *LISA - Machine Description Language and Generic Machine Model for HW/SW Co-Design*. In: *Proc. IEEE Workshop on VLSI Signal Processing*, Seiten 127–136, San Francisco, CA, 1996.
452. ZIVOJNOVIC, V., J. M. VELARDE, C. SCHLAGER und H. MEYR: *DSPstone: A DSP-oriented Benchmarking Methodology*. In: *Proc. of Signal Processing Applications & Technology*, Seiten 715–720, Dallas, TX, U.S.A., 1994.

Sachverzeichnis

Printed in the United States
By Bookmasters